Der zweite Band des ›dtv-Atlas Baukunst‹ ist in drei große Abschnitte – Mittelalter/Neuzeit I/Neuzeit II – gegliedert. Am Anfang steht die große Wende, die aus dem Vorbild römischer Amtsgebäude christliche Basiliken werden ließ, die Epoche, in der die Menschen Klöster bauten und feste Burgen und in der die Städte begannen, bewußt ihre Macht in ihren Gebäuden zu zeigen. Aus den Basiliken dann schuf im Hochmittelalter die Frömmigkeit des ganzen Volkes die hohen gotischen Dome. In der Renaissance schließlich wurde – wie auf allen Gebieten – auch die Kunst des Bauens wissenschaftlich erforscht, geordnet und in Theorien beschrieben. Die Bauhandwerker von einst wurden zu kühnen Architekten, die im Barock die Schlösser, Gärten und Städte der absoluten Herrscher zu deren höherem Ruhm gestalteten.
Schier unlösbare Probleme brachte die Industrialisierung im 19. Jahrhundert, mit der modernen Großstadt als Folge. Neue Konstruktionsmaterialien, wie z. B. Stahl und Eisenbeton, ermöglichten revolutionäre Bauformen – eine Entwicklung, die heute noch nicht abgeschlossen ist. Die Architektur »steht heute zwischen dem Optimismus, alles machen zu können, und dem Zweifel, ob sie alles machen soll. Der weitere Weg ist völlig offen« – so der Schlußsatz des Werkes.

Werner Müller, 1925–1997, studierte Architektur in Karlsruhe; seit 1956 arbeitete er als Architekt in Bielefeld.
Gunther Vogel, 1929–1988, studierte an der Akademie der Bildenden Künste in Karlsruhe; nach seiner Tätigkeit als Kunsterzieher lebte er in Titisee-Neustadt als Maler und Zeichner. Zahlreiche Gruppen- und Einzelausstellungen im In- und Ausland; 1985 Kunstpreis des Künstlerbundes Baden-Württemberg.
Für den dtv entwarf er auch die Grafiken für den ›dtv-Atlas Musik‹.

Inge Szász-Jakobi, geb. 1940, studierte an der WKS Wiesbaden und war 20 Jahre freiberufliche Grafikerin; im Bereich wiss. Grafik tätig an den Universitäten Mainz (bis 1967) und Frankfurt (ab 1988).
István Szász, geb. 1940, studierte an der WKS Wiesbaden bei dem Adolf-Hölzel-Schüler Prof. Vincent Weber; als Maler und Illustrator freiberuflich tätig. Zahlreiche Einzel- und Gruppenausstellungen im In- und Ausland.

In der Reihe ›dtv-Atlas‹ sind bisher erschienen:

Akupunktur, 3232
Anatomie, 3 Bände, 3017, 3018, 3019
Astronomie, 3006
Atomphysik, 3009
Baukunst, 2 Bände, 3020, 3021
Biologie, 3 Bände, 3221, 3222, 3223
Chemie, 2 Bände, 3217, 3218
Deutsche Literatur, 3219
Deutsche Sprache, 3025
Englische Sprache, 3239
Ernährung, 3237
Erste Hilfe, 3238
Informatik, 3230
Mathematik, 2 Bände, 3007, 3008
Musik, 2 Bände, 3022, 3023
Namenkunde, 3234
Ökologie, 3228
Pathophysiologie, 3236
Philosophie, 3229
Physik, 2 Bände, 3226, 3227
Physiologie, 3182
Psychologie, 2 Bände, 3224, 3225
Schulmathematik, 3099
Stadt, 3231
Weltgeschichte, 2 Bände, 3001, 3002

Weitere dtv-Atlanten sind in Vorbereitung

Werner Müller, Gunther Vogel

dtv-Atlas Baukunst

Band 2
Baugeschichte von der Romanik
bis zur Gegenwart

Mit 134 Abbildungsseiten in Farbe

Text: Werner Müller
Tafeln: Entwurf Gunther Vogel
Ausführung Inge und István Szász

Deutscher Taschenbuch Verlag

Übersetzungen
Bulgarien: Lettera Publishers, Plovdiv (in Vorb.)
Italien: Ulrico Hoepli Editore S. p. A., Mailand
Japan: Toto Kiki Co. Ltd., Tokio
Kroatien: Golden Marketing, Zagreb (in Vorb.)
Niederlande: Bosch & Keuning N. V., Baarn
Polen: Prószyński i S-ka, Warschau (in Vorb.)
Spanien: Alianza Editorial, S. A., Madrid
Spanien (baskische Ausg.): Universidad del país Vasco, Bilbao
Tschech. Republik: The Lidové Noviny Publ. House, Prag (in Vorb.)
Ungarn: Springer Hungarica, Budapest

Originalausgabe
1. Auflage November 1981
12., durchgesehene Auflage Oktober 2002

www.dtv.de

Umschlagkonzept: Balk & Brumshagen
Umschlagfoto: BLOM, Bank-Zentrale in Beirut, Libanon, 2001. Architekt: »Pierre EL-KHOURY-Architects« in Zusammenarbeit mit Joseph GEITANI (www.pierreelkhoury.com) (© Joseph Brakhia)
Gesamtherstellung: Druckerei C. H. Beck, Nördlingen
Offsetreproduktionen: Werner Menrath, Weilheim/Obb.
Printed in Germany · ISBN 3-423-03021-6

Vorwort

Dieser zweite Band des ›dtv-Atlas Baukunst‹ soll dem Leser Informationen über die Epochen der Baugeschichte vermitteln, die insbesondere unser eigenes Geschichtsbewußtsein bestimmen.
Wie im ersten Band verbietet die Fülle des Stoffes eine auch nur annähernd vollständige Übersicht über Entwicklung, Probleme und Werke der Architektur in der 1500 Jahre umfassenden Zeitspanne vom frühen Mittelalter bis zur Gegenwart. Dem Leser wird die Systematik des Buches angeboten, um selbst in Architektur und Geschichte der einzelnen Epochen und Länder auf Entdeckungen auszugehen.
Die Darstellung der einzelnen Epochen, der gängigen Einteilung folgend, führt über das 19. Jahrhundert bis in die Gegenwart. Die generelle Klassifizierung der Bauformen nach »Stilen«, auch die Typologie erweisen sich zunehmend als problematisch. Deshalb wird versucht, die parallel nebeneinander, manchmal in Konflikt gegeneinander stehenden Strömungen und Personen sichtbar zu machen.
Die Historie mündet in die Fragen und Probleme der Gegenwart ein. Das legt die Aufforderung nahe, sich auch die vergangenen Epochen weniger einheitlich und konsequent vorzustellen, als die noch immer gängige Vorstellung vom »Gänsemarsch der Stile« sie erscheinen läßt.
Die Autoren bitten um Verständnis für den begrenzten Rahmen, den das Volumen eines Taschenbuches zieht. Sie nehmen Hinweise, Korrekturen und Kritik gern an. Sie danken an dieser Stelle allen, die ihnen geholfen haben.

Bielefeld und Titisee-Neustadt, im Frühjahr 1981

Inhalt

In die Kunstgeschichte sind Stilbezeichnungen für ganze Epochen als Hilfs- und Arbeitsbegriffe eingeführt. Hinter der im Rückblick scheinbar logischen Entwicklung (Entelechie) der großen Epochenstile verbirgt sich das einem späteren Verständnis nie ganz erfaßbare, oft kontroverse Ringen um Sinngebung und authentische Selbstdarstellung von Gruppen und Individuen. Die historischen Bauwerke sind seine unmittelbaren Zeugnisse. Solange sie, wenn auch nur noch fragmentarisch, zugänglich sind, ermöglichen sie den direkten Kontakt mit den gestaltenden Kräften der Geschichte.

Die Geschichte der Architektur läßt sich – wie alle Geschichten – ebenso als Kontinuum wie als ständiger Wechsel begreifen. Der bruchstückhafte Charakter des historischen Gebäudebestandes, selbst aus naher Zeit, die lückenhafte und widerspruchsvolle Berichterstattung und der manchmal jähe Wechsel der Werturteile bestimmt das im Spiegel der Kunstgeschichte schwankende Bild histor. Epochen. Jede Generation tritt in ein eigenes Verhältnis zur Geschichte ein, Traditionen weiterführend, ablehnend oder wiederaufnehmend.

Die gegenwärtige Diskussion über die »moderne« Architektur ist gekennzeichnet von einer heftigen Auflehnung gegen den rationalen Funktionalismus der ersten Hälfte unseres Jahrhunderts und einer plötzlich erwachten, fast unkritischen Wertschatzung des Historismus des 19. Jahrhunderts. Es bleibt nicht bei akademischen Debatten, die dem vom Funktionalismus verachteten Historismus späte Gerechtigkeit widerfahren lassen. Bekannte Architekten gehen darüber hinaus in der Praxis zu einem neuen historisierenden Eklektizismus über, in den sie nun auch Motive der »Moderne« einbeziehen. Dieser in einer Umkehrung der Begriffe als »postmodern« bezeichneten Auffassung steht ein neuer Regionalismus in Ablehnung des »internationalen Stils« zur Seite. Zugleich führen andere die Tradition des modernen Bauens in der dritten Generation weiter, nicht nur dogmatisch wiederholend, sondern mit neuen Impulsen und Ideen seine Prinzipien belebend und verwandelnd.

Der Streit um die jeweils moderne Architektur wiederholt sich immer wieder. Es gab ihn auch in den historischen Epochen.

»Das Wort *modern* ist zuerst im späten 5. Jh. verwendet worden, um die soeben offiziell gewordene christliche Gegenwart von der heidnisch-römischen Vergangenheit abzugrenzen.

Mit wechselnden Inhalten drückt ›Modernität‹ immer wieder das Bewußtsein einer Epoche aus, die sich zur Vergangenheit der Antike in Beziehung setzt, um sich selbst als Resultat eines Übergangs vom Alten zum Neuen abzugrenzen.

Das gilt nicht nur für die Renaissance, mit der für uns die Neuzeit beginnt. Als ›modern‹ verstand man sich auch in der Zeit Karls des Großen, im 12. Jh. und zur Zeit der Aufklärung, also immer dann, wenn sich in Europa das Bewußtsein einer neuen Epoche durch ein erneuertes Verhältnis zur Antike gebildet hat. Dabei hat die *antiquitas* als zur Nachahmung empfohlenes Vorbild gegolten. Erst mit den Idealen der französ. Aufklärung, mit der durch die modernen Wissenschaften inspirierten Vorstellung vom unendlichen Fortschritt der Erkenntnis und eines Fortschreitens zum gesellschaftlich und moralisch Besseren, löst sich der Blick aus dem Bann, den die klassischen Werke der antiken Welt auf den Geist der jeweils Modernen ausgeübt hatten.

Modern ist, was der Aktualität des Zeitgeistes zu objektivem Ausdruck verhilft. Die Signatur solcher Werke ist das Neue, das von der Neuerung des nächsten Stils überholt und entwertet wird. Aber während das bloß Modische, in die Vergangenheit versetzt, altmodisch wird, behält das Moderne einen geheimen Bezug zum Klassischen.

Seit je galt als klassisch, was die Zeiten überdauert; diese Kraft entlehnt das im emphatischen Sinne moderne Zeugnis freilich nicht mehr der Autorität einer vergangenen Epoche, sondern einzig der Authentizität einer vergangenen Aktualität.«

JÜRGEN HABERMAS

Der geheime Bezug zum Klassischen bedeutet bis zur industriellen Revolution die Berufung auf die Antike.

Als nach der geschichtl. Zäsur der Völkerwanderung im neu sich bildenden Europa beinahe alles neu definiert werden muß, versuchen die jungen Staaten die antike Tradition aufzunehmen. Das geschieht in immer neuen Anläufen von der »karoling. Renaissance« bis zur »Gotik«.

In ihr erreicht das Mittelalter die völlige Gegenposition zur Antike. Aber das war ihren Schöpfern nicht bewußt. Ihre »Antike« besteht in einem fruchtbaren Mißverständnis antiker Theorien, die sie modern interpretieren. Die gleichen theoretischen Grundlagen gelten schon für die »romanische« Architektur. Wir haben es mit den jeweils modernen Interpretationsebenen zu tun.

Humanismus und Renaissance erkennen den Irrtum der Gotik und interpretieren aufgrund ihrer Kenntnis der Quellen die Antike neu. Neu ist vor allem der rational-wissenschaftl. Geist, der die Vorherrschaft der Theologie, das »finstere Mittelalter« überwindet. Aber die Rückkehr zur Antike erweist sich neuerlich als fruchtbarer Irrtum. Mit ihm beginnt der Dualismus der Neuzeit mit einer an der Klassik orientierten Kunst und der sich emanzipierenden, auf den Naturwissenschaften gründenden Technik. Er führt nach der industriellen Revolution zum Konflikt, den die moderne Architektur des 20. Jhs. durch volle Einbeziehung der Technik zu lösen versucht.

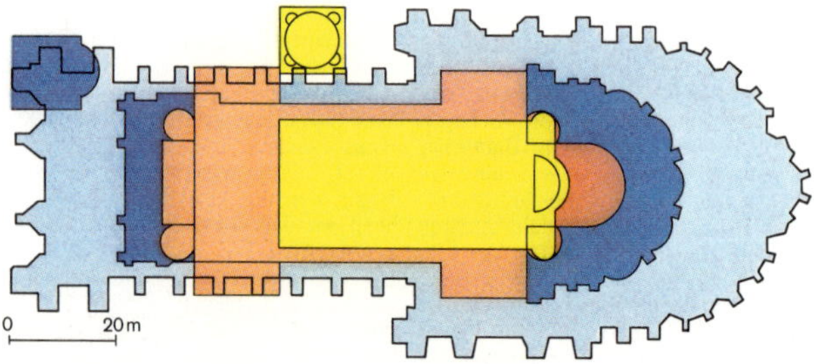

Die Kathedrale in Reims vom 5.-13. Jahrhundert (s. S. 73)

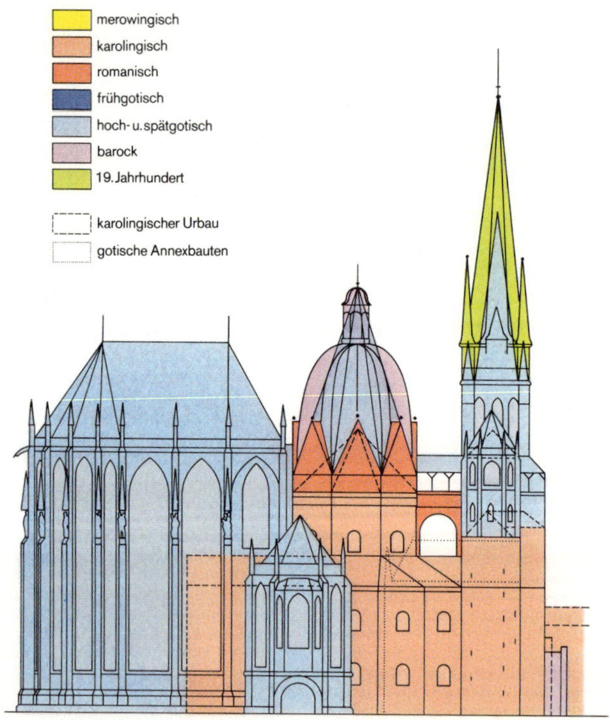

Das Münster in Aachen vom 8.-19. Jahrhundert (s. S. 372)

Die Kathedrale in Reims und das Münster in Aachen

Die histor. Perspektive vereinfacht die komplexen Vorgänge, die in bedeutender Architektur Gestalt annehmen. Viele Bauwerke gelten zur Zeit ihrer Entstehung als revolutionär und stehen im Widerstreit der Meinungen. Nach wenigen Jahrzehnten sind sie oft schon vergessen oder gelten als »klassisch«.

Der Bestand vollständig oder in großen Teilen erhaltener histor. Bauwerke beruht oft auf dem Zufall und sagt – isoliert betrachtet – über die tatsächl. Bedeutung zur Zeit ihrer Entstehung wenig aus. Sie kann nur durch Vergleich mit anderen Bauwerken beurteilt werden. Die Forschung bemüht sich, die am einzelnen Werk punktuell gewonnenen Erkenntnisse mit anderen, mit ergrabenen Fragmenten, erhaltenen Plänen, zeitgenössischen Berichten zu einem Netz zu verknüpfen. Auf diese Weise wird das Gesamtbild der histor. Epochen und ihrer Architektur zunehmend differenziert.

Geschichtsbedingtheit schließt Veränderung ein: Zerstörung und Neubau, teilweisen oder völligen Umbau, lange Bauzeiten mit Wechsel von Bauprogrammen und Bauformen, Einkleidung in neue Stile, gute und schlechte Restaurationen.

Der Einzelbau erhält dokumentarischen Charakter: sowohl als epochentypische, wie auch als individuelle Verwirklichung von Bauprogrammen und Formvorstellungen im Wechsel der Geschichte.

Die Kathedrale in Reims, ein einheitl. Bau des 13. Jhs., deckt alle Spuren ihrer Vorgängerbauten zu. Die 1000 Jahre dauernde aktive Baugeschichte der Reimser Bischofskirchen umfaßt wichtige Epochen und Typen des mittelalterl. Sakralbaues vom kastenhaften Raum und Baukörper der Frühzeit über den roman. Gruppenbau bis zum einheitl. Gliederbau der Gotik (S. 368 ff.). Um 400 verlegt NICASIUS den Bischofssitz in die röm. *Thermen* im Zentrum der galloröm. Stadt. **Im 5. Jh.** entsteht unter den *Merowingern* der erste Neubau von Baptisterium und Kathedrale, eine *Säulenbasilika* nach röm. Vorbild. Taufe und Salbung CHLODWIGS durch REMIGIUS begründen 496 die Tradition als **französ. Krönungskirche.**

Der **862** geweihte Neubau der **Karolinger** folgt dem Vorbild der Klosterkirche von CENTULA (S. 370). Er wird im **10. Jh.** durchgreifend »modernisiert«, u. a. wird das *Westwerk* durch einen *Portalturm* ersetzt. **Im 12. Jh.** tritt REIMS mit dem Bau einer *Doppelturm-Fassade* und eines *Umgangs-Chores* (»Samson-Chor«) nach ST-DENIS und CHARTRES in die Reihe der »Gründungsbauten« der **Frühgotik** ein.

Einer Brandkatastrophe folgt **1211–1287** etappenweise der Neubau der bestehenden Kathedrale vom Chor bis zur Fassade, das Vorbild der ersten »klassischen« Kathedrale in CHARTRES aufnehmend und neu interpretierend (s. S. 72). Der weitere Ausbau endet nach erneutem Brand und Wiederherstellung erst im 15. Jh. Die Türme bleiben unvollendet. In den folgenden fünf Jahrhunderten überdauert die Kathedrale nacheinander die barocke Modernisierung mit dem Verlust der farbigen Glasfenster, Bildersturm, Revolution und die Restaurierungen des 19. Jhs. **1914–18** zerstört die deutsche Beschießung Stadt und Kathedrale. Das 20. Jh. benötigt Jahrzehnte für Sicherung, Wiederherstellung und archäolog. Forschung.

Das Münster in Aachen vereinigt Baukörper und Räume verschiedener Epochen in einer kontrastreichen Baugruppe.

Der Zentralbau wird von KARL D. GR. Ende des 8. Jhs. anstelle einer Reliquienkapelle seines Vaters als **Hof- und Palastkapelle** der Aachener Pfalz erbaut (S. 356, 372). Ihr Oberbau erhält Mitte des 12. Jhs. eine *Blendgalerie,* 1224 die 8 hohen *Blendgiebel* und anstelle des flachen Zeltdaches einen hohen *Falthelm.* Er wird 1684 durch eine gleichhohe *Barockhaube* mit Laterne ersetzt.

Das Westwerk stellt im Urbau ein damals völlig neues Element dar (S. 380). Es wird im 14. Jh. durch einen hohen *Mittelturm* mit seitl., hochliegenden *Kapellen* aufgestockt. Sie dienen der Aufbewahrung der Reliquien für die zunehmenden Wallfahrten. Der Turm wird zum Wahrzeichen der freien Reichsstadt. Das 19. Jh. überhöht den Helm in historisierender Renovierung.

Der Stiftschor wird 1355–1414 als Erweiterung für das Stiftskapitel, die Kaiserkrönungen und die Wallfahrten erbaut. Die einschiffige, sehr hohe, farbig verglaste Halle nach dem Vorbild der ST-CHAPELLE in PARIS bildet das Gegengewicht zum Westbau.

Verschiedene **Annexbauten** ergänzen seit karoling. Zeit den Baukomplex. Erhalten sind die *got. Kapellen* und der *barocke Portalvorbau.*

Die Veränderung der Gestalt durch geschichtl. Wachstum entspricht dem Wandel der Funktionen und der Stile von der Zeit der Karolinger bis zum Barock: zuerst Hofkirche, dann freies Stift mit Reliquien- und Wallfahrtskirche, 936–1531 deutsche Krönungskirche, Haupt- und Taufkirche der seit 1336 freien Reichsstadt, seit 1930 Bischofskirche.

Die Kathedrale in REIMS und das Münster in AACHEN sind **Schlüsselbauwerke** der Architekturgeschichte. In AACHEN wird unter Karl d. Gr. die neue Tradition des abendländ. Monumentalbaus begründet. In REIMS werden 400 Jahre später diese Tradition und die in ihr wirksamen lokalen, regionalen und nationalen Traditionen in der damals modernsten Architektur zusammengefaßt.

Beide Werke sind mit vielen anderen verknüpft, sie strahlen Impulse in ihre Zeit und in die Zukunft aus. Sie verkörpern Geschichte in verschiedener Weise: REIMS in einem einheitlichen Hauptwerk: Geschichte als Höhepunkt. AACHEN in einem histor. Kern, der in epochalen Abständen durch jeweils moderne Architektur ergänzt wird: Geschichte als Wandel.

Die **Völkerwanderung** zerbricht das röm. Weltreich. Die westl. Reichshälfte gerät im 5. Jh. unter german. Herrschaft. Das oström.-byzantinische Reich hält noch 900 Jahre lang seine Stellung als Land- und Seemacht. Erst 1453 erobern die Türken Konstantinopel.
Der **Islam** dringt im 7. und 8. Jh. von Arabien aus nach N und W vor und zerstört die polit. und kulturelle Einheit des Mittelmeerraumes. Byzanz und das Frankenreich setzen seiner Expansion Grenzen. Nordafrika und der vordere Orient bilden nun einen eigenen Kulturkreis. Ihm gegenüber formiert sich ein neues Europa. Sein Schwergewicht verlagert sich nordwärts zu den german. Völkern im W und den slawischen im O.

Den seßhaft gewordenen jungen Völkern gelingen im **frühen Mittelalter** dauerhafte Staatsbildungen. Das Vorbild des röm. Staates als alles umfassende Institution eines objektivierten, öffentl. Rechtsverbandes ist auf diese frühen Reiche nicht übertragbar. Von seinen Institutionen überlebt nur die Kirche. Der Staat verwandelt sich in einen **»Personalverband«**, in dem jeder sich individuell an andere Personen bindet. Jeder, auch der König, hat Rechte und Pflichten in einem persönl. Treueverhältnis gegenüber bestimmten Personen, einen öffentl. Bereich gibt es nicht.
Die für das Mittelalter typ. Herrschaftsformen finden ihre Institutionalisierung im **Lehnswesen.** Seine Anfänge bilden sich im Frankenreich unter den Karolingern aus. Nach dem Ende der Landnahme durch Eroberung, in der Verteidigung gegen die andauernden Invasionen von Sarazenen, Wikingern und Ungarn entsteht neben dem Hochadel die neue Feudalaristokratie des Krieger- und Ministerialen-Adels, die im Hochmittelalter zum Ritterstand verschmelzen. Er wird für seine Leistungen mit Landbesitz entschädigt, der zunächst auf Zeit verliehen, später erblich wird. An der Spitze der hierarchisch gegliederten *Lehnspyramide* steht der König ohne eigentliche Zentralgewalt. Seine Macht beruht wie beim gesamten Adel auf der Größe des Grundbesitzes, dem Alter und der Verzweigung seiner Familie, besonders aber auf seinem Erfolg in Krieg und Politik und dem persönl. Charisma (Königsheil).

Die Adelsgesellschaft steht ständig in Konkurrenz und oft in offener Fehde miteinander. Ihre Verflechtung durch ganz Europa überlagert die sich herausbildenden Stammes- und Nationalgrenzen und löst immer wieder dynastische Konflikte aus, die sich oft nach Umfang und Charakter zu nationalen Kriegen steigern (z. B. der »Hundertjährige Krieg« zwischen England und Frankreich). Die polit. Gliederung Europas zeichnet sich nach dem Zerfall des Karolingerreiches ab.
Das Wirtschaftsleben des frühen Mittelalters beruht auf der *Naturalwirtschaft* und dem *Tauschhandel.* Die Landwirtschaft bildet die Basis. Neben einer beschränkten Zahl freier Bauern überwiegen die großen Grundherrschaften in der Hand des Adels. Auf den Bauernhöfen, Adelsgütern, Pfalzen und Klöstern herrscht die *geschlossene Hauswirtschaft,* in der die selbsterzeugten Grundprodukte für den eigenen Bedarf weiterverarbeitet werden (Bedarfswirtschaft). Nur wenige spezialisierte Handwerker arbeiten für den allg. Bedarf. In den Pfalzen und Klöstern entwickelt sich zuerst die Vorratshaltung für größere Gruppen und für die Ausrüstung von Truppenkontingenten. Hier zeigen sich Ansätze zur geplanten Produktion für den Markt. An der Spitze liegen die Klöster, die zuerst eine geordnete Arbeitseinteilung in die Praxis umsetzen.
Bis zum hohen Mittelalter bestimmt das Feudalsystem mit Hochadel, Geistlichkeit und Ritterstand den Charakter des gesamten Lebens einschl. der Wirtschaft.

Handel und Städtewesen steigen als Gegenkräfte erst im Hochmittelalter auf und erleben ihre Blüte im späten Mittelalter. Im 11. Jh. löst das Bevölkerungswachstum große Kultivierungs- und Kolonisationsbewegungen aus. Sie erstrecken sich in Westeuropa auf die Rekultivierung verödeter Landstriche und Rodung der Wälder, im NW auf Landgewinnung an den Küsten und in den Mooren. In Mitteleuropa tritt zu den umfangreichen Rodungen innerhalb der alten Grenzen die expansive Kolonisation bis zur Weichsel und in das Baltikum. In großem Umfang ist der Reformorden der Zisterzienser an der Kultivations-Arbeit beteiligt. Zahlreiche neue Städtegründungen begleiten die Landgewinnung.
Ein Netz von Markt- und Handelsstädten überzieht in schneller Folge Mittel- und Osteuropa; die alten Bischofs- und Burgstädte erweitern sich durch neue Stadtteile mit Handwerkern und Kaufleuten. Die Bewegung erreicht ihren Höhepunkt im 13. Jh. und ebbt im 14. ab. In diesen Jahrhunderten entsteht das Gleichgewicht zwischen Stadt, Land und freier Natur (Wildnis), das die Kulturlandschaften Europas bis zum Beginn des Industriezeitalters bestimmt.
In ganz Europa verlagern sich Gebrauchsgüterproduktion, Handel und Märkte in die Städte. Die marktorientierte städt. Geldwirtschaft löst die feudale Hof- und Naturalwirtschaft ab. Die initiative Gruppe sind die Kaufleute, an ihrer Spitze die Fernhändler. Sie organisieren und beherrschen über die örtlichen und regionalen Märkte hinaus den Warenverkehr über weite Strecken kaum besiedelter Gebiete.
Aus den Gilden und Bruderschaften der Kaufleute entsteht das **städtische Patriziat,** das oligarchisch die Politik der Städte bestimmt und dem Bürgertum als **3. Stand** nach Klerus und Adel eigene Rechte und polit. Mitwirkung erkämpft. Neben Warenproduktion und Handel verschafft ihm das bewegliche Finanzkapital wachsenden Einfluß.
Im späten Mittelalter wird die Gesellschaft von einer allgemeinen Umschichtung erfaßt, die zahlreiche Krisen auslöst. Ihnen entspricht die religiöse Gärung, die sich in Spaltungsbewegungen und Reformationen äußert.

Im 4. Jh. – kurz vor dem Zusammenbruch des röm. Imperiums – tritt das zur Staatsreligion erhobene Christentum als neue Kraft in die Kultur der Spätantike ein. Es überlebt den Zusammenbruch des Imperiums.
Das byzantin. Reich kann die imperiale Tradition und die spätantike Kultur ohne Bruch weiterführen. In den frühen german. Reichen proklamieren sich die Könige zwar als Nachfolger der röm. Kaiser, müssen aber ihre Herrschaft neu organisieren. Dabei sind sie auf die Hilfe der Kirche angewiesen. Sie verfügt neben ihrer geistl. Autorität als einzige Institution über eine geordnete Verwaltung, die den jungen Monarchien erfahrene Beamte zur Verfügung stellen kann. Der Klerus nimmt die Schlüsselstellung in der Verwaltung ein.
Rom und Byzanz, im religiösen Schisma entzweit, treten in Konkurrenz bei der Missionierung der jungen Völker. Die latein. Kirche überwindet den *Arianismus* und dehnt sich auf alle german. und einen Teil der slaw. Reiche aus. Die griech. Kirche missioniert erfolgreich auf dem Balkan und im russ. Reich. Die Polarisierung Europas zwischen O und W zeichnet sich ab, der Gegensatz zwischen N und S bleibt. Im 8. Jh. gelingt es den Karolingern mit Unterstützung der Päpste, das abendländ. Kaisertum als Gegenkraft zu Byzanz zu proklamieren.

Da es eine profane, urbane Kultur bei den jungen Völkern nicht gibt, fällt der Kirche jahrhundertelang das **Bildungsmonopol** zu. Sie bringt als doppeltes Erbe die christl. Religion und die spätantike Kultur ein. Das Latein wird als Sakral- und Verwaltungssprache übernommen. Literatur, bildende Kunst und Architektur knüpfen an die antike Tradition an.
Die Repräsentanten der Gesellschaft erhalten ihre Bildung in den Dom- und Klosterschulen. Staat und Kirche, Adel und Klerus durchdringen sich gegenseitig: die Kleriker besetzen hohe Verwaltungsstellen, der Adel rückt in die führenden Positionen der Kirche ein. Der wachsende Landbesitz der Kirche bildet nicht nur einen wichtigen macht- und wirtschaftspolit. Faktor, sondern auch die materielle Basis für ihre kulturelle Mission.
Die Karolinger weisen den Hauptanteil ihres Kulturprogramms den Benediktiner-Klöstern zu. Standort, wirtschaftliche und gesellschaftl. Struktur der Klöster entsprechen der agrarisch-feudalen Lebensweise des frühen Mittelalters. Wirtschaft, Kultur und Kunstpflege ziehen sich aus den Städten auf das Land zurück. Zwar leisten auch die Domschulen einen bedeutenden Beitrag zur kulturellen Entwicklung, aber wesentlich vollzieht sie sich in den über das ganze Land verstreuten Klöstern. Ihre Bedeutung und Macht erreicht den Höhepunkt unter den Kluniazensern im 11. Jh.
Die enge Verflechtung von Kirche und Staat festigt einerseits die Stellung der Könige, führt aber in der Folgezeit zu schweren Konflikten. Der Staat wird in die Auseinandersetzungen innerhalb der Kirche hineingezogen oder mit ihren Ansprüchen konfrontiert. Im Investiturstreit zwischen Kaiser und Papst während des 11. und 12. Jhs. scheitert schließlich der universale Machtanspruch der deutschen Kaiser, die Zentralgewalt in Deutschland wird zugunsten der Fürsten geschwächt. Dagegen gelingt es dem französ. Königtum, einen allmählichen Zentralisationsprozeß einzuleiten. Die Gemeinschaft von *regnum* und *sacerdotium* zerbricht.
Der Aufstieg der Städte im hohen Mittelalter leitet den Wandel der mittelalterl. Gesellschaft ein. Wirtschaftl. und kulturelles Leben konzentrieren sich nun in den Städten, das Bürgertum wird der Träger einer neuen urbanen Kultur und einer veränderten Religiosität. Die Bettelorden brechen mit der feudalen benediktin. Tradition und wirken in den Städten. Die ersten Universitäten entstehen. Bauhütten, Maler- und Bildhauerwerkstätten organisieren sich bürgerlich-genossenschaftlich.

Die Architektur begleitet die Entwicklungsphasen der Gesellschaft mit dem Wandel ihrer Bautypen und -stile.
Vom frühen bis in das hohe Mittelalter bestimmen und finanzieren König, Adel und Klerus die Bauprogramme. Die geistige Macht der Kirche und der Führungsanspruch des adligen Klerus kommt in der allgemeinen Herrschaft des Sakralbaues zum Ausdruck. Der Rolle der Klöster entspricht ihr Einfluß auf die Typen- und Stilbildung der Romanik. In ihrer beherrschenden Lage, der burgartig geschlossenen Anlage und den oft vieltürmigen Kirchen kommt die geistige Macht der Kirche und der Führungsanspruch des adligen Klerus gleichermaßen zum Ausdruck. Als Demonstrationen der weltl. Macht entstehen seit dem 11. Jh. die großen **Kaiserdome**, im 12. Jh. in Frankreich die **got. Kathedralen.**
Neben Kirchen und Klöstern treten im hohen Mittelalter die **Burgen** hervor. In ihren Typen verbindet sich die machtpolit.-militär. Zweckarchitektur mit dem repräsentativen Lebensstil des Adels.
In den aufstrebenden Städten wird die dominierende Stellung des Sakralbaues durch die Vertikalisierung in der Gotik noch gesteigert. Zur Finanzierung der Kathedralen trägt die Bürgerschaft große Summen bei und nimmt sie in manchen Fällen in eigene Hand.
Der Typ der hochgot. Basilika entspricht bald nicht mehr den Bedürfnissen und Raumidealen der städt. Gesellschaft. Im Spätmittelalter überwiegt die **Hallenkirche** als Typ der städt. Pfarrkirche in vielen Landschaften Europas.
Zum ersten Mal seit der Antike entstehen neue Typen einer städt. Architektur: Rat- und Festhäuser, Kaufhallen, Magazine und Spitäler und schließlich die ersten Kollegbauten für die Universitäten. In manchen Städten treten Stadttürme als steile Dominanten neben die Kirchtürme. Im allgemeinen aber bestimmen bis zum Ende des Mittelalters die Sakralbauten die Silhouetten der Städte.

Das Reich der Karolinger

um 375 Beginn der Völkerwanderung
395–610 Frühbyzantin. Reich
476 Ende des weström. Reiches

395 Teilung des röm. Weltreiches, Germanenstämme als Föderaten, Bildung germanischer Reiche

um 450 Franken zwischen Rhein und Somme, Angeln und Sachsen in England
um 500 Ostgoten in Italien, Westgoten im S, Burgunder im SO Galliens, Franken zwischen Rhein und Loire
567–711 Westgotenreich in Spanien
568–774 Langobardenreich in Italien

4.–5. Jh. Aufstieg des röm. Papsttums
Zunehmender Gegensatz zu griech. Kirche
4.–6. Jh. Ausbreitung des Mönchtums: Martin v. Tours und Honoratus in Gallien, Patrick und Columban in Irland, 529 Benedikt in Monte Cassino
5.–8. Jh. Christianisierung Europas: 5. Jh. fränk. Mission Gallien, Irland und Schottland
Seit Anf. 7. Jh. irische Mission auf dem Kontinent: Columban, Kilian, Gallus, Pirmin. 7. und 8. Jh. angelsächsische Mission auf dem Kontinent: Willibrord, Bonifatius, Ansgar

---

570–632 Mohammed, 622 Hedschra, 650 Koran
7.–8. Jh. Ausbreitung des Islams: 630 Syrien, 638 Jerusalem, Antiochien, ab 639 Ägypten und Nordafrika, 711 Spanien, 732 Niederlage in Gallien
756–1031 Emirat, später Kalifat von Cordoba: Omaijaden, Almoraviden, Almohaden

Reich der Merowinger 482–511 Chlodwig, 498 Taufe. Ausdehnung des Frankenreiches: 468 bis zur Loire, 507 bis zu den Pyrenäen, 496 bis zum Bodensee, im 6. Jh. auf Thüringen, Burgund, Provence Drei Reichsteile: Austrien, Neustrien, Burgund Anfänge des Feudalismus 732 Araberschlacht zwischen Tours und Poitiers	Baptisterien, Kleinkirchen Zusammenschluß zu Kirchenfamilien. Einzelne Großbauten 4.–6. Jh. Klosterdörfer 7. Jh. geschlossene Klosteranlagen Zellenkirchen in Spanien u. a. europ. Landschaften	Lex Salica Gregor v. Tours, Isidor von Sevilla, Venantius Fortunatus Buchmalerei, Goldschmiedekunst 630 Einführung der Regel Benedikts in Gallien. Iroschott. und angelsächs. Klöster. Beda Venerabilis
Reich der Karolinger 751–68 Pippin, Schirmherr der röm. Kirche 768–814 Karl der Große Unterwerfung der Langobarden, Sachsen und Bayern Grenzmarken gegen Slawen, Awaren, Sarazenen Aufbau einer Reichsverwaltung. 800 Kaiserkrönung Seit 830 Zerfall des Reiches: West- und Ostfrankenreich mit umstrittener Mittelzone 911 Erlöschen der Karolinger im Ostreich, im 10. Jh. im Westreich Invasionen der Normannen, Ungarn und Sarazenen	749–75 Neubau v. St. Denis Saalkirchen, 3 Apsidensäle Monumentale Bauprogramme. Profanbau: Kaiserpfalzen Aachen, Ingelheim, Paderborn. Torhalle Lorsch Sakralbau: Pfeilerbasilika, Gruppenbau, additives System Palastkapelle Aachen, Klosterkirchen Fulda, Centula, Dome Köln, Paderborn u. a. St. Gallener Klosterplan Spanien: westgot. und mozarabische Kirchen, Königshalle Naranco England: Portikus-Kirchen	673–754 Bonifatius 744 Gründung Fuldas Verwaltungsreform Münzreform 791 Libri Carolini Schriftreform: Minuskel Aachener Hofschule: Alkuin, Theodulf, Einhard, Angilbert u. a. Hofwerkstätten: Buchmalerei, Kleinkunst, Bronzeguß Kulturprogramm der Benediktin. Klöster Klosterreform Benedikts von Aniane Hrabanus Maurus, Notker
610–1204 Mittelbyzantin. Reich. Abwehrkämpfe gegen Araber, Perser, Bulgaren, Slawen	Neue Typen der Kreuzkuppelkirchen und Oktogonkuppelkirchen in Konstantinopel und Griechenland	Monumentale Wandmalerei Mosaiken. Weiterführung antik-frühchristl. Traditionen 754–843 Bilderstreit

9. Jh. Warägerzeit in Rußland, Hauptzentren Nowgorod und Kiew

Zentren der Romanik

10. Jh. Konsolidierung Europas, Bildung von Stammesherzogtümern und Nationen 911 Herzogtum Normandie 919–1024 sächs. Kaiserhaus, 955 Schlacht auf dem Lechfeld	Fluchtburgenbau, Turmhügelburgen Sakralbau: Weiterführung karoling. Traditionen, wenige Großbauten. Otton. sächs. Bauschule	Klosterreformen von Gorze und Cluny. Gerbert v. Aurillac, Hrotsvit v. Gandersheim Buchmalerei, Kleinkunst
11. Jh. Staatenbildung und Christianisierung in Ost- und Nordeuropa 1024–1125 Salische Kaiser, größte Ausdehnung des deutschen Reiches. 1033 Angliederung Burgunds (Arelat). Capetinger in Frankreich. Seit 1031 Reconquista in Spanien 1059 Normannenstaat in Süditalien 1066 Eroberung Englands durch die Normannen Reformpapsttum, 1040 Verkündung des Gottesfriedens. 1054 endgültiger Bruch zwischen röm. und griech. Kirche. Seit 1075 Investiturstreit Aufstieg des Rittertums 1096–99 1. Kreuzzug. Kreuzfahrerstaaten im östl. Mittelmeer	Archipelstädte mit selbständigen Gebäudegruppen: Pfalzen. Klöster. Dome Turmhügelburgen, Donjon Große Flachdeck-Basiliken: Deutschland: antithet. Gruppen, Westwerk, Stützenwechsel. Frankreich: Staffelchor, Vierungsturm, Vorkirche, Portalturm, Doppelturmfassade In SW-Europa kleine Wölbkirchen (Staffelhallen) Hochromanik: Wölbung, Wandgliederung, Jochbildung, gebundenes System Deutschland: Kaiserdome, Hirsauer Bauschule Frankreich: Cluniazenser-Kirchen, Emporenbasiliken und -hallen (im Poitou) England: Abteikathedralen	Dreifelder-Wirtschaft, Pflug, Egge, Sense aus Eisen Dom- u. Kathedralschulen Bernward v. Hildesheim, Fulbert v. Chartres Kirchenmusik: Mehrstimmigkeit, Orgel, Systematisierung der Kirchentonarten: Guido v. Arezzo † 1050 Frühscholastik: Dialektik, Kommentare, Universalienstreit: Anselm v. Canterbury, Berengar v. Tours Ausbreitung der Cluniazenser, 1059 Lateransynode: Papstwahldekret 1084 Kartäuserorden, 1098 Zisterzienserorden Bonizo v. Sutri: Ritterkodex 1088 Universität Bologna
12. Jh. 1122 Wormser Konkordat 1137–1268 Hohenstaufen-Kaiser in Deutschland. Erneuter Gegensatz zum Papst 1158 Reichstag auf den Roncalischen Feldern Aufstieg der Städte: 1167 Lombard. Städtebund, 1143/58 Gründung Lübecks Beginn der Ostkolonisation 1147 2. Kreuzzug. Gründung von Ritterorden 1189 3. Kreuzzug Machtsteigerung des französ. Königtums. Erweiterung der Krondomäne, zentrale Verwaltung	Ringmauer- und Abschnittsburgen, Donjon, Palas Klosterschema der Zisterzienser Spätroman. Sakralbau: In Deutschland Hochblüte der Bauschulen an Maas und Rhein, Dreikonchenchöre Backsteinbau im N und O In Frankreich letzte Großkirchen der Cluniazenser, Kirchen der Auvergne, Hallen- und Kuppelkirchen im SW. Turmbau Kreuzrippengewölbe in der Normandie und England Erste gotische Kirchen in den französ. Kronländern	Romanische Monumentalplastik Troubadours und Trouvères weltl. Lyrik und Lieder 1091–1153 Bernhard von Clairvaux 1079–1142 Peter Abaelard Universitäten: um 1150 Paris, 1167 Oxford um 1080–1151 Suger von St. Denis Kirchenmusik: Schulen von Limoges und Notre Dame de Paris Frühgot. Monumentalplastik und Glasmalerei
Mittelbyzantin. Reich, Größte Machtentfaltung Feudalisierung, Bürokratie 1071 Schlacht von Manzikert	Varianten des Kreuzkuppelschemas. Klöster auf dem Berg Athos	Großflächige Mosaiken, teils Klassizismus, teils expressiver Realismus
Russisches Reich von Kiew 988 Taufe Wladimirs I. Einheitsstaat und -Kirche	Kreuzkuppelkirchen nach byzantin. Vorbild. Regionale Varianten. Vertikalisierung	Übernahme und Einschmelzung byzantin. Traditionen in Kultus und Kunst

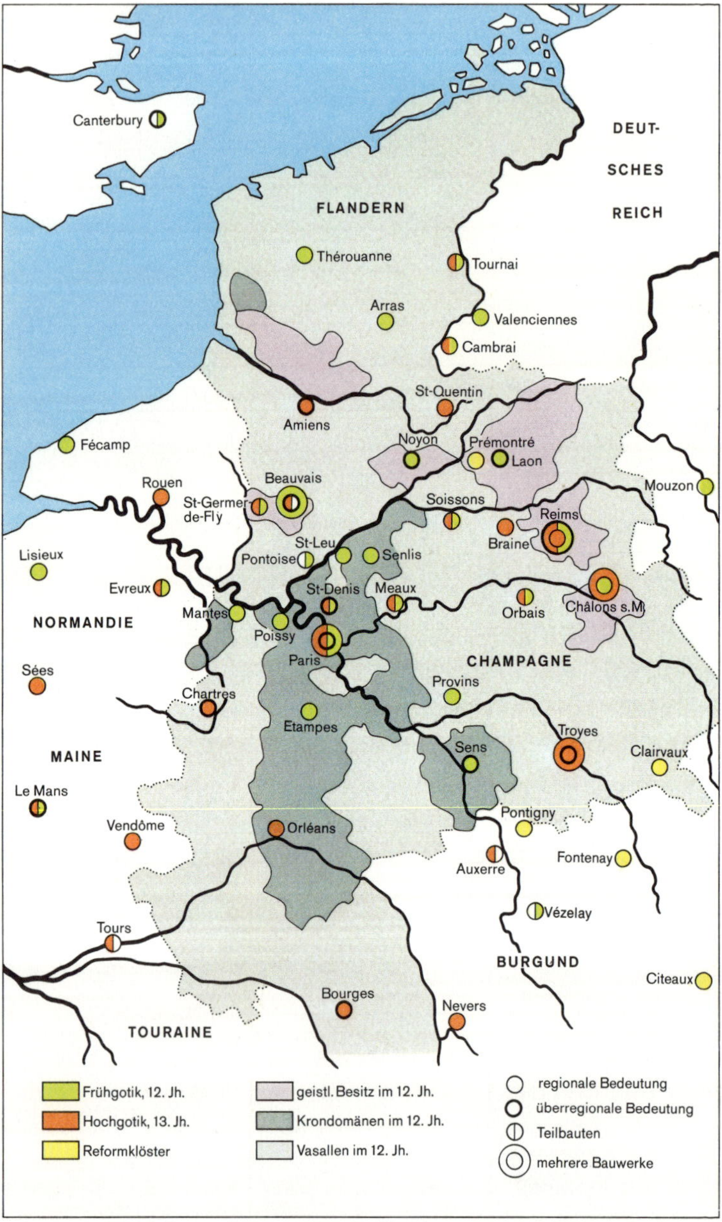

Zentren der Gotik im 12. und 13. Jahrhundert

12. Jh. Hohenstaufen in Deutschland Capetinger-Könige in Frankreich Anglo-Angevin. Reich der Anjou-Plantagenets ab 1154 Zentralisierung in England und Frankreich Dynast. und nationale Kriege 1147–49 2. Kreuzzug 1189–92 3. Kreuzzug 1194 Reich der Hohenstaufen in Süditalien Konflikt mit dem Papsttum	Normandie und England um 1100: Vorstufen zur Gotik Französ. Kronländer um 1130/50: Beginn der Frühgotik. Sens, St-Denis, Chartres Frühgot. Basilikal-Systeme: 1150 Noyon, um 1160 Laon, Paris Übergreifen auf England: 1174 Canterbury Poitou: Neuer Typ der Hallenkirche, 1162 Poitiers	Städt. Rechtsformen und Körperschaften Blütezeit der Kathedralschulen (Chartres), Universitäten: Paris um 1150, Oxford 1167 Suger v. St.-Denis † 1151 Bernhard v. Clairvaux † 1153 Höfischer Roman: Chrêtien de Troyes Frühgot. Monumentalplastik und Glasmalerei Kirchenmusik: Schule von Notre Dame, Perotinus
13. Jh. 1204 Besetzung Konstantinopels durch die Kreuzfahrer bis 1261 lat. Kaiserreich 1209–24 Albigenser-Kriege 1215 Magna Charta 1210–50 Friedrich II. in Deutschland und Italien 1226 Deutscher Orden in Ostpreußen 1241 Mongolen-Einfall 1260 siegreicher Abschluß der Reconquista Kolonisation, Städtegründung. Seeherrschaft: Hanse im N, ital. Seestädte im S 1273 Rudolf v. Habsburg 1291 Schweiz: Urkantone 1291 Räumung Palästinas	Hochgot. Basilikalsysteme Chartres, Bourges, Reims, Amiens Maßwerkgotik (Rayonnant-Stil) ab ca. 1230 Ausbreitung der Gotik: Early English, Decorated Style, Backsteingotik. Bettelordenskirchen, Hallenkirchen, Kapellensäle Dynasten- und Ordensburgen (1280 Marienburg), Kastelltyp Städtebau, Kommunalgebäude: Rathäuser, Spitäler	1207–31 Elisabeth v. Thüringen 1216 Dominikaner-Orden 1223 Franziskaner-Orden Sektenbildung, Inquisition Hochscholastik: Thomas v. Aquin, Duns Scotus, Bonaventura, R. Bacon Minnesänger. Walther v. d. Vogelweide 1230 Instrumentalmusik. Ars antiqua Universitäten: Salamanca, Padua, Cambridge Hochgot. Monumentalplastik und Glasmalerei Neue Handelsformen, Buchführung, Geldwirtschaft
14. Jh. 1309–77 Exil der Päpste in Avignon Frankreich: 1328 Haus Valois, 1339 Beginn des 100-jährigen Krieges Deutschland: Wahlkönigtum und Hausmachtpolitik, Habsburger und Luxemburger, 1346–78 Karl IV. in Böhmen 1356 Goldene Bulle 1397 Union von Kalmar	Abgeklärte Phase der Gotik (1306 St. Trinité, Vendôme) Regionale Gruppen von Hallenkirchen: SW-Europa, England, Nord- u. Süddeutschland Übergang zur Spätgotik. Flamboyant, Perpendicular Style, Backsteingotik, deutsche Sondergotik (Parler) Turm- und Fassadenbau	Mystik, Devotio moderna, Reformbewegungen: Meister Eckhart, Katharina v. Siena, John Wiclyf Spätscholastik, Nominalismus: W. v. Ockham Universitäten: Prag 1348, Wien 1365 Dante, Petrarca, Chaucer Giotto 1337 Trecento-Musik, Ars nova
15. Jh. 1410 Schlacht bei Tannenberg Jeanne d'Arc. 1453 Ende des 100-jährigen Krieges Zwischenreich Burgund 1455–85 England: Rosenkriege 1477 Burgund an Habsburg 1453 Eroberung Konstantinopels durch die Türken Aufstieg des Großfürstentums Moskau	Städt. Repräsentationsbauten Schloß- und Palastbau der Landesfürsten, Trennung von Wehrbau und Wohnbau Virtuose Phase der Spätgotik: Maßwerkornamentik, figurierte Gewölbe. Flächenbetonung, einheitl. Raumzusammenfassung Übersteigerter Turmbau	1414 Konzil zu Konstanz Johannes Hus, Thomas v. Kempen, Nikolaus v. Kues 1445 Gutenberg: Buchdruck Quattrocento-Malerei in Italien. Jan van Eyck †1440, Claus Sluter 1407 erste öffentl. Bank in Genua 1492 Entdeckung Amerikas

Lorsch: Torhalle im Kloster

Quintanilla: Ornamentfries

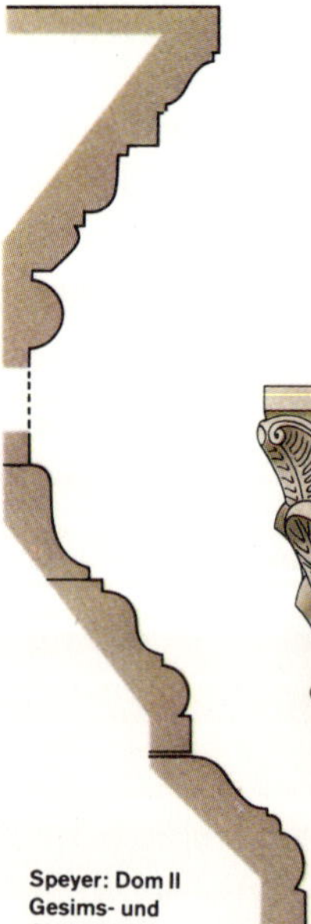

Speyer: Dom II Gesims- und Sockelprofil, Querhaus

Naranco: Kapitell der Königshalle

Corvey: Kapitell im Westwerk

Verwandlung des antiken Formengutes

Die Staaten des frühen Mittelalters versuchen zumeist, sich als Fortsetzung des röm. Imperiums zu legitimieren. Vorstellungen von monumentaler und repräsentativer Architektur erhalten sich aber nur im Sakralbau. Die Baukunst greift auf spätantike Formen zurück. Indessen löst sich die vielschichtige Einheit der antiken Formenwelt immer mehr auf. Der byzantinische Sakralbau neigt zur Entmaterialisierung der plast. tekton. Elemente und der Wandflächen durch raffinierte Technik (I, S. 256). In den westl. Mittelmeerländern und in Gallien kommt der Monumentalbau zum Erliegen, die Verbindung zu den Zentren reißt ab, die röm. Kunst wird provinzialisiert und barbarisiert. Die jungen Völker leisten nur zum Ornament eigene Beiträge. Sie führen im Bereich der Kleinkunst zu bedeutenden Leistungen, in der Architektur oft zu Mißverständnissen. Der Begabung für abstrakte Ornamentik entspricht ein Mangel an Verständnis für die Gesetze des steinernen Monumentalbaues.

Viele der meist kleinen Gebäude des frühen Mittelalters bieten bezeichnende Beispiele für das Nebeneinander raffinierter Spätformen und provinzieller Machart.

An der Kirche **Sta. Maria de Lara in Quintanilla** (40 km südlich von BURGOS) sind außen in das Quadermauerwerk horizontale Ornamentbänder eingelegt. In den spätantiken Symboldarstellungen und den sie verbindenden Ranken ist noch die Sicherheit und Eleganz der Spätantike zu spüren. Bei den gleichzeitigen Bildkapitellen im Inneren setzt sich schon eine barbarisierte, vereinfachende Formensprache durch, die auf die roman. Bauplastik vorausweist. Ähnlich verhält es sich bei anderen Gebäuden des 7.–9. Jhs. im westgot. Spanien (EL CAMPILLO, S. 368), in der Lombardei (CIVIDALE) und im merowing. Gallien (JOUARRE).

Die Tendenz zur Ornamentalisierung und Abstraktion, die in der Kunst während und nach der Völkerwanderung dominiert, tritt auch bei den Bauformen verstärkt hervor. In der ca. 842–50 erbauten **westgot. Königshalle von Naranco** in Asturien (I, S. 44) sind z. B. die Säulenschäfte mit *Spiralwindungen* überzogen, die der stat. Funktion zuwiderlaufen und die Stütze als ornamentales Element erscheinen lassen. Die *Akanthus-Kapitelle* sind abstrakt stilisiert.

Auch in der **karoling. Architektur** führen die Versuche, röm. und byzantin. Vorbilder in die frühmittelalterl. Vorstellungswelt zu übertragen, zum Eklektizismus voller Mißverständnisse und noch ohne Durchbruch zu einem klaren Stil (karoling. Renaissance).

Die Torhalle im Kloster Lorsch, im letzten Drittel des 8. Jhs. erbaut, ist eines der wenigen erhaltenen Repräsentationsgebäude aus der Regierungszeit KARLS DES GROSSEN. Eine Blendarchitektur aus weißem und rotem Sandstein gliedert die beiden Schauseiten nach den Vorbildern röm. Triumphbögen (I, S. 210).

Im Erdgeschoß erscheinen *Pfeiler, Bogen* und *vorgelegte Halbsäulen* noch tekton. aufeinander bezogen. Oberhalb der scharf und fast linear gezogenen Bogenkonturen wirken die Gliederungselemente wie eine aus profilierten Brettern aufgelegte Schreinerarbeit. Auf dem etwas zu hoch über den Bögen angesetzten, ornamentierten *Bandgesims* (rudimentäres Gebälk) steht eine Reihe kannelierter Pilaster mit profilierten *Dreiecksgiebeln* (abstrahierte Bogenstellung?). Auf ihren Spitzen scheint das abschließende *Konsolgesims* zu schweben. Diese vorgeblendete Dekoration aus »Architektur-Zitaten« ist mit einem teppichartigen Flächenmuster aus roten und weißen Steinblöcken hinterlegt. In 3 horizontalen Streifen folgen Quadrate, Rauten und Sechsecke aufeinander.

Die Fassade besteht aus 2 Schichten, die unabhängig voneinander geordnet und verschiedenen Vorbildern entnommen sind. Die röm. Blendarchitektur schwimmt körperlos auf der bunten, entmaterialisierten Oberfläche.

Eine in manchen Zügen ähnliche Gliederung ist am Turm von EARLS BARTON erhalten (S. 382).

Verhärtung, Verblockung und **Geometrisierung** der Formen führt schließlich zum Verlust der antiken Plastizität (S. 310). Es entstehen geschlossene, vereinfachte Formen von würfelartigem Gesamteindruck. Eine typ. Form der spätkaroling. Zeit zeigt ein **Blockkapitell** aus dem Westwerk der Klosterkirche in CORVEY (S. 380). Es ist als *Zungenblatt-Kapitell* nach antikem Vorbild gearbeitet. Indessen dominiert nicht das antikisierende Kapitell selbst, sondern der mehrfach gestufte *Kämpferblock,* dessen Deckplatte wie ein Kranzgesims auskragt. Er wirkt wie ein rudimentäres Gebälkstück, auf dem die breiten Mauerbögen ansetzen können.

Dennoch bleibt die antike Überlieferung im europ. Süden während des Mittelalters lebendig und gewinnt in verschiedenen Epochen auch nördl. der Alpen wieder Bedeutung.

Bezeichnende Beispiele bietet die Wiederaufnahme antiker Einzelformen in die deutsche roman. Architektur während des Investiturstreites unter der Herrschaft der salischen Kaiser. Am **Dom in Speyer** erscheinen bei dem Umbau unter HEINRICH IV. (Speyer II) die für lombard. Bautrupps typ. antikisierenden Kapitelle, Gesimse, Basis- und Sockelprofile. Hier meldet sich wieder der Anspruch auf eine repräsentative »kaiserl. röm. Architektur« im Rückgriff auf antikes Detail.

Auch in Südfrankreich und in Burgund knüpft die roman. Architektur in manchen Einzelheiten an die hier noch erhaltenen Formen antiker Bauten an. Einzelne Bauwerke, besonders in der Provence, zeichnen sich im Gesamtcharakter durch eine spürbare Nähe zur Antike aus (ARLES, ST-GILLES, ST-REMY).

Elemente der Antike erhalten sich im – in seiner Gesamthaltung völlig entgegengesetzten – Mittelalter in zahlreichen Transformationen bis zur erneuten Wiederanknüpfung in der Renaissance (S. 318, FLORENZ, STA. CROCE).

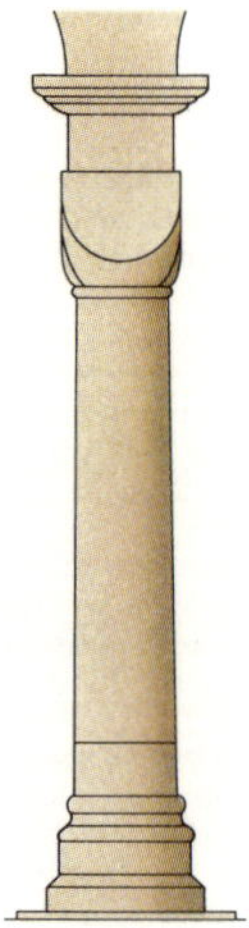

Hildesheim:
St. Michael (s. S. 384)
Langhaussäule

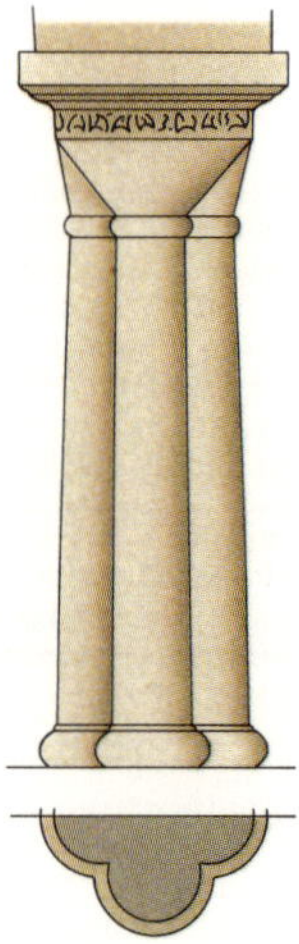

Paderborn:
Abdinghof-Kirche
Kryptapfeiler

Paderborn: Dom, Pfeiler im Mittelschiff

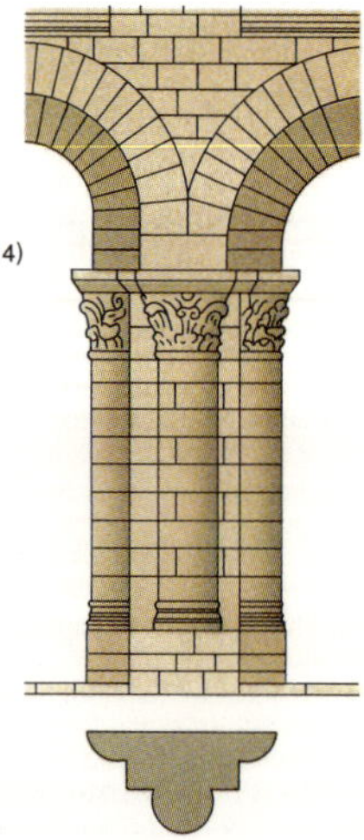

St. Benoît-s.-Loire:
Verbundpfeiler vom
Vorhallenturm (s. S. 314)

Speyer: Dom I, Wandgliederungen
a Mittelschiff (s. S. 312, 376) b Krypta

Säulen, Pfeiler, Bogen und ihre Verbindungen

Der französ. Historiker DE GERVILLE formuliert 1818 mit dem Begriff **romanische Architektur** eine wichtige Erkenntnis: Die mittelalterl. Architektur entsteht auf der Grundlage der römischen. Die spätantike Repräsentationsarchitektur mit ihrer freien Disposition und Dekoration (S. 210) läßt sich nicht in die Verhältnisse des frühen Mittelalters übertragen. Ein jahrhundertelanger Prozeß führt nach Unverständnis, Deformierung und Veränderung antiker Formen zur Neuschöpfung der romanischen Architektur.

Die gemauerte Wand bestimmt ihren Charakter. Nach röm. Tradition dient fast ausschließlich der **Rundbogen** zur Überdeckung der Öffnungen und zur Verbindung der Stützen, immer in der einfachen Technik des aus keilförmigen Steinen gefügten Bogenlaufes ohne die typ. röm. Abtrennung und Einbindung in den Quaderverband (S. 206). Bei kleinen Öffnungen und *Zierfriesen* wird der Bogen oft aus einem einzigen Deckstein gehauen (S. 32, 216). Mehrfach übereinander gelegte und in die Tiefe gestaffelte Archivolten und der Farbwechsel der Steinschichten gehören zu den elementaren Gestaltungsmitteln. Der *Architrav,* der horizontale Steinbalken, scheidet aus. Er entspricht dem Mauerwerksbau nicht.

Allein die **Säulen** bleiben als repräsentative Elemente von der klass. Stütze-Last-Architektur erhalten. Neue Typen bilden sich nach den spätantiken Vorbildern mit den für Säulenarkaden entwickelten Typen der **Kämpferkapitelle** (S. 256). Reduktion und Geometrisierung führen zu rein tekton. Typen, die im Kämpferblock vorgebildet erscheinen.

Die **Trapez-Kapitelle** gleichen die Differenz zwischen dem runden Säulenschaft und dem rechteckig aufsetzenden breiteren Mauerbogen aus, die **Kelch-Kapitelle** durch einen gestutzten Kegel (S. 36, BORDEAUX, ST-SEURIN).

Die frühesten sicher datierbaren **Würfel-Kapitelle** vom Anfang des 11. Jhs. in **St. Michael in Hildesheim** entstehen aus exakter Durchdringung von Würfel und Kugel. Die *Schilde* der Sichtflächen bilden reine Halbkreise. Der Anschluß an die kurze, fast gerade Säule mit einem *Halsring* und ihre *attische Basis* erinnern an die antiken Vorgänger. Alle übrigen Teile zeigen die für das Mittelalter typ. Verhärtung der Formen und ihre additive Zusammensetzung. In der mathemat. Komposition entspricht die Säule dem Charakter des gesamten Bauwerks (S. 384). Sie erscheint als Prototyp, in dem die Gesetze für die weitere Entwicklung mit ihren vielen Varianten formuliert sind. Seine zahlreichen Variationen gehören zu den wichtigen Elementen der Stilkritik für die Romanik in Deutschland. Diesen tekton. Kapitellen steht im roman. S und SW der Reichtum der *Figuren-Kapitelle* über verschiedenen Grundformen gegenüber (S. 316).

Pfeiler entsprechen dem Mauerwerksbau besser als Säulen und lösen sie als Standardform der Stützen ab. Die Pfeilerbasilika wird zum Grundtyp des roman. Sakralbaues. *Rechteckpfeiler* bilden mit der Wand eine konstruk. Einheit. *Rundpfeiler* setzen sich als selbständige Form stärker von der Wand ab, bleiben aber in der Struktur gleich (S. 34, LONS-LE-SAUNIER, S. 386, TOURNUS). Beide benötigen zum Aufsetzen der Arkaden keine Kapitelle, eine *Deckplatte* oder ein *Kämpfergesims* können vermittelnd oder akzentuierend eingeschoben werden. Ihnen entspricht am Boden oft eine *Grundplatte* oder ein *Sokkelprofil.* **Komplexe Stützenformen** entstehen im Zusammenhang mit der zunehmenden Durchgliederung der Wände und der Ausbreitung des Gewölbebaues (S. 312).

In der Krypta der **Abdinghof-Kirche in Paderborn,** um 1025 datiert, sind jeweils 4 Säulen mit Trapezkapitellen zu Pfeilern gebündelt. Der Zusammenschluß schafft eine plast. Gestalt und verbreitert das Auflager für das Gewölbe.

Kreuzförmige Pfeiler mit rechteckigem Mauerkern und Mauervorlagen oder Halbsäulen an vier Seiten können durch vielseitige Kombination der jeweiligen Situation entsprechen. Gewölberippen und -gurte setzen anfangs oft auf einer großen Deckplatte an, später laufen sie als Halbsäulen und Pfeilervorlagen bis zum Boden weiter.

Die Pfeiler vom Vorhallenturm von **St-Benoit-s.-Loire** (S. 314) aus der 1. Hälfte des 11. Jhs. und die im Hallenlanghaus im **Dom zu Paderborn** vom Anfang des 13. Jhs. zeigen beide die Vorbereitung der Gliederung von Wand und Gewölbe in der Disposition der Pfeilervorlagen, zugleich den Fortschritt vom additiven Zusammensetzen der Elemente zur komplexen Form, und die zunehmende Vertikalisierung.

Das Zusammenwirken von Mauer, Bogen und Pfeiler bildet die Grundlage des romanischen Stils. Die Säule verliert allmählich ihren Charakter als selbständiges, vollkörperl. Element und wird, den andersartigen Bedingungen des Pfeiler- und Gewölbebaues angepaßt, zum vertikalen *Dienst.* Sie ist das erste der Elemente, die ihren Eigenwert zugunsten eines generalisierenden Systems und stilist. Einheitlichkeit aufgeben müssen, während noch das additive Prinzip den Aufbau aus Teilräumen und -körpern bestimmt (S. 375).

Im **Dom in Speyer** erscheint schon in der 1. Hälfte des 11. Jhs. (Speyer I) das gleiche Gliederungssystem in Räumen ganz unterschiedlicher Größe und Höhe: in der Krypta, im Seitenschiff und im Mittelschiff. Mit zunehmender Höhe wachsen Durchmesser, Achsabstände und Felderbreiten nur wenig, während die Höhen sprungartig steigen. Bei den *Säulenvorlagen* z. B. wächst das Verhältnis von Durchmesser zur Höhe (= Länge) von ca. 1 : 10 in der Krypta auf 1 : 48 im Mittelschiff! Bei *Pfeilern* und *Bogenblenden* steigen die Proportionen ähnlich.

Hier wird ein der antiken Architektur, der die Elemente entnommen sind, völlig entgegengesetzter Charakter sichtbar: eine Veränderung vom statisch-horizontalen zum dynamisch-vertikalen Aufbau und vom körperhaft-plast. zum abstrakt-linearen Element.

Speyer: Dom II, Umbau Ende 11. Jh. (s. S. 310)

Essen: Münster, Ende 10. Jh.

Nevers: St. Etienne, 2. H. 11. Jh.

Mittelschiff
Seitenschiff
Gewölbe

Peterborough: Kathedrale, 1. H. 12. Jh.

Aufbau und Gliederung romanischer Langhauswände

Die roman. Architektur geht techn. und ästhet. vom Mauerbau röm. Tradition aus. Die Vorbilder für den Sakralbau, die spätantiken Basiliken, sind großräumige, leicht gebaute Ziegelgebäude. Für eine ähnl. leichte Bauweise fehlen dem Mittelalter die Voraussetzungen. Es kehrt zu dem schweren Massivbau mit dicken Mauern zurück. Die Räume der frühen Romanik sind von kompakten Mauerscheiben begrenzt, die innen als strukturlose Flächen erscheinen. Sie werden meist verputzt und bemalt und wirken ähnlich entmaterialisiert wie in der byzantin. Baukunst (S. 256). Die kleinen Fenster und die schmalen Arkaden werden scharfkantig ausgeschnitten.
Die überlieferte Folge von Arkaden, Bilder- und Fensterzone bleibt im Prinzip bestehen. Da die Malerei aber auch die Fensterzone umfaßt, schließt sich die Wand oberhalb der Arkaden zu einer einzigen Fläche ohne senkrechte axiale Beziehung zusammen.
Viele Kirchen der *ottonischen Zeit* zeigen diesen Wandaufbau, z. B. **St. Michael in Hildesheim** (S. 384) oder das **Münster in Essen.** Bei ihnen erscheinen die engstehenden kleinen Fenster als horizontale Reihe ohne Beziehung zu den Arkaden, in denen sich bereits die ersten Ansätze zur Jochbildung zeigen.
Die Jochbildung, d. h. der additive Aufbau des Raumes aus gleichen Abschnitten und die Gliederung der Wände in vertikale Felder stehen in engem Zusammenhang. Sie beginnt mit dem **Stützenwechsel** in der Arkadenzone zunächst noch ohne konstruktiven Bezug zu Wand und Decke. Beim *einfachen* oder *»rheinischen« Stützenwechsel* wechseln Pfeiler und Säule regelmäßig ab. Die Pfeiler erscheinen als Bestandteile der Wandfläche, die Säulen als in den Zwischenraum gestellte leichtere Einzelelemente. Die beiden Bogenfelder zwischen den Pfeilern rücken oft zu einer *Doppelarkade* zusammen. Ihr Zusammenschluß zu einem Feld wird deutlich, wenn ein Entlastungsbogen von Pfeiler zu Pfeiler sie überspannt. Die Pfeiler markieren das architekton. Feld. Im **Münster in Essen** ist für den otton. Umbau eine solche Arkadenkombination rekonstruiert.
Der *doppelte* oder *»sächsische« Stützenwechsel,* erstmalig in **St. Michael in Hildesheim** nachgewiesen (S. 384), führt zu einem feiner differenzierten Rhythmus, betont aber mehr den horizontalen Aufbau. Er wird zu einem typ. Merkmal der sächs. Bauschule, die konservativ am flächigen und kastenartigen Aufbau der Räume festhält.

Seit Beginn des 11. Jhs. wird die bisher horizontal aufgebaute Mittelschiffswand zunehmend vertikal gegliedert. Von den Arkadenpfeilern steigen Vorlagen bis zum Ansatz des Dachstuhles oder der Gewölbe auf (S. 310). Aus der Überkreuzung mit dem horizontalen Aufbau der Geschosse ergeben sich verschiedene Möglichkeiten zur Bildung eines in Felder gegliederten Wandreliefs (Bogenblenden, Bogennischen, Blend- und Zwergarkaden).

Bei den **Emporen-Basiliken** (S. 388) erscheinen die senkrechten Felder geschoßweise mit Arkaden und Fenstern durchbrochen. In **St-Etienne in Nevers** ist dieser Wandaufbau in den einfachen Formen aus der Mitte des 11. Jhs. erhalten. In den großen Wallfahrtskirchen des Südwestens und in der Normandie finden die Motive reiche Entfaltung.
Die senkrechte Folge der Arkaden wird auch in Kirchen ohne Emporen übernommen. Entweder öffnet sich der dunkle Dachraum mit *Scheinemporen* oder das erhöhte Seitenschiff mit einer 2. Bogenstellung oberhalb der Hauptarkade zum Mittelschiff (z. B. in VIGNORY).
Die Wechselwirkung von Felderteilung und Gewölbebau begünstigt die **Jochbildung,** die Gliederung des Raumes in gleiche Abschnitte. Beim *Tonnengewölbe* setzen sich die Wandvorlagen als *Gurtbögen* im Gewölbe fort und verbinden die beiden Wände meist mit schmalrechteckigen Jochen, wie sie für die französ. Sakralarchitektur kennzeichnend werden. (Zum Vergleich mit ST-ETIENNE siehe NARANCO, S. 44.)
Beim *Kreuzgewölbe* ergibt sich durch die halbkreisförmige Führung der *Schild-* und *Gurtbögen* ein Raumaufbau aus Jochen über quadrat. Grundriß und als weitere Folge das besonders für die deutsche Romanik charakterist. **gebundene System,** in dem jedes Mittelschiffsjoch mit 2 Jochen der Seitenschiffe verbunden wird. Der *Stützenwechsel* akzentuiert die gegenseitige Verknüpfung und den Rhythmus der Joche.
Der Übergang zum gebundenen System mit Wölbung und Stützenwechsel vollzieht sich anschaulich im **Dom von Speyer.** Die Langhauswände der 1. Bauperiode mit einer Folge hoher Bogennischen und -blenden stehen unverbunden gegenüber (Speyer I, S. 310 und 376). Bei Umbau und Einwölbung mit *Kreuzgratgewölben* Ende des 11. Jhs. entsteht über das Mittelschiff hinweg eine Querbindung. Verstärkte Halbrundvorlagen (Dienste) an jedem 2. Pfeiler und die je 2 Bogenblenden übergreifenden *Schildbögen* der Gewölbe führen zu einem im Rhythmus der Joche differenzierten Relief der Wand.
Die konstruktive und plast. Durchgliederung der Wände kennzeichnet die Spätromanik in ganz Europa, besonders im W und SW. Die normann.-engl. Romanik zeichnet sich durch die Vorliebe für die dekorative Reihung der Elemente aus. Sie läßt erkennen, daß nicht primär der Gewölbebau die Felderteilung der Wand bewirkt, sondern diese auch unabhängig entsteht.
In der **Kathedrale von Peterborough** erlaubt im nördl. Querhaus die Ausführung ohne Seitenschiff – oberhalb der mit engen Blendarkaden besetzten Sockelzone – den Aufbau einer dreigeschossigen Fensterwand mit tiefen Gewänden, eingestellten Säulen und gestaffelten Bögen. Die Dicke der Wand wird dabei durch zweischalige Ausführung für einen *normannischen Laufgang* genutzt. Die Teilung der Wandfelder durch Halbsäulen-Vorlagen setzt sich in der hölzernen Dachkonstruktion fort.

Regensburg: Allerheiligen-Kapelle

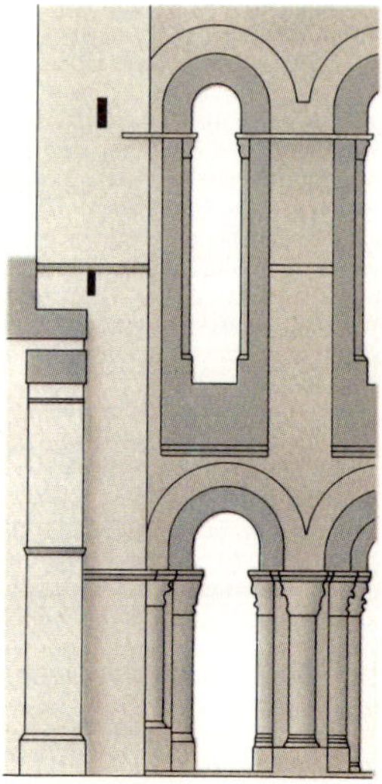

St. Benoît-s.-Loire:
Teilstück vom Vorhallenturm (s. S. 310)

Zwerggalerie:
a Aimé, St. Martin b Mainz, Dom

Florenz:
Wandgliederung am Baptisterium

Aufbau und Gliederung der Baukörper

Die Gesamtdisposition der Baukörper folgt in der roman. Zeit dem **additiven Prinzip.** Dem Aufbau des Raumes aus Teilräumen entspricht der des Baukörpers aus Teilkörpern (S. 374). Sogar bei kleinen Gebäuden, z. B. der um 1150 an einen Kreuzgang angebauten **Allerheiligen-Kapelle in Regensburg,** entsteht ein aus stereometr. Körpern zusammengefügter Kleinkomplex, eine *Dreikonchen-Anlage* um einen quadrat. Kern, der im Obergeschoß in einem *Oktogon* mit Zeltdach endet (vgl. S. 266, 378).

Im Wirkungsbereich der antiken Tradition erhält sich die Vorliebe für einheitl. geschlossene Volumen, z. B. verzichtet das **Baptisterium in Florenz** (11./12. Jh.) auf Zerlegung der Masse in Teilkörper. Als gemeinsames Merkmal beider Gebäude erscheint die **Geschlossenheit der Flächen.** Aufgelegte, in Florenz auch eingelegte Elemente, die urspr. konstrukt. Funktionen hatten, dienen nur noch der Gliederung und Dekoration.

In REGENSBURG treten *Lisenen, Konsolen, Fenstergewände* und *-stürze* aus dunklem Stein entsprechend der Kleinheit des Gebäudes nur wenige Zentimeter aus der Mauer hervor. Die in die Lisenen eingefügten Fenster lassen erkennen, daß die Gliederung keine konstrukt. Bezüge sichtbar machen soll. Auf verputzten und geweißten Mauern, die für viele mittelalterl. Bauten überliefert sind, akzentuieren sie den kristallinen Aufbau.

Das Baptisterium in FLORENZ, ein großflächiges Oktogon, erhält eine Einkleidung mit einer Idealarchitektur in der regionalen toskanischen Tradition der Flächendekoration aus verschiedenfarbigem Werkstein. Sie ist in 2 Schichten aufgebaut: Plastisch vortretende Elemente gliedern jede der 8 Flächen in 2 Hauptgeschosse mit je 3 Feldern. Zwischen den zweifarbigen Eckpfeilern tragen im Erdgeschoß rechteckige Pilaster ein Gesims. Auf ihnen stehen polygonale Säulen, die eine Rundbogenstellung tragen. Über dem Hauptgesims verblendet eine hohe *Attika* mit flachen Pilastern den Ansatz des Gewölbes.

Die Wandfläche selbst ist mit einer *Marmorinkrustation* dekoriert: eingelegte dunkle Bänder bilden eine Scheinarchitektur, die mit den Motiven bewußt dekorativ spielt; z. B. stehen bei der Blendarkade die Bögen als graphische Muster ohne Auflager zwischen den die Stützen andeutenden senkrechten Streifen. Die Form der Fenster und ihre plastisch vorspringende Rahmung wechselt zwischen rund mit überwölbendem Bogen und rechteckig mit dreieckigem *Aedicula-Giebel.*

Die mit der antiken Technik der Inkrustation gebaute Fassade ist für die als »Protorenaissance« bezeichnete Sonderbildung der toskan. Romanik charakteristisch, eine Auseinandersetzung mit der überlieferten röm. Repräsentations-Architektur (S. 210) und ein Vorgriff auf die Fassaden-Ordnungen der Renaissance (S. 420 ff.).

Die roman. Architektur Westeuropas erstrebt früh die **Einheit von Konstruktion und Gliederung.** Wichtige Impulse gehen von der Wölbung aus. Die Mauer wird nicht als starre Scheibe aufgefaßt, sondern als nach konstruktiven Gesetzen gefügter Körper aus Blöcken, Pfeilern und Bögen, die sich gegenseitig tragen und verspannen. Die Gliederung wird nicht von außen aufgelegt, sondern tritt plastisch aus dem konstrukt. Gefüge heraus und ist mit ihm identisch.

Der Torhallen-Turm von St-Benoit–s.-Loire, aus der 1. Hälfte des 11. Jhs., erscheint z. B. nicht mehr als ein von Öffnungen durchbrochenes starres stereometr. Volumen wie der Turm in PADERBORN (S. 382), sondern ist geschoßweise durch Differenzierung der Mauermasse als ein von konstruktiven Kräften bestimmter Körper aufgebaut.

Im Erdgeschoß bilden kreuzgewölbte Joche mit *Bündelpfeilern* die offene Eingangshalle (S. 310). An den Turmecken steigen sie mit harten Kanten gerade hoch, um die Konturen des Turmes klar zu begrenzen. Die anderen Pfeiler stehen mit kreuzförmigem Kern und Halbsäulen-Vorlagen zwischen den offenen Arkaden mit ihren gestaffelten Archivolten im Kontrast. Demgegenüber bleibt der Oberbau zurückhaltender. Die Fenster treten in die Tiefe zurück. Säulenvorlagen tragen den inneren Fensterbogen, den der in deutlichem Abstand in der Turmfront liegende Entlastungsbogen konzentrisch überwölbt.

Die von der späten Romanik angestrebte plast. Gliederung und Erleichterung der Baumasse und die konstruktive Auffassung vom Mauerwerksbau wird deutlich an den **Laufgängen** und **Galerien.**

Sie treten außen häufig als oberer Abschluß an den Apsiden auf, wo unter dem Dach das Gewölbe der Konche ansetzt. In einfacher Form findet man sie schon früh als aufgemauerten *Nischen-Kranz* an den Kirchen des Südwestens, z. B. Anfang des 11. Jhs. an **St. Martin in Aime** (Savoyen). Als begehbare *Zwerggalerien* umziehen sie an den salischen Kaiserdomen **Speyer, Mainz und Worms** und den von ihnen beeinflußten Kirchen im Elsaß und im Rheinland die umfangreichen Ost- und Westchöre, in SPEYER sogar das ganze Langhaus. Auf Steinbalken liegende kurze Tonnen öffnen sich als Arkadengang nach außen. Neben der möglichen prakt. Funktion als Kontrollgang an der Dachzone ist ihre Hauptfunktion die Aufgliederung der Mauer. Sie führen das System von Pfeilern und Bögen in verkleinertem Maßstab weiter und schließen mit einer Licht- und Schatten-Zone die großen Baukörper in der Höhe ab.

In den Kirchen der Normandie und Englands durchziehen Laufgänge ähnlicher Art die Mauerzone über Emporen oder Arkaden in ganzer Länge der Schiffe (S. 312). Die Verwandlung der »dicken Wand« (mur épais) zur **zweischaligen Wand** führt in weiterer Konsequenz über die romanischen Gliederungen und die konstruktiven Bedingungen der massiven Mauer hinaus zur Auflösung des Mauerverbandes im Gliederbau, wie ihn im 12. und 13. Jh. die Gotik verwirklicht.

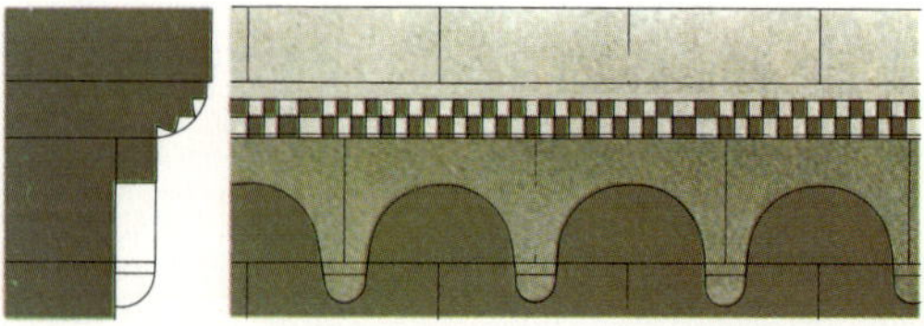

Rundbogen- u. Würfelfries

Nevers: St. Etienne, Säulenportal

Como: S. Abbondio, Fenster

Autun: Pilasterkapitell

Burg Wildenberg: Fensterarkade

Erfindungs- und Variationsreichtum, Freude am Ornament

Die Einheit des roman. Stils beruht auf den Gesetzen des Mauerbaues. Die Baumeister lernen in einem jahrhundertelangen Prozeß, sie mit immer größerer Meisterschaft und Freiheit anzuwenden.

Einzelformen und Ornamentik spiegeln den Prozeß der Verwandlung. Wie in anderen Epochen entstehen sie z. T. aus der Struktur der Bauwerke selbst, z. T. werden sie aus anderen Bereichen übertragen.

Die Übernahme meist antiker Dekorationen und Einzelformen führt im frühen Mittelalter oft zu eklektischen Kombinationen und Abwandlungen, wie z. B. in der Torhalle in LORSCH oder der Königshalle von NARANCO (S. 308, 44). Im allgemeinen erscheint das Mauerwerk als »Rohbau«, dessen Flächen als Untergrund für die Wandmalerei dienen. Auch die Gliederungen werden oft aufgemalt (OBERZELL auf der REICHENAU, ST. MICHAEL in HILDESHEIM). Erst als die Bauhütten die Technik des Mauerbaues und des Steinschnitts voll beherrschen, bildet sich ein eigener Kanon plast. Schmuckformen im Zusammenhang mit der Flächengliederung (S. 312 ff.).

Bei den für die horizontale Gliederung wichtigen **Friesen und Gesimsen** treten an die Stelle der körperhaft modellierten antiken Formen kleinteilige Ornamentbänder mit geometr. abstrahierenden Mustern, z. B.

der *Zahn-Fries* (Zacken-Fries, Deutsches Band) aus übereck gestellten kleinen Blöcken, weit verbreitet wegen seiner einfachen Verlegetechnik (Backsteinbau, vgl. S. 256);

der *Schachbrett-* oder *Würfelfries,* mit vor- und zurückspringenden kleinen Steinwürfeln. Verwandt sind *Rollenfries* und *Schuppenfries;*

der *Diamantfries* mit Reihen kleiner pyramidenartig zugespitzter Quader;

der *Rundbogenfries* in der Form einer kleinen aus der Mauer vorkragenden Blendarkade, mit dem das beherrschende Motiv des Rundbogens bis in die Ornamentik vordringt.

Häufig werden mehrere Friese zu breiten Ornamentbändern zusammengefaßt, vor allem bei den Hauptgesimsen. Oft bildet ein Rundbogenfries, evtl. auf Konsolen, die Basis für die übrigen Friese. Die Konsolen sind häufig figürl. durchgebildet. Beim Quadermauerwerk setzt sich der Fugenschnitt der Mauer meist im Fries fort, beide bilden einen homogenen Körper.

Portale und Fenster werden in der Frühzeit meist mit scharfen und geraden Kanten aus der Wand geschnitten, später entsprechend der Mauerdicke mit schräger oder abgetreppter Leibung, teils mit eingestellten Säulen, die sich in den Bogenläufen als Rundprofile fortsetzen. Die Einzelglieder tragen oft figürl. oder ornamentalen Schmuck.

Ein Fenster der Kirche **S. Abbondio in Como** aus der 2. Hälfte des 11. Jhs. zeigt eine reiche Ornamentierung mit Weintrauben, heraldischen Tieren, tauwerkartig gedrehten Rundstäben und Schichten verschiedenfarbiger Steine. Diese Motive finden sich auch am Dom in Speyer und verbreiten sich – wahrscheinl. mit wandernden Bautrupps aus der Lombardei – über Mittel- und Nordeuropa. (Elsaß, Rheinland, Dome in SCHLESWIG und LUND).

Das Säulenportal an **Saint-Etienne in Nevers** wirkt mit wenigen Rückstufungen, eingestellten Säulen und Archivolten und dem vom Türsturz getragenen Tympanon wie ein Grundmodell der großen Figurenportale der Spätromanik.

Arkaden und Galerien durchziehen die Mauern, um ihre Masse zu erleichtern und zu gliedern, wie bei den *Blend-* und *Zwerggalerien* (S. 314), oder um Räume miteinander zu verbinden wie bei *Emporen* und Seitenschiffen. Außerhalb des Sakralbaues erhalten sie in den *Kreuzgängen* der Klöster (S. 358 ff.) und im **Palastbau** große Bedeutung. In den Versammlungssälen der *Pfalzen* und *Burgen* (S. 352 ff.) öffnen sich neben den üblichen *gekoppelten Fenstern* einzelne Saalfronten mit längeren Fensterarkaden. Ihre schmuckreiche Ausführung steht im Kontrast zum Charakter des Wehrbaues, der den Wohnbau des Adels im ganzen bestimmt.

Die Fensterarkade im Palas der **Burg Wildenberg** im Odenwald besteht aus 3 Doppelarkaden, in denen Einzelsäulen, Bündelpfeiler, Stützenwechsel und übergreifende Arkaden (vgl. S. 312) in Formen der späten Romanik zusammengefaßt werden (ebenso in WIMPFEN, MÜNZENBERG, der WARTBURG u. a. m.)

Diese Festsaal-Arkade ist trotz ihres kleinen Maßstabs im Prinzip gleich aufgebaut wie eine große Kreuzgang-Arkade. Den Entwürfen liegen anscheinend Grundmodelle im *absoluten Maßstab* zugrunde, die in den jeweils passenden Maßstab übertragen werden. Dem Ausführenden bleibt dabei reichlich Spielraum zur Entfaltung seiner persönl. künstler. Begabung. In diesem modellhaften Arbeiten auf der Basis geometr. Grundordnungen liegt einer der Gründe für die stilist. Einheit des einzelnen Gebäudes und die Einheitlichkeit der roman. Baukunst insgesamt.

Im gleichen Zeitraum, in dem die roman. Architektur den Baukörper konstruktiv-plastisch durchformt, entsteht auch die erste monumentale christl. Bauplastik. **Kapitelle** gehören seit jeher zu den figurativ oder ornamental bearbeiteten Elementen. Ihre Zahl vervielfacht sich durch die Einführung von Bündelpfeilern, Vorlagen, Blendarkaden und Galerien. Sie bieten die Möglichkeit, Grundformen zu variieren oder durch Wechsel der Kapitellformen einen bestimmten Rhythmus zu erreichen.

Figuren-Kapitelle nehmen in der Spätromanik an Zahl zu. In Süd- und Westfrankreich, besonders aber in Burgund, werden sie zu Gruppen mit erzählenden Szenen aus dem Alten und Neuen Testament und mit Symbolfiguren zusammengefaßt (CLUNY, VEZELAY, AUTUN). Diese Kapitell-Zyklen im Innenraum ergänzen die Monumentalplastik an den Portalen. Zum ersten Mal seit dem antiken Tempelbau wird der Baukörper wieder zum Träger figürlicher Plastik, die eng mit seiner Gesamtstruktur verbunden ist.

Amiens: Arkadenpfeiler am Chor
a Arkade b Chorumgang

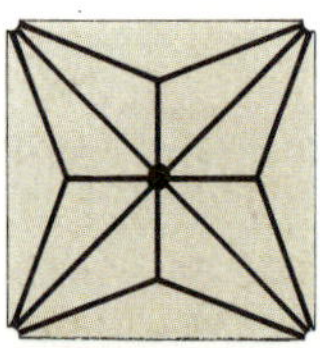

Sterngewölbe

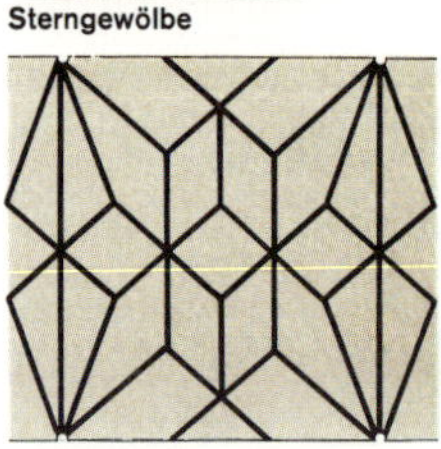

Netzgewölbe

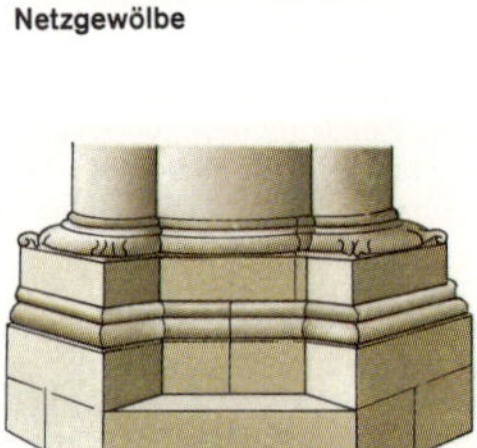

Reims: Pfeilerbasis

Wells: Mittelpfeiler im Kapitelhaus

Florenz: Sta. Croce Arkadenpfeiler

Pfeiler und Wölbung

Schriftsteller und Künstler der Renaissance hielten die Baukunst des hohen und späten Mittelalters für die barbarische Kunstübung der gotischen Eroberer, mit der sie die antike Architektur vernichtet hätten. In ihrem histor. Fehlurteil steckt ein wahrer Kern: in der nun so genannten **Gotik** erreicht die europ. Architektur den Gegenpol zur klass. Antike; und es sind die german. Länder nördl. der Alpen, die über den Mauerwerksbau der Romanik zum got. Gliederbau vorstoßen. Seine konstrukt. und formale Logik führt im 12. Jh. zu einer neuen Ästhetik in der Architektur.

Im Gegensatz zur antiken Stütze-Last-Architektur möchte die Gotik die Schwerkraft verleugnen und den Gegensatz zwischen Stütze und Last optisch aufheben, indem sie die Baumasse in scheinbar aufstrebende Kräftebahnen zerlegt. Mit der Konstruktion von Rippengewölben erhält sie ein entscheidendes Mittel, ein umfassendes System aufzubauen.

Pfeiler und Wölbung werden unlösbar verbunden. Die Wand verliert ihren Charakter als massive, tragende Scheibe. Sie wird in ein stat. Gerüst mit nur noch schließenden, teilweise transparenten Flächen verwandelt. Die Pfeiler bilden die Knotenpunkte für die Gewölberippen, in denen die Druckkräfte abgeleitet werden (S. 26, 64).

In den got. Basiliken stehen an den Eckpunkten der Gewölbejoche die **Arkadenpfeiler.** Charakter und Problematik ihrer Form ergeben sich aus den verschiedenen Raum- und Flächenbeziehungen: einmal zur Hochschiffwand, in der das Mittelschiffsgewölbe über die *Dienste* auf den Pfeiler einwirkt (S. 322), dann zu den Arkaden, deren Bögen er direkt trägt, schließlich zum Seitenschiff, dessen Gewölbe in gleicher Höhe mit den Arkadenbögen in die Kapitellzone eingreifen.

Die Form des Pfeilers soll diese Beziehungen aufnehmen und zugleich dem got. Prinzip der Massenerleichterung, Vertikalisierung und Transparenz folgen. Sie soll als plast. Einzelkörper wirken und sich in das Gesamtsystem einordnen. Die Formgebung knüpft an die roman. *Bündelpfeiler* an (S. 310). Ihr Mauercharakter wird eliminiert, der Pfeilerkern schlank gebildet. Die *Vorlagen* setzen sich als *Dienste* in der Hochschiffwand fort und verzweigen sich als Rippen in die Gewölbe. Bei den 6-teiligen Gewölben der Frühgotik wechselt die Zahl der Dienste und entsprechend auch die Stützenform. Oft wird ein **Rundpfeiler** als Zwischenstütze gewählt, der die Dienste bereits auf der Deckplatte über dem Kapitell auffängt.

Die Entwicklung zielt auf Vereinheitlichung. Der Stützenwechsel wird aufgegeben. In wichtigen Neubauten der 2. Hälfte des 12. Jhs. erscheinen nur noch Rundpfeiler als Arkadenstützen, z.B. in Paris und Laon (S. 322). Bei den Choranlagen dominieren sie von Anfang an, weil die engen Achsabstände die breiteren Bündelpfeiler nicht zulassen (S. 46, 322).

Der kantonierte Pfeiler, ein runder oder polygoner Kern mit 4 Vorlagen in den Hauptachsen, erscheint 1194 im Neubau der Kathedrale in CHARTRES und wird sogleich von Reims und Amiens übernommen. Er vereinigt bei konstruktiver Logik und kräftiger Plastik wesentl. Eigenschaften von Bündel- und Rundpfeiler. Die von der Basis aufsteigenden Vorlagen nehmen die 4 wichtigen Kraftlinien auf, die das System bestimmen. In AMIENS gelingt es, den kantonierten Pfeiler auch um den Chor zu führen und so die völlige Einheit des Gliederungssystems zu erreichen.

Veränderungen im System verändern die Pfeilerform. Die auf die klass. Gotik folgenden Phasen, z. B. der *Rayonnant-Stil,* differenzieren die vom Gewölbe kommenden Kraftbahnen zu immer feinerem Stabwerk. Es läuft fast ungehemmt die Hochschiffwand herunter und deckt den Pfeilerkern zu (ST-DENIS, STRASSBURG, KÖLN, NORMANDIE, ENGLAND).

Auch die Kreuzgewölbe werden durch differenziertere Formen, z. B. *Stern-* und *Fächergewölbe* abgelöst. Durch weitere Aufspaltung der Rippenbahnen bilden sich in der Spätgotik einheitl. Gewölbefelder. Besonders in England und Deutschland dominiert das ornamentale Spiel von Rippenverflechtungen (*Fächer-* und *Trichtergewölbe, Netz-* und *Zellengewölbe, gewundene Reihung*).

In Hallenräumen, z.B. mehrschiffigen Hallenkirchen (S. 408), verdoppelten Seitenschiffen, zweischiffigen Sälen (S. 364), fällt die Richtungsbetonung durch die Hochschiffwand fort, alle Gewölbe setzen in gleicher Höhe an, die Stützen stehen allseitig frei im Raum. Den auf Einheitlichkeit und Durchsichtigkeit abgestimmten Räumen entsprechen richtungsneutrale, runde oder polygone Pfeiler mit glatten Flächen besser als komplexe plast. Formen. Aus den einheitlichen Gewölbejochen, besonders den figurierten Gewölbefeldern der Spätgotik, laufen keine eindeutigen Kräftebahnen zum Fußpunkt der Pfeiler herunter. Oft wachsen die Rippen mit schmalgeschnittenen Profilen erst knapp unter der Gewölbedecke unmittelbar aus dem Pfeilerschaft (S. 410).

Von größter Bedeutung sind Pfeiler- und Gewölbebildung in Räumen mit einem Zentral-Pfeiler (S. 364). Hervorragende Beispiele bieten die **Kapitelhäuser** an den engl. Kathedralen *(Chapter House),* meist ringsum mit Maßwerkfenstern aufgelöste Oktogone, in denen das Motiv des von einem Mittelpfeiler ausstrahlenden *Stern-* oder *Fächergewölbes* vielfach variiert wird.

In der Basilika **Sta. Croce in Florenz** stehen die Arkadenpfeiler bei gesteigerter Höhe der Seitenschiffe fast wie Freipfeiler in dem von ruhigen Flächen begrenzten Raum. Der oktogonale Stützenkörper ist völlig glatt, über dem antikisierenden Kapitell setzen Arkadenbogen und Mauervorlage als flache, rechteckige Bänder an. Die got. Einheit der Struktur wird ersetzt durch die Einheit des klar begrenzten Raumes, in der die Pfeiler als deutlich wahrnehmbare Einzelkörper stehen. An die Stelle des Gewölbes tritt wieder der offene Dachstuhl.

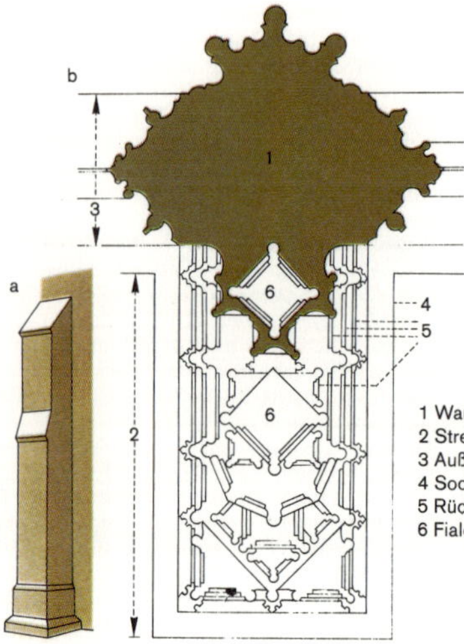

Strebepfeiler: a Grundform, b Wien, 15. Jh., Grundriß

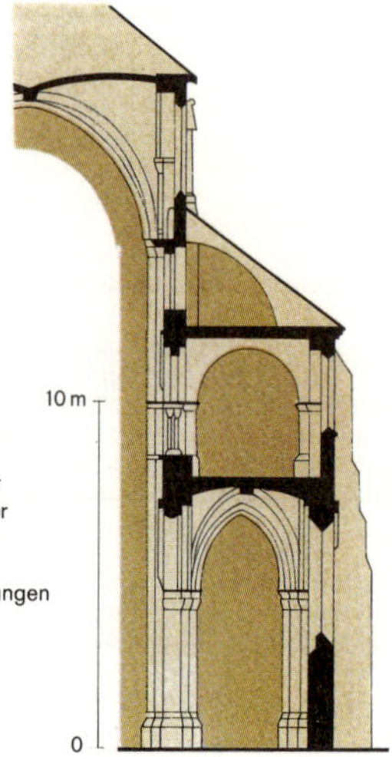

Verdecktes Strebewerk: St. Germer

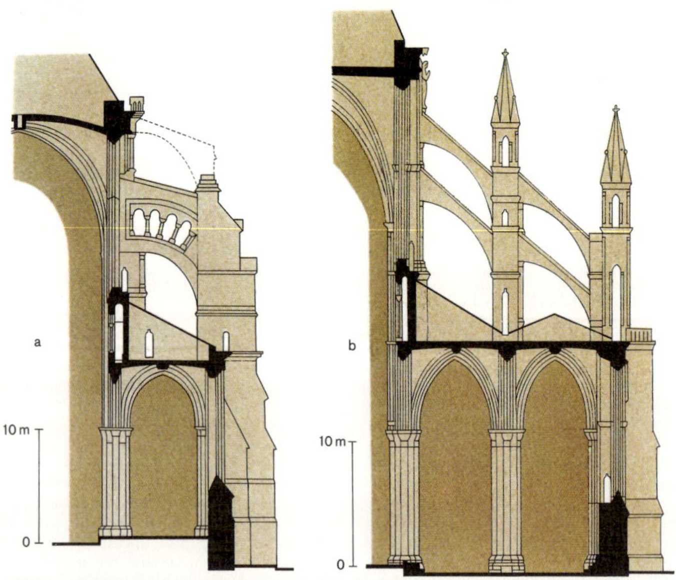

Offenes Strebewerk: a Chartres, Langhaus (s.S.326) b Reims, Chor, 1. Projekt (nach Reinhardt)

Das statische Gerüst als Baukörper

Der got. Gliederbau verwandelt die den Raum begrenzende Wand in ein steinernes Gerüst (S. 322). Es ist durch den Gewölbedruck von innen, den Winddruck und -sog von außen und die Eigenlast der Bauteile starken Belastungen ausgesetzt. Da die stabilisierende Mauersubstanz aufgezehrt ist, tritt das **Strebewerk** als Widerlager an ihre Stelle (vgl. S. 26, 64).

Strebemauern, Strebepfeiler und *Strebebögen* sind schon in der Antike bekannt, aber erst in der Gotik werden sie zu einem Gerüst verbunden, das von außen her die Wände stützt und zugleich die Gestalt des Baukörpers bestimmt.

Strebepfeiler stehen in unmittelbarem Verband mit der Wand, die sie stützen. Sie erscheinen in roman. Zeit zunehmend mit der Ausbreitung des Gewölbebaues, besonders an den Ecken der Türme (S. 380, CAEN) und den Chorkapellen (S. 378, ORCIVAL). Allmählich entsteht die typ. Form der aus der Wand vortretenden Mauerzunge, in Abschnitten von unten nach oben zurückgestaffelt, mit schrägen *Wasserschlägen* zur Ableitung des Regens.

Strebepfeiler beherrschen die Außenwände der got. Saal- und Hallenkirchen (S. 408 ff.). Eine Studie des leitenden Architekten am **Stephansdom in Wien** um 1440, HANNS PUCHSPAUM, zeigt den Grundriß eines Strebepfeilers mit allen Rücksprüngen bis zur oberen *Fiale.* Der in Höhe der Fenster geführte Schnitt macht deutlich, daß eine got. »Wand« tatsächlich in der Hauptsache aus Pfeilern besteht, deren Außenseite als *Strebepfeiler,* die Innenseite als profilierter *Wandpfeiler* oder als *Dienstbündel* sichtbar wird. Sie setzen sich in den profilierten Fensterleibungen fort, zwischen die das eisenbewehrte Fenster gespannt wird.

Strebebogen streben den zu stützenden Bauteil von einem Widerlager in Gegenrichtung zu der Kraft an, die ihn aus dem Lot drückt.

Die Verbindung von *Strebepfeiler* und *Strebebogen* zum komplexen **Strebewerk** vollzieht sich in mehreren Phasen bei der Umwandlung der roman. Basilika zum hochgot. Typus. Die Mittelschiffswand steht oberhalb der Seitenschiffe frei. Sie ist von den Fenstern des *Obergadens* durchbrochen und hat ein geringes Eigengewicht. Von innen greifen am Ansatzpunkt der Gurtbogen und die Diagonalrippen an. Die Kompensation durch einen Strebepfeiler ist unmöglich; er kann innerhalb der Seitenschiffe nicht hochgeführt werden.

Bei den in der Frühgotik bevorzugten **Emporenbasiliken** übernehmen die Emporen die Verstrebungen der Mittelschiffswand. Ihre Gewölbe üben einen Gegendruck gegen die Mittelschiffsgewölbe aus. Oft tragen ihre Gurtbögen zusätzlich eine unter dem Seitenschiffsdach verborgene Strebemauer oder einen Strebebogen, wie z. B. in der Abteikirche von **St. Germer.** Die Strebepfeiler in der Seitenschiffswand dienen als äußeres Widerlager.

Dieses **verdeckte Strebewerk** reicht bei zunehmender Höhe des Mittelschiffs nicht mehr aus. Die kritischen Punkte rücken höher über die Dächer der Seitenschiffe hinauf. Der Wegfall der Emporen in den hochgot. Basiliken verändert außerdem grundsätzlich die Situation. Sie verlangt eine neue techn. und künstler. Konzeption.

Das offene Strebewerk überträgt konsequent den Gerüstcharakter auf den gesamten Baukörper. Schon bei dem ersten Großbau der Hochgotik, der seit 1194 erbauten Kathedrale von **Chartres,** erscheint es nicht mehr als rein techn. Hilfskonstruktion, sondern als den Baukörper bildendes, offen zur Schau gestelltes Element.

Seine Form verdeutlicht die Ableitung der Kräfte. Der *Strebepfeiler* springt aus der Seitenschiffsmauer weit vor und steigt frei auf. Zwei brückenartig gespannte *Strebebögen* erreichen den Obergaden in der Mitte, miteinander durch eine *Rundbogenarkade* verbunden, die wie die Speichen eines Rades die Stemmbewegung gegen den Gewölbeschub verdeutlicht.

Unter dem Dach des Seitenschiffes stützt eine auf den Gurtbögen ruhende *Strebemauer* zusätzlich die Hochschiffwand. Mit ihr ist ein schmaler *Wandstrebepfeiler* verzahnt, in den die Strebebögen eingreifen. Oben läuft er in eine *Säulenvorlage* aus, die mit einer Konsole in das Dachgesims mündet (S. 326).

Diese Konzeption ist technisch ein Experiment. Im 14. Jh. wird sie durch einen 3. Bogen von der Spitze des Strebepfeilers gegen das Dachgesims ergänzt.

Die nächsten Kathedralen der Hochgotik folgen im Prinzip dem Vorbild von CHARTRES. In **Amiens,** seit 1220 im Bau, erreicht das offene Strebewerk die von aller Wucht befreite »klassische« Form (S. 64).

Für die 1211 begonnene **Kathedrale von Reims** überliefert das Bauhüttenbuch des VILLARD D' HONNECOURT den wahrscheinl. ursprüngl. Entwurf des JEAN D' ORBAIS (S. 72) für das **Chor-Strebewerk.** Am Chor muß die Ableitung des Gewölbeschubs wie bei doppelten Seitenschiffen über die doppelte Distanz erfolgen. Das Strebewerk kann aber leichter gebaut werden, weil sich der Druck ebenfalls auf ein *doppeltes Strebewerk* mit zusätzl. Pfeilern über dem Chorumgang verteilt. In REIMS steigen die Strebepfeiler oberhalb der Seitenschiffe als schlanke, z. T. geschlitzte Türme auf, durch Gesimse gegliedert, oben in offenen *Tabernakeln* mit *Helmen* und *Kreuzblumen* endend, dazwischen 2 Paar parallele Strebebögen.

Die spätere Ausführung folgt einer Planänderung. Die äußeren Strebepfeiler, lang und spitz ausgezogen, sind oberhalb des Umgangs bzw. der Seitenschiffe in ganzer Höhe als von Säulen getragene, mit spitzen, reichverzierten Helmen gekrönte Tabernakel gebildet, in denen überlebensgroße Standbilder geflügelter Engel stehen. Das Strebewerk wird in das die ganze Kathedrale umziehende Bildprogramm einbezogen. Nichts könnte besser den hohen Rang des Strebewerks für die Gesamtgestalt der hochgot. Kathedralen verdeutlichen.

Aufrißsysteme gotischer Kathedralen

Im gotischen Kirchenraum ist der Gegensatz zwischen Stütze und Last optisch aufgehoben. Alle Formen scheinen entgegen der Schwerkraft aufzusteigen. Der Raum scheint von ständiger Bewegung erfüllt, seine Grenze schwer erfaßbar zu sein.

Die got. Architekten verwirklichen ihre neuen Raumvorstellungen zuerst im herrschenden Typ der Basilika. Ihr erhöhtes Mittelschiff ermöglicht am besten die gewünschte Vertikalisierung und die Steigerung des Lichteinfalles.

»Die neuen Wirkungsmöglichkeiten gehen in erster Linie von der Durchgestaltung des Aufrisses der Langhauswand aus. Strukturmäßig gehört die got. Langhauswand zu den merkwürdigsten, höchst eigenwilligen und äußerst differenzierten Architekturgebilden der europäischen Baukunst.« (H. JANTZEN)

Die einzelnen Elemente sind nicht gänzlich neu, sie treten aber innerhalb einer Gesamtordnung in ein neues, genau abgestimmtes Verhältnis mit einem differenzierten Wechselspiel von Horizontalen und Vertikalen. In waagerechten Reihen stehen *Arkaden, Emporen* und *Triforium* und Fensterzone *(Obergaden)* übereinander. Senkrecht steigen von den Arkadenpfeilern gebündelte Halbsäulen, die *Dienste,* auf. Sie gliedern die Wand in schmale, stehende Felder, erzeugen eine vertikale Dynamik und akzentuieren die Achsbeziehungen und Jochteilungen. Die Kraftlinien laufen über die *Gewölberippen* bis zum Gewölbescheitel, wo sie sich in der Querachse mit der *Gurtrippe* und überkreuz mit den von der Gegenwand aufsteigenden *Diagonalrippen* zusammenschließen (S. 46, 64).

An die Stelle des additiven Raumschemas der Romanik tritt eine **übergreifende Ordnung:** Das Gegenüber der Wände, das Nebeneinander der Wandfelder, die Vertikal- und die Tiefenbewegung des Raumes werden in einem Netz von Kräftebahnen und Knotenpunkten verflochten.

Die Hochschiffwand nimmt den Charakter eines plast. gegliederten Relieffeldes an, einesteils vom Rhythmus der vertikalen Dienste und der Art ihrer Bündelung, andernteils vom Ausmaß der Wandöffnungen und ihrer Hinterlegung mit anderen Raumschichten bestimmt. Sie liegen z. T. in der Wand selbst, wie bei den Fenstern und beim Triforium, z. T. hinter ihr in den Seitenräumen, wie Seitenschiffen und Emporen (*diaphane Struktur* nach JANTZEN).

Immer mehr bestimmen die ständig wachsenden Fensterflächen aus farbigem Glas den Raumeindruck. Das von ihnen ausströmende Licht verwandelt den Gerüstbau der Hochschiffwand zur »selbstleuchtenden Mauer« des immer höher wachsenden gotischen Sakralraumes.

Die Systematik der got. Architektur bildet sich in den französ. Kathedralen des 12. und 13. Jhs. aus (Karte S. 306). Für das jeweilige System ist der Aufriß des einzelnen Wandfeldes kennzeichnend (vgl. S. 312, Romanik).

Die **Frühgotik** verwendet, meist verbunden mit *6-teiligen Gewölben,* hauptsächl. *4-geschossige Wandsysteme.* Ihr Aufriß ist reichgegliedert, aber kleinteilig, und entspricht dem Typ der Emporenbasilika. Im Wandfeld der zwischen 1160 bis 1210 erbauten Kathedrale von **Laon** stehen z. B. eine Arkade mit glatten Rundpfeilern, eine Empore mit doppelter Arkade, ein 3-teiliges Triforium und ein einfaches Lanzettfenster übereinander. Das 6-teilige Gewölbe faßt durch stärkere Dienstbündel je 2 Felder zu einer Art Doppeljoch zusammen und bewahrt so noch etwas vom Rhythmus des Stützenwechsels.

Bei dem Neubau der Kathedrale von **Chartres** (S. 404) entsteht 1194 mit *4-teiligen Gewölben* und *3-geschossigem Aufriß* die Monumental-Ordnung der klass. Gotik mit *Arkade* und *Obergaden* von gleicher Größe und dem *Triforium* in der Mitte. Der neu entworfene *kantonierte Pfeiler* leitet die Vertikalbewegung der Dienste schon im Sockel ein (S. 318). Das *Gruppenfenster* im Obergaden füllt die ganze Oberwand aus (S. 324). Dieses System setzt sich schnell in den meisten großen Bauhütten durch, ergänzt durch die Erfindung des *Maßwerk-Fensters* 1210 in REIMS (S. 324).

Eine wichtige Variante des klass. Systems entsteht gleichzeitig mit CHARTRES in der Kathedrale in BOURGES über 5-schiffigem Grundriß (S. 402). Die basilikale Staffelung auch bei den Seitenschiffen (vgl. S. 264, THESSALONIKE) ermöglicht die Wiederholung des 3-teiligen Aufrisses im inneren Seitenschiff; er erscheint noch einmal im Rahmen der stark überhöhten Hauptarkade. Der mit 8 dünnen Diensten besetzte hohe Pfeiler steigert die Vertikaltendenz. Das hier noch angewandte 6-teilige Gewölbe und die verschiedenen Formen von Fenstern und Triforien entsprechen der schnellen Folge der Stilstufen. Die Kathedralen von LE MANS, COUTANCES und TOLEDO übernehmen das System. Übernahme bedeutet fast immer Variation. Innerhalb der got. Architektur ist neben der Konsequenz der Stilbildung der Reichtum an individuellen Einzellösungen bewundernswert.

Dem plast. Gliederbau der klass. Kathedralen folgt in dem von PARIS ausgehenden **Rayonnant-Stil** eine zunehmende Auflösung der Wand in feingliedriges *Maß- und Stabwerk.* 1231 erscheint beim Neubau von ST-DENIS zum ersten Mal das *verglaste Triforium* und der neu durchgeformte *Bündelpfeiler* mit breiten Bahnen von Diensten, die vom Sockel bis zum Gewölbe in einem Zug durchlaufen.

Alle wichtigen Elemente dieser Stilstufe erscheinen im Münster in **Straßburg** in dem zwischen 1235–1275 erbauten Langhaus. Die breite Arkade, die gleichen Maßwerkteilungen in Obergaden, Triforium und Seitenschiff, dazu die Blendarkatur der Sockelzone bewirken die Harmonie des Aufrisses.

Das Gefüge der Hochschiffwand wandelt sich über die klass. Gotik hinaus in Richtung weiterer Transparenz und Auflösung der plast. Struktur zu linearer Abstraktion (Kirchen in TROYES, in der Normandie und England, S. 324).

Chartres: Lanzettfenster (u), Gruppenfenster (o)

Reims: Maßwerkfenster

Gloucester: östliche Chorwand

Paris: Notre Dame, Westrose

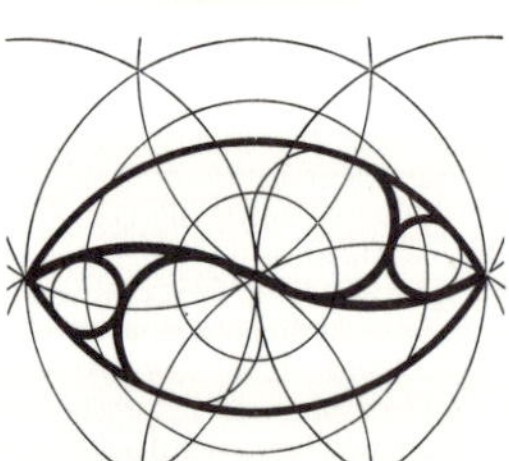

Fischblasenornament

Amiens: Chorkapelle

Auflösung der Wand: Fenster und Maßwerk

Jeder Raum wird bestimmt durch die Struktur seiner Grenzflächen. Gotische Sakralräume verdanken ihren oft geheimnisvoll-irrationalen Charakter dem farbigen Licht, das je nach Wetter und Tageszeit mit wechselnder Intensität von den Fenstern ausstrahlt. Die Verwandlung der Wände in Skelettstrukturen dient vor allem der Steigerung dieser Lichtwirkung. Das Verhältnis von Fenster- zu Grundfläche wird völlig umgekehrt. In roman. Kirchen verhält es sich etwa wie 1:10, in hochgot. Kathedralen, z. B. in KÖLN, etwa 10 : 6,5! Schon in CHARTRES – noch ohne volles Maßwerk und verglastes Triforium – bedecken die Farbfenster ungefähr 5000 qm.

Die **Lanzett-** und **Rundfenster** der Frühgotik unterscheiden sich im Prinzip noch nicht von denen der Romanik; sie bleiben zunächst in die Wand gebrochene, einzelne Öffnungen. Die Erleichterung der Mauer durch fortschreitende Kontraktion in Pfeilerbahnen führt zur Vergrößerung der Öffnungen oder der Bildung von Fenstergruppen, z. B. aus mehreren Lanzettfenstern unter einem Rundfenster (S. 322, BOURGES).

Der Übergang zur »Glasarchitektur« vollzieht sich am Beginn der Hochgotik. In der 1194 begonnenen Kathedrale von **Chartres** erscheint im Obergaden des Langhauses ein neu konzipiertes Gruppenfenster (S. 322, 326, 404), mit 2 großen, nur durch einen Pfosten getrennten Lanzettfenstern und einem den ganzen Schildbogen ausfüllenden Rundfenster, das die Motive der großen Westrose vereinfachend zusammenfaßt: im Zentrum ein als 8-Paß ausgeformter Kreis, umgeben von einem Kranz aus 8 mittelgroßen und 8 kleinen Vierpässen (Kleeblattform). Mit dieser »durchbrochenen Steinscheibe« gelangt der Mauerbau an die Grenzen seiner Möglichkeiten.

Um 1210 entwirft JEAN D' ORBAIS für die Kathedrale von **Reims** das erste **Maßwerkfenster**, das sich als klass. got. Fenster in direkter Übernahme und in vielen Variationen über ganz Europa verbreitet. Unter einem zwischen die Strebepfeiler gespannten Spitzbogen sind zwei *Lanzetten* und eine *Sechspaß-Rose* als selbständige Einheit aus dünnen Steinprofilen nach dem gleichen Prinzip aufgebaut wie das große Traggerüst der Kirche. Der Gliederbau hat damit die volle Homogenität gewonnen (S. 64).

Sie tritt nicht nur in den Hochschiffwänden (S. 322), sondern noch mehr im intimeren Bereich der Umgangschöre hervor. In den Chorkapellen der Kathedrale von **Amiens** z. B. entspricht das *Stab-* und *Maßwerk* der etwa 14 m hohen Fenster und der Brüstungen den Baugliedern von Seitenschiff- und Hochschiffwand.

Die im Maßwerk zur höchsten Perfektion gesteigerte Technik des Steinschnitts ermöglicht in der Fensterarchitektur die Verwirklichung kühner und phantasievoller Formspiele. Die großen **Rosenfenster** an den Stirnseiten von Lang- und Querhäusern nehmen die erste Stelle ein. Hier öffnet sich die Außenwand in voller Spannweite der Gewölbejoche. Die Rosenfenster fixieren die Hauptachsen des Bauwerks. Außen zentrieren sie die Fassaden (S. 398, ST-NICAISE, S. 326, STRASSBURG). Im Inneren beherrschen sie als Gegenpol zum Chorhaupt Mittelschiff und Querhaus. Kaum ein Einzelelement erreicht im Gesamtsystem einen höheren Rang.

Die aus der Romanik überlieferten *Rund-* und *Radfenster* werden in der Frühgotik vergrößert oder mit kleinen Rundfenstern zu kreisförmigen Gruppen kombiniert (LAON, Querhaus, CHARTRES, Westfassade). Mit Beginn der Hochgotik erscheinen die *Maßwerkrosen* (Querhäuser in CHARTRES und REIMS, Chor und Fassade in LAON).

Die große Westrose der Kathedrale **Notre Dame in Paris** stellt eine Neukonzeption des Radfensters mit den Mitteln der got. Konstruktion dar. Die Kreisfläche von 9,60 m Ø ist in 2 konzentr. Ringe, innen mit 12, außen mit 24 Segmenten gegliedert, in allen Einzelheiten vollplastisch als um den Mittelpunkt kreisende Säulenarkade gebildet. Diese Komposition aus Arkade, Rad und Rose, an den Querhausfronten der gleichen Kathedrale im *Rayonnant-Stil* wiederholt und variiert, wird in Europa in immer neuen Variationen nachgebildet (u. a. in ST-DENIS, DURHAM, POITIERS, STRASSBURG). Sie durchläuft alle Stilfolgen der Gotik bis zu den flammenhaft lodernden Rosen des Flamboyant-Stils (SAINTE-CHAPELLE, AMIENS, SENS, SENLIS, BEAUVAIS).

Das Maß- und Stabwerk steht anfangs ganz in Übereinstimmung mit dem plast. Gliederbau der Hochgotik. Es ermöglicht innerhalb des stat. Gerüstes alle wünschbaren Muster der Flächenaufteilung sowohl streng tekton. wie ornamentaler Art.

Die englische Gotik nutzt im *Decorated Style* schon im 13. Jh. die Möglichkeit zur reichen ornamentalen Dekoration. Ihr folgt seit dem 1. Drittel des 14. Jhs. der **Perpendicular Style.** Die ausgedehnten Fensterwände werden in schmale, vertikale Bahnen gegliedert, die sich auf den geschlossenen Wandteilen fortsetzen. Die Kathedrale von **Gloucester** gilt als eines der stilbildenden Werke. Die Chorkapelle öffnet sich nach einem Umbau des 14. Jhs. in einer einzigen großen Glaswand, dem *Crecy-Fenster.* Es ist Englands größtes Bildfenster, gebaut als steinernes Gitter mit 3 senkrechten Hauptbahnen, die durch horizontale und vertikale Profile in zahlreiche schmale Felder unterteilt sind. Der vertikale Linearismus überwiegt.

Im übrigen Europa bestimmen in der Spätgotik überwiegend organoid verflochtene Variationen des Maßwerks die Stile. In vielen Landschaften, vor allem in Frankreich, verbreitet sich der **Flamboyant-Stil** mit dem charakterist. züngelnden Blattwerk (Flowing tracery).

Das wichtigste Grundelement des spätgot. Ornament-Maßwerks bilden die Flammen oder **Fischblasen** (»Schneuß«). Trotz ihrer organhaften Erscheinung entstehen sie auf der Basis der Kreisgeometrie durch Zirkelschläge von verschiedenen Punkten aus. Auch in der ornamentalen Spätphase verharrt so das Mittelalter auf der Grundlage der Geometrie.

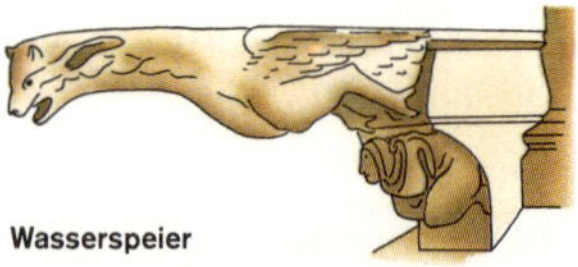

Wasserspeier

Naumburg: Schlußstein

Chartres: Strebewerk und Hochschiffwand (s. S. 320)

Straßburg: Fassadenriß A

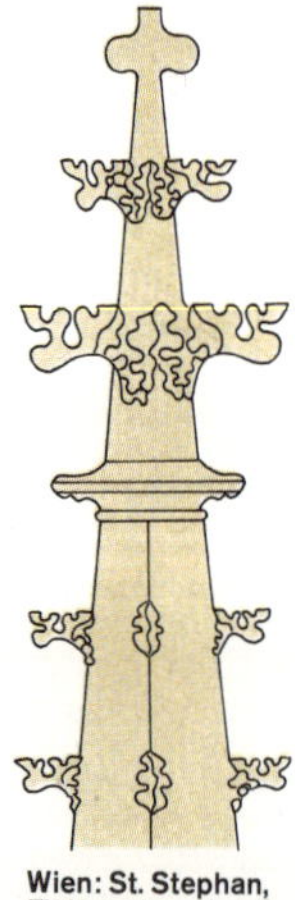

Wien: St. Stephan, Fialenspitze, Aufriß

Prinzip einheitlicher Formgebung

Die Systematik der Gotik tritt in einer einheitl. Gestaltung zutage, die das ganze Bauwerk bis in die kleinen Einzelheiten erfaßt. Trotz der Arbeit mehrerer Generationen bleibt auch bei den großen Kathedralen diese Einheit meist gewahrt. Sie beruht primär auf dem in der Gotik herrschenden *divisiven Prinzip,* bei dem alle Teile vom Ganzen abhängen. Die Logik des einmal begonnenen Systems verlangt seine Vollendung, nicht seine Änderung.

Die got. Bausysteme fordern große Genauigkeit aller Teile für ihre Zusammenfügung am Bau. Da es kein durchgängiges dezimales Maßsystem gibt, dienen geometr. Grundfiguren, vor allem das Quadrat und seine Unterteilungen und Maßbeziehungen, als Grundlage für Entwurf und Ausführung. Nach ihnen werden zunächst die Hauptachsen und die Kardinalpunkte des Gebäudes und die Positionen der tragenden Bauteile festgelegt. Innerhalb dieser Bezugssysteme entstehen die Entwürfe, die »Visierungen«, vom Gesamtbau in stark verkleinertem Maßstab auf Pergament und Papier bis zum originalgroßen Grund- und Aufriß der Werkstücke auf dem *Reißboden* oder dem *Reißbrett.* Erhaltene Originalpläne und Hüttenbücher beweisen, daß die Formen und Beziehungen aller Bauteile durch umfangreiche Zeichenarbeit genau erklärt werden.

Typisch für die Formgebung ist neben der Verwendung einfacher geometr. Figuren und absoluter Maßstäbe (s. S. 310, SPEYER) die Praxis des modellhaften Bauens. Große und kleine Bauteile mit vergleichbaren Funktionen bzw. Bedeutungen erscheinen wie Vergrößerungen oder Verkleinerungen von Grundmodellen. Die abgebildete kleine **Fiale** vom **Puchheim-Baldachin** im **Stephansdom in Wien** z. B. entspricht in Konturen und Verzierung mit Krabben und Kreuzblume den großen Fialen der Außenfronten und im Prinzip sogar den Helmen got. Türme (S. 400).

Die Entstehung der Gotik und ihre Entwicklung bis zur klass. Phase im engen landschaftl. Rahmen der französ. Kronländer begünstigt die Ausbildung einer geschlossenen Systematik als Grundlage des Stils, der von den Baustellen der hochgot. Kathedralen aus ganz Europa überzieht.

In den Bauhütten sind Praxis und theoret. Studium vereint. Die kontinuierliche Tradition gewährleistet die Bildung verbindl. Regeln und eines allgemeinen Formenkanons. Aber die einzelnen Bauwerke sind keine Werke anonymer Gruppen. Ihr Stil ist gleichermaßen vom allgemeinen Zeitstil wie vom persönl. Stil der leitenden Architekten bestimmt (S. 72). Die konstruktive Einheit des Gebäudes erlaubt zwar keine Willkür, läßt aber dem persönl. Ausdruckswillen und den künstler. Fähigkeiten der Baumeister genügend Raum zur Entfaltung. Ihrer Universalität bietet sich ein weites Tätigkeitsfeld vom Entwurf des ganzen Gebäudes bis zur Ausführung der Bauplastik (Figurenportale) und der Ausstattung des Inneren mit Lettnern, Altären, Kanzeln, Chorgestühl und Grabmälern.

An der **Kathedrale von Chartres** tritt deutlicher als an anderen großen Kirchen die Verbindung objektiv wie subjektiv bestimmter Gestaltung im Eigencharakter des Bauwerks hervor. Das Kathedralsystem der Hochgotik erscheint hier zum ersten Mal fertig durchgebildet. Die Beziehungen zwischen innerem und äußerem Gerüst und den am Bauwerk wirkenden Kräften werden sichtbar gemacht. Gegenüber dem kleinteiligen Stil der Frühgotik charakterisieren monumentale, kantige Formen und eine kräftige Plastizität den Stil des führenden Meisters. Er bringt die Funktionen der verschiedenen Elemente unmittelbar zum Ausdruck. Zu seinen Neukonzeptionen gehören das *offene Strebewerk* und das *Gruppenfenster* im Obergaden (S. 320 ff.).

Für die Fassade des **Straßburger Münsters** sind in der Münsterbauhütte verschiedene Studien erhalten. Der wahrscheinl. um 1260 im *Rayonnant-Stil* gezeichnete **Riß A** gilt als die älteste. Die Einheit des Bauwerks soll nicht wie in der klass. Phase durch ein Gleichgewicht starker Spannungen zwischen kräftigen plast. Baugliedern erreicht werden, sondern durch die Verbindung des tragenden Gerüstes (vertikale Hauptelemente) mit flächig ausgespanntem *Stab- und Maßwerk.* In den folgenden Phasen der Gotik, zu der auch die ausgeführte Fassade gehört, wird diese Tendenz weiter vorangetrieben. Das Bauwerk wird von einer vereinheitlichenden, linear bestimmten Struktur überzogen. Geometr. Ornament und Konstruktion verbinden sich im einheitl. **Maßwerkstil.**

In der Struktur vieler Bauwerke verschmelzen Konstruktion, Gliederung, Bauplastik und Ornament miteinander. Jede Zweckform kann Kunstform bzw. Schmuckform werden, z. B. verwandelt sich der einfache steinerne *Regenablauf* (S. 42) in die dämonischen oder skurrilen Ungeheuer, die die Dachregionen vieler großer Kirchen besetzt halten.

Das Ornament erschließt sich in der Gotik neue Quellen: zum einen die Formenwelt der geometr. Figuren mit Zirkelschlägen (S. 324), zum anderen die organ. Natur. Tiere und Pflanzen werden teils naturalist., teils abstrakt in die Welt der Gestalten aufgenommen, die in den großen Kirchen wie eine 2. Schöpfung überall hervortreten, oft an unzugänglichen, ja unsichtbaren Stellen.

Oft scheint das Ornament direkt aus den Baugliedern hervorzuwachsen, z. B. die *Krabben* und *Kreuzblumen* aus den *Fialen* und *Wimpergen,* die *Kapitelle* aus den Pfeilern, die *Schlußsteine* aus den Gewölberippen, die sich in der Spätgotik selbst zum Ornament verwandeln (S. 318).

Ein Schlußstein im Mittelschiff des Domes in **Naumburg** aus dem 13. Jh. ordnet stilisierte Blüten- und Blattmotive auf einer runden Steinscheibe an und nimmt im Ornament die Hauptachsen des Gewölbejoches auf. Er spiegelt an seinem Platz das got. Prinzip wieder, die Unterteilung des Ganzen in seinen Teilen zu wiederholen.

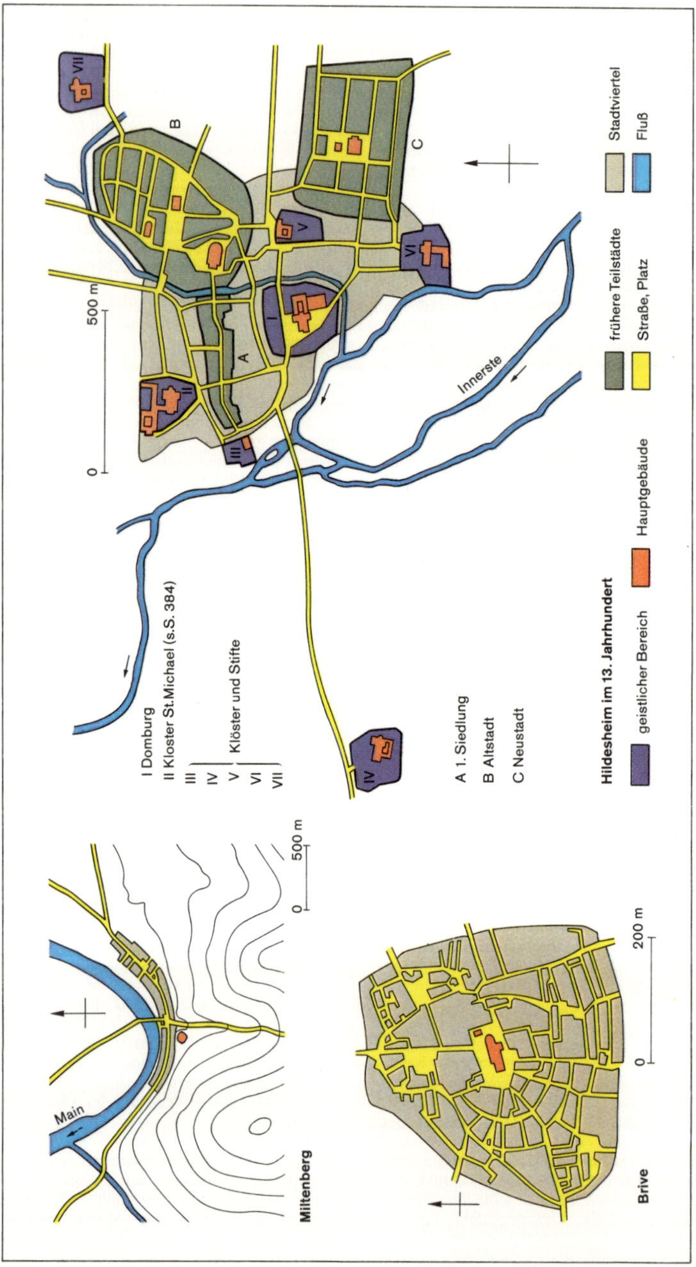

Typische Stadtpläne des Mittelalters

Die antike Stadtkultur bleibt während der Völkerwanderung im S und SW Europas zunächst noch intakt, im W, NW und N verkümmert sie schnell. Die verfallenden Städte bleiben Knotenpunkte im röm. Straßensystem und christl. Bischofssitze. Nördl. der *Donau* und östl. von *Rhein* und *Neckar* gibt es keine Städte.

Der Prozeß der Urbanisierung verläuft mit wechselnder Intensität von W nach O und von S nach N. Er entspricht der zunehmenden Konsolidierung der frühmittelalterl. Staaten. Im Siedlungsraum zwischen *Rhein* und *Weichsel, Alpen* und *Ostsee/Nordsee* erreicht er im 13. und 14. Jh. seinen Höhepunkt.

Keimzellen der Stadtbildung sind

1. röm. Städte, Kastelle und Militärsiedlungen,
2. Königshöfe, Burgen, Bischofssitze,
3. Verkehrsknotenpunkte, Stapelplätze des Fernhandels, regionale Märkte.

Die Verbindung verschiedener Funktionen an einem Ort, z. B. von polit. und geistl. Verwaltung, von Burg und Kaufmannssiedlung, fördert die Stadtbildung.

Die Rechtsstellung der Städte ist im Anfang von der Schutzmacht abhängig (König, Adel, Klerus als »Stadtherr«). Aus den verliehenen *Privilegien* und der ständischen Organisation der Stadtbevölkerung *(Gilden, Zünfte)* bildet sich ein eigenes **Stadtrecht.** Vorbildliche Rechtsordnungen bedeutender Städte werden von anderen übernommen (*Stadtrechtsfamilien* mit *Vororten*). Das Ziel ist der Status einer **Freien Stadt,** gleichberechtigt neben den anderen *Ständen* Adel und Klerus. Könige und Landesfürsten bedienen sich gegen diese immer mehr der freien Städte als polit. Gegengewicht.

Die ursprüngl. Gestalt der Städte läßt sich oft nur fragmentarisch oder hypothet. im Grundriß gewinnen. Meist bleibt das Straßennetz in allen Umwandlungen in den Grundzügen konstant. Beim Vergleich der frühen Stadtpläne ergeben sich vor allem zwei Leitprinzipien.

Das geomorphe Prinzip folgt der topograph. Situation, nutzt oder steigert sie durch die Bebauung, vergleichbar der *Älteren Art* im griech. Städtebau (S. 164). MILTENBERG ist ein Beispiel einer ganz aus der Situation entwickelten Stadt. Zwischen dem Steilabfall des *Odenwaldes* und dem *Main* bietet die Fähre den Ansatzpunkt. Dort entsteht unterhalb der *Burg* ein Verladeplatz für die Schiffahrt und ein Markt. Im Engpaß an der Flußschleife wächst die kleine Stadt längs der Fahrstraße zur Form eines Hornes.

Das geometrische Prinzip arbeitet mit regelhaften Maßsystemen. Gesichtspunkte der Zweckmäßigkeit und Gleichheit führen bei der Aufschließung der Stadtfläche zu einer Einteilung in gleiche Straßenblöcke zwischen rechtwinklig geführten Straßen, besonders in den Handels- und Kolonialstädten, vergleichbar dem *hippodam. Städtebau* der Antike (S. 166).

Diese mehr pragmatisch als theoretisch befolgten allgemeinen Prinzipien bestimmen die jeweilige Grundordnung der Städte teils allein, teils ergänzen oder durchdringen sie sich.

Die Ausbildung der Stadtgestalt hängt entscheidend von der Dominanz, dem Wechsel und der Verbindung der Funktionen ab. Wachstum und gestaltende Kraft der städt. Gesellschaft, Polarität und Konkurrenz ihrer Gruppen, Veränderung der Bedürfnisse lassen eine Vielzahl charakterist. Stadtbilder entstehen. Ihre Mehrzahl läßt sich zwei Typengruppen zuordnen:

Monozentrische Städte richten sich auf ein Zentrum aus. Eine Funktion dominiert und bleibt konstant. Bei dem geomorphen Prinzip erinnern die Grundlinien ihrer Siedlungsstruktur an Erscheinungen der organ. Natur. In freier Ebene nähert sich ihr Umriß manchmal dem *Kreis.* Bei dem geometr. Prinzip entstehen meist rechtekkige Stadtanlagen mit einer zentralen Platz- und Baugruppe. Der Umriß nähert sich oft dem *Quadrat.*

BRIVE in Westfrankreich ist das typ. Beispiel einer radial-konzentr. Ordnung in geomorpher Gestalt. Die im 13. Jh. an neuer Stelle errichtete Stadt übernimmt die Prinzipien ihrer Vorgängerin aus gallischer Zeit und hält an ihnen durch alle Wachstumsperioden fest.

Bipolare oder polyzentrische Städte bringen in ihrer Anlage verschiedene Funktionen zum Ausdruck. Ihnen ordnen sich innerhalb einer Stadt manchmal verschiedene Siedlungsformen zu. Am Anfang steht oft die Anlage benachbarter, aber räumlich wie rechtlich getrennter, nach verschiedenen Prinzipien angelegter Einzelsiedlungen, die später, oft nach langer Rivalität, zusammenwachsen.

HILDESHEIM entsteht als Bischofssitz. Um die karoling. *Domburg* und die erste *Marktsiedlung* entsteht im 10. und 11. Jh. auf den Hügeln im Sumpfgebiet der *Innerste* eine kreuzförmige Gruppe räuml. getrennter *Klöster.* Im 12. Jh. tritt als selbständiges, geplantes Gebilde die monozentr.- geomorphe *Altstadt,* im 13. Jh. die monozentr.-geometr. *Neustadt* hinzu. Diese Teilstädte und Baugruppen mit eigenen Befestigungen *(Archipelstadt)* vereinigen sich im 14. Jh. in einem gemeinsamen Mauerring zu einer polyzentr. Gesamtstadt.

Die Vielfalt der Stadtbilder verdankt das Mittelalter vor allem dem Wettbewerb gesellschaftl. Gruppen. Klerus, Adel, Ackerbürger, Handwerker wohnen oft als geschlossene Gruppen in bestimmten Gebäuden, Straßen oder Stadtvierteln, die durch Tradition ein eigenes Gepräge erhalten. Das Repräsentationsbedürfnis äußert sich in dem Bau eigener *Kirchen, Kapellen, Rat-, Gilde-,* und *Zunfthäuser.* Sie setzen in der von landschaftl. Tradition und Baumaterial geprägten Siedlungstypologie die Akzente. Im Lauf der Geschichte wandelt sich die typische und relativ neutrale *Rahmenform* des Stadtplanes zur charakterist. Stadtgestalt.

»Die Stadt, in der man durch Jahrhunderte lebte, war ein *Biotop:* ein Platz, an dem sich Leben verschiedener Gestalt ins Gleichgewicht bringt und in ihm erhält.« A. MITSCHERLICH

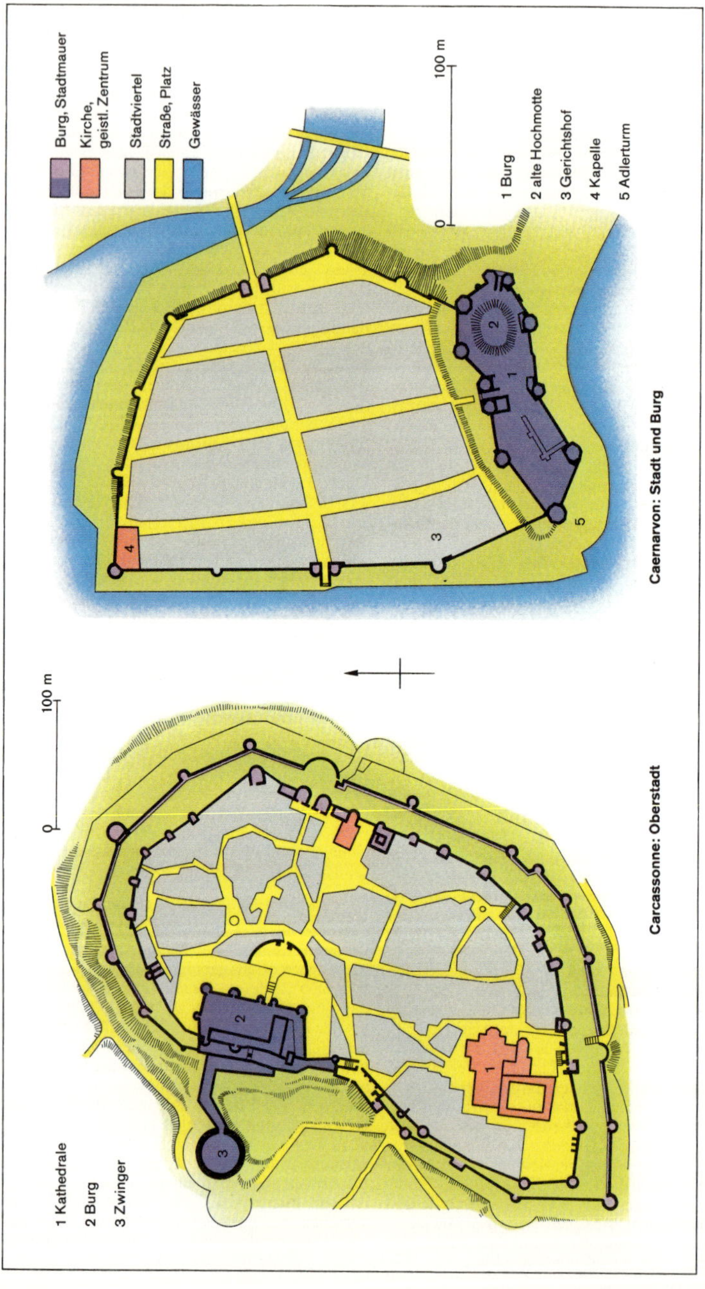

Burg und Stadt: Interessenharmonie und Interessenkonflikt

Burgstädte entstehen aus der Verbindung ziviler und militär. Funktionen. Die *Burg,* das Instrument der welt. oder geistl. Macht, bietet der *Siedlung* Schutz, übt aber auch die Kontrolle über sie aus. Im frühen Mittelalter zwingen die ständigen Kämpfe mit Normannen, Ungarn, Arabern und Slawen in großen Teilen Europas zur Anlage von Burgen. Sie bieten in den wenig erschlossenen Ländern Ansatzpunkte für eine städt. Entwicklung.

Mit der allgemeinen Konsolidierung blühen die Städte auf und streben nach Selbständigkeit. Die Machtkämpfe des Adels mit den Burgen als Stützpunkten hemmen aber oft ihren Aufstieg. Er hängt davon ab, welche Funktion sich durchsetzt. Ein Übergewicht der strateg. Funktion führt zur Stagnation der zivilen, ein Wachsen der Stadt zur Schwächung der militär. Position. Sie wird zunehmend von den Städten selbst wahrgenommen, oft als Gegenleistung für gewährte Privilegien. Die Entwicklung verläuft bei *Burg-*, *Kloster-* und *Bischofsstädten* ähnlich.

Das Stadtbild der Burgstädte wird vor allem bestimmt durch die topograph. Situation und das polit. Verhältnis.

Für die Funktion der Burg ist die Wahl von Geländepunkten wichtig, die militär. vorteilhaft sind. Sie hemmen aber oft das Gedeihen der Stadt. Der ursprüngl. Vorteil der Verbindung verwandelt sich in das Gegenteil. In solchen Fällen kommt es oft zu einer Neugründung der Städte an einem besseren Platz in der Nähe, z. B. wird die Berglage durch die Tallage ersetzt. Burg und Stadt bleiben in enger Verbindung, wenn sich beide Funktionen ergänzen und die Situation beide begünstigt.

Die Gestalt der Burgstädte wird von den beiden Grundtypen der Burg (S. 354) bestimmt:

1. **Höhenburg** auf einem Hügel oder Gebirgsausläufer über der am Abhang oder im Tal liegenden Stadt,
2. **Wasserburg,** von Sumpf, Fluß oder See umgeben, mit der Stadt auf gleicher Ebene oder auf künstl. Hügel leicht erhöht.

Die Stadt darf die militär. Funktionen nicht behindern: die Burg braucht freie Sicht, Schuß- und Operationsfeld. Die Burgen liegen deshalb oft am Stadtrand als isolierte Festungen oder als starke Bastion in dem meist später entstandenen Mauergürtel der Stadt. Die Verbindung der Wehrsysteme bewirkt eine gegenseitige Verstärkung, aber auch Abhängigkeit der Partner.

Bei Burgstädten im eigentl. Sinn dominiert die Burg im Stadtbild. Zahlreiche Publikationen seit dem 16. Jh. (Merian u. a.) stellen sie im Zustand des späten Mittelalters dar. Trotz starker Substanzverluste haben sich viele Burgstädte überall dort erhalten, wo keine moderne Entwicklung die ursprüngliche mittelalterliche Situation grundlegend geändert hat.

Carcassonne verkörpert einen Typ der hochliegenden Burgstadt, die als Ganzes Festungscharakter angenommen hat. Der befestigte Stadthügel über dem Tal der *Aude* spielt seit der gall.-röm. Zeit bei allen Kämpfen um den SW Frankreichs eine wichtige Rolle (Westgoten, Franken, Araber, Albigenser). Sie wird im 11. Jh. Bischofsstadt und Stammsitz einer Regionaldynastie. Im 13. Jh. kommt sie in den Besitz der französ. Krone. 1262 wird die aufständische Bevölkerung in eine Neustadt *(Bastide)* zwangsweise ausgesiedelt.

Der innere Mauerring, seit der Gotenzeit immer wieder verstärkt, wird im 13. Jh. durch einen *äußeren Ring* ergänzt und selbst überhöhend aufgestockt. *Wehrtürme* treten in Schußabstand aus der Mauerflucht beider Ringe hervor und gliedern sie in übersehbare Abschnitte. Als Zugang der einzigen Fahrstraße dient die »Porte Narbonnaise«, eine *Doppeltor-Anlage* an der Rückseite der Stadtmauer, nicht weit von der Gefechtszentrale in der »Tour de Treseau«, beide von größter Verteidigungskraft.

Das *Grafenschloß* beherrscht als eine Art von Zitadelle die Stadtfront über der *Aude,* gesichert durch ein kreisförmiges *Vorwerk* am Berghang. Das Schloß, die Kathedrale und die großen Türme bilden die Dominanten der Landschaft.

Caernarvon gehört zu einer Gruppe von Festungen, die Eduard I. seit Ende des 13. Jhs. zur Eroberung von Wales anlegt. Für seine Strategie mit einem Wechselspiel von Burgen, Heer und Flotte bot die Burg einen idealen Stützpunkt. Der engl. König verpflichtete den berühmten französ. Fachmann Jaques de Saint George als Baumeister.

Eine alte *Turmhügelburg* (Hochmotte) am Ansatz einer Halbinsel zwischen den Mündungen von *Seiont* (Saint) und *Cadnant* (heute zugeschüttet) in die *Menai Strait* bietet einen festen Ausgangspunkt. Das neue Kastell sperrt die Halbinsel in ganzer Breite. 2 *Doppelturmtore* und 7 *Polygontürme* verstärken seine Ringmauer; der besonders starke und hohe »Adlerturm« beherrscht die Mündung des Seiont, Stauwehre sperren den Cadnant. Das hier herrschende Prinzip der Aggressiv-Verteidigung wird besonders an Lage und Bautyp der Tore deutlich. Sie gleichen mehr Festungen für Ausfälle als Einfahrten in die Burg.

Die Stadt bildet mit dem Kastell eine wehrtechnische Einheit. Sie bedeckt die ganze Halbinsel, ihr Mauerring gewährleistet die volle Kontrolle in allen Richtungen. Straßen und Tore ermöglichen mit ihrem rechtwinkligen System die schnelle Bewegung von Truppen und Kriegsgerät. Die Längsachse führt genau auf das Festungstor zu, die Querachse von Ufer zu Ufer ist zwischen die Stadttore, Doppeltore wie bei der Burg, eingespannt.

Die Anlage erinnert an das Schema des *Castrum Romanum* (S. 214), ganz beherrscht vom militärischen Denken. Sie kann als typisch für eine Anzahl von Festungsstädten gelten. Ihre starre Zweckbindung verhindert meist ein städt. Leben. Nur wenige, wie z. B. Calais, entwickeln soviel Handel, Gewerbe und andere städt. Funktionen, daß sie lebensfähig bleiben.

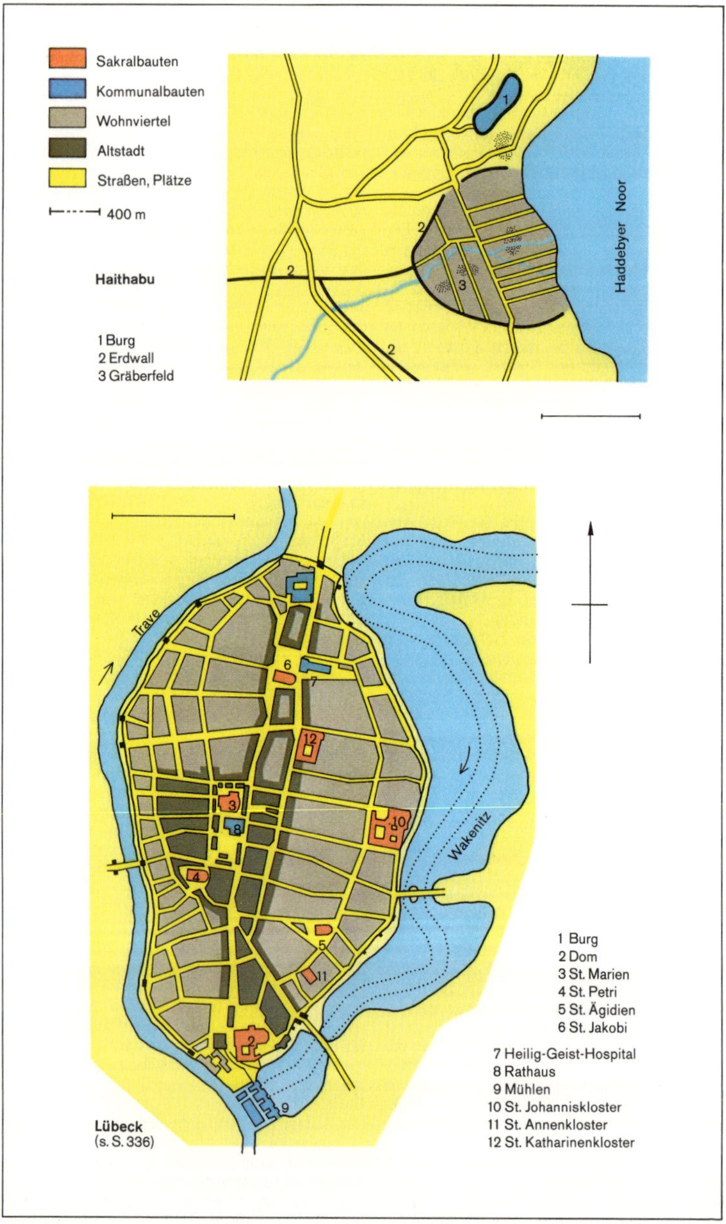

Wasserstraße, Stapelplatz und Markt: Metropole des Mittelalters

Handelsstädte erreichen die höchste Organisations- und Erscheinungsform selbständiger Gemeinwesen im Mittelalter. Sie lassen sich mit der griech. Polis vergleichen (S. 151). Für die polit. Verfassung gilt das vor allem für 2 Gruppen:
die Stadtstaaten mit eigenem Territorium z. B. in Italien, Altrußland oder der Schweiz (VENEDIG, FLORENZ, NOWGOROD, BERN);
die freien Reichsstädte, besonders in Deutschland, mit wenig oder gar keinem Umland, durch königl. Privilegien von den Landesfürsten unabhängig.
Andere bedeutende Städte, z. B. in Frankreich, England oder Flandern, stehen in einer differenzierten Skala von Abhängigkeiten von den dynast. Gewalten. Sie nutzen ihre Wirtschaftskraft als Machtfaktor.
Handel, Gewerbe und **Finanzwirtschaft** bilden die Grundlage zum Aufstieg der Städte. Der **Fernhandel** ist im frühen Mittelalter zu Lande wie zur See oft ein Abenteuer. Er gleicht militär. Operationen, mit denen er die Abhängigkeit von den Jahreszeiten teilt. Aus den *Bruderschaften* und *Gilden* der Fernhändler gehen die Führungsgruppen beim Kampf um die städt. Verfassungen hervor. Die *Zünfte* als Organisationen der Handwerker treten später hinzu.
Zentrale Fernhandelsplätze *(Emporien)* entstehen im frühen Mittelalter meist in Küstennähe. Ihre geringe Zahl im kaum erschlossenen Raum sichert ihnen große Bedeutung und steigenden Wohlstand, ihre Monostruktur und polit. Labilität gefährdet sie. Nur wenige (z. B. NOWGOROD) entwickeln sich zu wirklichen Städten, die meisten überdauern das frühe Mittelalter nicht (z. B. QUENTOVIC an der Kanalküste, DORESTAD am Niederrhein, HAITHABU an der Schlei, BIRKA am Mälarsee).
Haithabu, vom 9.–11. Jh. zentraler Handelsplatz zwischen Nord- und Ostsee, ist durch Grabungen teilweise bekannt. Eine **Burg** kontrolliert die wichtige Kreuzung des Wasserweges von Schweden (BIRKA) nach Holland (DORESTAD) mit dem Landweg von Jütland nach Niedersachsen. Die unmittelbar südl. am Ufer eines flachen Fjordes liegende **Kaufmannssiedlung** bedeckt ein Areal von ca. 28 ha, halbkreisförmig von *Graben, Wall* und *Palisaden* umschlossen. Senkrecht zum Ufer verlaufen *parallele Straßen;* sie ermöglichen den schnellen Transport zwischen Landeplatz und Hofstellen und bilden das Grundgerüst eines anscheinend einheitl. Siedlungsplanes. Stadt und Burg bilden den östl. Endpunkt im Verteidigungssystem des *Danewerkes* und einer *Schleppstrecke* für Schiffe zwischen *Schlei* und *Eider.*
Die Handelsstädte des hohen Mittelalters werden oft nach ähnlichen Prinzipien angelegt wie HAITHABU. Die Lage an einem Wasserweg und die Nähe einer Burg bleibt bevorzugt. Die Schutzfunktion tritt aber seit dem 13. Jh. in Mitteleuropa zurück. Den Planungen liegen wenige erprobte Anlage-Typen zugrunde.

1. **der Parallelstraßen-Typ** mit Straßen gleicher Ordnung vor allem für Fernhandelssiedlungen (s. o.);
2. **der Querrippen-Typ** mit wenigen oder einer Hauptstraße und rechtwinklig abzweigenden Nebenstraßen für Kaufmanns- und Handwerkersiedlungen;
3. **der Quadratraster-Typ,** bei dem die Stadtfläche in annähernd gleichgroße quadrat. *Baublöcke* zwischen meist gleichrangigen Straßen aufgeteilt ist, bevorzugter Typ für regionale Marktstädte in Mittel- und Osteuropa.

Diese Systeme werden nach den örtl. Bedürfnissen variiert und differenziert, sie ergänzen und durchdringen sich. Sie bilden eine **allgemeine Grundordnung** für das städt. Leben. Neben geometr. strengen Stadtplänen (z. B. deutsche Ostkolonisation) finden sich zahlreiche, dem Gelände, den histor. Verkehrs- und Siedlungsstrukturen angepaßte Variationen.

Lübeck, 1158 zum zweiten Mal gegründet, seit 1226 freie Reichsstadt, entzieht sich schnell der polit. Unterordnung und steigt als Nachfolgerin Haithabus zur Handelsvormacht im gesamten Ostseeraum auf. Es beherrscht den Seehandel von Flandern bis Nowgorod, von Skandinavien bis Mitteleuropa, ist Vorort und Konferenzstadt der *Hanse.* Es gehört im 15. Jh. mit 25 000 Einwohnern zu den größten Städten Europas.
Die Stadtanlage zeigt mehrere typ. Grundmuster der Kaufmannsstädte, durch Geschichte und Geländeverhältnisse differenziert. Die Entwicklungsphasen sind im Stadtplan erkennbar.
Auf einer Halbinsel mit mehreren flachen Hügeln zwischen *Trave* und *Wakenitz* bilden sich längs des alten Handelsweges 3 Schwerpunkte: *Grafenburg* im N, *Bischofsburg* und *Dom* im S, *Fernhandelsplatz* in der Mitte. Die erste Kaufmannssiedlung (S. 336) zwischen *Trave* und Fernstraße/Marktplatz folgt ebenso wie ihre spätere Verlängerung nach O und W zwischen den trockengelegten Flußufern dem *Parallelstraßen-System.* Burgsiedlung und Bischofsstadt sind, entsprechend ihrer anderen Funktion, radialkonzentrisch geordnet.
Zwischen diesen Siedlungskernen entstehen Stadtteile für Handwerker, Seefahrer und Fischer, in denen sich das strenge Schema der Kaufmannsstadt der Oberfläche der Stadtinsel und den Bedürfnissen anpaßt und in die anderen Strukturen einmündet.
Pfarrkirchen, Klöster und *Spitäler* bilden individuelle Schwerpunkte in den rasch wachsenden Stadtvierteln. Das Rückgrat der Gesamtstadt bildet ein **doppelter Straßenzug** im Verlauf des alten Nord-Süd-Weges. Das **Zentrum** mit *Markt, Rathaus* und *Marienkirche* bleibt seitl. von ihm an seiner ursprüngl. Stelle der Fernhändlerstadt in der Breite von 4 Straßenblöcken (S. 336) zugeordnet. In dem Überwiegen des doppelten N-S-Straßenzuges (Burgtor-Mühlentor) gegenüber der einfachen Querachse eines Ost-West-Weges mit Übergängen an *Trave* (Holstentor) und *Wakenitz* wird das bleibende Übergewicht des Fernhandels über die regionale Marktfunktion deutlich.

a

b

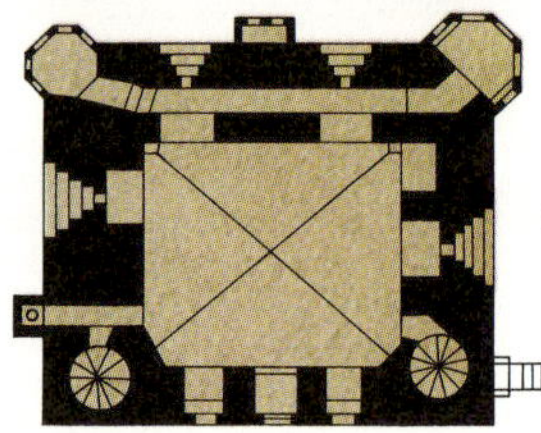
c

Soest: Osthoventor
a Ansicht, b Schnitt,
c Grundriß, 1. Obergeschoß

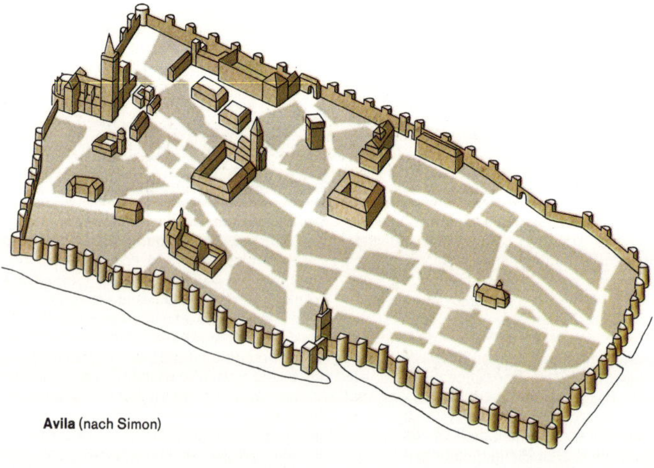

Avila (nach Simon)

Wehrbau als Schutz der städtischen Freiheit

Mauern, Türme und Tore bestimmen Umriß und äußere Erscheinung der mittelalterl. Städte. Der seit dem Altertum bestehende Gegensatz zwischen dem offenen Land und der geschlossenen Stadt findet im Mauerring seinen eindeutigen Ausdruck.
Alle Städte müssen stets zur Verteidigung bereit sein. Sie verwenden einen großen Teil ihrer Einkünfte für den Bau, die Unterhaltung und Verstärkung der Befestigungen. Sie demonstrieren mit ihnen nach außen die wirtschaftl. Kraft und die polit. Unabhängigkeit. Die Zerstörung der Mauern bedeutet das Ende der städt. Freiheit.
Nach innen schränkt der Mauerring den Lebensraum der Bürger ein. Bei schnellem Wachstum werden die Städte oft zu eng. Dann wird entweder ein neuer Mauerring oder eine befestigte Vor- oder Neustadt – oft als selbständige Einheit – angelegt (vgl. HILDESHEIM, S. 328).
Stadtmauern hatten im S und W Europas schon die *Römerstädte* (S. 216). Die röm. Befestigungstechnik geht aber während der Völkerwanderung verloren; östl. des Rheins und nördl. der Donau gibt es keinen Steinbau.
Im frühen Mittelalter dienen *Graben, Wall* und *Palisaden* als Schutz. Aber früher als bei den Wohnhäusern verdrängt bei den Befestigungen der Steinbau den Holzbau. Im Hochmittelalter, der Zeit der meisten Städtegründungen, erreicht die Wehrtechnik in ganz Europa wieder einen hohen Stand.
Anlage und Technik der Stadtmauern entsprechen den Vorbildern und Erfahrungen des *Burgenbaues* (S. 352 ff.), der dem Städtebau zeitl. vorangeht, und werden mit dem Fortschreiten der Kriegstechnik verbessert. Die Mauern folgen entweder dem natürlichen Verlauf des Geländes oder – besonders in der Ebene – dem Prinzip, bei möglichst kleinem Umfang eine möglichst große Fläche einzuschließen. *Kreis* und *Quadrat* gehören auch deshalb zu den bevorzugten Grundformen der Stadtpläne. Die Dicke und Höhe der Mauern wird wesentlich vom Baumaterial und vom Finanzaufkommen der Städte bestimmt. Wegen der teuren Transporte bevorzugt man das in der Nähe verfügbare Baumaterial, im W und S meist *Bruchstein*, im N und O gebrannte Ziegel. Die Feldseite (Feindseite) wird stets besonders sorgfältig ausgeführt. Oft trägt die Mauerkrone einen *Wehrgang* mit *Zinnen, Gußerkern, Pechnasen* und *Schießscharten*, manchmal mit einem *Wetterschutzdach* versehen. *Strebepfeiler* verstärken den Mauerring an der Stadtseite.

Türme dienen
1. der konstrukt. Verstärkung der Mauern (Strebepfeilerwirkung);
2. der Sicherung besonders exponierter Punkte, z. B. Stadttore, Brücken, Häfen, Mühlen, Stauwehre oder Geländestellen, die den Angriff erleichtern;
3. der Flankierung von Angreifern. Die Türme springen aus der Mauerflucht in Abständen vor, die durch die Reichweite der Schußwaffen bedingt sind;
4. der Überhöhung beim Schießen auf das Vorfeld. Hochliegende *Wehrplattformen* tragen die weitreichenden Schußwaffen.

Die Grundformen, der *Rechteckturm* und der *Rundturm*, werden vielfach abgewandelt, z. B. als *Halbrundtürme* oder *Polygontürme*. Oft wechseln die Formen geschoßweise: z. B. Übergang vom Quadrat zum Polygon und weiter zum Kreis. Im späten Mittelalter treten oft phantasievoll gestaltete Obergeschosse und Dachaufbauten mit Türmchen und Erkern an die Stelle der einfachen Baukörper.
Türme werden immer besonders sorgfältig ausgeführt, oft verstärkt und durch neue ersetzt. Spezielle **Geschütztürme** mit meterdicken Mauern, starken Gewölben und verschiedenartigen Schießscharten sollen seit dem späten Mittelalter die Artillerie möglicher Belagerer aus der Höhe bekämpfen. Nur sehr mächtige Städte können diesen Schritt der Kriegstechnik noch mitvollziehen.

Tore sind die Verbindungsstellen zur Außenwelt, Einmündungspunkt der Fernstraßen, Kontrollpunkt für Personen und Waren. Wehrtechnisch stellen sie eine Lücke im Verteidigungsring dar. Die Doppelfunktion des Einlassens und des Abwehrens bestimmt die Anlage. Die Toröffnung, oft eine große für Wagen, eine kleine für Personen, wird auf verschiedene Art gesichert: Türme treten an einer oder an beiden Seiten flankierend vor, oder die Mauer erhält über dem Tor einen Turm. *Doppeltore* mit vorderen und hinteren Torflügeln ersetzen die einfachen; die Mauern werden entsprechend verstärkt, erhalten Vorbauten an der Feld- oder der Stadtseite.
Tortürme stellen eine Verschmelzung von Tor und Turm zu einer wehrtechn. Einheit dar. Die umfangreichen Türme öffnen sich an beiden Seiten mit Toren, oft zusätzl. mit einem *Fallgatter* als Sicherung für den Überraschungsfall versehen. Der Innenraum zwischen den Toren dient der Kontrolle des Verkehrs und bei der Verteidigung als *Zwinger.* Er kann vom Obergeschoß beobachtet und durch *Schuß-* und *Gießöffnungen* verteidigt werden. Weitere Geschosse dienen der Beobachtung und dem Beschuß des Vorfeldes. Die Bündelung der Funktionen führt zum Bau selbständiger Bollwerke in Gestalt umfangreicher **Torburgen** mit *Tortürmen, Vortoren,* äußeren und inneren *Zwingern, Wassergräben, Zugbrücken.* Sie wirken in der Nähe durch ihr kompaktes Volumen und die militär. Details abschreckend, durch die Sorgfalt der Ausführung, die oft imponierende Gliederung und künstlerischen Schmuck repräsentativ. Für die Fernsicht steigert der meist vertikal gestufte Aufbau des Baukörpers die Wirkung der Stadtsilhouette.
Stadttürme im Innern der Städte, freistehend oder in Verbindung mit Rathäusern und Markthallen treten seit dem späten Mittelalter in Wettbewerb mit den großen Sakralbauten und überragen oft als Dominanten und Symbole kommunalen Stolzes Stadtviertel und Plätze (SIENA, BRÜGGE, S. 348).

Bodenordnung, Erschließung, Grundbesitz: Rahmen und Grundlage der bürgerlichen Existenz

Der Fernverkehr gehört zu den Existenzgrundlagen vieler Städte (S. 332). Wenn sie nicht an Verkehrsknotenpunkten entstehen, versuchen sie, die Fernstraßen möglichst in die Stadt zu lenken.

Das Straßennetz richtet sich im frühen Mittelalter nach den bestehenden Boden- und Besitzverhältnissen. Für die Hauptstraßen übernimmt es den vom Gelände bedingten Verlauf der alten Fernwege. Dieses *geomorph-organ. Wegesystem* entspricht den Bedingungen eines wenig erschlossenen Siedlungsraumes und der feudalhierarch. Gesellschaftsordnung, die dem Grundbesitz Vorrang einräumt. In vielen Römerstädten verfällt das geometr. Schema des *Castrum Romanum* (S. 214) oder wird geomorph abgewandelt.

Rationale Erschließungssysteme setzen sich erst im hohen Mittelalter durch. Sie bilden den Rahmen für die auf Grund- und Hausbesitz aufbauende Existenz der vielen Siedler, die gruppenweise in die neuen Städte ziehen. Die in der Gründergeneration vorherrschende soziale Gruppe legt Straßennetz und Grundstücksgrößen nach ihren Erfahrungen und Bedürfnissen fest.

Das Parallelstraßen-System ist typisch für Fernhandelsplätze (z.B. Leipzig, Ostseestädte S. 332). Gleichbreite Straßen in einer Richtung zwischen den Baublöcken ermöglichen den raschen Transport zu den an beiden Seiten dicht gereihten Kaufmannshäusern.

Das Querrippen-System differenziert zwischen einer oder mehreren Hauptstraßen, meist Längsachsen, verbunden durch rechtwinklig abzweigende schmale Querstraßen. Die Längsstraßen nehmen den Fahrverkehr auf, hier wohnen die Kaufleute. Die Querstraßen dienen der Erschließung und dem inneren Verkehr. Hier siedeln sich die Handwerker an.

Das Quadratraster-System beruht auf einer Einteilung der Stadtfläche in Grundquadrate durch meist gleichbreite Straßen. Die weitere Unterteilung durch schmale Straßen in Straßenblöcke oder in Parzellen kann sich den wechselnden Bedürfnissen anpassen. **Die Straßenblöcke** sind meist Vielfache eines für die Stadt typ. *Einheitsgrundstücks* (Area, Erbe, Worth), das auch in Unterteilungen bebaut werden kann.

Die soziale Gliederung spiegelt sich meist deutlich im Straßen- und Grundstücksraster. Straßenbreite, Baublocktiefe und Parzellengröße nehmen oft vom Zentrum zur Peripherie ab. Ihre Abstufung entspricht der ständischen Gesellschaft und ihren Rangstufen. Einzelne Stadtviertel oder Straßenblöcke sind nicht nur in der architekton., sondern auch in der soz. Struktur homogen.

Größe und Zuschnitt der Grundstücke wechseln von Stadt zu Stadt oder von Stadtteil zu Stadtteil. Ackerbürger bevorzugen andere Zuschnitte als reine Kaufleute oder Handwerker.

Das reine Parallel-System ist in seinen Zuschnitten sehr starr, Querrippen- und Quadratraster-System ermöglichen besser die für eine städt. Gesellschaft nötige Differenzierung.

Die Grundstücke bleiben oft Eigentum der Städte und werden gegen eine *Pacht* den Bürgern überlassen, die sie nach einer **Bauordnung** bebauen können.

Lübeck, 1158 als Fernhandelsplatz gegründet, folgt in seiner *Kernsiedlung* zwischen Traveufer und Markt dem *Parallelstraßen-System:* 4 Straßenblöcke von ca. 60 m Tiefe = 200 Fuß zwischen 5 Längsstraßen, bei einer mittl. Parzellengröße von 7,5/30 m = 25/100 Fuß = 225 qm (vgl. S. 332, 342). Alle Häuser stehen mit dem Giebel zur Straße.

Im Vergleich dazu beträgt in der *Zähringergründung* **Freiburg im Breisgau** das Grundmaß 50/100 Fuß mit einem Wohnhaustyp längsseitig zur Straße.

Köln bewahrt trotz der Verschiebungen in den Siedlungsperioden seit der Völkerwanderung Grundlinien des *Castrum Romanum* im Straßensystem der mittelalterl. Großstadt. Ein Straßenblock nördl. des alten *Kapitols* erscheint mit einem ungefähr rechteckigen Zuschnitt von ca. 60/75 m als mittelalterl. Umwandlung oder Abspaltung einer *röm. Insula.*

Ähnlich wie beim *Quadratraster-System* erstrekken sich die Parzellen gruppenweise von drei der umlaufenden Straßen in die Tiefe des Blockes: ursprüngl. 10 in O-W-Richtung mit 300–400 qm Grundfläche für Haus, Hof und Garten, 10 quer dazu in N-S-Richtung mit 90–120 qm ohne Garten.

Goslar wächst seit dem 10. Jh. in mehreren Siedlungsabschnitten um die Marktsiedlung. Im Gegensatz zu dieser zeigt das um 1070/80 entstehende nördl. Stadtviertel eine regelmäßige, auf die besonderen Bedürfnisse zugewanderter Akkerbürger zugeschnittene Planung. Von den Längsstraßen erlaubt die innere, nur 9 Fuß breite Erschließungsstraße den Wagenverkehr nur in einer Richtung. Trichterförmige Erweiterungen vor den Querstraßen erleichtern das Abbiegen und das Passieren in der Gegenrichtung. Straßenkreuzungen werden vermieden. Die Grundstücksgrößen schwanken zwischen 200 und 600 qm.

In diesem Viertel ist die Umwandlung der frühen Bauweise mit einzelnen, senkrecht zur Straße stehenden Giebelhäusern zu einer geschlossenen Straßenwand mit Dächern parallel zur Straße zu verfolgen. Die Eckgiebel an den Straßentrichtern werden als Blickfänge oft reich durchgebildet.

Die meisten Bürgerstädte zeigen seit dem 11. Jh. Planungen mit einheitl. Grundstücken für die verschiedenen Bevölkerungsgruppen. Bei grundsätzl. **Einheit von Wohnen und Arbeiten** bilden »Haus und Hof« eine Existenzgrundlage. In den oft rasch wachsenden Städten ermöglichte nur eine rationale Einteilung des knappen Baulandes der dicht wohnenden Bevölkerung die Sicherung ihrer Existenz.

Das homogene Bild mittelalterlicher Städte hat eine seiner Ursachen in der einheitl. Bodenordnung.

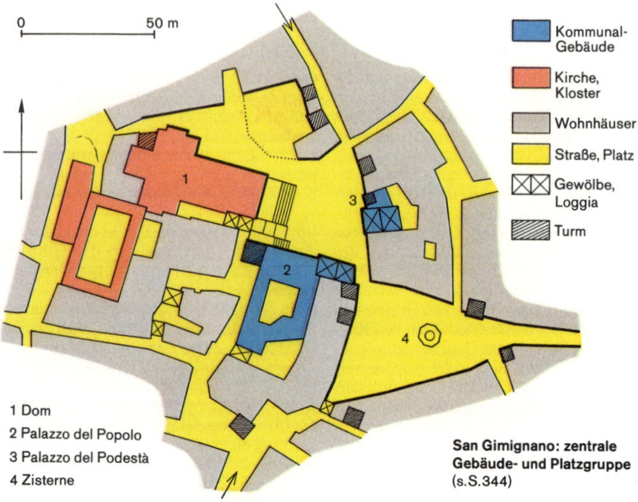

San Gimignano: zentrale Gebäude- und Platzgruppe
(s.S.344)

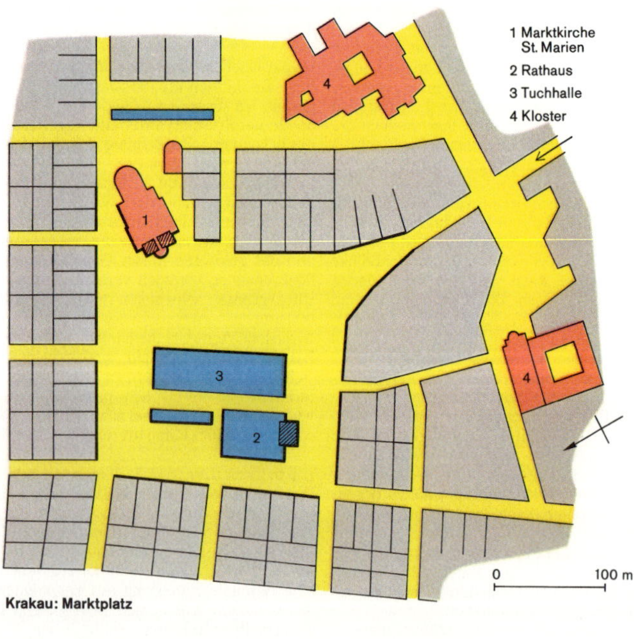

Krakau: Marktplatz

Straßen und Plätze als öffentliche Räume

Im Zentrum konzentriert sich das öffentl. Leben einer Stadt. Ihre polit. Bedeutung und das Selbstverständnis ihrer Bürger drückt sich in seiner Architektur aus.
Im frühen Mittelalter nehmen *Burgen, Pfalzen, Bischofssitze* und *Klöster* die zentralen Funktionen wahr. Sie bilden Baugruppen eigener Ordnung. Die großen Sakralbauten der geistl. Zentren beherrschen die Umgebung. Diese Entwicklung kulminiert in den *got. Kathedralen* der Bischofsstädte (S. 402 ff.). In den neugegründeten Bürgerstädten des hohen Mittelalters bilden die *Pfarrkirchen* die architekton. Dominanten.
Kommunale Zentren entstehen erst seit dem hohen Mittelalter. Die Bedürfnisse der städt. Wirtschaft bestimmen ihre Anlage. Sie benötigt vor allem freie Plätze für die **Märkte,** denen sie Entstehung und Aufschwung verdankt. Ihr Anteil an der Stadtfläche ist groß, ihre Zahl schwankt nach Vielfalt des Handels und der städt. Produktion. Für spezielle Produkte gibt es oft eigene Märkte, manchmal in Verbindung mit einzelnen Stadtvierteln (Wollmarkt, Tuchmarkt, Viehmarkt, Fischmarkt).
Anlage und Gestaltung der Stadtplätze vollzieht sich mehr pragmatisch als theoret.-schematisch. Aus regionalen Traditionen und prakt. Bedürfnissen entstehen einige Grundtypen, z. B.
Straßenmärkte, die Erweiterung eines linearen Verkehrsweges zu einem *Straßenraum* oder einem schmalen *Längsplatz.* Sie sind schon für frühe Marktsiedlungen typisch und bilden im hohen Mittelalter oft das Rückgrat der Stadtpläne für die Handelsstädte an großen Fernstraßen, z. B. die Gruppe der sog. »Zähringerstädte« in SW-Deutschland und der Schweiz (Bern, Freiburg, Rottweil).
Zentralplätze, das Gegenteil zum Straßenmarkt, sind allseitig orientiert. Das regelmäßige Rechteck ist die bevorzugte Grundform, oft sogar das reine **Quadrat,** besonders häufig in der Stadtmitte der Markt- und Kaufmannsstädte des 13. und 14. Jhs. von Mittel- bis Osteuropa. Um Platzfläche und Wände nicht zu zerschneiden, münden die Straßen meist in die Ecken der Plätze ein oder laufen seitl. an ihnen entlang. Axiale Symmetrien werden vermieden.
Polygonal- oder **Rundplätze** entsprechen nicht den pragmatischen Planungen des Mittelalters. Eine Lösung wie z. B. der muschelförmige Campo in Siena ist an die Situation dieser Stadt gebunden und bleibt einmalig. Zwischen Straßenmarkt und Zentralplatz gibt es zahlreiche Übergangs- und Sonderformen, teils typisch, teils individuell.
Plätze zwischen Parallelstraßen bieten den direkten Anschluß an den Durchgangsverkehr und große unzerteilte Flächen für die übergeordneten Funktionen. Viele Städte des rhein.-westfäl. Raumes und die von ihnen beeinflußten Hansestädte im Ostseeraum bevorzugen Platz- und Gebäudefolgen mit *Marktplatz, Rathaus* als Querriegel und *Hauptkirche* mit *Friedhof,* von *Verkaufsbuden* und *Marktständen* umgeben *(Hansegrundriß).* Die anderen Straßen zweigen von diesem »Stadtrückgrat« beidseitig ab. Der Stadtplan von Lübeck (S. 332) zeigt beispielhaft den Aufbau einer solchen Kernzone.
Dreiecksplätze entstehen meist in Straßengabeln. Die Verkehrsstraßen laufen tangierend an zwei Platzseiten entlang, die dritte bietet Platz für Bürgerhäuser und Kommunalgebäude. Bei größerer Ausdehnung wird das Dreieck durch Abknicken der divergierenden Straßen oft zu einem Rechteckplatz umgeformt.
Individuelle Lösungen, z. B. trapez- oder spindelförmige Plätze (Verona), oder ganz irreguläre Anlagen wie z. B. die Platzfolge von San Gimignano, verdanken ihre reizvollen Grundrisse weniger ästhetischen Überlegungen als der Anpassung an topograph. oder histor. Situationen, die im Laufe der Geschichte ästhetisch begriffen und gesteigert werden.

Die Gestaltung der Freiräume wird erst im späten Mittelalter als kommunale Aufgabe erkannt. Im Gegensatz zur Antike erhalten die Plätze keine architekton. Einfassung, die den öffentl. Raum aus den Wohnvierteln aussondert. Die Straßen münden direkt ein, ihre Hausreihen setzen sich an den Platzwänden fort (S. 344, 24). In manchen Städten verbinden **Bogengänge** in den Erdgeschossen den privaten Innenraum mit dem öffentl. Außenraum. Typen und Strukturen der Wohnhäuser in den Landschaften Europas bestimmen den Grundcharakter der Platzräume.
An den öffentl. Plätzen, besonders am Markt, konzentrieren sich die **Kommunalgebäude.** Ihnen, bevorzugt dem Rathaus, wird immer eine Position im Platzgefüge eingeräumt, in der sie gegenüber den kleineren Bürgerhäusern zu gesteigerter Wirkung kommen. Typisch sind z. B. die Stellung an der Ecke, an der Schmalseite oder mitten auf dem Platz, und das Nebeneinander oder Gegenüber von Rathaus und Hauptkirche, Dom und Pfalz.
Aus der Abstimmung von Platzgröße, Platzwänden, Straßenführung, Volumen und Gruppierung der Großgebäude, besonders von Hauptkirche und Rathaus, erwächst die individuelle Gestalt der Stadtzentren.
In den alten **Bischofsstädten** bewirkt das Nebeneinander geistl. und bürgerl. Zentren einen Wettbewerb in der architekton. Durchbildung der Plätze und Baugruppen, z. B. *Dom* und *Domfreiheit* einerseits, *Rathaus* und *Marktplatz* andererseits. In den **Bürgerstädten** treten Sakral- und Profangebäude, sämtlich von der Bürgerschaft erbaut, in ein enges Verhältnis berechneter gegenseitiger Steigerung oder kontrastierender Wechselwirkung.
Der mittelalterl. Städtebau gelangt in seiner jahrhundertelangen Entwicklung zu ebenso typischen wie individuellen Lösungen in der Gruppierung und Steigerung von Baumassen und der Herausarbeitung von *Dominanten.* Dabei führt eine von ehrgeiziger Konkurrenz der Städte getriebene irrationale Übersteigerung, besonders in den Vertikalen der Kirch- und Stadttürme, zu eindrucksvollen Städtebildern teils dynamischer, teils malerisch behäbiger Art.

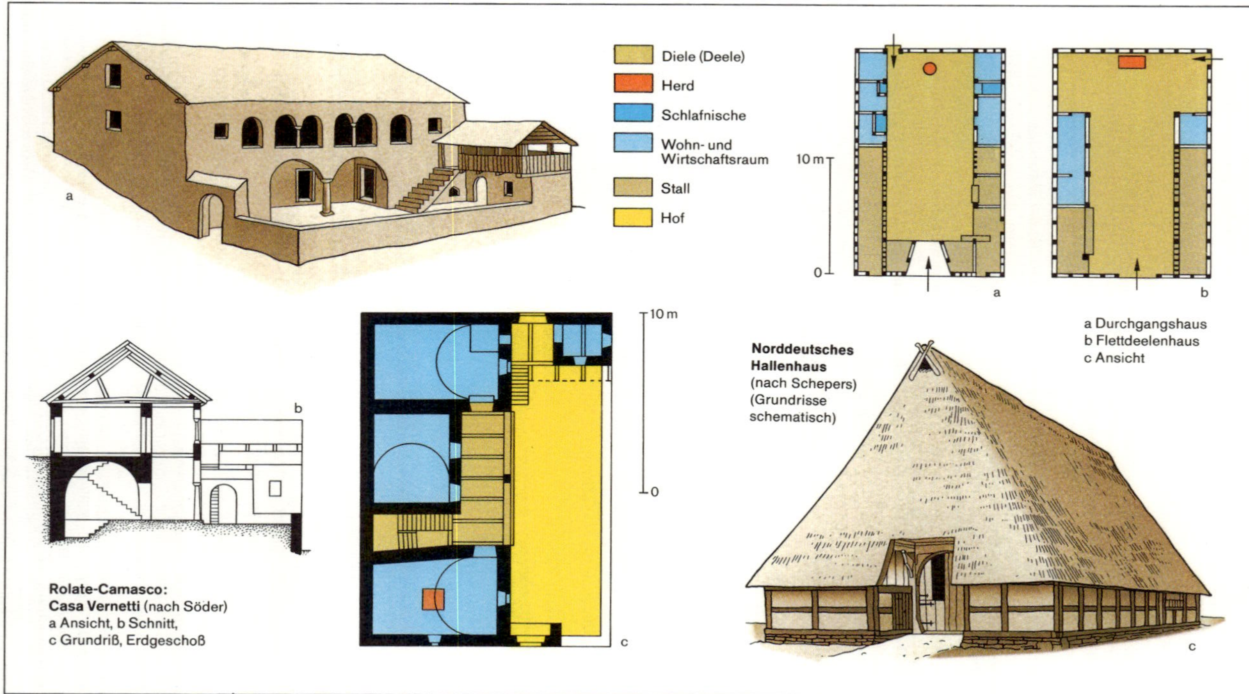

Rolate-Camasco:
Casa Vernetti (nach Söder)
a Ansicht, b Schnitt,
c Grundriß, Erdgeschoß

Norddeutsches Hallenhaus
(nach Schepers)
(Grundrisse schematisch)

a Durchgangshaus
b Flettdeelenhaus
c Ansicht

Bäuerliche Wohnformen in Nord- und Südeuropa

Die Vielzahl bäuerlicher Haustypen in den Landschaften Europas ist das Ergebnis einer langen und komplizierten Siedlungsgeschichte von der Steinzeit bis zum Ende des Mittelalters. Der *Mittelmeerkreis* gelangt bereits in der Antike zu hochentwickelten Wirtschafts-, Siedlungs- und Hausformen (s. Bd. I). In *Nord-*, *Mittel-* und *Osteuropa* entstehen erst im Mittelalter differenzierte Kulturlandschaften mit einer endgültig seßhaften Bevölkerung.

Die Völkerwanderung vermittelt an der Wende zum Mittelalter einerseits dem S die Kenntnis der Holzkonstruktionen N- und O-Europas, andererseits den wandernden Germanen Technik und Formen des Steinbaues. Im wesentlichen bleiben N und S bei ihren Traditionen (S. 38 ff.).

In Südeuropa ergänzen Hausformen der german. Siedlergruppen (Goten, Langobarden, Burgunder) die antiken Haustypen. In entlegenen Landschaften stehen oft Gebäude verschiedener Traditionen unmittelbar, meist nach Funktionen getrennt, nebeneinander. **Mischtypen** entstehen z. B. aus steinernen Hauskörpern mediterraner und Dachkonstruktionen german. Herkunft. Der Steinbau bleibt vorherrschend.

Trauflaubenhäuser gehören zum mediterranen Typenkreis. Sie entsprechen dem Klima in den regenreichen Tälern der *Westalpen.* Ihre parallel zum Hang angeordneten, weit auskragenden Haupt- und Vordächer bieten an der Talseite die nötigen überdachten Arbeits- und Trockenplätze.

Die Grundform ist ein einstöckiges, einzelliges *Herdhaus* mit *Arbeitslaube.* Aus ihm entstehen durch horizontale und vertikale Erweiterung mehrstöckige, vielzellige Häuser mit Stein- oder Holzstützen, Lauben und Bogengängen. Außenraum (Hof) und Innenraum treten in eine enge Beziehung zueinander.

Die Bogenlaubenhäuser, Varianten der Trauflaubenhäuser, zeigen auf einfache Elemente reduzierte Motive des byzantin.-ostgot. Palaststils. Typisch ist die Rhythmisierung in den übereinander liegenden Geschossen; jeder Bogenstellung im Erdgeschoß entspricht z. B. eine Doppelarkade im Obergeschoß.

Die **Casa Vernetti** in ROLATE-CAMASCO, ein im 14. Jh. entstandenes *Bogenlaubenhaus,* stellt eine Spätstufe dieses Typs dar. Vier *Doppelarkaden* bilden ursprüngl. eine lange Galerie im Obergeschoß. Die beiden äußeren werden später bei der Abtrennung weiterer Räume und dem Anbau einer *Quergalerie* über dem Osttor zugemauert.

Die *Laube* im Erdgeschoß verbindet drei *tonnengewölbte* Räume vom *Typ des röm. Herdhauses* miteinander. Im Obergeschoß überdeckt eine *Balkendecke* die gleiche Raumfolge. Das mit *Steinplatten* gedeckte Dach ruht auf *Scherenbindern* röm.-etrusk. Tradition. Ihre Verstrebungen bilden im Dachraum eine Folge raumhoher *Pentagone.* »Die Geometrie des regelmäßigen Fünfecks hat hier zugleich statische wie formale, selbst magische Funktionen.« (H. SÖDER)

Nördl. der Alpen herrscht der **Holzbau:** in den Alpenländern, Skandinavien und Osteuropa überwiegt der *Blockbau,* in West- und Mitteleuropa der *Fachwerkbau.* Die Siedlungen des frühen Mittelalters bestehen meist aus einer Vielzahl kleiner und einzelnen größeren Häusern, fast alle *Pfostengestelle* mit hohen *Sparrendächern* (S. 40). Erst die städt. Berufszimmerleute entwickeln eine Technik für große Spannweiten bei gleichzeitiger Aufnahme großer Nutzlasten. Sie ermöglicht im späten Mittelalter den wirtschaftl. Bau großer Bauernhäuser.

Die sog. **Einhäuser** fassen als Großgebäude die Funktionen der kleinen Häuser, Ställe und Schuppen zusammen und vereinigen Menschen, Vieh, Vorräte und Arbeitsplatz unter einem Dach. Sie entstehen vor allem in Landschaften, in denen neben dem Ackerbau die Viehzucht überwiegt (z. B. Niedersachsen, Schwarzwald, Schweiz, Oberbayern).

Das niederdeutsche Hallenhaus gehört zur Gruppe der Einhäuser NW-Europas mit weiter Verbreitung in den Ostseeraum. Die *Hallenhäuser* sind, im Gegensatz zum einschiffigen *Saalhaus,* dreischiffige, im Innern meist offene Großraumhäuser mit 2 inneren Stützenreihen parallel zur Längsachse. Als Vorbilder dienen wahrscheinl. die Wohnhallen der altgerman. Adelssitze. Der ursprüngl. Typ wird vom Adel aufgegeben (Burgenbau), von dem freien Bauern übernommen und zum landwirtschaftl. Wohn- und Nutzbau umgewandelt.

Das Durchgangshaus, die ältere Form dieser *Wohnstallhäuser* (Grundriß a), besteht aus der bis zur hinteren Giebelwand durchgehenden *Diele* (»Deele«) zwischen zwei Reihen kräftiger Stützen *(Ständer),* begleitet beiderseits von niedrigen »Seitenschiffen«. Sie nehmen die Ställe – z. B. links Rinder, rechts Pferde –, anschließend Wohn- und Wirtschaftsräume auf und sind teilweise zur Deele offen. Vor der Fensterreihe im hinteren Giebel brennt das offene Feuer in der *Feuergrube.* Das Gerüst aus *Ständern* und *Rahmen* trägt den in großen *Dreiecksbindern* aufgebauten *Dachstuhl* (S. 58). Auf seinem Boden ruht unmittelbar über dem ganzen Erdgeschoß ein großer Teil der Ernte, der zugleich als Wärmeschutz dient.

Im **Flettdeelenhaus,** der späteren Form (Grundriß b), erweitert sich der Wohnteil am Kopfende durch eine *Querdiele,* das sog. »Flett«, bis zu den seitl. Außenwänden, deren Gefache Fenster erhalten. Der Wohn- und Arbeitsbereich zu beiden Seiten des Herdes wird dadurch besser beleuchtet und klarer abgegrenzt.

In späterer Zeit treten in der Verlängerung des Hauses abgeschlossene, teilweise beheizbare Räume, das sog. *»Kammerfach«,* am hinteren Giebel hinzu. Das ländl. Wohnen gleicht sich dem städt. an.

Die Großraumhäuser erreichen ihre größten Dimensionen und reichste Ausstattung im 18. und 19. Jh. In ihnen bewahrt sich der vorgeschichtl. Typ des *Megarons* (S. 134, 144) bis an die Schwelle des Industriezeitalters.

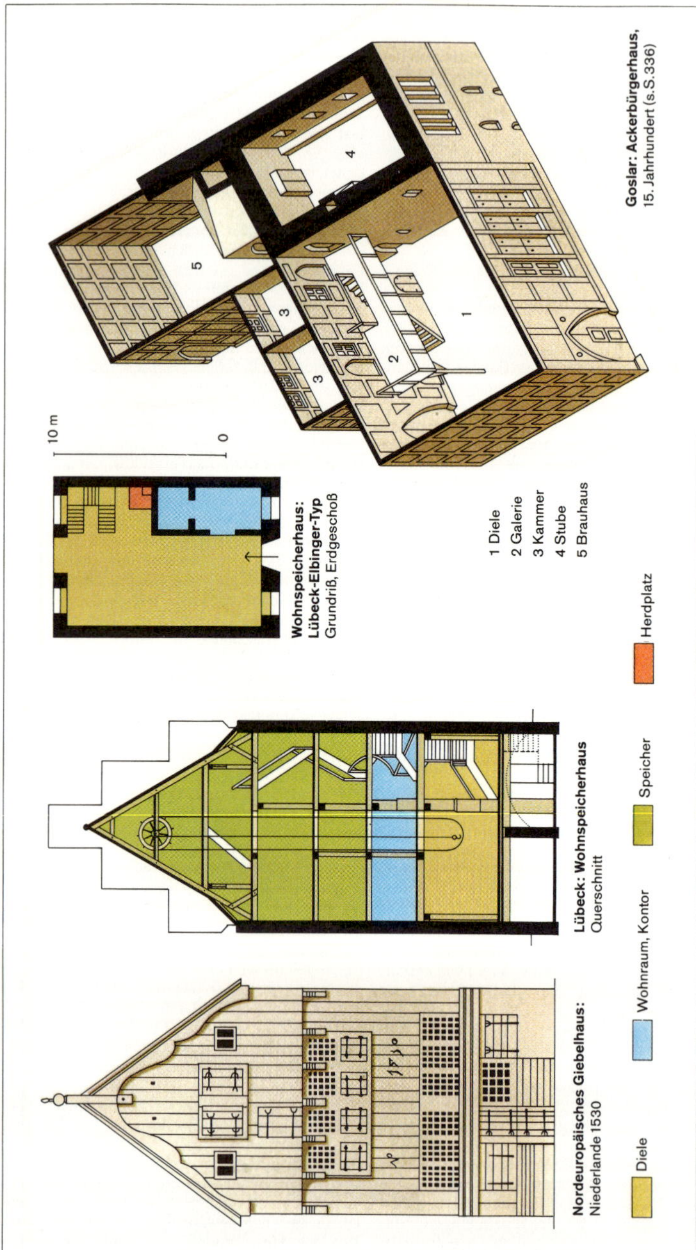

Bürgerhäuser in Nordeuropa

Eine Wohnung als privater Bereich setzt eine Differenzierung der Lebensführung voraus. Sie beginnt in Mittel- und Nordeuropa zuerst bei Klerus und Adel. In *Stiften, Klöstern, Burgen* und *Pfalzen* entstehen Gebäude, Gebäudeteile und Einzelräume für bestimmte Lebens- und Arbeitsbereiche. Adel und Klerus besetzen in den Städten des frühen Mittelalters wichtige Positionen der Verwaltung und Justiz. Sie übertragen Elemente der feudalen Wohnsitze in die Bürgerstadt.

Wohnturm und Kemenate sind ursprüngl. Bauteile der Burgen und Adelshöfe. In den Städten gehören sie zu den ersten Steinbauten und treten als selbständige Baukörper in Erscheinung. **Die Türme,** zunächst Wehrbauten, werden allmählich zum periodischen oder dauernden Wohnen eingerichtet. Sie erreichen in Mitteleuropa nur selten die Anzahl und Bedeutung wie in den Städten Italiens (S. 344). **Kemenaten,** mit *Kaminen* beheizbare Räume (caminata), entstehen in den Burgen als erste Wohnräume mit privatem Charakter. In den Städten stehen sie gesondert als rechteckige, turmartige Gebäude. Über dem Keller enthalten ein oder zwei Wohngeschosse meist nur je einen heizbaren Raum, oft nur von außen über eine Treppe oder eine Galerie erreichbar. Ein *Walm-* oder *Zeltdach* betont den exklusiven Charakter. Die Kemenaten bleiben lange der adligen Oberschicht vorbehalten. Nach der vollen Übernahme der Stadtrechte durch die Bürger werden sie als steinerner Saalbau Bestandteil vornehmer Bürgerhäuser.

Die Typen der Bürgerhäuser entstehen meist durch die Anpassung der Bauernhäuser an den neuen städt. Lebensraum. Die traditionelle **Einheit von Wohnen und Arbeiten** führt in der Enge der Städte zu starker Konzentration und intensiver Nutzung. Die fehlende horizontale Ausdehnungsmöglichkeit wird durch »Vertikalisierung«, d. h. durch Aufstockung ausgeglichen.

Wohnspeicherhäuser, weitverbreitet im nördl. Europa, entsprechen den bäuerl. Wohnstallhäusern (S. 340). Das **Hallenhaus** NW-Europas ist ein besonders klar ausgebildeter Typ. Seine einfache und großzügige Konstruktion macht es zu einer fast neutralen Rahmenform auch für die städt. Bedürfnisse. Die hohe **Halle** (Diele) nimmt das ganze Erdgeschoß ein. Sie bildet den Einheitsraum für Arbeiten und Wohnen. Die niedrigen Seitenräume auf beiden Seiten fallen in der Stadt fort. Beim **Ackerbürgerhaus** (S. 58) werden die reduzierten Ställe im hinteren Teil oder an einer Längswand mit halber Höhe in die Diele eingebaut. Der Platz in dem entstehenden Zwischengeschoß kann verschieden genutzt werden.

Kaufmannshäuser gleichen anfangs Speichern, in denen auch gewohnt wird. Die Diele über dem Kellergeschoß dient als Lager-, Verkaufs- und Wohnraum. Der Herd an einer Längswand bildet den Ansatzpunkt für das Wohnen, das im übrigen auf wenige Kammern in den Obergeschossen beschränkt bleibt. Der wachsende Bedarf an Lagerräumen führt zu immer höherer Aufstockung der Speichergeschosse.

Später werden von der Diele, zunächst auf einer, dann auf beiden Seiten Räume für das *Handelskontor,* für Küche und Eßzimmer abgetrennt und durch ein *Galeriegeschoß* (Hängekammern) die Höhe der Diele ausgenutzt.

In vielen Städten ersetzt nach zahlreichen Großbränden der **Steinbau,** in den Tiefebenen der Ziegel, das traditionelle Fachwerk. Das schmale, steile, mit dem Giebel zur Straße stehende Wohnspeicherhaus mit seinen vielen Fenstern, Luken und dem *Kranbalken* unter der Giebelspitze beherrscht in langen Reihen die Straßenzüge vieler Handelsstädte nördl. der Alpen.

Differenzierte Wohnhäuser entstehen im späten Mittelalter. Die Bürger versuchen, bei steigendem Wohlstand einen privaten Wohnbereich zu schaffen

1. durch Abteilung von Einzelräumen oder Raumgruppen innerhalb der vorhandenen Hausform (s. o.),
2. durch Verlängerung des Hauses oder Anbau eines Hintergebäudes längs des meist schmalen Hofes. Der Grundtyp wird durch einen kleineren, gleichartigen Hauskörper ergänzt, das Straßenbild ändert sich nicht.
3. durch Angliederung und Verbindung von Räumen und Gebäudeteilen zu einer neuen Gesamtform.

Bei diesen Umwandlungsprozessen kommt es zum Austausch von Elementen zwischen den einzelnen »Hauslandschaften«, z. B. der Übernahme der ofenbeheizten *Stube* Ober- und Mitteldeutschlands in das Hallenhaus Niederdeutschlands. Die Übertragung charakterist. Wohnformen von einer Gesellschaftsschicht zur anderen tritt hinzu, z. B. die Verbindung des bürgerl. *Dielenhauses* mit der früher dem Adel vorbehaltenen *Kemenate* oder dem *Saal.*

Beide Vorgänge ergänzen und überlagern sich häufig und führen in den wohlhabenden Schichten des Bürgertums zur Ausbildung von Häusern mit differenzierten Raumgruppen zum Arbeiten, Wirtschaften, Repräsentieren und Wohnen (Schlafen).

In **Goslar** werden diese Vorgänge an Gebäuden des 13. Jhs. deutlich. Das ursprünglich mit dem Giebel zur Straße stehende **Wohndielenhaus** der Ackerbürger (vgl. S. 336), meist ein Fachwerkbau, wird mit dem Steinbau der Kemenate und Wirtschaftsräumen (z. B. dem *Brauhaus)* unter einem parallel zur Straße ausgerichteten Dach zusammengefaßt. Die *Durchfahrt* durchquert nun die Diele seitlich. Ihre Höhe wird durch den Einbau einer Galerie mit Treppenaufgang genutzt, von der die Räume im Obergeschoß und der Dachspeicher erschlossen werden. Die Elemente behalten z. T. ihre Eigenart (Holzbau, Steinbau, Fensterformen), bilden aber zusammen einen Gesamtorganismus, der differenzierten Ansprüchen genügt und sie in seiner Erscheinung ausdrückt. Für den überwiegenden Teil der Bevölkerung bleibt es noch jahrhundertelang bei den einfachen Lebens- und Hausformen.

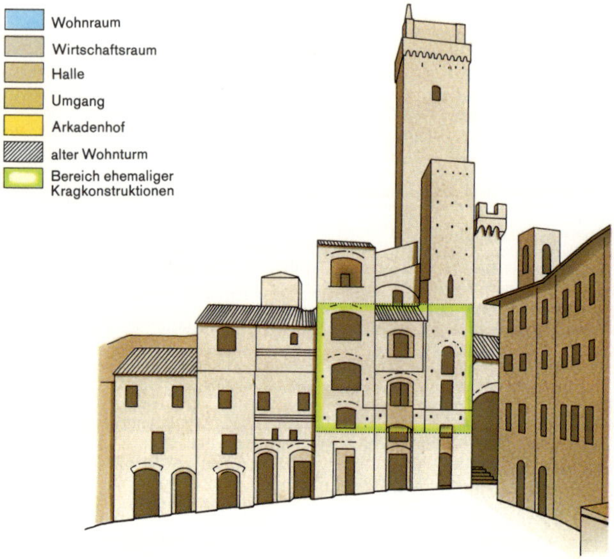

San Gimignano: Haus- und Turmgruppe (s. S. 338)

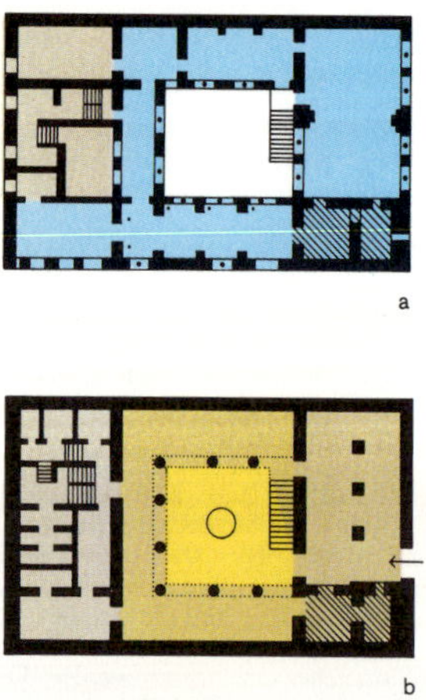

Toskanischer Palasttyp
a 1. Obergeschoß, b Erdgeschoß

Siena: Palazzo Tolomei

Bürgerhäuser und Adelspaläste in Südeuropa

Das antike Städtewesen Südeuropas gerät durch Völkerwanderung, islamische und normann. Invasionen in Bedrängnis. Die städt. Gesellschaft verändert sich, im frühen Mittelalter setzt sich das Feudalwesen durch. Im Gegensatz zu Nordeuropa wohnen viele Adelsfamilien dauernd in den Städten. Ihre Lebensgewohnheiten, Machtansprüche und polit. Parteiungen bestimmen das öffentl. Leben und die Bauweise in den Städten.

Saalgeschoßhäuser und **Geschlechtertürme** herrschen als Typen im frühmittelalterl. Wohnbau vor. Die typ. mittelalterl. **Vertikalisierung** der Architektur löst den antiken Horizontalismus ab. Auf dem engen Baugrund der Städte wachsen die Gebäude in die Höhe.

Saalgeschoßhäuser, die Normaltypen des städt. Adelshauses, bestehen aus einem hohen Mauermantel über schmalem, rechteckigem Grundriß, durch Balkendecken oder Gewölbe in einzelne Geschosse unterteilt. Sie enthalten meist nur je einen Raum: im Erdgeschoß die *Eingangshalle* mit den Toren zur Straße und zum Hof, im 1. Obergeschoß den Hauptsaal, darüber noch ein oder zwei Geschosse mit Wohn- und Wirtschaftsräumen, durch äußere Treppen oder Leitern im Inneren miteinander verbunden (vgl. *Kemenate,* S. 340).

Die vertikal aufgebauten Wohneinheiten stehen Wand an Wand gruppenweise zusammen. Sie sind von niedrigen Anbauten oder von Steinkonsolen mit auskragenden, *galerieartigen Holzkonstruktionen* umgeben.

Geschlechtertürme überragen die Gruppen der Saalgeschoßhäuser wie regelrechte Festungstürme. Sie dienen in den dauernden Familienfehden und bei den zahlreichen Stadtbränden als sichere Zuflucht für Familie, wertvolle Güter und Vorräte und zur Bekämpfung des Gegners aus überhöhter Position.

Der Turmbau ist ein Vorrecht des Adels, der sich gegenseitig mit einer ständig zunehmenden Zahl immer höherer Türme zu übertrumpfen sucht. In der kleinen toskan. Stadt San Gimignano wächst z. B. ihre Zahl auf 72, ihre Höhe bis 51 m! Als in den Städten die aufstrebende Schicht der in den Zünften organisierten Kaufleute und Handwerker zur Macht kommt, verbietet sie den extremen Turmbau. In Florenz wird 1251 die Höhe auf 50 Ellen (ca. 26 m) begrenzt und die Verordnung sofort durchgeführt. Neben das Verlangen nach allgemeiner Sicherheit tritt das Bedürfnis nach wohnlicheren Häusern. Die Türme verschwinden.

Der Stadtpalast als Gebäudetyp der neuen Oberschicht bestimmt seit dem 13. Jh. zunehmend das Straßenbild. In Form großer, rechteckiger Baublöcke tritt er an die Stelle der schmalen Saalgeschoßhäuser. Vom zentralen Hof aus erschließen Bogengänge und Galerien die geschoßweise geordneten Raumgruppen. Das Erdgeschoß umfaßt die hohe *Eingangshalle,* Räume für die Wache, *Ställe* und *Magazine.* Im Hof führt eine *Freitreppe* zu den repräsentativen Empfangs- und Wohnräumen im 1. Obergeschoß (piano nobile). Die weiteren Obergeschosse dienen den Bedürfnissen von Familie und Hauswirtschaft. Innere Treppen verbinden die Stockwerke und gleichen Höhenunterschiede, z. B. bei Zwischengeschossen, aus.

Die einzelnen Landschaften Südeuropas bringen charakterist. Variationen des Palasttyps hervor (vgl. S. 32).

In der **Toskana,** vor allem in Florenz und Siena, bestimmen die Wandflächen, teils *Quadermauerwerk,* teils *Ziegel,* die hochragenden, immer noch festungsartig geschlossenen Baublöcke. Das große *Eingangstor,* bevorzugt in der Mittelachse, bildet den einzigen Akzent in der fast fensterlosen Mauer des Erdgeschosses. Die darüber auskragenden *Galerien* bleiben noch eine Zeit lang üblich. Die Fensteröffnungen der Obergeschosse ordnen sich mit großen *Entlastungsbögen* in das Quadermauerwerk ein und betonen den wehrhaften Charakter. Die in die Öffnungen eingestellten *Arkaturen* (doppelt oder dreifach) kennzeichnen den Wohnpalast.

Vom Hof und von der Straßenfront aus wird der Palasttyp allmählich einer klaren Ordnung unterworfen. **Symmetrie** wird innen und außen angestrebt. Die streng in senkrechten Achsen aufgebaute Fassade setzt sich durch. Horizontale Gesimse betonen dagegen den gelagerten, geschoßweisen Aufbau der Baumasse. Ein *Zinnenkranz* auf einem Konsolgesims oder eine weit überschießende Dachtraufe auf *Flugsparren* schließt den Baukörper oben ab.

In Venedig bestimmt nicht die Geschlossenheit, sondern die Öffnung nach außen die Erscheinung. Eine **symmetr. Dreiteilung** liegt dem Aufbau der größeren Paläste zugrunde: Hof und Mittelflügel mit gleicher Breite hintereinander in der Mittelachse, schmale Flügel an den Seiten.

Diese Disposition dringt in der Gliederung der Hauptfassade in drei senkrechte Felder durch. Das breite *Mittelfeld,* im Erdgeschoß durch das große Portal (oder Doppelportal) und wenige große Fenster durchbrochen, wird in den Obergeschossen in *Loggien* aufgelöst. Ihre leichten *Säulenarkaden* stehen in Gliederung und Material im Kontrast zu den *Seitenfeldern,* die trotz fast geschoßhoher Fensteröffnungen flächig und geschlossen wirken. Die senkrechte Grundteilung tritt in ein Wechselspiel mit der geschoßweisen horizontalen Reihung der Einzelelemente.

Der Wechsel zwischen Offenheit und Geschlossenheit, Licht und Schatten, der Materialkontrast und die Spiegelung im Wasser erhöhen den »malerischen« und transparenten Charakter dieser Architektur.

In Venedig entstehen auch große **Miethäuser.** Sie werden nach festgelegten Regeln mit z. T. vorgefertigten Elementen (Fenster, Gesimse, Kamine) erbaut, im mittelalterl. Europa fast ohne weiteres Beispiel.

Mit dem um einen Innenhof konzentrierten Wohnpalast nimmt Südeuropa den in der röm. Kaiserzeit entstandenen Typ des großen städt. Wohnhauses wieder auf (S. 224). Renaissance und Barock führen den Typ zur Vollendung.

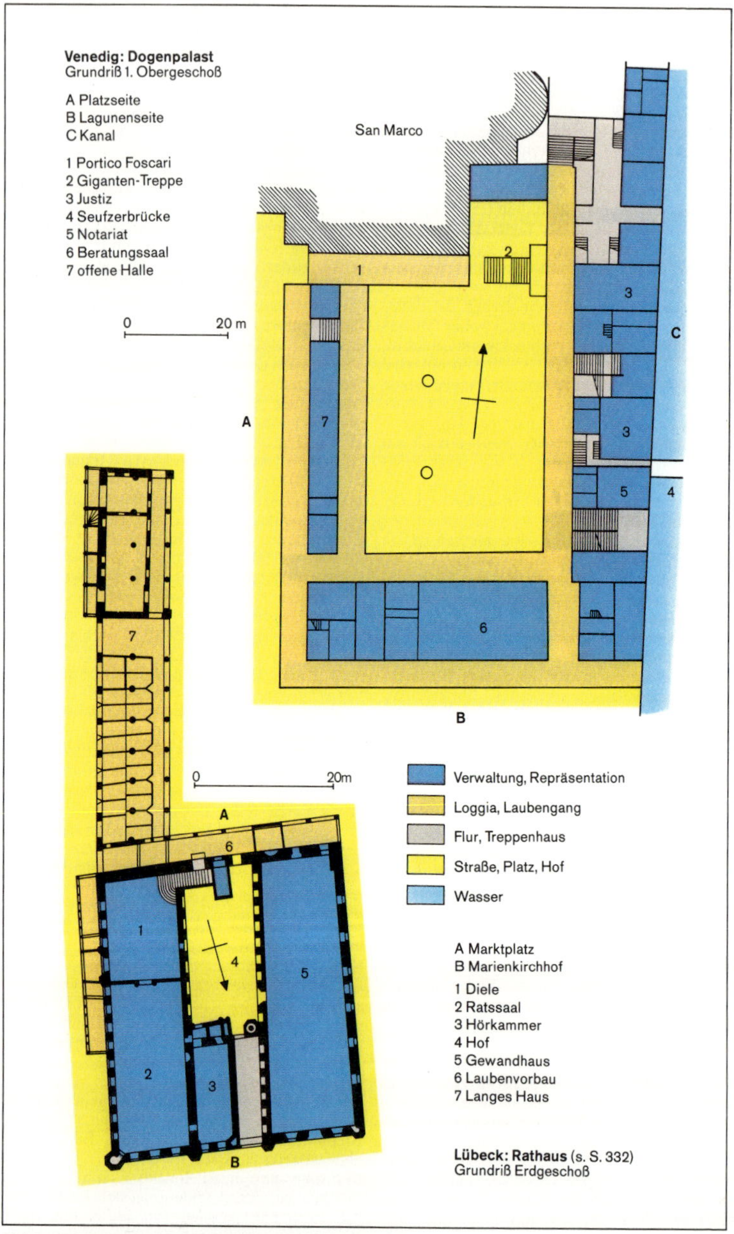

Gebäudetypen für die städtische Selbstverwaltung

Die Selbstverwaltung bildet sich mit dem gesamten mittelalterl. Städtewesen in einem jahrhundertelangen Prozeß heraus. Die Bürger gewinnen nur allmählich und nicht überall die Unabhängigkeit. Je nach Größe und Bedeutung der Städte und dem Grad der Freiheit gegenüber der Territorialgewalt entstehen teils einfache Verwaltungssysteme wie in den Ackerbürgerstädten, teils komplizierte wie in den großen Handelsstädten.

Kommunalgebäude als Typen einer besonderen städt. Architektur entstehen erst im hohen Mittelalter

1. aus den Typen der regionalen *Bürgerhäuser,* meist in gesteigertem Maßstab. 2. aus Typen und Elementen von *Adels- und Klerikalgebäuden* in zweckentsprechender Abwandlung und Verbindung. 3. aus Bauten für *Handel* und *Gewerbe;* zunächst oft Provisorien, später teils als selbständige Einzelbauten, teils als kombinierte Großgebäude.

Die Rathäuser sind anfangs meist einfache Gebäude von mäßiger Größe. Sie werden nach Erringung der Stadtfreiheit Ort und Symbol bürgerl. Selbstdarstellung. Die verschiedenen Traditionen in Nord- und Südeuropa führen zu verschiedenen Typen.

Funktionen und Raumprogramm differenzieren sich vor allen in den großen Städten. Der *Rat* ist die wichtigste Körperschaft einer Stadt, sein Versammlungsraum, der **Ratssaal,** fast immer der bedeutendste Raum der Stadt neben den Sakralräumen. Er liegt meist im *Obergeschoß* (piano nobile, S. 345) und dient auch als *Gerichtssaal* für das städt. Hochgericht und als *Festsaal* (S. 366). Zu seiner Einrichtung gehören die *Rats-* bzw. *Schöffenbänke* oder *-stühle,* Einbauten für Archive und Geräte (Ratssilber). Eine *Freitreppe* dient meist als repräsentativer Aufgang, ein Podest, ein **Balkon** oder eine **Loggia** zur Verkündigung der Rats- und Gerichtsbeschlüsse. Das Erdgeschoß bleibt nördl. der Alpen oft Gewerbezwecken vorbehalten. Es ist das »Kaufhaus« der Stadt, eine zwei- oder dreischiffige Halle für wichtige Gewerbe *(Tuchhalle, Brotbänke).*

Meist hat hier auch die *Ratswaage* ihren Platz, ferner das *Marktgericht* (städt. Niedergericht) mit eigener Laube. Die Kaufhalle bildet den Unterbau für den Ratssaal, beide schließen sich zu einem einfachen, großen Baukörper zusammen.

Aus der Ratsversammlung gliedern sich institutionell wie räumlich spezielle Gremien und Verwaltungsbereiche aus (Ausschüsse, Kuratorien, Kanzlei). Sie benötigen für die ständige Verwaltungsarbeit eigene Räume. Die Architektur muß dieser Differenzierung der Funktionen entsprechen: entweder mit einer **Vergrößerung** des Gebäudes durch Anbau oder Aufstockung oder durch **Ausgliederung** von Teilfunktionen und entsprechenden Räumen in selbständige Gebäude.

Beide Möglichkeiten führen zu einer Vielzahl von Lösungen je nach der besonderen Situation in den Städten.

Der Dogenpalast in Venedig und das **Rathaus in Lübeck** sind Beispiele für die Amtssitze großer Verwaltungen einer nördl. und einer südl. Metropole. Beide erscheinen als Steigerung des Bürgerhauses (Stadtpalastes) zur Staatsarchitektur. Für Venedig ist die Trennung der kommerziellen von den verwaltenden Funktionen bezeichnend, für Lübeck ihre Verbindung.

In **Venedig** beginnt 1340 die Umwandlung des seit dem 9. Jh. oft erneuerten *Dogenkastells* zu einem Komplex für die gesamte Staatsverwaltung. In der *Dreiflügel-Anlage* um einen großen *Arkadenhof,* angelehnt an den **Staatsdom San Marco,** sind die Typen des städt. Saalbaues und des Verwaltungspalastes (S. 348) zu einer Einheit verbunden.

Die Flügel enthalten in teils 3, teils 4 Geschossen die Wohnung und die Amtsräume des Dogen, die *Beratungssäle* für Regierung, Verwaltung und Justiz des Stadtstaates, die dazugehörigen *Kanzleien,* die Anwalts- und Notariatskammern.

Offene Laubengänge außen und innen erschließen Erdgeschoß und 1. Obergeschoß horizontal. Große und kleine *Treppenhäuser* verbinden Geschosse und einzelne Raumgruppen vertikal. Die Galerien dienen außerdem als repräsentative Tribünen an den Hauptschauplätzen des öffentl. Lebens an der Wasser- und der Landseite. Als offene Licht- und Schattenzone bilden sie den Unterbau zu den geschlossenen und flächigen Saalgeschossen und verbinden Gebäudeinneres und städt. Außenraum.

In **Lübeck** beginnt 1226 der Bau eines neuen Rathauses zunächst mit zwei gleichartigen Gebäuden parallel zu beiden Seiten eines Hofes, die Giebel einerseits zum Markt, andererseits zur Marienkirche gewandt (S. 332). In mehreren Bauphasen entsteht daraus eine gereihte, dreiteilige Gebäudegruppe, an den Giebelseiten mit *Bogenblenden* und *Pfeilertürmen* zu monumentalen *Blendfassaden* zusammengefaßt. Der **Rathausflügel** nimmt im Erdgeschoß die *Diele* und den *Ratssaal,* im Obergeschoß den *Hansesaal* für die Konferenzen der Hansestädte auf. Im **Gewandhausflügel** dienen beide Geschosse als *Tuchhallen.* Ein **Laubenbau** am Marktplatz verbindet beide Flügel.

Die Verlängerung des Rathausflügels nach S durch das »Lange Haus« um 1300 und den »Kriegsstuben-Anbau« um 1442 ermöglicht die Ausgliederung wichtiger Funktionen. In der *offenen Halle* im Erdgeschoß finden die *Läden* der Goldschmiede und die *Ratswaage* Platz, im Obergeschoß der große **Festsaal** (»Löwensaal, Danzelhus«) und der kleine *Fest- und Konferenzsaal* (Kriegsstube). Der Kriegsstubenanbau schließt, als Entsprechung zum Hauptgebäude, den Gesamtkomplex mit einer türmchenbewehrten Blendfassade ab.

Hauptbau und Langes Haus, typ. Beispiele des *mittelalterl. Gruppenbaues,* bilden im Winkel zueinander zwei großformatige Platzwände gegenüber den dichten Reihen der schmalen »Buden« und Kaufmannshäuser.

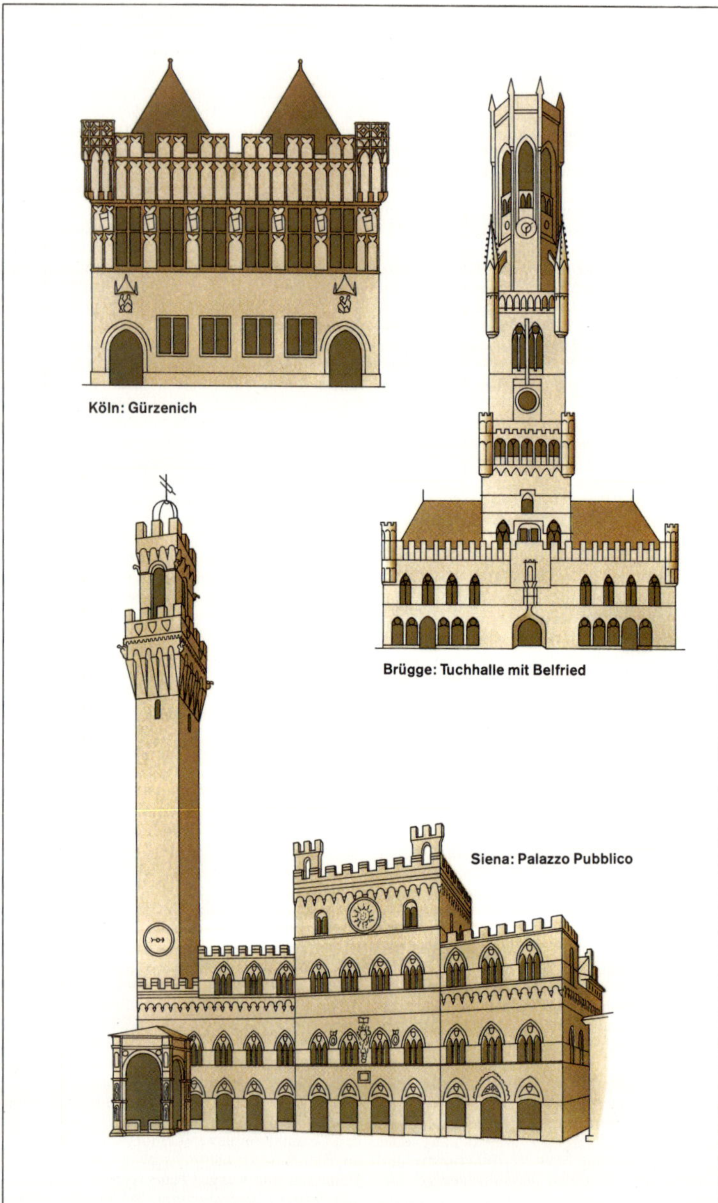

Architektur als Symbol städtischer Macht und bürgerlichen Wohlstands

Im späten Mittelalter wachsen Einwohnerzahl, Produktion, Handel und mit ihnen Reichtum und Einfluß der Städte. Sie werden zu Schauplätzen der großen Politik (Reichs- und Ständetage, Konzile, Konferenzen). Verwaltungsaufgaben und repräsentative Verpflichtungen nehmen entsprechend zu.
Die städt. bürgerl. Architektur tritt über die bloße Zweckerfüllung hinaus in eine ideelle Konkurrenz zur Feudal- und Sakralarchitektur. Sie übernimmt Elemente und Statussymbole der *Adelsbauten* und steht unter dem ständigen Einfluß der, großenteils von den Bürgern finanzierten, *Kathedralbauhütten.* Das Entstehen einer repräsentativen städt. Architektur ist ein Zeichen für die Umwandlung der feudal-agrar. in eine bürgerl. bestimmte Gesellschaft. In den meisten Städten bleibt das *Rathaus* der wichtigste Profanbau.

Der Palazzo Pubblico in Siena, das Rathaus dieses bedeutenden toskan. Stadtstaates, besteht in seinem Mittelteil aus dem typ. Baublock eines Adelspalastes (S. 344) mit 4 Geschossen, 4 Fensterachsen, Gesimsbändern und Zinnenkranz. Die gleichartig aufgebauten Seitenflügel sind in Höhe und Breite abgestaffelt.
Der Baukörper wirkt durch die Gleichheit der Elemente und ihre gleiche Anordnung als einheitl. Großpalast, durch die Staffelung als *Gruppenbau.* Er erscheint innerhalb der übrigen Häuser des Platzes als ihre Steigerung, ohne sie durch zu große Masse zu erdrücken.
Die kleine **Kapelle** vor dem Palast hat die Form der traditionellen *Rats- oder Familienloggia.* Sie ist als selbständiger Baukörper schmuckreich durchgebildet, ordnet sich aber dem Rathausblock völlig ein. Der seitl. abgesetzte schlanke **Turm** von 102 m Gesamthöhe, Gegenstück zum Domturm und Hoheitszeichen der freien Gemeinde, steigert den Eindruck durch den Kontrast zum Baublock.
Palast und Turm sind Steigerungen der toskan. Normaltypen, mit dem übl. Backstein im Stil der Sieneser Gotik errichtet. In der kubischen Geschlossenheit kommt die antik-mediterrane Tradition, in der Staffelung, der Vertikalisierung und der Gruppenkomposition die Haltung des Mittelalters zum Ausdruck.

Einzelgebäude oder selbständige Flügel nehmen vor allem die **Kaufhallen** auf. Die volle Nutzung der Monopole, Markt- und Stapelrechte für die organisierten Handwerker und Kaufleute erfordern überdachte Verkaufsflächen oder geschlossene Lagerhallen für empfindl. Waren.
Die Tuchhallen gehören zu den wichtigen Sondergebäuden dieser Art. Ihre Größe und oft aufwendige Architektur entspricht der Wichtigkeit dieses Gewerbes, besonders in den überregionalen Handels- und Produktionszentren.
In den großen Städten *Flanderns* und *Brabants* mit ihrer exportorientierten Textilwirtschaft treten sie als Prestigebauten oft an die erste Stelle vor dem Rathaus und nehmen manchmal die städt. Verwaltung im Obergeschoß oder in einem Seitenflügel auf.
Zur Halle tritt der **Stadtturm,** ein Typ der nördl. Landschaften im französ. Königreich (»Belfried« = Beffroi). Er symbolisiert den rechtl. Status der Stadtgemeinden: sie unterstehen zwar de jure dem Landesherrn, sind aber de facto durch ihre Wirtschaftskraft selbständig. Sie entlehnen das Machtsymbol des Turmes der Architektur des Adels und der Landesherren und steigern es zur städt. Dominante.
Tuchhalle und Belfried in Brügge, von Mitte 13. bis Ende 15. Jh. erbaut, sind ein Beispiel für die Verschmelzung von Elementen der bürgerl., der feudalen und der sakralen Architektur in einer Gesamtgestalt. *Zinnenkranz, Ecktürmchen, Turmblock* entstammen der Burg- und Palastarchitektur, *Fialen, Turmoktogon* (mit Glockenspiel) und *Strebebogen* dem Sakralbau. Sie verbinden sich mit dem städt. Hallentyp, seinen langen, mit *Arkaden* geöffneten *Galerien* und *Fenstergeschossen* unter hohen Dachflächen zu einem für den N Europas charakterist. kommunalen Großbau.
Die Brügger Halle wirkt in der Ansicht vom Markt als breit gelagerter Sockelbau. Aus ihm aufsteigend beherrscht der 108 m hohe Turm Gebäude, Platz und Stadt.
Wie der Turm in Siena in der Tradition der *Campanili* und *Geschlechtertürme* (S. 344, 382) steht der Brügger Turm in der Überlieferung der nördl. *West- und Vierungstürme* und der *Donjons* (S. 352, 382). Die Masse dieser Turmkörper kann die Ebenen Nordeuropas weithin beherrschen. Auch im Sakralbau der nördl. Spätgotik beginnen Einzeltürme immer höher zu wachsen (S. 400).

Saalbauten für Feste und Empfänge als Gegenpole zum Rathaus entstehen besonders in großen und wohlhabenden Städten. Für den Bau dieser »Tanzhäuser« ist nicht nur der Raummangel, sondern auch die Trennung von der hoheitl. und administrativen Funktion der Rat- und Schöffenhäuser entscheidend.
Der Gürzenich in Köln, 1437 begonnen, verbindet zwei wichtige Funktionen unter einem Dach. Das niedrige, gewölbte Erdgeschoß dient als *Lager- und Kaufhalle,* das hohe, mit einer Holzdekke überdeckte Obergeschoß als *Festsaal.* Da der mit 23/53 m sehr große Raum nicht ausreicht, erwirbt der Rat noch das ältere »Hochzeitshaus« auf der gegenüberliegenden Straßenseite und läßt es mit dem Gürzenich-Saal durch eine Brükke verbinden.
Die Architektur, im Erdgeschoß geschlossen und einfach, wird im Saalgeschoß leichter und anspruchsvoller. Große *Kreuzbalkenfenster* (S. 32) zwischen schmalen Pfeilern lösen die Wände auf. Das Dach verschwindet hinter einem *Zinnenkranz,* die vier Ecken erhalten *Turmerker,* die Fensterpfeiler *Wappenschilde.*
Auch hier verbinden sich typ. Elemente des Feudal- und Sakralbaues mit denen der Bürgerhäuser zu einer städt. Repräsentationsarchitektur.

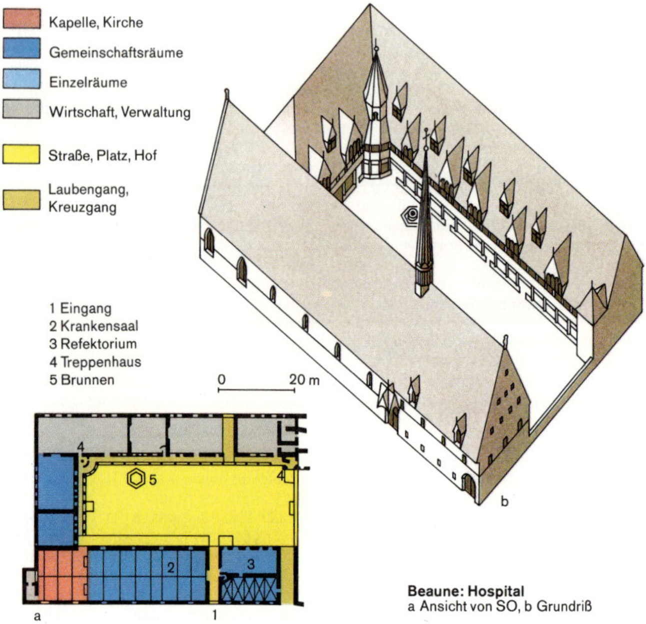

Beaune: Hospital
a Ansicht von SO, b Grundriß

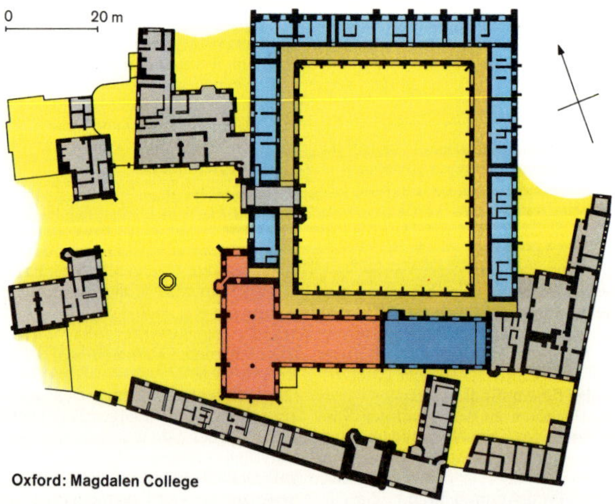

Oxford: Magdalen College

Erziehung und Krankenfürsorge als kommunale Aufgabe

Alten- und Siechenpflege gilt im Mittelalter als Bereich der Seelsorge. Ihr widmen sich geistl. Orden verschiedener Art. **Die Hospitäler** in den Städten dienen mehr der Pflege alter, armer Bürger, weniger der Heilung akuter Krankheiten. Bau und Unterhaltung beruhen auf Stiftungen wohlhabender Bürger mit Kapital und Landbesitz. Ein Kuratorium überwacht die Einhaltung der Statuten und die Rechnungsführung.
Die Standorte werden nahe zur Innenstadt gewählt. Die Alten und Kranken bleiben innerhalb des städt. Lebens, nur *Seuchenspitäler* liegen außerhalb der Mauern. Die Spitäler heben sich als große und komplexe Baugruppen aus der kleinteiligen Bebauung heraus.

Der Bautyp des Hospitals ist in den Klöstern vorgebildet. Es erscheint schon im *St. Gallener Plan* (S. 358) als gesonderter Bereich mit allen wesentl. Elementen. Bedeutende Impulse erhält der Spitalbau durch 1. die großen *Wallfahrten* (Pilgerspitäler), 2. die Kreuzzüge (Ritterorden für die Krankenpflege, Kenntnis oriental. Medizin), 3. die Gründung medizin. Hochschulen und Fakultäten, 4. die Bettelorden.
Der Spitalsaal, meist ein längsrechteckiger hoher Einheitsraum, erreicht oft die Dimension einer großen Kirche; entweder einschiffig, von einer Holztonne oder einem offenen Dachstuhl überspannt, oder zweischiffig mit einer Balkendecke auf Mittelstützen, seltener mit Gewölben.
Die Krankenbetten stehen an den Längswänden in alkovenartigen Verschlägen, manchmal unter einer umlaufenden Galerie zur Beobachtung der Kranken.
Um allen die Teilnahme am tägl. Gottesdienst zu ermöglichen, ist entweder am Saalende ein **Altarplatz** abgegrenzt, oder eine **Kapelle** wie eine offene Vorhalle in der Längsachse oder seitl. im rechten Winkel so angebaut, daß der Altar vom Saal her sichtbar ist.
Die Sonder- und Wirtschaftsräume liegen gruppenweise in anderen Flügeln, z. B. *Arzt-* und *Aderlaßraum* und *Apotheke, Wohnräume* für Pflegepersonal und vornehme Kranke, *Küche* und *Wirtschaftsräume, Scheunen* und *Ställe* schließen die Anlage ab.

Das Hôtel-Dieu in Beaune, 1443 vom burgund. Kanzler NICOLAS ROLIN als Armenhospital gestiftet, dient bis 1945 seiner Bestimmung.
In der *Dreiflügel-Anlage* nimmt der Südflügel den 14/72 m großen *Spitalsaal* mit dem *Altarraum* am Westende, *Portal, Durchfahrt* und *Refektorium* am Ostende auf. Er ist als massiver Steinbau errichtet.
Die beiden anderen Flügel kontrastieren als Fachwerkbauten mit zweigeschossigen Laubengängen vor den Einzelräumen der Pflegeschwestern und der vornehmen Kranken. In den Winkeln steigen Treppentürme auf. Die Architektur ist über ihren Zweck hinaus repräsentativ, bestimmt vom Willen des Stifters, seinen Namen mit einem »gottgefälligen Werk« für die Nachwelt zu erhalten.

Bildung und Erziehung liegen seit dem frühen Mittelalter fast als Monopol in den Händen der Kirche. **Klosterschulen** vermitteln die Grundlagen der Bildung, **Kathedralschulen** bilden die Elite aus. Sie erreichen ihre Blüte im 12. Jh.
Die ersten Universitäten entstehen im gleichen Jahrhundert durch Zusammenschlüsse freier Schulen und Studentenschaften in BOLOGNA, PARIS und OXFORD. Sie organisieren sich nach dem Vorbild städt. Genossenschaften unter Aufhebung des Ständewesens als **autonome Körperschaften** (universitates) mit eigenen Statuten und Privilegien.
Die Städte als Quartiergeber haben mehrfachen Gewinn. Sie erhalten Einkünfte von den Scholaren (in Bologna z. B. 5000), Juristen und Fachleute für die Verwaltung, Lehrpersonal für *städt. Schulen,* Steigerung ihres Ansehens. Von Stiftern oder Korporationen werden freie Räume oder Häuser gemietet oder gekauft. Interessierte Klöster stellen Räume für Lehrveranstaltungen zur Verfügung. Sie konzentrieren sich in einzelnen Stadtgebieten (z. B. das *Quartier Latin* in PARIS).

Die Kollegien bilden den ersten speziellen Bautyp unter den Universitätsgebäuden. Sie entstehen zunächst ohne feste Gestalt als *Internate* für arme Studenten und folgen in ihrer Organisation dem Vorbild der Klöster. Eine beschränkte Zahl von Stipendiaten lebt in enger Gemeinschaft unter der Aufsicht von Rektor und Dekanen. Durch Repetitionen und Vorträge gewinnen sie allmählich den Rang von Lehrstätten mit wachsendem Einfluß auf den gesamten Lehrbetrieb.
Das Collegio di Spagna in BOLOGNA, ein Neubau von 1364–69, gilt als Vorbild für den vollentwikkelten Typ. Ähnliche Anlagen folgen in anderen Städten. In OXFORD und CAMBRIDGE bestimmen sie bald den Charakter des Stadtbildes. In OXFORD gibt 1386 **New College** das Vorbild für zahlreiche kleinere und größere Anlagen, besonders großzügig **Magdalen-College** 1480.
Im Oxforder College-Typ sind die Raumgruppen wie in Bologna in einer *Vierflügel-Anlage* um einen Innenhof geordnet (Quadrangle). Einer der Flügel enthält die *Kapelle* mit der *Vorkapelle* für die akadem. Zeremonien und die *Halle,* den Versammlungs- und Speisesaal. Einer der anschließenden Flügel nimmt die *Pförtnerloge, Wohnungen* des Rektors und der Dekane, *Archiv* und *Schatzkammer* auf. Sein besonderes Wahrzeichen ist der als Dominante ausgebildete *Torturm.* Im dritten Flügel liegen meist *Küche, Verwaltung* und *Bibliothek,* im vierten die *Wohnräume* der Stipendiaten.
Personal- und Wirtschaftsgebäude, Scheunen, Stallungen, Latrinen ergänzen die Zentral-Anlage. Eine *Mauer* umschließt die ganze Baugruppe einschl. *Friedhof:* ein funktional klar gegliederter Komplex mit exklusiv-elitärem Charakter.
Unterrichts- und Versammlungsgebäude mit Lehr- und Hörsälen bilden sich als Typen erst spät heraus. Zu einheitl. geplanten Gesamtanlagen kommt es erst im Nachmittelalter.

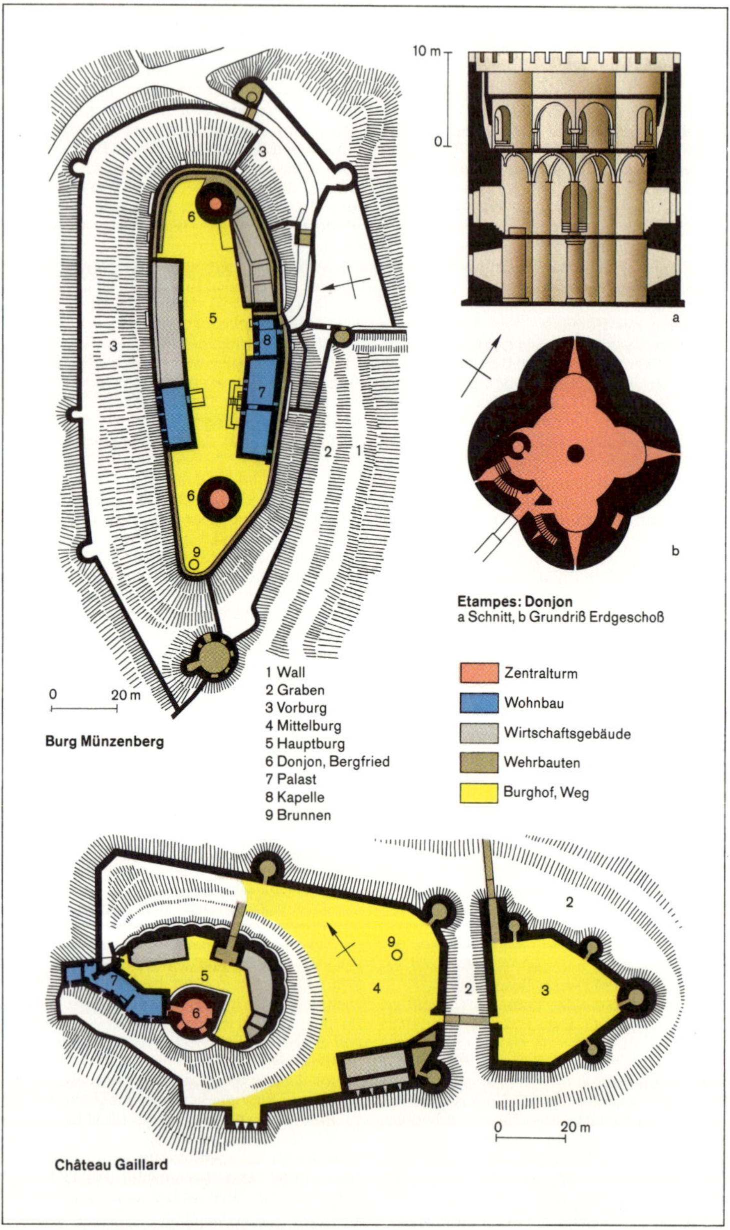

Die Burg: Wohnform und Machtinstrument

Im frühen Mittelalter entstehen nördl. der Alpen **Fluchtburgen** gegen die Invasionen der NORMANNEN und UNGARN. Die meisten verfallen, einige entwickeln sich zu Städten. In den Kriegen mit den ARABERN in Südeuropa bauen beide Seiten **Kastelle** nach röm. und byzantin. Vorbild. Im späten Mittelalter errichten Siedler in Südosteuropa **Bauern- und Kirchenburgen** gegen die TÜRKEN. Die Gesamtzahl der reinen Wehranlagen bleibt relativ gering.
Ritter- und Dynastenburgen entstehen als Folge des *Feudalsystems.* Grundbesitz als Eigentum oder Lehen (Feudum) und die mit ihm verbundenen Privilegien bilden die wirtschaftl. Grundlage des Adelsstandes. Die Burgen dienen zugleich der Sicherung und als Wohnsitze des Adels.
Die Gestalt der Burgen wechselt mit den Epochen. Nur die Lage im Gelände bleibt konstant als *Höhenburg, Hangburg* oder *Tiefenburg.* Das Bauprogramm ist von der sich ändernden strateg. oder gesellschaftl. Aufgabe abhängig: z. B. als reiner Wehrbau oder befestigter Wohnbau, Grenzfestung, zentraler Waffenplatz oder städt. Zitadelle, Ritterburg, fürstl. Palast, Ordensburg. Besitzer und Stile wechseln, die Wehrtechnik wird differenzierter.
Als **Vorstufen** und **Vorbilder** gelten für *Achsialanlagen* 1. fränk. Königshöfe mit regelmäßiger Rechteckanlage, 2. röm. Kastelle mit Mauer, Wehrgang, Türmen (S. 215). Für *Zentralanlagen* 3. kelt. und german. Fluchtburgen mit Ringmauern, Torturm und Vorwällen, 4. Wachttürme der röm. Grenzwälle *(Burgus)* mit Wehrgang und Zeltdach, auf einem Hügel mit Palisaden und Spitzgraben.

Die Burgtypen des frühen Mittelalters bestehen aus wenigen Elementen in einfacher Anordnung.
Turmhügelburgen, sog. »Motten« (ital. mota), eine Art europ. Standardform, entsprechen dem *Burgus-Typ* durch eine hufeisenförmige *Vorburg* mit Wirtschaftsgebäuden ergänzt. Der *Zentralturm* enthält im Obergeschoß den Hauptraum, das Erdgeschoß bleibt offen oder dient als Speicher.
Wohntürme, in Frankreich der »**Donjon**«, in England der »**Keep**«, übernehmen Funktion und Typ der Turmhügelburgen. Seit dem Übergang zum Steinbau Ende des 10. Jhs. erreichen die rechteckigen, wenig gegliederten Türme bedeutende Dimensionen. Ein rechteckiger Vorbau vermittelt und verteidigt zugleich den Zugang. Als Sondertyp entsteht durch die Ummauerung alter Holztürme der sog. **Shellkeep.**
Von den frühen Türmen haben sich u. a. in Frankreich LANGEAIS (um 990), LOCHES (3 Wohngeschosse, 37 m Höhe) und BEAUGENCY erhalten, in England WHITE TOWER, LONDON und COLCHESTER um 1070, dann u. a. PEVENSAY, RICHMOND, HEDINGHAM, NEWCASTLE.
Um die Flankierung zu verbessern, erhält der Rechteck-Typ vortretende Ecktürme (wichtiges Motiv), so z. B. in DOVER. Seit dem 12. Jh. bilden sich vor allem in Frankreich versch. **Übergangsformen** zwischen *Rechteck-* und *Rundturm.*
Der Donjon von Etampes, um 1140 als Königsburg erbaut, gehört mit seinem *Kleeblatt-Grundriß* zu den verbesserten Typen. Die Durchbildung der 3 teilw. eingewölbten Geschosse, die raffinierte Eingangslösung und Treppenführung innerhalb der Mantelmauer zeigen die fortgeschrittene Bau- und Wehrtechnik. Ähnl. Türme der gleichen Zeit stehen in HOUDAN und PROVINS.
Als Höhepunkt dieser Entwicklung gilt der seit 1254 errichtete kreisrunde Turm von COUCY mit 55 m Höhe und 31 m Ø und einer got. Strebepfeiler- und Gewölbekonstruktion.

Im hohen Mittelalter treibt die Zunahme dynast., nationaler und internationaler Konflikte die Entwicklung neuer Typen voran. Sie lösen sich von geometr. Grundfiguren und starren formalen Vorstellungen und beziehen die natürl. Geländeformation in die Planung ein.
Ringmauerburgen haben als gemeinsames Grundelement den *Mauerring.* Nur selten stehen die Gebäude frei. Bei den **Randhausburgen** sind sie direkt an und in die Mauer gebaut. Der zentrale Hof bleibt frei, die Türme stehen teils frei, teils sind sie mit den Gebäuden oder mit der Mauer verbunden.
Burg Münzenberg, 1170 erbaute staufische *Ministerialenburg,* nutzt für ihren Mauerring die Naturform einer die Ebene der *Wetterau* beherrschenden längl. Basaltkuppe. Die für die großen deutschen Burgen typ. Hauptgebäude, *Palas, Kapelle* und *Ritterhaus* liegen an der Mauer, die beiden beherrschenden Türme (Bergfried) stehen teilweise oder ganz frei.

Abschnittsburgen verbinden unter Ausnutzung aller Geländevorteile alle bekannten Elemente des Wehrbaues zu komplexen, mehrfach gestaffelten Wehranlagen. Sie werden teils in einzelnen Ringen um eine *Zentralburg,* teils in aufeinanderfolgenden Abschnitten angelegt. Mauerstärke und Abwehrkraft nehmen oft von außen nach innen zu, die wichtigen Gebäude liegen im inneren Ring oder im letzten Abschnitt. Durch *Geländekorrekturen* bzw. durch gezielte Eingriffe *(Halsgraben)* versucht man die Unzugänglichkeit zu steigern.
Château Gaillard, seit 1195 von RICHARD LÖWENHERZ auf einem Bergsporn oberhalb der Seine erbaut, besteht aus 3 klar getrennten Abschnitten. Nacheinander folgen: *Breiter Graben, Vorburg* mit weit vorspringenden Türmen, *zweiter Graben, Burghof, dritter Graben, Mantelmauer* als Hauptburg um den in die Mauer einbezogenen *Donjon.* Die Mantelmauer besteht aus einer Reihe von engstehenden Rundtürmen. Der runde Donjon mit 4 m dicken Wänden springt spitz ausgezogen in den inneren Burghof vor und steht auf einem geböschten Unterbau *(Talus),* der die herabgeworfenen Geschosse zum Gegner abprallen läßt und das Untergraben erschwert. Ein ganzer Komplex weiterer Wehranlagen, die sich bis über den Fluß hinziehen, ergänzt die Burg.

Sully (Loire): Wasserschloß

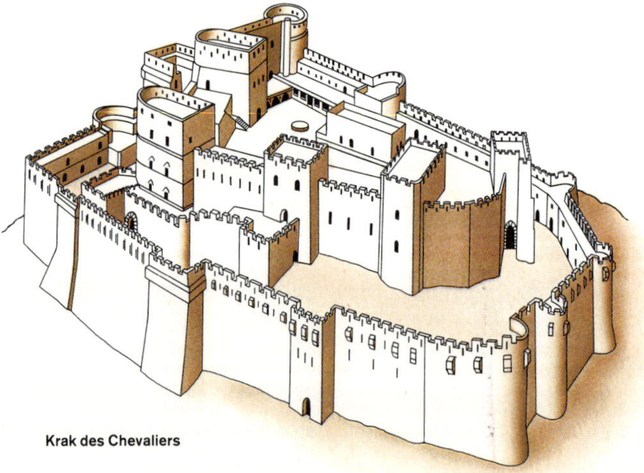

Krak des Chevaliers

Steigerung der Wehrkraft, Steigerung des Komforts

Der Gegensatz von Wehrbau und Wohnbau bildet das besondere Problem des mittelalterl. Burgenbaues. Seine dauernde Wechselwirkung auf die Architektur entspricht der Struktur der feudalen Gesellschaft: Erringung, Behauptung und Vergrößerung der Macht zwingen zur ständigen Anpassung an die fortschreitende Kriegstechnik. Einfluß und Führungsposition verlangen eine »standesgemäße« Lebensführung in repräsentativen Wohnsitzen und Palästen.
In *England* und *Frankreich* erreichen Wehrbau und Wohnbau im Typ des **Donjon** eine völlige Durchdringung. Die weitere Entwicklung fördert die Differenzierung beider Funktionen. In *Deutschland* werden Wohngebäude und Wehranlagen schon früh getrennt. Der Typ der **Ringmauerburg** setzt sich hier schnell durch (S. 352).

Die Kreuzzüge vermitteln neue Kenntnisse und Impulse. Röm.-byzantin. und arab. Traditionen, verbunden mit den eigenen Erfahrungen der Kreuzritter und den neuen Konstruktionen der Gotik, führen im 12. und 13. Jh. zu einer schnellen Steigerung der Wehrkraft.
Zu den vorhandenen Anlagen – Donjons oder Ringmauerburgen – treten neue Elemente: z. B. *Schildmauern,* d. h. quergestellte Stirnmauern, um Hänge, Pässe oder Bergrücken abzuriegeln, manchmal mit *Frontturm, Ecktürmen* oder *Kasematten* unter Einbeziehung natürl. Felsen verstärkt, oft durch einen in den Boden gehauenen *Halsgraben* gesichert. Äußere *Verteidigungsringe, Vorburgen, Bastionen, Brücken- und Geschütztürme, Zisternen, Gußerker* (Maschikuli), *Wehrgänge,* schräge *Mauerböschungen* (Talus), *Schießscharten* bilden komplexe Wehrsysteme. Die Baukosten für solche Anlagen können nur große Adelsgeschlechter, Territorialfürsten oder Ritterorden aufbringen.
Die Kreuzfahrer-Burgen in *Palästina* und im *östl. Mittelmeer* stellen Höhepunkte dieser ganz von der Abwehr beherrschten Architektur dar.
Der Krak des Chevaliers nahe HOMS im südl. Syrien wird 1142 vom Johanniter-Orden übernommen und zu einer seiner Hauptfestungen ausgebaut. Die umfangreichen und teilweise komfortablen Wohn- und Wirtschaftsgebäude *(Saalbau, Wohntürme, Kapelle)* sind völlig in das auf verschiedenen Ebenen und Abschnitten aufgebaute Wehrsystem einbezogen. Die Anlage, ein sog. **Komposit-Typ,** vereinigt den Typ der doppelten Ringmauerburg mit dem System der Abschnittsburgen und anderen Elementen der Befestigungstechnik zu einem kaum einzunehmenden Bollwerk.
Die Erfahrungen der Kreuzzüge werden in Europa im 13. und 14. Jh. einerseits bei den Ringmauer- und Abschnittsburgen ausgewertet. Andererseits werden geometr. Schemata und antik oriental. Festungs- und Bautypen wieder aufgenommen *(Kastell, Karawanserei).*

Die Kastellform mit dem vierseitig umbauten Hof und in gleichen Abständen vorspringenden Wehrtürmen erscheint in verschiedenen Landschaften Europas in einer Zahl von charakterist. Variationen, z. B.
in **England** in den Festungen EDWARDS I. zur Eroberung von Wales, z. B. HARLECH-CASTLE ab 1283 oder CAERNARVON-CASTLE (S. 330), in **Frankreich** mit Anlagen wie ANGERS oder TARASCON, in **Italien** und **Sizilien** unter FRIEDRICH II. von HOHENSTAUFEN. In seinen Kastellen, z. B. SYRAKUS, CATANIA, PRATO, CASTEL DEL MONTE erreicht die Architektur noch einmal die vollständige Durchdringung von Wehrbau und Wohnbau unter Steigerung des repräsentativen Charakters.
In **Ostpreußen** und den **balt. Ländern** entsteht in den **Ordensburgen** des deutschen Ritterordens ein Sondertyp aus Elementen der Burg und des Klosters mit Tendenz zur Kastellform um einen inneren *Arkadenhof* (z. B. MARIENBURG ab 1247, ALLENSTEIN, HEILSBERG).
Diesen Typengruppen stehen zahllose Einzelburgen gegenüber, die entweder dauernd neue Elemente in ihre Gestalt aufnehmen oder auf einer Stufe verharren und den weiteren Forderungen der Kriegstechnik nicht mehr folgen (Artillerie). Die Befestigung der Städte, die Kriegführung mit größeren Heeren (Söldnern), das Aufkommen der Artillerie und der Niedergang des Ritterstandes fördern einen allgemeinen Wandel.

Die festen Schlösser bringen die beiden Funktionen von Wehrbau und Wohnbau in ein neues Gleichgewicht. In vielen Fällen trennen sich Verteidigungssystem und Wohnbau voneinander. Ein äußeres System von *Mauern, Schanzen, Gräben, Bastionen, Galerien* und *Geschütztürmen* übernimmt die Verteidigung. Der Gegner soll durch Schußwaffen auf Distanz gehalten werden. Der Wohnbau oder Palast bleibt zwar ein »festes Haus« mit beschränktem Verteidigungswert, ist aber vor allem für ein differenziertes und bequemes Wohnen geplant.
Schloß Sully a. d. Loire läßt den Wandel zum Wohnpalast deutlich erkennen. Das traditionell als »Donjon« bezeichnete *Hauptgebäude* entsteht um 1360: ein rechteckiger Palast mit 2 Hauptgeschossen auf einem leicht abgeschragten Sockel unter einem hohen *Satteldach,* eingefaßt von 4 überhöhenden runden *Ecktürmen* mit den typ. »Pfefferbüchsendächern«. Große *Steinbalkenfenster* durchbrechen die Außenmauern, eine deutl. Verschiebung der Erscheinung zum Wohnbau. Die unter dem Dachansatz ringsum laufenden *Wehrgänge* dienen der Verteidigung. Sie sind mit großer techn. Perfektion so mit Dach und Mauer verbunden, daß sie Funktion und Charakter eines *Hauptgesimses* übernehmen. Die eigentl. Sicherung übernimmt, wie bei allen Wasserschlössern, das Wasser. Der Zugang ist durch ein hohes *Doppelturm-Tor,* der Schloßhof durch *Rundtürme* gesichert. Die Anlage zeichnet sich durch Regelmäßigkeit nach Art der Kastelle aus. Der Schloßtyp der Renaissance kündet sich an. Ein *Flügelbau* des 16. Jhs. mit einem hohen *Torturm* bleibt in dem vorgezeichneten Rahmen.

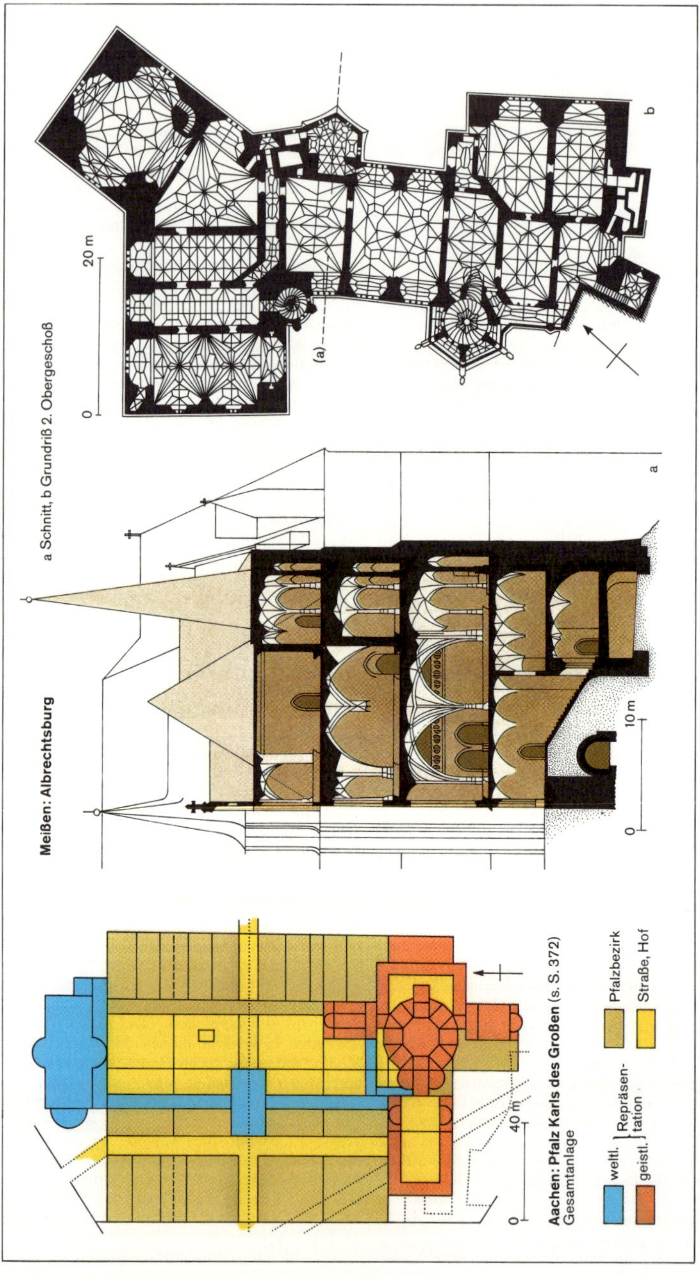

Fürstliche Wohnform und Staatsrepräsentation ohne Hauptstadt

Der Name **Pfalz** bezeichnet die Wohn- und Verwaltungssitze der Könige, Landesfürsten und Bischöfe.
Name und Funktion sind von den *röm. Kaiserpalästen* abgeleitet (S. 228). Die Könige des frühen und hohen Mittelalters haben meist keine Hauptstadt oder zentrale Residenz. Das auf dem Landbesitz aufgebaute Wirtschaftssystem zwingt sie zum dauernden Wechsel der Versorgungsbasis. Die Bischöfe bleiben seßhaft; ihre Pfalzen bilden als zentrale Verwaltungssitze der Diözesen Ansatzpunkte zur Stadtentwicklung.
Die Königspfalzen müssen verschiedene Funktionen erfüllen. Besondere Gebäude dienen
1. der ständigen Verwaltung des zugehörigen Landbesitzes, 2. der zeitweiligen Regierungstätigkeit, 3. dem zeitweiligen Wohnen des Hofes, 4. der Staatsrepräsentation: Empfängen, Versammlungen, Audienzen, Turnieren, 5. den Gottesdiensten des Hofes.
Raumprogramm und Baugestalt knüpfen im Wirtschafts- und Wohnbereich zunächst an die *Herrenhöfe* des german. Hochadels an. Die röm. imperiale Tradition setzt sich zuerst bei Verwaltung, Repräsentation und Kult durch.
Die Karolinger streben die Erneuerung des röm. Reiches unter fränk. Herrschaft an. Karl d. Gr. beginnt mit einem großzügigen Bauprogramm für die Pfalzen. Der Schwerpunkt liegt zwischen *Mosel, Maas* und *Rhein,* besonders im Ausbau der Rheinlinie mit den Pfalzen NIMWEGEN, AACHEN, INGELHEIM, WORMS.
Der Neubau rechteckiger Anlagen mit klaren Achsenbezügen ist mit Ordnungsdenken und Monumentalität röm. Art bezeichnend für Staatsidee und Kulturprogramm der Karolinger (vgl. Klosterpläne, S. 358).
Die Kaiserpfalz in Aachen übernimmt Ende des 8. Jhs. die Funktion einer ständigen Residenz und Verwaltungszentrale für das Gesamtreich. Ein Bauprogramm von grundlegender Bedeutung entspricht ihrer übergeordneten Stellung.
Die Planung basiert auf einem genau nach den Himmelsrichtungen orientierten Quadrat von 120 m Seitenlänge (360 Fuß). Die *Hauptstraße* teilt es nach röm. Vorbild von O nach W in der Mittelachse. Eine längs des *vorderen Palasthofes* von N nach S laufende *Querstraße* kreuzt sie im westl. Drittel. 16 Teilquadrate bilden das Planungsgerüst.
Die Gebäude der Staatsrepräsentation, die Baugruppe mit der *Pfalzkapelle* und der Einzelblock der *Königshalle,* beide dem Grundquadrat seitl. angebaut, stehen einander als Dominanten gegenüber. Ein zweigeschossiger *gedeckter Gang* verbindet sie und trennt zugleich den äußeren Palasthof vom inneren. Die *Torhalle* in seiner Mitte dient mit ihrem Obergeschoß wahrscheinl. dem Pfalzgericht. Im O begrenzt ein parallel geführter Gang den inneren Hof. An ihm reihen sich querstehend Wohn- und Verwaltungsgebäude der *Hofhaltung.* Der Wohnbezirk der Kaiserfamilie schließt sich weiter im O an.
Die Gebäudegruppe um die Pfalzkapelle, in der Grundform des latein. Kreuzes geordnet, läßt die überragende Rolle der Religion und die direkte Verbindung von Staatskirche und Kaiserhof erkennen (S. 372).

Die Pfalzen des hohen Mittelalters knüpfen in Deutschland an das karoling. Programm und das Grundmodell AACHEN an. Zu seinen Hauptelementen – *Kapelle, Saalbau, Torbau* – tritt der *Wohnpalast,* meist in enger Verbindung mit dem Saalbau. Einen AACHEN vergleichbaren Rang erhält kurzfristig nur GOSLAR unter den SALIERN.
Das große Bauprogramm der HOHENSTAUFEN dient dem Ausbau strateg. Positionen im Machtkampf mit den Partikulargewalten. Die Pfalzen, z. B. HAGENAU, GELNHAUSEN, WIMPFEN, EGER, werden in das strateg. Burgensystem einbezogen und stark befestigt. Neben die Kaiserpfalzen treten gleichwertig die Burgen der Stammesherzöge und Landgrafen (BRAUNSCHWEIG, WARTBURG). Eine Sonderstellung nehmen die *Kastelle Friedrichs* II. in APULIEN und SIZILIEN ein (S. 355).
In Frankreich und England gibt es keine besonderen Typen der Königsburgen. Monarchen und hoher Adel konkurrieren im Bau großer *Donjons* und *Kastelle* (S. 352).

Im späten Mittelalter führt die Entwicklung in ganz Europa wie bei den Burgen einerseits zum reinen Festungsbau, andererseits zum **Schloß.**
Die Befreiung vom Wehrzweck ermöglicht es, wie im Sakralbau die Baumasse aufzulösen. Der strenge Gliederbau der Hochgotik weicht allmählich einer die Fläche und den Raum betonenden Architektur. Die kleinteiligen, virtuos-ornamentalen Spätstile *(Flamboyant, Tudor, Platereske, deutsche Sondergotik)* erfüllen vollkommen die Funktion der Architektur als Hintergrund und Rahmen für die prunkvollen Auftritte der fürstl. Personen (burgund. Zeremoniell).
Die Albrechtsburg in Meißen erbaut ARNOLD VON WESTFALEN von 1471–85 als Residenz-Schloß für den Herzog von Sachsen. Es steht unmittelbar neben dem Dom am Rand eines hohen Plateaus über der Elbe. **Der Grundriß** nutzt die vorgegebenen Grenzlinien des Burgberges zu einer Anordnung der Raumgruppen in zwei mehrfach gestaffelten und geknickten Flügeln, beide vom Hof her durch vor der Mauerflucht stehende *Wendeltreppen* vertikal erschlossen. Das 1. Obergeschoß nimmt die Staatsräume auf, das 2. die kleineren Wohnräume. Sie folgen einander als gereihte Folge, direkt durch Türen verbunden, nur zwischen die Flügel ist ein schmaler Gang geschoben. Die Dicke der Mauer wird für Zwischentreppen genutzt.
Die individuelle Note erhalten die Räume durch eine charakterist. *Gewölbebildung* und die tiefen und breiten *Fensternischen* zwischen den nach innen gezogenen *Strebepfeilern.* Die eigentüml. Form der »Vorhangfenster« ermöglicht eine maximale Lichtzufuhr. Die Architektur wird innen und außen als einheitl. Ganzes, nicht mehr als Addition der Teilbaukörper und Gliederungen aufgefaßt.

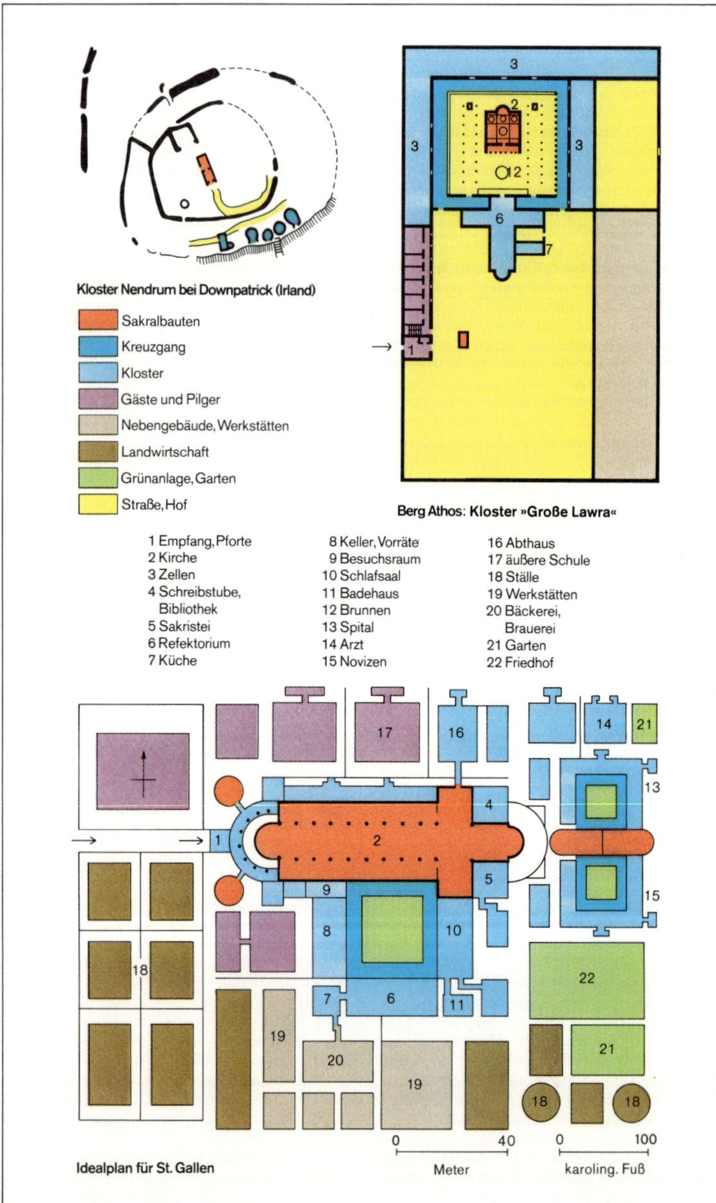

Klosterdörfer und regelhafte Planung

Das christl. Mönchtum verbreitet sich vom vorderen Orient (S. 260) über die griech.-röm. Ökumene und erreicht Mitte des 4. Jhs. Gallien. Zwei Prinzipien, Einsiedlertum (Monachos = Mönch) und gemeinsames Leben, stehen in Wechselwirkung zueinander. **Mönchsdörfer** mit Einzelhütten und wenigen Häusern für gemeinsame Mahlzeiten, Versammlungen und Gottesdienste bilden die Vorstufen der Klöster. Für die europ. Geschichte wichtige Siedlungen entstehen zunächst vereinzelt in Gallien, z. B. TOURS (ST. MARTIN) um 360, LÉRINS um 410, dann in großer Zahl vom 5.–7. Jh. in Irland.

Kloster Nendrum bei DOWNPATRICK zeigt, daß Mitte des 7. Jhs. in Irland nur das Minimum an materieller Grundlage für das Mönchsleben zugelassen wird: Kleine runde Stein- oder Holzhütten, eine größere für den Abt, einige Speicher. Die kleine Kirche im Mittelpunkt und die Ringwälle als Schutz gegen Überfälle sind die ersten Elemente räumlicher Ordnung.

Die großen Mönchsorden entstehen durch die Versuche hervorragender Führer, eine umfassende und dauerhafte Ordnung für das Zusammenleben zu finden. Besondere Bedeutung erlangen BASILIUS (um 330–79) für das griech., AUGUSTINUS (354–430) und BENEDIKT (um 480–552) für das latein. Mönchtum.

Die griech. Klöster stellen programmat. und architekton. Konzentrationen der Einsiedeleien und Mönchsdörfer dar. Die Mönchs-Republik auf dem *Berg Athos* bietet noch heute Beispiele mönch. Lebensweise und Architektur von der Einsiedelei bis zum Groß-Kloster.

Die Athos-Klöster sind meist im 10. Jh. gegründet und nach gleichen Prinzipien gebaut. Die Gebäude schließen sich nach außen festungsartig zusammen. Bevorzugte Grundform ist das Rechteck; die Anpassung an das Bergland führt aber oft zu polygonalen Baukomplexen. Die *Zellen* der Mönche reihen sich in 3 Flügeln (Khordai), oft mit einem *Kreuzgang,* um den *inneren Klosterhof.* Die *Klosterkirche* (Katholikon) steht meist frei in der Mitte, der *Speisesaal* (Trapeza) ihr gegenüber, der *Reinigungsbrunnen* (Phiale) zwischen ihnen. *Abtswohnung, Bibliothek* und andere Räume schließen sich, manchmal mit eigenem Hof, an. *Gästehaus, Wirtschaftsgebäude* und *Pfortenhaus* umschließen den äußeren Hof. Oft überragt ein *Wachtturm* das Kloster.

Das Kloster »Große Lawra« gilt als das älteste Athos-Kloster, in dem die früher einzeln wohnenden Mönche in der *idiorhythmischen Lebensweise* zusammengeschlossen sind. Seine ursprüngl. Anlage (nach altem Plan schematisiert) wirkt als Vorbild für die anderen Athos-Klöster.

Die latein. Klöster gehen in der Reglementierung des gemeinsamen Lebens weiter. Die Regeln des hl. Benedikt für sein 529 gegründetes Kloster **Monte Cassino** verbreiten sich schnell als wichtige Grundlage des latein. Mönchtums, begünstigt durch Papst GREGOR D. GR. (540–604). Entscheidend wird die verbindl. Übernahme der Regel für alle Klöster des Frankenreiches unter KARL D. GR. Das benediktin. Mönchtum wird zum Träger der karoling. Kulturpolitik.

Erst im nördl. Europa, in der Rolle von Missions- und Kulturzentren, beginnt sich in der Planung der Klöster röm. Ordnungsdenken durchzusetzen. Seit dem 7. Jh. treten **geplante Gesamtanlagen** neben die *Klosterdörfer* und *Kirchenfamilien.* Ende des 8. Jhs. entsteht die erste mittelalterl. Staatsarchitektur (S. 356, 370 ff.). Viele Klöster werden in das Bauprogramm einbezogen, z. B. ST. DENIS, FULDA, CENTULA, LORSCH, CORVEY (vgl. S. 372 ff.). Regelhafte Anlagen, monumentale Architektur und die Protektion der Kaiserfamilie kennzeichnen die führende Rolle der Klöster im fränk. Staat.

Der Idealplan für St. Gallen stellt den Versuch dar, die Regeln BENEDIKTS, die polit. Aufgaben und die Reformbestrebungen der Aachener Synoden von 816/17 in eine architekton. Ordnung zu übertragen. Diese einzige erhaltene Planzeichnung des frühen Mittelalters ist wahrscheinl. eine im **Kloster Reichenau** angefertigte Kopie eines Ideal-Entwurfes: eines Denkmodells »zur Übung des Geistes«, wie der Absender (Bischof HAITO?) an den St. Gallener Abt schreibt.

Gebäudegruppen, in denen jede Funktion ein eigenes Haus erhält, entsprechen den verschiedenen Aufgaben eines großen karoling. Klosters. Sie bilden zusammen einen großen rechteckigen Komplex.

Die Ordnung in **vier Hauptbereiche** geht von der durch die Orientierung der *Kirche* vorgegebenen O-W-Achse aus. Sie teilt den Plan in 2 ungleiche Flächen, die nördl. mit 1 Drittel, die südl. mit 2 Dritteln: südl. der Achse das **innere Kloster,** von 3 Seiten vom Wirtschaftsbereich umgeben, im N die Gebäude mit öffentl. Funktionen: *Gästehäuser, Schule, Abtshaus.* Ostl. der Kirche als 4. Bereich *Noviziat* und *Spital.*

Kirche und inneres Kloster, das Kernstück der Anlage, werden von den übrigen Bereichen umfaßt und gegen die Umwelt abgeschirmt. *Dormitorium, Refektorium* und *Vorratshaus* umschließen als zweigeschossige massive Steinbauten den Gartenhof mit dem **Kreuzgang,** ein Quadrat von 100 Fuß Seitenlänge: innerer Freiraum und Erschließungssystem zugleich, nach N von der Kirche geschützt und auf sie bezogen. Dieses im Klosterbau bereits erprobte Schema, das aus der Antike übernommene *Peristyl* (S. 176, 222 u. a.), findet hier eine exakte Einordnung und organisatorische Schlüsselstellung. Die Ordnung des gesamten Klosters scheint von ihm bestimmt.

Die Kirche, der dominierende Baukörper, ist *doppelchörig* geplant mit einer *Doppelturm-Gruppe* und einem halbkreisförmigen *Atrium* im W, einem *Querhaus* und halbkreisförmigen offenen Umgang im O: ein Typ, der unter den karoling. Kirchen nicht vereinzelt bleibt (Dom zu KÖLN).

Noviziat und **Spital** wiederholen als kleines Doppelkloster (ital. Typs?) die Anlage der großen Klausur.

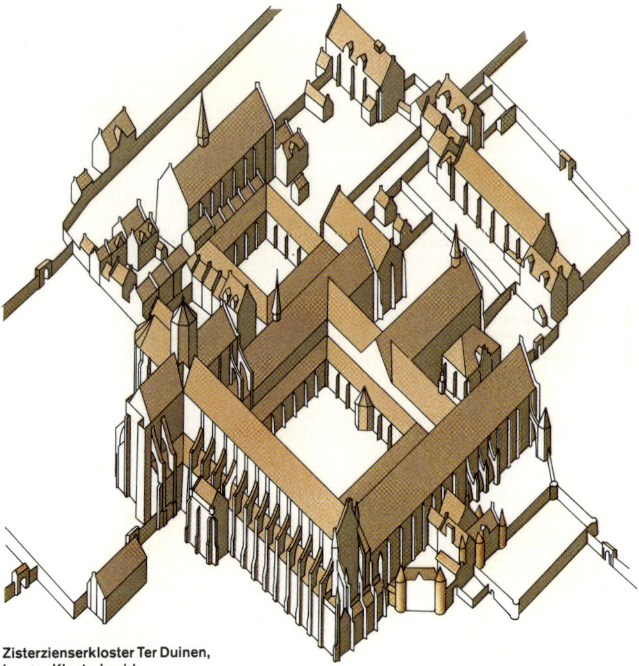

Zisterzienserkloster Ter Duinen, innerer Klosterbezirk

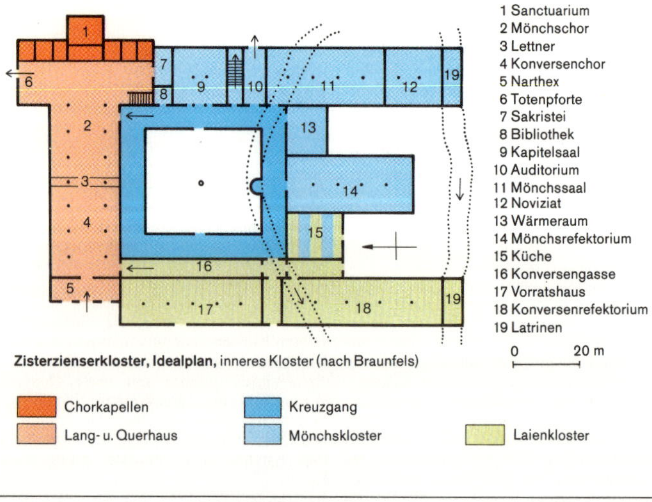

Zisterzienserkloster, Idealplan, inneres Kloster (nach Braunfels)

Verwirklichung der Klosterregel durch Architektur

Planungen für ideale Klöster und Ordensreformen entsprechen einander. Das benediktin. Mönchtum bringt während des Mittelalters viele Reformen und neue Orden hervor. Die Regel Benedikts bleibt die Grundlage. Ihre Auslegung und die Ausrichtung auf aktuelle Ziele unterliegt den wechselnden geistigen Strömungen.

Die Kluniazensische Reform bestimmt im 11. und 12. Jh. nicht nur das Leben in etwa 1500 Klöstern, sondern auch die Auseinandersetzungen zwischen weltl. und geistl. Macht um die Vorherrschaft in Europa (Investiturstreit). Ihr Zentrum, das Kloster CLUNY, erlebt mehrere bedeutende Bauphasen. **Cluny II,** begonnen um 950 mit einer richtungweisenden Kirche (S. 388), entwickelt sich zu einem Musterkloster. Der Gesamtplan scheint über einem *Grundquadrat* von 300 Fuß = ca. 100 m aufgebaut. Er zeichnet sich gegenüber dem utop. theoret. *St. Gallener Plan* durch organisator. Straffung aus. An die Stelle vieler kleiner Gebäude tritt die Zusammenfassung der einzelnen Bereiche in große Flügel um mehrere Höfe. Neu gegenüber dem karoling. Programm sind im inneren Kloster der *Kapitelsaal,* im äußeren die Trennung von Noviziat und Spital, dazu das große Gebäude für die *Laienbrüder* (Konversen). Sie treten als neuer Klosterstand neben die Priestermönche und übernehmen die durch den ständig wachsenden Besitz zunehmenden weltl. Aufgaben. Die Priestermönche widmen sich ausschließl. den geistigen bzw. politischen Aufgaben des großen Klosterverbandes. CLUNY wird zur Zentrale für den das geistige Leben Europas bestimmenden Orden.

Cluny III, die Erweiterung und Übersteigerung der 2. Anlage, beginnt um 1088 wiederum mit dem Bau der größten fertiggestellten Kirche des Mittelalters (S. 386). Alle Gebäude wachsen in repräsentative und manchmal kolossale Dimensionen. Die Klarheit der Anlage geht dabei verloren. Der Einfluß der beiden Kirchen auf den Sakralbau der roman. Epoche ist groß. Bauvorschriften für die angeschlossenen Klöster scheint CLUNY aber nicht herausgegeben zu haben.

Die Klöster der Zisterzienser heben sich als geschlossene Gruppe mit eigener Typologie aus der unübersehbaren Zahl mittelalterl. Klöster heraus. Eine Gruppe reformerischer Mönche beginnt in Opposition zur Verweltlichung der Kluniazenser mit einem neuen asket. Leben unter vier Hauptgeboten: Armut, Weltflucht, Ordnung, Filiation.

Der Gründung des Mutterklosters CITEAUX 1098 folgen 1113–15 die ältesten Tochterklöster LA FERTÉ, PONTIGNY, MORIMOND und CLAIRVAUX, ihrerseits Mütter einer langen Reihe von Filialklöstern. Die entscheidende Formung erhält der Orden durch BERNHARD VON CLAIRVAUX (1091–1153). Die Bewegung breitet sich rasch über ganz Europa aus. Im 12. Jh. werden in jedem Jahr neue Klöster mit je 1 Abt und 12 Mönchen gegründet. Die Ansiedlung im Ödland macht die Zisterzienser zu Schrittmachern der Landkultivierung und Kolonisation. Aus der Erfüllung der Ordensregel entstehen vollkommene Klosteranlagen und Musterbetriebe für Landwirtschaft und Handwerk.

Der einheitl. Grundplan für fast alle Klöster des Ordens entsteht wahrscheinl. noch zu Lebzeiten BERNHARDS mit den Neubauten von FONTENAY 1130 und CLAIRVAUX 1133 (anstelle zu enger Erstanlagen) und den ersten engl. Filialklöstern RIEVAULX 1132 und FOUNTAINS 1135. Als Folge der schnellen Ausbreitung des streng zentralisierten und organisierten Ordens übernehmen die meisten Gründungen in ganz Europa Grundschema und Gebäudetypen.

Der Grundriß des inneren Klosters erscheint als architekton. Entsprechung der strengen Regel, die das Klosterleben einem genauen Stundenplan für Tag und Nacht unterwirft. Die Folge der Raumgruppen von der *Kirche* auf der einen bis zu den *Latrinen* auf der anderen Seite entspricht der Rangfolge der Funktionen, ohne eine zu vernachlässigen.

Die Elemente der Planung sind bekannt und erprobt. Neu ist die ökonomische Anordnung. Das *Refektorium* steht mit der schmalen Stirnseite statt der Längsseite zum *Kreuzgang,* neben ihm *Wärmeraum* und *Küche.* Neu ist besonders die Anlage der *Konversengasse* längs des westl. Kreuzgangsflügels. Sie trennt den Bereich der Priestermönche vom *Vorratshaus* und dem Flügel der Laienmönche und ermöglicht zugleich die Anfügung dieses *Laienklosters* an die streng geschlossene Welt des inneren Klosters. Es bildet seine Abschirmung gegen den äußeren Klosterhof und erhält einen eigenen Zugang zur Kirche.

Die ständische Ordnung, das Klassenbewußtsein des Mittelalters, wird im Kloster nicht aufgehoben, sondern sichtbar institutionalisiert. Laienbrüder und Herrenmönche bleiben selbst in der Kirche getrennt. Nur der Friedhof ist gemeinsam. Die Gebäudetypen sind ebenso sorgfältig durchgebildet wie der Grundplan. Erschließung, Dimensionierung, Beleuchtung, Wasserführung entsprechen den Funktionen.

In der Gebäude-Hierarchie nimmt die *Kirche* den ersten Rang ein, wenn sie auch nur ein »Oratorium« sein soll (S. 376). An zweiter Stelle steht das *Refektorium* der Priestermönche, ein ein- oder zweischiffiger Saal von doppelter Geschoßhöhe mit hohen Fenstern. Die übrigen Gebäude haben Obergeschosse: über *Kapitelsaal* und *Mönchssaal* liegt das *Dormitorium* der Priestermönche mit direkter Treppe zur Kirche, über dem *Laienrefektorium* (S. 364) der Schlafsaal der Laienmönche. Sie erhalten oberhalb des *Kreuzganges* von beiden Langseiten Licht.

Die übrigen Bereiche folgen keinem festem Schema. Das *Spital* wird möglichst im O, der große Wirtschaftshof im W angelegt. Wegen der guten Wasserversorgung liegen die Klöster fast immer an Flußläufen und Bächen, die im Klosterbereich kanalisiert werden. Die freie Disposition der Außenbereiche steht oft in belebendem Kontrast zur strengen Regelmäßigkeit des inneren Klosters.

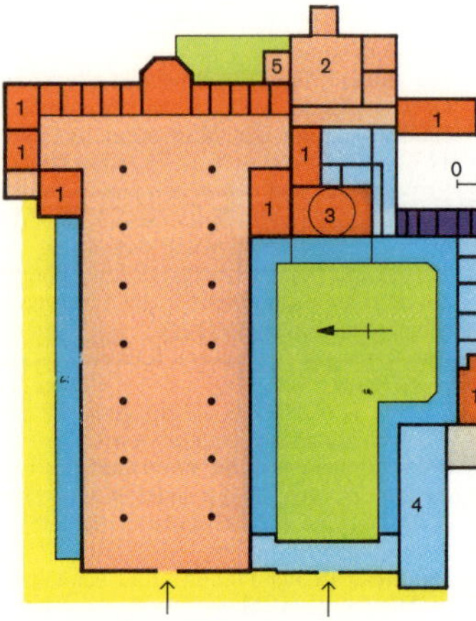

1 Familienkapellen
2 Sakristei
3 Pazzi-Kapelle
4 Refektorium
5 Campanile
6 nördliche Loggia

Chor, Kapellen
Kirchenschiff
Kreuzgang
Mönchszellen
Kloster
Gäste
Wirtschafts-, Nebenräume
Grünfläche Garten
Hof, Straße

Florenz: Kirche und Kloster Sta. Croce (s. S. 412)

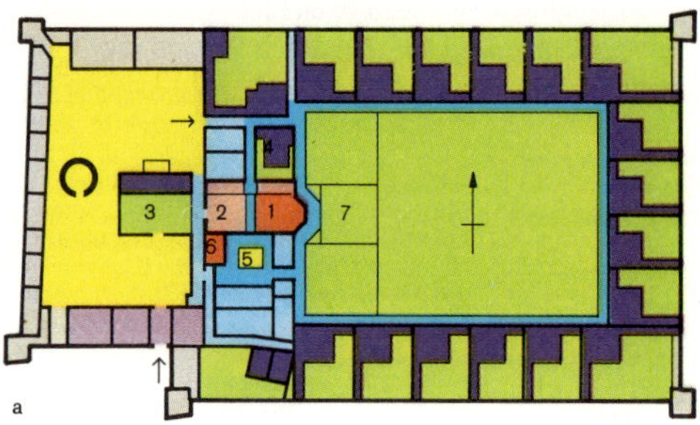

1 Kirche, Mönchsteil
2 Kirche, Laienteil
3 Haus des Priors
4 Haus des Subpriors
5 kleiner Klosterhof
6 Stifterkapelle
7 Friedhof

Chartreuse von Clermont
a Gesamtanlage
b Kartäuserzelle

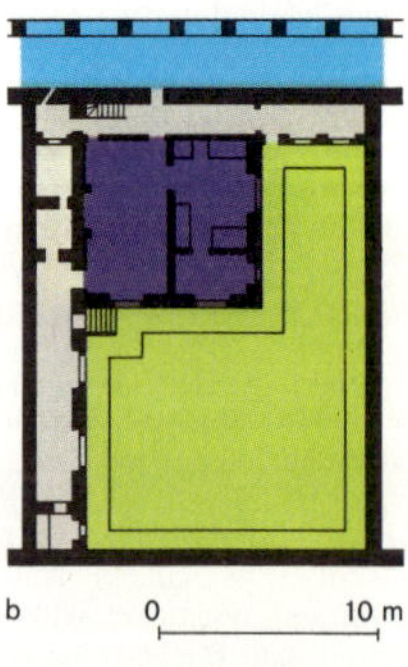

Hagenau: Dominikanerpriorat

Weltflucht und Kontemplation, Volkstümlichkeit und Predigt

Das Einsiedlertum wird im benediktin. Mönchtum zugunsten des gemeinsamen Lebens verdrängt. Aber Eremitenklausen und -kolonien entstehen immer wieder. Die Versuche, sie zu institutionalisieren, bleiben meist unbefriedigend (CAMALDOLI, VALLOMBROSA).
Erst dem **Kartäuser-Orden** gelingt es, die beiden Möglichkeiten des Mönchtums in einer Klosterordnung zu verbinden. **Die Kartausen,** die Klöster dieses Ordens, folgen in ihrer Anlage dem Vorbild der **Grande Chartreuse** bei GRENOBLE, 1084 vom hl. BRUNO gegründet. Sie erhält wahrscheinl. durch den 1132 geweihten Neubau die gültige architekton. Ordnung.
Die Gesamtanlage einer Kartause umfaßt 3 von der zentral angeordneten Kirche miteinander verklammerte **Hauptbereiche.** 12 kleine *Einzelhäuser,* bei den Doppelkartausen 24, um einen weitläufigen Kreuzgang gereiht, bilden das **Claustrum majus.** Jeder Mönch bewohnt ein solches Haus mit *Vorraum, Wohn-Schlaf-Zelle, Nebenkammer, Vorratsraum* und *Abort,* umgeben von einem kleinen ummauerten *Garten.*
Die anschließende Baugruppe, das **Claustrum minus** schließt die Gemeinschaftsräume, *Kirche, Kapitelsaal, Refektorium, Bibliothek* und das *Haus des Subpriors* um einen kleinen *Klosterhof* zusammen. Er ist nur vom Claustrum majus zugänglich. *Pfortenhaus, Zellen der Laienbrüder, Gästehaus* und *Wirtschaftsgebäude* bilden den **äußeren Klosterhof** um das *Haus des Priors.*
Die Varianten beim Bau der einzelnen Kartausen sind durch Bauplatz, Stifterwillen und Zeitstil bedingt, betreffen aber nie das Wesentliche. **Die Chartreuse von Clermont** (nach VIOLLET-LE-DUC) entspricht, bei einer Vergrößerung auf 18 Zellen, dem Grundschema. In das Claustrum minus ist eine *Stifter-Kapelle* eingefügt. Die kastellartig befestigte Anlage zeichnet sich bis auf den seitl. liegenden Eingang durch axiale Ordnung aus, die nicht zur Regel erhoben wird.
Kartäuser und Zisterzienser verwirklichen das »ideale Kloster« in gegensätzl. Weise. Ihre Ordnungen entsprechen dem Geist des 12. Jhs., in dem das Mittelalter umfassende rationale Denksysteme, Bild- und Bauprogramme ausbildet (Frühscholastik, Frühgotik).
Alle Orden des frühen und hohen Mittelalters bauen ihre Klöster als autarke Einheiten mit landwirtschaftl. und handwerklicher Eigenproduktion, wie es der agrar.-feudalen Gesellschaft entspricht.

Franziskaner und **Dominikaner** brechen mit dieser Tradition. Sie widmen sich nach dem Willen ihrer Gründer der Seelsorge an der Allgemeinheit (DOMINIKUS, 1170–1221, FRANZISKUS, 1181–1226). Ihre anfangs besitzfeindl. Haltung verliert sich unter dem Zwang, zur Wirksamkeit in Kirche und Gesellschaft eine Organisation mit Stützpunkten aufbauen zu müssen.
Die Klöster der Bettelorden entstehen in den eng bebauten Städten. Sie werden von der städt. Gesellschaft begünstigt und mit Stiftungen finanziert. Durch den Verzicht auf wirtschaftl. Autarkie entfallen Wirtschaftshof, Speicher und Werkstätten. Die Aufhebung der Standesunterschiede, die Individualisierung der Mönche und ihr öffentl. Wirken lösen das starre Planschema auf.
Einzelzellen treten an die Stelle der gemeinsamen Schlaf- und Arbeitssäle. Um die meist zweigeschossigen Kreuzgänge gereiht, bilden sie den **privaten Innenbereich** der Klöster. Die Konventsgebäude: *Kapitelsaal, Refektorium,* dazu bei den Dominikanern die *Bibliothek,* bleiben einerseits die für das Gemeinschaftsleben zentrale Raumgruppe, bilden andererseits aber eine wichtige halböffentl. **Übergangszone** zur Stadt. Sie steht auch einflußreichen Laien (Stiftern, Förderern) in beschränktem Maß offen. **Die Kirchen** sind als Predigträume wichtige Brennpunkte des öffentl. Lebens.
Dem Wirken der Orden in der Öffentlichkeit entspricht eine Klosterarchitektur von weltoffenem, bürgerl. Charakter. Das Kultur- und Bildungsmonopol der Kirche besteht nicht mehr. Die städt. Kultur des späten Mittelalters bestimmt Programm und Baugestalt der Klöster. Schon die ersten Niederlassungen in den großen Handelsstädten Oberitaliens zeichnen sich durch großzügige Planung aus.

Kloster und Kirche Santa Croce in Florenz entstehen seit 1295 als Neubau für die seit 1211 bestehende Niederlassung der Franziskaner auf einem Platz vor der alten Stadtmauer. Sie werden zum Zentrum eines neuen Quartiers der expandierenden Stadt. Die riesenhafte Kirche und das weiträumige Kloster entsprechen nicht dem Willen des hl. Franziskus, sondern dem Ehrgeiz der städt. Stifter in einer zweifachen Konkurrenzsituation: erstens zu den Dominikanern von STA. MARIA NOVELLA innerhalb der Stadt, zweitens zu den Ordenskirchen in SIENA, der Rivalin um die Vorherrschaft in der Toskana.
Die Anlage besteht aus vier Bereichen mit abgestuftem Verhältnis zur Öffentlichkeit. **Die Kirche,** ursprüngl. mit eingebautem *Mönchschor,* dient als Predigtkirche für die gesamte Bevölkerung. Ihre hochragende Baumasse bestimmt entscheidend die Silhouette der Stadt. Die Fassade bildet die Wand eines städt. Platzes, Schauplatz von Massenpredigten und Volksfesten (S. 412).
Der 1. Kreuzgang neben der Kirche wird durch Verbindung von 2 kleineren Innenhöfen zu einem geräumigen Vorhof mit zweigeschossigen Arkaden für die Konventsgebäude erweitert. Die vom *Torgebäude* ausgehende Achse zielt genau auf die Front des *Kapitelsaales,* der berühmten **Pazzi-Kapelle,** als Stifterkapelle ein Einzelbau (S. 481) im Winkel zwischen Kirche und dem 3. Bereich mit *Sakristei* und *Noviziat.*
Der 2. Kreuzgang mit den *Zellen* bewahrt in seiner Geschlossenheit noch etwas vom Charakter eines hochmittelalterl. inneren Klosters. Er ist aber nicht mehr ein Ort der Weltflucht, sondern Stütz- und Ruhepunkt für die seelsorgerische und erzieherische Arbeit.

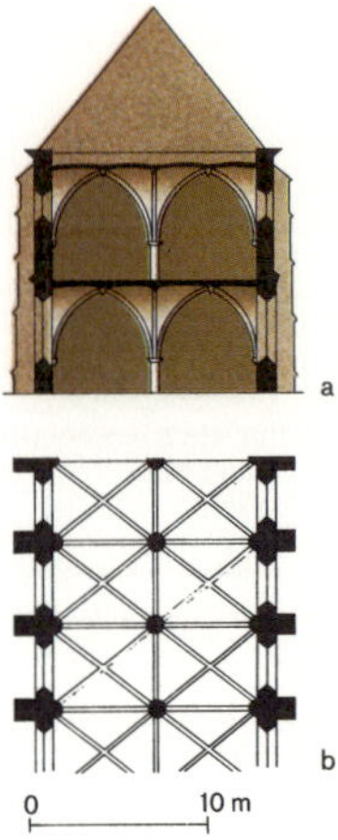

Zweischiffiger Saalbau
a Schnitt
b Grundriß

Kloster Maulbronn: Laienrefektorium

Marienburg: Hochmeisterschloß, Sommerremter

Wenige Grundtypen für viele Zwecke

Für das frühe und hohe Mittelalter ist das Fehlen einer städt. Gesellschaft mit profanen Großgebäuden und -räumen für die gesamte Bevölkerung – außer den Kirchen – bezeichnend. *Pfalzen* und *Klöster* benötigen zuerst große Räume für Repräsentation und gemeinschaftl. Zusammenleben. Die Rekonstruktion früher Profanräume ist oft hypothetisch. Wahrscheinl. lassen sich die Typen des späteren Mittelalters auf teilw. sehr frühe Grundformen zurückführen. Ihre Weiterbildung vollzieht sich unter Einfluß des Sakralbaues.

Grundtypen für die Mehrzahl aller größeren Räume entstehen aus der Verteilung der Dekken- bzw. Dachlast. Große Spannweiten mit aufwendigen Holz- oder Gewölbekonstruktionen benötigt vor allem der Sakralbau, bei profanen Räumen wählt man meist ökonomischere Lösungen.

Zweischiffige Säle und Hallen, meist auf langrechteckigem Grundriß, gehören zum Bauprogramm fast aller größeren Baukomplexe, z. B. in Pfalzen und Burgen die *Ritter-* und *Thronsäle,* in Klöstern und Stiften die *Refektorien, Dormitorien, Kapitelsäle, Werkstätten,* in Spitälern die *Krankensäle,* in Rat- und Zunfthäusern die *Versammlungssäle* und *Kaufhallen,* die in großen Dimensionen auch als selbständiger Gebäudetyp gebaut werden (S. 346–362). Die mittl. Stützenreihe verstärkt die Richtungstendenz dieser Räume.

Mehrschiffige Räume, hauptsächlich mit 3 Schiffen, werden bei Raumbreiten gewählt, die mit einer mittl. Stützenreihe nicht zu bewältigen sind. Die doppelte Stützenreihe bewirkt, der Längsrichtung entgegen, den Eindruck eines Verweilraumes wie bei manchen Hallenkirchen (vgl. S. 410).

Zentralisierte Räume mit Mittelstütze auf rechteckigem oder polygonalen Grundriß werden für intimere Versammlungsräume bevorzugt, z. B. für *Kapitelsäle* (»Chapter House«, engl. Kathedralen S. 318), kleine *Speise-* und *Beratungssäle.*

Konstruktion, Proportion und Lichtführung bestimmen den Raumcharakter. Die meisten Raumtypen entstehen aus der Addition gleicher Elemente: Stützen, Balken, Gewölbe, geschlossene oder offene Wandfelder. In der Bautechnik besteht grundsätzlich die Wahl zwischen Holz- oder Steinkonstruktionen.

Die Holzbalkendecke bietet den Vorteil der einfachen Konstruktion bei voller Nutzung einer relativ geringen Raumhöhe. Das Raumbild wird von der klaren waagerechten Begrenzung und dem Kontrast zwischen Stütze und Last bestimmt (vgl. S. 36). Die Wahl der Stützen aus Stein oder Holz und die Durchbildung der Decke mit sichtbaren Haupt- und Nebenbalken, Kassetten oder Paneelen bietet, zusammen mit zusätzl. Ornamentik, viele Variationsmöglichkeiten.

Die Gewölbedecke, techn. und künstler. anspruchsvoller, braucht mehr Raumhöhe, bietet aber den Vorteil größerer Beständigkeit. Aus der Vielzahl der während des Mittelalters entwikkelten Gewölbe- und Stützenformen lassen sich zahlreiche Verbindungen und Variationen ableiten.

Die Proportionen müssen nicht nur den praktischen Forderungen entsprechen, sondern auch der Bedeutung des Raumes. Repräsentative Räume erhalten z. B. große Höhe und hohe Fenster, abgesehen von der künstler. Durcharbeitung der Einzelglieder. Als bezeichnendes Beispiel können die Refektorien in manchen Klöstern gelten: das »Herrenrefektorium« mit doppelter Geschoßhöhe und fast sakraler Wirkung, das »Laienrefektorium« mit niedriger Decke und schlichtem Profancharakter.

Die Lichtführung ist ein weiteres elementares Mittel der Raumgestaltung. Die Höhenlage der Fenster, d. h. der Einfallswinkel des direkten Lichtes, ist bereits entscheidend, dazu die Fenstergröße von der Luke bis zum wandhohen Maßwerkfenster, die Stellung der Fensterachsen, die daraus resultierende Licht- und Schattenwirkung, der mögl. Einsatz farbiger Gläser.

Das Laienrefektorium im Kloster Maulbronn vom Anf. des 13. Jhs. wird von dem Verhältnis zwischen dem schmalen Rechteck-Grundriß und der geringen Raumhöhe beherrscht, von der fast die Hälfte auf die Gewölbezone entfällt (liegende Proportion). Die Wahl von Gratgewölben auf Wandkonsolen bringt die Flächenwerte zur Geltung. Quergestellte, gekoppelte Säulen wirken der Tiefenrichtung entgegen, von der Lichtführung der genau in die Joche eingepaßten Fenstergruppen unterstützt (Schlagschatten). Der Zwischenraum innerhalb der Doppelstützen hebt ihren trennenden Charakter auf und macht den Raum transparent. Die tief und hart eingeschnittenen Fenster verdeutlichen die Stärke der Außenmauer. Nüchternheit und Solidität kennzeichnen den Raum.

Der Sommerremter im Hochmeisterschloß der Marienburg, erbaut 1393–1407, dient als Speise- und Beratungssaal für den Hochmeister des deutschen Ordens und seine Berater und Gäste. (Ein später Nachfolger der Räume in den *Donjons* französ. und engl. Burgen, S. 352). Der Raum gewinnt seinen repräsentativen Charakter durch die Höhe (stehende Proportion) und ihre Betonung durch die Schlankheit der Formen, besonders die fontänenartig vom Mittelpfeiler aufsteigenden Rippen, die sich in Sterngewölben entfalten (vgl. S. 318). Zwei Wände sind mit einer Kombination von *Steinbalken-* und *Maßwerkfenstern* aufgelöst (S. 32, 324). Die Reihe der *Wandkonsolen* und ihre Verbindung mit einem Gesims weiten den Raum in der Horizontalen und wirken dem fast sakralen Charakter entgegen. Das Ornament hält sich im Rahmen der Konstruktion. Die Architektur bleibt deutlich an die Gesetze der Statik und Geometrie gebunden. Die Verbindung von fürstl. Wohnstil und Ordensarchitektur ergibt den besonderen Charakter dieses Raumes.

Lübeck: Rathaus, Hanse-Saal

Coucy: Schloß, Fenster in der Halle

Eltham Castle: Dachstuhl der Halle

Stützenlose Räume

Stützenlose Räume eignen sich besser als andere für Versammlungen, Beratungen und viele Zeremonien, in denen sich bedeutende Teile des mittelalterl. Lebens abspielen. Steigende Ansprüche und das Vorbild des Sakralbaues führen auch im profanen Bereich zur Ausbildung weitgespannter Deckenkonstruktionen.

Der Holzbau beherrscht nördl. der Alpen weithin den Profanbau. Seit der Völkerwanderung sind wesentl. Elemente durchgebildet (S. 40). Im *St. Gallener Plan* können von den 31 für Laien bestimmten Gebäuden 24 als völlige, weitere als teilweise Holzbauten gelten (S. 358). Die meisten sind zweckentsprechende Varianten eines verbreiteten **Vielzwecktyps.** Sein hoher rechteckiger Mittelraum, von niedrigen Seitenräumen umgeben, bildet in verschiedenen konstrukt. Varianten eine wichtige Stammform für viele Raumtypen des Profanbaues.

An die Stelle der im frühen Mittelalter üblichen mehrschiffigen Hallen treten im späten Mittelalter meist frei überspannte Säle, immer häufiger auch als Steinbauten. Sie bieten neben der Feuersicherheit den Vorteil des massiven Unterbaues für die großen Dachstühle. Die Dachkonstruktionen werden in den Dimensionen gesteigert, techn. verbessert und ökonomischer ausgenutzt. Neben dem kastenartigen Abschluß mit **flacher Balkendecke** an der Unterseite des Dachstuhles sind hauptsächlich zwei weitere grundsätzl. Lösungen in zahlreichen Varianten verbreitet.

Räume mit offenen Dachstühlen erhalten ihren Charakter von der Gebälkkonstruktion. Für die optisch wirksame Proportion ist nicht die absolute Höhe bis zum Dachfirst, sondern die untere Grenze des Gebälks entscheidend. Konstruktive Änderungen haben neben techn. Verbesserungen vor allem das Ziel, die lichte Raumhöhe zu steigern, ohne Seitenwände oder Dach zu erhöhen. *Schrägstreben* ersetzen z. B. den üblichen unteren Binderbalken; der zur Querversteifung wichtige Dreiecksverband beginnt erst mit dem hochliegenden Kehlbalken.

In **England** sind offene Gebälke in den »Hallen« des Adels, des reichen Bürgertums und der Kommunalgebäude weit verbreitet. Sie zeichnen sich durch vielgestaltige, kleinteilige Holzverbände mit ornamentaler Linienführung aus.

In **Eltham Castle,** erbaut im 14. Jh., tragen von den Seitenwänden vorspringende *Kragarme* einen *Binder* mit einem Untergurt in Form eines *Tudorbogens.* Alle Felder darüber sind mit *Maßwerk* verstrebt. Die Auflagepunkte der Kragarme und des inneren Binders sind durch kranzartige *Konsolen* und *Hängezapfen* akzentuiert. Auch der *Längsverband* des Daches bleibt sichtbar. Die ornamentale Anordnung aller Teile bewirkt einen ähnlichen Raumeindruck wie bei Gewölben im *Perpendicular Style* in gleichzeitigen Sakralbauten.

Räume mit Holztonnen benötigen Gebälke, bei denen der Dachraum bis nahe unter den First freibleibt. Zwei verschiedene Konstruktionen treten an den noch erhaltenen Bauwerken häufig auf:

Bei der **abgehängten Tonne** wird das Satteldach unter dem Firstdreieck von sich überkreuzenden *Schrägstreben* (»Schwertern«) oder von im Scheitel zusammentreffenden Bogenstreben verspannt. Ihre Neigung bzw. Krümmung bestimmt die Form der unter dem Gebälk aufgehängten Tonne aus Brettern. Sie bleibt an der Unterseite völlig frei.

Beim **Tonnendachstuhl** wird das tragende Dachwerk selbst in Form einer Tonne aufgebaut. Der den Raum quer überspannende *Ankerbalken* und die ihn haltende lange *Hängesäule* bleiben sichtbar. Die Konstruktion kann offen bleiben oder mit Brettern verschalt werden.

Der Hanse-Saal im Rathaus zu Lübeck entsteht zwischen 1340–50 für die Konferenzen der Hansestädte. Er nimmt mit einer Grundfläche von 37/10 m das ganze Obergeschoß des Rathausflügels ein (S. 346). An der Kopfseite steht eines der damals üblichen festen Gestühle. Etwa 2/3 der Fläche bleibt zur freien Disposition.

Die Saaldecke stellt eine besondere Variante der gebräuchl. Tonnentypen dar. 4 parallele *Schalen* scheinen sich gegeneinander abzustützen; unter den höheren Mittelsegmenten bleiben die *Ankerbalken* und die Enden der *Hängesäulen* sichtbar. Diese teils verkleidende, teils wichtige Konstruktionspunkte zeigende Decke nimmt eine Mittelstellung zwischen der Monumentalität der großen *Rund-* oder *Spitzbogen-Tonnen* und der Nüchternheit der flachen *Segmentbogen-Tonnen* ein.

Die Lichtführung in Sälen mit hohen Tonnen oder Dachstühlen bleibt wegen der Schattenzone unter den Dächern oft unbefriedigend. Der Aufbau der Dachstühle mit tragenden Bindern und schließenden Sparrenfeldern ermöglicht die Durchbrechung der Dachfläche mit *Gauben, Lukarnen* oder *Quergiebeln* (»Zwerchhäusern«). Aus ihren Fenstern kann das Licht hoch und weit einfallen.

In den französ. Schlössern der Spätgotik setzen oft die Lukarnen die Fensterachsen bis in das Dach hinein fort. Im **Chateau de Coucy** z. B. sind Wandfenster und hochliegende Lukarnen sorgfältig aufeinander abgestimmt. Eine tiefe *Nische* am Wandfenster bietet einen gesonderten Sitzplatz mit direktem Licht und Ausblick, die Lukarnen dienen als allgemeine Lichtquelle. Beide zusammen wirken als Akzent der Gleichförmigkeit des Tonnendaches entgegen.

Der Steinbau gelangt im Spätmittelalter zu kleinteiligen und ökonomischen Gewölbeformen. Anstelle der kreuzgewölbten Joche zwischen Wandpfeilern und Freistützen überspannen *Stern-* und *Netzgewölbe* als einheitl. Decke stützenlos große Räume in Klöstern, Rathäusern und fürstl. Schlössern. Ein herausragendes Beispiel bildet u. a. der 1487–1502 von Benedikt Ried erbaute **Wladislaw-Saal im Hradschin in Prag,** mit 16/62 m Grundfläche der größte Saalbau nördl. der Alpen.

Macdara: Kirchenruine

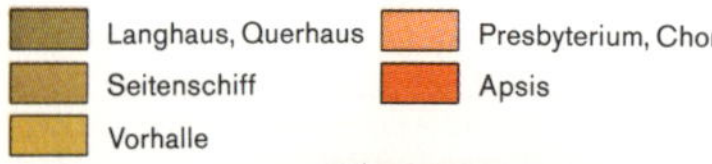

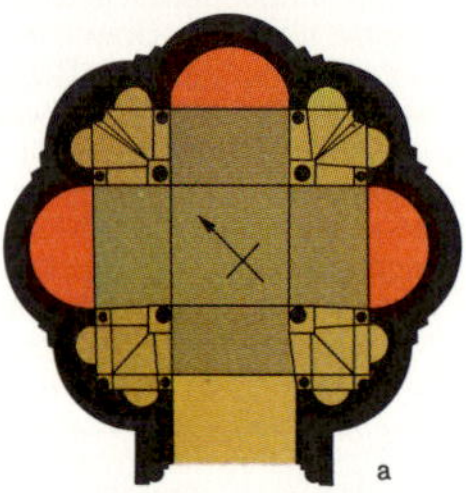

Mailand: Kapelle bei San Satiro
a Grundriß
b Schnitt

0 4m

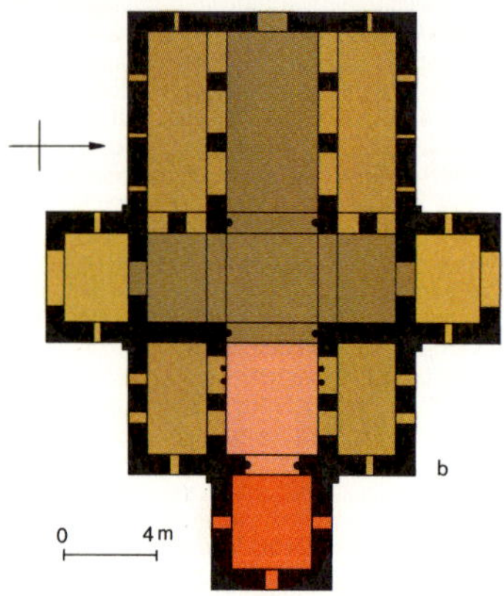

El Campillo: San Pedro de la Nave, 7. Jh.
a Ansicht von NO, b Grundriß

St. Martin du Canigou: Inneres der Oberkirche, Anfang 11. Jh.

Mistail: St. Peter, 2. Hälfte 8. Jh.

Die Anfänge des mittelalterlichen Sakralbaus

Kirchen jeder Art und Größe bestimmen von Anfang an die Architektur des Mittelalters. Der polit. Schwerpunkt Europas verlagert sich nach N zu den jungen german. Staaten. Ihnen fehlt die Tradition des monumentalen und sakralen Bauens. Der christl. Kirche fällt sofort, wie überall in Staat und Gesellschaft, Initiative und Führung zu.

Die spätantike Tradition setzt sich in regionalen Sonderentwicklungen, teils im Gesamttyp und -charakter einzelner Gebäude, teils in der Übernahme von Einzelformen (S. 308), teils in der Technik des Mauer- und Gewölbebaues fort. Außer wenigen Großbauten entstehen viele kleine Kirchen.

Eine ital.-langobard. Gruppe übernimmt, besonders bei *Zentralbauten,* das spätantik-byzantin. Raumideal (S. 268), bei gleichzeitiger Komplizierung der Raumbeziehungen. In der 876 geweihten Hospitalkirche **S. Satiro in Mailand** bildet z. B. ein einfacher Kubus die Grundfigur. Ein Arkadenviereck grenzt einen Zentralraum ab. Er durchstößt wie ein Schacht den Kubus und trägt eine *Kuppel.* Die verbleibenden *Kreuzarme* sind mit *Tonnenstutzen* überwölbt und münden in halbrunde *Konchen* aus. Die Eckräume in den Diagonalen öffnen sich nach innen mit kleinen *gestelzten Arkaden,* nach außen höhlen kleine *Apsiden* den Mauermantel aus. Es entsteht eine Vielzahl von Überschneidungen auf engem Raum.

Eine span.-westgot. Gruppe führt die Tradition des antiken Quaderbaues mit einer kräftigen Pfeiler- und Bogenarchitektur weiter. Das 806 von Bischof THEODULF in **Germigny des Prés** bei ORLÉANS erbaute Oratorium bildet ein Gegenstück zum langobard. SAN SATIRO (S. 22).

Der Aufbau aus Raumzellen und Baukuben bei wachsender Steilheit der Räume tritt im frühen Mittelalter an die Stelle der antiken Großräumigkeit und Einfachheit. Die Klosterkirche **San Pedro de la Nave** in EL CAMPILLO bei ZAMORA, in das 7. Jh. datiert, enthält fast alle Elemente einer mittelalterl. Basilika (S. 374). Ein *Längsschiff* und ein *Querschiff* durchkreuzen sich in einer mit Mauerbögen abgesetzten *Vierung,* die einen kurzen *Vierungsturm* trägt. In der Längsachse folgen ein tonnengewölbtes *Chorquadrat* und ein abgeschnürter, rechteckiger *Altarraum.* 2 *Seitenschiffe* flankieren das Mittelschiff, 2 *Seitenräume* den Chor. Das Querschiff schiebt sich mit hohen *Vorhallen* seitl. hinaus. Geschlossene Wände, breite Pfeiler, schmale Fenster bewirken den selbständigen Charakter der Teilräume. Der Aufbau des Baukörpers aus additiv aneinander geschobenen Teilkörpern entspricht dem Inneren.

Die Kleinkirchen Irlands stellen die Reduzierung des Sakralbaues auf das Minimum dar. Die vielen, nur hypothet. rekonstruierbaren *Holzkirchen* und die ganz oder teilweise noch erhaltenen *Steinkirchen* erreichen Längen von 6–12 m. Sie bestehen meist nur aus einem Hauptraum mit oder ohne Vorhalle, ausreichend für die kleinen Gemeinden der verstreuten Siedlungen und die meist in kleinen Gruppen lebenden irischen Mönche (S. 358).

Die Klosterkirche von Macdara zeigt beispielhaft die archaische Technik dieser Kirchen mit *Polygonmauerwerk, Kragwölbungen* und *Steinplattendächern.* Die am Giebel dieser Kirche vortretenden Stirnkanten der Mauer- und Dachflächen erinnern an Gepflogenheiten des Holzbaues.

Von *Irland* gehen für die Architektur keine der bildenden Kunst vergleichbaren Impulse aus. Die *Westgoten* unterliegen dem Islam, die *Langobarden* werden dem **Frankenreich** einverleibt, das kurzfristig den überwiegenden Teil Europas vereinigt. Bei starker regionaler Differenzierung der Typen im einzelnen bilden sich zwei die Regionen übergreifende **Traditionsgruppen** aus. Sie unterscheiden sich in der Ausbildung der begrenzenden Flächen, besonders des für den Raumeindruck entscheidenden oberen Abschlusses.

Flachgedeckte Basiliken und Saalkirchen herrschen in *Italien, NW-Gallien* und im christianisierten *Germanien* vor. Unter den vielen *Saalkirchen* bilden die **2-** und **3-Apsiden-Säle** eine wichtige Typengruppe längs einer Traditionslinie vom östl. Mittelmeer über die Adria bis zum NW des karoling. Reiches.

St. Peter in Mistail, in der 2. Hälfte des 8. Jhs. erbaute Kirche eines Nonnenklosters, gehört zu einer regionalen Gruppe, von der sich in *Graubünden* 4 Kirchen erhalten haben. Ein *offener Dachstuhl* mit *Bindern* von ca. 11,5 m Spannweite überdeckt den nur 13,5 m langen Saal. Die Gruppe der 3 *Apsiden* beherrscht im Kontrast zum kastenhaften Rechteck der fast geschlossenen Seitenmauern und den durch den Dachstuhl sichtbaren Dachflächen den Raum. Geometr. Grundformen bestimmen diese Architektur.

Gewölbte Kirchen kennzeichnen den SW Europas. Der Schwerpunkt liegt in der Frühzeit beiderseits der Pyrenäen in *Katalonien* und im *Roussillon,* vielleicht seit Jahrhunderten Rückzugsgebiet der altmediterranen Kulturen. Mauern, Stützen und Gewölbe zeigen in Schichtung und Bearbeitung ein stark entwickeltes Gefühl für die Struktur und die plast. Wirkungen des Steinbaues.

In der **Abteikirche St-Martin du Canigou** in den Ostpyrenäen, 1001–09 erbaut, bestehen die *Unter-* und die *Oberkirche* aus je 3 tonnengewölbten Schiffen. Die Wände gehen oberhalb der niedrigen *Säulenarkaden* unmittelbar in die Wölbung über. Das nur 3,5 m breite, höhergestaffelte Mittelschiff der Oberkirche erhält durch 2 kleine Fenster in Apsis und Stirnwand wenig Licht (Staffelhalle, S. 390). Der Raum ist von fast monolith. Charakter.

In den einfachen Räumen der kleinen Kirchen mit ihren wenig gegliederten Wänden offenbart sich der polare Gegensatz, der die *romanische Baukunst* des 10.–12. Jhs. in Bauten von großen Dimensionen beherrschen wird (S. 384/86).

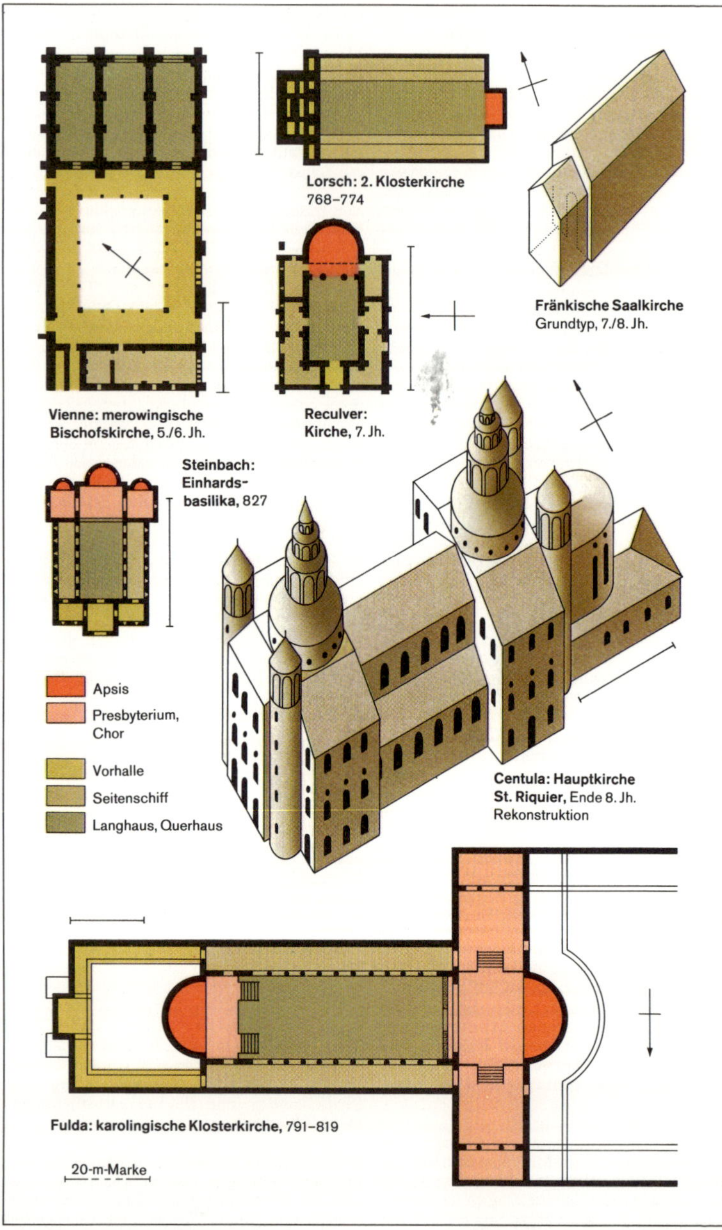

Vielfalt und typologische Klärung

Im nachantiken Europa verstärken sich die regionalen Sonderentwicklungen (vgl. S. 264).

Saalkirchen in Holz oder Stein entstehen überall. Meist bildet ein langgestrecktes Rechteck den Grundriß des Langhauses, durch einen *Rechteckchor* oder eine *Vorhalle* ergänzt. Dieser **Prototyp der Dorfkirche** wird auf dem Land oft über alle Epochen immer wieder gebaut und nur wenig abgewandelt.

Kirchenfamilien, Gruppen meist kleiner Kirchen für verschiedene Heilige, entsprechen dem frühen Stadium der Christianisierung wie früher im röm. Reich (S. 258/60). Einzelne Personen oder Familien stiften *Kirchen* und *Memorien,* z. B. auf Gräberfeldern, für Klöster und Bischofssitze. Oft kommen Grundstücke mit antiken Bauten hinzu. Kirchen, Wohn- und Verwaltungsgebäude wachsen zu ersten geistl. Zentren zusammen. Viele werden später durch Großbauten ersetzt.

Die merowing. Kathedrale in Vienne besteht Anf. des 6. Jhs. aus 3 parallel aneinandergebauten *Saalkirchen* mit einem gemeinsamen *Atrium.* Die einzelnen Säle dienen wahrscheinl. als Bischofs-, Gemeinde- und Katechumenen-Kirche (vgl. Aquileja, S. 258).

Säulengänge und -höfe werden aus der antiken Bauplanung übernommen, z. B. als *Atrium* oder als *Kreuzgang,* ferner als *Portikus* nicht nur an den Stirnseiten der Kirchen, sondern auch seitl. oder ringsum laufend.

Saalkirchen mit Annexen bilden eine über ganz Europa verbreitete Gruppe, bei der niedrige Anbauten für verschiedene Zwecke den Hauptraum seitenschiffähnlich umgeben. Als typ. regionale Gruppe heben sich in SO-England die **Portikus-Kirchen** des 7. Jhs. um das Zentrum CANTERBURY heraus. Meist sind nur die Fundamente erhalten, z. B. von der 669 nach dem Vorbild von CANTERBURY erbauten Kirche von **Reculver.** In regelmäßiger Folge umziehen offene und geschlossene Hallen *(Portiken)* den Kirchensaal. Sie dienen den Stifterfamilien als Grablege.

In der Mitte des 8. Jhs. zeichnet sich im **Frankenreich** unter KARL DEM GROSSEN ein polit. motiviertes Bauprogramm mit gesteigerten Dimensionen und eine **neue Typologie** ab. Die Impulse gehen teils vom Kaiser direkt, teils von der Neuordnung der Diözesen, teils vom Vorbild der röm. Hauptkirchen im Sinn einer Traditionsbildung (renovatio imperii) aus.

Die Basilika wird der generelle Typ, dem das Mittelalter die stärksten Wirkungen und vielfältige Verwandlungen abgewinnt. Die Karolinger erbauen 754–75 als ersten Großbau eine neue Kirche für die Königsabtei **St-Denis,** eine *dreischiffige Säulenbasilika* mit durchgehendem *Querhaus* röm. Art und direkt anschließender *Rundapsis* mit *Flankentürmen* im O und einer *Turmfront* im W. Nach 768 folgen u. a. ST. EMMERAM in REGENSBURG mit *3-Apsiden-Schluß* (S. 388), der Dom in SALZBURG und ST-MAURICE D'AGAUNE, die erste doppelchörige Kirche im Frankenreich.

Auch die 2. **Klosterkirche in Lorsch,** 768–774 erbaut, gehört zu dieser Reihe. Die Fundamente weisen sie als Basilika mit *Rechteck-Apsis* aus. Ein über die Seitenschiffe vorspringender Fundamentrost dient offenbar einem **Westwerk,** einer turmartig erhöhten *Vorkirche* mit unterer *Eingangshalle* und *Flankentürmen* (S. 380).

Nach einer Phase der Umbauten und Erweiterungen folgt seit etwa 790 eine Gruppe großer Kirchen als bewußte Demonstration einer neuen Staats- und Monumentalarchitektur. Außer der *Palastkapelle* in AACHEN (S. 372) gehören neue *Kathedralen* (z. B. der große doppelchörige Dom in KÖLN) und *Klosterkirchen* zu ihr.

Im **Kloster Fulda** entsteht unter RATGAR von 791–819 der größte Bau der Epoche. Die Anlage einer großen *Säulenbasilika* mit 2 einander gegenüber liegenden *Chören* über *Krypten* in Verbindung mit einem *Querhaus* im W nach dem Vorbild von ST. PETER in ROM ist bezeichnend für das karoling. Programm. Ein *Atrium* mit *Torkapelle* im O und das große *Peristyl* für das neue Kloster im W ordnen die Basilika als Kernbau in eine Gesamtanlage ein, in der sich röm. Richtungsaxialität und karoling. Doppelpoligkeit die Waage halten. Die Dimensionen erreichen oder übertreffen die röm. Vorbilder und werden selbst erst von CLUNY III übertroffen (S. 386). Die Wirkung auf andere Bauten ist groß (Kloster HERSFELD, Dom in MAINZ).

Die Klosterkirche St-Riquier, 790–99 von ANGILBERT in CENTULA erbaut, läßt die röm. Tradition hinter sich. Zum ersten Mal erscheint hier ein *basilikales Langhaus* zwischen 2 **antithetischen Baugruppen,** 2 äußerlich gleichen, mehrgeschossigen *Querhäusern* mit *Vierungs-* und *Treppentürmen,* im W durch einen mehrstöckigen *Vorbau,* im O durch einen *Langchor* und eine *Außenkrypta* abgeschlossen. Das östl. Querhaus enthält seitl. *Emporen,* der Westbau ist das größte der räuml. komplizierten karoling. **Westwerke** (S. 380). Hinter der Vorhalle erhebt sich über einer kryptaartigen Eingangshalle eine mehrstöckige *Turmkirche* mit eigenem Altar. Die Gestalt des Gruppenbaues entspricht einem liturg. Programm für 2 gleichwertige Kultzentren und 3 Chöre mit je 100 Mönchen und 33 Novizen. Von diesem modernsten Bau der Epoche gehen weitreichende Impulse aus (REIMS, HILDESHEIM, CORVEY, S. 380, 384).

Die Einhardsbasilika in Steinbach, 827 geweiht und nach dem Vorbild der Kirche des Reformklosters INDA (KORNELIMÜNSTER) erbaut, bietet in kleinerem Maßstab ein aus **Raumzellen** gebautes Raumgefüge, wie es für die roman. Baukunst üblich wird. Dem 3-zelligen *Westbau* mit Eingangs- und Turmhalle folgt ein als *Pfeilerbasilika* ausgeführtes Langhaus, von dem die niedrigeren Querhausflügel mit Nebenapsiden seitl. abgeteilt sind *(Zellenquerhaus).* Die *Hauptapsis* schließt unmittelbar an die *Vierung* an. Die strenge Gesetzmäßigkeit von Grund- und Aufriß kennzeichnet den »karoling. Klassizismus«, an dem der Stifter EINHARD am Hof des Kaisers bedeutenden Anteil hat.

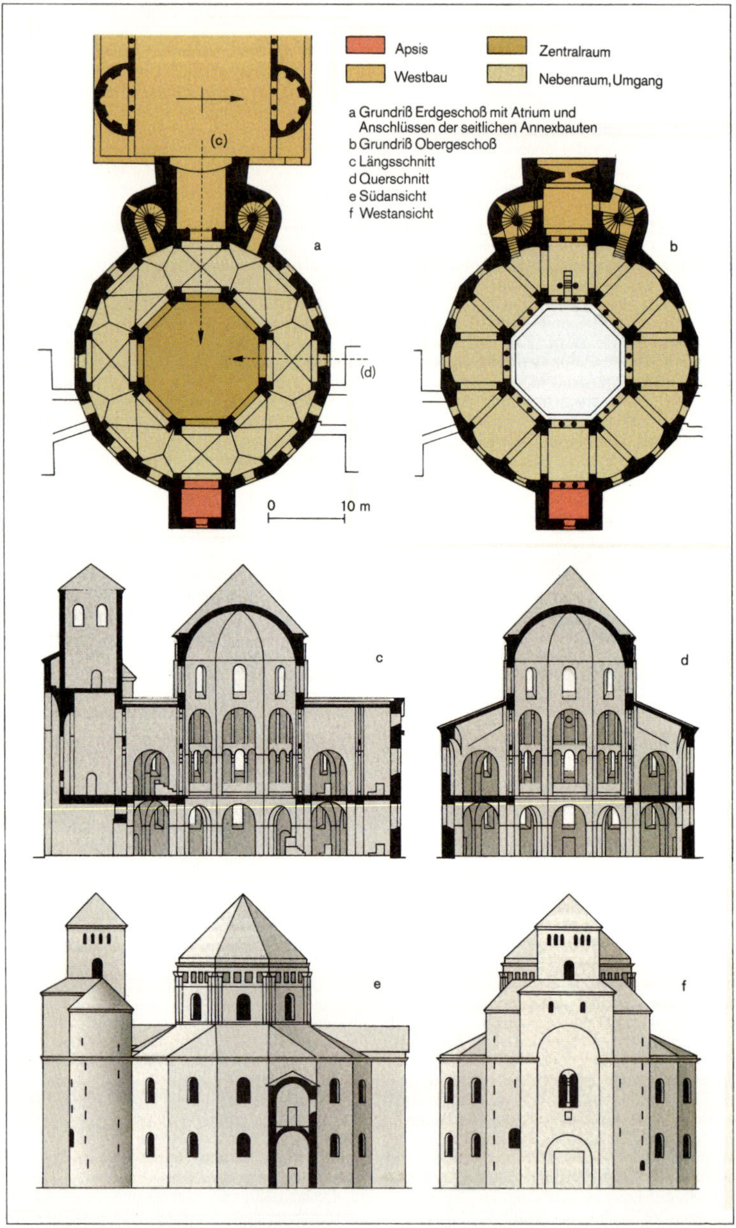

Sakraler Monumentalbau als Staatssymbol

KARL DER GROSSE läßt Ende des 8. Jhs. für die Kaiserpfalz in AACHEN anstelle der Kirche seines Vaters die **Pfalzkapelle** erbauen. Der alte Altar legt den Standort des Neubaues fest und ist Ausgangspunkt zur Vermessung der gesamten Pfalz.
Cappella ist ursprüngl. die Bezeichnung des Reliquienschreines mit der *Cappa St.* MARTINS. Die fränk. Könige führen diese Reliquie ständig mit sich, die begleitenden Geistlichen (Cappellani) leiten zugleich die Staatskanzlei. Die Bezeichnung geht auf ihr jeweiliges Quartier (Kirche, Haus, Zelt), dann auf den Aachener Neubau über und wird zum Gattungsbegriff im Sakralbau.
Das Bauprogramm verteilt die Funktionen der Cappella auf eine Gruppe mit 4 Gebäuden: die Palastkirche (»Basilica«), zwei Flügelbauten (»Metatorium« und »Sekretarium«?) und die Residenz des Erzkaplans (»Curia«).
Die Planung ordnet die Gebäudegruppe in Gestalt eines *latein. Kreuzes* in die Gesamtplanung der Pfalz ein (S. 356). Auf der Längs- und Symmetrieachse folgen von W nach O das längsrechteckige *Atrium,* das *Westwerk* und die *Zentralkirche,* der *Hof* mit dem abschließenden *Wohnpalast.* Die Querachse verläuft durch die beiden *Flügelbauten.* Beide Achsen schneiden sich im östl. Drittel der Kirche. Die Gestalt der Bauwerke soll über die verschiedenen prakt. Bedürfnisse hinaus den Rang der Cappella als Institution und den polit. und religiösen Führungsanspruch des Kaisers deutlich machen.

Die Palastkirche ist ein *Zentralbau,* allerdings mit einer Richtungsachse zur Apsis. Als neues Element tritt das **Westwerk** hinzu (vgl. S. 250, 266/68, 480–84).
Der Zentralraum ist ein mehrgeschossiges *Umgangsoktogon.* Das umgebende *Sechzehneck* erlaubt, 8 Umgangssegmente als selbständige, viereckige Teilräume zur Mitte auszurichten. Die dreieckigen Zwischenräume wirken mehr trennend als verbindend.
Der hohe Emporenumgang über den Bogen des Erdgeschosses erhält als Abgrenzung zum Mittelraum eine *zweigeschossige Arkadenstellung,* in jeden der 8 hohen Bogen gliedernd und schmückend hineingestellt *(Aachener Säulengitter).* Über der Fensterzone schließt ein halbkugeliges *Klostergewölbe* den Raum.
Das Zeremoniell der Hofgottesdienste kann sich im Erdgeschoß entfalten. Die Flügelbauten stehen als Sakristeien zur Verfügung. Die Emporen sind für den Hofstaat bestimmt. Der Kaiser kann von seinem Thron gegenüber der Apsis die Handlungen an allen Altären verfolgen.
Das Westwerk dient im Erdgeschoß als *Eingangshalle* vom Atrium her. Im Obergeschoß öffnet sich die Turmhalle mit einer Arkatur zur Kaiserloge. Sie ist über die *Treppentürme* zugänglich, in den nördl. mündet der Verbindungsgang zur Königshalle. Der freistehende *Turmaufbau* dient als Schatz- und Reliquienkammer.
Der Baukörper entspricht in seinem gestaffelten Aufbau dem Innenraum. Er ist ein **Gruppenbau** mit 2 Hauptkörpern, die aus *Teilkörpern* zusammengesetzt sind. Aus dem mit einem Pultdach gedeckten *Sechzehneck* steigt das *Oktogon* mit dem Fenstergeschoß (Tambour) und dem abschließenden Zeltdach frei auf. Mehr als von innen tritt von außen das *Westwerk* als selbständiger Bauteil in Erscheinung; es beherrscht mit der hohen *Rundbogennische* den Freiraum des Atriums. Im O tritt die rechteckige *Apsis,* im Innenraum ohne Wirkung, mit eigenem Satteldach aus dem Oktogon hervor.
Die Ausstattung mit Material und künstler. Leistungen aus den Provinzen des Reiches bezeugt die Ausnahmestellung des Baues. Das Gestein für Mauern, Pfeiler und Bögen kommt aus den Ardennen, der Eifel, dem Siebengebirge und der Stadtmauer von VERDUN. Die Ausführung läßt auf einen ital.-langobard. Bautrupp schließen. Die Säulen aus farbigem Gestein stammen aus Italien, ebenso Kuppel- und Apsismosaik, Bronzegitter und Tore aus einer nach Aachen verpflichteten maasländ. Gießhütte. Die Wandmalereien sind verloren. Ein glatter *roter Putz* überzieht die Außenflächen. Pilaster gliedern den Tambour des Oktogons. Das mit Bleiplatten gedeckte Dach trägt goldene Embleme an den Traufkanten und auf der Spitze.
Vorbilder für die Planung sind röm.-byzantin. Zentralbauten, besonders SAN VITALE in RAVENNA (S. 268). Aber in den Veränderungen von Grundriß, Proportionen, Raumbeziehungen und in der neuartigen Verknüpfung der Elemente tritt die für die Epoche Karls d. Gr. bezeichnende Fähigkeit zu Neukonzeption und Verwandlung hervor.
Konstruktion und Ausführung zeugen von genauer Kenntnis antiker Baupraxis. Die Pfeiler des Oktogons nehmen den senkrechten Druck, *Ringanker* den Schub des Zentralgewölbes auf. *Steigende Tonnen* über den Emporen entlasten die Arkaden. Ihr Seitenschub wirkt auf die schwibbogenartigen *Gurtbögen,* die Dreiecke dazwischen sind mit *Kappen,* der Umgang im Erdgeschoß mit einer gewinkelten *Ringtonne* gedeckt. Dem künstlerischen Eklektizismus entspricht ein technischer mit bewußter Synthese der Elemente. Als Architekt ist der in METZ gestorbene ODO überliefert.
Die theoret. und theolog. Grundlagen des Entwurfs lassen sich aus einer mehrfachen **Zahlensymbolik** erschließen. Hinter ihr steht offenbar die Idee, die heiligen Bauwerke aus *Altem und Neuem Testament* (Tempel des Salomons, Gottesstadt der Apokalypse) in der kaiserl. Hofkirche darzustellen und sie dadurch in diese Traditionsreihe aufzunehmen. Zahlenreihen aus dem Dezimal- und dem Duodezimalsystem sind kombiniert. Sie legen die Hauptproportionen für Grund- und Aufriß fest. Das aus der Antike übernommene und für das Mittelalter typ. werdende Denken in Ordnungszahlen und geometr. Figuren wird hier früh an entscheidender Stelle erkennbar. Das Bauwerk bleibt in seiner Funktion einmalig. Als Typ und formales Vorbild begründet es wichtige Traditionen im mittelalterl. Zentralbau.

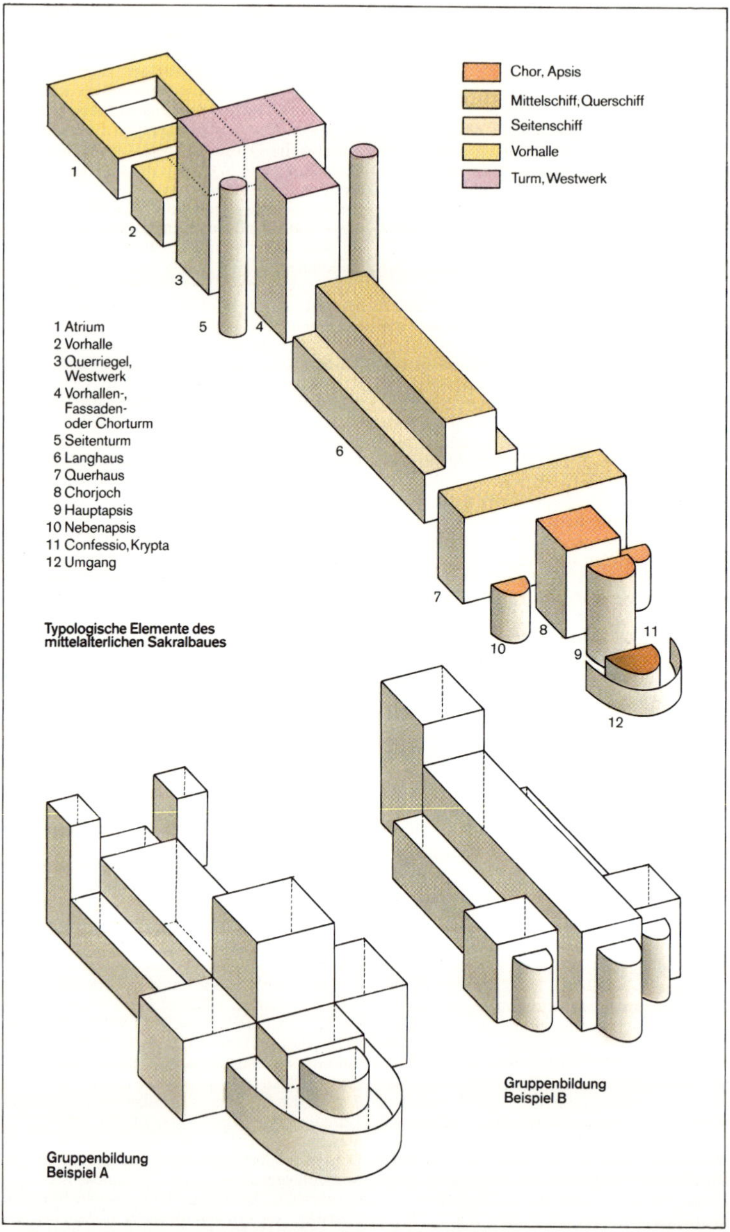

Additives Prinzip, Vielfalt der Baugestalt

Die epochalen Veränderungen der Architektur im Mittelalter vollziehen sich nördl. der Alpen. Die histor. Leistung des Südens besteht in der Bewahrung und Weitergabe antiker Traditionen.
Die karoling. Rezeption führt zur punktuellen Aneignung spätantik-frühchristl. Bildungsgutes. Der polit. Ausgriff in den ital.-langobard. Süden bringt den direkten Kontakt mit der röm. und byzantin. Typologie. Die Vorbilder werden aber grundsätzlich verwandelt.
Die neue Typologie des Sakralbaues entsteht aus dem Willen, der Übernahme der röm. Kaisertradition mit einer monumentalen Architektur zu entsprechen. Im Gegensatz zum röm.-byzantin. Vorbild fehlen die Städte mit Mauern, Türmen, Toren, Triumphbögen, Marktplätzen und öffentl. Gebäuden als Demonstrationen einer organisierten Staatsmacht. Im Frankenreich fällt diese polit. Funktion fast allein dem Sakralbau zu (S. 370/72).
Die liturg. Funktionen vermehren sich. Die wachsende Zahl der Mönche in den Klöstern, die liturg. Feiern mit Prozessionen und respondierenden Chören brauchen viel Raum und eine entsprechende Anordnung der Räume, z. B. *Querhäuser, Chorjoche* oder *Langchöre*. Der Heiligen- und Reliquienkult vermehrt die Zahl der Altäre und führt zum Bau von *Krypten* unter oder hinter dem Chor. Für den Engelkult und die Aufgabe der Klöster als zeitweilige Residenz der Könige entstehen *Sonderchöre* und *Westwerke*. An die Stelle der Kirchenfamilien treten Großbauten mit mehreren Kultzentren.
Allegor. und symbol. Bedeutungen überlagern die liturg. Funktionen, z. B. die Nachbildung teils histor., teils imaginärer heiliger Orte: *Grabeskirche, Tempel, Gottesstadt.* Für die Bedeutungsübertragung genügen einige Attribute, Maßangaben oder typolog. Elemente wie Türme und Tore. Immer mehr wandelt sich das ursprüngl. fast profane Gemeindehaus zum **sakralen Bau mit zeichenhafter Bedeutung,** auch ohne liturg. Handlung und vollziehende Gemeinde. Ihr Name *Ecclesia = Kirche* geht ebenso auf das Gebäude über wie die Namen heidn. oder jüd. Vorgänger (Templum).
Die Gleichsetzung der Kaiserherrschaft mit der Stellvertretung Gottes (regnum et sacerdotium) und die polit. Funktion von Klöstern und Bischofssitzen machen das Kirchengebäude zum Abbild von Gottesstaat und Gottesstadt.
Die Gestalt des Kirchengebäudes entspricht den Forderungen der Liturgie, der Repräsentation und der Funktion als Sakral- und Symbolbau mit einer vielteiligen Gesamterscheinung.
Das additive Prinzip der frühmittelalterl. und roman. Architektur ermöglicht die Verbindung von Räumen und raumbildenden Elementen verschiedener Größe, Richtung und Funktion zu einem komplexen Raumgefüge, in dem jeder Teil seine besondere Dimension und Eigenart behält. Der Baukörper besteht aus aneinandergeschobenen und gestaffelten Teilkörpern. Sie sind selbständig durchgebildet, erreichen ihre Wirkung aber erst durch den Zusammenschluß.

Die typolog. Elemente werden z. T. vom frühchristl. Sakralbau, z. T. vom antiken Profanbau übernommen, z. T. neu konzipiert. Ihre Form und die Stellung im Gesamtbau ändert sich nach polit. oder liturg. Programm, nach regionalen oder lokalen Traditionen und dem Wandel der Idealvorstellungen von sakraler Architektur.
Das Langhaus als *Saal, Halle* oder *Basilika* bleibt als Hauptraum der Kultgemeinde das Grundelement, der Rumpf des Baukörpers, dem die anderen Glieder in wechselnden Verbindungen zugeordnet werden können. **Hauptapsis** und **Nebenapsiden, Querhaus, Vorhalle** und **Atrium** sind schon Bestandteile der altchristl. Kirchen (S. 258 ff.). Weit häufiger als bei ihnen werden im Mittelalter **Vor-** und **Zwischenjoche,** z. B. als *Chorjoch* vor der Apsis, eingefügt.
Türme, einzeln oder in Gruppen, beim frühen Kirchenbau fast unbekannt oder untergeordnet, verändern den Baukörper völlig. Sie erfüllen kaum liturg. oder prakt., sondern vor allem symbol. Funktionen. **Krypten** entwickeln sich aus kleinen Grabkammern zu Unterkirchen unter Chor und Apsis oder zu niedrigen *Memorien* hinter dem Chor. Die Erhöhung der über ihnen liegenden Chöre führt zur Differenzierung der Räume auch vom Niveau her. **Chorumgänge,** anfangs wie im St. Gallener Plan noch offen, meist aber gedeckt um die Apsis geführt, bilden, besonders im Zusammenhang mit *Ringkrypten,* eine wichtige Vorstufe der *Umgangschöre* (S. 378, 396).

Die wahlweise Addition führt in den Hauptlandschaften der Romanik (S. 304) sowohl zu regional typ. Verbindungen der Elemente, als auch zu charakterist. Einzellösungen. Zwei theoret. Bildbeispiele sollen das Prinzip der Gruppenbildung verdeutlichen.
A. Bei einer dreischiffigen Basilika durchkreuzen sich ein *Mittelschiff* und ein *Querschiff* gleicher Breite und Höhe. Über der entstandenen *Vierung* erhebt sich ein *Vierungsturm,* der zum Inneren offen oder geschlossen sein kann. Ein Umgang in Höhe und Breite der Seitenschiffe umzieht *Chorquadrat* und *Apsis*. Eine *Doppelturmfront* mit mehrstöckigem Mittelbau zwischen überhöhenden Seitentürmen bildet die Stirnseite der Kirche.
B. Das *Mittelschiff* einer dreischiffigen Basilika läuft bis zur *Apsis* durch. Beiderseitig schließen niedrigere *Querflügel* mit Nebenapsiden an *(Zellenquerhaus)*. An der Stirnseite steht ein *Turm* von der Breite des Mittelschiffs. Er kann als *Chorturm* oder als *Portalturm* ausgebildet werden.
Die roman. Baukunst schöpft die Möglichkeiten der wahlweisen Addition von Großelementen an Tausenden von Kirchen aus. Die Vielzahl der Verbindungen an den heute noch erhaltenen oder sicher rekonstruierbaren Kirchen gibt eine Vorstellung von der Vielfalt der Erscheinungen im Sakralbau, der bei klar erkennbarer Gesetzmäßigkeit frei von starrem Schematismus bleibt.

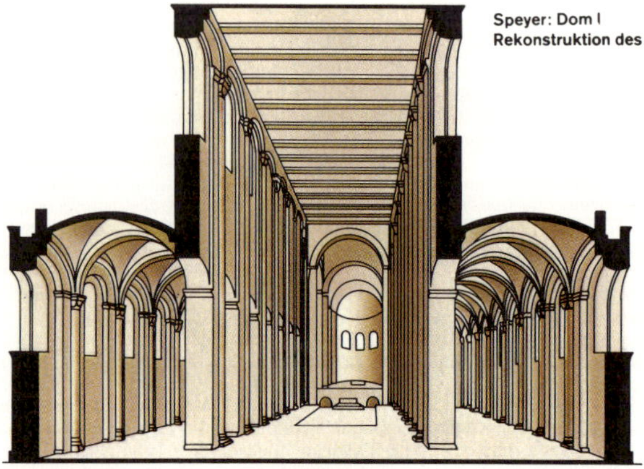

Speyer: Dom I
Rekonstruktion des Urbaues

Fontenay: Klosterkirche

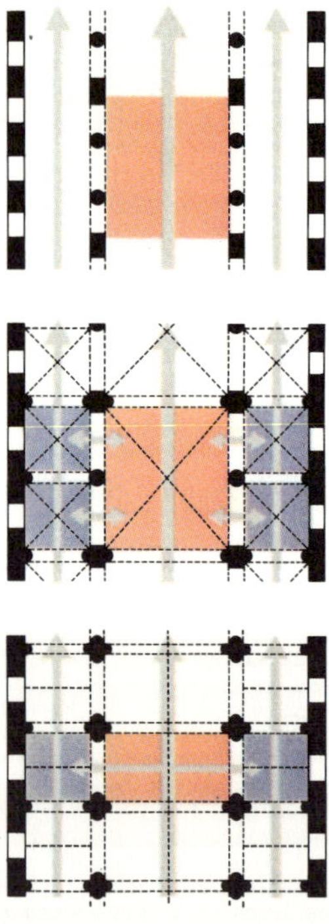

a

b

c

Raumgrenze
Stützenstellung
Jochbildung

a Raumaddition
Stützenwechsel
Flachdecke

b Raumbindung
gebundenes System
Kreuzgewölbe

c Raumbindung
rechteckiges
Schmaljoch
Tonnengewölbe

Mittelschiff

Seitenschiff

Richtung der
Raumbeziehung

Wandlungen des Raumbildes vom frühen zum hohen Mittelalter

Das Langhaus in der Form der Saalkirche oder der Basilika dient seit der Spätantike der christl. Gemeinde als Versammlungsraum. Es bleibt, vom Zentralbau abgesehen, vom 5. bis 15. Jh. das typolog. Hauptelement im Kirchenbau.
In den Klöstern und Stiften führen die wachsende Zahl der Mönche und Chorherren, sowie der zunehmende Heiligenkult sowohl im Querhaus wie im Langhaus zur Aufstellung von Altären, zur Einrichtung von Chören und Gegenchören, oft auch zur Trennung in eine Mönchs- und eine Laienkirche. Aus gleichen Gründen entsteht der *Langchor* durch Verlängerung des Langhauses über die Vierung hinaus (Stiftschor). Der Bau von *Krypten* mit der Erhöhung der Chöre über das Niveau des Langhauses trägt zur räuml. Differenzierung der Bereiche bei.
Das Langhaus und der ihm oft gleiche Langchor bilden die **Rahmenform,** in der die liturg. Positionen markiert und evtl. durch Schranken abgeteilt werden. Das Auge kann über sie hinweg den Gesamtraum erfassen, dessen Gliederungen sich unabhängig von ihnen entwickeln.
Die Gestalt des Langhauses verändert sich mit dem Wandel der Raumauffassung, der Wandgliederung und der Bautechnik. Viele wichtige Veränderungen der mittelalterl. Architektur gehen vom Langhaus aus.
Raumquerschnitt und Proportionen der mittelalterl. Basiliken sind spürbar steiler als die spätantiken Vorbilder. Die Höhe steigt im Verhältnis zur Breite ständig an: z. B. von 1:1,5 bei konstantin. Bauten (S. 262) auf 1:1,9 in St. Michael in Hildesheim (S. 384) und 1:2,5 in Speyer I, beide mit *flachen Decken,* 1:2,7 in Speyer II mit *Kreuzgewölben* und Cluny III mit *Tonnengewölbe.* Ähnliche Steilheitsgrade finden sich in den flachgedeckten Großkirchen der Normandie.
Der entscheidende »Sprung« in die gesteigerte Vertikalität findet schon in der 1. Hälfte des 11. Jhs. statt. Erst in der Wende zum 13. Jh. steigen sowohl die absoluten Höhen wie auch der Steilheitsgrad noch einmal bedeutend an. Er erreicht in Reims 1:3, in Amiens 1:3,3. In den Kirchen der Zisterzienser wird er deutlich reduziert, z. B. in Fontenay auf 1:2,1.
Die Struktur der Grenzflächen, Wand und Decke, bestimmt neben der Raumproportion den Raumcharakter.
Das frühe Mittelalter übernimmt das **Langhaus mit flacher Decke** oder offenem Dachstuhl von den Basiliken des röm. Typs (S. 262). Die Verwandlung des spätantiken Raumbildes wird durch die Veränderungen der Wandstruktur bewirkt. An die Stelle der Säulenreihen mit weiten Achsabständen treten meist enge *Arkaden* auf kräftigen *Mauerpfeilern.* Die von ihnen ausgehenden konstruktiven und plast. Gliederungen lösen die Hochschiffwand in senkrechte Felder auf. Ihre Abstimmung mit der Deckenkonstruktion führt zu einer Querbindung von Wand zu Wand über das Mittelschiff hinweg. Die additive Zusammensetzung des Raumes aus Grundeinheiten beherrscht den Raum (S. 20, Schaffhausen).

Die Einwölbung der Langhäuser seit dem 11. Jh. macht diese Jochbindung zur Grundordnung der Konstruktion. Die aus ihr entwickelten Gliederungen schließen Gewölbe und Hochschiffwände zur einheitl. Raumbegrenzung zusammen. Als Alternativen stehen *Tonnengewölbe* und *Kreuzgewölbe* einander gegenüber (S. 44, 46).
Die großen Längstonnen erhalten durch die von den Pfeilern ausgehenden *Gurtbögen* eine Gliederung in rechteckige *Schmaljoche* quer zur Raumachse. Ihre gleichmäßige Reihung verstärkt durch die perspektivische Wirkung den Charakter des Langraumes als Richtungsbau.
Die Kreuzgewölbe, bis zur Einführung des *Rippengewölbes* fast ausschließl. über quadrat. Grundriß, betonen die Zusammensetzung des Raumes aus großen Jochen. Ihr Grundmaß wird durch die *Vierung* vorgegeben und von den Hauptstützen jeweils an den Eckpunkten markiert. Der Wechsel von Haupt- und Nebenstützen akzentuiert diesen **quadrat. Schematismus.** Er bildet schon früh die Grundlage des Entwurfes, wird aber erst durch den Gewölbebau im konstrukt. System verankert.

Das Verhältnis vom Mittel- zum Seitenschiff verändert sich entsprechend. Im frühen Mittelalter trennen die massiven *Pfeilerarkaden* die Schiffe voneinander und verstärken ihre Selbständigkeit als parallele Richtungsräume. Die Querbindung ist schwach. Im Zusammenhang mit Wandgliederung und Wölbung entsteht eine engere Beziehung der Schiffe. **Das gebundene System** vereinigt je 1 quadrat. Mittelschiffsjoch und 2 Joche in jedem Seitenschiff zu einer in Grund- und Aufriß aufeinander abgestimmten Grundeinheit. Das große und die kleinen Joche sind einheitl. kreuzgewölbt mit halbkreisförmigen *Gurt-* und *Schildbögen.* Dem Wesen des Quadrats entsprechend wirken die Längsrichtung und die Querbindung der Schiffe ungefähr gleich stark. Der *Stützenwechsel* ist funktional begründet.
Dem *Tonnengewölbe* entspricht dagegen die Abfolge schmalrechteckiger Joche im Mittelschiff ohne Stützenwechsel. Jedem Mittelschiffsjoch entspricht ein meist quadrat. Seitenschiffsjoch, oft unter Kreuzgewölben. In einer der bedeutenden frühen Zisterzienserkirchen, **Fontenay,** wird die Querbindung besonders hervorgehoben: Die Seitenschiffsjoche stehen mit *Quertonnen* zum Mittelschiff in voller Höhe offen, vom nächsten Seitenschiffsjoch durch niedrige Arkaden mehr getrennt als verbunden.
Der Wandaufbau in verschiedenen Zonen, anfangs waagerecht übereinander, dann zwischen den von den Pfeilern aufsteigenden konstruktiven und plastischen Gliederungen zunehmend senkrecht nebeneinander, trägt entscheidend zum Raumeindruck bei. Die konstrukt. Entwicklung mit der plast. Gliederung der Wand, ihrer Schichtung und Zerlegung bietet viele Möglichkeiten, den Raum bis in die Einzelheiten durchzuformen. Die farbige Fassung wichtiger Glieder und die Ausmalung von Wand, Decke und Gewölbe treten hinzu.

Steigerung der Architektur über dem Sanctuarium

Die **Zone des Sanctuariums** steht seit dem frühen Mittelalter als differenzierte Raumgruppe mit **Querhaus, Chor** und **Apsis** im Gegensatz zum Langhaus. Das Querhaus wird zuerst unter KONSTANTIN in die LATERANS-BASILIKA (S. 262) eingefügt, wahrscheinl. zur Wahrnehmung von Hoheitsfunktionen (Analogie zu Kaisersaal?).

Das durchgehende Querhaus wird von den Karolingern als röm. imperiale Tradition übernommen, um eine neue zu begründen. Die bisherige Ausnahme wird im Mittelalter zur Regel. Der Richtungsraum des Langhauses wird durch einen Aktionsraum für das liturg. Zeremoniell ergänzt (S. 370, FULDA, S. 388, REIMS, ELY, COMPOSTELA).

Das Zellenquerhaus entspricht der frühmittelalterl. Gewohnheit, das Mittelschiff mit selbständigen Seitenräumen zu umbauen. Seitl. Bögen trennen die niedrigeren *Querarme* vom Mittelschiff, das bis zur *Apsis* durchgeht (S. 370, EINHARDS-BASILIKA, S. 374, Beispiel B). Die weitere Entwicklung knüpft an beide Querhaustypen an.

Chorquadrat oder rechteckiges **Chorjoch,** oft zum **Langchor** verlängert, setzen das Langhaus über das Querhaus hinaus fort. Der Grundriß erhält die Form des *latein. Kreuzes,* die **Vierung** rückt in die zentrale raumbestimmende Stellung. Als ausgereifte Lösung setzt sich seit dem 11. Jh. die durch hohe Bögen auf Pfeilervorlagen nach allen vier Seiten *ausgeschiedene Vierung* durch (S. 20, SCHAFFHAUSEN, S. 384, HILDESHEIM).

Die verstärkten Vierungspfeiler und die Vierungsbögen, durch die Wände von Langhaus und Querhaus abgestützt, können einen **Vierungsturm** tragen. Mit ihm erhält das Sanctuarium ein beherrschendes Element.

Die Apsis verliert ihre Funktion als Presbyterium. Die gewölbte *Konche* oder die **Rechtecknische** bilden den Abschluß des Altarraumes, oft steht der Hauptaltar unmittelbar vor oder in der Apsis. Die Zunahme der Altarstellen führt zum Bau von *Nebenapsiden* am Ende der Seitenschiffe oder im Querhaus, außen oft mit der Hauptapsis zu einer die Chorfront bestimmenden Dreiergruppe zusammengeschlossen. **Flankentürme** stehen in den Winkeln zwischen Querhaus und Chor bzw. Langhaus oder am Ende der Querarme. Neben ihrer Funktion als Treppen- oder Glockentürme bereichern sie die Gesamterscheinung.

Das hohe Mittelalter bringt durch Verbindung und gegenseitige Steigerung der Elemente eine große Zahl monumentaler Baugruppen um das Sanctuarium hervor. Einige typ. Lösungen beruhen teils auf regionalen Traditionen, teils auf gleichen Funktionen (Klosterkirchen, Wallfahrtskirchen).

In Deutschland verbreitet sich der Kirchentyp mit **antithetischen Baugruppen** aus *Querhäusern, Chören, Vierungs-* und *Flankentürmen.* Dem karoling. Vorbild CENTULA folgen u. a. die Klosterkirchen ST. MICHAEL in HILDESHEIM und MARIA LAACH, die Dome von SPEYER, MAINZ und WORMS, ohne Vierungstürme die in BAMBERG und NAUMBURG.

Der Dom in Speyer, seit 1030 im Bau, erscheint als Demonstration der Kaisermacht (Investiturstreit). Querhaus, Chorquadrat, Apsis, Vierungsturm und Flankentürme werden zu einer alle gewohnten Maße übertreffenden Baugruppe zusammengefaßt. Alle Flächen und Kanten steigen ohne Staffelung hoch. Die einzelnen Großelemente bewahren innerhalb der Gruppe ihre Selbständigkeit. Zum Massenaufbau durch stereometr. Körper tritt eine reiche Flächengliederung durch *Blenden* und *Nischen, Zwerggalerien* und *Rundbogenfriese.* Speyer wirkt weithin als Vorbild, bleibt aber in der Großartigkeit seiner Erscheinung unübertroffen.

Komplexe Chorsysteme entstehen in Frankreich durch Summierung und Durchdringung der Einzelelemente. Die Verlängerung der Seitenschiffe über das Querhaus hinaus, der Bau und die Abstaffelung von Kapellen und Nebenapsiden ergeben den **Staffelchor.** Er verbreitet sich vom Zentrum Burgund (CLUNY II, S. 388) bis zur Normandie, und durch die *Hirsauer Bauschule* auch nach O. Durch die Weiterführung der Seitenschiffe um Chor und Hauptapsis analog zur *Umgangskrypta* entsteht als bedeutendster Typ der **Umgangschor** mit oder ohne **Kapellenkranz.** Bei ihm gelingt eine Synthese von Richtungsbau und Zentralisierung (S. 386, TOURNUS, S. 388, COMPOSTELA, S. 396, Gotik).

Die Klosterkirche in Orcival aus der Mitte des 12. Jhs. gehört zur regionalen Typengruppe der *Auvergne.* Zu den allgemeinen Kennzeichen französ. cluniazens. Sakralarchitektur, dem konzentr. Aufbau mit *Umgangschor,* radialem *Kapellenkranz* und pyramidaler Aufstaffelung zum *Vierungsturm* tritt hier die Überhöhung des Querhauses durch den **Querriegel.** Unter seinen flachen *Pultdächern* verbergen sich *Halbtonnen-Gewölbe,* die den Vierungsturm abstützen.

Der Dreikonchen-Chor wird schon in frühchristl. Memorialkirchen verwirklicht, bleibt aber dort im Mauermantel verborgen. Die roman. Baukunst bringt ihn auch außen zur Geltung. Im 12. und 13. Jh. ist er vom Rhein bis zur Pikardie verbreitet, besonders im Bereich der *köln.-niederländ. Bauschule.*

Die Klosterkirche St. Aposteln in Köln erhält Ende des 12. Jhs. einen Kleeblatt-Chor in den Formen der Spätromanik. Das beherrschende Motiv der *zweigeschossigen Apsiden* läßt diese und die verwandten Choranlagen fast als Zentralbau mit angebautem Langhaus erscheinen. Durch die Rundung der Flankentürme in den unteren Geschossen und ihre Einbeziehung in das System der Flächengliederung wird die bisher übliche Selbständigkeit der Teile zugunsten der Gesamtgestalt unterdrückt. Der Innenraum, auf Vereinheitlichung zielend, durchdringt den Baukörper und findet seine äußere Entsprechung in einer gleichmäßig umhüllenden, plastisch durchgeformten Mauerschale.

Châtel Montagne

Caen: St. Etienne, Westfront

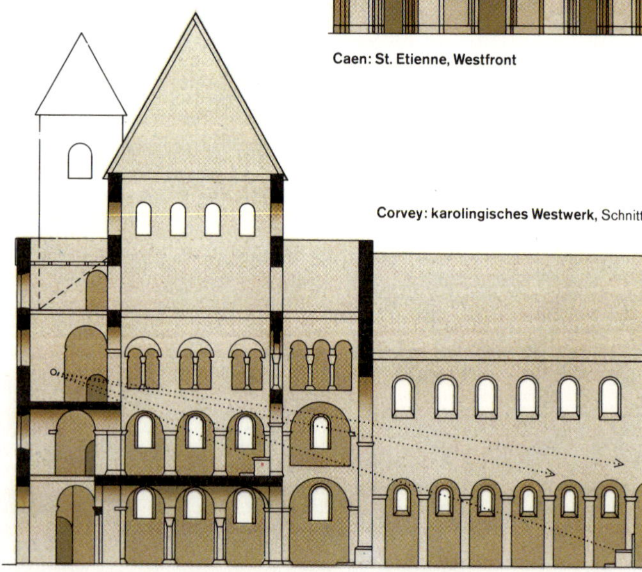

Corvey: karolingisches Westwerk, Schnitt

Basikale Fassade im Süden, Westwerk und Zweiturmfront im Norden

Die Stirnseite der frühchristl. Kirchen stellt nicht mehr als eine Abschlußwand dar. Die Landschaften Süd- und Westeuropas führen diese Tradition in vielen regionalen Abwandlungen weiter.
Querschnitt-Fassaden entsprechen dem Raumprofil des Langhauses. Bei der *Basilika* dominiert der Mittelschiffsgiebel über die nur halb so hohen Teilgiebel der Seitenschiffe. Die Proportionen verschieben sich bei *Emporenbasiliken, Emporen-* und *Staffelhallen* entsprechend der geringeren Höhenstaffelung (vgl. Schnitte, S. 388). Bei *Hallenkirchen* mit gleichhohen Schiffen entsteht daher oft ein einheitl. Dreieckgiebel.
Die Übergänge zwischen diesen Typen werden durch verschiedene Arten der Flächengliederung zusätzl. differenziert.

Bei der **Prioratskirche in Châtel Montagne** (Bourbonnais) z. B. bilden die verstärkenden *Strebepfeiler* mit *Rundbogenblenden* und *Arkaden* ein gleichermaßen konstruktives wie gliederndes Gerüst, das im Aufbau der Fassade den Gesamtcharakter von Raum und Baukörper mit elementaren Mitteln zusammenfaßt.
Typen anderer Landschaften, z. B. Poitou und Saintonge, sind reicher gegliedert und ornamentiert, z. T. völlig mit Bauplastik überzogen (POITIERS). Die Fassade wird zum Bildträger.
Schirmfassaden stehen unabhängig von Raumquerschnitt und Dachform, oft rechteckig und ohne Giebel vor dem Langhaus und decken seine Konturen ab. Sie beherrschen als hochragende Schauwände besonders die aus den Hausfassaden gebildeten Plätze in den Städten Oberitaliens (MAILAND, PARMA, PAVIA, PIACENZA).
Auch im S und W Frankreichs kommt es zu ähnlichen Bildungen und zahlreichen Übergängen zwischen Querschnitt und Schirmfassade.

In Nordwest- und Mitteleuropa entstehen selbständige Baukörper und Raumgruppen als Eingangsbauwerke.
Westwerke erscheinen in der karoling. Architektur Ende des 8. Jhs. (S. 370/72). Ihre Typen werden von der ottonischen Epoche übernommen und verwandelt. Sie sind vom N und O Frankreichs (CENTULA, REIMS, FÉCAMP) über ganz Deutschland (z. B. AACHEN, WERDEN, CORVEY, HILDESHEIM, LORSCH, REICHENAU) verbreitet.
Der meist turmartige Kernbau mit *Eingangshalle* und mehrgeschossiger *Oberkirche* kann, je nach Programm, mit querhausartigen *Seitenflügeln, Emporen, Vorhallen* und *Treppentürmen* verbunden werden. Die Erdgeschoßhallen dienen auch als *Taufkirchen,* die Obergeschosse als *»Engelschöre«, Salvatorkirchen, Kaisersäle* und *-logen.* Die Funktion als *Patronats-* und *Eigenkirche* in Verbindung mit den polit. Aufgaben und der ausgeübten Grundherrschaft von Klöstern und Bischöfen tritt hinzu. Viele Funktionen sind symbol. Natur.
Das 885 geweihte **Westwerk der Klosterkirche von Corvey** ist als einzige der karoling. *Dreiturm-Anlagen* in wesentl. Teilen erhalten und voll rekonstruierbar. Die zentrale Turmkirche ist an drei Seiten von Emporen und Nebenräumen umgeben. In der Hauptachse öffnet sie sich mit mehrgeschossigen Arkaden über ein Querjoch mit einem Triumphbogen zum Langhaus. Seitl. über der Vorhalle erheben sich quadrat. Flankentürme.

Die Polyfunktionalität der frühen Westwerke spaltet sich in eine typenreiche Entwicklung auf. Durch Reduktion und Neukonzeption entstehen neue Typen, teils von regionaler, teils von allgemeiner Bedeutung, z. B.
Turmmassive mit hohem, ungeteiltem Innenraum, teils mit *Vorhallenbau* (KÖLN, ST. PANTALEON), teils mit nach W geschlossener *Chorhalle* (LÜTTICH, MAASTRICHT), oft mit *Flankentürmen.*
Querriegel vor allem in Westfalen und Sachsen: quer vor dem Langhaus stehende rechteckige Turmkörper, teils mit erhöhter Mitte (MINDEN, HILDESHEIM), teils mit aufgesetztem Glockengeschoß (HAVELBERG), teils mit seitl. aufgesetzten Türmen (QUEDLINBURG, GANDERSHEIM, CORVEY II).
Westmassive mit Turmgruppen: mehrgeschossige kubische Komplexe bis zur Dachhöhe des Mittelschiffs, oft unter Einbeziehung eines *Querhauses,* mit *Vierungsturm* (Mittelturm) und *Flankentürmen* (SPEYER, MAURSMÜNSTER, MARIA LAACH).
Chortürme: massive Einzeltürme mit eingebautem *Chorraum* oder *Apsis* (S. 382).
Die Vielgestaltigkeit dieser Typen läßt sich als Variationsfolge einer allgemeinen Vorstellung vom idealen Monumentalbau auffassen, die sich mit den verschiedenen typolog. Elementen verbindet und verändert. Die Entwicklung des Turmes als Einzelelement ist eng mit ihr verbunden (S. 382).

Doppelturmfassaden gehen offenbar auf Westwerkideen zurück. Eine Frühstufe tritt in Burgund bei der Abteikirche in TOURNUS in Erscheinung (S. 386). Die Ausbildung zu einem klaren Typ macht in der Normandie entscheidende Fortschritte.
Der Prototyp der klass. Zweiturmfassade erscheint um 1060 an der Abteikirche **St-Etienne in Caen.** Die Stirn des Mittelschiffs und die Türme stehen in einer gemeinsamen Flucht, ihre geschoßweise Gliederung stimmt horizontal überein, 3 Portale in der Front entsprechen der Parallelität der 3 Schiffe. *Strebepfeiler* nehmen die Turmlasten auf und gliedern die Fassade in senkrechte Bahnen. Über dem Fassadenblock erheben sich die beiden Türme mit 3 *Freigeschossen* als hart begrenzte Rechteckprismen, geschoßweise senkrecht gegliedert, wobei die Durchbrechung der Flächen nach oben zunimmt. Mit dieser Fassade scheint für die Basilika der adäquate Stirnbau gefunden zu sein, der die Errungenschaften des Turmbaues mit dem Prinzip des Richtungsbaues verbindet. Der Typ setzt sich schnell durch. Er erreicht seine höchste Steigerung in der französ. Hochgotik (S. 398).

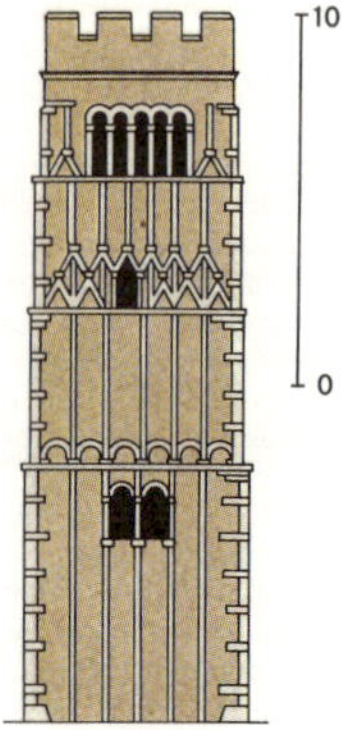

Earls Barton:
Turmkirche

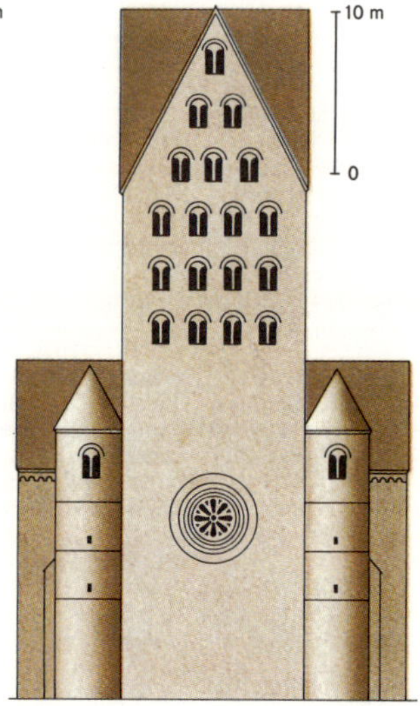

Paderborn: Westturm

Rom:
Sta. Pudenziana
Campanile

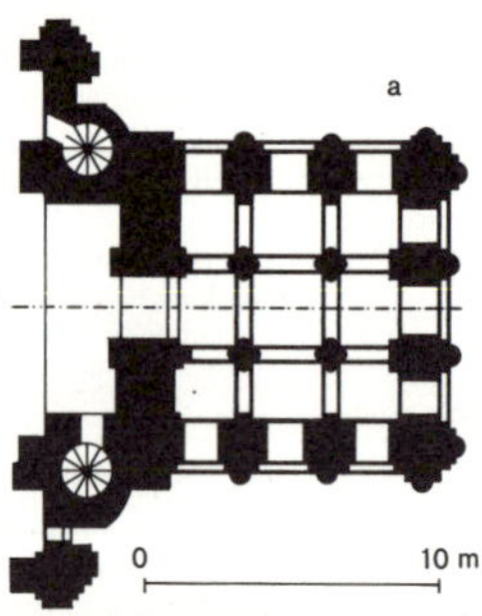

Lesterps:
Vorhallenturm
a Grundriß
b Schnitt

0 — 10 m

Le Puy: Glockenturm
Schnitt

Chorturm, Portalturm, Campanile

Türme sind ursprüngl. Elemente des Wehr- und Städtebaues. Erst das Mittelalter bezieht sie, überwiegend als Träger symbol. Funktionen, in den Sakralbau ein. Mit sachl. Notwendigkeiten läßt sich der Turmbau nicht begründen.
Die schon in der Antike bekannten Formen der **Treppentürme** (S. 268, S. VITALE) beginnen im frühen Mittelalter über ihren Zweck hinaus frei über die Dächer aufzuragen (S. 380). Die seit der Karolingerzeit nachweisbaren **Vierungstürme** gehen schon zu Anfang über den Zweck von »Dachlaternen« hinaus. Seit dem 11. Jh. wachsen sie immer höher als Dominanten über den Sanctuarien auf (S. 380, ORCIVAL, S. 406, SALISBURY).
Glockentürme werden wahrscheinl. erst seit dem 8. Jh. gebaut. Italien, das Ursprungsland der Glocken, bildet den Typ des **Campanile** aus. Er bleibt auf Südeuropa beschränkt, steht frei vor oder seitl. der Kirche, meist als Rechteck-Turm. Rundtürme sind selten (UZÈS, PISA, RAVENNA, S. 18). Die Tendenz zu höheren und schlankeren Türmen setzt sich mit zunehmender Durchbrechung des Mauermantels durch.
Der Campanile von Sta. Pudenziana in Rom steigt durch alle Geschosse als rechteckiger prismat. Körper ohne Verjüngung auf. Über dem hohen Sockel werden die Geschosse nach oben zunehmend geöffnet. Der Rhythmus der Gliederung mit *Säulenarkaden* und *Gesimsen* bleibt vom 3.–6. Obergeschoß gleich.

In **West- und Mitteleuropa** entstehen andere Turmtypen, vor allem aus der Verwandlung der *Westwerke* (S. 380), die teils in *Turmgruppen* aufgegliedert, teils in vertikale *Turmmassive* zusammengezogen werden.
Chortürme schließen das Langhaus als hochragender Baukörper ab, der mit einem Mauermantel einen *Chorraum* oder eine *Apsis* einschließt. Nur selten wird der Turm über dem Chorquadrat errichtet und eine Apsis angebaut. Oft flankieren *Treppentürme* den Turmkubus bis zur Höhe der Apsis, um die oberen Turmgeschosse zu erschließen, falls nicht die Treppen in der Mantelmauer hochgeführt werden (REICHENAU). Mit diesem Turmtyp erhalten die *doppelchörigen Basiliken* die adäquate Dominante.
Der Westturm am Dom in Paderborn, 1068 geweiht, steht als geschlossener Block vor dem westl. Querhaus. Die ungegliederte Mauer ist ursprüngl. nur in der oberen Hälfte mit 6 Reihen einzelner *Schallöffnungen* durchbrochen; das *Radfenster* für den Chorraum wird erst im 13. Jh. eingefügt. Die *Treppentürme* steigern durch kontrastierende Rundform und kleineren Maßstab die Wucht des 43 m hohen eckigen Turmes.
Turmkirchen (Turmschiffkirchen) stellen die Reduzierung des Sakralbaues auf einen gedrungenen Turm dar. Er umschließt meist einen kleinen Kirchensaal, dem oft ein kurzer, rechteckiger Chor angebaut wird, wenn nicht der Turm zwischen zwei Rechteckräumen steht. Der Typ bleibt auf wenige Landschaften Europas, z. B. in Spanien und England, beschränkt.

Der Turm von Earls Barton, vielleicht noch Ende des 10. Jhs. erbaut, ist das bekannteste angelsächs. Beispiel. Die Gliederung seiner Wände mit *short-and-long-work* gilt als Übersetzung von Holzkonstruktionen in den Steinbau, mit »Zitaten« antiker Dekoration ähnlich wie bei der karoling. Torhalle in LORSCH (S. 308).
Vorhallentürme verbreiten sich vor allem in den westroman. Landschaften. Sie ermöglichen die Verbindung des als Richtungsbau aufgefaßten Langhauses mit der Dominante eines Westturmes. Ihr Erdgeschoß dient als repräsentative, meist allseitig offene Vorhalle zum Langhaus. Von den bis zur Mitte des 11. Jhs. entstandenen Türmen wirkt der von **St-Benoit s. Loire** bahnbrechend. Seine Eingangshalle besteht aus 9 Gewölbejochen zwischen kreuzförmigen *Vorlagepfeilern* (S. 310). Von den gleichartigen Obergeschossen ist das zweite zerstört.
Der Turm der Abteikirche von Lesterps, zwischen 1040–94 erbaut, folgt diesem Vorbild in wichtigen Grundzügen mit einer mehr gestreckten und gestaffelten Gestalt. Einheitl. Großgewölbe überspannen die oberen Geschosse, das 1. dient nach Tradition der Westwerke als *Oratorium,* das 2. als *Glockengeschoß.* Weitere bedeutende Türme dieses Typs entstehen u. a. in POITIERS, CORMERY, EBREUIL, MOISSAC.

In der weiteren Entfaltung und gegenseitigen Durchdringung der den Typen zugrundeliegenden Ideen treten seit der Mitte des 11. Jhs. folgende Tendenzen bestimmend hervor:
zunehmende Selbständigkeit des Turmkörpers. Das Erlöschen der ursprünglichen Funktionen ermöglicht eine freiere Stellung im Gesamtbau der Kirche. Die Türme werden immer mehr zu eigengesetzl. aufgebauten Baukörpern;
zunehmende Vertikalisierung, real durch Zunahme der absoluten Höhe, optisch durch die tekton. Durchgliederung des Turmkörpers, z. B. durch die als vertikale Bahnen wirkenden *Strebepfeiler,* die den Gewölbedruck aufnehmen und ableiten;
Abstufung des Baukörpers von Geschoß zu Geschoß mit fortschreitender Erleichterung der Mauermasse durch größere Öffnungen;
plast. Gliederung unter Ausnutzung der konstrukt. Zusammenziehung der Masse durch die *Strebepfeiler* an den Kanten, tief gestaffelte *Fensterleibungen,* schräge Übergänge an den Geschoßrücksprüngen und Überschneidungen mit *Blendgiebeln* und *Ecktürmchen.*
Die westl. und südwestl. Landschaften Frankreichs zeichnen sich besonders durch Erfindungsreichtum im Turmbau aus. Der **Glockenturm der Kathedrale von Le Puy** verkörpert unter einer großen Zahl bedeutender Türme beispielhaft die Verwandlung vom homogenen Mauerwerkskörper zum konstrukt. plast. Gliederbau. Eckkontraktion, Geschoßrücksprünge, schräge Überleitungen, Abstufung und Aushöhlung der Masse erzeugen eine früher unbekannte Dynamik. Die Aufwärtsbewegung endet in einem spitzen *Steinhelm* bei 56 m Höhe.

Ansicht von Südosten

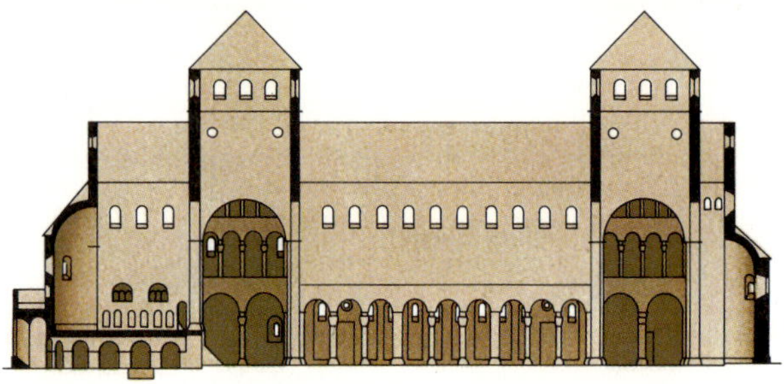

Längsschnitt

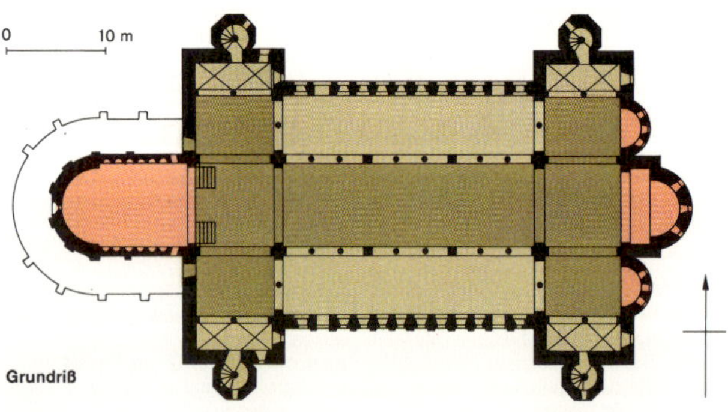

Grundriß

Apsiden, Chor

Mittelschiff, Querschiff

Seitenschiff

Hildesheim, Abteikirche St. Michael: Doppelchörigkeit und antithetischer Gruppenbau

Die romanische Architektur entspricht in ihrer Typen- und Stilbildung der geograph. und polit. Struktur Europas. Das Entstehen von Nationen, das Feudalsystem und die Kleinräumigkeit der Landschaften fördern die nationale und regionale Differenzierung in *Typengruppen* und *Bauschulen.* Nach dem Zerfall des karoling. Reiches bilden sich neue polit. und kulturelle Schwerpunkte. *Burgund,* die *Normandie* und *Sachsen* treten besonders hervor. Das Bedürfnis der Dynastien und der kirchl. Institutionen nach Selbstdarstellung durch monumentale Architektur knüpft an die karoling. Tradition an. Die Entwicklung geht in verschiedene Richtungen.

Die ottonische Architektur, d. h. die Bautätigkeit unter dem sächs. Kaiserhaus, verbindet karoling. Typologie, byzantin. und westfränk. Einflüsse mit eigenen Vorstellungen. Besonders vielgestaltig ist sie in den alten Kulturlandschaften an *Rhein* und *Maas* (Lüttich, Nivelles, Deventer, Köln, Essen, Werden).

Die sächsische Gruppe entsteht im Zusammenhang mit der Expansion des entstehenden deutschen Reiches über ganz Mitteleuropa nach O. Sachsen rückt in eine Schlüsselposition der Reichs- und Missionspolitik. Von den bis Ende des 10. Jhs. entstandenen Großbauten ist die 961 entstandene Stiftskirche in Gernrode erhalten. Die Dome von Magdeburg und Münster sind nur hypothet. rekonstruierbar, ebenso die Anfang des 11. Jhs. begonnenen Dome von Merseburg und Paderborn.

Die Klosterkirche St. Michael in Hildesheim gilt als das bedeutendste Bauwerk der otton. Epoche und der sächs. Schule, zugleich als klass. Beispiel für den in Deutschland bevorzugten *antithetischen Gruppenbau.* Ihr Bauherr ist Bischof Bernward, unter dem Hildesheim zum Kulturzentrum Sachsens aufsteigt. Die von 1007–1033 erbaute Kirche steht auf einem Hügel nördl. der Domburg. Klosterkirche und karoling. Dom bilden die Dominanten der frühmittelalterl. Bischofsstadt (S. 328).

Grundriß und Aufbau lassen auf den ersten Blick Gleichgewicht und Gesetzmäßigkeit erkennen. Zwei gleiche *Querhäuser* mit *Vierungstürmen* und *Flankentürmen* erheben sich im O und W eines dreischiffigen, basilikalen *Langhauses.* Das Mittelschiff durchdringt das östl. Querhaus mit einem *Chor-Rechteck,* die *Hauptapsis* wird von zweigeschossigen *Nebenapsiden* flankiert. Im W treten *Krypta* und *Gegenchor* um ein volles Quadrat mit großer halbrunder Apsis heraus. Ein *Umgang* mit dem an seinem Wendepunkt angeordneten *Portal* erschließt Krypta und Kirche in der Hauptachse. Die übrigen 4 Eingänge liegen symmetr. verteilt in den Seitenschiffen, 2 an der Südseite zur Stadt, 2 an der Nordseite zum Kloster.

Das Quadrat der durch Mauervorlagen und Bögen **ausgeschiedenen Vierung** liegt der gesamten Planung zugrunde. Das Mittelschiff ist 3 Quadrate lang. Mauerpfeiler markieren die Eckpunkte in den Arkadenreihen; zwischen ihnen stehen je 2 Säulen. Dieser *doppelte Stützenwechsel* macht durch Rhythmisierung der Arkaden die Grundproportion erlebbar. Die Querhäuser treten an beiden Seiten um 1 Quadrat über das Mittelschiff hinaus. Sie nehmen im äußeren Drittel zweistöckige *Emporen* auf, die über die *Treppentürme* an den Stirnseiten erschlossen werden.

Der Baukörper setzt sich aus Teilkörpern zusammen. Aufbau und Gruppierung entsprechen der Raumordnung. Die charakterist. Zweipoligkeit kommt besonders im Gegenüber der Türme zur Geltung, die als Gruppen stereometr. Körper die Dächer überragen. Innerhalb der Gruppen trägt der Kontrast von blockhaftem *Vierungsturm* und schlanken *Flankentürmen* zur Belebung und Rhythmisierung bei. Die Flankentürme sind in sich differenziert: bis zum Querhausgiebel stehen sie, mit der Wand verbunden, als achteckige Prismen im Gegensatz zu den Rundungen der Apsiden, vom Giebel an als freie Zylinder mit Kegeldach im Gegensatz zu Kubus und Zeltdach des Vierungsturmes.

Gleiche typolog. Elemente treten auch an anderen Sakralbauten dieser Zeit auf. In Sachsen zeigen z. B. die Dome und Stiftskirchen von Magdeburg, Hildesheim, Quedlinburg und Merseburg ähnliche Gruppierungen. Im Rheinland weisen der Dom in Mainz, die Kölner Mutterkirche St. Pantaleon, im Maasgebiet mehrere Kirchen (z. B. Nivelles) vergleichbare Tendenzen oder Motive auf. Zwei wichtige Beziehungen führen nach Frankreich. Die Anlage der *Umgangskrypta* weist auf das Vorbild von St. Martin in Tours (1003–14) hin, die Gesamtanlage auf die karoling. Klosterkirche von Centula (S. 370) und die Kathedrale in Reims (S. 298).

Innerhalb dieses Bezugsfeldes stellt die Michaelskirche in Hildesheim eine Zusammenfassung wichtiger Tendenzen und Motive dar. Sie hebt sich durch ihre modellhafte Klarheit heraus.

Hinter der Ausgewogenheit der primären geometr. Flächen und Körper steht ein genau aufgebautes **Proportionsgerüst.** Es gilt gleichermaßen für den Gesamtbau, die Teilräume und -körper, wie für die Einzelformen und ihre Verbindungen (S. 310, Säule).

Ähnlich wie in Aachen (S. 372) finden sich Zahlenwerte des Dezimal- und des Duodezimal-Systems. Sie verraten die Kenntnis antiker Mathematik und Proportionslehre. Bischof Bernward und der Gründungsabt Goderamnus kennen die wichtigen Quellenschriften des Vitruv und des Boethius, sicher auch die Bücher des Gerbert von Reims, in denen das Erbe des Pythagoras und des Ptolemäus überliefert ist. Das Vitruv-Exemplar des Goderamnus, der *London-Vitruvius,* gilt als älteste erhaltene Abschrift.

Vor diesem Hintergrund erscheinen die klass. Proportionen der Michaelskirche jenseits subjektiver Empfindungen als Demonstration objektiver, elementarer Gesetzlichkeiten. Die Mathematik gilt als göttliches Ordnungsprinzip der Weltschöpfung.

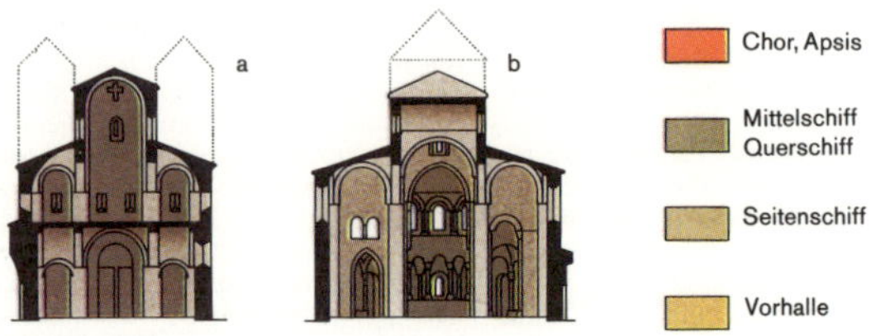

a, b Querschnitt durch Vorhalle und Langhaus
c Längsschnitt d Grundriß

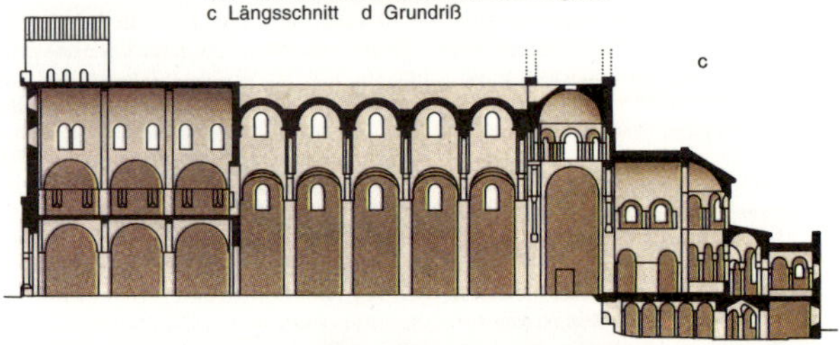

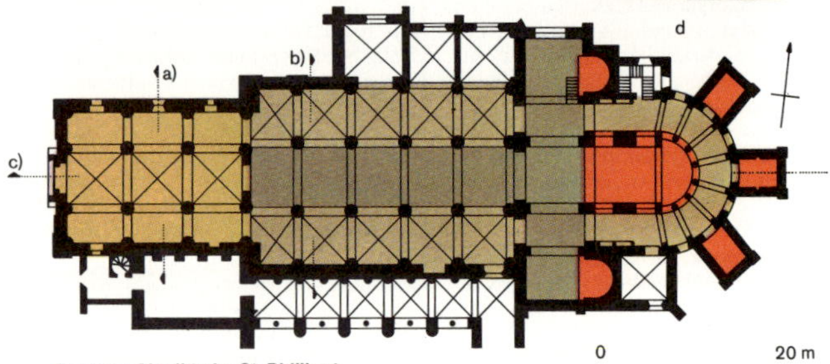

Tournus: Abteikirche St. Philibert

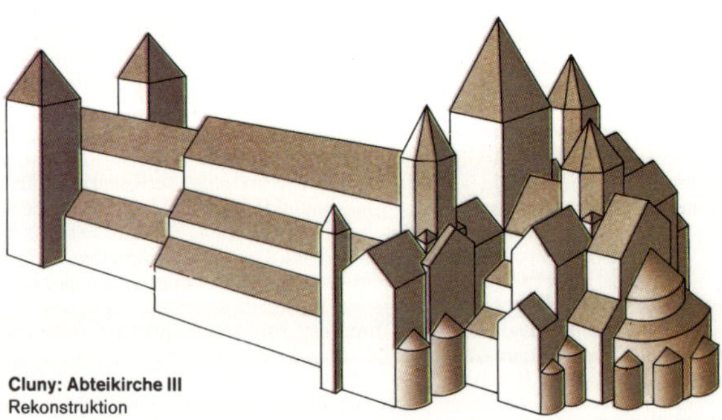

Cluny: Abteikirche III
Rekonstruktion

Richtungsbau, Umgangschor und Kapellenkranz in Frankreich

Der Richtungsbau der frühchristl. Basilika bleibt in der abendländ. Kirche ein beständig weiterwirkendes Ideal, stärker als die Ideen des Zentralbaues oder des zweipoligen Raumes. Es gehört zur röm. Tradition und entspricht den kirchlich-hierarchischen und latein.-rationalen Vorstellungen von Episkopat und Mönchtum, besonders in Gallien.

Die romanische Baukunst in Frankreich versucht zielstrebig, Prinzipien des Richtungsbaues, z. B. den Prozessions- und Einzugsweg und die Frontalität der Gemeinde zum Altar, mit zentralisierenden Tendenzen des Memorial- und Grabbaues zu verbinden, indem sie den gerichteten Raum der Basilika durch Angliederung neuer Elemente umformt und erweitert. In Frankreich entstehen *Staffelchor, Umgangschor, Kapellenkranz* und *Zweiturmfassaden.* Das richtungsbetonende *Tonnengewölbe* wird hier konstruktiv und ästhetisch durchgebildet (S. 376).

Seit dem 11. Jh. nimmt **Burgund** eine Schlüsselstellung ein. Dort überschneiden und ergänzen sich Typenentwicklungen, techn. und formale Experimente, die im weiten Umkreis die seit dem 10. Jh. auflebende Bautätigkeit bestimmen, z. B. *Wölbversuche, Flächengliederungen, Westwerkideen.* Burgundische Einflüsse wiederum verbreiten sich mit den großen Reformbewegungen des benediktin. Mönchtums über Europa.

Im Gegensatz zur gleichzeitigen »sächs. Bauschule« (S. 384) mit ihren ausgewogenen Flächenbeziehungen und Raumverhältnissen gewinnt die »burgund. Schule« ihre formbildenden Kräfte aus der Artikulation der Konstruktionen. Grobes Mauerwerk, mächtige Wände und Pfeiler, intensive Bemühung um Wölbung und Lichtführung gehören zu den Kennzeichen.

Die Abteikirche St. Philibert in Tournus entsteht in mehreren Bauperioden vom Ende des 10. bis in das 12. Jh. Die durch einen Brand verursachte 2. Periode von 1007–19 schließt eng an die erste an. Der Termin der Wölbung über dem Langhaus ist umstritten.

Die Raumfolge auf der Längsachse beginnt mit einer für Burgund typ. *Vorkirche.* Die dreischiffige *Halle* im Erdgeschoß mit Kreuzgewölben im Mittel-, Quertonnen in den Seitenschiffen trägt eine *Oberkirche* mit basilikalem Querschnitt: das Mittelschiff mit einer Längstonne, die Seitenschiffe mit stützenden Halbtonnen gewölbt, alle drei Schiffe mit direktem Lichteinfall.

Das dreischiffige Langhaus besteht aus 5 querrechteckigen Jochen zwischen hohen, dicken Rundpfeilern mit sehr hoch ansetzenden Arkaden. Die Seitenschiffe sind kreuzgewölbt. Im Mittelschiff tragen von den Hauptstützen aufsteigende, in die Hochschiffwand eingebundene, dünne Rundpfeiler ursprüngl. einen offenen Dachstuhl, später gemauerte *Schwibbögen,* die das Schiff überspannen. Auf ihnen ruhen querstehende Tonnen, die sich gegenseitig abstützen. Vorkirche und Vierungskuppel bilden die Widerlager an den Enden. Die entlasteten Hochschiffmauern sind von Fenstern durchbrochen. Hinter dem *Querhaus* mit Nebenapsiden und *Vierungskuppel* folgt ein **Umgangschor** mit 3 rechteckigen Radialkapellen über einer gleichartigen *Umgangskrypta.*

Der einzigartige Charakter der Raumfolge beruht auf der teilweise überraschenden Verbindung konstruktiver Elemente aus verschiedenen Bauabschnitten zu einem in sich logischen System, vor allem der Kombination verschiedener Gewölbeformen unter Ausnutzung ihrer besonderen Vorteile für Statik und Lichtführung. Die Konstruktion wird unmittelbar Träger des Ausdrucks, u. U. auf Kosten der Raumschönheit.

Der Baukörper des Langhauses ist kubisch, fast ungegliedert. Die Chorpartie steigt in der typ. pyramidalen Staffelung vom Umgang zum Vierungsturm auf. Die selbständig durchgebildeten Teilkörper (Radialkapellen) sind additiv, fast schroff, aneinandergesetzt.

Die Westfront stellt eine wegweisende Lösung dar. Der Block der unteren Geschosse bleibt fensterlos geschlossen, nur vom Mittelportal durchbrochen. Seitl. des flachen Mittelgiebels sind von einzelnen *Klangarkaden* durchbrochene, gedrungene Glockengeschosse mit flachen Satteldächern aufgesetzt: ein erster Schritt vom Westwerk zur Zweiturmfassade (S. 380).

Das »System« von Tournus wirkt wie ein genialer Vorgriff; es findet kaum direkte Nachfolge. Zur gleichen Zeit beginnt das benachbarte **Kloster Cluny** seine das Mittelalter mitbestimmende Wirksamkeit zu entfalten. Seine 955–81 erbaute 2. Kirche mit *Zweiturmfront, Vorkirche, Langhaus, Querhaus, Vierungsturm* und *Staffelchor* wirkt als ganzer Typ oder mit wesentl. Elementen auf die Kirchenbauten des sich rasch verbreitenden Ordens (CLUNY II, S. 388).

Das elementar-konstruktive Bauen dieser Periode wird Ende des 11. Jhs. durch die **hochroman. Architektur** mit reichen Gliederungen, Bildprogrammen und Ornamenten abgelöst. *Umgangschor, Vierungsturm* und *Doppelturmfront* setzen sich allgemein durch. BURGUND und CLUNY bleiben ausstrahlendes Zentrum.

Die seit 1088 errichtete **Klosterkirche Cluny III** sprengt die bisher bekannten Dimensionen. Sie vereinigt alle wichtigen typolog. Elemente in der axialen Ordnung des Richtungsbaues. Auf die lange *Vorkirche* mit *Doppelturmfront* und ein fünfschiffiges *Langhaus* folgt eine Choranlage mit der ungewöhnl. Massierung von 2 *Querhäusern, Vierungsturm* und *Seitentürmen,* einem *Umgang* und einem dichten Kranz von *Chorkapellen* und *Nebenapsiden.*

In vereinfachter Form folgen einige große Tochterkirchen diesem Vorbild, z. B. PARAY-LE-MONIAL, LA CHARITÉ S. L. und – ohne Umgangschor – die Kathedrale von AUTUN. Sie haben kräftige struktive Gliederungen, Jochteilungen, meist dreigeschossige Wandsysteme, Tonnengewölbe. Einen anderen Typ mit zweigeschossigem Wandaufbau und Kreuzgewölben in allen 3 Schiffen verkörpert die seit 1120 erbaute Abteikirche von VEZELAY.

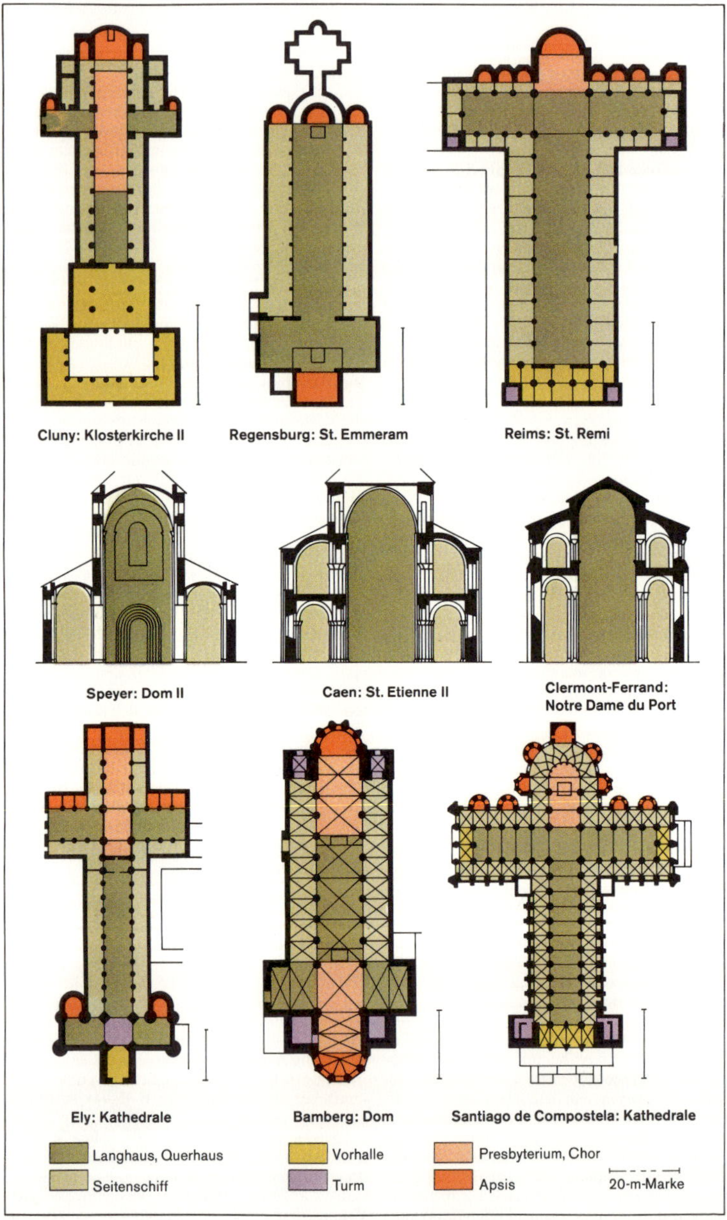

Vielfalt der Raumdispositionen, variantenreiche Gruppierung

Basiliken sind mehrschiffige Longitudinal-Kirchen mit gestaffeltem Querschnitt. Bei den frühchristl. Vorbildern (S. 262) und bei den meisten mittelalterl. Basiliken erreicht das Mittelschiff etwa die doppelte Höhe der Seitenschiffe, z. B. im **Dom in Speyer** sowohl im frühen Zustand mit flacher Decke (S. 376) als auch im eingewölbten Zustand II.
Bei den **Emporenbasiliken,** z. B. der 1077 geweihten Abteikirche **St-Etienne in Caen,** verändert der Einbau von Emporen über den Seitenschiffen weniger das Verhältnis der Schiffe zueinander als den Raumcharakter des Mittelschiffes. Die Fenster rücken über die Hell-Dunkel-Zone der Emporen hinauf. Außen verschieben sich die Dächer der Seitenschiffe in der Höhe, das Mittelschiff tritt nicht so dominierend heraus.
Die sog. **Emporenhallen,** z. B. **Notre Dame du Port in Clermont-Ferrand** und eine große Gruppe im 12. Jh. errichteter Abteikirchen der Auvergne, gehören nach ihrem inneren Aufbau mehr zum Typ der Emporenbasiliken, nach Lichtführung und Baukörper mehr zu den *Hallenkirchen* (S. 390). Das Mittelschiff bleibt ohne eigene Fenster, das Licht fällt über Emporen und Seitenschiffe nur gedämpft ein. Oft bleiben Emporen und emporenartige Dachräume ganz dunkel, sie dienen anscheinend nur der Abstützung der Gewölbe. Am Baukörper schrumpft die basilikale Staffelung fast ganz zusammen.

Der Grundriß bleibt von Wandaufbau und Raumquerschnitt relativ unabhängig. Er legt die Gesamtordnung des Bauwerkes fest. Von vielen untergegangenen Sakralbauten sind die Grundrisse überliefert oder rekonstruierbar. Sie lassen sich mit den erhaltenen Bauwerken zu einem ungefähren Gesamtbild der Epochen ergänzen.
Bei allen Basiliken bildet ein *mehrschiffiges Langhaus* den Gebäuderumpf. Die übrigen Teilräume ergänzen ihn zu einer mehr oder weniger komplexen Gesamtgestalt (S. 374).
Der reine Longitudinalbau bleibt ein Ideal im europ. Süden, eine Seltenheit nördl. der Alpen. Die Abteikirche **St. Emmeram in Regensburg** z. B. besteht in karoling. Zeit aus einem dreischiffigen Langhaus mit *Dreiapsiden-Schluß,* dem sich außen eine *Ringkrypta* und im 10. Jh. eine freistehende *Memorie* anschließt. Mitte des 11. Jhs. bezieht die Erweiterung mit einem *durchgehenden Querhaus* mit *Rechteckapsis* den altertüml. Längstyp in die Tradition der **zweipoligen Longitudinalbauten** ein. Sie gelten in Deutschland als Symbole der im Kaisertum vereinigten weltl. und geistl. Gewalt. Das westl. Querhaus nach röm. Tradition findet sich in einer vom karoling. Fulda beeinflußten Gruppe, u. a. in Mainz, Regensburg und Bamberg (S. 378, 384). Noch der 1237 geweihte Neubau des **3. Bamberger Domes** gehört dem zweipoligen Typ mit *antithetischen Gruppen* von Chören und Türmen an. Die über Krypten erhöht liegenden Chöre bilden selbständige Bereiche innerhalb der Basilika. An die Stelle der einfachen Stützenreihen ist das *gebundene System* getreten (S. 376).

Mit der allgemeinen Einführung des Querhauses entstehen auf der Grundfigur des *latein. Kreuzes* die **kreuzförmigen Basiliken.** Nur wenige Großkirchen verzichten auf ein Querhaus, bringen es aber verschieden zur Geltung (S. 378).
In der 996 geweihten **Klosterkirche Cluny II** wird wie bei dem seit karoling. Zeit bekannten *Zellenquerhaus* die Raumwirkung unterdrückt, es dient der Erweiterung des Presbyteriums zum Staffelchor (S. 378). Viele kluniazens. Klosterkirchen übernehmen die Raumfolge von CLUNY II mit Atrium, Vorkirche, Langhaus, Querhaus und Staffelchor (z. B. ROMAINMÔTIER, PAYERNE, HIRSAU und die Abteien der *Normandie*).
Andere Kirchen nutzen die Steigerung der Raumwirkung durch das Querhaus voll aus. Es gleicht sich in Höhe, Breite und Mehrschiffigkeit dem Langhaus an. In der 1049 vollendeten Abteikirche **St-Remi in Reims** z. B. werden *Seitenschiffe* und *Emporen* allseitig um das Querhaus geführt und dessen Ostseite mit einer Reihe von *Nebenapsiden* besetzt. Es erscheint fast als eigene quergerichtete Kirche. Die Richtung zur Hauptapsis wird durch eine *Zweiturmfront* betont.
Das **mehrschiffige Querhaus** und der **Staffelchor** enthalten Möglichkeiten zur weiteren Steigerung durch Ausweitung oder Verbindung beider Typen.
In **England** bildet sich der besondere Typ der angelsächs.-normann. Kathedralen aus Kombinationen von gestrecktem Langhaus, Langchor, oft mehreren Querhäusern mit weit ausladenden Flügeln und hohen Türmen, besonders über der Vierung. An Chor und Querhäusern werden gerade und steile Abschlüsse bevorzugt. Für die Westseite bildet sich neben der Zweiturmfront der Typ der *querschiffartigen Breitfront* aus. Die 1083 begonnene **Kathedrale von Ely** z. B. endet in einem schmalen und hohen westl. Querschiff mit einem mächtigen Vierungsturm, 4 Ecktürmen und 2 Apsiden (vgl. S. 398).
Der Typ der kreuzförmigen Basilika findet seine Vollendung in roman. Zeit in einer Gruppe großer Wallfahrtskirchen in SW-Europa. Zu ihr gehören u. a. SAINTE-FOY in CONQUES, SAINT-SERNIN in TOULOUSE, SAINT-MARTIAL in LIMOGES und die **Kathedrale von Santiago de Compostela,** meist Anlagen der 2. Hälfte des 11. Jhs. Als ihr gemeinsames Vorbild gilt die Anf. des Jhs. erbaute Kirche ST-MARTIN in TOURS.
Bei diesen großen *Emporenhallen* verbindet sich der Grundrißtypus von SAINT-REMI (s. o.) mit einem *Umgangschor* und *Kapellenkranz,* überragt von einem *Vierungsturm,* im W von einer *Zweiturm-Front* abgeschlossen. Die Seitenschiffe sind meist mit *Kreuzgewölben,* das Mittelschiff mit einem *Tonnengewölbe* gedeckt, in eine lange Reihe von schmalrechteckigen Jochen gegliedert. Über das additive Zusammensetzen der Romanik hinaus läßt diese Grundrißdisposition die Einbeziehung aller Teile in ein konstruktives und gliederndes **Gesamtsystem** erkennen, wie es im 12. und 13. Jh. in voller Konsequenz von der nordfranzös. Gotik verwirklicht wird (S. 396 ff.).

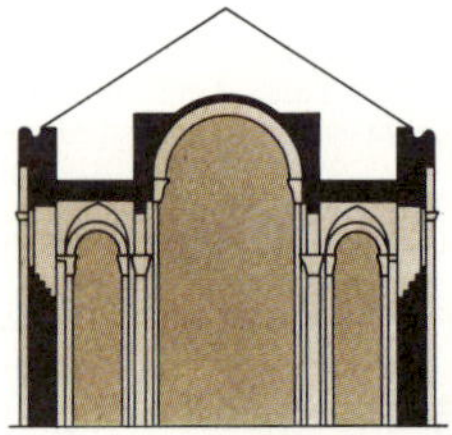

Chor/Apsis

Schiffe gleicher Höhe

Vorhalle Seitenraum

Poitiers: Notre Dame la Grande
Querschnitt

0 10 m

a

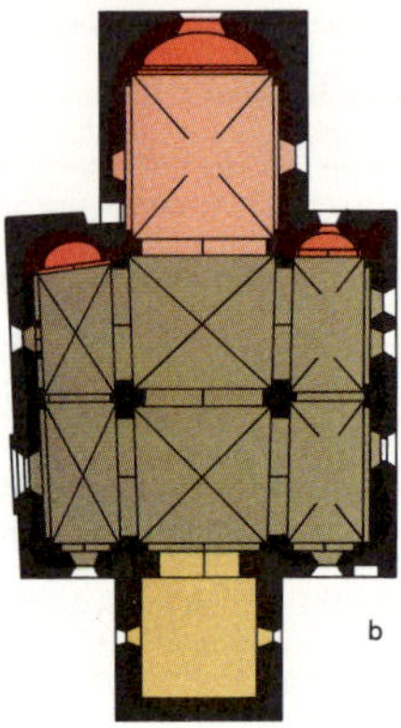

10 m
0

b

Perigueux: St. Front

Lohne bei Soest: Pfarrkirche
a Querschnitt, b Grundriß

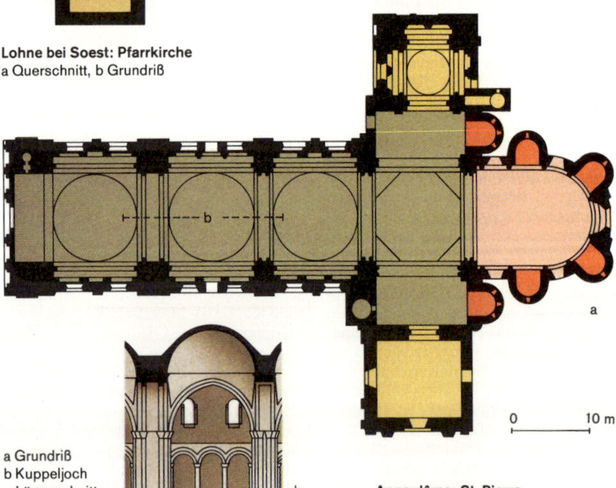

a

0 10 m

a Grundriß
b Kuppeljoch
Längsschnitt

b

Angoulême: St. Pierre

Regionale Eigenentwicklung neuer Bautypen

Hallenkirchen bilden die wichtigste Typengruppe des mittelalterl. Sakralbaues neben den Basiliken. Sie entstehen in roman. Zeit innerhalb bestimmter landschaftl. Grenzen; die größte und variantenreichste Gruppe im SW Europas zwischen Loire und Atlantik und beiderseits der Pyrenäen. Es sind relativ niedrige Kirchen mit annähernd gleichhohen Schiffen, einem einheitl. *Satteldach,* meist einer *Querschnitt-Fassade* (S. 380) und verschiedener Ausbildung des Presbyteriums.

In **Katalonien** ist zuerst im 10. und 11. Jh. die Ausführung als tonnengewölbter mehrschiffiger Richtungsbau nachweisbar (St-Martin du Canigou S. 368). Die Schiffe sind oft durch kräftige Pfeiler räumlich voneinander gesondert, Licht fällt nur durch die hochliegenden Fenster der Seitenschiffe ein. Die Wölbung im Mittelschiff bleibt höhlenartig dunkel. Die Gewölbe tragen oft direkt das Dach (Steinplatten), eine für holzarme Landschaften ideale Bauweise.

Dieser Typ der **Staffelhalle** verbreitet sich seit dem 11. Jh. über SW-Frankreich, besonders über Poitou und Saintonge. *Kreuzgewölbe* oder tiefer liegende *Halbtonnen* in den Seitenschiffen verbessern das stat. System.

Die im 12. Jh. erbaute **Abteikirche Notre Dame la Grande in Poitiers** weist den typ. gestaffelten Querschnitt auf. Das *Tonnengewölbe* im Mittelschiff ist mit *Gurtbögen* verstärkt, die *Kreuzgewölbe* der schmalen Seitenschiffe setzen tiefer an. Mauerstreifen über den Stützenreihen und am Dachfuß dienen als Auflast gegen den Gewölbeschub und als Auflager für den Dachstuhl.

Dieses Querschnitt-Schema und die Gewölbeformen werden vielfach variiert. Es gibt zahlreiche Übergänge zu anderen Typen, z. B. *Saalkirchen* und mehr basilikalen *Emporenhallen* (S. 388). Außerhalb dieses geschlossenen Verbreitungsgebietes entstehen verstreut auch in **Italien** bedeutende Hallenkirchen. Im NO tritt **Westfalen** hinzu. Nach der Mitte des 12. Jh. entstehen in Aquitanien und Westfalen **kreuzgewölbte Hallenkirchen.** In Aquitanien gehören sie mit ihrer Weiträumigkeit und konstruktiven Durchbildung schon zu der regionalen Spielart der Frühgotik (S. 408).

In Westfalen wird die Halle im 13. Jh. zum charakterist. Regional-Typ inmitten allgemeiner Herrschaft der Basilika (vgl. S. 410). Die westfäl. Kirchen mit gleichhohen Schiffen und hochaufsteigenden *Domikalgewölben* sind den aquitan. Typen verwandt, bleiben aber mit ihren schweren, gedrungenen Formen in der Tradition der Spätromanik. Neben die Stifts- und Bischofskirchen (Herford, Paderborn) treten große städt. Pfarrkirchen (Lippstadt, Billerbeck) und zahlreiche kleine Dorfkirchen.

Die Pfarrkirche in Lohne gehört zu der Gruppe um das Zentrum Soest. Zu den 2 quadrat. Mittelschiffsjochen öffnen sich die schmalen Seitenschiffe mit querstehenden Rechteckjochen. Das bisher bevorzugte *gebundene System* ist zugunsten eines einheitl., nur von wenigen Pfeilern gestützten Hallenraumes aufgegeben. Alle Gewölbe setzen in gleicher Höhe an, der Raum wird erst von der Außenmauer begrenzt. Dieses typ. *westfäl. Hallenquadrat* ist eingespannt zwischen ein *Chorjoch* mit flacher Hauptapsis und einen portallosen *Westturm.*

Die Gleichzeitigkeit der Tendenzen in so weit voneinander entfernten Landschaften wie Aquitanien und Westfalen ist auffällig. Die histor. Ursachen sind nicht ganz geklärt. In einigen Fällen sind lebhafte O-W-Beziehungen nachweisbar. Die Entwicklung in Westfalen fällt mit der Ausbreitung des Städtewesens zusammen. Durch die aktive Teilnahme westfäl. Kaufleute und Siedler an der expansiven Kolonisation verbreitet sich die Hallenkirche als Typ der bürgerl. Pfarrkirche über den N und O des sich ausweitenden deutschen Reiches (S. 410).

In **Aquitanien** entsteht die Mehrzahl der etwa 60 **Kuppelreihen-Kirchen,** die meisten in der Dordogne und der Charente. Es sind zumeist einschiffige, oft sehr große *Saalkirchen* mit Choranlagen verschiedenen Typs, nur wenige mit Querschiffen.

Die Kathedrale in Angoulême, 1110–28 erbaut, besteht aus 4 großen *Kuppeljochen,* von denen die Vierungskuppel überhöht aufsteigt. An sie schließt sich ein tonnengewölbtes *Chorquadrat* mit runder *Hauptapsis* und 4 radialen *Apsidiolen* an. Vom Querhaus erweitern nur die beiden inneren Abschnitte den Innenraum, die äußeren dienen als Unterbau für die *Glockentürme.*

Vor die dicken Mauern treten innen sehr breite *Wandpfeiler.* Sie sind längs der Wände und quer über das Schiff mit gleichbreiten *Gurtbögen* zu quadrat. Jochen verbunden, die die halbrunden *Pendentif-Kuppeln* tragen (S. 48, 62, 270). Die Fenster sitzen knapp unter den Bögen. Eine *Blendarkade* trägt einen schmalen *Laufgang,* der auch die Hauptpfeiler durchbricht. Die Wand erhält dadurch einen zweischaligen Charakter entsprechend der spätroman. Tendenz, die Mauer und den Körper plastisch durchzuformen, ohne ihn, wie später in der Gotik, völlig zu zergliedern.

Die wahrscheinl. unter byzantin. Einfluß entwikkelte Technik ermöglicht die Überdeckung breiter Schiffe ohne aufwendige Dachstühle und ohne seitl. Widerlager wie bei den Tonnengewölben. Der Innenraum erscheint als Folge weniger großer, aneinander gesetzter Kuppeljoche. Sie erreichen Breiten von 14–20 m (Cahors) ohne jedes den Baukörper zersetzende Strebewerk. Die Tradition dieser Kuppeln scheint sich in den für Aquitanien seit dem 12. Jh. typ. werdenden *Domikalgewölben* fortzusetzen. Eine besondere Stellung nehmen die beiden größten Kuppelkirchen der Romanik ein: der **Markus-Dom in Venedig** aus der 2. Hälfte des 11. Jhs. und die 1120–70 erbaute Kirche **St-Front in Perigueux.** Sie folgen dem Vorbild der Apostelkirche in Konstantinopel (S. 270), Venedig in der byzantin., die Raumgrenzen verwischenden Formgebung, Perigueux in der härteren, körperhaften Formensprache der westl. Romanik.

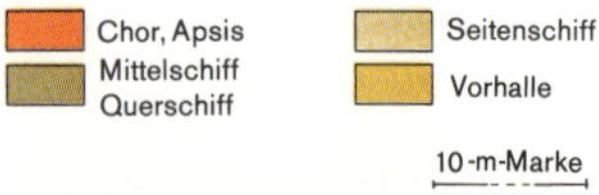

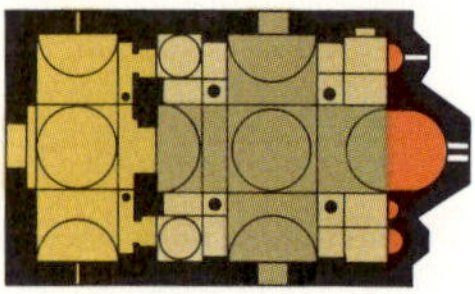

Athen: Hagios Theologos

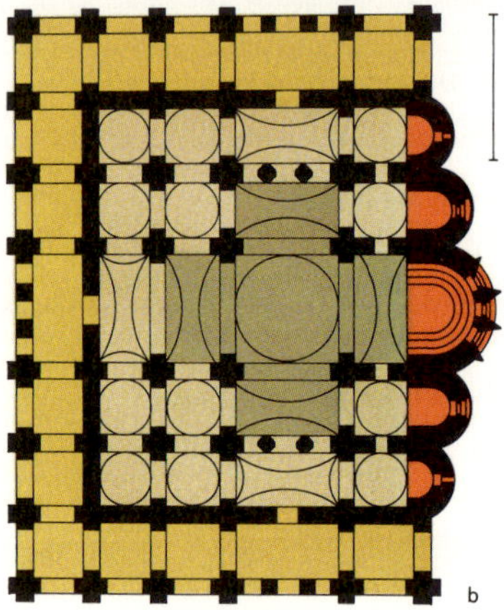

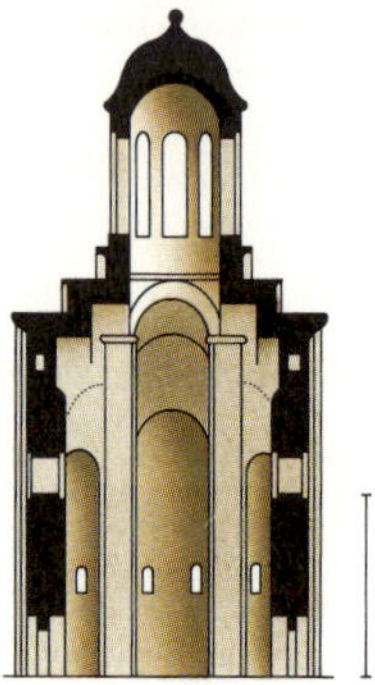

Tschernigow: Pjatniza-Kirche

Kiew: Sophien-Kirche
a Schnitt, b Grundriß

Tschernigow: Mariä-Himmelfahrt-Kirche

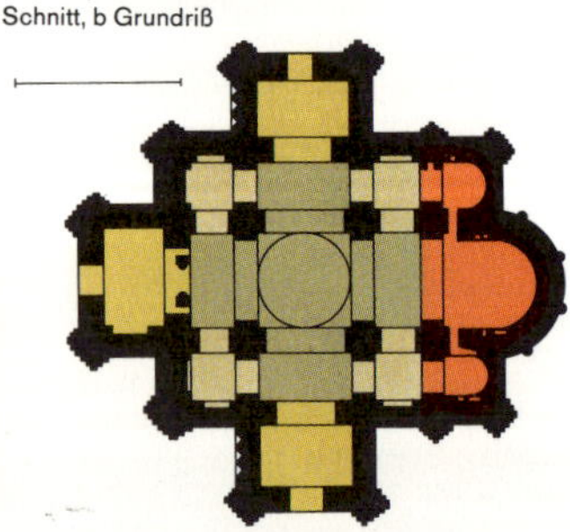

Smolensk: Michaels-Kirche

Herrschaft des Zentralbaus im griechisch-orthodoxen Kirchenbau

Ende des 6. Jhs. bricht das frühbyzantin. Reich (S. 254) zusammen. Das mittelbyzantin. Reich kann sich erst in langen Kämpfen stabilisieren.

Der mittelbyzantin. Sakralbau übernimmt Raumvorstellungen und Konstruktionen der justinian. Zeit (S. 268 ff.). Statt großer öffentl. Kirchen entstehen viele kleine, meist für die Klöster, deren Raumansprüche bescheiden sind. Entgegen der westl. Tradition des Richtungsbaues findet die griechische Kirche ihr Bauideal im Zentralbau.

Die Kreuzkuppelkirchen variieren ein einfaches Schema: 2 gleichlange tonnengewölbte Räume durchkreuzen sich rechtwinklig, die Vierung trägt auf einem *Tambour* die beherrschende *Kuppel.* Ein Mauerquadrat umschließt diese kreuzförmige Anlage. Die Eckräume bleiben zunächst niedriger als die Kreuzarme und erhalten Kreuzgewölbe oder kleine Kuppeln. Der östl. Arm und seine Nebenräume dienen als Presbyterium *(Bema)* und als Sakristeien.

Dieses Grundschema kann in einer oder in mehreren Richtungen durch Raumzellen erweitert werden, z. B. durch eine Vorhalle oder durch einen Kranz von Nebenräumen, häufig mit *Emporen* darüber, die sich bei größeren Kirchen zu einem hufeisenförmigen Obergeschoß um den Kuppelraum zusammenschließen.

Bei eingeschossigen Eckräumen ergibt sich für den Baukörper eine zweifache Höhenstaffelung über die Kreuzarme zur Mittelkuppel, bei Eckräumen mit Emporen eine einfache vom zweigeschossigen Baublock zur Hauptkuppel. Oft treten Nebenkuppeln hinzu.

Die 4-Säulen-Kirche, der allgemein verbreitete Typ, erscheint Anfang des 10. Jhs. in KONSTANTINOPEL und bald darauf in *Griechenland.* Die Säulen tragen die Vierungsbögen oder Tonnenstutzen mit der Kuppel. Das Raumgefüge wirkt leicht und frei. Mit der zunehmenden Verwendung von Mauerpfeilern als Stützen setzt die für das Mittelalter typ. Verhärtung, Verengung und Vertikalisierung ein.

Bei der Kirche **Hagios Theologos in Athen** erscheint der Grundtyp mit einer leichten Variante der Sakristeiräume und der Anordnung von 2 *Nebenkuppeln* im W. Die überkuppelte *Vorhalle* tritt später hinzu.

Bei den **Fünfkuppel-Kirchen** umgeben kleine Kuppeln über den Eckräumen die Zentralkuppel. Als Vorbild gilt die 880 geweihte *neue Palastkirche* BASILEIOS' I. in KONSTANTINOPEL, die sog. **Nea.**

Der **Oktogon-Typ** entsteht durch Vermehrung der Stützen und Erweiterung des Vierungsraumes zu einem großen quadrat. Zentralraum, der durch *Trompen* in ein *Oktogon* verwandelt wird, auf dem die Kuppel ruht (vgl. S. 48). Bekannte Beispiele sind die griech. Klosterkirchen DAPHNI und HOSIOS LUKAS (große Kirche: 9 m Ø) aus dem 11. und MISTRA aus dem 13. Jh.

Nach dem Ende des Bilderstreites und dem Bruch mit der röm. Kurie dehnt die griech. Kirche ihren Einfluß auf Osteuropa aus. Sie erreicht den entscheidenden Durchbruch mit der Errichtung der russ. Staatskirche unter WLADIMIR I. Ende des 10. Jhs.

Der russische Sakralbau folgt wie die Organisation von Kirche und Staat byzantin. Vorbildern. Das Kreuzkuppelschema bildet seine Grundlage vom 10.–15. Jh.

Als bedeutendste Verwirklichung des Typs der großen Staats- und Hofkirche entsteht seit 1037 die **Sophienkirche in Kiew,** die Kathedrale des russ. Metropoliten. Eine *Fünfkuppel-Kirche* bildet den Kern. Durch die Erweiterung mit einem *Umgang* und *Emporen* an 3 Seiten entsteht der Eindruck eines fünfschiffigen Raumes, dem eine Chorfront mit 5 gestaffelten Apsiden entspricht. Der Zentralraum bleibt mit 7,70 m der größte frei überspannte Sakralraum im mittelalterl. Rußland. Die Mittelkuppel steigt über einem zweifach gestaffelten Kranz von 12 Nebenkuppeln auf. Außen umziehen offene *Umgänge* die Kirche an drei Seiten.

Dem Kiewer Vorbild folgen einige Kathedralen der frühen Zeit, z. B. die nur wenige Jahre jüngere Sophienkirche in NOWGOROD.

Der Normalgrundriß der meist kleinen Kirchen, die 4-Pfeiler-Kirche mit 3 x 3 Raumzellen, wird manchmal durch eine Jochreihe im W oder O zur *6- oder 8-Pfeiler-Kirche* verlängert.

Bei einer Gruppe von Bauten, wie z. B. der 1191–94 erbauten **Michaelskirche in Smolensk** treten an drei Seiten *einjochige Vorhallen* vor den Baublock und setzen die Grundform des griech. Kreuzes nach außen fort.

Der Baukörper entspricht dem räuml. Aufbau, z. B. der *Kubus mit Wellendach* (linearer Typ) der gleichen Höhe von Kreuzflügeln und zweigeschossigen Eckräumen. Bei der Mitte des 12. Jhs. erbauten **Mariä-Himmelfahrt-Kirche in Tschernigow** z. B. tritt die 9-zellige Ordnung an allen Fronten mit *Lisenen* und *Rundgiebeln* hervor.

Bei Kirchen mit niedrigen Eckräumen ist ein gestaffelter Aufbau der Baukörper typisch. Er bietet viele Variationsmöglichkeiten. Bei den Kirchen in NOWGOROD wird z. B. bei dem sog. *Dreischaufel-Dach* der Halbkreisbogen des Kreuzarmgiebels durch viertelkreisförmige Seitengiebel auf das eingeschossige Mauerviereck abgestaffelt.

Ein komplizierterer Typ, bei dem die Dach- und Giebelzone mit *Blendgiebeln* und *Rücksprüngen* zusätzl. abgestaffelt wird, die sog. *malerische Variante,* ist vielleicht von der russ. Holzarchitektur mit der konstruktiv bedingten Rückstaffelung der Dächer abgeleitet.

Bei der im 12. Jh. erbauten **Pjatniza-Kirche in Tschernigow** z. B. sind die Tonnen der Kreuzarme zweifach zurückgestaffelt, die nach oben heraustretende Vierung mit den Pendentifs bildet die 3. Staffel, darüber erheben sich Tambour und Kuppel. Zu den etwas tieferen Eckräumen leiten Viertelkreis-Giebel über. Der pyramidale Aufbau mit weichen Rundformen macht im Baukörper die aufsteigende Raumbewegung *(Stufengewölbe)* sichtbar. Der Querschnitt läßt die gesteigerte Vertikalität des Raumes erkennen.

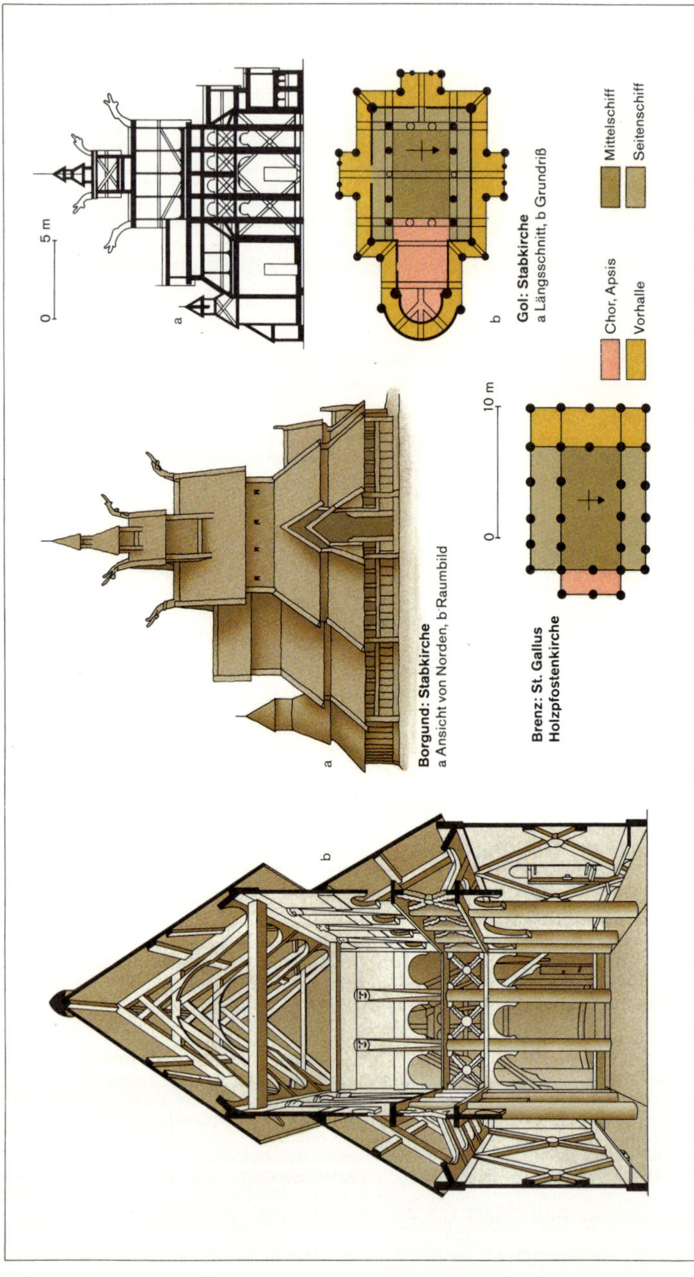

Gol: Stabkirche
a Längsschnitt, b Grundriß

Borgund: Stabkirche
a Ansicht von Norden, b Raumbild

Brenz: St. Gallus
Holzpfostenkirche

Einheit der Struktur und Logik der Form

Der Holzbau hat einen bedeutenden Anteil an der Architektur des Mittelalters. In der ersten Phase der Christianisierung in Mittel-, Nord- und Osteuropa bestehen die ersten Kirchen fast alle aus Holz. Viele Grundrisse sind nach Fragmenten und Spuren im Boden, z. B. *Pfostenlöchern* oder Rückständen von *Schwellbalken,* rekonstruiert worden.
Die St. Gallus-Kirche in Brenz ist eine typ. *Holzpfosten-Kirche* des 7. Jhs. Die regelmäßigen Reihen der Pfostenlöcher ergeben eine dreischiffige Anlage mit einer *Vorhalle* und 2 Nebenräumen seitl. des *Rechteckchores.* In der Mittelachse stehende Pfosten in Eingangswand, Rückwand und Chornische lassen an eine *Sparrenkonstruktion* auf einem *Firstgestell* denken, das in der Längsrichtung 9 m überspannt, bei einer Raumbreite von ca. 4,20 m. Als konstrukt. Vorbilder dienen wahrscheinl. größere Profanbauten, z. B. *Hallenhäuser* des Adels.
Im 9. Jh. beginnt der schnelle Aufschwung des Steinbaues. In vielen waldreichen Landschaften Europas, in denen der Steinbau zu teuer ist und nicht dem Prestige zentraler Gewalten dient, entstehen weiterhin Holzkirchen.
In **Rußland** erreicht der sakrale Holzbau eine hohe Vollendung und eine eigene Typologie. Aber erst aus dem späten 14. Jh. haben sich Kirchen erhalten, z. B. die kleine Lazarus-Kirche aus MUROM, heute auf der Insel KISHI im Onega-See.
In **Skandinavien** herrscht überall neben den wenigen steinernen Kathedralen der Holzbau mit eigenen Typen.

Die Stabkirchen-Sakralbauten aus senkrecht gefügten Holzwänden und Pfosten *(stav)* überziehen mit einem Netz von insgesamt etwa 700–800 ländl. Pfarrkirchen und gutsherrl. Eigenkirchen Mittel- und Südnorwegen, Südschweden und Jütland. Es sind zumeist *Pfostenkirchen,* bei denen die tragenden Holzstützen und auch die Bohlenwände wie Palisaden eingegraben und so stabilisiert werden. Die Erfahrungen mit dieser relativ kurzlebigen Bauweise führen seit dem 11. Jh. zu besseren Systemen.
Die Mastenkirchen bilden mit etwa 20 noch erhaltenen Bauten aus dem hohen Mittelalter die bedeutendste Typengruppe mit gleichen Konstruktionsprinzipien. Verglichen mit den gleichzeitigen Steinbauten sind sie kompliziert und hochentwickelt. Die handwerkl. Technik, die noch weitgehend auf die Säge verzichtet, nützt die statischen und bildner. Eigenschaften des Holzes in idealer Weise. Die Konstruktionen des 12. und 13. Jhs. zeichnen sich durch logische Klarheit aus. Ihnen kommen die Erfahrungen im Schiffbau zugute, in dem Skandinavien im frühen Mittelalter führt. Die **Holzschnitz**-Ornamentik erreicht ihren Höhepunkt schon früher; der Bestand an erhaltenen Planken und Portalen reicht bis in das 11. Jh. zurück, z. B. die berühmte Nordwand der Kirche in URNES.
Das konstrukt. System wird von den *Masten,* bis zum Hauptdach durchgehenden Hauptstützen, bestimmt. Sie stehen auf einem über *Steinfundamente* gelegten *Schwellenkranz* aus 4 Balken, paarweise zur Längsrichtung und zur Querrichtung verlegt und sich an den Ecken kreuzend. Auf den Kreuzungspunkten stehen die *Eckmasten,* zwischen ihnen weitere je nach Länge der Schwellen. Auf die nach außen ragenden Arme werden schmalere Schwellen hochkant gesetzt und darauf die Außenwände aus senkrechten *Holzbohlen.* Sie sind an den Ecken in *Rundpfosten* eingelassen.
So entsteht um das hohe innere Mastenviereck ein schmaler Umgang von nur geringer Höhe. Die Masten werden oberhalb des Umgangs mit rundbogigen Konsolhölzern *(Knaggen)* und *Andreaskreuzen* verstrebt, die Fächer über den Seitenschiffdächern bis auf kleine *Lichtluken* mit Bohlen geschlossen. Ein *Balkenrahmen* bildet den oberen Abschluß. Auf ihm steht der *Dachstuhl.* Spantenartige Verstrebungen versteifen das Gebälk nach allen Seiten.
Ein *Chorraum* gleicher Bauweise, *offene Umgänge* und *Vorhallen* schließen sich, oft erst in einer späteren Bauperiode, an den Gemeinderaum an.
Der Baukörper erhält durch die gestaffelten Dächer die charakterist. Gestalt. Über den *Walm-* und *Pultdächern* der äußeren und inneren Umgänge steigt über einem niedrigen Wandstück das *Satteldach* des Mittelraumes auf. Ein *Dachreiter* und weit auskragende *Drachenköpfe* geben den kleinen, steil gestaffelten Gebäuden ein phantastisches Aussehen.

Die Typologie des 11. bis 13. Jhs. geht vom *Mastenviereck* um den Hauptraum aus. Die einzelnen, z. T. landschaftl. abgegrenzten Typen werden nach der Anzahl der Masten bezeichnet. 3 Gruppen treten besonders hervor:
Bei den **4-Masten-Kirchen** *(Valdres-Typ)* gehen nur die *Eckmasten* vom Boden bis zum Dachansatz durch. Sie sind mit weitgespannten Bögen verbunden, auf denen innerhalb der übl. Verstrebungen kurze *Rundstützen* stehen. Die Kirchen sind klein, wirken aber durch den Wegfall der Zwischenmasten geräumig. Die bekanntesten erhaltenen Kirchen gehören dem etwas größeren Typ der *Vielmastenkirchen* an. Die Zahl der Masten reicht von 8–20. Bei diesem Typ gleichen die inneren Umgänge ausgeschiedenen Seitenschiffen, der Mittelraum einem kurzen basilikalen Mittelschiff. Die Kirchen von **Borgund** in der Landschaft des Sogne-Fjordes und von **Gol** im Hallingdal (heute im Freilichtmuseum OSLO), zwei klass. Vielmastenkirchen des 12. Jhs., sind in ihrer Anlage fast gleich. In BORGUND, einer 12-Mastenkirche, gehen an der Eingangs- und an der Chorseite die Zwischenmasten bis zum Boden durch. In GOL, einer 8-Masten-Kirche, werden sie von einem Holzbalken abgefangen, der Blick in den Chor bleibt frei.
Einen Sondertyp bilden die **1- und 2-Masten-Kirchen.** Der eine oder die beiden tragenden Masten stehen in der Raummitte, nach allen Seiten mit den Wänden horizontal verstrebt (S. 34) und oft bis zum Dachfirst verlängert, wie z. B. in der Kirche von NES.

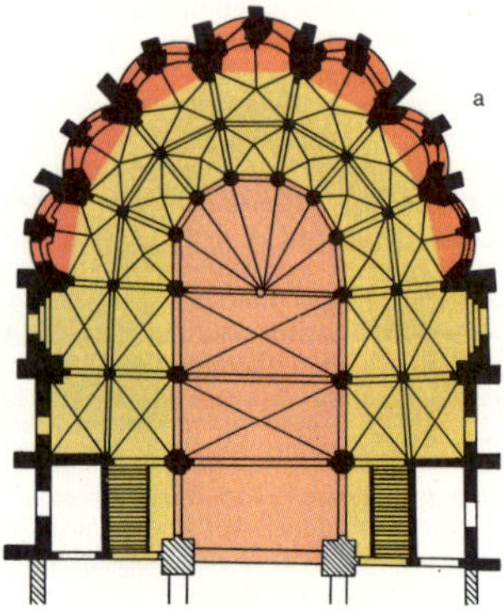
a

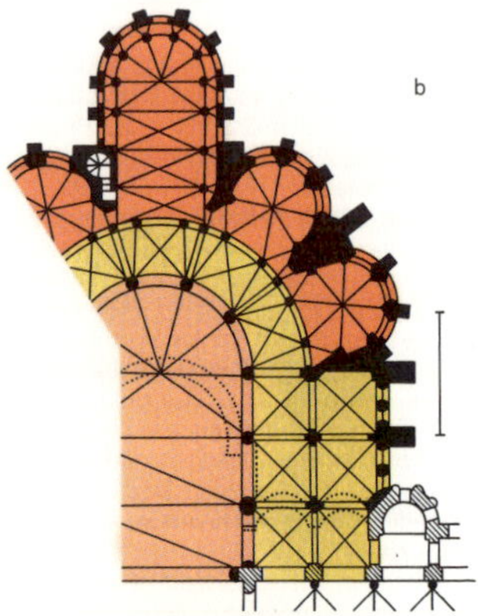
b

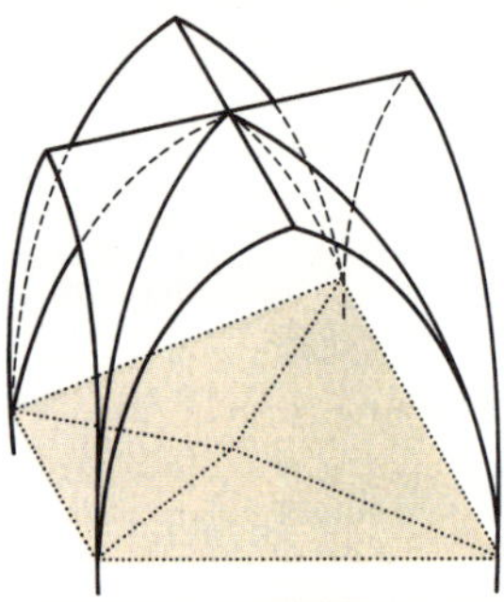
Kreuzgewölbe
über Chorumgang

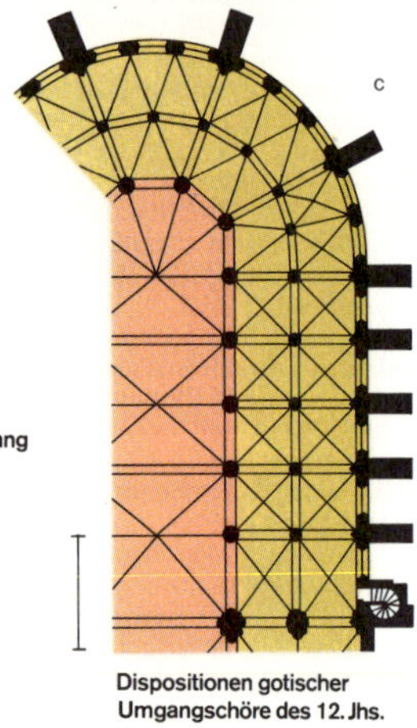
c

Dispositionen gotischer
Umgangschöre des 12. Jhs.

a St. Denis
b Reims: St. Remi (s. S. 46)
c Paris: Notre Dame

Doberan: Klosterkirche

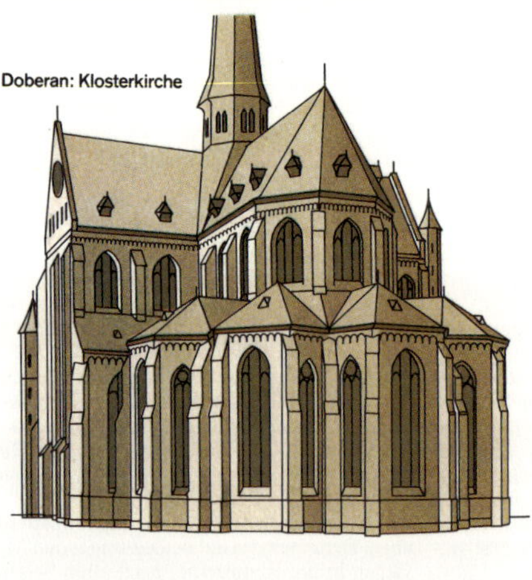

10 m - Marke

Chorkapellen
Hochchor
Umgang
ältere Bauteile

Zerlegung der Masse in statische Knotenpunkte

»Sucht man nach einem idealen Ansatzpunkt, von dem aus sich die Gotik in ihrer Wesenheit entfaltet hat, so muß man auf den Chorraum als kultisches Zentrum verweisen. Es gibt gotische Kathedralenräume, die nur als Chöre vorhanden sind, die allein genügen würden, Einsicht in Idee, Kunst und Macht der Gotik zu vermitteln.«

HANS JANTZEN

Die Gotik schafft keine grundsätzlich neue Typologie. Sie setzt an die Stelle des additiven Prinzips der Romanik das **divisive Prinzip,** in dem jede Einzelheit vom Ganzen abhängt.

Umgangschöre gehören seit dem 11. Jh. zu den bekannten Typen (S. 378, 388). In der Gotik werden *Umgang* und *Kapellenkranz* zu einem zusammenhängenden System von Stützen und Gewölben verknüpft. Die Einführung der **Kreuzrippengewölbe** bedeutet Befreiung vom Quadratschema und ermöglicht die Kombination von Gewölben verschiedenen Zuschnitts.

In den Umgängen entstehen z. B. **trapezförmige Gewölbefelder.** Sie können als 4-teilige Kreuzgewölbe mit Gewölbekappen verschiedener Spannweiten und Seitenlängen so ausgeführt werden, daß alle Rippen in gleicher Höhe auf den *Kapitellen* ansetzen, oft zugleich mit den komplizierten Gewölben der *Chorkapellen* (S. 47).

Die Wandlung vom roman. zum got. System bereitet sich im 11. Jh., besonders in der Normandie, vor. Im 12. Jh. setzt mit dem Aufschwung des Königtums in den franz. Kronländern eine umfangreiche Bautätigkeit ein (S. 306). Viele Abteikirchen und Kathedralen werden neu errichtet, erweitert oder umgebaut. Oft bleiben die Langhäuser vorerst stehen, und nur die alten, engen Chöre weichen großen Neubauten.

Der **Chor von St-Denis** entsteht 1140–43 im Anschluß an das Querhaus der karoling. Abteikirche (S. 371) über der bisherigen Außenkrypta. 2 *kreuzgewölbte Schmaljoche* nehmen die Innenflucht des alten Mittelschiffes auf, die Apsis schließt sich als ein in 7 Seiten des 12-Ecks gebrochener Halbkreis an. Um die 12 (Symbolzahl) *Rundpfeiler* im Arkadengeschoß legt sich ein konzentrischer *doppelter Umgang* mit 7 flachen *Kapellen.* Zwischen den Stützen bleibt der Durchblick auf die 14 *Lanzettfenster* der Kapellen frei. Der Bauherr, Abt SUGER, benutzt die Weihe des neuen Chores (1144) zu einer macht- und kulturpolit. Demonstration. Sie löst in der Île-de-France eine Reihe gleichartiger Unternehmungen aus.

Für die Anlage der Chöre bilden sich regionale Traditionen in z. T. gegensätzlichen Richtungen aus. Einige reihen tiefe Radialkapellen zu einer dichten Folge und verschmelzen sie mit dem Umgang zu einem Raumkontinuum. Die einzelne Kapelle wirkt als intimer Sakralraum.

Einfache, 5-seitig gebrochene Umgänge mit hufeisenförmig eingezogenen Kapellen kennzeichnen den Typ der Champagne. Er wird zum ersten Mal um 1150–60 an der Kathedrale in REIMS verwirklicht (Samson-Chor), wie in ST-DENIS im Anschluß an das karoling. Querhaus.

Im Chor der **Abteikirche St-Remi in Reims,** 1170–1200, ebenfalls an das bestehende Querhaus (S. 388) angefügt, wird über dem gleichen Grundmuster ein Maximum an räuml. Vielfalt erreicht. Ein Halbkreis schlanker Pfeiler steht frei vor den räumlich isolierten Kapellen. Dem wechselvollen Spiel der Überschneidungen entspricht die kleinteilige Gewölbezone (S. 46). Gleichartige Kapellenkränze finden sich in der Champagne u. a. noch in CHALONS-SUR-MARNE und – in monumentaler Steigerung – in der seit 1211 neuerbauten Kathedrale in REIMS. Ferner noch z. B. in VEZELAY und NOYON mit 5, in CAEN und in der Zisterzienserkirche PONTIGNY mit 7 Kapellen.

Im Gegensatz zu dieser auf Komplizierung der Raumbildung ausgerichteten Gruppe zielt eine andere auf Vereinfachung und Klarheit. Sie ist u. a. in der Erzdiözese Sens verbreitet.

Der seit etwa 1163 erbaute Chor von **Notre-Dame in Paris** gehört als erster Teil zu einer 5-schiffigen Gesamtanlage. Beide Seitenschiffe werden in Halbkreisen als *doppelter Umgang ohne Kapellen* um den Chor geführt. In den 5 Hauptsegmenten nimmt die Zahl der Stützen und Arkaden von innen nach außen um je 1 zu: 1 Arkade im Chor, 2 im Umgang, 3 als Fenster in der Außenwand. Der Umgang erhält ein Maximum an Licht durch die gebogene Fensterfront. Auch hier entsteht ein lebhaftes Wechselspiel der Elemente. In den trapezförmigen Jochen treten an die Stelle der Kreuzgewölbe *dreieckige Kappen,* eine elegante Lösung eines speziellen Problems. Ähnliche Grundrißdispositionen zeigen der ursprüngliche Chor der Kathedrale von LAON mit einfachem, die Kathedrale in BOURGES mit doppeltem Umgang (S. 402).

Die **Außenfront** got. Chöre entspricht in der Staffelung und im Zusammenschluß der Elemente dem Gesamtsystem der inneren Ordnung. In der **Frühgotik** bleiben die Baukörper zunächst noch frei von *offenem Strebewerk.* Die anfangs noch vorherrschenden Rundformen weichen allmählich polygonalen Brechungen, die konstruktiven Bauglieder treten schärfer hervor. In der **Hochgotik** beginnt das Strebewerk zu dominieren. Der Außenbau verwandelt sich in ein steinernes Gerüst vor großen Fensterflächen.

Diese Zerklüftung des Baukörpers stößt im übrigen Europa meist auf Ablehnung. Das offene Strebewerk wird möglichst vermieden.

Bei der **Zisterzienserkirche in Doberan,** begonnen Ende des 13. Jhs., folgt das Chorpolygon mit 5 Seiten des Achtecks dem Vorbild der Marienkirche in LÜBECK. Die sechseckigen Kapellen treten mit je 3 Seiten aus dem Umgang hervor. Die starke Reduzierung aller Elemente gehört zum Zeitstil um 1300 und zum Materialstil der *Backsteingotik* (vgl. S. 408, ALBI). Als wichtige got. Prinzipien dominieren: Staffelung und Brechung der Flächen, Vertikalisierung, Aufbau einer Gesamtstruktur, in der jedes Element seinen genau fixierten Platz hat und die Konstruktion Träger des architekton. Ausdrucks ist.

Reims: St. Nicaise

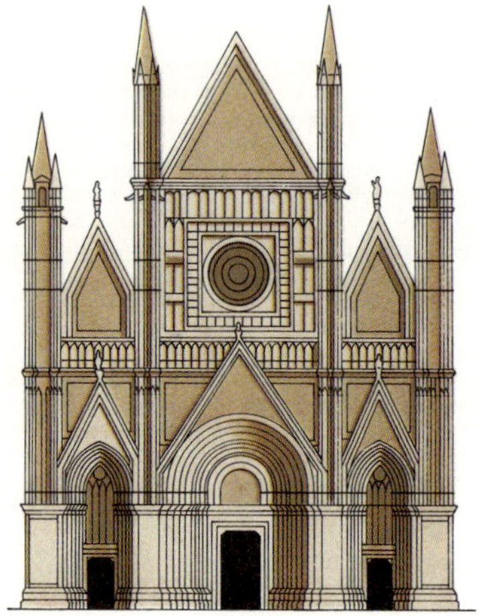

Orvieto: Dom

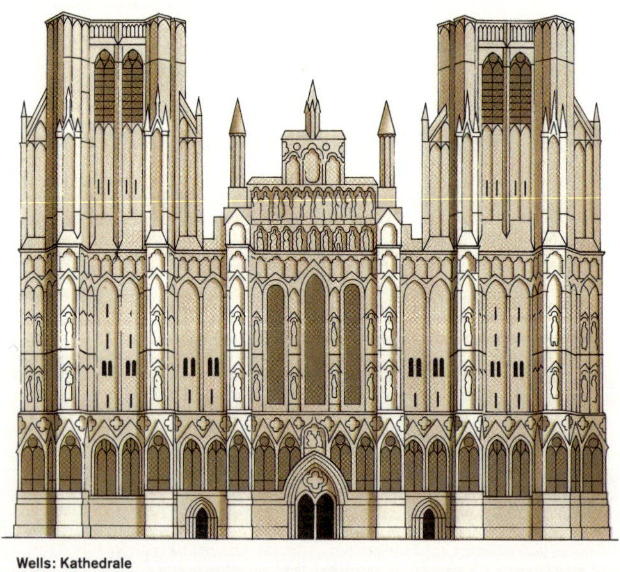

Wells: Kathedrale

Stirnwände gotischer Basiliken in Nord- und Südeuropa

Die Entstehung der Gotik ist eng mit der Basilika verbunden, erst der ausgebildete Stil erfaßt auch die anderen Bautypen. Unter den von der Romanik entwickelten Fassaden-Typen setzt sich die *Frühgotik* fast ausschließlich mit der Doppelturmfassade auseinander. Der Westbau von St-Denis (1130–40) knüpft an die monumentalen Lösungen in der Normandie an (S. 380, Caen).

Die **Doppelturmfassade** soll sich im got. System organ. in das Gesamtgebäude einordnen. Die Türme stehen vor den Seitenschiffen, zwischen sie schiebt sich das Mittelschiff mit seiner Vorhalle. Entscheidend ist, wie die Türme mit der Stirnwand des Langhauses verbunden bzw. zu ihr in Kontrast gesetzt, wie Beziehungen zum Innenraum und zum gesamten Gliederungssystem aufgenommen werden. Vom vollen Hervortreten der Stirnwand zwischen leichten Flankentürmen (Reims, St-Remi) bis zum Zusammendrücken der Mitte zwischen massiven Turmvolumen (Köln, Dom) bieten sich viele Lösungen an, ergänzt durch die Möglichkeiten, strukturelle und ornamentale Elemente vertikal und horizontal in Beziehung zu setzen.

Die **französ. Gotik** erstrebt den Ausgleich zwischen Turmkörper und Stirnseite. Bei den frühen Fassaden, z. B. in St-Denis, Noyon, Senlis, steigen die Strebepfeiler der Turmkanten gerade und hart auf und teilen die Fassade in senkrechte Bahnen. *Figurenportale, Lanzett- und Rosenfenster, Blenden* und *Galerien* bleiben voneinander isoliert, teilweise auf verschiedenen Ebenen.

Ende des 12. Jhs. gelingt die Harmonisierung der Elemente: an Notre-Dame in Paris mit genau ausgewogenen Beziehungen zwischen geöffneten und geschlossenen Flächen, horizontalen und vertikalen Gliederungen, u. a. dem neuen Element der *Königsgalerie,* und der Zentrierung durch die *große Rose* (S. 324); in Laon durch starke plast. Durchformung und einen gestaffelten Aufbau bis zu den viel bewunderten Türmen (S. 400). Neu erscheinen hier durchbrochene *Tabernakel* als überleitende und akzentuierende Elemente und tiefe *Portalvorhallen* zwischen den Strebepfeilern (S. 404).

Auf der Grundlage dieser Lösungen entstehen im 13. Jh. die großen Fassadenkompositionen der klass. Kathedralen in Chartres (Querhäuser), Reims und Amiens mit dem Reichtum ihrer Motive und den Statuen-Zyklen an Portalen und Galerien.

Die Fassade der in der Revolution zerstörten **Abteikirche St-Nicaise in Reims,** um 1230 durch Hugo Libergier erbaut, folgt dem Vorbild der Kathedrale. Ihr klass. Charakter liegt im Ausgleich der Gegensätze. Durch den Verzicht auf überreiche Dekoration treten die architekton. Ideen klar hervor.

Hinter der Blendarchitektur der *Wimperge* über den Portalhallen steigen *gestaffelte Strebepfeiler* entlang den Turmkanten auf. Sie geben der Fassade die konstruktive Festigkeit. *Wasserschläge, Gesimse, Blend- und Maßwerkgalerien* wirken als genau geführte Horizontalen der Vertikalbewegung entgegen und halten die Fassade im Gleichgewicht. Über ihr steigen die *Oktogone* der Freigeschosse auf, umstellt von leichten, zweigeschossigen *Tabernakeln,* die in spitze *Steinhelme* auslaufen. Geschoß- und Fensterordnung entsprechen dem Wandaufbau im Inneren.* Die Stirnwand des Mittelschiffes öffnet sich in voller Breite und Höhe mit einem Riesenfenster, in dem das klass. Reimser *Maßwerkfenster* (S. 324) und die *große Rose* zu einer größeren Einheit verschmolzen sind.

Die Zweiturm-Fassade verbreitet sich mit der Übernahme des französ. Kathedraltyps im übrigen Europa, aber nicht als verbindl. Standardtyp. Im späten Mittelalter, besonders in **Deutschland,** erhalten die Türme immer mehr das Übergewicht (Marburg, Köln).

In England setzt sich neben dem Bau von Doppelturm-Fassaden die schon in der Romanik aufkommende querhausartige Breitendehnung fort. In Salisbury (S. 406) und ursprünglich auch in Lincoln begrenzen leichte, in die Fassade einbezogene Flankentürme die Frontwände. In Peterborough beherrschen 3 wandhohe Arkaden mit tiefen Nischen die Fassade. Kräftige Fronttürme werden zugunsten der Vierungstürme unterdrückt, aber auch die Mitte dominiert nur selten. Dagegen werden in Lichfield und nachträglich auch in Lincoln massive Doppeltürme in die Fassade einbezogen.

Bei der **Kathedrale in Wells** werden 1220–40 Fassadenwand und Turmkörper in einer einzigartigen Weise verbunden: die breiten Türme stehen in gleicher Flucht mit der Langhausstirn neben den Seitenschiffen. Die unteren Geschosse bilden eine gleichmäßige Wand. Die Felder sind mit schmalen Lanzettfenstern und -blenden besetzt, die *Strebepfeiler* entgegen ihrer konstrukt. Funktion in übereinander stehende Tabernakel mit Statuen aufgelöst. Über dieser einheitlich gegliederten Schauwand steigen die Freigeschosse der Türme und der mit *Statuen-Galerien* und *Fialen* geschmückte Mittelschiffsgiebel auf.

Italien hält auch im Hochmittelalter an seinen von der Antike bestimmten Traditionen fest. Die Zergliederung von Fläche und Baukörper setzt sich nicht durch. Die turmlose **Querschnitt-Fassade** bleibt der herrschende Typ, der mit den Mitteln der Gotik variiert wird. Mit ihren wichtigen, noch im Mittelalter vollendeten Fassaden stehen vor allem die der Dome in Siena und Orvieto im Wettbewerb.

Für die Fassade am **Dom in Orvieto,** seit 1310 im Bau, übernimmt Lorenzo Maitani wichtige Elemente der französ. Fassaden. Er benutzt sie, über den dekorativen Effekt hinaus, um die Gesamtfläche in eine genau ausgewogene Komposition von Teilflächen zu gliedern und in einen tekton. Rahmen zu spannen.

Dem französ. Gliederbau stellt die Gotik Italiens die Flächigkeit und Bildhaftigkeit der Wand gegenüber. Sie verbindet sich als farbiger Hintergrund eng mit dem räumlichen Charakter der öffentlichen Plätze (S. 339).

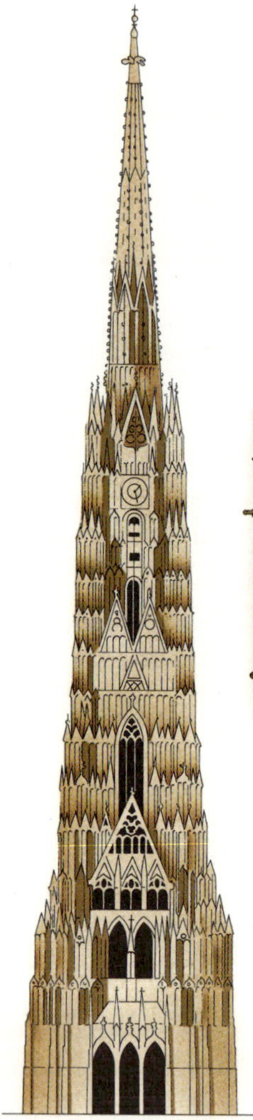

Wien: Stephansturm

a

b
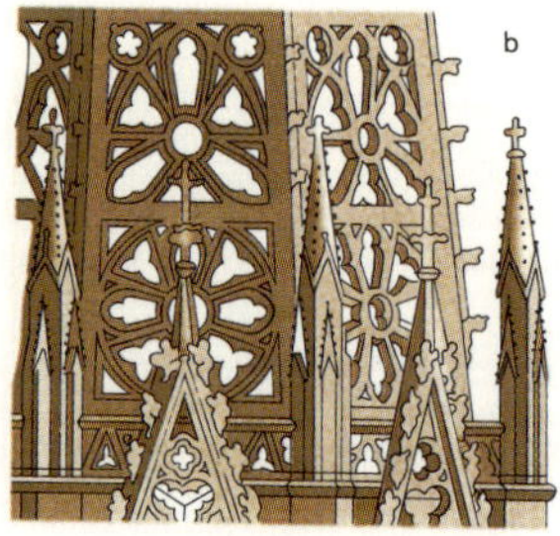

Freiburg i. Brsg.: Münsterturm
a Ansicht (Oberteil)
b Detail aus dem Turmhelm

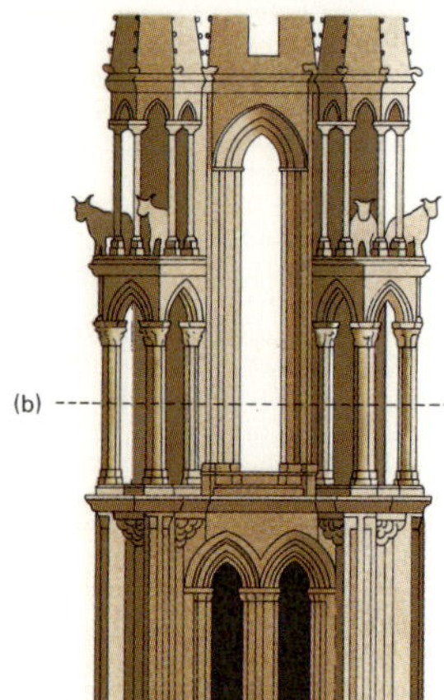

a

b
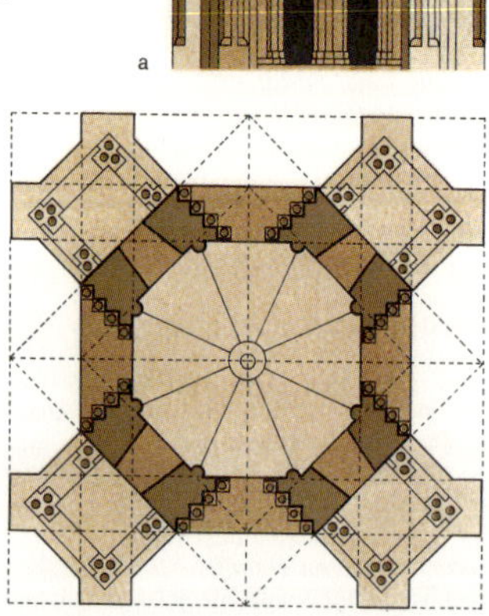

Laon: Fassadenturm (Ausschnitt)
a Ansicht, b Grundriß Obergeschoß

Türme: Dominanten für Nähe und Ferne

Türme manifestieren mehr als andere Bauwerke Machtanspruch, techn. Ehrgeiz und Sehnsucht, die Schwerkraft zu überwinden. Die Gotik betreibt den Turmbau mit Leidenschaft und steigert ihn bis zur Tollkühnheit.

Die **Struktur des Turmkörpers** verändert sich in Südwestfrankreich schon in der Spätromanik (S. 382). Der Mauermantel wird in aufstrebende Kräftebahnen zerlegt, die sich in Gestalt der *Strebepfeiler* an den Ecken zusammenziehen und über die Mauer vorspringen. Mit zunehmender Höhe und abnehmender Last werden sie schmaler und mit *Wasserschlägen* zurückgestaffelt. Die Öffnung der Wand nimmt entsprechend geschoßweise zu. Diese Entwicklung erreicht über Turmbauten in Auxerre, Angers und Vendôme mit dem 105,50 m hohen **Südturm der Kathedrale von Chartres** 1140–70 das Kerngebiet der Gotik.

Die Normandie bleibt dagegen bei der kubischen, geometr. Grundform und der Einbindung in den Fassadenblock, beginnt aber, die Freigeschosse mit stabartigen *Vorlagen* und *Halbsäulen,* mit *Schlitzfenstern* und *Klangarkaden* geschoßweise zu gliedern (S. 380). Der **Westbau von St-Denis** knüpft 1130–40 hier an.

Früh- und Hochgotik in Frankreich strukturieren die Turmkörper im Zusammenhang der Doppelturm-Fassaden und des Gesamtbaus (S. 398). Gegenüber der roman. Addition sind im *divisiven Prinzip* der Gotik die Türme zwar für sich durchgeformt, aber zugleich integrierte Teile der Fassade.

Die **Türme der Kathedrale von Laon,** im Bau seit etwa 1170, bringen eine neue Lösung. Die unteren Geschosse bilden mit der Stirnseite des Langhauses den Fassadenblock (S. 404). Darüber steigen die *Freigeschosse* als Skelettbauten hoch, das untere noch in die vertikalen Bahnen der Strebepfeiler eingespannt. Das zurückgesetzte *Oktogon* öffnet sich an 4 Seiten mit je 1 hohen Lanzettfenster. Ein achtseitiger *Steinhelm,* geschlitzt und mit *Krabben* besetzt, bildet den Abschluß. Die Folge von Rechteckprisma, Oktogon und Pyramidenhelm wiederholt sich in kleinem Maßstab in den zweigeschossigen *Tabernakeln* um das Oktogon, in deren durchsichtiger Architektur die Vertikalbewegung der Strebepfeiler aufgelöst wird.

Das Spiel der Überschneidungen erzeugt einen Bewegungs- und Dreheffekt. Er sollte sich nach der ursprüngl. Planung durch die Anordnung von weiteren Turmpaaren an den Stirnseiten des Querhauses wiederholen (S. 402). **Villard de Honnecourt** hat um 1235 in seinem Hüttenbuch die Freigeschosse aufgezeichnet. Seine Grundrißskizze mit dem Oktogon und der Plattform des 1. Geschosses erfaßt die wichtige Stelle des Übergangs von einer geometr. Grundform zur anderen und gibt Aufschluß über die Entwicklung des Turmkörpers aus dem *Grundquadrat.* Die Türme von Laon wirken im 13. Jh. weithin als Vorbild, z. B. auf die Kathedrale und St-Nicaise in Reims (S. 398) und die Dome in Bamberg und Naumburg.

Der Turmbau erhält neue Impulse durch das schnelle Wachstum der Städte. Mit dem klass. Fassadentyp treten in der Normandie und England die Vierungstürme in Wettbewerb (S. 406).

Einzeltürme bleiben ein Ideal im deutschen Reichsgebiet samt den Niederlanden. Während die Landschaften der *Backsteingotik* sie meist als geschlossene kantige Volumen mit hohen kupferbekleideten Holzhelmen hochführen (Ostseeküste), verfolgen die Landschaften der *Hausteingotik* die Tendenzen der klass. Gotik weiter (Niederlande, Süddeutschland).

Der **Turm des Münsters in Freiburg i. Br.,** in der 1. Hälfte des 14. Jhs., kennzeichnet eine Wende zu klarer Umrißform trotz stärkster Auflösung der Masse und zunehmender Höhe. Das hohe **Oktogon** ist nur im unteren Drittel zwischen Eckstreben als Fortsetzung der Strebepfeiler des Unterbaues eingespannt, in der übrigen Höhe steht es als Turmhalle frei, an allen Seiten mit großen Maßwerkfenstern geöffnet. Der ganz durchbrochene *Pyramidenhelm* ist nach dem Prinzip einer steinernen Leiter ausgeführt. Die Füllung der Felder mit *Maßwerkornament* läßt ihn wie aus Filigran hergestellt erscheinen. Die Spitze mit Kreuzblume und Stern erreicht 116 m Höhe.

Nach Vollendung des Freiburger Turmes setzt ein allgemeiner Wettbewerb der Städte ein. In Südwestdeutschland baut z. B. Ulrich von Ensingen in Esslingen, Ulm und Strassburg, dessen Münsterturm schließlich mit dem Helm von Johannes Hültz die Höhe von 142 m erreicht.

Die wachsende Höhe verselbständigt die Türme gegenüber dem Langhaus. In einigen Fällen dient es als Sockel des Turmes, in anderen wird die Bindung an seine Stirnseite aufgegeben, um den Turm vom Boden an frei aufbauen und an geeigneter Stelle als Dominante in das Straßenbild einfügen zu können (z. B. in Prag, Brünn, Wien, Breslau).

Der **Südturm von St. Stephan in Wien,** 1359 von Michael Knab begonnen, 1433 beendet, 136,67 m hoch, steht, seitlich des Hallenlanghauses, vom 2. Geschoß ab allseitig frei. Die enge Rückstaffelung der Strebepfeiler vom Sockel an und die völlige Einkleidung des Turmkernes in sich überschneidende Schmuckmotive läßt die Folge von Rechteck, Oktogon und Helm in einer geschlossenen Silhouette bis zur Spitze ansteigen. Dieses Ideal wird auch in Köln und Regensburg angestrebt, aber wegen der Bindung an die Doppelturm-Fassaden nicht kompromißlos durchgesetzt.

Das späte Mittelalter steht in ganz Europa im Zeichen riesiger Turmbauten, die Stadt und Umland beherrschen: als Vierungstürme (Beauvais, Reims, Canterbury), als Doppeltürme (Chartres/Nordturm, Köln, Regensburg, München), als Einzelturm (Ulm, Landshut, Frankfurt, Danzig, Mecheln, Mons). Viele bleiben Projekt oder halbfertig, einige stürzen ein. Die handwerkliche Technik stößt an ihre Grenzen.

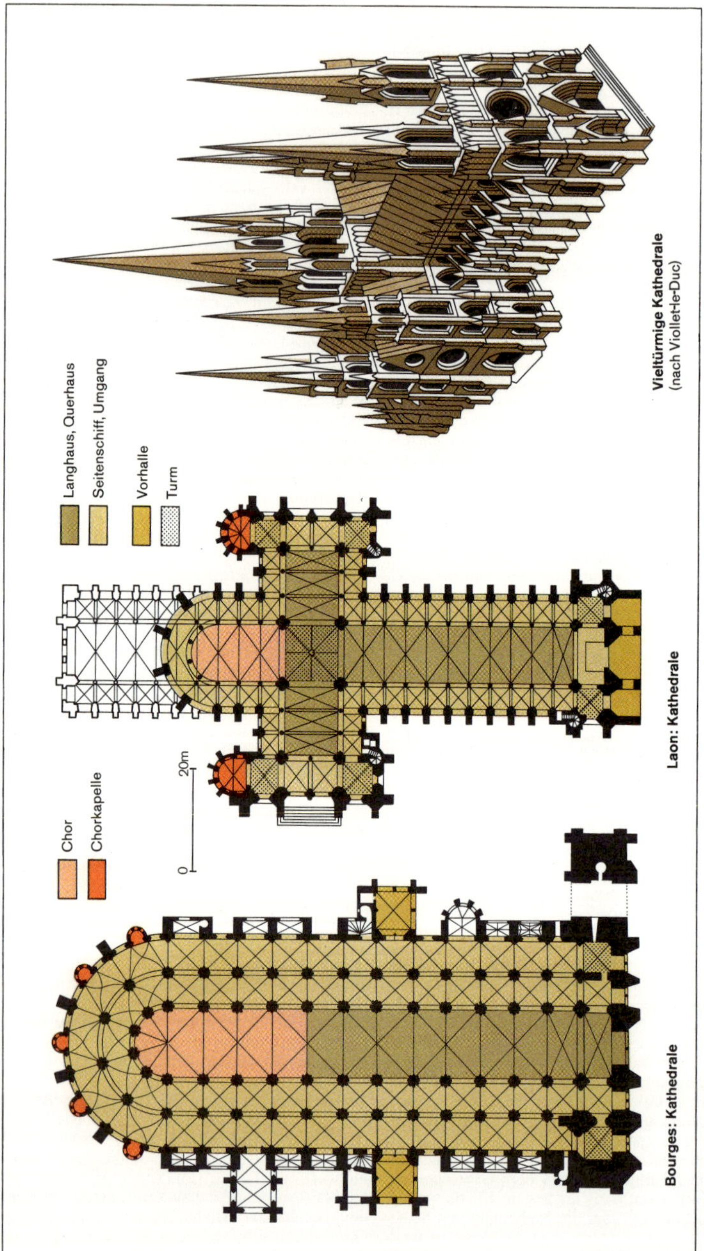

Gegensätzliche Idealvorstellungen des 12. Jahrhunderts

Die um 1130 einsetzende **Frühgotik** orientiert sich an verschiedenen Leitbildern. Sie entstammen z. T. den Traditionen der Romanik, z. T. neuen geistigen Strömungen, der Frühscholastik der großen Kathedralschulen einerseits, dem reformatorischen Mönchtum andererseits.
Die **gegensätzl. Vorstellungen** vom idealen Sakralbau prägen sich in zwei Konzeptionen besonders klar aus: der *vieltürmigen Basilika* über kreuzförmigem Grundriß und dem *reinen Longitudinalbau* mit Doppelturmfront.

Der **basilikale Longitudinalbau** (vgl. S. 388) gewinnt im 12. Jh. neue Bedeutung durch die Reformbestrebungen, die vor allem bei den Zisterziensern einfache Baukörper und übersichtl. Gliederungen fordern (S. 376, FONTENAY).
Am Anfang der Reihe querschiffloser got. Basiliken steht die 1140–60 erbaute **Kathedrale von Sens,** des damals ranghöchsten Erzbistums. Seine Erzbischöfe gehören zum Kreis der Reformer um BERNHARD VON CLAIRVAUX. Der Neubau ist im Gegensatz zu den steilen Räumen der großen cluniazens. Kirchen der Romanik nur von mäßiger Höhe, auf der Grundlage des *gebundenen Systems* (S. 376), aber als Gliederbau strukturiert.
Das Mittelschiff erhält einen *3-geschossigen Wandaufbau, Stützenwechsel* und *6-teilige Gewölbe.* Die Seitenschiffe umziehen als einfacher Umgang mit einer *Scheitelkapelle* das Chorhaupt.
Als weitere Richtungsbauten folgen: die Kathedrale von SENLIS um 1153 als 3-geschossige *Emporenbasilika* mit einfachem Umgang und einem Kranz flacher Kapellen und NOTRE-DAME in PARIS seit 1163, eine 5-schiffige monumentale Emporenbasilika mit 4-geschossigem Wandaufbau, doppeltem Chorumgang ohne Kapellen (Grundriß S. 396); ferner eine Reihe mittelgroßer Kirchen, vorwiegend in der Île-de-France.
In der **Kathedrale von Bourges** (seit etwa 1195 im Bau) wird der querschifflose Typ über einem PARIS eng verwandten Grundriß mit allem konstrukt. Aufwand des vollentwickelten got. Systems zu der Übergröße der hochgot. klass. Kathedralen gesteigert (vgl. S. 404).
Der 5-schiffige Grundriß zeigt letzte Reminiszenzen an das gebundene System: 7 quadrat. Joche mit *6-teiligen Gewölben* bilden das Mittelschiff, in das letzte Joch ist die Apsis als Halbkreis einbeschrieben. Die Seitenschiffe laufen als doppelter Umgang mit eleganten Varianten des Rippengewölbes – ursprüngl. ohne Kapellen – um das Chorrund, erst später mit 5 *Apsidiolen* bereichert. Alle 5 Schiffe münden unter den Türmen in eine fünftorige Fassade ein.
Raum und Baukörper entsprechen dem Grundriß mit einer **doppelten Höhenstaffelung** der Schiffe (vgl. S. 264), die das basilikale Prinzip zur höchsten Steigerung bringt. Das *äußere Seitenschiff* mit 9 m und das *innere* mit 21 m Scheitelhöhe umziehen als zweifacher Raummantel das 37 m hohe *Mittelschiff* (S. 322), außen von einem doppelten Strebewerk begleitet. Der ganze Bau ist gleichmäßig in stat. Knotenpunkte zergliedert, alle Elemente sind in strenger Reihung rundum geführt, die Logik des Systems tritt kompromißlos in Erscheinung.
Die totale Realisierung dieses Systems bleibt auf Bourges beschränkt, bestimmt aber den Aufbau der Chöre an den Kathedralen von LE MANS, COUTANCES und TOLEDO, jede mit einer besonderen Variante des Vorbildes.

Vieltürmige Basiliken erlangen während der roman. Epoche große Bedeutung in Deutschland (salische Kaiserdome, Dom in LIMBURG; S. 384), in einzelnen Fällen aber auch in Flandern und der Picardie. Die Kathedrale von TOURNAI z. B. erhält Mitte des 12. Jh. eine Ostgruppe mit Querhaus, Chor, 3 Konchen mit Umgängen, 4 hohen Türmen, paarweise an den Querhausflügeln, und 1 Vierungsturm. Die Anlage konzentriert und steigert die Elemente nach dem additiven Prinzip und in den Formen der Spätromanik, aber schon mit ausgeprägtem Vertikalismus. Eine ähnl. Lösung zeigt danach die (heute zerstörte) Kathedrale von ARRAS.
Ihre erste Verkörperung durch die Frühgotik in Frankreich erlebt die Idee um 1180 mit der **Kathedrale von Laon.** Die ursprüngl. Planung sieht eine *kreuzförmige Emporenbasilika* mit einem *Vierungsturm* normann. Art (Laternenturm) und 3 *Doppelturmfassaden* (S. 400, 404) an den Fronten von Langhaus und Querhaus vor. Der ursprüngl. Chor mit einfachem Umgang ohne Kapellen wird von 2-stöckigen Nebenapsiden an den östl. Querhaustürmen flankiert. Um 1210 wird der Chor um das doppelte verlängert und wie bei engl. Kathedralen glatt geschlossen (S. 406). Die Turmgruppe am Querhaus rückt damit in die Mitte. Trotz der fehlenden Osttürme vermittelt LAON, auf hohem Bergrücken stehend, noch als einzige Kirche die unmittelbare Anschauung einer vieltürmigen got. Basilika.
In Deutschland entsteht mit dem Dom in LIMBURG a. d. Lahn 1211–35 noch einmal eine konzentrierte, vieltürmige Anlage im Stil der rheinischen Spätromanik mit Übernahme got. Motive.
In Frankreich knüpfen die hochgotischen Kathedralen von CHARTRES (1194) und REIMS (1210) an das Vorbild von LAON an.
Der **Kathedrale von Reims** liegt eine Planung als *kreuzförmige Basilika* mit *Umgangschor* und *Kapellenkranz* zugrunde (vgl. Chartres, S. 404). Die geplanten 7 Türme werden bis auf die Westfront nur bis zur Gesimshöhe des Hauptschiffs hochgeführt. Noch zu Beginn des 16. Jhs. berät das Domkapitel über den Ausbau der Turmgruppe u. a. durch einen *Vierungsturm* aus Holz, der 170 m Höhe übersteigen soll! (siehe die Rekonstruktion von VIOLLET-LE-DUC).
Das Idealbild der vieltürmigen Kathedrale stellt in der Gotik eine Zusammenfassung und Steigerung der großen typolog. Elemente des mittelalterl. Sakralbaues dar. In REIMS bleibt es bis an die Schwelle der Renaissance lebendig. Doch die allgemeine Entwicklung der Hoch- und Spätgotik wendet sich anderen Zielen zu (S. 404).

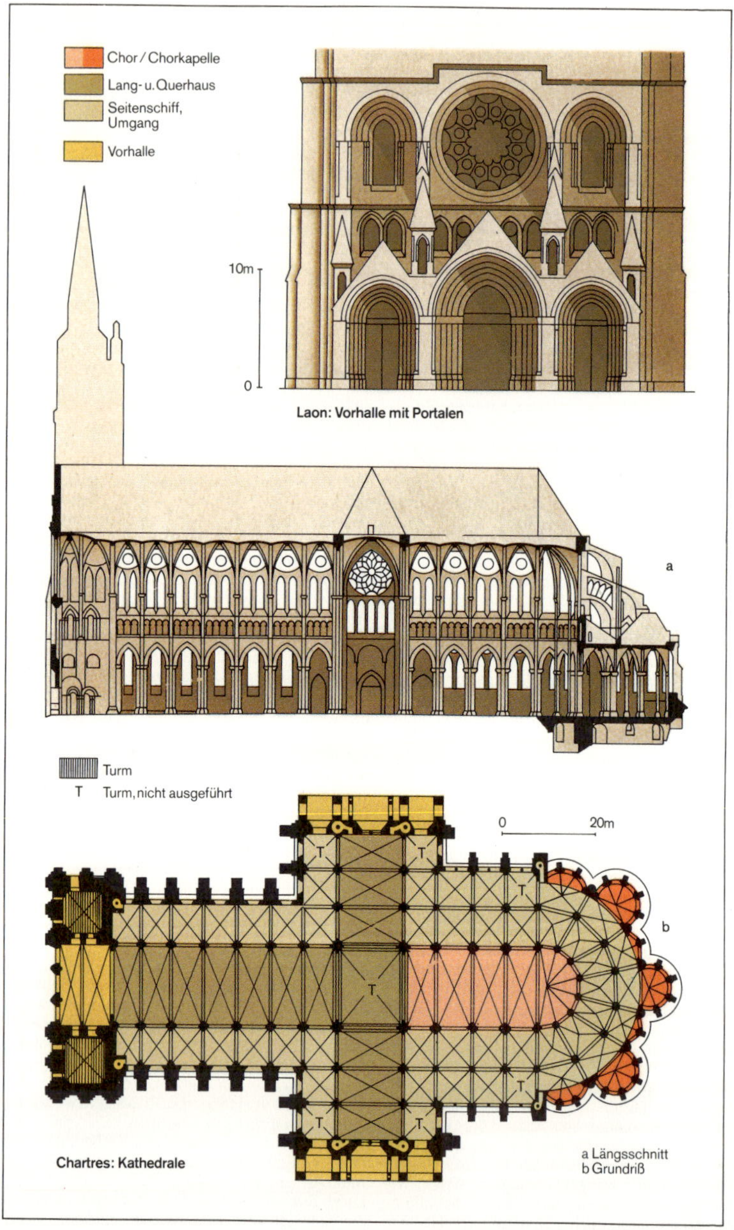

Klassische Kathedralgotik in Frankreich

Die Systematisierung der französ. Architektur in der **Frühgotik** vollzieht sich in einem Zeitraum von etwa 60 Jahren beim Neubau einer Reihe bedeutender Kathedralen (vor allen SENS, SENLIS, NOYON, LAON und PARIS). Dazu kommen viele mittelgroße und kleinere Kirchen, Umbauten und Erweiterungen. Ende des 12. Jhs. verfügen die französ. Bauhütten über erprobte Bausysteme für Basiliken neuen Typs, meist mit *4-geschossigem Wandaufbau, 6-teiligen Gewölben, offenem Strebewerk, Doppelturmfassaden* mit *Figurenportalen, Umgangschören* über einfachen und komplizierten Grundrissen (S. 320 ff., S. 396 ff.). Mit den Kathedralen von CHARTRES und BOURGES stößt um 1195 eine neue Baumeistergeneration zu den gesteigerten Dimensionen und der monumentalen Auffassung der **Hochgotik** vor.

Die **Kathedrale von Chartres** gilt als das Schlüsselwerk der klass. Gotik. Die um 1140 entstandene, erhaltene Westfassade und die schon unter dem Vorgängerbau in ganzer Länge verlaufende Krypta legen zwar fast alle wichtigen Grundmaße des Neubaues fest, z. T. sogar die Positionen der Pfeiler und Gewölbejoche. Dennoch gelingen dem Baumeister nicht nur im gesamten Entwurf, sondern auch bei der Ausbildung und Kombination der Elemente Lösungen, die der Hochgotik das entscheidende Modell geben.
Der Grundriß verbindet ein 3-schiffiges Langhaus aus 4-teiligen, schmalen Gewölbejochen mit einem auf 5 Schiffe erweiterten Langchor, einen doppelten Umgang mit Kapellenkranz über 7 Seiten des 12-Ecks und ein 3-schiffiges Querhaus mit Doppelturmfassaden und Portalvorhallen an beiden Flügeln.
Bedeutende Pläne und Motive des mittelalterl. Sakralbaues und örtl. Traditionen verschmelzen in einer neuen großen Gestalt, z. B. der Typ der kreuzförmigen Wallfahrtskirchen (S. 388), ein Umgangschor wie in ST-DENIS, Querhausfassaden und Portale wie in LAON.
Der Innenraum wird von gesteigerter Vertikalität und der Zusammenfassung und Vereinfachung der Bauglieder bestimmt. Die Kathedralen der Frühgotik sind meist *Emporenbasiliken.* In CHARTRES entsteht durch den Verzicht auf Emporen anstelle der kleinteiligen Wandsysteme ein neuer 3-geschossiger Aufrißkanon. Die gegenüber dem älteren Wandaufbau in SENS (S. 403) gesteigerte Höhe und die Durchbrechung der Hochschiffwand beruhen auf der Neukonzeption des stat. Gerüstes, besonders des *offenen Strebewerkes,* das genau auf die neuartigen *Gruppenfenster* des Obergadens abgestimmt ist (S. 320 ff.).
Der Baukörper erfährt während der Bauzeit entscheidende Veränderungen. Die anfangs geplante Vieltürmigkeit geht mit insgesamt 9 Türmen noch über das Vorbild LAON hinaus. Abgesehen von der bestehenden Westfassade werden die Türme nur bis zum Dachansatz der Mittelschiffe hochgeführt, d. h. so weit sie konstrukt. Funktionen erfüllen. Der Verzicht auf den Weiterbau, der sich in REIMS wiederholt (S. 403) und die Planung ohne Querhaustürme in AMIENS deuten mehr auf einen Wandel des Bauideals als auf Geldmangel.
Die got. Basilika hat sich zu einem Baukörper neuen Typs entwickelt. Die hohen Kirchenschiffe bilden auch ohne Türme die Dominanten ihrer Städte. Der Turmbau tritt zugunsten der immer höher aufwachsenden Strebewerke zurück, die den Baukörper mit einem vereinheitlichenden Mantel turmartig aufragender Pfeiler und schräg laufender Bögen umspannen. Die hochgot. Kathedrale erscheint als ein Organismus, der mit der »Basilika« nur noch das Prinzip des gestaffelten Raumes gemeinsam hat.
Die großen **Portale** scheinen den Ehrgeiz der Bauherren auf den Aufbau repräsentativer Bildprogramme zu verlagern. Auch hier nimmt CHARTRES mit REIMS und AMIENS eine Schlüsselstellung ein. Der in LAON geschaffene Typ wird in den Dimensionen gesteigert, die **Vorhallen** treten als selbständige Vorräume über die Flucht der Strebepfeiler hinaus. Sie nehmen umfassende statuarische Zyklen auf, die großenteils den Bildprogrammen der 166 farbigen Glasfenster entsprechen.

Die französ. Kathedralgotik bleibt weiter eng mit dem Typ der kreuzförmigen Basilika nach dem Vorbild von CHARTRES verbunden. Die Baumeister der Kathedralen von REIMS (seit 1211) und AMIENS (seit 1220) tragen mit eigenen Ideen und Erfindungen zur Vollendung des konstrukt. Systems und des Formenkanons bei. Auch die folgenden Großkirchen dieser Epoche sind meist erfindungsreiche Varianten des klass. Typs.
Die weitere Entwicklung zielt auf fortschreitende Erleichterung der Masse und Transparenz der Wände (S. 322). In den Querschiffen von NOTRE-DAME in PARIS, dem Langhaus von ST-DENIS und der Kathedrale von TROYES erreicht die gotische Baukunst im *Style Rayonnant* ein Maximum an Wandauflösung und Durchlichtung.
Die französ. Bauhütten werden zu Studienplätzen der europäischen Baumeister. Die Gotik, das »Opus Francigenum«, wird im 13. Jh. zum europäischen Universalstil. Seine weiteren Phasen durchläuft er in der Durchdringung nationaler und regionaler Traditionen und in zahlreichen Sonderstilen: z. B. dem *Early English, Decorated* und *Perpendicular Style* in England, dem *Flamboyant* in Frankreich, der *latein. Gotik* in Südwesteuropa, der *deutschen Sondergotik* und der *Backsteingotik* in Mittel- und Nordeuropa. Die Basilika des klass. hochgot. Typs wird außerhalb Frankreichs nur vereinzelt übernommen, z. B. 1235–45 im Langhaus des STRASSBURGER MÜNSTERS, 1248 beim KÖLNER DOM, 1245 im Chor der WESTMINSTER-ABTEI oder 1255 bei der Kathedrale von LEÓN.
Der im engen Rahmen der französ. Kronländer am Bautyp der Basilika ausgebildete Stil erweist seine expansive Kraft und Langlebigkeit – er durchdringt und beherrscht etwa 300 Jahre lang die gesamte mittelalterliche Typologie.

York: Kathedrale, Wandsystem im südlichen Querschiff

Chorkapelle
Langchor
Mittelschiff, Querschiff
Seitenschiff
Vorhalle

Salisbury: Kathedrale
a Ansicht von Südosten
b Grundriß

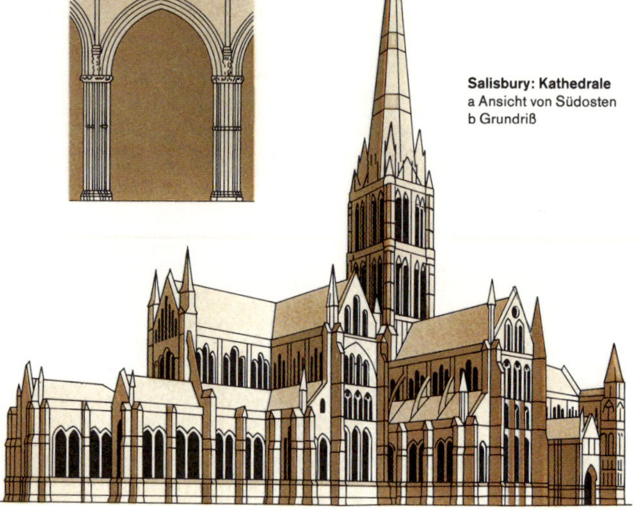

a

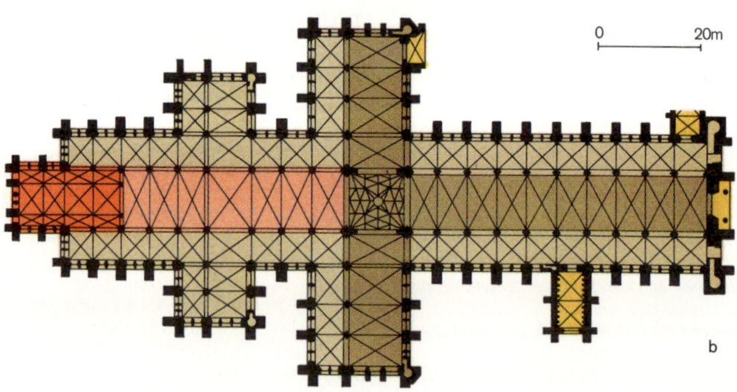

b

Englische Kathedralgotik

Die Ausbreitung der Gotik in England vollzieht sich auf der Grundlage der normann. Architektur. Sie bereitet in Frankreich von der Normandie aus die Frühgotik vor, in England bildet sie die Basis der nationalen Eigenentwicklung. Wie in Frankreich nehmen die Bischofssitze zuerst die Gotik auf, und die **Basilika** ist auch hier der dominierende Typ.

Der Charakter der engl. Kathedralen hängt mit der Organisation der Bischofssitze als Abteien zusammen. Sie breiten sich mit ihren für die Klosterarchitektur typischen Gebäudegruppen (S. 360) innerhalb weiter Gartenflächen in Distanz zur angrenzenden Stadt aus. Die Kirchen sind extrem lang und wirken trotz der Höhe der Schiffe mehr horizontal gestreckt als vertikal zusammengefaßt. Die Querhäuser und die typ. Breitfassaden (S. 398) greifen weit aus und schließen meist mit geraden Stirnwänden ab (Zisterzienserkirchen FOUNTAINS, RIEVAULX): Die engl. Vorliebe für die endlose Reihung der Elemente verstärkt die horizontale Tendenz. Auf diesen ruhenden Baukörpern erheben sich die Türme unmittelbar als steil aufragende Dominanten. Schon die roman. Sakralbauten zeigen diesen Grundcharakter. Die Gotik bereichert und verfeinert ihn und stellt ihn unter das Gesetz des einheitl. Gliederbaues.
Am Anfang steht der Neubau des Chores der Kathedrale von CANTERBURY durch den französ. Architekten GUILLAUME DE SENS seit 1175. Ihm folgen die abschnittsweise Erneuerung der Kathedralen von LINCOLN seit 1192 und PETERBOROUGH seit 1193, schon im Stil des *Early English.*

Die Kathedrale von Salisbury ist die erste, in relativ kurzer Bauzeit von 1220–66 nach einheitl. Gesamtplan erbaute Kathedrale der engl. Gotik. Sie verkörpert den engl. Typ auf eine klare, fast nüchterne Weise. Im Vergleich mit den gleichzeitigen Kathedralen der französ. Hochgotik (S. 404) erscheint sie, in der Stilstufe des Early English, wie eine bewußt aus der französ. Hochgotik und der normann. Überlieferung gewählte Rezeption und Reduktion.
Der Grundriß zeigt in der typ. Längsstreckung die für England übliche Raumfolge von *Langhaus, Langchor, Retrochor,* westl. *Hauptquerhaus* und östl. *Chorquerhaus.* Das östl. Querhaus ist durch eine eingestellte Blendarkade gegen den Chor abgeschirmt, er läuft als Raumeinheit von 7 Jochen bis zum Retrochor durch.
Der **Retrochor** bildet mit den weitergeführten Seitenschiffen eine selbständige Raumzone. Ihr Hauptraum, die in der Längsachse die Kathedrale abschließende Marien-Kapelle *(Lady Chapel),* ist in SALISBURY wie eine räuml. selbständige kleine *Hallenkirche* ausgeführt. Retrochor und Lady Chapel treten an die Stelle des Umgangschors französ. Typs, der in England nicht heimisch wird. Die einhüftige Ausbildung der Querhäuser mit nur einem Seitenschiff nach O und die seitl. angebaute *Vorhalle* sind weitere charakterist. Elemente der engl. Kathedralen.

Der Baukörper entspricht in seinem klaren Aufbau und der weit ausgreifenden Staffelung dem Grundriß. Es gibt keine polygonalen Brechungen, alle Fronten schließen gerade und flächig ab. Der gleichmäßige Rhythmus der vertikalen Elemente (Strebepfeiler und Gruppenfenster) und ihre horizontale Bindung durch Blendgalerien und Gesimse fassen die Flügel des Baukörpers zusammen. Der erst im 14. Jh. im *Decorated Style* errichtete 123 m hohe (!) **Vierungsturm** kontrastiert wirkungsvoll zur horizontalen Lagerung der Baumasse, faßt sie vertikal zusammen und hindert sie am »Zerfließen«.

Die Ausdehnung und Differenzierung des Raumes gelingt in der Gotik ohne Zerstörung der Einheit. Die engl. Gliederungssysteme sind durch einen ausgeprägten Horizontalismus bestimmt. Die Wandzonen erscheinen weniger als vertikal aufgebaute Felder, sondern mehr als horizontale Reihung, die durch Gesimse getrennt wird. Sie verstärken den Eindruck ins Unübersehbare verlaufender Lang- und Tiefenräume. Dazu trägt auch die Vereinheitlichung der Gewölbestruktur, mit der die Jochteilung überspielt wird, wesentlich bei. Diese Tendenz setzt die spätroman. normann. Traditionen fort. In den Kathedralen von LINCOLN, YORK und WINCHESTER tritt schon im 13. Jh., im *Early English,* die Neigung zu reichen und kombinierten Gewölbeformen hervor (*Stern-, Netz-* und *Fächergewölbe,* S. 318). Sie verwandeln die Folge einzelner Gewölbejoche in ein zusammenhängendes Gewölbefeld mit ornamentaler Struktur, die den Horizontalismus bis in die Scheitelzone des Raumes überträgt (EXETER, NORWICH).
Das 1230–60 entstandene südl. Querschiff der **Kathedrale von York** ist ein typ. Beispiel für den in England im 13. Jh. bevorzugten Wandaufbau. Im Gegensatz zu den französ. Systemen (S. 322) wird die von den Arkadenstützen ausgehende Vertikalbewegung wenig akzentuiert. Die *Bündelpfeiler* im Erd- und Emporengeschoß und die auf eigenen *Konsolen* ansetzenden *Dienste* und *Rippenanfänger* werden nicht zu einer einheitl. Kraftbahn zusammengezogen, sondern akzentuieren die Reihung der Elemente bis in die Struktur der Gewölbe.
Diese Entwicklung führt über den *Decorated Style* des späten 13. Jhs. in den *Perpendicular Style* des 14. und 15. Jhs. mit seinen *Fächer-* und *Trichtergewölben.* Im Wandaufbau setzt sich die Vertikale stärker durch. Dabei werden die Wände in gläserne Flächen mit dünnem, vielteiligem Stabwerk aufgelöst (S. 324, GLOUCESTER). Transparente Wand und dekorative Gewölbedekke verbinden sich zu einer kleinteiligen, organisch ineinander übergehenden Gesamtstruktur.
Die Einheit der Struktur ist die Voraussetzung für die angestrebte Einheit des Raumes. Diese in der **Spätgotik** in ganz Europa hervortretende Tendenz verfolgt die engl. Architektur besonders zielstrebig. Sie führt in letzter Konsequenz zur Aufgabe des Basilika-Typs, dessen Staffelung die totale Einheit des Raumes nicht zuläßt.

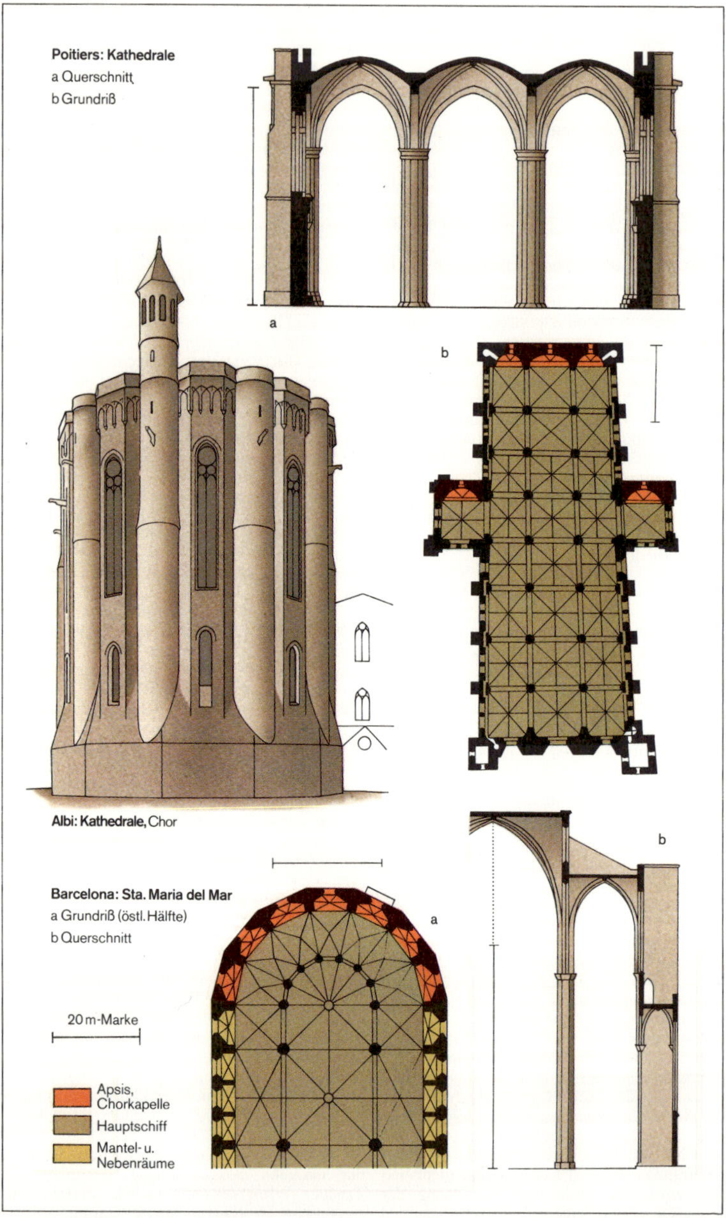

Raumkonzeptionen im europäischen Südwesten

Im südwestlichen Frankreich und in Südwesteuropa entstehen auf der Grundlage regionaler Traditionen eigene Spielarten der Gotik, anschließend an die seit der Frühromanik gebauten Hallen-, Saal- und Kuppelkirchen (S. 390).
Die Aufnahme der *Kreuzrippengewölbe* verändert entscheidend den Raumcharakter. Um 1140 bildet sich in Anjou, Maine und Poitou die Sonderform des kuppelartigen *Domikalgewölbes* heraus (Kathedralen von LE MANS und ANGERS).
Ein neuer Typ der Hallenkirche entsteht mit einer Gruppe bedeutender Kirchen gleichen Charakters u. a. in ANGERS, CUNAULT, CANDES ST. MARTIN, LE PUY. Ihr Hauptwerk ist die 1162 begonnene **Kathedrale von Poitiers.** Im Gegensatz zu den Hallen der Romanik mit ihren parallelen Tonnengewölben ist sie eine *Kreuzpfeiler-Halle* mit Domikalgewölben über quadrat. Jochen und annähernd gleich breiten Schiffen. Genau gleiche Höhe wird nur in den 6 Jochen der Chorhalle eingehalten. Die leichte Staffelung der Haupthalle bewirkt eher eine Konzentration des Gesamtraumes als eine Differenzierung von Mittel- und Seitenschiff. Die allseitig gleiche Bildung der Gewölbejoche und der weit auseinanderstehenden Pfeiler (S. 310, PADERBORN) hebt die bisherige räuml. Trennung der Schiffe auf. Es entsteht ein **Verweil-Raum** mit leichter Längstendenz und freiem Durchblick zu den Außenwänden.

Die **Saalkirche,** der einfachste Typ des Sakralbaus, findet ihre monumentale Steigerung zu einem Gegentyp der Basilika schon in der süd- und südwestfranzös. Romanik (Kathedralen von AVIGNON, AIX-EN-PROVENCE). Die Gotik setzt diese Tradition fort. Die großen einheitlichen Räume mit einfachen Gliederungen eignen sich als Predigtkirchen (S. 412) und kommen sowohl dem mediterranen Raumgefühl als auch der traditionellen Technik des Backsteinbaus entgegen. Aus der Zeit der Maurenkriege und als Folge der Albigenserkriege erhält sich eine Tendenz zum Wehrbau, z. B. in ST-BERTRAND DE COMMINGES, BEZIERS, PERPIGNAN, MIREPOIX.
Aus der Durchdringung nördl. und südl. Raumvorstellungen entstehen die **Wandpfeiler-Kirchen** und die **Kapellen-Säle:** die *Strebepfeiler* springen statt nach außen in den Innenraum vor und bilden die vertikalen Gliederungselemente. Sie verbinden sich mit den Gewölberippen zu aufsteigenden Kräftebahnen oder dienen als Auflager des offenen Dachstuhles. Die Nischen zwischen den Wandpfeilern werden – wie bei den Umgangschören – zu Kapellen ausgebaut, die sich in beliebiger Höhe zum Kirchenschiff öffnen können.
Die Kathedrale von Albi, das bedeutendste Beispiel dieses Typs, entsteht seit 1282 als Hauptteil einer festungsartigen Gebäudegruppe zusammen mit dem Bischofspalast und dem Gefängnis (Inquisition). Sie ist Predigtkirche dominikan. Charakters (S. 412) und Wehrkirche.
Chor und Schiff bilden eine Einheit. Das aus 12 kreuzgewölbten Schmaljochen bestehende 19,5 m breite und 32 m hohe Saalschiff geht unmittelbar in ein Chorpolygon mit 5/10-Schluß über, ganz umschlossen von dem Mantel der zwischen die Strebepfeiler eingebauten schiffshohen Kapellen. Die Raumgrenze erscheint nicht mehr als massive Mauer, sondern im Sinn der klass. Gotik als zweischalige Wand mit einer *Raumschicht.*
Der Dualismus von Raum und Außengerüst innerhalb der got. Systeme wird in Albi aufgehoben. Die einheitl. umhüllende Schale formt innen den Raum und außen den Baukörper. Er beginnt mit einem hohen Sockel, der scharf in eine Böschung umknickt (*Talus,* S. 355). Von ihr steigen die gemauerten Halbzylinder auf, die Außenseite der nach innen gezogenen Strebepfeiler. Die Mauerflächen der Kapellen treten am Chor nach dem Vorbild klass. Kapellenkränze kontrastierend 3-seitig gebrochen hervor, mit einem kürzeren Lanzett- und einem sehr langen Maßwerkfenster aufgeschlitzt. Vom Sockelknick bis zum Dachgesims gibt es nur vertikale Elemente.

Spanien nimmt die Gotik teils durch einzelne direkte Übertragungen, teils über die engen polit. und kulturellen Bindungen an Südfrankreich auf. Immer findet eine bewußte Auswahl und eine Verbindung mit den eigenen Traditionen statt. In **Katalonien** kommt es seit Ende des 13. Jhs. zu einer einzigartigen Synthese der nordfranzös. Kathedralgotik, dem System der Mantelkapellen Südfrankreichs und dem Typ der Staffelhalle (S. 390), gleichermaßen in Kathedralen, Abteien und Pfarrkirchen (GERONA, PALMA DE MALLORCA, MANRESA, BARCELONA).
Bei der **Pfarrkirche Sta. Maria del Mar in Barcelona,** 1328–83 nach dem Vorbild der Kathedrale erbaut, wird der Typ der Staffelhalle nach got. Prinzipien in eine 3-schiffige, längsgerichtete Hallenkirche mit weiten quadrat. Jochen im Mittelschiff und dazu quergestellten Jochen in den Seitenschiffen umgebildet. Im Chor umlaufen die Seitenschiffe mit enger Pfeilerstellung als halbkreisförmiger *Umgang* das Mittelschiff. Zwischen die nach außen gestellten Strebepfeiler sind bis zur halben Höhe in jedes Normaljoch 3, am Chor je 1 Mantelkapelle eingezogen. In der oberen Hälfte treten die Strebepfeiler an der Außenseite hervor. Die zweifache Höhenstaffelung läßt in Mantelkapellen, Seitenschiffe und Mittelschiff Licht einfallen, die Fenster sitzen jeweils hoch unter den *Schildbögen.*
Die Staffelung der Schiffe und Kapellen entspricht dem Prinzip von BOURGES, doch ohne den typ. basilikalen Aufbau in mehrgeschossigen Wandfeldern (S. 322, 402). Die Pfeiler stehen frei im Raum, die Gewölbe aller 3 Schiffe setzen in gleicher Höhe an. Die Raumwirkung der Hallenkirche wird mit den Elementen von hochgot. Basilika und Kapellensaal gesteigert.
Die überlegte Auswahl der techn. und künstler. Mittel für die Verwirklichung des jeweiligen Raumideals ist für das 14. Jh. in ganz Europa bezeichnend. Auf die strenge Logik der hochgot. Systeme folgt das freie Spiel mit den Elementen.

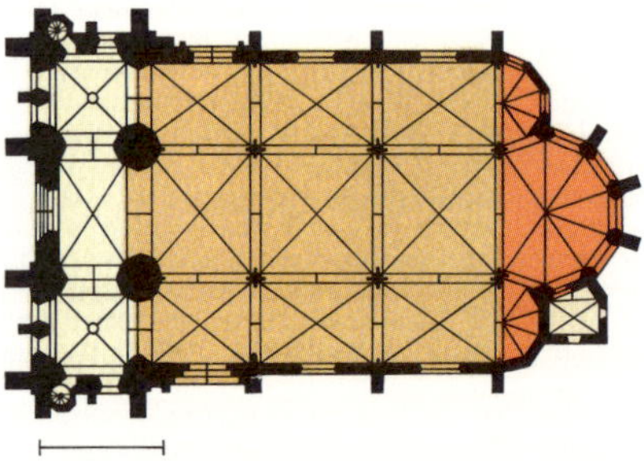

Chorkapelle
Hallenschiff
Pfeilernische, Seitenraum
10 m - Marke

Soest: Maria zur Wiese

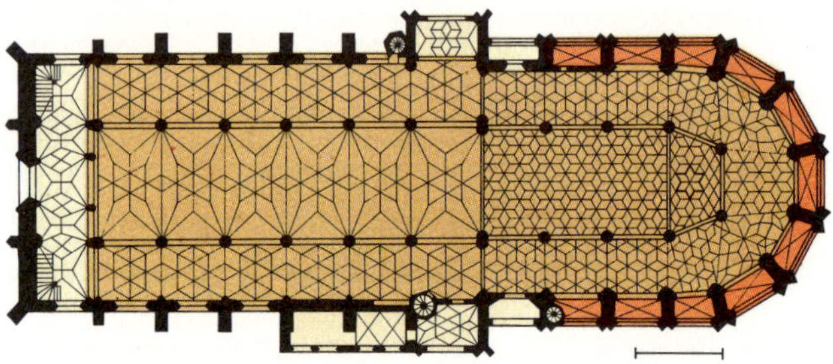

Schwäbisch Gmünd: Heiligkreuzkirche

Amberg: St. Martin

Pfarrkirchen deutscher Städte

Im hohen Mittelalter wachsen die Städte schnell an Zahl, Größe und Bedeutung. So treten die Pfarrkirchen allmählich an Größe und künstler. Rang gleichwertig neben Kathedralen und Abteikirchen.

Die bürgerl. Auffassung vom Sakralraum steht im deutlichen Gegensatz zu den übersteigerten Raumverhältnissen der hochgot. Basiliken. Ihr entspricht die ruhige und übersichtliche **Hallenkirche** besser. In ihren verschiedenen Typen und Entwicklungsstufen treten u. a. folgende Tendenzen hervor:

Statt getrennter Tiefenbewegung einzelner Schiffe ein einheitl. Raum mit Gleichwertigkeit der Richtungen.

Dehnung des Raumes durch Ausweitung der Seitenschiffe und der Pfeilerabstände, Durchsichtigkeit in allen Richtungen. Fortschreiten von den strengen Jochgrenzen zum einheitl. Gewölbefeld mit figurierten Gewölben (Stern-, Netz-, Zellengewölbe, gewundene Reihung, S. 318).

Veränderung der Pfeilerform durch Entfernen der richtungsbetonenden Elemente, z. B. der *Dienste,* zugunsten richtungsneutraler *Rund-* oder *Polygonpfeiler.*

Reduzierung der Vertikalität: Breite und Höhe des Gesamtraumes nähern sich an. Zusammenfassung des Raumes mit durchgehenden Horizontalen z. B. *Gesimsen* oder *Emporen mit Brüstungen.*

Verschleifung der Raumbeziehungen und Verschiebung der Pfeiler- und Fensterachsen, besonders in den Umgangschören.

Ablösung des got. Strukturalismus mit seiner Betonung statischer Funktionen zugunsten der Flächenwerte und der raumbildenden Elemente. Klare Raumgrenzen durch Wände.

Zusammenfassung des Baukörpers unter einem hohen Dach. Dreiecksgiebel als reichgegliederter *Schaugiebel.* Stellung der Türme unabhängig, oft seitwärts. Kein offenes Strebewerk.

In **Deutschland** verbindet sich die Aufnahme der Gotik sogleich mit dem Bau von Hallenkirchen (Elisabethkirche MARBURG 1235, Dom in MINDEN 1267). Von den 3 großen regionalen Gruppen erstreckt sich die norddeutsche mit ihren auf dem Quadrat oder dem gedrungenen Rechteck aufgebauten Hallen von Westfalen über Niedersachsen auf die gesamte Region der Backsteingotik (mit dem Küstenraum von Nord- und Ostsee und dem Binnenland bis zur Weichsel). Die süddeutsche Gruppe mit der Vorliebe für längsgerichtete Räume umfaßt hauptsächlich Schwaben, Franken, Bayern und Österreich. Zwischen beiden stehen Böhmen und Mitteldeutschland (Obersachsen), am Rand Schlesien.

Die Hallenkirchen Westfalens zeichnen sich – wie schon in der Romanik – durch ihre Breitendehnung aus (S. 390). Entweder bilden eine gerade Fensterwand oder 3 raumhohe Apsiden nebeneinander den Chorschluß: ein Rest von Selbständigkeit der Einzelschiffe. Bei einem maßvollen Vertikalismus halten sie an einem Raumbild mit klar begrenzten Gewölbejochen fest.

Die Pfarrkirche **Maria zur Wiese in Soest,** seit 1331 unter JOHANNES SCHENDELER im Bau, gilt als ideale Verwirklichung des westfäl. Typs: ein Hallen-Quadrat mit 3 x 3 *kreuzgewölbten Jochen* und *3-Apsiden-Schluß.* In weitem Abstand stehende kämpferlose Pfeiler, breite und hohe *Maßwerkfenster* und glatte Wandflächen erzeugen den Eindruck von Geräumigkeit und Schwerelosigkeit.

Im Verbreitungsgebiet der norddeutschen **Backsteingotik** erlangen bes. Bedeutung z. B. die Johanniskirche in LÜNEBURG, die Katharinenkirche in BRANDENBURG, die Marienkirchen in PRENZLAU, STARGARD, GREIFSWALD, DANZIG.

Die **Hallenkirchen Süddeutschlands** folgen überwiegend dem Ideal des Längsraumes. Es verbindet sich in Bayern ähnlich wie in Schlesien mit der Vorliebe für steile Proportionen. In Schwaben, Franken und der Oberpfalz bleiben die Proportionen gemäßigt, der Längsraum weitet sich seitwärts.

Im 14. Jh. werden der aus der französ. Kathedralgotik übernommene *Chorumgang* (S. 396) und die zwischen die Strebepfeiler eingebauten *Wandpfeiler-Kapellen* (S. 408) mit dem Hallenraum zum **Hallenchor** verschmolzen. Er erhält oft eine größere Höhe als das Hallenlanghaus, um den Raumeindruck zu steigern.

Die Heiligkreuzkirche in Schwäbisch-Gmünd gilt als Prototyp der süddeutschen Hallenkirchen. Hier erscheinen wichtige Elemente teils zum erstenmal, teils in neuen, dann typ. werdenden Verbindungen, z. B. um 1330 der westl. *Schaugiebel* als Hallenkirchen-Fassade, ab 1351 der 2-geschossige überhöhte *Hallenchor,* im 14. Jh. *figurierte Gewölbe* in einheitl. Gewölbefeldern. Mit dem Architekten des Chores, HEINRICH PARLER, wird die berühmte Baumeistersippe historisch faßbar, die für die Entwicklung der *deutschen Sondergotik* entscheidende Beiträge geleistet.

Aus der großen Zahl süddeutscher Kirchen ragen u. a. hervor DINKELSBÜHL, ST. LORENZ in NÜRNBERG, die Kirchen HANS STETHAIMERS in LANDSHUT und SALZBURG.

Der Schnitt durch die im 15. Jh. erbaute Pfarrkirche **St. Martin in Amberg** gibt einen Eindruck von dem für die *deutsche Sondergotik* typ. Zusammenwirken der Elemente, dem Ausgleich zwischen Vertikalismus und Horizontaldehnung, verschleifender Bewegung im Umgangschor zwischen der Stützenstellung und den Raumgrenzflächen bzw. den Mantelräumen der Kapellen und Fensternischen bei voller Durchsicht bis zur Raumgrenze. Die Strebepfeiler sind in ganzer Höhe in den Innenraum einbezogen. Sie bilden, ähnl. wie in Südwesteuropa (S. 408), einen Raummantel, mit Licht und Schatten.

Die letzte Stufe in der Vereinheitlichung des Raumes mit ornamental figurierten Gewölben erreichen Anfang des 16. Jhs. die Pfarrkirchen Böhmens und Obersachsens besonders in ZWIKKAU, PIRNA, ANNABERG, BRÜX und SCHNEEBERG.

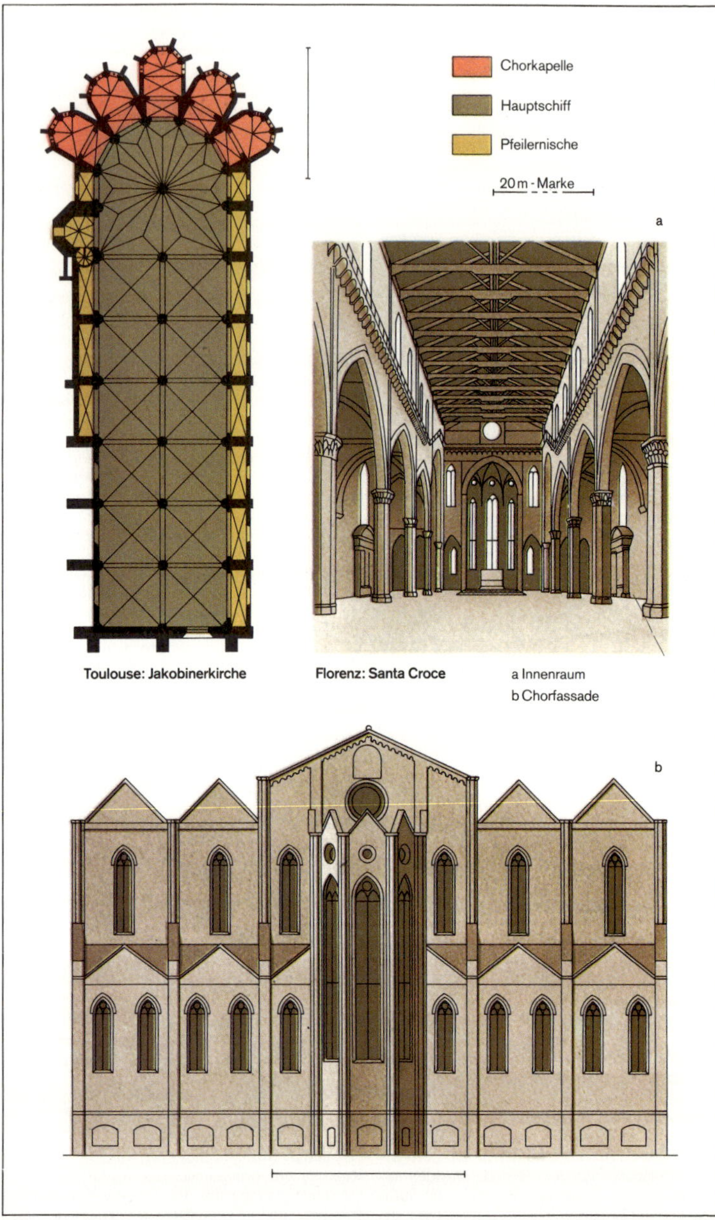

Neue Kirchentypen für die Massenpredigt

Im 13. Jh. wandeln sich Gesellschaft und Religiosität. Die neugegründeten *Bettelorden* widmen sich der Unterweisung des Volkes durch Seelsorge und Predigt in den Städten (S. 362).
Der Predigerorden der **Dominikaner** entsteht um 1215 in Südfrankreich, der **Franziskaner-Orden** in Assisi. Ihr nüchternes Denken und ihre Abneigung gegen die Kathedralgotik des Nordens führt zu einer zweckbestimmten Angleichung an die Profanarchitektur. Die Orden fordern Vereinfachung und weite, übersichtl. Räume, stellen aber keine verbindl. Bauregeln auf. Die Kirchen folgen oft dem Vorbild der ersten bedeutenden Ordenskirche in den einzelnen *Ordensprovinzen* und beziehen die herrschenden Traditionen ein, so daß sich regionale Gruppen bilden. In einigen Fällen kommt es zu neuen, z. T. einzigartigen Lösungen.
Die **Jakobinerkirche in Toulouse,** seit 1260 erbaut, ist die Mutterkirche der Dominikaner. In ihr finden u. a. die jährlichen Generalkapitel des Ordens statt. Verschiedene Raumvorstellungen und Motive, z. T. aus dem Profanbau, verbinden sich hier miteinander. Ein *zweischiffiges Hallenlanghaus* mit kreuzgewölbten quadrat. Jochen erhält zwischen den Strebepfeilern flache *Wandkapellen* (S. 408). Die darüber nach innen gezogene Wand bleibt flächig. Die Halle mündet in einen um den letzten Pfeiler zentrierten Chor mit einem weitgespannten *Fächergewölbe,* engl. Kapitelhäusern oder den Remtern in Ordensburgen vergleichbar (S. 318, 364). Die Chorwand ist polygon im 7/12-Schluß gebrochen, nach außen treten 5 *Radialkapellen* hervor (S. 396).
Das Verhältnis von Breite zu Höhe der einzelnen Schiffe wie 1 : 3 entspricht zwar der gleichzeitigen Kathedralgotik, die Gleichheit der Schiffe und die großen Abstände der Rundpfeiler bewirken aber Geräumigkeit und Weite. Die Anordnung parallel zur Längsachse entspricht der ungewöhnlichen liturg. Ordnung: das nördl. Schiff dient den Mönchen, das südl. der Laiengemeinde, beide sind auf das Sanctuarium gerichtet.
Der Typ der zweischiffigen Ordenskirche hat sich an verschiedenen Orten erhalten, z. B. in Imbach (älteste Hallenkirche Österreichs, 1269), Enns, Augsburg, Netze (Hessen). Ferner folgen ihm eine Reihe von Pfarr- und Spitalkirchen und die Kathedrale von Lombez.
In **Deutschland** folgen die Bettelordenskirchen, wenn es keine Saalkirchen sind, häufig modifizierten Typen der Basilika ohne Querhaus mit flächigen Hochschiffwänden und hochliegenden Fenstern, die Gewölbe oft auf *Konsolen* angesetzt. Das Mittelschiff wird als *Predigerchor* über das Langhaus hinausgeschoben oder aus ihm ausgegrenzt (Esslingen, Köln, Erfurt, Regensburg). Oft erhalten die Kirchen *flache Holzdecken,* z. B. am Oberrhein und in Oberschwaben (Colmar, Basel, Freiburg, Konstanz). Dem Ideal der Strenge und Einfachheit wird also eine der wesentl. Errungenschaften des Mittelalters, der Gewölbebau, geopfert.

In **Italien** dienen die Systeme der Gotik nicht der Zerlegung, sondern der Verfestigung und Klärung des Raumbildes und der Außenerscheinung.
Die Bettelordenskirchen in **Norditalien** gehen, von der Gotik der Zisterzienser beeinflußt, vom basilikalen Querschnitt und vom Jochaufbau aus. Die Folge vieler schmaler Joche und steiler Wandfelder der französ. Basilika verwandelt sich bei ihnen zu einheitl. Räumen mit weitgespannten Gewölben und hoch ansetzenden Arkaden (Treviso, Verona, Venedig).
Mittelitalien greift mehr auf die frühchristl. Vorbilder zurück: in großen Flächen aufgebaute Saalkirchen mit offenem Dachstuhl oder flacher Decke, einmündend in ein weit ausgreifendes Querhaus röm. Typs (S. 262, 370) mit einer hohen Chorkapelle und niedrigen Seitenkapellen wie bei den Zisterziensern (Siena, Pisa, Prato, Pistoia).
In **Florenz** durchdringen sich die verschiedenen Raumvorstellungen. In der Dominikaner-Kirche **Sta. Maria Novella,** 1246 begonnen, werden die plastisch geformten Pfeiler mit den raumbestimmenden Wandflächen unlösbar verbunden. Die weitgespannten Joche unter domikalartigen Kreuzgewölben und die breiten und hohen Arkaden fassen die Schiffe zu einem klar umgrenzten Raum mit großzügigem Rhythmus zusammen. Der italien. Gotik gelingt hier die erstrebte Verbindung von Plastizität, Klarheit und Schönheit des Raumes und der Einzelglieder.
Mit der 1295 begonnenen Kirche der Franziskaner **Santa Croce** wollen die ehrgeizigen Stifter die bisherigen Kirchen beider Bettelorden übertreffen (S. 368). Der Architekt (Arnolfo di Cambio?) überträgt die in den toskan. Saalkirchen verwirklichten Raumvorstellungen auf eine Basilika von ungewöhnlicher Größe und verwandelt zugleich den räuml. plast. Jochaufbau von Sta. Maria Novella in ein gerüsthaft verfestigtes System von Flächen und Raumvolumen. Die Jochteilung wird nur in den Seitenschiffen durch *Arkaden* und verspannende *Schwibbögen* sichtbar. Im Hauptschiff dienen *Pfeiler* und *Lisenen* in der Senkrechten, *Konsolgesims, Laufgang* und hölzerner *Dachstuhl* in der Horizontalen fast nur noch als mathemat. Determinanten des gewaltigen Volumens von 20 m Breite, 34 m Höhe und 100 m Länge. Es öffnet sich mit vollem Querschnitt zum Querhaus und auf die an seiner Ostseite aufgerichtete Chorwand. Sie wirkt mit den farbigen Glasfenstern und den ausgemalten Wandflächen wie eine »Innenfassade«.
Der italien. Kunst gelingt hier der entscheidende Schritt zu einer bildhaft verfestigten Architektur. Sie dient zugleich als Rahmen für die monumentale Malerei, die unter Giotto zur gleichen Zeit eine architekton. Verfestigung erfährt.
Innenraum und Außenerscheinung sind voll zur Deckung gebracht (vgl. Albi, S. 408). Die begrenzenden Flächen treten, ähnlich wie bei den frühchristl. Basiliken, auch außen unmittelbar in Erscheinung. Das gewaltige Volumen der Kirche wird als Dominante voll im Stadtbild wirksam.

»Je mehr wir in die mittelalterliche Architektur eindringen, desto stärker sind wir vom Grade ihrer Urtümlichkeit und von der Vielfalt und der Gewalt ihrer architektonischen Absichten berührt. Ein spannungsvoller Prozeß bietet sich dar, denken wir allein an die Auseinandersetzung mit der Antike. Vor allem überrascht das Ausmaß der Wesensänderungen innerhalb der mittelalterlichen Architektur und die Frische der Bauideen, die von ihnen begleitet sind. Aber wir wissen noch wenig vom Sinn der Formen, wenig von den künstlerischen Notwendigkeiten, die sie so und nicht anders gebildet haben.«

WERNER GROSS

Die Baugeschichte des Mittelalters ist kein Prozeß, der über ein Jahrtausend kontinuierlich von den Anfängen über die Reife zur Auflösung verläuft. Anfang und Ende verlieren sich in die vorhergehenden bzw. nachfolgenden Epochen. Auch die Unterteilung in frühes, hohes und spätes Mittelalter dient nur der ungefähren Orientierung.

Das wichtigste Kontinuum ist der religiöse Grundcharakter aller Epochen, die Vergeistigung des Materiellen durch das Christentum und die Autorität der Kirche.

Epochen und Wandlungen der Architektur lassen sich am besten am **Sakralbau** unterscheiden. Er bleibt von Anfang bis Ende für alle Schichten der Bevölkerung die gemeinsame, repräsentative Bauaufgabe. Monumentale Beispiele entstehen schon in Zeiten, in denen es eine repräsentative profane Architektur noch gar nicht gibt. **Die Emanzipation von der Antike** erscheint als die große Leistung des frühen Mittelalters, ein mühsamer Anfang zwischen zerfallenden antiken Städten oder in wenig besiedelten, von Rom nie erreichten Landschaften.

Der neue Charakter der mittelalterl. Architektur wird zum ersten Mal klar erfaßbar unter den Karolingern. Ihnen gelingt es, die erste Monumentalarchitektur zu schaffen. Neue typolog. Elemente, der Gruppenbau und das additive Prinzip werden erkennbar.

Vergleichbares entsteht erst etwa 200 Jahre später wieder. Nach den Verwüstungen durch die Invasionen der Sarazenen, Wikinger und Ungarn beginnt sich überall im konsolidierten Europa die **romanische Architektur** zu entfalten.

Sie verzichtet auf die komplizierten Gliederungen der Antike, mit denen sich das frühe Mittelalter noch gemüht hat, und beginnt mit ganz einfachen Mitteln: der Zurückführung auf klare geometr. Formen, dem additiven Zusammenfügen von Mauerflächen und stereometr. Körpern. Sie hält sich an die Gesetze des Mauerwerksbaues und gewinnt ihnen allmählich alle Möglichkeiten zur Gestaltung großer Körper und Räume ab. In der Hochromanik gelingt im Gewölbebau die Einheit von Decke und Wand und die rhythmische Gliederung des Raumes durch Joche. In der Spätromanik beginnen die Architekten, Mauer und Baukörper plastisch durchzuformen. Ornament und Bauplastik treten aus der Mauer und ihren Gliederungen hervor. Die Portale werden zum Standort der ersten Großplastik seit der Antike.

Nach den Jahrhunderten der vereinheitlichten Staatsarchitektur des röm. Reiches überrascht die Romanik durch ihre Vielfalt. Die Entwicklung von kristalliner Flächigkeit zu expressiver Plastizität vollzieht sich in verschiedenen Epochen und Regionen mit verschiedenen Vorstellungen von Raum, Körper und Fläche. Hierbei spielt der kulturelle Einfluß des röm. Reiches ebenso eine Rolle wie die besonderen Begabungen der einzelnen Stämme, die polit. Bedeutung der Regionen, die Verkehrsverbindungen, das Baumaterial und die zeitlich und regional wechselnden Idealvorstellungen der Bauherren und Architekten, z. B. *Cluniazenser* im 10. und 11. Jh., *Zisterzienser* im 12. Jh.

Die **Gotik** erscheint anfangs als eine der regionalen Bauschulen, nichts deutet darauf hin, daß zwischen 1130–50 die grundlegende Verwandlung der mittelalterl. Architektur einsetzt. Sie vollzieht sich, mit Ausnahme der frühen Ausstrahlung nach England, innerhalb der französ. Kronländer. Dann durchdringt sie ganz Europa. Sofort setzen nationale und regionale Eigenentwicklungen ein.

Der Gliederbau der Gotik ist nicht eine logische »Weiterentwicklung« der roman. Architektur. Das fertige hochgot. System wird als ganzes in vielen Kernlandschaften der Romanik bezeichnenderweise nicht angenommen.

Ähnlich wie bei der karoling. Architektur überraschen nicht nur neue Erfindungen und Elemente, sondern ihre Verbindung in einer in sich geschlossenen **divisiven Systematik** im Gegensatz zum additiven Prinzip der Romanik.

Im 13. Jh. erreicht die techn. und künstler. Potenz des ritterl. Hochmittelalters ihre höchste Verkörperung in den hochgot. Kathedralen vom Basilika-Typ. Raum und Baukörper umfassen zugleich fast den gesamten Bereich der bildenden Kunst. Im gleichen Zeitraum gelangen Theologie und Philosophie in der Scholastik zu umfassenden Systemen, und die polit. Energien entfalten sich in einer expansiven Siedlungstätigkeit, einer Welle von Städtegründungen und dem Abenteuer der Kreuzzüge.

Als europäischer Universalstil verwandelt die Gotik alle sakralen und profanen Bautypen. Seit der Mitte des 13. Jhs. tritt der plast. konstrukt. Gliederbau der Hochgotik zurück. Im 14. Jh. herrschen Raumschönheit, Weiträumigkeit und Raumeinheit bei zunehmender Transparenz als neue Ideale. Die **Hallenkirche** wird zum bevorzugten Typ der städt. Pfarr- und Predigtkirche. Von einem allgemeinen Ermatten ist in der Spätgotik wenig zu spüren. Ihre Dynamik und das virtuos gesteigerte Können der Architekten entfalten sich jetzt in kühnen, figurierten Gewölben, ausgebreiteten, fast entmaterialisierten Glasflächen, vor allem im Bau riesenhafter Türme. Sie erscheinen bereits wie ein Vorgriff auf die alle Grenzen sprengenden technischen Unternehmungen des Industriezeitalters.

Mit dem **Humanismus** und der **Renaissance** beginnt für Europa die Neuzeit seiner Geschichte. Die histor. Vorgänge sind durch zeitgenöss. Berichte überliefert, die Namen der Schriftsteller, Dichter, bildenden Künstler, Architekten und ihrer Auftraggeber sind bekannt. Ihr Anteil an der Gesamtbewegung ist genauer erfaßbar als in den früheren Epochen.
Das Hervortreten einzelner Persönlichkeiten aus den ständischen und korporativen Bindungen ist für den Wandel in allen Bereichen des Lebens bezeichnend. Im Mittelalter wird der bedeutende Einzelne meist nur im Einklang mit seiner Gruppe und der hierarch. Gesamtordnung toleriert. Im Humanismus ist die Verwirklichung persönlicher Begabungen und Ziele oft wichtiger als die Bindung an die institutionelle Ordnung.
Dieser Prozeß der Emanzipation setzt schon im Mittelalter in der städt. Gesellschaft ein. Sie überwindet die Vorherrschaft des frühmittelalterl. Feudalismus und das Bildungsmonopol der Kirche und belebt das seit der Antike unterdrückte Prinzip des allgemeinen Wettbewerbs wieder.
Die hierarch. Struktur der mittelalterl. Gesellschaft mit ihren transzendentalen Bezügen, den Symbolfiguren von Kaiser und Papst, dem Ritterideal, den Systemen der Scholastik löst sich auf. *Realpolitik, Machiavellismus, Absolutismus* und *Frühkapitalismus, Humanismus, Renaissance* und *Reformation* sind die miteinander verflochtenen Strömungen in diesem vielschichtigen Prozeß. Die Funktion der Artikulierung und Symbolbildung fällt, wie so oft, der Literatur, den bildenden Künsten und der Architektur zu.
Ein Vorgang mit komplexer Symbolik ist z. B. die Einführung der **Zentralperspektive** in die bildende Kunst um 1425 in FLORENZ durch MASACCIO und BRUNELLESCHI. Sie stellt die bildliche Darstellung auf eine neue, wissenschaftl. berechenbare und nachprüfbare Grundlage und verändert über die Malerei die Sehgewohnheiten aller folgenden Generationen. Sie entspricht dabei dem neuen Individualismus und Realismus. Die perspektiv. Darstellung bezieht sich auf einen einzigen Blickpunkt des Entwerfers bzw. des Betrachters. Die Folgen dieser Entdeckung gehen weit über den Bereich der Kunst in das Allgemeine hinaus (vergleichbar der Erfindung des Buchdrucks durch GUTENBERG, 1445).

In der Renaissance übernimmt **Italien** wieder die kulturelle Führung in Europa. Im Mittelalter scheint es neue Einflüsse nur widerstrebend aufzunehmen. Der Ausbruch seiner schöpferischen Kräfte im 15. Jh. gleicht der schnellen Entwicklung der Gotik in Frankreich.
In Italien, besonders in der Toskana, wird die Rivalität zwischen Adel und Städten früh zugunsten der Städte entschieden, der Adel in die städt. Gesellschaft einbezogen. Der moderne Geldverkehr und der Frühkapitalismus entwickeln sich schneller als im übrigen Europa. Antik-mediterrane Traditionen erhalten sich hier während des Mittelalters. Italien wird die erste Zuflucht griech. byzantin. Gelehrter noch vor dem Fall KONSTANTINOPELS (1453).
Die demonstrative Neuorientierung von Architektur und bildender Kunst entspringt dennoch weniger einem allgemeinen Bedürfnis als dem Willen einzelner Künstler. BRUNELLESCHI z. B., der erste bedeutende Architekt der neuen Epoche, ist stets umstritten. Seine Projekte sind trotz ihrer scheinbaren Einfachheit und Logik so revolutionär, daß auch die zeitgenössischen Fachleute sie nicht völlig begreifen. Sie geraten ohne seine Leitung sofort ins Stocken und können nach seinem Tod nicht seiner Konzeption entsprechend vollendet werden, wenn nicht genaue Modelle vorhanden sind. Die breite Zustimmung des Volkes zur Kunst der Renaissance ist eine Legende. Diese Kunst ist die Schöpfung einer entschlossenen Minderheit, einer Elite von Künstlern, die personell genau begrenzt werden kann. Sie setzt sich gegen die Kunstauffassung und den Zunftgeist des Mittelalters durch dank der Förderung durch andere Eliten, wie die Humanisten, die Geldaristokratie, Territorialfürsten, einflußreiche Kreise der Kirche einschl. einiger Päpste.

Humanismus und Renaissance bieten Schulbeispiele für die sich in der europ. Kunst wiederholenden Erneuerungen durch Rückgriff und Wiederbelebung (vgl. S. 308). Die Humanisten gehen zurück auf die antiken Originaltexte. Die Künstler der Renaissance kehren, wie sie glauben, zur Kunst der Antike zurück. Aber für sie gilt: »Historische Epochen oder Phänomene lassen sich nur dann mit Erfolg neu beleben, wenn man sie falsch versteht.« (H. DIWALD)
Antike Architekturformen dienen als Katalysatoren beim Entstehen einer neuen Formensprache für zeitgenössische Bauprogramme. Aus dem Studium des einzigen überlieferten – zur Zeit des Augustus entstandenen – antiken Lehrbuches für Architektur des **Vitruv** entsteht das grundlegende theoret. Werk L. B. ALBERTIS mit dem fast gleichen Titel, die *›10 Bücher über die Architektur‹*, zum ersten Mal um 1452 in den Hauptteilen veröffentlicht.
Die Wiederbelebung antiker Prinzipien bringt eine gegenüber der Gotik völlig neue Architektur mit klar geformten Baukörpern, Flächenwerten und antikisierenden Gliederungen hervor. Der Leichtigkeit und Eleganz der im 15. Jh. unter BRUNELLESCHI in FLORENZ entstandenen **Frührenaissance** folgt um 1500 unter BRAMANTE die an den Ruinen der röm. Kaiserzeit orientierte großformatige, harmon. Monumentalität der **Hochrenaissance.** Schon mit MICHELANGELO und dem an ihn anknüpfenden **Manierismus** setzt das bewegte Spiel der Kräfte in der Architektur ein.
Seit Mitte des 16. Jh. stehen zwei Hauptströmungen miteinander im Wettstreit: ein akadem. vitruvianischer Klassizismus und ein dynam. Manierismus. Beide leben im 17. und 18. Jh. in den verschiedenen nationalen, regionalen und persönl. Spielarten des europ. **Barock** weiter. Die letzte schöpferische Phase, der **Neoklassizismus,** endet erst im 19. Jh.

1350 – 1650 Zentren der Renaissance

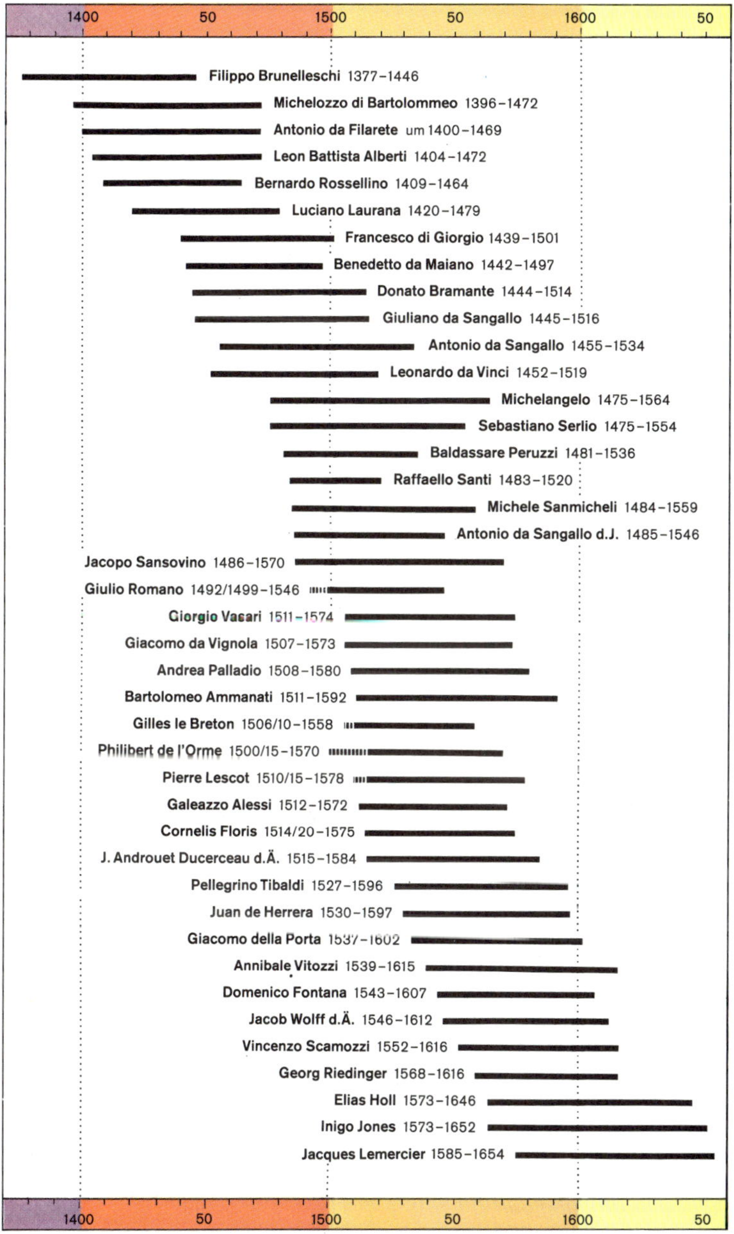

Architekten der Renaissance 1350 – 1650

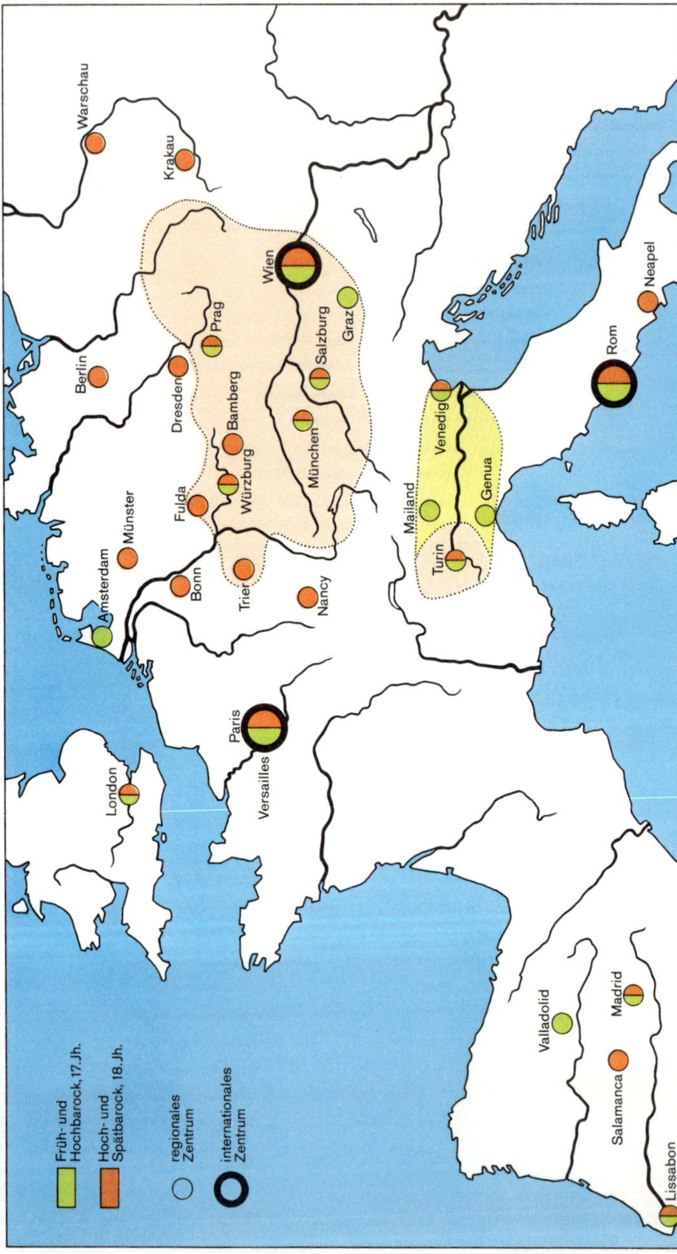

1650 – 1850 Kernzonen und Zentren des Barock

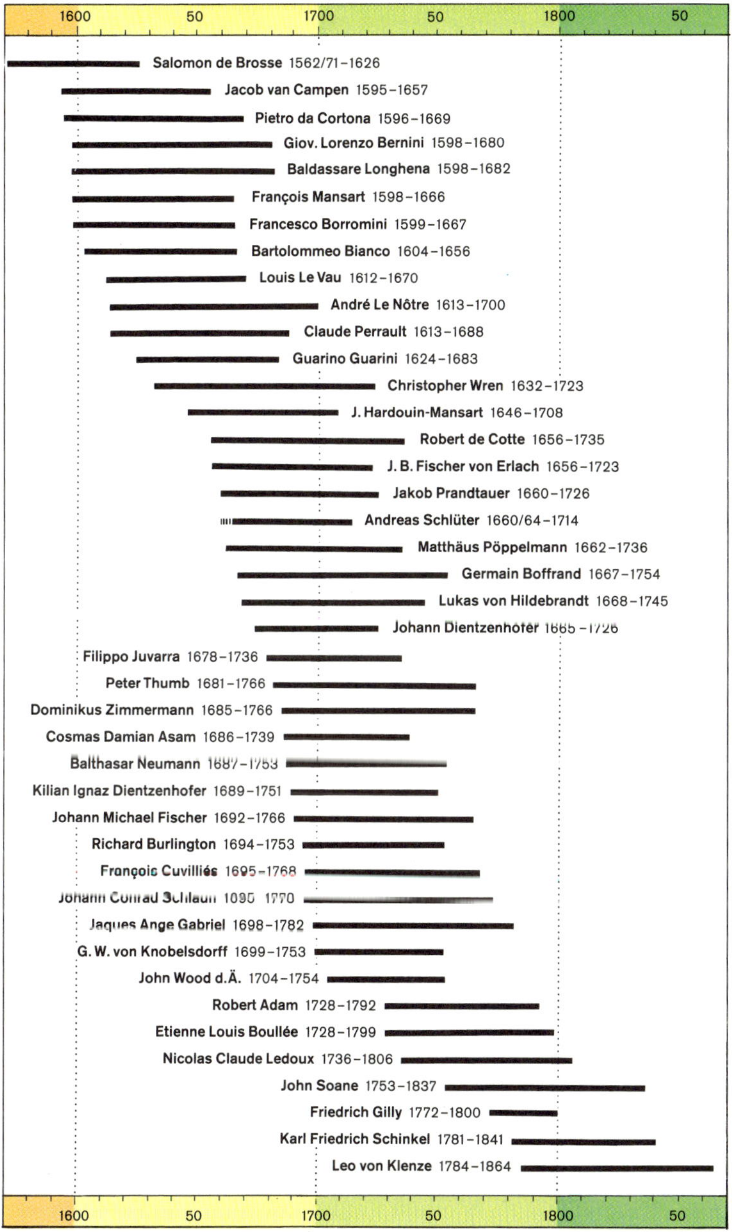

Architekten des Barock und Klassizismus

Wiederentdeckung und Neuinterpretation der Antike

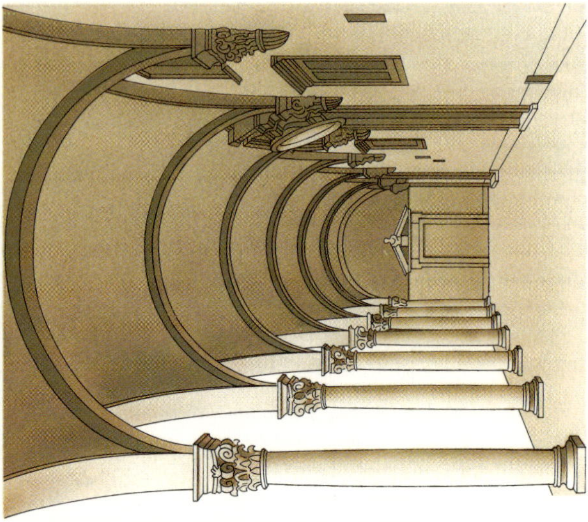

Florenz: Findelhaus

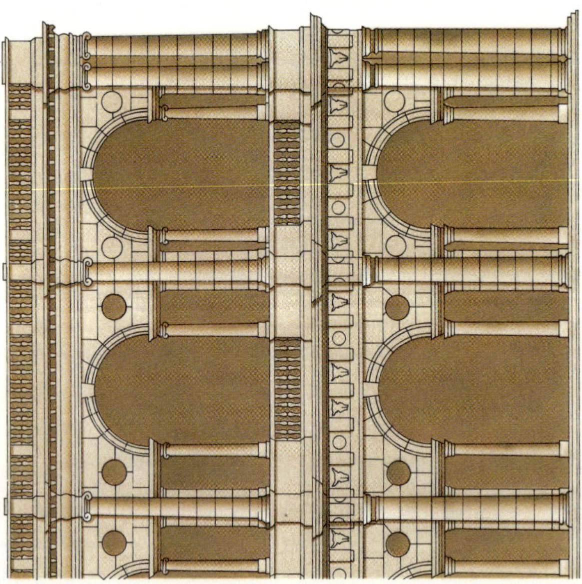

Vicenza: Basilika

In Italien brechen während des Mittelalters wiederholt antikisierende Tendenzen durch, z. B. in FLORENZ in der *Protorenaissance* des 11. Jhs. (S. 314), später in Rom und bei den apulischen Kastellen FRIEDRICHS II. Die italien. Gotik bevorzugt beruhigte, vom Auge klar erfaßbare Räume und Baukörper (S. 412). Im gleichen Sinn wirken GIOTTO, G. PISANO u. a. in der bildenden Kunst.

In **Florenz,** dem Zentrum des frühen Humanismus, bildet um 1420 eine Gruppe von Künstlern einen neuen Stil aus. Ihr Ziel ist die **»rinascita«,** die Wiedergeburt der Antike. Ihre Werke sind keine Kopien der antiken Vorbilder, sondern neue Interpretationen aus dem Verständnis des 15. Jhs.

Filippo Brunelleschi, seit 1420 verantwortl. Architekt für den Bau der Domkuppel in FLORENZ, wendet als erster die gewonnenen Erkenntnisse auf zeitgenössische Bauaufgaben an. Das von ihm 1419 begonnene **Ospedale degli Innocenti** (Findelhaus) gilt als erstes Bauwerk der Renaissance (S. 446).

Die Vorhalle stellt typolog. eine Umwandlung der gewohnten Bogengänge und Portiken dar. An die Stelle von Kreuzgewölben auf engen Pfeilerstellungen treten *Stutzkuppeln* (S. 48) auf halbkreisförmigen Gurtbögen und einer neu entworfenen *toskan.-korinth. Säulenordnung* mit weitem Achsabstand. Für die verschiedenen Eingänge greift BRUNELLESCHI auf antike Türformen zurück. Der Kontrast zwischen geputzten Flächen und den tragenden Elementen aus hellgrauem Sandstein (pietra serena) macht den einfachen Aufbau auf der Grundlage von Quadrat und Halbkreis unmittelbar deutlich.

Die leicht gebaute Halle hat nichts mehr gemeinsam mit dem got. Strukturalismus, aber auch nicht mit der Massivität der röm. Architektur. Sie repräsentiert den neuen, heiteren und klaren Stil der Frührenaissance. Als Typus gewinnt sie wie andere Gebäude BRUNELLESCHIS Modellcharakter in FLORENZ und anderen Städten. Im Lauf des Jahrhunderts gewinnt die antike Architektur Roms mehr Einfluß. Schon seine späteren Werke wirken fester, schwerer und komplizierter.

BRUNELLESCHIS Verhältnis zur Antike erscheint unbefangen und pragmatisch. Theorien zur neuen Architektur entstehen erst unter den folgenden Generationen (ALBERTI, FILARETE u. a.). Sie gründen sich auf das Studium der antiken Ruinen, meist aus der röm. Kaiserzeit, und antike Schriftsteller, vor allem auf VITRUV. Seine ›10 Bücher über die Architektur‹ werden mehrfach mit Abbildungen und Kommentaren neu herausgegeben.Unter den nach ihrem Vorbild verfaßten neuen theoret. Schriften ragen ALBERTIS ›10 Bücher‹, erschienen seit 1452, und PALLADIOS ›4 Bücher‹, 1570, hervor.

Antike Regeln und Theorien lagen auch der mittelalterl. Architektur zugrunde (S. 373, 385). Die Architekten der Renaissance kommen aber bei ihrer Anwendung zu anderen Ergebnissen. Trotz vieler Mißverständnisse erfassen sie zunehmend den Sinn antiker Bauformen.

Der neue Stil verbreitet sich über ganz Italien. In VENEDIG und MAILAND, aber auch in kleineren Residenzen wie MANTUA, FERRARA und URBINO entstehen regionale Kunstzentren.

In der **Hochrenaissance** konzentrieren sich unter der Herrschaft der Renaissance-Päpste die schöpfer. Kräfte Italiens in **Rom.** Die ersten Jahrzehnte des 16. Jhs. gelten als klass. Periode der Renaissance. Sie erhält ihre entscheidenden Impulse durch **Bramante,** 1479–99 in Mailand, dann bis 1514 in Rom. Klarheit, Ausgewogenheit und Monumentalität kennzeichnen die von ihm gefundenen Lösungen (S. 476, 480, 482). Bedeutende Projekte verwirklichen auch RAFFAEL, A. DA SANGALLO D. J., PERUZZI, VIGNOLA und J. SANSOVINO. Einige gehen zu vielfältigen Verbindungen verschiedener Motive über, im Prinzip der Architektur der röm. Kaiserzeit vergleichbar (S. 208 f.).

Michelangelo löst den **Manierismus** in der Architektur aus. Plastizität, Expressivität, Kraft, Bewegung und subjektive Kombination erhalten den Vorrang vor rationaler und objektiver Ordnung, Harmonie und schöner Einzelform (S. 426). Dieser Richtung folgen vor allem G. ROMANO, VASARI, BUONTALENTI und SANMICHELI.

VENEDIG bewahrt auch in der Renaissance einen eigenen Stil, in dem sich die Tradition der Paläste mit ihren Loggien und reicher Dekoration fortsetzt.

Die Architektur gewinnt durch die Wechselwirkung zwischen den verschiedenen Tendenzen reiche Ausdrucksmöglichkeiten. Charakterist. Beispiele finden sich bei **Andrea Palladio.** Er steht als letzter großer Theoretiker der Renaissance in der klass. humanist. Strömung von ALBERTI über BRAMANTE, nimmt aber auch Anregungen von MICHELANGELO und der venezian. Architektur SANSOVINOS und SANMICHELIS auf.

Die Verschmelzung der Einflüsse tritt deutlich bei seinem ersten großen Werk, dem Umbau der **»Basilika« in Vicenza** (1549–1614) hervor. Die umlaufenden zweigeschossigen Loggien zeigen eine Disposition ausgewählter Elemente, eingeordnet in ein genaues Proportionsgerüst. Zu den verwendeten Motiven gehört das seitdem so genannte *Palladio-Motiv:* die Verbindung eines breiten und hohen Bogens mit 2 schmalen seitl. Feldern, die in Kämpferhöhe durch ein Gebälkstück abgedeckt werden. Wahrscheinl. von röm. Triumphbögen abgeleitet, geht es auf BRAMANTE zurück und wird von SERLIO in mehreren Varianten veröffentlicht. PALLADIO entfaltet es, angeregt durch SANSOVINOS **Bibliothek am Markusplatz in Venedig,** in zwei langen Reihen übereinander, mit einer Halbsäulen-Ordnung vor Mauerpfeilern verbunden (vgl. S. 176, *Stoa*).

In PALLADIOS vielfältigem Gesamtwerk (S. 424, 448, 454, 458, 486) erreicht die Renaissance ihren letzten Höhepunkt in einem harmon. »Klassizismus«, der weitreichenden Einfluß auf die Architektur Nord- und Westeuropas, später auch der USA gewinnt.

Florenz: Palazzo Strozzi

Florenz: Casino Mediceo

Spittal a.d.Drau: Schloß Porcia

Danzig: Giebelbekrönung

Tektonische Elemente, manieristische Dekoration

In der Renaissance wird ein Wandel in der Rangordnung der Bauaufgaben sichtbar. Neben dem Sakralbau bestimmt die Profan-Architektur den gesamten Stil mit.

In vielen Stadtteilen beherrschen die Familienpaläste das Straßenbild. Das für die **Frührenaissance** in FLORENZ bezeichnende schwere **Rustika-Mauerwerk** mit *Bossen, Randschlag* und *Haarfuge* gehört sowohl zur röm. als auch zur mittelalterl. Tradition des Ingenieur- und Wehrbaues. Die Patrizierfamilien (MEDICI, PITTI, STROZZI u. a.) übernehmen es als Symbol der Macht und Machtbehauptung. Stilisierung und Monumentalisierung der Rustika hebt die Paläste des 15. Jhs. deutlich von denen des Mittelalters ab (vgl. S. 454 mit 344, ferner S. 32).

Am **Palazzo Strozzi,** seit 1489 unter B. DA MAIANO im Bau, werden die ursprüngl. rohen Quader mit Bossen gleicher Dicke und Profilierung in langen horizontalen Schichten zusammengefügt. Die genau eingepaßten Fensterreihen der Obergeschosse mit den traditionell *überhöhten Bögen* aus *Radialsteinen* akzentuieren die konstruktive Bindung an die Gesetze monumentalen Mauerbaues (S. 206, 341). Der elegante antikisierende Stil der Frührenaissance in den gekuppelten Fenstern steht im Gegensatz zur Wucht des Mauerwerks. Ein typ. Detail der Florentiner Frührenaissance ist der umlaufende *Profilrahmen,* der unten nach der *Gehrung* abbricht.

In der **Hochrenaissance** treten andere Gliederungssysteme an die Stelle der konstrukt. Bindung an den Mauerverband (S. 424). Die Ordnung weniger gleichartiger Elemente nach tekton. Gesichtspunkten in einem klaren Proportionssystem (BRAMANTE, SANGALLO d. J.) weicht nach wenigen Jahrzehnten dem an MICHELANGELO anschließenden **Manierismus.** Die oft dekorative Verbindung wechselnder und z. T. kontrastierender Elemente zu einem plast. Wandrelief beruht wie bei der spätantiken Repräsentationsarchitektur auf der freien Disposition der Elemente beim Gesamtaufbau wie im Detail. Das Arrangement folgt weniger einer rationalen Logik, sondern mehr der subjektiven Vorstellung.

Zu den aus der Antike übernommenen Elementen gehört die **Aedicula** mit verschiedenen Giebelformen (S. 210), eine in sich durchkomponierte Kleinarchitektur, nicht aus der Struktur des Bauwerkes und einer besonderen Funktion entstanden, sondern ein in verschiedene Zusammenhänge einsetzbares »Versatzstück«, einzeln oder gereiht kontrastierend zu glatten Wandflächen oder innerhalb eines plast. Ensembles (S. 426). Besonders häufig dient es als dekorative Fensterumrahmung, zur Aufnahme von Plastiken oder als Blendnische. Die Fenster an dem seit 1571 von BUONTALENTI erbauten **Casino Mediceo** in FLORENZ, einem der ersten Gartenpaläste, bestehen aus einem flachen inneren Gewände mit antikem Profil, umgeben von einer vortretenden Aedicula mit gestaffeltem Gebälkgiebel, die auf einem reich dekorierten Unterbau mit gekröpfter Fensterbank steht.

Ende des 16. Jhs. steht den Architekten ein Repertoire großer und kleiner Elemente zur Verfügung. Neben den klass. *Säulenordnungen* sind es u. a. *rustizierte Säulen, Voluten* (z. B. zu beiden Seiten der Giebel), das *Palladio-Motiv* (S. 420), Quader-Verbände von massiver Rustika bis zum feinen Fugenrelief (S. 430, SCHINKEL), dazu eine Fülle geometr. und organ. Dekorations-Muster.

Typ. Kleinelemente sind z. B. die **Baluster** als Träger von Geländern und Brüstungen (»Balustraden«). Die gestauchten und gebauchten Säulenkörper können in verschiedenen Ausführungen, Stellungen und Kombinationen eingesetzt werden, z. B.: einfach, mit dem gebauchten Teil als natürl. Schwerpunkt unten und dem kelchförmigen Auflager oben, verdoppelt in spiegelbildl. Anordnung mit den gebauchten Teilen in der Mitte oder mit Sockel und Kopfplatte.

Ein Balkon an dem seit 1527 erbauten **Schloß Porcia in Spittal a. d. Drau** zeigt die beliebte Form des Doppelbalusters in der für die Hochrenaissance typ. langgestreckten Form innerhalb einer ausgewogenen Komposition antikisierender Detailformen, Blattkonsolen, Profilen und einer Bildnisplatte (vgl. S. 428).

Weniger die Ideen als die Motive der Renaissance-Architektur verbreiten sich im 16. Jh. über Europa. Sie treten an die Stelle spätgot. Elemente und werden zu kleinteiligen Dekorationen verbunden. Entsprechend nationalen und regionalen Traditionen bilden sich eigene Stilrichtungen heraus: u. a. *Schule von Fontainebleau, elisabethan. Stil, Weser-Renaissance.* Von den Niederlanden ausgehend, verbreitet sich das in ganz Mittel- und Nordeuropa beliebte *Band-, Roll-* und *Beschlagwerk,* z. T. aus den Grotesken-Malereien im Stil RAFFAELS, z. T. aus der Schmiedeeisen- und Schnitzornamentik hervorgehend (Musterbücher für Innenausstattung).

Als typ. Beispiel dieser deutsch-niederländ. Dekorationsmanier kann die Bekrönung eines 1573 erbauten Giebels eines Wohnspeicher-Hauses in DANZIG gelten. Der traditionelle steile *Staffelgiebel* (S. 342) erhält etwas bizarre Konturen durch die gegenläufigen Kurven des Rollwerkes, das mit Elementen der klass. Renaissance verbunden wird: jon. Pilastern, Profilgesimsen und einem Giebel in Form einer Aedicula, die als Bekrönung einen Fruchtzapfen auf einem Sockel trägt. Der beschlagartige, aufgelegte Charakter der Ornamentik wird durch den Kontrast zwischen Sandstein und Ziegelmauerwerk betont. Charakteristisch ist die Fixierung der Kreuzungsstelle von Rollwerk und Pilaster durch einen an einer Schlaufe aufgehängten Ring wie beim Beschlag einer Tür oder Truhe. Der Gegensatz der Elemente wird innerhalb einer interessant bewegten Gesamtkomposition ausgeglichen.

Im Gegensatz zum Rollwerk-Stil stehen u. a. die Stile Frankreichs und Spaniens, vor allem aber der vom Werk PALLADIOS ausgehende internationale Klassizismus (Palladianismus), der sich neben wenigen Beispielen in Süddeutschland und den Niederlanden in England verbreitet.

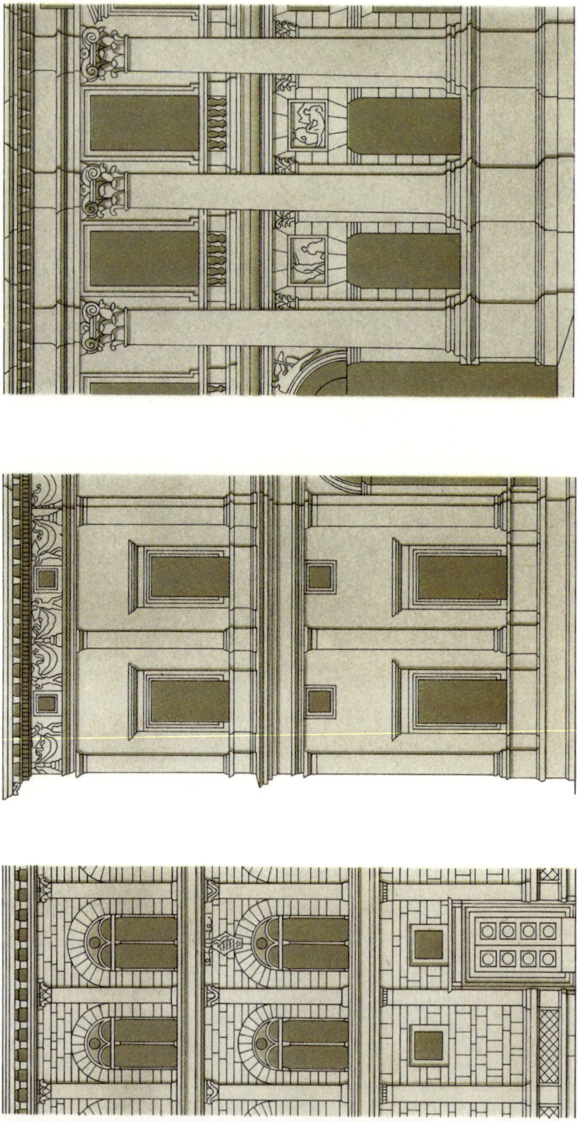

Florenz: Palazzo Rucellai

Rom: Villa Farnesina

Vicenza: Palazzo Valmarana

Verbindung und Wechselwirkung von Wand und Säulenordnung

Die röm. Baukunst verband den Mauerwerksbau mit den griech. Säulenordnungen zu einer Komposit-Architektur für die staatl. Repräsentationsbauten (S. 208 ff.). Dabei verlor die Säule den selbständigen Charakter, sie wurde zum dekorativen Element. Die Architekten der Renaissance leiten von den Ruinen der röm. Kaiserzeit Gliederungssysteme für die Gebäude ihrer eigenen Zeit ab.

Leon Battista Alberti, der erste große Theoretiker der Renaissance-Architektur, wendet bei dem 1446–51 erbauten **Palazzo Rucellai** zum ersten Mal eine in 3 Geschossen aufgebaute *Pilasterordnung* zur Gliederung der gesamten Fassade an.

Die Wand ist aus glatten Quadern mit wechselnder Schichthöhe aufgebaut. Flache, in den Mauerverband einbezogene Pilaster teilen sie in fast gleiche Felder. Im Erdgeschoß wechselt je 1 Portalfeld mit 2 geschlossenen Feldern mit hochliegenden Lukenfenstern. Die *gekuppelten Fenster* in den Wandfeldern der Obergeschosse erhalten ihre besondere Note durch den in Kämpferhöhe eingeschobenen *Architrav.* Die Rustikabögen in den Portalachsen steigen entsprechend der größeren Feldbreite eine Schicht über die Nachbarbögen auf und akzentuieren zusammen mit den Wappenschildern fast unmerklich den Rhythmus der Fassade.

ALBERTIS Gliederung erscheint großzügig und neuartig im Vergleich zu den anderen Florentiner Palästen mit der von ihm abgelehnten schweren Rustika-Architektur (Pal. Medici, 1444). Die Anpassung klass. Elemente an die Wandarchitektur der Renaissance findet vor allem in Rom Nachfolge. Hier setzt die **Cancelleria** mit einem neuen Rhythmus der Pilaster und Wandfelder die Reihe stilbildender Paläste fort. Ihr folgt der **Palazzo Venezia** ohne Rustika und Pilaster, bei dem die Fensteröffnungen mit breiten Rahmen zu glatten Wandflächen im Kontrast stehen.

Die entscheidende Epoche der Hochrenaissance fällt mit dem Pontifikat Julius' II. 1503–13 zusammen. **Bramante** arbeitet in Rom an wegweisenden Projekten, neben ihm u. a. RAFFAEL, PERUZZI, A. SANGALLO D. J. Mit dem von Bramante entworfenen 2-geschossigen **Palazzo Caprini,** später als »Haus Raffaels« bekannt, entsteht ein neuer Typ der Palastfassade: im Erdgeschoß *Rustika-Pfeiler* und *-Bögen,* im Obergeschoß *gekoppelte Halbsäulen* auf *Postamenten,* zwischen ihnen fast geschoßhohe Fenster mit *Dreiecksgiebeln* und *Balustraden,* als Abschluß ein *dorischer Fries* mit *Kranzgesims.* Diese Fassade mit ihrem klaren Rhythmus und der Differenzierung der Geschosse entspricht den Ansprüchen der röm. Gesellschaft mit den hohen Würdenträgern der Kurie. Sie benötigen keine Familienburgen, sondern repräsentative Villen und Paläste.

Die um 1509 von B. PERUZZI erbaute **Villa Farnesina,** eine aufwendige *Villa suburbana* am Stadtrand von Rom, zeigt den Stil der Bramantezeit weniger monumental. *Pilaster* und breite *Gesimsbänder* gliedern die glatte Wandfläche in gleichmäßige Felder. Das große Fenster wiederholt die Proportion des Feldes in kleinerem Maßstab, die Lukenfenster in *Mezzanin* und *Attika* akzentuieren die Achsen und tragen zum opt. Gleichgewicht bei. Der mit Putten und Girlanden geschmückte *Attika-Fries* entspricht bereits der Tendenz zu reicherem Detail und Ornament.

Gegenüber der klass. Ausgewogenheit der Ära BRAMANTES strebt z. T. schon die nächste Generation (RAFFAEL, G. ROMANO, SANMICHELI, SANSOVINO) nach mehr Plastizität, Bewegung und individuellem Ausdruck. Die entscheidenden Impulse kommen von MICHELANGELO. Er verzichtet bei seinen Wandgliederungen auf Selbständigkeit und Schönheit der Detailformen. Die verstärkte Plastizität und die im einzelnen oft willkürlich erscheinenden Modellierungen und Verbindungen der Elemente dienen der dramatisch gesteigerten Gesamtwirkung (FLORENZ: Fassade für San Lorenzo, Biblioteca Laurenziana, Neue Sakristei, S. 426).

Für die Gliederung großer Wandflächen bevorzugt MICHELANGELO die **Großordnung** mit Säulen und Pilastern. Sie übergreift mehrere Geschosse und faßt die Fassade in großen, rechteckigen Feldern zusammen, die dann mit einer Vielfalt von Einzelformen durchgebildet werden können. MICHELANGELO verwendet sie zum ersten Mal an den Palästen auf dem Kapitol in ROM in einem für die weitere Entwicklung bedeutsamen Zusammenhang (Städtebau, S. 438).

Viele Architekten des 16. Jhs. übernehmen das Prinzip der freien, oft subjektiven Disposition und Formkombination. Dieser **Manierismus** in der Nachfolge MICHELANGELOS tritt neben die vitruvian. klass. Richtung in der Nachfolge ALBERTIS und BRAMANTES. Oft durchdringen sich beide Richtungen oder die Architekten wenden die Stilmittel wechselnd je nach Art der Aufgabe an.

Andrea Palladio z. B. steht als Theoretiker in der Reihe der gelehrten Vitruvianer, verfügt aber für seine Bauwerke auch über manierist. Stilmittel. Er verwendet die *Großordnung* ebenso im Sakralbau (S. 486) wie im Profanbau.

Am **Palazzo Valmarana in Vicenza** (S. 454) erscheint sie in der für ihn charakterist. Durchbildung. Durchgehende Pilaster auf hohen Sockeln fassen die 5 mittleren Felder der Fassade ein. Sie treten nur wenig aus der Mauer hervor, geben aber in der engen Straße der Front ein kräftiges Relief und eine entschiedene Vertikalität. Die in die Fensterfelder eingesetzte *Rustika* und die in der Höhe gestaffelten *Gewändepilaster* charakterisieren das hohe Erdgeschoß als Träger des Hauptgeschosses. Dieses öffnet sich mit seinen Fenstern bis zum Hauptgesims. Die *Balustrade* zieht mit tiefen Schlagschatten die Fenster opt. bis zum mittleren Gesims herunter. Die um 1565 entstandene Fassade steht mit der energischen Zusammenfassung ihrer reichen Einzelformen und dem monumentalen Charakter trotz klass. Grundhaltung in der Strömung des Manierismus und wirkt schon wie ein Vorgriff auf Tendenzen des Barock (S. 426).

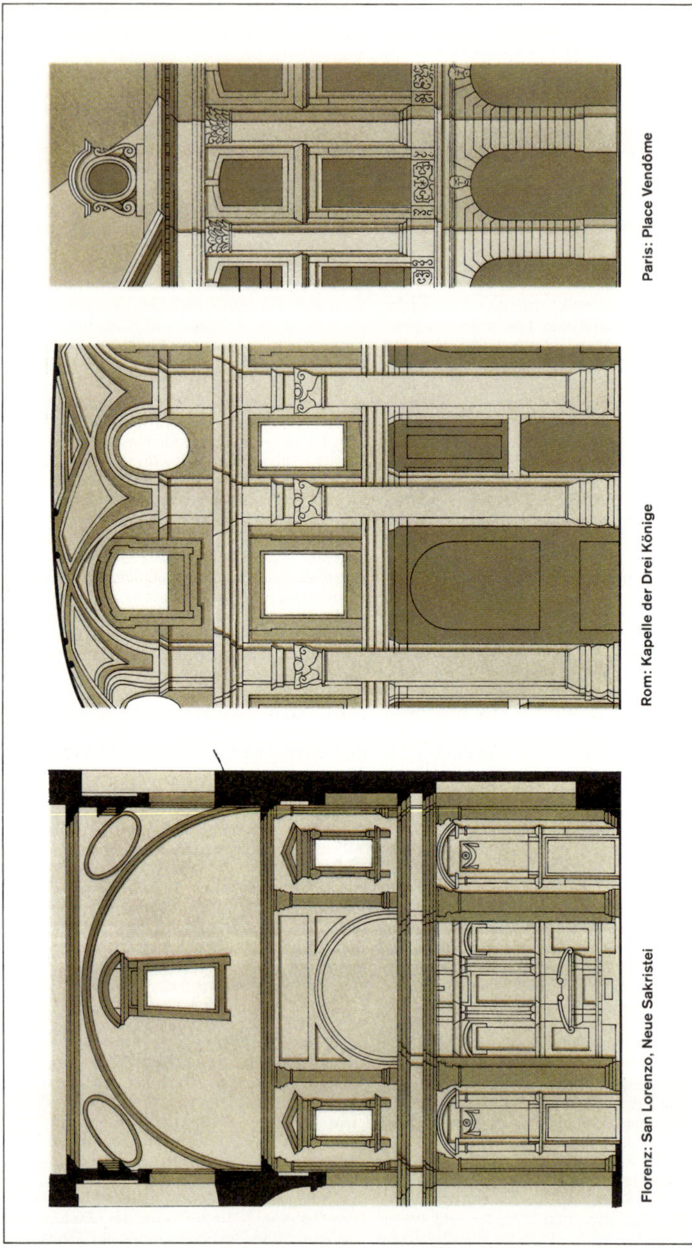

Innenwand und Außenwand: Variationen über das gleiche Thema

In der Renaissance wird die Wand wieder zum konstitutionierenden Element von Raum und Baukörper. Während im Gliederbau der *Gotik* Konstruktion und Gliederung zusammenfallen, entstehen die Gliederungssysteme der Renaissance nur zum geringen Teil aus den konstruktiven Bedingungen des Mauerbaues; sie stellen auch keine plast. Durchformung des Mauerkörpers dar. Die überwiegend aus der Antike übernommenen Elemente werden der Mauer als gliederndes Relief vorgeblendet. Unabhängig von konstrukt. Bedingungen kann es nach optisch-formalen Gesichtspunkten aufgebaut werden.
Eine Bauästhetik ohne konstruktive Bindung unterliegt der subjektiven Interpretation des Einzelnen. Den Prinzipien des Humanismus und dem allgemeinen Streben nach Ruhm entsprechend wächst der Einfluß einzelner bedeutender Künstler auf die Stilbildung.
Die Lebensdaten BRAMANTES und MICHELANGELOS umschließen die kurze Epoche der Hochrenaissance. Beide überragen ihre Generation durch die Fähigkeit, große Bauvolumen zu gliedern, ohne sie in ein Nebeneinander von Teilen zerfallen zu lassen. **Bramante** verwirklicht das Schönheitsideal der Renaissance: die Harmonie des Ganzen unter freier Entfaltung weniger Einzelformen, die sich im Gleichgewicht befinden (S. 476, 480 f.).
Michelangelo beginnt im Todesjahr BRAMANTES, 1514, mit architekton. Entwürfen. Um 1529 entsteht die **Neue Sakristei an San Lorenzo** mit den Grabmälern der Familie MEDICI. Schon mit dieser ersten verwirklichten Architektur sprengt er die Regeln, die seit BRAMANTE als vorbildl. gelten. »Seine wahre Größe liegt hier wie überall in den Verhältnissen, die er nirgends, auch nicht von den antiken Bauten, kopiert, sondern aus eigener Machtfülle erschafft, wie sie der Gegenstand gestattet. Er ist vorzugsweise der im großen rechnende Komponist.« J. BURCKHARDT
An die Stelle einer übersichtl. Ordnung weniger Elemente in einfachen Proportionen, bei der die Flächenwerte zur Geltung kommen, tritt eine dicht gedrängte Kombination von Motiven. Die eigenwillige Abwandlung und Proportionierung hebt die Selbständigkeit der Formen auf. Sie erhalten ihren Sinn nur im engen Zusammenspiel »einer die Monumentalität des Baukörpers (Raumes) steigernden Gebärdensprache« (O. KERBER).
Mit dem Verlassen einer als objektiv geltenden – an der Antike orientierten – traditionellen Ordnung und der Schöpfung einer dem jeweiligen Zweck entsprechenden neuen, macht MICHELANGELO auf der Höhe der Renaissance den Weg frei für die künstler. Kräfte, die sich im **Manierismus** und **Barock** entfalten, ohne daß die klassisch orientierte Architektur erlischt (S. 424, PALLADIO). Beide Bewegungen bestimmten in befruchtender Wechselwirkung die Entwicklung bis weit in das 18. Jh. hinein. Die meisten Architekten des Barock arbeiten wie im 15. und 16. Jh. nach tradierten Regeln. Die genialen Einzelnen benutzen die freie Verfügung über das gesamte Repertoire, um neue Kompositionstechniken für ihre Raumphantasie zu entwickeln. Sie reichen vom Innenraum bis zum Städtebau.
Bei **Francesco Borromini** z. B. dient die eigenwillige Formgebung der Einzelelemente (S. 428) seiner Methode der Raumgestaltung. In der seit 1660 im *Palazzo di Propaganda Fide* erbauten **Kapelle der Drei Könige** faßt er Seitennischen und Fensterzone durch eine *Großordnung* mit aufgesetzten *Gebälkblöcken* in vertikale Felder verschiedener Breite zusammen. Das *gekröpfte Hauptgesims* und die profilierten *Zwischen-Architrave* über den Durchgängen zu den Seitennischen verbinden die Felder horizontal miteinander. Von den Pilastern aus durchziehen einander überkreuzende, bandartige Rippen die flach gewölbte Decke. Die Kontraktion des Mittelfeldes erzeugt in dem relativ kleinen Raum einen spürbaren Rhythmus; die sich überkreuzenden Bewegungen ergänzen sich zu einheitl. Struktur eines »dynamischen Feldes«. Nur in der »Rippendecke« wird es sichtbar. Rhythmik und Dynamik der Raumkomposition wendet BORROMINI auch auf große Räume und Raumfolgen an (pulsierendes Nebeneinander). Sie wird zwar von vielen seiner Zeitgenossen abgelehnt, hat aber großen Einfluß auf den Spätbarock.

Die Architekten verfügen mit der die Geschosse übergreifenden Großordnung und den senkrechten Feldern achsial gereihter Elemente über die Mittel zur einheitl. Gestaltung großer Flächen. Sie gewinnen über einzelne Gebäude hinaus Bedeutung im Städtebau bei der Zusammenfassung von Straßen und Platzräumen.
Unter dem Einfluß des immer mächtiger werdenden Absolutismus entstehen in verschiedenen europäischen Hauptstädten und Residenzen Plätze und Straßen mit einheitl. durchgeformten Häuserwänden (S. 440 ff.). So bildet in **Paris** der Typ der *Place Royal* ein wichtiges Element der Stadterneuerung seit der Renaissance. Bei den Häusern der etwa ab 1689 von J. HARDOUIN-MANSART gebauten **Place Vendôme** z. B. erhalten die Erdgeschosse *Arkaden* mit zurückhaltender Rustika, die beiden Obergeschosse eine *Großordnung*. Vortretende *Risalite* mit *Dreiecks-Giebeln* markieren Hauptachsen und Gelenke des Platzes.
Die Kolossal-Ordnung an allen Fronten kennzeichnet den Platz als »Place Royal«, einen nach königl. Dekret errichteten, dem öffentlichen Wohnen und der Allgemeinheit der Stadt dienenden öffentl. Raum. Eine für das Staatsverständnis des Absolutismus bezeichnende, verordnete und geplante Einheitlichkeit auf hohem Niveau, nicht mehr wie in der Renaissance durch Vereinigung selbständig durchgebildeter Einzelgebäude, sondern als Einheitsraum. Die einheitl. Fassadenordnung ist eines der Mittel, die Geschlossenheit des Raumes zu erreichen. Die großzügige Pilasterordnung verhindert das Auseinanderfallen in die individuelle Kleinteiligkeit, die den Charakter mittelalterlicher Plätze bestimmte.

Rom: S. Carlo alle Quattro Fontane, Balustrade

Gebälk-profile
a Kloster Melk
b Wieskirche

Fensterelement aus Daviler ›Cours d'architecture‹

Kapitellentwurf (J. C. Schlaun)

Plastizität, Bewegung, Auflösung der Formen

Das aus der Goldschmiedekunst übernommene Wort **barock** bezeichnet im 18. Jh. den Stil von Architekten, die nicht den Regeln der akadem. Architektur-Lehre folgen. Im 19. Jh. wird es dann zum Oberbegriff für die gesamte Kunst des 17. und 18. Jhs. einschl. der klassischen Richtung. Die Geschichtsschreibung erkennt damit die Kräfte an, die über die statische Ausgewogenheit und Formenklarheit der Renaissance zu einer dramat. Expressivität und Bewegung vorstoßen.
Im Barock steht die in der Renaissance eingeleitete Entwicklung eines umfassenden Kanons auf der Grundlage antiker Formen, Proportions- und Kompositionsgesetze in Wechselwirkung mit einer Dynamik, die diese Formen und Proportionen zweckentsprechend verändert. Sie spannt Einzelformen, Flächen und Baukörper in Bewegungsabläufe ein, deren Kraft und Zielstrebigkeit große Räume und Raumfolgen beherrschen kann.
Energie und Bewegung formen auch die einzelnen Elemente. Im 16. Jh. geht MICHELANGELO voran (S. 426). Im 17. Jh. treibt vor allem **Francesco Borromini** die Entwicklung weiter. Er gerät deswegen in Streit mit der herrschenden Architekturlehre und schließlich auch mit BERNINI, der zwar im Großen ähnliche Ziele verfolgt, in Aufbau und Detail aber mehr den klass. Charakter wahrt. Treffend bezeichnet er die Werke BORROMINIS als »phantastisch«. Bei ihm ergreift die Dynamisierung nicht nur Raum und Baukörper (S. 426, 490 ff.), sondern in voller Konsequenz auch das einzelne Architekturglied.
Er entwirft z. B. um 1634 für den kleinen Klosterhof an S. CARLO ALLE QUATTRO FONTANE alle Einzelheiten so, daß sie sich zu einer Gesamtbewegung zusammenschließen. Dazu verformt er u. a. auch die traditionelle Form der **Baluster** (vgl. S. 4[illegible])
Schon in der Modellierung des tropfenförmigen Körpers mit *Auskehlungen* und *Graten* beginnt die pulsierende Bewegung mit dem wechselseitigen Zusammenziehen und Ausdehnen der Masse. Diese »Eigenbewegung« wird durch die stets wechselnde Umkehrung der Balusterkörper in der Reihung zu einer umlaufenden Wellenbewegung ausgeweitet, die den kleinen Hof größer erscheinen läßt. Die wechselnden Licht- und Schatteneffekte steigern den vexierhaften Charakter des Formenspiels. Trotz scharfer Modellierung geht die Einzelform ganz im Gesamteindruck auf.
Die Tendenz, Bauglieder pulsierenden und verschmelzenden Bewegungen dienen zu lassen, setzt sich im **Spätbarock** und **Rokoko** bei verschiedenen regionalen Bauschulen und bei einzelnen Architekten, besonders in Böhmen und Süddeutschland fort.
Besonders oft kommt es zu Verformungen des Gebälks. In der Kirche im **Kloster Melk** (JACOB PRANDTAUER, 1702–27) und in der **Wallfahrtskirche Wies** (DOMINIKUS ZIMMERMANN, 1744–54) wirken die Profile der Gebälke im Vergleich zu ihren antiken Vorbildern (I, S. 150 ff.) willkürl. proportioniert, ja z. T. deformiert. In den von Bewegungsenergien beherrschten, auf raffinierte perspektiv. Wirkungen berechneten Räumen könnte aber ein isoliert »korrekt« gebildetes Detail wie ein Fremdkörper wirken. Die übertreibende Verformung ordnet die Einzelform in den Gesamteindruck ein.

Viele spätbarocke Räume zeichnen sich durch die völlige Durchdringung von Architektur, Malerei, Plastik und Ornament aus. Eine bedeutende Rolle fällt dabei der hoch entwickelten **Stukkatur** zu. Sie steigt zu einer der Malerei und Plastik gleichwertigen Kunst auf. Je nach Temperament und Fähigkeit des Stukkateurs und der Freiheit, die ihm der Architekt einräumt, bestimmt die Stukkatur den Raumcharakter entscheidend mit.
Als Inbegriff spätbarocker Formphantasie gilt die **Rocaille,** ein von Muschelformen ausgehendes, durch Schwünge und Schnörkel gekennzeichnetes organoides Ornament. Zusammen mit *Laub-* und *Bandwerk* und geometr. Mustern überzieht es Wände, Decken und Gewölbe, später auch tekton. Glieder wie Pfeiler und Bögen.
Der Entwurf zu einem Pilaster-Kapitell für die von J. C. SCHLAUN um 1749 erbaute **Clemens-Kirche in Münster/Westf.** ist ein weiteres Beispiel, wie freizügig Barock und Rokoko mit den überlieferten Formen umgehen. Das *jon.-korinth. Kompositkapitell* ist asymmetrisch aufgespalten und bis in die Einzelheiten verformt. *Rocaillen* wuchern aus dem Kapitellkörper hinaus auf Pilasterschaft und Gebälk.
Das **Rokoko,** die ornamentale Spätphase des Barock, entsteht als ursprüngl. reiner Dekorationsstil im 18. Jh. in Frankreich (BOFFRAND). Von CUVILLIÉS nach Deutschland gebracht (MÜNCHEN, BRÜHL), findet es dort seine weiteste Verbreitung und malerisch-irrationale Ausformung, indem es mit den von BORROMINI und GUARINI angeregten Raumbewegungen verschmilzt (DIENTZENHOFER, NEUMANN, FISCHER, ZIMMERMANN, S. 490 f.).
In Frankreich dagegen setzt die rationale Grundströmung diesen Tendenzen Widerstand entgegen. Der französ. Barock entwickelt einen hochkultivierten, akadem.-klass. Formenkatalog, der die überlieferten Formen konventionell variiert und in großen Stichwerken katalogisiert (z. B. BLONDEL D. Ä., 1675). Das **»Fenêtre Cintrée«,** aus dem 1691 erstmals erschienenen ›Cours complet d'architecture‹ von DAVILER (d'AVILER) zeigt ein für die französ. Manier typ. **Aedicula-Fenster** mit *Dreiecksgiebel.* Es ist eine von mehreren Varianten eines Grundmodells, wie sie in derartigen Musterbüchern verbreitet werden. Sie bilden eine Art von Grammatik für den Stil, der vom französ. Königshof bestimmt und zum Vorbild für die europäischen Fürstenhöfe wird.
Der regelhafte Akademismus der französ. Schule bietet auch den Architekten in der Provinz erprobte Beispiele als solide Grundlage für ihre Entwürfe und sichert ein gleichmäßiges hohes Niveau, fördert aber auch die Gefahr der klischeehaften Übernahme.

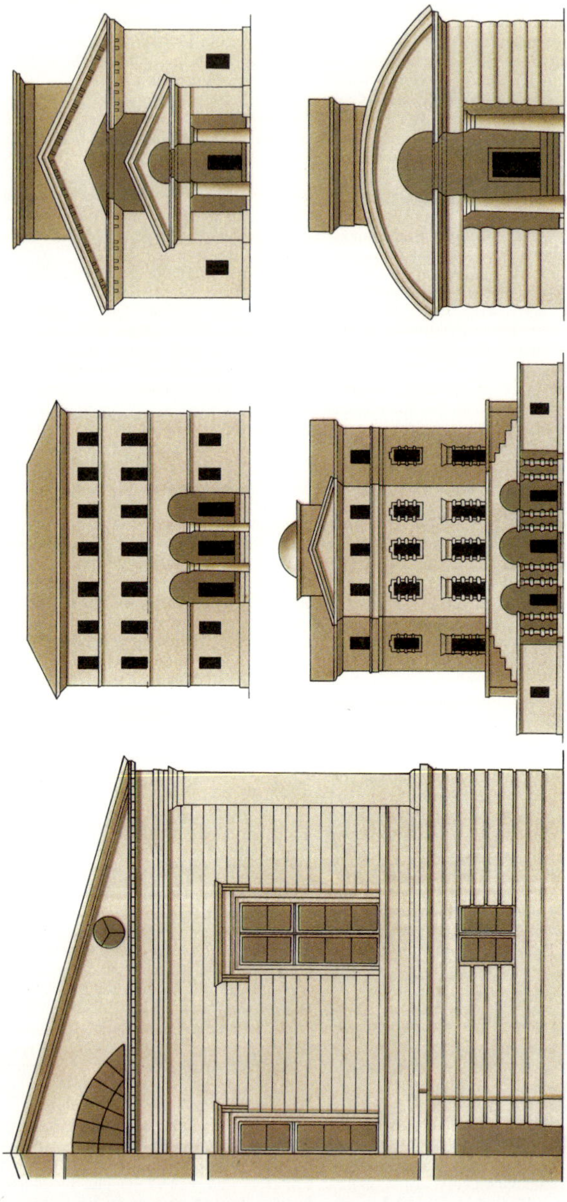

K. F. Schinkel: Berlin, Landhaus Gabain

C. N. Ledoux: Paris, Zollhäuser

Reduktion und Beruhigung

Klassizismus als künstler. Grundhaltung orientiert sich am Ideal der Klarheit und Ausgewogenheit, insbesondere am klass. Formenkanon der Antike. Indem sie ihn neu interpretiert, bildet die Renaissance eine eigene klass. Tradition. Sie behauptet sich auch neben Manierismus, Barock und Rokoko. Der dynamische Barock italien.-deutscher Prägung faßt in Westeuropa nicht Fuß.
Als **Klassizismus** bzw. Neoklassizismus im engeren Sinn gilt die Epoche der gesamteuropäischen Gegenbewegung zu Spätbarock und Rokoko von etwa 1770–1830. Der von ROUSSEAU verkündeten Forderung einer Rückkehr zur »Natur« entspricht in der Architektur eine Rückwendung zu den Anfängen, d. h. erneut zur Antike. Ihre genaue archäolog. Erforschung erfaßt neben der röm. zum ersten Mal die originale griech. Architektur (Publikationen von PIRANESI 1742 und 1778, STUART und REVETT 1762 und 1789). **Rom** wird zum bevorzugten Studienplatz der Künstler. Antikes Detail wird archäolog. genau nachgebildet und in neue Zusammenhänge eingeordnet. Zur gleichen Zeit bildet sich ein neues Gefühl für das Verhältnis der Architektur zur Landschaft (Landschaftsmalerei, engl. Garten).
Aus zögernden Anfängen in der 1. Hälfte des 18. Jhs. treten allmählich 2 Hauptrichtungen hervor: ein rigoroser »revolutionärer« und ein malerischer »romantischer« Klassizismus.

Der rigorose, revolutionäre Klassizismus erwächst aus der Aufklärung. Ihr Rationalismus beherrscht in Frankreich schon im 17. Jh. die königliche Akademie und noch mehr die Mitte des 18. Jhs. von J. F. BLONDEL begründete Ecole d'Architecture. Seine Parole »Simplizität und gute Verhältnisse« und die Studien nach der Antike führen zu einem dorisch-römischen Stil. Er verbreitet sich schnell unter der europäischen Avantgarde: u. a. V. LOUIS, GONDOIN, BOULLÉE, LEDOUX, PERCIER u. FONTAINE in Frankreich, C. G. LANGHANS, F. GILLY, H. GENTZ, F. WEINBRENNER in Deutschland (S. 434, 504), C. F. HANSEN in Dänemark, J. SOANE in England.
Geometr. Elementarformen (*Quadrat* und *Kreis, Würfel, Kugel* und *Pyramide*) in großen Dimensionen beginnen die Vorstellung zu beherrschen. Wegen ihrer praktischen Unbrauchbarkeit erscheinen sie vor allem in abstrakten **Idealentwürfen.** Ein Kult der heroischen Größe führt, besonders in Frankreich, zur kolossalen Übersteigerung. Auffallend häufig erscheinen Denkmalsentwürfe. Hauptexponenten dieses radikalen und experimentellen Klassizismus sind BOULLÉE und LEDOUX.
Etienne Louis Boullée (1728–99) übt großen Einfluß als Lehrer und durch seine Schaubilder aus. Sie zeigen Ideal-Architekturen in riesenhaften Abmessungen, z. B. ein **Kenotaph für Newton:** eine Kugel, in der Menschen nur als Staffagefigürchen benutzt werden. Die Gigantomanie dieser Entwürfe steht in scharfem Kontrast zu den gleichzeitigen ländlichen Idyllen am Hof von Versailles und zum herannahenden Finanzbankrott des Absolutismus.

Claude Nicolas Ledoux (1736–1806) verbindet geometr. Strenge mit einem symbol. Funktionalismus und einem romant. Naturgefühl. Durch harte geometr. Baukörper und auffälligen Kontrast weniger Elemente versucht er die Vorherrschaft der konventionell-eleganten Architektur des 18. Jhs. zu durchbrechen.
Unter seinen öffentl. Bauaufträgen ragen die Salinen von ARC-ET-SENANS (1774) und die seit 1785 erbauten 44 **Zollhäuser für Paris** hervor. An diesen kleinen »Zweckbauten« ohne hohe repräsentative Ansprüche demonstriert er die Wirkung einfacher Baukörper und klarer Formen in immer neuen Verbindungen. Anstatt einige Typen für die immer gleiche Funktion zu entwerfen, baut er einen Katalog revolutionärer Architektur.

Der malerische, romantische Klassizismus verbindet gesteigerte Sensibilität für die Schönheit der Natur und die malerischen Qualitäten der Architektur mit archäolog. Kenntnissen in einem eleganten, **neugriech. Stil,** der durch die allgemeine Griechenland-Schwärmerei Auftrieb erhält (BYRON, SHELLEY). Er zeichnet sich durch genaues, phantasievoll verwendetes Detail, harmon. Proportionierung und Vermeidung harter Kontraste und Effekte aus. Er verbreitet sich zunächst in England (R. ADAM, H. NASH) und Deutschland (SCHINKEL, KLENZE, Th. HANSEN). Von dort greift er im N bis Finnland (ENGEL) und spät nach Griechenland aus (SCHINKEL, KLENZE, Th. u. Chr. HANSEN, GÄRTNER). Eine Parallele in Frankreich stellt das **Empire** dar (PERCIER und FONTAINE), das auch Italien beeinflußt (NOBILE, CAGNOLA).

Karl Friedrich Schinkel (1781–1841) schließt mit dem romantischen und neugriech. Klassizismus unmittelbar an die Tradition des preußischen Frühklassizismus (LANGHANS, GILLY, S. 504) an. Der Entwurf zum **Landhaus Gabain** zeigt die für SCHINKEL charakterist. Behandlung von Baukörper und Oberfläche. Klare Führung der Umrißlinie, ein zurückhaltendes Oberflächenrelief und sparsam gesetzte Einzelelemente bringen die Flächenwerte zur Geltung. Die *Pilaster* an den Hausecken dienen nicht mehr der rhythmischen Fassadengliederung (S. 424), sondern der Verfestigung des Baukubus an den Kanten. Die wenigen, senkrechten Elemente, Obergeschoßfenster, Tür und Eckpilaster halten das Gleichgewicht zur horizontalen Linienführung. In der Abstufung der Fugen vom Rustikaprofil im Sockel bis zur glatten Fläche des Giebels lebt noch die Reminiszenz an den Renaissancepalast, im Giebeldreieck die an den antiken Tempel.
Der Verzicht auf überflüssige Monumentalität, die feinen Nuancen und ein schwebendes Gleichgewicht verleihen Schinkels Architektur die knappe Eleganz und den »klassischen« Charakter. Im neugriechischen Klassizismus der Schinkelzeit endet die in der Frührenaissance begonnene schöpferische Auseinandersetzung mit der Antike.

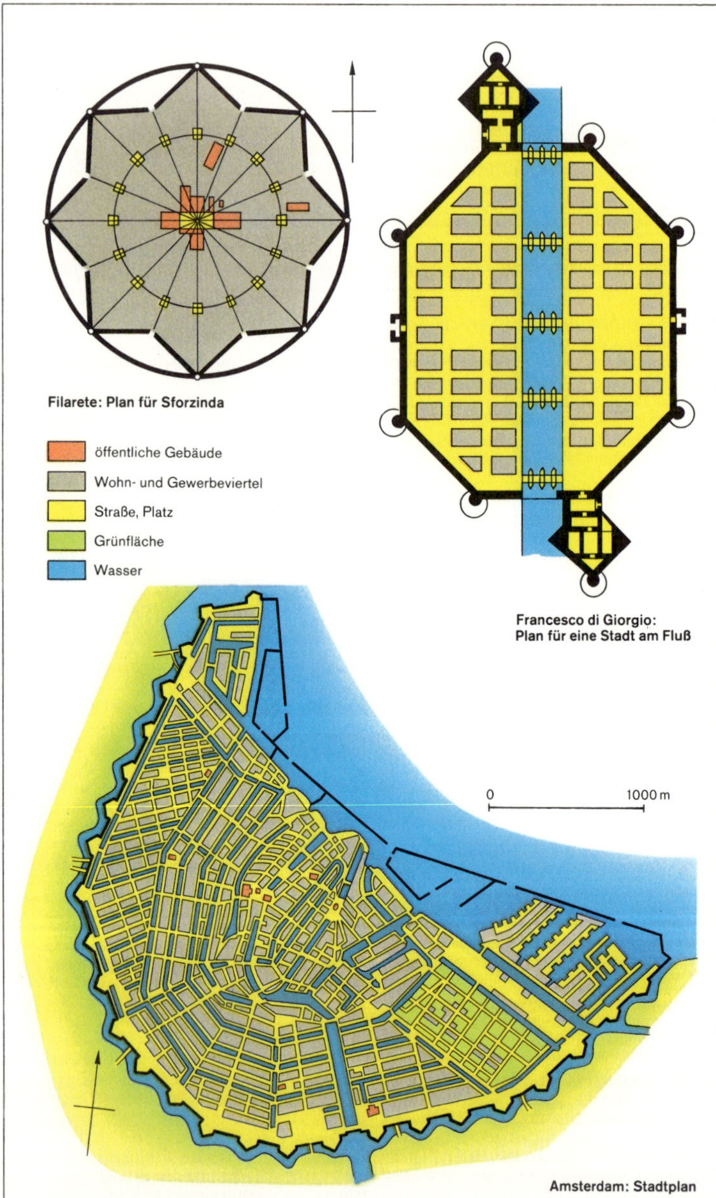

Filarete: Plan für Sforzinda

Francesco di Giorgio: Plan für eine Stadt am Fluß

Amsterdam: Stadtplan

Ideale Entwürfe, pragmatische Realisierung

Für die Humanisten und Theoretiker der Renaissance besteht ein enger Zusammenhang zwischen einer idealen Gestalt der Städte und dem moralisch einwandfreien und vernünftigen Leben ihrer Einwohner (L. B. ALBERTI: 10 Bücher über die Architektur, 1485; THOMAS MORUS: Utopia, 1516).
Die Welle der mittelalterl. Stadtgründungen läuft im 15. Jh. aus. Die meisten Städte müssen Freiheit und Wohlstand gegen das aufsteigende absolute Fürstentum verteidigen. Viele Theoretiker eines neuen Städtebaues widmen ihre utopischen Pläne jenen Fürsten und Tyrannen, die das demokratische Gemeinwesen der Städte zerstören.
Der Städtebau der Renaissance ist im Gegensatz zur pragmat. Haltung des Mittelalters wissenschaftl.-theoret. Natur. Er versucht, allgemeine humane Forderungen, fürstl. Zentralismus, ästhet. Formalismus, kosmische Symbolik und neue Befestigungstechnik in idealen Leitbildern zu verbinden. Es sind fast immer geometr. Abstraktionen.

Sternstädte stellen mit ihrer Verbindung von Kreis und Radialstruktur die Ideale der Renaissance rein dar. Sie erscheinen einerseits als rational-abstraktes Schema der monozentr. Stadttypen des Mittelalters, andererseits gilt die Vorliebe der Renaissance Zentralanlagen jeder Art (vgl. S. 440 ff.).
Der Kreis verbindet den größten Flächeninhalt mit kürzestem Mauerumfang und dem militär. Vorteil der inneren Linie. Die Sternform bietet, abgesehen von ihrer Symbolik, den besten Flankierungsschutz, das radiale Straßensystem schnelle innere Verbindungen; die Bewegungen lassen sich vom Zentrum aus am besten dirigieren. Das Schloß im Mittelpunkt ist die dem Absolutismus adäquate Dominante.
Antonio Filarete beschreibt während seiner Tätigkeit für FRANCESCO SFORZA, Herzog von Mailand 1451–64, in einem Architekturtraktat die **Idealstadt Sforzinda** in einem Dialog mit erläuternden Zeichnungen. Die Grundfigur, ein in den Kreis einbeschriebener Stern aus zwei übereinander um 45° gedrehten Quadraten ergibt eine aus 8 flachen Dreiecks-Segmenten zusammengesetzte Stadtmauer. Ihre Spitzen sind mit Türmen besetzt, um die in den Winkeln stehenden Stadttore zu flankieren. Von der Stadtmitte strahlen 16 Straßen aus, eine von einem Aquädukt röm. Art begleitet. Eine Ringstraße dient der Zirkulation des innerstädt. Verkehrs. Die Kreuzungen mit den Radialstraßen sind als rechteckige Plätze geplant: die in den Achsen zu den Mauertürmen stehenden sollen Kirchen in der Platzmitte erhalten.
Logische Folge dieses Planes wäre ein runder oder polygonaler Platz im **Stadtzentrum** mit eindeutigem Bezug zum Straßensystem. Aber im Gegensatz dazu plant FILARETE einen geschlossenen rechteckigen Platz. Nach mittelalterl. Tradition stehen Dom und Schloß an den Stirnseiten einander gegenüber.
Der Konflikt zwischen Radialsystem und Rechteckplatz ist bezeichnend für den abstrakten Charakter des Idealplanes. Er steht noch im Widerspruch zur eigenen Erfahrung. Erst im Barock beginnen von Plätzen ausstrahlende Achsensysteme den Städtebau zu beherrschen (S. 434 ff.).
Das Künstliche, ja Gewaltsame der Sternsysteme verstößt gegen die urbanen Traditionen des Mittelalters, entspricht aber der militär. Theorie und Praxis mit dem zunehmenden Einsatz von Feuerwaffen. Im 16. und 17. Jh. entstehen in ganz Europa zahlreiche **Festungen** und **Garnisonstädte** als Sternsysteme mit mehreren Ringen hintereinander liegender und sich überhöhender dreieckiger Schanzen und Bastionen. Meist bleiben sie ohne weiteres Wachstum und urbanes Leben, wenn nicht andere Funktionen hinzutreten (S. 434, TURIN).
Regelmäßige Stadtsysteme mit rechtwinkl. Straßennetz lassen sich ohne Schwierigkeiten mit rechteckigen Stadtplätzen und den Baublöcken der Stadtpaläste verbinden. Deshalb entstehen immer neue Variationen, Verbindungen und Durchdringungen von Radial- und Rechtecksystemen.
Eine um 1480 datierte Zeichnung von FRANCESCO DI GIORGIO zeigt z. B. die totale Schematisierung einer Stadt zu beiden Seiten eines Flusses. Er bildet, zur »Wasserstraße« kanalisiert und von 5 Brücken überspannt, die Längsachse eines gestreckten Achtecks. Seinen Ein- und Austritt schützt je eine vorspringende Bastion. Beide Stadthälften sind in gleiche Baublöcke eingeteilt. Die beiden ausgesparten Plätze bleiben allseitig geschlossen, ohne den Fluß einzubeziehen.

Im Gegensatz zu den utopischen Idealplänen und den stagnierenden Festungsstädten gelingt in **Amsterdam** die Verbindung des Renaissance-Ideals mit einer die Bedürfnisse einer großen Seestadt erfüllenden rationalen Planung. Die Verwirklichung beginnt nach zahlreichen Vorprojekten 1609 und wird in mehreren Etappen bis etwa 1680 verwirklicht.
Um die hufeisenförmige Altstadt mit Dämmen, Kanälen, Straßen und Schleusen legen sich in polygonaler Brechung 3 breite neue Kanäle *(Grachten)*. Sie sind an beiden Seiten längs der Uferstraßen mit schmalen, hohen Wohnspeicherhäusern bebaut, mit Radialkanälen und -straßen und Klappbrücken untereinander verbunden. Im W ergänzen vom äußeren Grachtenring parallel abzweigende Kanäle und Straßen, im O ein rechtwinklig angelegtes Handwerkerviertel den Ringplan. Schleusen halten den Wasserstand in den Grachten von den Gezeiten unabhängig. Schiffe und Wagen können jedes Kaufmannshaus direkt erreichen. Ein Befestigungsgürtel von ca. 8 km Umfang mit 26 Bastionen schützt das zur Bucht offene Polygon. Die Verdreifachung des befestigten Stadtgebiets und das kombinierte Verkehrsnetz sichern AMSTERDAM die wirtschaftl. Entwicklung auf lange Zeit. Im Konsens der Bürgerschaft entsteht ein homogenes Stadtbild ohne formalist. Zwang.

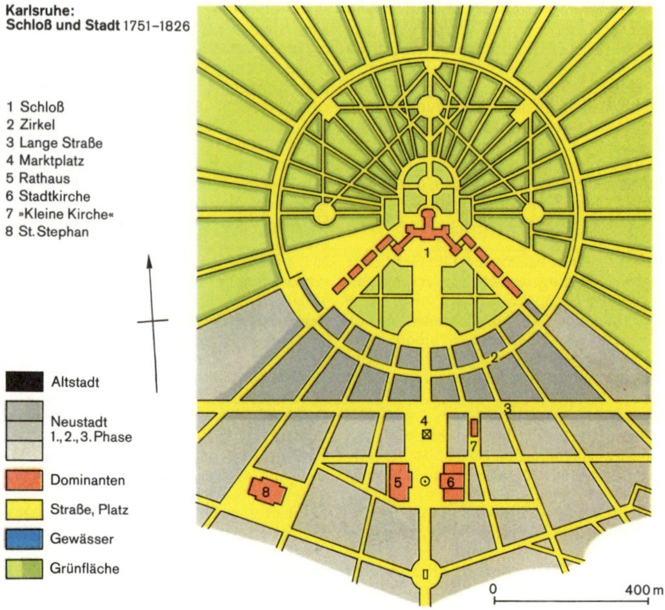

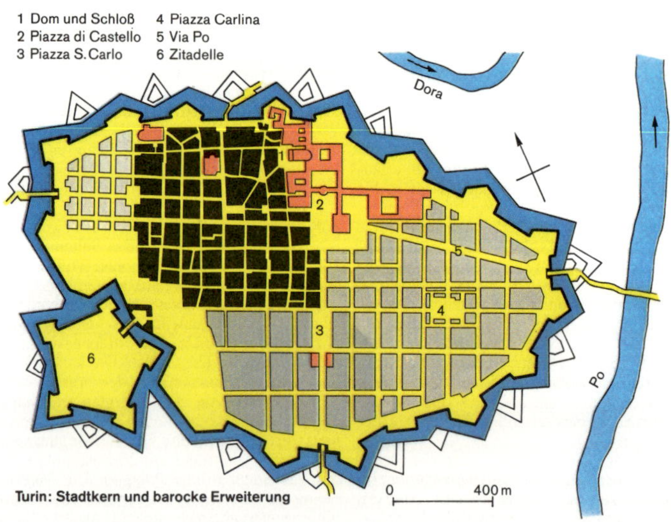

Konzentration der Macht, Zentralisierung der Stadt

Seit dem Beginn der Renaissance verlagert sich die Macht zu den Territorialfürsten. Die städt. Autonomie wird abgebaut. Die dauerhafte Niederlassung der Regierungen tritt an die Stelle des im Mittelalter häufigen Quartierwechsels. Die fürstl. Residenzen nehmen nicht nur den höchsten Rang unter den Städten ein, sie werden zum tatsächl. Schwerpunkt der Macht.

Residenzstädte stellen einen neuen Stadttyp dar. Sie sollen dem Fürsten, seinem Hofstaat und den zentralen Behörden angemessene Wohnsitze und der Darstellung des absoluten Staates einen repräsentativen Rahmen bieten.

Den Planungen des barocken Absolutismus liegen nicht mehr Vorstellungen von geschlossenen, kleinteiligen Stadtstrukturen, sondern **offene Systeme** mit Stadt und Landschaft beherrschenden **Achsen** (S. 436, 474) zugrunde. Nach dem Staats- und Selbstverständnis absoluter Fürsten können nur ihre eigenen Schlösser Richtpunkt, Dominante und ausstrahlendes Zentrum sein.

Diese Auffassung, aber auch die dauernde Vergrößerung von Hofstaat und Verwaltung macht den Neubau von Residenzen in der Gesellschafts- und Baustruktur gewachsener Städte problematisch. Auch die Umwandlung alter Burgstädte scheitert oft an der Einschnürung durch die Wehrbauten.

Der Versuch, alte Hauptstadt und neue Residenz in eine dem Absolutismus gemäße Beziehung zu bringen und beide in einer erweiterten Gestalt der Stadt zu verbinden, gelingt meist nur dort, wo das Residenzschloß in angemessener Distanz zur Altstadt oder an ihrem Rand erbaut werden kann (z. B. PARIS: Louvre und Tuilerien, KOPENHAGEN, TURIN, STUTTGART, WÜRZBURG, MÜNSTER).

In vielen Fällen kommt es zum Auszug von Hof und Verwaltung und zur Neugründung der Residenz in freier Landschaft an einem Lieblingsplatz des Fürsten, oft anstelle eines bereits vorhandenen Jagd- oder Lustschlosses (z. B. MANNHEIM statt HEIDELBERG, LUDWIGSBURG statt STUTTGART, VERSAILLES statt PARIS).

Karlsruhe stellt einen exemplar. Fall der Neugründung in freier Landschaft dar. Weil der großzügig geplante Neuaufbau der 1689 im Pfälzischen Erbfolgekrieg zerstörten Residenz DURLACH auf den Widerstand der Einwohner stößt, bestimmt der Markgraf KARL WILHELM einen Bauplatz etwa 1 Std. westl. mitten im Wald nördl. der Fahrstraße zum Rhein.

Der Gründungsplan von 1715 zeigt einen Kreis von ca. 800 m Ø, von radial ausstrahlenden Alleen bzw. Straßen in 32 Sektoren geteilt. Im S nimmt ein Segment von 90° mit 9 Radialstraßen auf 1/3 der Fläche die *Residenzstadt* auf, die übrigen 2/3 bleiben dem *Wildpark* vorbehalten.

Das *Schloß* steht mit dem dominierenden *Turm* in der Kreismitte, die Flügel und die Nebengebäude folgen dem Radialplan. Die *Ringstraße* schließt mit einem dem Schloß zugewandten Viertelkreis großer Baublöcke für die Staatsverwaltung das Areal vor dem Schloßplatz räuml. ab. Es dient teils als Garten, teils als Ehrenhof.

Die *Radialstraßen* stoßen über den Kreis bis zur O-W-Straße durch. Sie bildet die Basis eines den ganzen Stadtbezirk einfassenden Dreiecks. An seiner Spitze steht der Schloßturm, ihm gegenüber, jenseits der »Langen Straße«, die Hauptkirche.

Wie in dem Grundmodell absolutist. Planung, in VERSAILLES (S. 438), steht das Schloß an der Grenzlinie zwischen Stadt und Natur im Brennpunkt der Achsen, die beide Bereiche zu einer größeren Einheit verschmelzen sollen. Diese Offenheit nach allen Seiten enthält als zukunftsweisendes Prinzip das wechselseitige Verhältnis von Stadt und Land, das die »Stadtlandschaft« des 20. Jhs. ermöglicht (S. 442, BATH).

In KARLSRUHE folgt der ersten Bauphase ab 1815 durch FRIEDRICH WEINBRENNER die Erweiterung durch eine Bürgerstadt, die dem Schloß als zweites Zentrum den Marktplatz mit der Doppelgruppe von Rathaus und Stadtkirche, beide mit Turm, gegenüberstellt und zugleich die Hauptachse als Folge öffentl. Räume bis zum südl. Stadttor fortsetzt. WEINBRENNER leitet darüberhinaus den Übergang des Radialsystems in ein Rechtecksystem ein, das den rationalen Forderungen der bürgerl. Gesellschaft besser entspricht.

Turin entwickelt sich – im Gegensatz zu den Neugründungen – vom histor. Stadtkern aus, einer im Mittelalter weiterbesiedelten Römerstadt von ca. 770/710 m Seitenlänge. Langobarden und Franken bauen zwei der röm. Stadttore zu Burgen aus. Die östl. Burg bildet den Ansatzpunkt der großen *Piazza di Castello,* Zentrum der Stadterweiterung durch die Herzöge von Savoyen, die seit 1584 einen neuen Stadtteil nach dem anderen um den alten Kern zusammenfügt.

Die O-W-Achse *(Decumanus)* des Achsenkreuzes wird über den neuen Zentralplatz in leichter Abknickung bis zur neuen westl. Stadtgrenze geführt (Via Po), wo sie in einer Art *Exedra* endet. Vom gleichen Zentralplatz zieht sich eine neue N-S-Achse *(Cardo)* durch die neue Südstadt (Via nuova), auf halber Strecke durch einen Platz erweitert (Piazza Reale). Der Neubau des **Herzogsschlosses** 1654–58 im NO schiebt sich mit seinen Flügeln so in das Stadtgefüge ein, daß er trotz der exzentrischen Lage zusammen mit dem **Dom** das Zentrum der Stadt bildet.

Wegen der strateg. Bedeutung erhält TURIN einen starken Befestigungsgürtel mit Bastionen. Er nähert sich mit seiner Mandelform der idealen Kreislinie an, wirkt aber weniger starr als die rein geometr. Form. Im W springt die Zitadelle als 5-zackiger Stern heraus.

Die Planung läuft immer dem Wachstum voraus und ermöglicht innerhalb des Festungsringes den allmählichen Ersatz der alten Gebäude. TURIN wird zur einheitl. barocken Flächenstadt. Röm. Rastersystem, barocke Achsen und Plätze und ein voll entwickelter Bastionenkranz durchdringen sich zu einer perfekten Schöpfung absolutist. Stadtplanung.

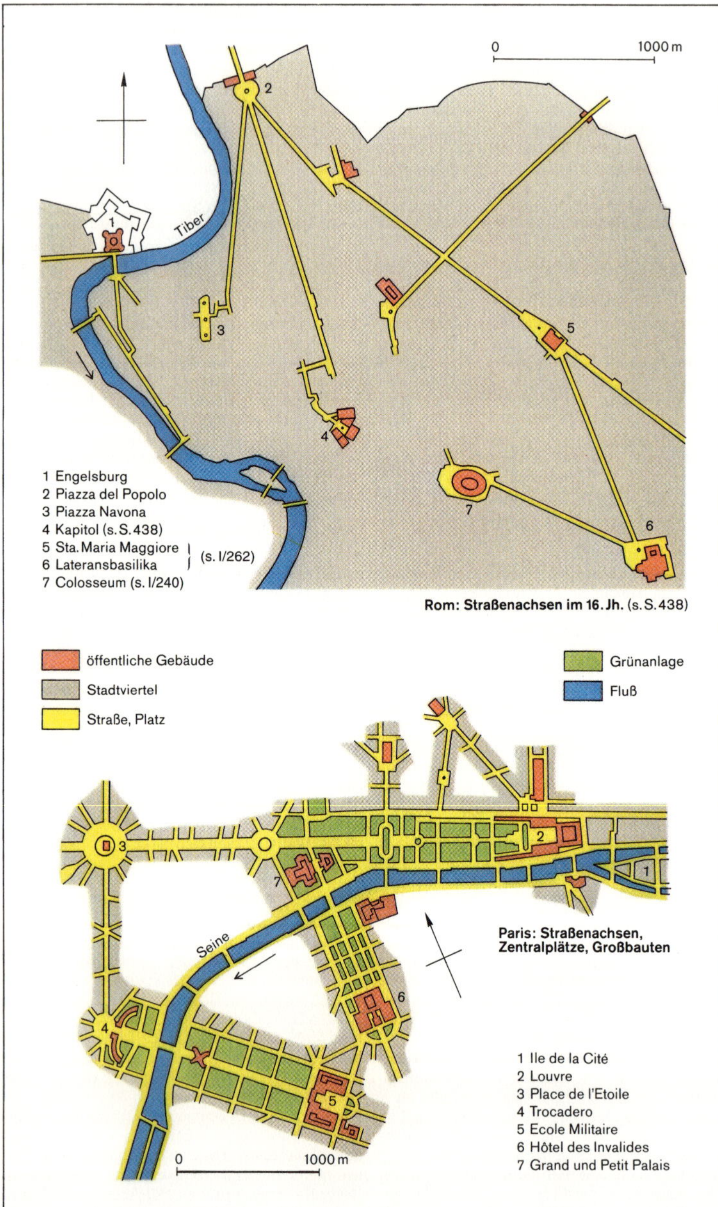

Neuordnung der Stadt durch Verknüpfen von Achsen

Die Renaissance entdeckt für die Malerei die *Zentralperspektive.* Bilder mit Fluchtpunkten und Tiefenachsen verändern die Sehweise. Sie tragen entscheidend zu einer dynamischen Auffassung von Architektur und Städtebau und ihrem Verhältnis zum Landschaftsraum bei.
An die Stelle der zentralisierten, geschlossenen Systeme der Renaissance treten im Barock ausstrahlende, **offene Systeme.** Räume, Gebäude, Gärten, Plätze, ja die Städte selbst und die Landschaft gelten nicht mehr als autonome Bereiche, sondern werden mit durchlaufenden Achsen in übergeordneten Systemen verknüpft. Straßen verwandeln sich in große Distanzen beherrschende Achsen, öffentl. Plätze dienen als Knotenpunkte und repräsentative Verweilräume.
Die teilweise Lösung der Straßen und Plätze von der reinen Nützlichkeitsfunktion macht sie zur Ordnung der Stadt nach formalästhetischen Gesichtspunkten verfügbar, die den Städtebau und die Bauprogramme des Absolutismus auszeichnen.
In ROM und PARIS setzt sich der Absolutismus früh und konsequent durch. Die dort verwirklichten Lösungen werden zu Modellen für das übrige Europa.

In **Rom** verschmelzen die Funktionen einer Territorialresidenz für den Kirchenstaat und die des Zentrums der kathol. Kirche. Das auf 17 000 Einwohner geschrumpfte mittelalterl. ROM drängt sich im Tiberbogen südl. der Engelsburg zusammen. Westl. von ihr entsteht die neue Residenz der Päpste seit ihrer Rückkehr aus AVIGNON an der alten Peterskirche am Vatikan. Die großen frühchristl. Kirchen stehen vereinzelt in dem Ruinenfeld der ehemaligen Weltstadt, nur auf gewundenen Wegen erreichbar.
Die Päpste der Renaissance und Barockzeit stehen vor der Aufgabe, die chaotische und verfallene Stadt neu zu ordnen und ihren Rang durch repräsentative Bauprogramme wiederherzustellen. Für die Erschließung der antiken Stadtfläche werden von der Peripherie aus etappenweise Straßenachsen in das Innere vorangetrieben und miteinander verbunden, neue Plätze als Gelenk- und Sammelpunkte angelegt.
Von der *Engelsburg* führt eine neue Straße (Borgo Nuovo) direkt zum *Vatikan* (S. 438). Im rechten Winkel dazu strahlt von der *Engelsbrücke* ein Straßenfächer in die mittelalterl. Tiberstadt aus.
Der Kardinalpunkt der Erschließung liegt an der Einmündung der von N kommenden Verkehrs- und Pilgerstraße (der antiken Via Flaminia). Von einem weiten Rundplatz *(Piazza del Popolo)* durchdringt ein 2. Straßenfächer das antike Marsfeld. Die Mittelachse führt zum Fuß des *Kapitols* (S. 438). Von den als »Zwischenstationen« angelegten Plätzen gehen neue Achsen aus. Sie werden von der vom 3. Punkt der Peripherie ausgehenden Achse (der Verlängerung der antiken Via Nomentana) gekreuzt.
Antike *Obelisken* markieren wichtige Punkte auf den Hauptplätzen, Symbole der von der Kirche in Besitz genommenen antiken Tradition. Ende des 16. Jhs. ist dieses sich ergänzende System von Achsen und Plätzen in Teilstücken soweit vorangetrieben, daß seine Ergänzung und Vollendung die log. Folge sein muß.
ROM wird durch diese Straßen als Hauptstadt Italiens und der Weltkirche neu konstituiert. Es erhält zum ersten Mal in seiner Geschichte ein systemat. angelegtes innerstädtisches Straßennetz.

In **Paris** setzt nach dem Niedergang im Spätmittelalter (Pest, Hundertjähriger Krieg) im 16. Jh. erneut die Expansion ein. Sie geht wie in ROM vom Rand der mittelalterl. Stadt aus, aber mit Stoßrichtung in die Vorstädte und die umgebende Landschaft.
Schon HEINRICH IV. läßt im O vor der Vorstadt St. Antoine von einem neuen Rundplatz aus eine mehrreihige Ulmenallee von 84 m Breite, die *Cours des Vincennes,* anlegen. Die Verlängerung rückwärts in die Vorstadt hinein scheitert.
Im W ist der *Louvre,* das Ende des 15. Jhs. auf dem rechten Seine-Ufer errichtete kastellartige Stadtschloß der Könige, der Ausgangspunkt eines Systems von Achsen. Der Ausbau des *Louvre* und der vorgelagerten Tuilerien zu einer barokken Residenz verbindet sich mit dem Bau der **Hauptachse der Stadt** nach W über die Gärten der *Champs Elysees,* die *Place de l'Etoile* bis zur Seineschleife bei NEUILLY.
Unter LUDWIG XIV. wird Paris zur offenen Stadt erklärt, der Befestigungsring, die **Boulevards**, in mehrspurige Alleen von ca. 66 m Breite umgewandelt und in das Netz der Hauptstraßen einbezogen.
Im Seine-Bogen, im SO, entstehen einzelne große Gebäudekomplexe nach dem Vorbild der Residenz-Schlösser als axialsymmetr. Mehrflügelanlagen mit vorgelagerten Esplanaden, Gärten und Plätzen, z. B. 1671–76 das *Hôtel des Invalides* für 7000 Kriegsinvaliden und 1751–72 die *Ecole Militaire* für die Offiziersschüler. Ihre senkrecht zur Seine stehenden Hauptachsen werden später mit Brücken über den Fluß fortgesetzt und mit den Hauptstraßenzügen verbunden.
Ähnlich wie in ROM werden die Kardinalpunkte der Planung im Netz der Hauptstraßen miteinander verknüpft. Die Ära NAPOLEONS I. (PERCIER und FONTAINE) und die NAPOLEONS III. (HAUSSMANN) ergänzen es nach innen und erweitern es nach außen. Es ist so weitmaschig, daß sich in ihm der weitere Ausbau der schnell an die Millionengrenze wachsenden Stadt bis weit in das 19. Jh. hinein vollziehen kann.
Das röm. Konzept wird in PARIS in revolutionärer Form erweitert durch die Verbindung der zwischen Häuserreihen geführten Stadtstraße mit dem Typ der aus den königl. Parks übernommenen Alleen. In der Verknüpfung der aus der Hauptstadt vorstoßenden Achsen mit den von den Schlössern der Umgebung ausstrahlenden Systemen (VERSAILLES, S. 438) wird in der Region von PARIS das offene, Stadt und Landschaft erfassende System in größtem Umfang verwirklicht.

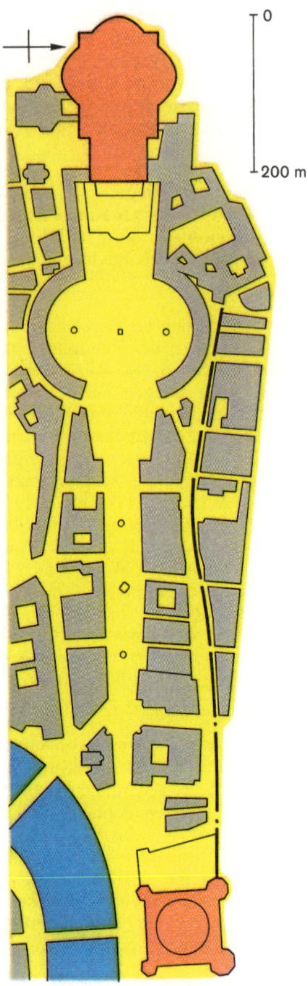

Rom: Achse Engelsburg-Peterskirche

Rom: Kapitol

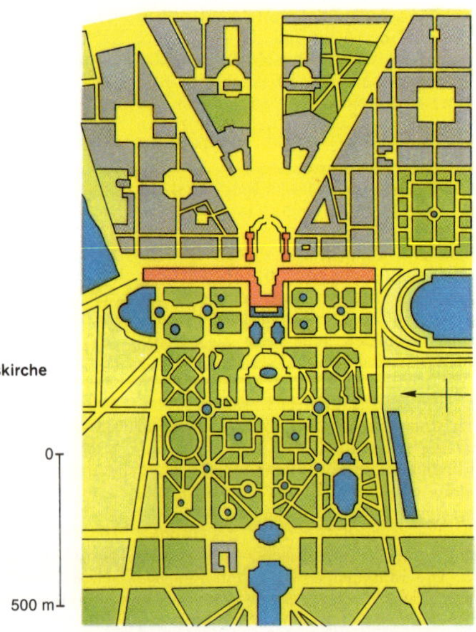

Versailles: Schloß, Stadt und Park (s. S. 464)

Dominante
Gebäude
Straße, Platz
Grünfläche
Wasser

Ausstrahlung, Einmündung, Dominantenbildung

In die Raumtiefe geführte Straßenachsen oder auf eine Dominante axial ausgerichtete Plätze erscheinen zuerst auf Architekturbildern der Frührenaissance. Die bewußte Einbeziehung in reale Planungen beginnt in der Hochrenaissance. **Michelangelo** verwirklicht seit etwa 1538 mit dem **Kapitolsplatz in Rom** eine neue Konzeption für öffentl. Plätze. Im Gegensatz zum röm. Forum (S. 24, 218 ff.) und zum mittelalterl. Stadtplatz (S. 338) entwirft er einen sich öffnenden Raum, der gleichermaßen von ein- wie ausströmender Bewegung erfüllt ist.

Vorhanden ist der auf dem antiken *Tabularium* stehende mittelalterl. *Senatoren-Palast* samt Turm und seitl. davor, in etwas spitzem Winkel, der Block des späteren *Kapitols-Palasts.* Sonst ist das Kapitol ein unförmiger Schutthügel.

MICHELANGELO ergänzt den Platz durch den *Konservatoren-Palast* an der noch freien Seite zu einem symmetr., zur Stadt leicht trapezoid verengten Freiraum. Gleiche, großformatige Gliederungen an allen Gebäudefronten drängen den Individualcharakter der Paläste zugunsten der Gesamtwirkung zurück (vgl. S. 424).

Seine Dynamik erhält der Platz teils durch die Akzentuierung der **Mittelachse** (Treppenrampe, flankierende Plastikgruppen, Reiterdenkmal, Mittelportal, Turm), teils durch Höhenstaffelung und **Dominantenbildung** (aufsteigende Treppenrampe, zweigeschossige Seitenfassaden, dreigeschossiger Senatorenpalast mit Freitreppe und Turm), teils durch den Übergang von der geradlinig aufsteigenden in eine das Platzzentrum umkreisende **Bewegung,** die durch die *zweiarmige Freitreppe* vor dem Senatoren-Palast aufgefangen wird.

Der zirkulierenden Bewegung entspricht die Zentralisierung des Platzes durch ein mit Stufenringen vertieftes *Boden-Oval* mit einem zwölfzackigen *Sternornament* um das Reiterdenkmal MARC AURELS. Das Denkmal markiert sowohl die auf die Dominante zulaufende Achse, wie es umgekehrt durch seine eigene Richtung eine Beziehung zur Stadt herstellt.

Ein- und Ausstrahlen, Zentralisierung, Sich-Öffnen, axiale Ausrichtung, Beherrschung durch eine Dominante, lineare, aufsteigende und kreisende Bewegung, einheitl. Gliederung beherrschen Architektur und Städtebau des Barock.

Beim **Petersplatz in Rom** muß der gewaltige Baukörper der Peterskirche (S. 482) mit der mittelalterl. Leostadt und den Baugruppen der Residenz am Vatikan verbunden werden, zu denen sie bisher keinen proportionalen Bezug hat. Der Platz muß eine große Volksmenge fassen und Wallfahrten und Prozessionen zirkulieren lassen; die Hauptkirche der kathol. Welt erfordert eine der Kirche gleichrangige Platzgestalt.

Als Fixpunkte stehen bereits der 1588 aufgerichtete *Obelisk* und die seitl. Brunnen auf einem tieferen Niveau als der unmittelbare Vorplatz vor der Fassade.

Lorenzo Bernini gelingt 1657 die Lösung: Ein querovaler, sich zum Zentrum leicht senkender Platz fängt die ankommenden Straßen auf. *Doppelreihige Kolonnaden* von monumentaler Größe und weit ausgreifender Bewegung vermitteln zwischen dem kleinteiligen mittelalterl. Gefüge des alten Stadtteils und St. Peter und legen sich als einheitl., aber durchlässiger Rahmen vor die Gebäudekomplexe der Vatikanstadt, ohne sie ganz zu verdecken. Der Ovalplatz geht unmittelbar in den kleineren Vorplatz vor der Kirche mit seinen verschiedenen Ebenen über.

Vor der Kirche entsteht so eine Zone idealer Ordnung, in der über die notwendige Distanz die Beziehung zu der Dominante der Kuppel hergestellt wird. Der Besucher nähert sich in wohlberechneten räuml. und zeitl. Intervallen der Fassade und wird auf den gewaltigen Maßstab der Kirche vorbereitet.

Der Ausbau der Verbindungsstraße zwischen Engelsburg und Petersplatz kommt einer Neuordnung des gesamten Stadtteils auf die Kirche gleich. Erst nach jahrhundertelanger Verzögerung entsteht 1937 durch Vereinigung der beiden Borgo-Straßen eine monumentale Achse mit einer platzartigen Erweiterung vor dem Kolonnadenplatz, leider mit einer schwächlichen und restaurativen Architektur. Die große Achse auf den Richtpunkt der Peterskuppel besteht nun aus einer Folge sich erweiternder und wieder verengender Räume (vgl. Nancy, S. 442).

Viele barocke Planungen erstreben die Verklammerung von Bauwerk, Platz, Stadt und offener Landschaft. Am besten gelingt das in den fürstl. Residenzen mit Schloß, Garten, Ehrenhof und vorgelagerter Stadt. Die Verwandlung des geschlossenen Gebäudeblocks in eine sich in Flügeln öffnende Anlage (S. 464 ff.) begünstigt die Verklammerung der Bereiche und das Ausstrahlen von Achsen in Landschaft und Stadt.

Schloß, Stadt und Park von Versailles bieten für den Absolutismus in ganz Europa das Lehrbeispiel für ein offenes System, in dem Architektur und Natur miteinander verbunden sind, mit dem Schloß des absoluten Herrschers als Bezugspunkt und Strahlungszentrum.

Das Schloß mit seinen weit ausgreifenden Flügeln steht auf der Grenzlinie zwischen Stadt und Garten. Es ordnet sich beide Bereiche zu, die Stadt zur Dienstleistung der Residenz, den Garten als idealisierten Naturraum für die Hofgesellschaft. Beide sind nach ähnlichen geometr. Mustern geordnet. Zur Stadt und damit zugleich zur Straße nach PARIS öffnet sich der Ehrenhof, Ausgangs- und Zielpunkt aller Bewegungen. Sie verteilen und sammeln sich auf der vorgelagerten trapezoiden Place d'Armes mit dem ausstrahlenden *Straßenfächer.*

Zum Garten hin erscheinen Kernschloß und Seitenflügel als ruhig lagernde Dominante über dem sich anscheinend unendlich ausbreitenden System von Wegen, Rondellen, Bosketten, Sternplätzen, Wasserbecken und Kanälen: alle auf die beherrschende Mittelachse bezogen, die das Schloß als Schnittpunkt aller Linien zwischen den Horizonten fixiert.

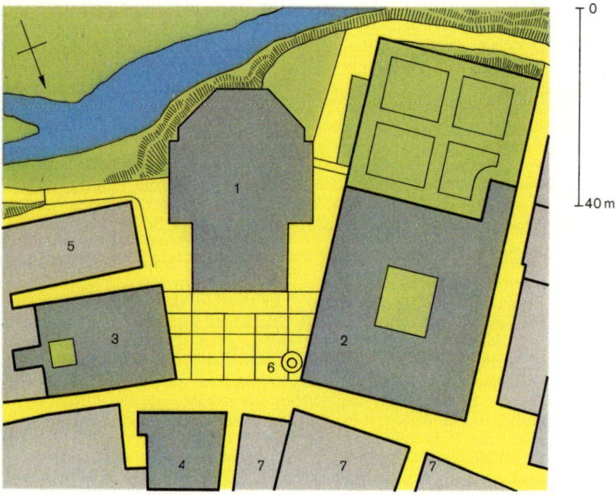

Pienza: Piazza Piccolomini (Hauptplatz)

1 Dom
2 Palazzo Piccolomini
3 Bischofspalast
4 Rathaus
5 Domkapitel
6 Brunnen
7 sonstige Paläste

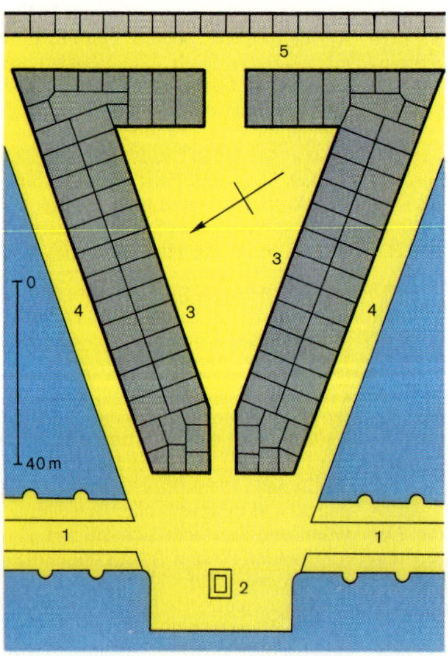

- ältere Gebäude
- neue Gebäude
- Platz, Straße
- Grünfläche
- Fluß

Paris: Place Dauphine
(s. S. 452)

1 Pont Neuf
2 Reiterdenkmal
3 Wohnblöcke
4 Seinequais
5 Rue de Harlay

Von der individuellen Baugruppe zur einheitlichen Platzwand

Die Architekten der Renaissance lassen sich bei Entwürfen für städt. Plätze weniger von prakt. Bedürfnissen, sondern mehr von formal-ästhetischen Gesichtspunkten leiten. Der Übergang von der kleinteiligen mittelalterl. Struktur mit vielen aneinandergereihten Häusern zu großen Baublöcken (Stadtpaläste, S. 454) führt zu Planungen mit wenigen Einzelgebäuden. Sie müssen zueinander im Gleichgewicht stehen, wenn sie sich nicht um ihre Wirkung bringen sollen (S. 444).

In der Praxis müssen sich die Architekten zumeist mit der Einfügung einzelner Gebäude in den histor. Baubestand (VENEDIG, Bibliothek) oder mit dem Umbau älterer Gebäude (VICENZA, Basilika, S. 420) begnügen.

Der Ausbau der Ortschaft CORSIGNANO nahe SIENA zur päpstl. Stadt **Pienza** unter dem Pontifikat PIUS' II. (1458–64) durch BERNARDO ROSSELINO ermöglicht den Bau eines kleinen Stadtzentrums nach den Vorstellungen der Frührenaissance.

Durch Anschüttungen und Substruktionen wird die Grundfläche des hochgelegenen Ortes vergrößert. An den Seiten eines trapezförmigen Platzes entstehen ein kleiner Dom und je ein Palast für Papst und Bischof. An der vorbeiführenden Straße schließen Rathaus und kleinere Paläste den Platzraum. Obwohl sich auf der kleinen Fläche die Baukörper nicht voll entfalten können, gelingt ein Platzraum mit abgewogenen Proportionen.

Die Lage am Berghang ermöglicht es, den **Fernblick** einzubeziehen. Das entspricht den Intentionen des Papstes und deutet neben der allgemeinen Wandlung des Lebensgefühls die Neuentdeckung der Landschaft an. Aber erst der Barock bezieht systematisch das Wechselspiel zwischen Natur und Architektur in die Planungen ein (S. 138, 171).

Die Zahl der Plätze in den Städten nimmt zu, ihre Funktionen erweitern sich. Der Absolutismus stellt ein neues Leitbild der Stadt auf: Rationalität, Klarheit, Ordnung auf geometr. Grundlage sollen die Stadt als Abbild der staatl. Ordnung erscheinen lassen. Die vom Fürsten angeordnete Planung legt oft nicht nur den allgemeinen Rahmen fest, den die Eigeninitiative der Bürger ausfüllen kann, sondern schreibt das Erscheinungsbild der Baukörper bzw. ganzer Platzwände vor. Besonders konsequent verläuft dieser Prozeß in Frankreich. Das rapide Wachstum der Hauptstadt **Paris** entspricht der fortschreitenden polit. Zentralisierung des ganzen Landes.

Heinrich IV. plant nach dem Chaos der Religionskriege eine Anzahl von Plätzen zur Neuordnung der Stadt, vergleichbar den Dispositionen SIXTUS' V. in ROM. Während man aber in ROM schon vorhandene Brennpunkte für den Pilgerverkehr und die kirchl. Repräsentation ausbaut, müssen sie in PARIS neu geschaffen werden und dienen der Verschönerung (Embellissement) der Wohnviertel.

Der hier entstehende Typ der **Place Royal** ist von mehrgeschossigen *Reihenhäusern* gleichen Typs und mit gleichen Fassaden umgeben. Sie können in Wohnungsqualität und Stilisierung als verbesserter Normaltyp des Pariser Stadthauses gelten (S. 452). Für die Bevölkerung sollen in den engen Quartieren der Altstadt und den regellos wachsenden Vorstädten *Promenadenplätze* als Zellen der Erneuerung angelegt werden.

Zum ersten Mal in der Geschichte des Städtebaues wird eine verdichtete Bauweise in ein quantifizierbares und qualifizierbares Verhältnis zur freien Fläche gesetzt. Der polit. Hintergrund dieses vom Staat geförderten Wohnungsprogrammes wird deutlich in der Zentrierung dieser Plätze auf die Denkmäler der Könige (nach dem Vorbild des Kapitolsplatzes in ROM, S. 438). Durch Verbesserung der Wohnverhältnisse in der polit. wichtigen Hauptstadt will das Königtum seinen Rückhalt beim Bürgertum fördern.

Die **Place Dauphine** ist, noch in kleinem Maßstab, die erste Verwirklichung an der für die Neuordnung der Stadt wichtigen Westspitze der *Île de la Cité. Heinrich IV.* nimmt hier das ältere Projekt einer neuen Seine-Brücke, des *Pont Neuf,* wieder auf und verbindet es mit der Anlage eines Platzes.

Nach verschiedenen Idealprojekten entsteht auf Anschüttungen und zwei kleinen Inseln ein großer trapezförmiger Baublock mit etwa 80 Wohnhäusern. Die Hälfte von ihnen ist auf den dreieckigen Innenplatz, die andere zu den *Seine-Kais* und der in gleicher Weise angelegten *Rue de Harlay* ausgerichtet, deren einheitl. Front die Gebäudegruppe des alten Königspalastes abdeckt.

Der Durchgangsverkehr läuft am Platz vorbei auf dem *Pont Neuf,* dem Hauptstück einer neuen Querachse (S. 436). Das Reiterdenkmal des Königs steht jenseits der Brücke genau im Durchblick der Eingänge zum Platz, markiert die Kreuzung der Längsachse mit der Brückenachse. Die kleine Bastion um das Denkmal schafft einen Aussichtspunkt auf den Fluß und seine Ufer.

Gleichzeitig mit dieser durch die besondere Situation bedingten Lösung entsteht die *Place des Vosges,* der »Normaltyp« der Place Royal, das für den europ. Städtebau viel nachgeahmte und variierte Vorbild (S. 443 f.). Die einheitl. Planung mit dem Symbol des Königtums im Schnittpunkt der Achsen verdeutlicht außer einer neuen Staatsauffassung auch ein neues Verständnis für den Gesamtorganismus einer Stadt. Ihre Kardinalpunkte werden systematisch miteinander verknüpft und durch Orientierungsmarken charakterisiert.

In den Plätzen von PARIS werden wichtige Prinzipien des modernen Städtebaues zum ersten Mal verwirklicht, z. B. Trennungen von Straße und Platz, von Durchgangsverkehr und Wohnquartier, also eine bewußte Trennung wichtiger städt. Funktionen. Ferner die Verbindung von dichter Bauweise und adäquatem Freiraum für die Anwohner, einheitl. Ausführung vieler Wohneinheiten. Vorfinanzierung durch eine Trägergesellschaft, Verbindung von staatl. Prestigepolitik mit dem Wohnungsbau.

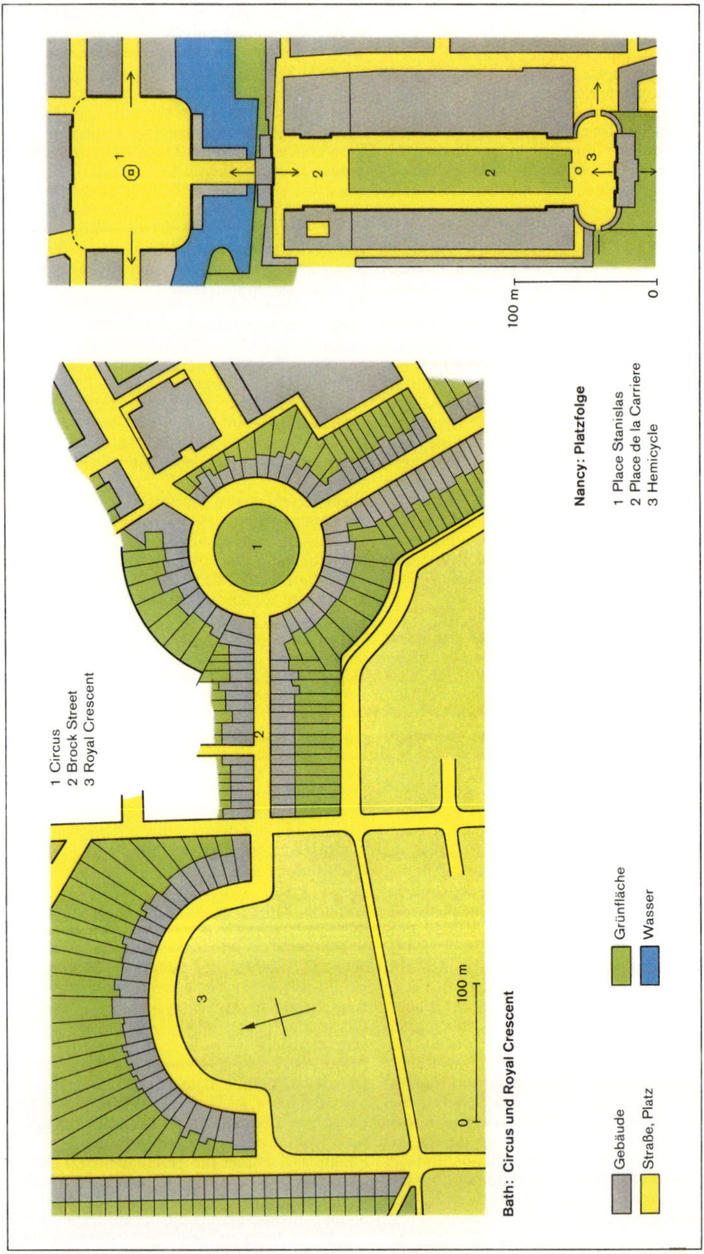

Geschlossener Platz, Platzfolge, Öffnung zur Natur

Die idealen Platzprojekte der Renaissance verfestigen sich im Barock zu einer Typologie, in der die verschiedenen Funktionen real erfüllt werden und formal zum Ausdruck kommen.

Dreiseitig geschlossene Plätze (Hufeisenform) werden zur übl. Form des *Ehrenhofes* für den Schloßbau und die öffentl. Gebäude. Diese Plätze und Vorhöfe bestimmen in den Haupt- und Residenzstädten durch ihre große Zahl das Erscheinungsbild der Städte mit. Ihrem repräsentativen Charakter entsprechen Axialsymmetrie, zentralperspektiv. Steigerung, Mitteldominante. Beispiele: *Kapitolsplatz* in ROM (S. 438), die 3-fach gestaffelte *Cour d'honneur* in VERSAILLES (S. 464).

Ausstrahlende Plätze – vom 2- bis 3-fachen *Straßenfächer* bis zum allseitig ausstrahlenden *Sternplatz* – entstehen aus der Funktion des Knoten- und Gelenkpunktes für Garten- und Straßenachsen. Sie greifen von den Gärten und Parks der Schlösser in den Städtebau über. Als Standardlösung beherrschen sie die großen Stadterweiterungen und Neuordnungen bis Ende des 19. Jhs. Die Verkehrsfunktion dominiert. Beispiel für Straßenfächer: *Piazza del Popolo* in ROM, für Sternplätze: *Place de l'Etoile* in PARIS (S. 436).

Allseitig geschlossene Plätze mit nur wenigen Straßenmündungen dienen als umbaute Freiräume in Wohnvierteln. Beispielgebend sind die Typen der *Place Royal* in PARIS, vor allem die rechteckige *Place des Vosges* (S. 444).

Im 17. Jh. greift die Tendenz, Einzelräume zu Raumfolgen zu verbinden, auch auf den Städtebau über. Wenn Plätze in das System der Straßenachsen einbezogen werden (S. 436), verlieren sie oft viel von ihrer räuml. Geschlossenheit zugunsten der Straßen. Bei dem Zusammenschluß mehrerer Plätze dagegen lassen sich die verschiedenen Freiräume in ihrer Wirkung steigern, vergleichbar den Raumfolgen in den Schlössern (S. 470), »nicht mehr als einzelne voneinander unabhängige Einheiten, sondern als rhythmische Progression« (S. GIEDION).

In **Nancy** gelingt es HÉRÉ DE CORNY 1752–55 2 bzw. 3 Plätze verschiedenen Charakters zu einer der schönsten Platzgruppen zu verbinden und zugleich Alt- und Neustadt miteinander zu verklammern.

Die **Place Stanislas** ist die mit einer Querachse verbundene Variante einer *Place Royal,* an 3 Seiten mit palastartigen Einzelblöcken gleichen Stils bebaut, darunter das *Rathaus* an der beherrschenden Stirnseite. An der 4. Seite sind die Gebäude auf die halbe Höhe herabgestaffelt, der Platz mündet hier in eine *Passage* mit einem abschließenden *Triumphtor,* zugleich Trennung und Durchgang zur **Place de la Carrière**, einem langgestreckten *Promenadeplatz,* an beiden Seiten gleichmäßig und durchgehend mit zweigeschossigen Häusern bebaut. 4 etwas höhere Paläste markieren die Ecken des Platzes, besonders wirksam am Übergang zu der quergestellten **Place Hémicycle** mit dem dreigeschossigen *Regierungspalast.* Halbkreisförmige *Blendkolonnaden* verbinden ihn mit den Eckpalästen. In der Querachse öffnen sich Tore, im N zum Park, im S zur Altstadt. Der Wille zur Auswahl, Synthese und Verschmelzung sowohl der Platz- und Gebäudetypen als auch der Gliederungselemente ist charakteristisch für den Spätbarock (vgl. S. 490).

Die Zentralisierung von Wohnhäusern um Plätze einerseits und die Tendenz zur Verbindung von Bauwerk und Landschaft andererseits führen in Wechselwirkung zu neuen städt. Strukturen. In Frankreich werden sie erkennbar in der Verknüpfung von Vorstädten, Gärten, Parks und offener Landschaft in der Region zwischen PARIS und VERSAILLES. In **England** geht die Einbeziehung der Landschaft als ästhetische Gegenposition zur Architektur einen anderen Weg.

Die Erweiterung der Stadt Bath im 18. Jh. läßt die Phasen der zunehmenden Öffnung zur Natur deutlich erkennen. Der Badeort wird seit Anfang des Jhs. zum Erholungsort, Treffpunkt und Ruhesitz der großbürgerl. Gesellschaft ausgebaut. Dabei entsteht ein Wohnort großstädt. Charakters.

Die entscheidenden Planer und Architekten, **John Wood, d. Ä. und d. J.,** Vater und Sohn, bauen 1725–74 mehrere Straßen und Plätze mit einheitl. Häusern, gestaffelt für unterschiedl. Ansprüche: zuerst seit 1728 **Queen's Square** mit schloßähnl. Wohnblöcken nach dem Muster von Londoner Promenadenplätzen. 1754 folgt der kreisrunde **Circus**, ursprüngl. in Erinnerung an BATH' röm. Tradition als »Sportforum« geplant, dann als Wohn- und Promenadenplatz und Straßengelenk ausgeführt. Die einheitl. Fassaden gehen ohne Unterbrechung in die einmündenden Straßen über. Die nach W führende *Brockstreet* mündet in den 1767–75 erbauten **Royal Crescent** ein. Mit ihm verläßt John Wood d. J. die Typologie der geschlossenen Plätze. Der *Crescent* öffnet sich in einem zum *Korbbogen* ausgeweiteten Halbkreis mit 30 zu einer Fassade zusammengezogenen »Reihenhäusern« auf Rasen- und Parkflächen. Bei diesem direkten Gegenüber von »Natur« und Architektur gibt es keine Achsen- und Dominantenbildung, also keine Vorherrschaft der Architektur und Geometrie mehr. Bemerkenswert erscheint, daß Häuser freier und vermögender Bürger zu einem einheitl. Monumentalkomplex zusammengefaßt werden, nicht durch Diktat der Obrigkeit, sondern wegen der vom Architekten angestrebten ästhet. Wirkung: ein Gegenpol zur absolutist. Formulierung dieses Themas.

Noch weiter in dieser Richtung stößt 1794 der **Landsdowne Crescent** vor. Seine schlangenförmigen Windungen folgen einerseits dem Gelände, andererseits dem spätbarocken Prinzip der in Kurve und Gegenkurve schwingenden Wand (BORROMINI, S. 494), auf eine Hunderte von Metern lange Wohnzeile ausgedehnt. Hier erscheinen hochbarocke und romantische Tendenzen miteinander verbunden und Entwicklungen des 20. Jhs. vorweggenommen.

Idealer Platz (nach einer italienischen Malerei des 15. Jh.)

Paris: Place des Vosges
a Gesamtbild, b Haustyp

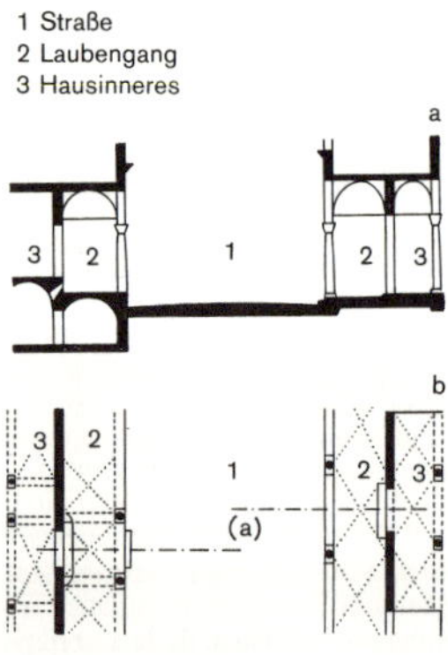

Bologna: Laubengänge
a Schnitt, b Grundriß

Gebäude und Fassaden als raumbildende Elemente

Die räuml. Qualität eines Platzes beruht auf dem Verhältnis der Grundflächen zu den begrenzenden Flächen oder Körpern und auf ihrer Struktur und Anordnung (vgl. S. 24). Bei den Plätzen des Mittelalters bilden die Einzelfassaden mit dem zufälligen Nebeneinander verschiedener Alters- und Stilstufen eine teppichartige Struktur, in der Unregelmäßigkeiten als natürl. Reiz empfunden werden. Die Renaissance strebt dagegen nach Gleichmäßigkeit des Ganzen und der Teile und bevorzugt den allseitig durchgebildeten Baukörper.

Die ideale Stadt erscheint in den Traktaten der Theoretiker als geometr. Idealplan, in den zentralperspektivisch konstruierten Wand- und Tafelbildern oft als Gruppe kristallin. klarer Baukörper. Sie dienen meist als Schauplatz oder Hintergrund histor. Szenen und Legenden. Ihr eigentl. Zweck scheint aber, Auftraggebern und Publikum neben der Beherrschung der Perspektive die Architektur-Visionen der Maler oder zeitgenössischer Architekten zu demonstrieren. In den Städten des 15. Jh. ist wenig Spielraum für die Verwirklichung. Aber der gemalte Städtebau bereitet den Umschwung vor, der dem polit. Umschwung zum Absolutismus folgt.

Die Darstellung eines idealen Platzes auf einem Tafelbild des 15. Jhs. wird sowohl FRANCESCO DI GIORGIO wie PIERO DELLA FRANCESCA zugeschrieben. Sie zeigt eine Gruppe freistehender großer Baukörper auf einer etwas erhöhten Fläche, zu der verschieden breite Freitreppen hinaufführen. Vom Vordergrund läuft eine Straße mit geometr. Bodenmustern, Gedenksäulen nach antiker Art und einem Brunnen auf einen in der Platzmitte stehenden *Triumphbogen* zu. Um ihn sind 2 *Paläste*, ein sakraler *Zentralbau* und ein Theater in gleichen Abständen weiträumig angeordnet. Die Wirkung von Licht und Schatten tritt deutlich vor Augen: »Architektur ist das Spiel der Körper unter dem Licht.« (LE CORBUSIER, vgl. S. 19, 510, 520).

Diese Ideen ignorieren die Tradition des bisherigen Städtebaues. Eine bescheidene Verwirklichung wird bei dem kleinen Stadtzentrum von **Pienza** (S. 440) der Enge des Bauplatzes abgerungen. Ihre reine Verkörperung gelingt in den in freier Landschaft erbauten Villen PALLADIOS (S. 458).

Die zweite bedeutende Platzanlage der frühen Renaissance ist die *Piazza Ducale* in **Vigevano**, 1493–95 unter LUDOVICO SFORZA als geschlossener Platz mit durchlaufenden *Arkaden* und einheitl. mit Fresken bemalten Fassaden erbaut. Er kann ebenso als eine Vereinheitlichung mittelalterl. Strukturen, wie als ein Prototyp der späteren Plätze des Absolutismus gelten.

Die Renaissance übernimmt die **Arkaden** als vereinheitlichendes Element vom Mittelalter, das sie im Gegensatz zu den Kolonnaden der antiken Plätze (S. 170, 218) mit den Wohnhäusern verbindet. In **Bologna** z. B. wird diese mittelalterl. Tradition auch für Stadtpaläste übernommen, für die im allgemeinen nur die Öffnung zum inneren Arkadenhof üblich ist.

Die Vereinheitlichung von Straßen- und Platzwänden wie in VIGEVANO erscheint als Ergebnis autoritärer Herrschaft und künstlerischer Absicht. Beide ersetzen den allmählichen Zusammenschluß individueller Gebäude durch eine Planung, die vom einheitl. Gesamteindruck als Ziel ausgeht und ihn durch Reihung gleicher Elemente erzeugt. Es überrascht nicht, daß die barocke Typologie einheitl. Plätze mit Wohnhäusern in Frankreich entsteht, wo sich der Absolutismus früh und konsequent durchsetzt.

Die **Place des Vosges in Paris** entsteht auf Initiative HEINRICHS IV. zwischen 1605–12 im *Marais-Viertel* (zugleich mit der *Place Dauphine*, S. 440) als Promenaden- und Versammlungsplatz ohne Durchgangsverkehr, ursprüngl. um einen sternförmig angelegten Rasengarten in einem Gittergeviert. Ein königl. Dekret ordnet die einheitl. Bebauung an. Sie besteht an allen 140 m langen Seiten des quadrat. Platzes aus 9 Häusern mit je 4 Fensterachsen, 3 Vollgeschossen und ausgebautem Dachgeschoß. Die Erdgeschosse öffnen sich in *Arkadengängen.* Bis zum Dachgesims bilden die Häuser eine geschlossene Platzwand. Nur an der Ausbildung einzelner *Walmdächer* und der Gruppierung der *Dachgauben* ist ablesbar, daß es sich um zusammengefügte Einzelhäuser handelt. Die an 2 Platzfronten in der Mitte risalitartig vorspringenden und erhöhten *Pavillons* (vgl. S. 468) des Königs und der Königin, mit Durchgängen zu den Straßen, geben dem Platz Akzente und eine leichte axiale Ausrichtung. Sie wird durch die Richtung des *Reiterdenkmals* (S. 438) verstärkt.

Jedes Haus erhält durch senkrechte Bänder aus Sandsteinquadern im Kontrast zum Ziegelmauerwerk eine Teilung in senkrechte Felder. Türartige Fenster verstärken ihren Vertikalismus, der der horizontalen Reihung das Gleichgewicht hält.

Der Platz bietet das Abbild eines frühen humanist. Absolutismus und Rationalismus und bringt mehr die Gleichheit zum Ausdruck als das Machtbewußtsein des Herrschers. Der König will ursprünglich den Platz zum Wohnquartier für Arbeiter und Angestellte der königl. Brokatmanufaktur machen, unter denen er und die Königin gelegentlich in ihren Pavillons wohnen können. Nach der Ermordung des Königs (1610) wird der Platz zum bevorzugten Wohnplatz von Aristokraten und arriviertem Bürgertum.

Das Revolutionäre des ausgeführten Projekts für den Städtebau liegt in der Verwirklichung eines neuen Wohnungs- und Quartiertyps für Bewohner der **Großstadt**. Die Gleichheit der äußeren Erscheinung bietet einen anonymen Rahmen mit hohem architekton. Niveau für die offene, großstädt. Gesellschaft, ohne eine sichtbare ständische Differenzierung und ohne den Zwang einer konkurrierenden Repräsentation. Die Wiederholung, Variation und Weiterbildung dieser Lösung nicht nur in Frankreich, sondern vor allem in England (S. 442) beweist, daß sie die Bedürfnisse einer neuen Bevölkerungsschicht erfüllt.

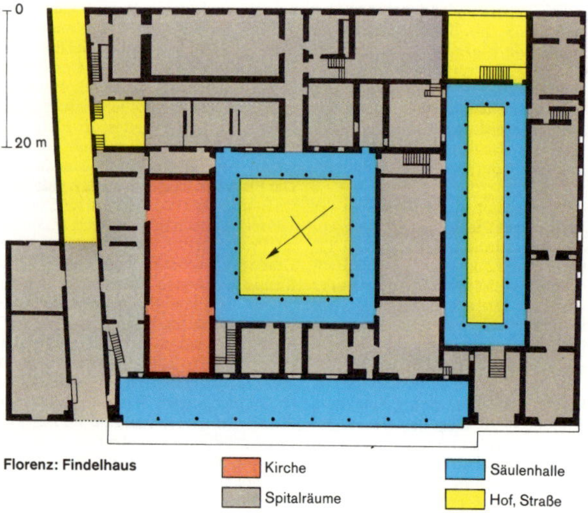

Florenz: Findelhaus

Augsburg: Rathaus

Letzte Großbauten der freien Städte

Die meisten Städte haben ihre Kommunal- und Repräsentationsgebäude bereits im Mittelalter erbaut (S. 346 ff.). Viele werden seit dem 15. Jh. erweitert, umgebaut und ausgeschmückt. Der neue Stil setzt sich deshalb oft nur in Einzelformen und in der Dekoration durch. Der Übergang zu einer neuen Typologie und vom mittelalterl. Gruppenbau zum geschlossenen Baublock vollzieht sich – besonders im N Europas – nur langsam.

Das seit 1419 erbaute **Findelhaus in Florenz** (Ospedale degli Innocenti) gilt als erstes vollständiges Bauwerk der Renaissance. Es ist eine Stiftung der Seidenmacherzunft. In der Organisation und in der Ableitung des Raumprogramms vom Klosterschema (S. 358 ff.) entspricht es mittelalterl. Traditionen.
Der Entwurf von Filippo Brunelleschi unterscheidet sich aber von vergleichbaren Gebäuden des Mittelalters durch die an röm. antike Anlagen erinnernde axiale Symmetrie. Mit ihrer Hilfe werden Räume verschiedener Funktion und Größe zu einer Gruppe um den zentralen Arkadenhof geordnet. Von den 3 Portalen gehen parallele Raumachsen aus, die linke in die Kirche, die rechte in den ersten Kinder-Saal. Die Mittelachse durchstößt das Gebäude in ganzer Länge in der Raumfolge: Eingangsflur, Zentralhof, hinterer Flur. Grundriß und Aufbau sind klar und die Orientierung ist leicht. Alle wichtigen Maße der Räume, mit Ausnahme der Vorhalle, sind aus einem *Grundmodul* der Arkadenöffnung bzw. dem Umgangsjoch des Arkadenhofes abgeleitet. Die *Hospitalkirche* tritt nicht wie bei einem mittelalterl. Gruppenbau selbständig oder dominierend hervor, sondern ist mit den anderen Räumen in den einheitl. Komplex einbezogen.
Brunelleschi selbst hat wahrscheinlich nur die offene **Vorhalle** als einzigen Bauteil ganz entworfen. Sie faßt die Gebäudegruppe am *Annunziata-Platz* in einer Arkadenreihe zusammen. Darin sind auch die beiden seitl. Durchgänge einbezogen, links die *Via Colonna*, rechts der Eingang zu dem angeschlossenen Nonnenkloster. Die Säulen der eigentl. Loggia stehen auf einem Unterbau von ursprüngl. 7 Stufen über dem Platzniveau (Vorbild im röm. Sakralbau, S. 248).
Die Loggien, freistehend oder als Bestandteil öffentl. Gebäude ein charakterist. urbanes Element, erhalten mit der Vorhalle des Findelhauses den für die Renaissance vorbildlichen Typ und Stil (S. 420). Ihr folgen zahlreiche Hallen in Florenz und anderen italien. Städten. 1516 wird die dem Findelhaus gegenüberliegende Platzseite und im 17. Jh. auch die Stirnseite des Platzes mit der Kirche SS. Annunziata durch eine gleichartige Loggia geschlossen.

Die Funktionen der städt. Kommunalbauten differenzieren sich mit dem Anwachsen der öffentl. Verwaltung. Einzelne Behörden erhalten eigene Gebäude (Zoll, Münzprägung, Zeughaus).
In den großen italien. Stadtstaaten entstehen Prototypen für den modernen, multifunktionalen Verwaltungsbau. Florenz baut seit 1560 nach dem Entwurf von G. Vasari, teilweise unter Benutzung älterer Gebäude, die **Uffizien** in zwei etwa 120 m langen Flügeln zu beiden Seiten einer hofartigen Straße. In Venedig erhalten die beiden Hauptplätze durch drei neue Staatsgebäude ihre endgültige Gestalt: die **Alten Prokuratien** seit 1514, die **Bibliothek** seit 1537, die **Neuen Prokuratien** seit 1582. Mit der von J. Sansovino erbauten Bibliothek gegenüber dem Dogenpalast tritt zum ersten Mal ein Gebäude zur Pflege von Wissenschaft und Bildung an einem bevorzugten Platz als repräsentativer Staatsbau hervor.
Für die gleicherweise rationale wie repräsentative Funktion der Gebäude ist die Reihung gleicher Elemente in senkrechten Achsen typisch: Arkaden im Erdgeschoß, hohe Fenster in den Obergeschossen, geschoßweise mit Säulenordnungen und anderen typ. Stilelementen reich gegliedert. Hier werden die künstlerischen Mittel erprobt, mit denen in der Folgezeit überall in Europa große Volumen und Flächen zu einheitl., Plätze und Straßen beherrschender Wirkung gebracht werden (S. 440 f.).

Nördl. der Alpen begünstigen die polit. Veränderungen, die Verlagerung des Handels und die Entstehung des Bankwesens die süddeutschen, niederländ. und engl. Städte.
In der 2. Hälfte des 16. Jhs. entwickeln sich Detailformen übernehmende ornamentale Stile auf regionalen Traditionen (C. Floris, J. Wolff d. Ä.). Ihnen folgt seit Anfang des 17. Jhs. ein an Palladio orientierter Klassizismus mit der Vorliebe für kubische Baukörper mit klaren Proportionen (I. Jones, J. van Campen, J. Wolff d. J., E. Holl). Noch einmal entstehen bedeutende Kommunalbauten, u. a. die Rathäuser von Antwerpen 1561, Den Haag 1564, Leiden 1595, Amsterdam 1648, Maastricht 1658, Nürnberg 1618.
Das Rathaus in Augsburg, 1615–20 von Elias Holl erbaut, ist eines der letzten großen Beispiele für den repräsentativen Kommunalbau der freien Städte. Durch die Verbindung von südl. Baublock und Turmbau gelingt Holl eine der wenigen individuellen Baugestalten hohen Ranges, in denen verschiedene Tendenzen einer Epoche verschmolzen werden. Aufbau und Grundriß sind auf Längs- und Querachse symmetrisch um die von der Vorder- bis zur Rückfront durchgehenden Mittelsäle geordnet. Der risalitartige Mitteltrakt steigt mit 2 Fenstergeschossen, Satteldach und volutengeschmücktem Blendgiebel über den Gesamtblock auf. Zwei Türme mit schwäb. Hauben sind flankierend aufgesetzt, nach Holls eigenen Worten »des heroischen Aussehens wegen«. In der Betonung der Mitte und der Verschmelzung heterogener Elemente zu einer Gesamtgestalt kündet sich der Barock an. Die Baumasse steigt in der Mitte der Stadt hoch über die mittelalterl. Häuser auf und tritt als Dominante in offenen Wettbewerb mit den großen Sakralbauten.

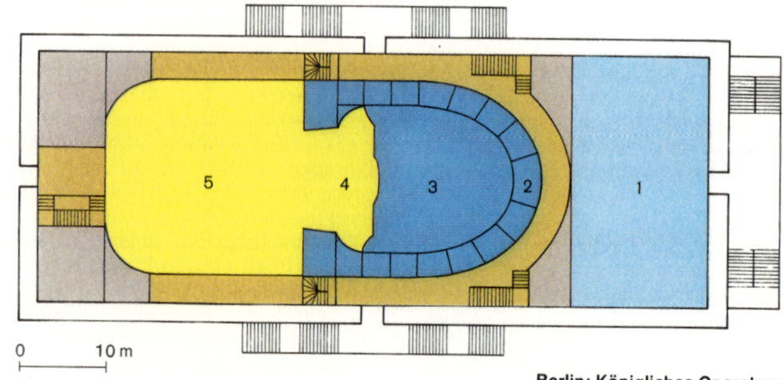

Berlin: Königliches Opernhaus
schematischer Grundriß

1 Festsaal
2 Logen
3 Parkett/Parterre
4 Proszenium
5 Bühne

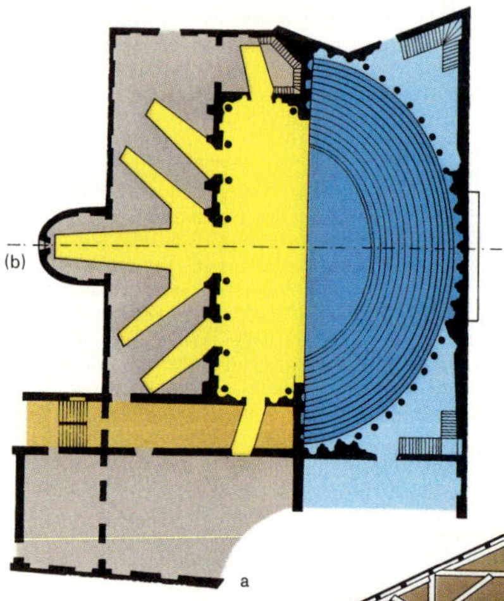

Foyer
Zuschauerraum
Bühne
Gang, Treppenhaus
Nebenraum

Vicenza:
Palladio, Teatro Olimpico
a Grundriß, b Schnitt

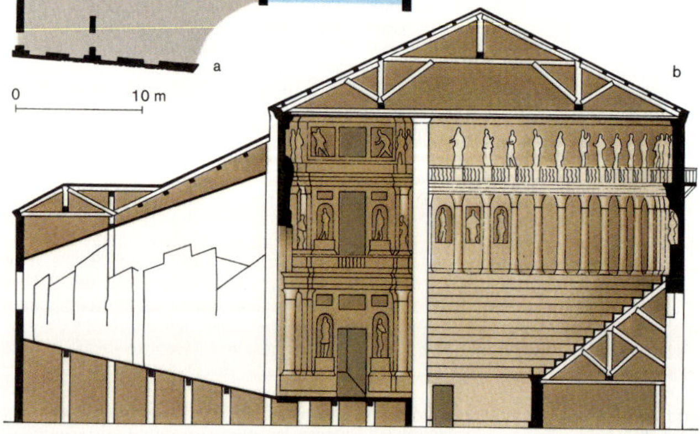

Theater: Mäzenatentum als Staatsaufgabe

Mit dem Humanismus entsteht das moderne Bildungs- und Kunstpublikum. Es erhebt literarische Bildung und Kunstverständnis zu gesellschaftl. Tugenden. Zu ihrer Förderung bilden sich die *Akademien:* Vereinigungen von mäzenat. Dilettanten, humanist. Gelehrten und ausübenden Künstlern.

Die Verbreitung klass. latein. Texte führt im letzten Drittel des 15. Jhs. auch zur Wiederbelebung des Theaters. Aus den Aufführungen antiker Stücke in Sälen und Säulenhöfen von Palästen entwickeln sich neue Formen des Theaters als höhere Form der Geselligkeit.

Ende des 16. Jhs. beginnt man in einigen Städten und Residenzen anstelle improvisierter Bühnen dauerhafte Theaterräume und -gebäude zu bauen, z. B. 1585 in FLORENZ einen Theatersaal in den *Uffizien,* in dem u. a. die ersten Opern aufgeführt werden (J. PERI, Dafne).

Das **Teatro Olimpico in Vicenza,** 1584 eröffnet, von ANDREA PALLADIO erbaut, gilt als das erste feste, freistehende Theater seit der Antike. Es ist eine Stiftung der *Accadèmia Olimpica,* der PALLADIO als Gründungsmitglied angehört. Er baut das kleine, geschlossene »Kammertheater« nach den Prinzipien und mit den Elementen der offenen röm. Großtheater (S. 238). Der Bühnenbereich besteht aus halbrunder, hier etwas gestreckter, *Orchestra,* längsrechteckigem *Proszenium, Szenenwand* in Form einer zweistöckigen Fassade mit 3 Toren. Der Zuschauerraum steigt mit *Sitzstufen* wie bei der antiken Cavea steil an. Eine *Kolonnade* mit einer von Plastiken gekrönten Balustrade schließt ihn gegen die Außenwand ab. In dem *Deckenhimmel* und in den *Bühnengassen* deutet sich ein **illusionist. Charakter** an. Zur Verstärkung der perspektiv. Wirkung verengen sich die Gassen nach hinten und steigen zugleich an. Durch seitl. feste *Kulissen* täuschen sie in die Tiefe führende Straßen mit Palästen vor, aus denen heraus die Auftritte durch die Tore der Szenenwand erfolgen. Hier tritt die für das moderne Theater typ. Verbindung von Proszenium und Tiefenbühne in ihren Anfängen hervor.

Die unmittelbare Wirkung von PALLADIOS antikisierendem Experiment bleibt auf wenige Nachfolgebauten beschränkt (V. SCAMOZZI in SABBIONETA, ALEOTTI in PARMA). Andere Tendenzen bestimmen die weitere Entwicklung.

Durch die Übernahme des Elements der Loggien aus den Palasthöfen in den Theaterraum entsteht das **Logentheater.**

In den – meist aus Holz gebauten – engl. Volkstheatern der elisabethan. Zeit, z. B. dem *Globe Theatre* in LONDON, erhält sich in dem polygonen *Logenring* um das *Stehparterre* mit *Bühnenpodest* und *Bühnenmaschine* noch das Prinzip der szen. Aktion unter den Zuschauern.

Im **barocken Logentheater** umgeben meist mehrere *Logenränge* übereinander die ebene Fläche des *Parketts* an 3 Seiten, die *Bühne* nimmt die vierte ein. Die Orchestra, das ursprüngl. Spielfeld, schrumpft zu einem Streifen für die Musiker zwischen Zuschauerraum und Proszenium zusammen *(Orchester).* Die Szenenfront verwandelt sich in einen Rahmen für den frontal zum Publikum geöffneten Tiefenraum der illusionist. *Guckkastenbühne. Kulissen* und *Prospekte* können von den Seiten, evtl. von unten, eingeschoben werden.

Das Logentheater setzt sich allgemein durch, weil es am besten der höf. Gesellschaft des Barock entspricht. Sie faßt den Theaterbesuch als Fortsetzung der höf. Feste auf, bei denen man sich vor allem selbst in Szene setzt. Deshalb dienen manche Theater auch als Festräume für Bälle, Redouten und andere gesellige Feste.

Das **Opernhaus in Berlin** wird 1741–43 unter FRIEDRICH D. GR. von G. W. VON KNOBELSDORFF hauptsächlich als Festhaus für große Redouten und Bälle erbaut, mit denen oft Opernaufführungen verbunden sind.

Das Haus besteht aus einer Folge von 3 Festsälen, die durch Freitreppen an 3 Seiten direkt von außen zu erreichen sind. Vom *Portikus* an der Stirnseite folgen einander der quergestellte *Apollo-Saal* als Foyer, Fest- und Speisesaal, dann der von 3 Logenrängen hufeisenförmig umgebene *Tanz-* und *Theatersaal,* abschließend der in der Gegenrichtung hufeisenförmige *korinth. Saal,* der als *Bühne* dient. Alle Säle sind teils direkt, teils durch die Umgänge miteinander verbunden.

Im zentralen Theatersaal kann die Festgesellschaft, nach Rängen abgestuft, wie in einem Logen- oder Turnierhof zuschauen oder aktiv am gesellschaftl. Treiben teilnehmen. Das **Parkett** liegt bei szen. Aufführungen vertieft auf dem Sockelgeschoß. Es kann durch eine *Hebelmechanik* auf das Niveau der Bühne angehoben und mit dem korinth. Saal zu einer durchgehenden Tanz- und Spielfläche verbunden werden. Die Kulissen stehen dann in den tiefen Fensternischen des Umgangs.

Außer dem *Sockelgeschoß* und den *Treppenhäusern* gibt es nur wenige Nebenräume. Die Bühnentechnik ist auf ein Minimum beschränkt. Das Haus dient in vollem Umfang unmittelbar der Hauptfunktion: einer Rahmenarchitektur für die festl. Selbstdarstellung der Hofgesellschaft.

Mit zunehmender Tendenz zum monofunktionalen Theater für ein breiteres Publikum wird der amphitheatral. Zuschauerraum in das Logentheater einbezogen. Ansteigende Sitzreihen ersetzen teilweise das Parkett, das als Aktions- und Festraum nicht mehr gebraucht wird. Schon das von LEMERCIER für den Kardinal RICHELIEU erbaute, 1641 eröffnete Komödientheater im späteren Palais Royal weist in einfacher Form Logenringe, Amphitheater, Parterre, Orchester und Szene mit Guckkastenbühne auf.

In der 2. Hälfte des 18. Jh. nimmt der Theaterbau einen großen Aufschwung. Vor allem in den französ. Städten vollzieht sich in großen Bauten der Übergang zum Theater der bürgerlichen Gesellschaft (SOUFFLOT: Grand Theatre LYON 1753, PEYRE und WAILLY: Odeon PARIS 1770, V. LOUIS: Grand Théâtre BORDEAUX 1780).

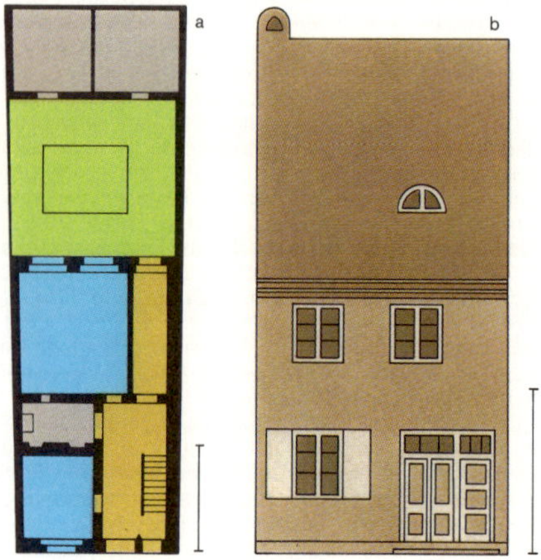

Königsberg: Professorenhaus, a Grundriß, b Ansicht

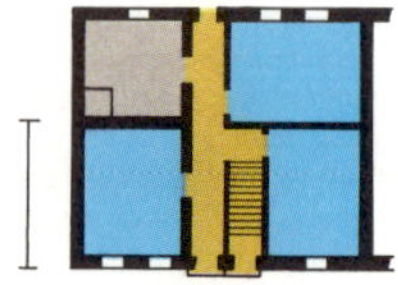

Augsburg: Fuggerei
Reihenhaus

5-m-Marke

Wohnraum
Wirtschaftsraum
Flur, Diele
Hof/Garten

Insterburg: Kaufmannshaus der Renaissance, Straßengiebel

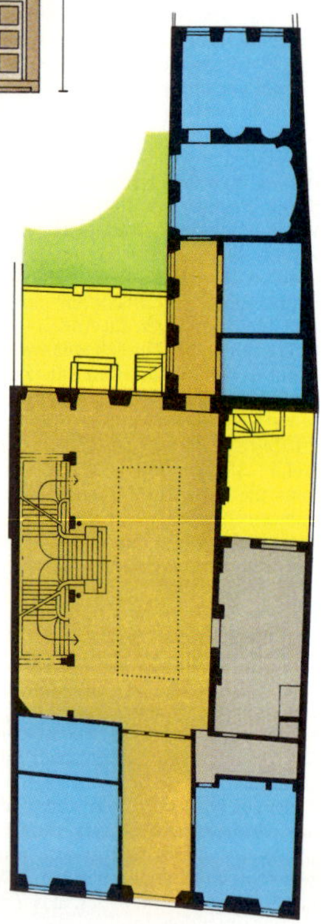

Lübeck: Patrizierhaus des Spätbarock, Erdgeschoß

Zeitgemäße Varianten mittelalterlicher Haustypen

Die Homogenität vieler Stadtbilder vom Mittelalter bis zur Neuzeit beruht auf der **Konstanz der Haustypen.** Sie erfüllen die Bedürfnisse, die keinem grundsätzlichen Wandel unterliegen. Neubau und Umbau der Häuser im jeweils dominierenden Stil vollzieht sich jahrhundertelang in den vom herrschenden Typ vorgegebenen Proportionen und den vom gleichbleibenden Baustoff bestimmten Regeln der handwerklichen Technik. So entsteht die historisch gewachsene Struktur der Altstädte mit der Vielfalt individueller und zeitl. Stilvarianten in der Einheit der Gesamttypologie.

Die regionalen Typen der Wohnhäuser entsprechen den Bedingungen von Landschaft, Klima, Wirtschaftsformen und Knappheit des Baugrundes. Straßennetz und Parzellenteilung liegen fest (S. 336ff.). Bezeichnenderweise übernimmt die Erweiterung von AMSTERDAM im 17. Jh. (S. 432) das seit dem 12. Jh. in den nordeuropäischen Küstenstädten übliche schmale Grundstück und den Haustyp fast unverändert.

In vielen Städten Mittel-, West- und Nordeuropas herrscht bis zum 19. Jh. das hohe, schmale *Wohnspeicherhaus* mit dem Giebel zur Straße (S. 342). Ein **Kaufmannshaus in Insterburg,** 1614 datiert, bietet ein einfaches Beispiel für die Einkleidung in den ornamentalen Renaissance-Stil, der sich von den Niederlanden über Nordwestdeutschland längs der Ostseeküsten bis Skandinavien verbreitet (S. 422).

Der konstruktive Aufbau der Häuser ändert sich kaum, die Funktionen im Inneren differenzieren sich allmählich. Das hallenartig hohe Erdgeschoß wird zunehmend unterteilt. 1 oder 2 Kontore werden ausgeschieden, die Küche bleibt oft ohne direktes Licht.

Die **Diele** bleibt der größte Raum des Hauses. Sie verwandelt sich allmählich vom Lade- und Erschließungsraum in einen repräsentativen Empfangsraum. Oft wird über etwa einem Drittel der Fläche ein Zwischengeschoß oder eine umlaufende Galerie eingehängt. Eine oder zwei Treppen führen in die oberen Geschosse. Im Barock wird die Haupttreppe nach dem Vorbild der Adelsbauten als beherrschendes Element über das notwendige Maß ausgedehnt (S. 472). Die Verbindung mit Werkstatt und Lager gilt anfangs noch als standesgemäß. Immer mehr aber tritt die **Wohnung**, die Sonderung privater Bereiche für das Familienleben und die gesellschaftl. Repräsentation neben und später vor die wirtschaftl. Funktion. Der Charakter des Speichers tritt auch im Äußeren zurück, obwohl die Dachgeschosse noch lange als Warenlager genutzt werden.

Bei wachsendem Raumbedarf verlängern schmale Flügel im Hof, meist nur längs einer Grundstücksgrenze, mit einer Folge von Zimmern in 2 oder 3 Geschossen den Wohnbereich in die Tiefe des Grundstücks. Eine weitere Möglichkeit der Erweiterung bietet der Erwerb einer Nachbarparzelle. Das wird möglich, seit die Grundstücke mehr und mehr Privateigentum werden und dem Spiel von Angebot und Nachfrage freigegeben sind.

Ein **Patrizierhaus in Lübeck** (Behn-Haus) läßt erkennen, wie auch nach Zusammenlegung von zwei Häusern und mehrfachem Umbau im späten 18. Jh. die aus dem Wohnspeicherhaus entstandene innere Ordnung nicht wesentl. geändert, sondern repräsentativ gesteigert wird.

Die ständ. Gliederung der Gesellschaft tritt in Größe und Ausstattung der Häuser und ihrer Verteilung auf einzelne Stadtteile hervor. Die Größe der Kaufmanns- und Handwerkerhäuser entspricht der ursprüngl. Einheit von Arbeiten und Wohnen, die Speicherfunktion bestimmt die größere Dimension der Kaufmannshäuser.

Ein **Professoren-Wohnhaus** des 18. Jhs. in **Königsberg** ist für den bescheidenen Lebensstandard der geistigen Elite bezeichnend, die meist ohne Vermögen und Grundbesitz von ihren Ämtern lebt: ein **Reihenhaus** mit 2 Geschossen und der Dachtraufe zur Straße, ein größeres und ein kleineres Zimmer im Erdgeschoß, dazwischen die kleine fensterlose Küche, dazu ein Gartenhof mit Stall und Schuppen. Im Obergeschoß wiederholt sich die Raumaufteilung, im Dachgeschoß kommt eine Mansarde hinzu. Dieses Haus mit einer Küche und 5 Zimmern entspricht der ökonomischen Leistungsfähigkeit des normalen Mittelstandes. Geschäfts- und Lagerräume entfallen. Die Häuser sind auf die Wohnfunktion beschränkt. Die gesellschaftl. Repräsentation übernimmt die Universität als öffentl. Körperschaft.

Die Versorgung armer Bürger mit Wohnungen übernehmen z. T. die Städte selbst, z. T. einzelne vermögende Bürger, meist aber gemeinnützige Stiftungen. Sie bauen kleine Häuser bzw. Siedlungen mit Kleinwohnungen, die frei oder für einen niedrigen Mietzins vergeben werden.

Die **Fuggerei in Augsburg,** eine Stiftung des Hauses FUGGER von 1519, gilt schon unter den Zeitgenossen sozial und architekton. als Vorbild. Die durch den Baumeister THOMAS KREBS systematisch angelegte Vorstadtsiedlung umfaßt innerhalb einer eigenen Mauer 53 Reihenhäuser mit insgesamt 106 Wohnungen. Das Normalhaus enthält im Erd- und Obergeschoß je eine Wohnung mit einer geräumigen Küche und 3 Zimmern mit einer nutzbaren Fläche von etwa 40–45 qm. Die Jahresmiete von *1 rhein. Gulden* ist mehr symbol. zu werten. Für die Erhaltung der Siedlung sorgt die Stiftung. Die Häuser sind Prototypen einer an den Grundbedürfnissen orientierten **Kleinwohnung.** Sie bietet den Bewohnern einen für die Entstehungszeit vergleichsweise guten Standard und die Eingliederung in ein festes soziales Gefüge.

In anderen Städten entstehen meist kleinere Anlagen mit vergleichbaren Typen, u. a. *Laubenganghäuser* wie z. B. in DANZIG. Bezeichnend ist, daß der Typ des Miethauses kaum vorkommt. Das Einzelhaus bleibt Existenzgrundlage fast aller Familien. Haus- und Grundbesitz sind im allgemeinen noch keine Renditen- und Spekulationsobjekte.

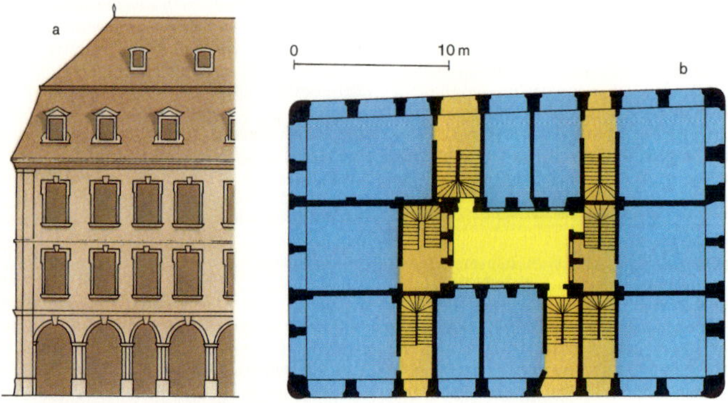

Balthasar Neumann: Projekt für ein Wohn- und Geschäftshaus in Würzburg
a Ansicht, b Grundriß (Erdgeschoß)

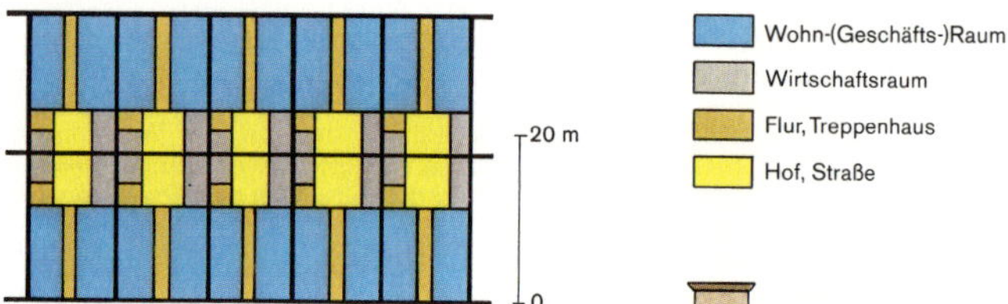

Paris: Place Dauphine, Reihenhäuser
schematischer Plan (s. S. 440)

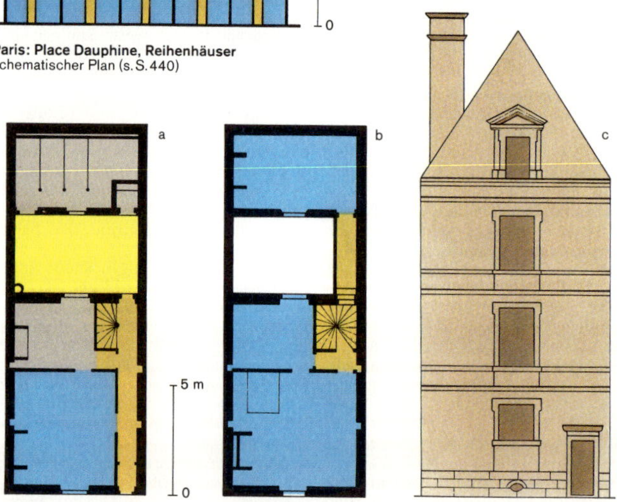

Pierre le Muet: Entwurf zu einem Reihenhaus
a Grundriß Erdgeschoß, b Grundriß Obergeschoß, c Fassadenansicht

Anfänge der Typenbildung für Großstadthäuser

Neue Haus- und Wohnungstypen entstehen zuerst in Städten, die nach dem Mittelalter gegründet oder erweitert werden. Dort ändert sich auch die Bevölkerungsstruktur zuerst. Neben die Kaufleute, Handwerker und Ackerbürger in den Markt- und Fernhandelsstädten treten Beamte, Angestellte und dienstleistende Gewerbe in den Residenz- und Hauptstädten, dazu die allmählich wachsende Arbeiterschaft der Manufakturen und ersten Industriebetriebe.

Die Zahl der Stadtbewohner ohne eigenen Grundbesitz und ohne Kapital steigt an. Bauflächen für neue Häuser sind in den Altstädten kaum verfügbar. Neue Impulse für den Siedlungs- und Wohnungsbau gehen von den Neugründungen, Stadterweiterungen und Vorstädten aus (S. 434, Turin; S. 440, Paris; S. 442, Bath).

Die ursprüngl. Einheit von Arbeiten und Wohnen beginnt sich aufzulösen. Immer größere Teile der Bevölkerung arbeiten als Abhängige an fremden Arbeitsplätzen. Viele Unternehmer trennen Betrieb und Wohnhaus voneinander, in steigender Zahl werden einerseits monofunktionale Betriebe (Manufakturen), andererseits reine Wohnhäuser errichtet.

Wohnhäuser müssen nicht nur für einzelne Eigentümer mit individuellen Wünschen, sondern für größere Bevölkerungsgruppen gebaut werden. Die an den allgemeinen Bedürfnissen orientierten Raumprogramme führen zu einheitl. Typen. Rationales und systemat. Denken einerseits und der Absolutismus und Zentralismus der Fürsten andererseits begünstigen die einheitl. Planung und Ausführung von Plätzen, Straßen und Stadtquartieren. Die moderne Geldwirtschaft ermöglicht die Finanzierung großer Projekte; Miethäuser entstehen als verzinsungsfähige Kapitalanlage.

Die neuzeitl. Typenbildung für städt. Wohnhäuser geht von 2 verschiedenen Grundtypen, dem *Reihenhaus* und dem *Palast,* aus.

Reihenhäuser im einheitl. Zeilenbau erscheinen gleicherweise als rationale Konsequenz aus der mittelalterl. Tradition der auf schmalen Parzellen nebeneinander stehenden Häuser wie als Verwirklichung normaler Wohnungsbedürfnisse in gleichen Häusern für wechselnde Bewohner.

Französ. Architekten mit ihrer Vorliebe für Rationalität und Systematik (z. B. die Familie Du Cerceau) planen schon im 16. Jh. – im Gegensatz zu den italien. Theoretikern – in den Projekten für Idealstädte, Plätze und Siedlungen lange Zeilen mit mehrstöckigen, einheitl. Reihenhäusern mit Giebelfronten. Sie zeigen bereits die Elemente der französ. Hausfassaden: *Arkaden* im Erdgeschoß, bis zum Fußboden reichende *Türfenster* mit geschmiedeten Brüstungsgittern in den Obergeschossen und *Mansarden* im Dach (S. 444).

Ein Musterbeispiel für ein Reihenhaus veröffentlicht u. a. P. le Muet 1647 in seinem Werk ›Manier de bien bastir pour toutes sortes de personnes‹. Ein *Vorderhaus* mit 3 Geschossen und Dachgeschoß und ein *Hinterhaus* mit *Pferdestall* im Erdgeschoß und Wohnräumen in Ober- und Dachgeschoß werden mit einer *Galerie* längs des Hofes verbunden. Die relativ großen Zimmer erhalten alle direktes Licht. Flur und Treppenhaus sind auf ein Minimum begrenzt.

Durch die senkrechte Reihung der Fenster bis in die vorspringende *Dachgaube* bestimmt ein ausgeprägter Vertikalismus die Einzelfassade. Die horizontalen Gesimse kommen erst in der Reihung der Häuser zur ausgleichenden Wirkung.

Die **Place Dauphine** mit der anschließenden *Rue de Harlay* ist das erste auf königl. Dekret angelegte Quartier in Paris mit einheitl. Häuserzeilen (vgl. S. 440).

Die *Doppelzeilen* um den Platz nehmen im Erdgeschoß jeder Hauseinheit Läden auf: je 2 Geschäftsräume mit Nebenraum zu beiden Seiten des Mittelflurs. Die Treppe im Hof erschließt die Wohnungen in den 2 Obergeschossen und im ausgebauten Dach.

Die Gesamtdisposition – auch bei den späteren Projekten – geht vom gereihten Einzelhaus aus. Im Straßen- und Platzbild setzt sich dagegen zunehmend die Tendenz zu übergreifenden Gliederungen durch, die auf eine einheitl. Gesamtfront bei Straßen und Plätzen berechnet sind (S. 444, *Place des Vosges*; S. 426, *Place Vendôme*). Die entsprechende innere Ordnung mit Wohnungen auf einer Geschoßebene folgt erst später, nachdem die traditionelle Kleinparzelle als Standardelement der individuellen Bodennutzung aufgegeben ist.

Der Süden Europas entwickelt als neuen Typ des städt. Patrizierhauses den **Stadtpalast** (S. 454 f.). Mit ihm wird die kleinteilige Bauweise zugunsten großer Blöcke mit horizontalen Geschoßflächen und Fensterreihen überwunden und zugleich ein Prototyp für andere Arten städt. Gebäude geschaffen. Wie schon bei der röm. *Insula* (S. 224) können die einzelnen Geschosse vom Innenhof mit Umgängen horizontal, von Treppen an geeigneter Stelle vertikal erschlossen werden. Eine systemat. Bebauung mit großen Blöcken wird im 17. Jh. in Turin im ganzen Stadtgebiet verwirklicht (S. 434). Ähnlich konsequente Planungen lassen sich aber in anderen europäischen Städten zunächst nicht durchsetzen.

In einzelnen Fällen verbindet sich das alte Prinzip der streifenartigen vertikalen Erschließung mit dem Blocktyp. In **Würzburg** baut z. B. **Balthasar Neumann** 1738 auf einer durch Abbruch älterer Häuser freigelegten Fläche am Marktplatz ein Wohn- und **Geschäftshaus** für 7 Geschäftsleute. Er teilt den Baublock in 7 vertikale Sektoren mit Laden, Wohnungen, Speicher und eigenem Treppenhaus: gewissermaßen eine Übertragung des mittelalterl. Einzelhauses in den konstrukt. und optisch zusammenfassenden Großblock, der sich im 18. Jh. im Städtebau zunehmend durchsetzt.

Der Schritt zum nach Bedarf vermietbaren Geschoßbau mit zentraler Erschließung vollzieht sich allgemein erst im 19. Jahrhundert (S. 538 f.).

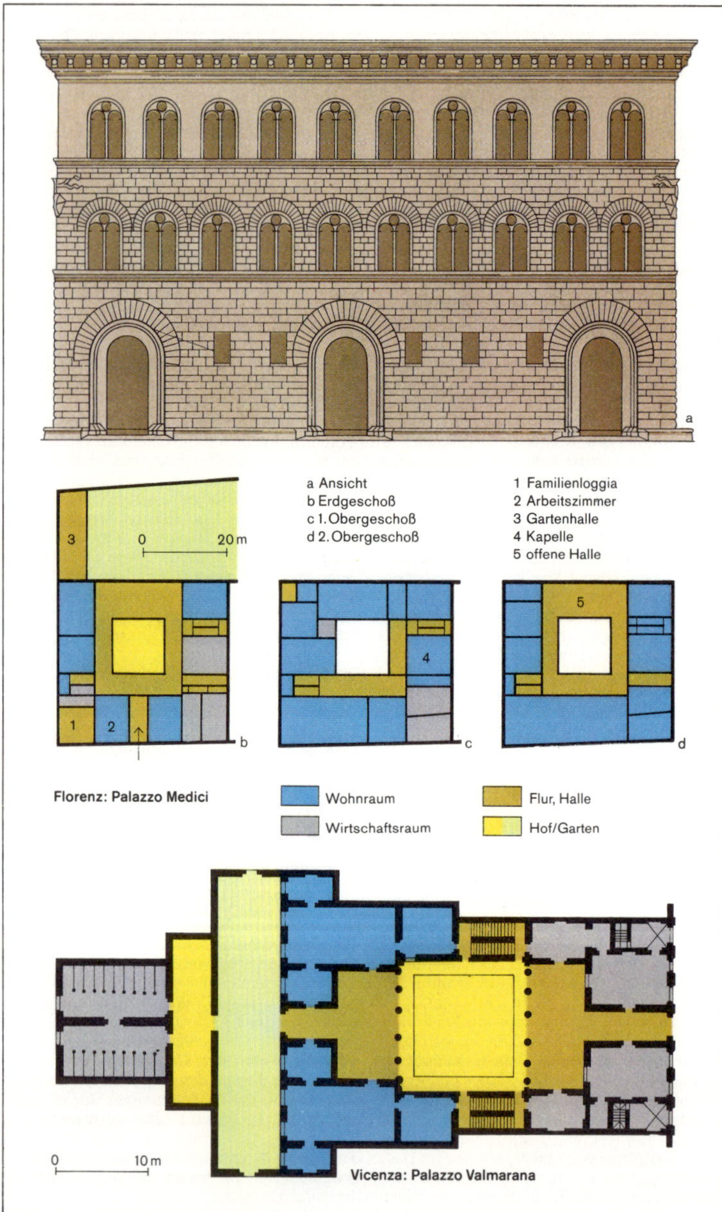

Verwandlung der Patrizierburg

In den Städten der Lombardei, Venetiens und der Toskana bilden sich früher als im übrigen Europa neue Wirtschaftsformen aus. Die Geldwirtschaft bringt die Finanzaristokratie zur Macht. Sie bestimmt zunehmend Politik und Lebensstil.
Der vom italien. Adel bevorzugte Typ des Wohn- und Geschäftshauses ist seit dem 13. Jh. der **Stadtpalast.** Im späten Mittelalter bilden sich in den einzelnen Landschaften charakterist. Typen (S. 344). Aus der Identität von Stadtregierung und Aristokratie ergibt sich eine intensive Wechselwirkung zwischen Kommunalbau und Privathaus: Kommunalpaläste (Palazzi) stellen die gesteigerte Form des Wohnhauses (Casa) dar.
In der Renaissance nimmt die horizontale Ausdehnung zu. Sie ermöglicht eine klare Verteilung der Funktionen auf die einzelnen Geschosse.
Das festungsartig geschlossene Erdgeschoß dient dem Verkehr von Händlern, Kunden, Klienten und Besuchern. *Durchfahrt* und *Eingangshalle,* manchmal vereinigt, sind für die Passage mit Reitern und Wagen berechnet. Der zentrale *Loggienhof,* die geöffnete Innenfassade des Palastes, dient der Erschließung, der Lichtführung und der Repräsentation.
Das 1. Obergeschoß (piano nobile) bildet mit seinen Prunkräumen den repräsentativen Rahmen, den gesellschaftl. Rang, öffentl. Ämter und wirtschaftl. Interessen von den Patrizierfamilien verlangen. Das 2. Obergeschoß nimmt die eigentl. Wohnräume der Familien auf.
Die Mehrfach-Funktionalität läßt die Familienpaläste zu Prototypen großer städt. Gebäude (Regierung, Verwaltung, Justiz) in ganz Europa werden.
Im 15. Jh. setzt ein schneller Aufschwung im privaten Palastbau ein. Seine zunehmende **Monumentalisierung** tritt zuerst in der Toskana hervor. Als Typ herrscht weiter der geschlossene Baublock mit nahezu fensterlosem Erdgeschoß und gleichmäßigen Fensterreihen in den Obergeschossen. Gesimsbänder unter den Fenstern betonen die horizontale Geschoßerstreckung ebenso wie das abschließende Kranzgesims.

In der **Frührenaissance** stehen die *Rusticafassade* und die *Pilasterfassade* im Wettbewerb.
Die **Rusticafassade** setzt sich von FLORENZ aus zuerst durch. 1444–64 erbaut MICHELOZZO für COSIMO MEDICI den **Palazzo Medici.** Er steigert den traditionellen toskan. Quaderbau durch Vereinfachung und übergroße Dimensionierung zu einer Monumentalität, die sich nur als Ausdruck der Macht und des Willens zur Machtbehauptung verstehen läßt. Der Palast soll das Prestige der MEDICI im öffentl. Bewußtsein verankern. Führende Familien folgen dem Beispiel; einige suchen es zu übertreffen *(Pal. Pitti* und *Strozzi).* Neubauten dieses Typs entstehen in allen toskan. Städten (S. 422 ff.).
Die **Pilasterfassade** erhält gleichzeitig, etwa 1446–50, ihre erste monumentale Verwirklichung nach dem Entwurf von LEON BATTISTA ALBERTI im **Palazzo Rucellai.** Die von mittelalterl. Tradition wegführende Gliederung der Rusticaflächen durch antikisierende Pilasterordnungen setzt sich bezeichnenderweise in FLORENZ nicht durch, obwohl damit eine für die Zukunft entscheidende Neuerung eingeführt wird (S. 424 ff.).

Die äußere Monumentalisierung und Stilisierung geht der inneren voran. Die vielen Funktionen lassen sich nicht so schnell in eine symmetrische und axiale Ordnung bringen, wie es die Theorie der Renaissance anstrebt. Sie bleibt erst auf Hauptportale, Eingangshalle und Innenhof begrenzt, hinter dessen gleichmäßigem Viereck der Wechsel der Räume verborgen bleibt. Allmählich setzen sich aber Gleichmäßigkeit und Symmetrie gegen mittelalterl. Traditionen und Nützlichkeitsdenken durch.
In der **Hochrenaissance** wird die innere Ordnung mit der Symmetrie der Fassaden und des Innenhofs allmählich zur Deckung gebracht: eine oft unnatürliche Anpassung des Familien- und Geschäftslebens an formale Prinzipien. Dazu gibt es in der altröm. Tradition eine Analogie. Das röm. Atriumhaus ist ein axialsymmetr. Typ; das röm. Familienleben zeigt Züge strenger Stilisierung (S. 222). Stilisierung und Zeremoniell beherrschen immer mehr das zunehmend von den Fürstenhöfen bestimmte gesellschaftl. Leben. Sie erreichen ihren Höhepunkt im Absolutismus (Spanien, Frankreich).
Axiale Symmetrie des Grundrisses kennzeichnet bereits den 1489 von B. DA MAIANO begonnenen **Palazzo Strozzi** in FLORENZ. Im Erdgeschoß z. B. sind alle Räume trotz verschiedener Funktionen spiegelbildl. doppelt gruppiert. Die vom Arkadenhof zu beiden Seiten einer Gruppe von Empfangssälen in das Obergeschoß führenden doppelläufigen Treppen deuten schon die Entwicklung zu den großen Doppelanlagen der Barockzeit an (S. 472).
Die Axialsymmetrie wird in der Hochrenaissance zum grundlegenden Entwurfsprinzip erhoben und bis zum Ende des 19. Jhs. kaum angefochten. Auf ihm beruht die Klarheit der Grundrisse, der Raumfolgen und der Baukörper.
Die Entwürfe und Gebäude von **Andrea Palladio** gelten als Vorbilder für viele europäische Architekten der folgenden Epochen. Der von ihm um 1565 begonnene **Palazzo Valmarana** in VICENZA zeigt das Prinzip des axialen und spiegelgleichen Bauens (Fassade, S. 424) mehrfach im Grundriß: in der Hauptachse, den Seiten- und Querachsen, der Anordnung der Treppen, Türen, Fenster und Nischen.
Der von PALLADIO selbst publizierte Grundriß vermittelt in der Aufteilung der Räume und der Abstimmung ihrer Größe Einsicht in die Methoden der Planung und Proportionierung aller Räume nach den auf der Antike fußenden Theorien der Renaissance. Hier herrscht ein unbedingter Wille zur Vollkommenheit. Der Profanbau wird von aller Beiläufigkeit, aber auch von subjektiver Originalität befreit und in eine Sphäre objektiver Klarheit und Schönheit gerückt, die ihn neben den Sakralbau stellt (vgl. S. 458).

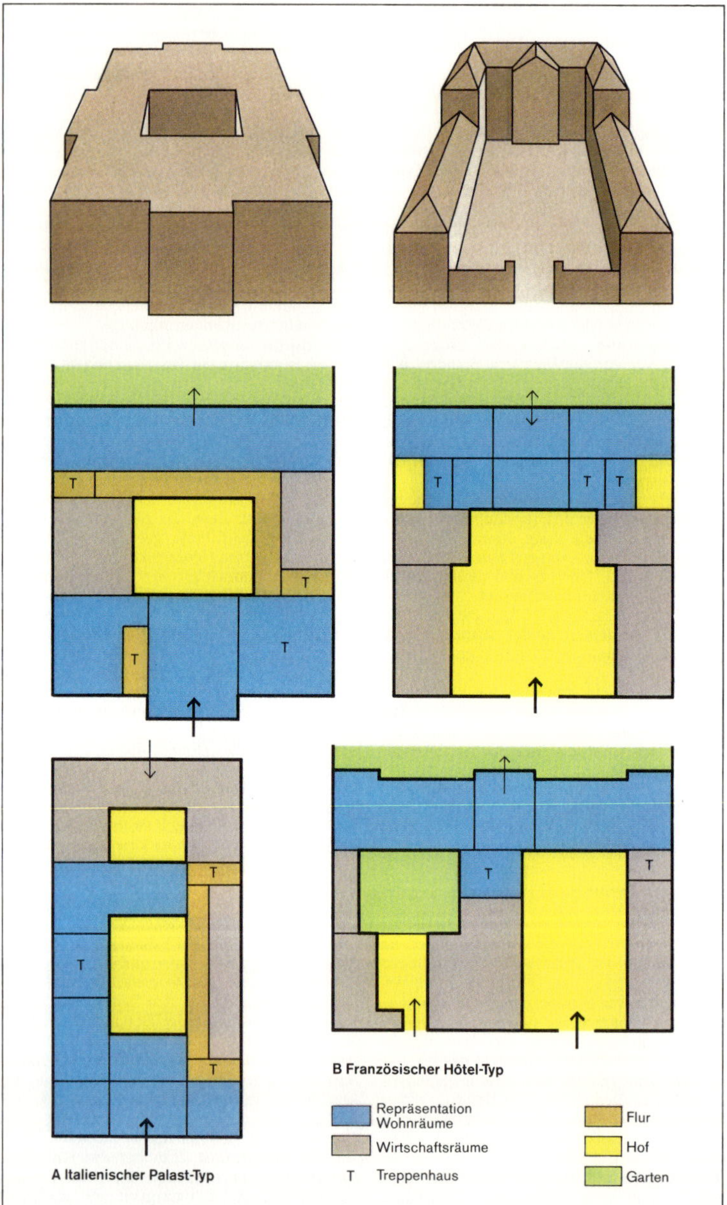

Europäische Grundtypen: Palazzo und Hôtel

Städt. Lebensform und Verfassung geraten im 16. Jh. in Krisen. Im 17. Jh. und 18. Jh. bestimmen fürstl. Absolutismus und staatl. Zentralismus die Politik und zunehmend auch das Leben in den Städten. Auch in West- und Mitteleuropa baut nun der Adel, der – im Gegensatz zu Italien – die Städte mied, in den Haupt- und Residenzstädten eigene Wohnsitze. Sie formen zunehmend das Stadtbild (z. B. in PARIS, TURIN, WIEN, GENF, MÜNSTER).
Die verschiedenen Bautraditionen im S und N bringen die beiden Grundtypen der städt. Adelswohnung, den italien. **Palast (Palazzo)** und das französ. **Hôtel** hervor.

Bei den Stadtpalästen des italien. Typs bleibt die Typenbildung an den geschlossenen Baublock mit Innenhof gebunden, wie ihn die Renaissance durchgebildet hat (S. 454). Im Barock treten neben dem Schwerpunkt ROM viele andere Städte bis nach Mittel- und Osteuropa mit regionalen Bauschulen hervor, z. B. GENUA, TURIN, WIEN, PRAG, PETERSBURG.
An den Fassaden nimmt die Konzentration auf die Mitte zu. Sie tritt als *Risalit* aus der Front hervor, oft mit einer besonderen Säulenordnung *(Großordnung)* und einem Giebel akzentuiert. Gegen die bisherige stat. Ausgewogenheit und die horizontale Reihung setzt sich damit ein dynam. und dominierendes Element durch.
Die Symmetrieachse wird im Inneren durch die Eingangshalle in den Zentralhof weitergeführt. Dieser ist jedoch prinzipiell ein Element der Zentrierung und Zirkulation. Er neutralisiert die Achse und erleichtert Erschließung und Lichtzufuhr für die oberen Geschosse. Bei langen schmalen oder sehr großen Baublöcken werden oft zwei oder mehrere Höfe angelegt, besonders für Wirtschaftsräume und Stallungen (vgl. S. 454).
Die Haupttreppe steigt meist an einer Seite (selten verdoppelt an beiden) der Eingangshalle mit der Wagendurchfahrt auf. Das Treppenhaus erhält die Funktion eines Hauptraumes für den zeremoniellen Empfang und eröffnet die Folge der Repräsentationsräume im 1. Obergeschoß (piano nobile, bel étage).
Der Hauptsaal (Salon) nimmt meist die Mitte der Fassade über der Einfahrt im Mittelrisalit ein, strenge Regeln gibt es aber nicht. Das Ideal der völligen Symmetrie mit dem starr axialen Grundrißschema – in der Hochrenaissance kurze Zeit verwirklicht (S. 454) – weicht einer abwechslungsreichen Verknüpfung der Räume zu Gruppen. Da die Paläste oft an beiden Flanken eingebaut sind, muß die zentrale Raumgruppe teils zur Fassade, teils zum Hof orientiert werden. An die Stelle der früheren Loggien um den Hof treten teilweise Flure, um einen Teil der Räume unabhängig voneinander zu erschließen (appartement semi-double), ohne daß auf die traditionelle Zimmerflucht mit gleichen Türachsen (Enfiladen) verzichtet wird.

Das **Hôtel,** der Grundtyp des städt. Wohnsitzes für den französ. Adel, geht auf die mittelalterl. Adelshöfe zurück: vielgestaltige Anlagen mit mehreren Flügeln verschiedener Funktion und Form (Landschlösser, S. 463).
Nach dem Vorbild der Residenzschlösser und den kompositorischen Gesetzen des Barock entwickelt sich der Typ des von der Straße zurückgezogenen Wohnhauses *(corps de logis)* als dominierender Baukörper am Ende des Ehrenhofes *(cour d' honneur),* den an beiden Seiten die spiegelgleich aufgebauten Flügel der Wirtschafts- und Nebengebäude umfassen. Ein weiterer Flügel, eine Mauer oder ein Gitter mit dem Einfahrtstor schließen den Hof zur Straße ab. Die Rückfront des Corps de logis wendet sich einem Garten zu. Der Adel setzt seinen exklusiven traditionellen Lebensstil auch in der Stadt durch.
Die Situation in den Städten begünstigt den auf der Mittelachse in die Tiefe gestaffelten Aufbau. Den französ. Architekten gelingt es, die oft ungünstigen Grundstückszuschnitte mit einer Vielzahl von Varianten zu bewältigen, und ein bequemes, differenziertes Wohnen (commodité) mit ständischer Tradition zu verbinden.
Der Ehrenhof muß zugleich als repräsentativer Vorhof und als Wirtschaftshof dienen (Ställe, Remisen). Die Wirtschaftsgebäude erhalten deshalb eine auf den Hauptbau bezogene Gliederung und Symmetrie. Ein zwanghafter Formalismus ist manchmal nicht zu vermeiden. Zu den ersten regelmäßigen Hôtels gehören das Palais für den Kardinal von Ferrara, »Le grand Ferrare«, von SERLIO in FONTAINEBLEAU und das eigene Haus PH. DELORMES in PARIS, Mitte des 16. Jhs.
Breite, wenn auch unregelmäßige Grundstücke ermöglichen den Bau von 2 parallelen Vorhöfen, von denen einer als Wirtschaftshof, einer als Ehrenhof dient. Die Tradition des barocken Massenaufbaus fordert sowohl für den seitl. liegenden Ehrenhof wie für den die ganze Grundstücksbreite einnehmenden Garten Symmetrie und Mitteldominante. Die Lösung liegt in einem Aufbau mit parallel versetzten Achsen und Dächern zwischen Straßen- und Gartenseite und in entsprechenden Raumgruppierungen (S. 470, *Hôtel de Matignon*). Eine der frühesten Anlagen dieser Art noch nach dem Prinzip des *appartement simple,* das **Hôtel de Liancourt,** bauen 1613–23 S. DE BROSSE und LEMERCIER.
Die Entwicklung von Schloß und Hôtel stehen in ständiger Wechselwirkung. Im Massenaufbau bietet der Schloßbau mehr Möglichkeiten. Bei der Grundrißdisposition zwingen die engeren Verhältnisse im Hôtel zu geschickten und praktikablen Lösungen. Hier wird besonders die Entwicklung des **Appartement double** vorangetrieben. Das erste baut wahrscheinlich F. MANSART 1648 im *Hôtel du Jars.*
Der gegenüber dem italien. Blockschema anpassungsfähigere Hôteltyp, die rationalen und abwechslungsreichen Grundrißlösungen und die eifrige Publikation theoret. und beschreibender Bildwerke erklären den großen Einfluß der französ. Architektur. Er ist ein Teilaspekt vom Vorbildcharakter des französ. Absolutismus und der gesamten französ. Kultur im Barockzeitalter.

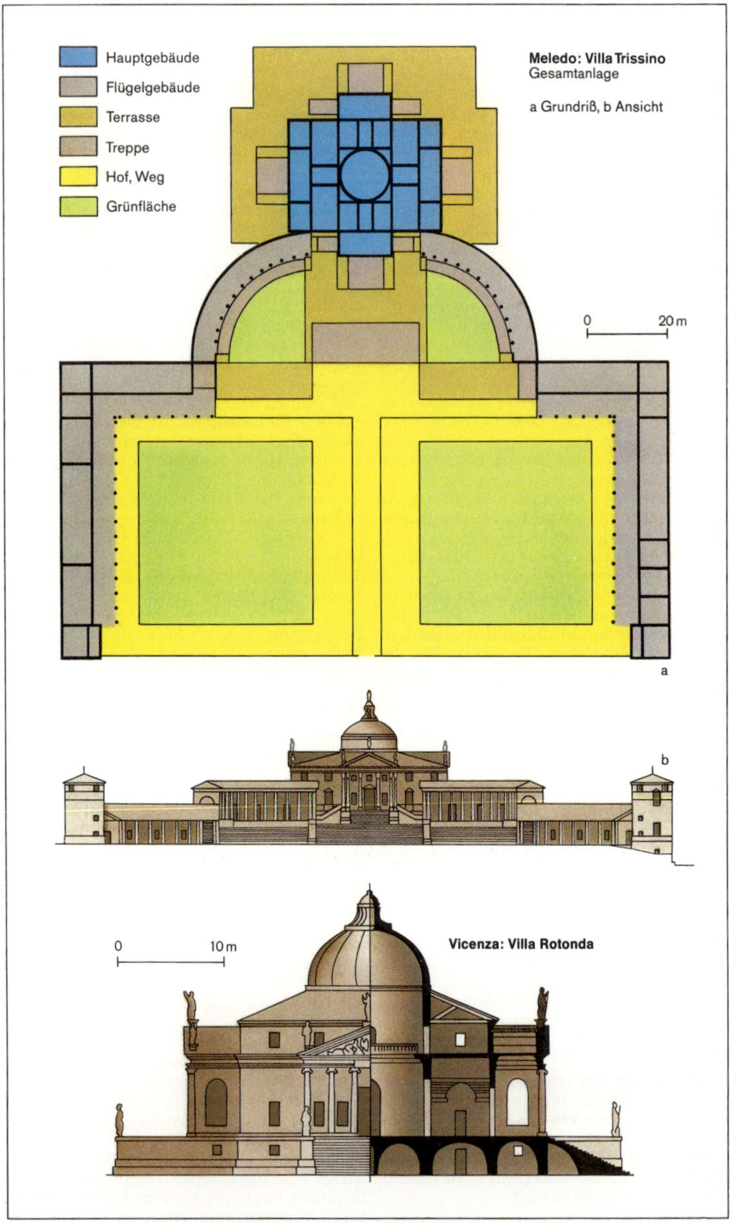

Palladios Villen: Verwirklichung idealer Architektur

Die Renaissance entdeckt mit der Antike auch die Schönheit der Landschaft und das Leben auf dem Land als Ergänzung des Lebens in der Enge der Stadt, besonders im Sommer. BOCCACCIO beschreibt schon um 1350 im ›Decamerone‹ die **Villen** auf dem Land als Gegenpole der Stadtpaläste mit zentralem Hof, Loggien, ausgemalten Sälen und Zimmern, Springbrunnen und ummauerten Gärten.

L. B. ALBERTI gibt in seinen ›10 Büchern über die Architektur‹ (1452) ein ausführliches Programm für »Herrenhäuser«, hinter dem das antike Vorbild der Villa PLINIUS' D. J. steht. Von den vielen genannten Räumen sollen sich die Haupträume: Eingangshalle, Speise- und Aufenthaltsräume auf einen Zentralraum (»Sinus«) nach Art des röm. *Atriums* (S. 226) öffnen »wie auf ein öffentl. Forum die Gebäude«. Im Blickfeld soll ein Hausaltar stehen. Das Winterspeisezimmer soll einen Ofen, das Sommerspeisezimmer eine Öffnung zum Garten haben. Die Speisezimmer, die geräumig, heiter und festlich sein sollen, haben zugleich die Funktion von Gesellschaftsräumen. Von ihnen gelangt man in die privaten Raumgruppen mit den Schlafzimmern.

Die **Zentrierung des Hauses** wird zu einem wichtigen Prinzip. Allerdings wird das offene Atrium fast immer durch eine geschlossene Halle ersetzt. Von den Villen der Frührenaissance ist u. a. die ab 1480 von G. DA SANGALLO erbaute **Villa Medici** in POGGIO A CAIANO ein Zentraltyp. Ein Sockelgeschoß mit Bogenhallen ringsum trägt eine Terrasse. Auf ihr steht der zweigeschossige Hauptblock mit einem Tempelportikus an der Fassade. Um die tonnengewölbte, rechteckige Mittelhalle ordnen sich kreuzweise die Haupträume. Die in den Winkeln zwischen ihnen liegenden quadrat. Flächen werden von 4 gleichartigen Appartements mit je 3–4 Zimmern eingenommen. Diese Disposition entspricht in wesentl. Zügen Albertis Programm und der von der Renaissance bevorzugten allseitigen Symmetrie und der Neigung zum Zentralbau (vgl. S. 462, CHAMBORD).

Bei den Villen im Umkreis von ROM bildet sich ein Typ mit längsrechteckigem Baukörper, parallelen Raumfolgen, Mittelloggia und oft mit seitl. Flügeln aus, z. B. die von PERUZZI ab 1509 erbaute *Villa Farnesina*. Diesem **Paralleltyp** folgen viele große Landvillen, z. B. die von G. GENGA auf einer Berghöhe bei PESARO erbaute *Villa Imperiale*.

In Venetien verbindet sich die Intensivierung der Landwirtschaft auf den großen Gütern des städt. Adels mit dem Bau vieler neuer Villen. Einige folgen dem röm. Parallelschema, z. B. um 1530 die *Villa Garzoni* in PONTECASALE von J. SANSOVINO oder die *Villa Soranza* von M. SANMICHELI. Andere Villen entstehen nach Art der traditionellen Gutshäuser in zeitgemäßer Stilisierung. Ein nach strengen Regeln symmetr. angelegtes Herrenhaus eigener Disposition baut sich der Humanist G. G. TRISSINO in CRICOLI 1530–38. Zu der um ihn versammelten »Accadèmia Trissiniana« gehört auch der von ihm gebildete und geförderte ANDREA PALLADIO.

In **Palladios Villen** scheinen die platon. Ideen der Humanisten und die Theorien der klassisch-vitruvian. Tradition seit ALBERTI, einschließlich seiner eigenen Studien über Symmetrie und harmon. Proportionen in reiner Form realisiert zu sein.

Wie die anderen Architekten der Renaissance versucht PALLADIO nicht, die Gebäude der Landschaft ein- bzw. unterzuordnen. Er benutzt die freie Lage, um an ausgesuchten Punkten der Landschaft eine Idealarchitektur zu verwirklichen. Sie folgt nach seiner Überzeugung nicht den subjektiven Meinungen und Vorstellungen des Künstlers und seiner Auftraggeber, sondern der »absoluten Wahrheit« der Mathematik. Seine Bauherren sind offenbar bereit, diesen Idealvorstellungen zu folgen, die sich für sie als wohlproportionierte Architektur darstellen. Ihre Klarheit und Schönheit, aber auch die etwas doktrinäre Starrheit akzeptieren sie als Symbole der Ordnung und geistigen Überlegenheit, mit denen sie ihre gesellschaftl. Position und ihr Selbstverständnis demonstrieren.

PALLADIO baut seine Villen nach einem variationsfähigen, axialsymmetr. und zentrierten Grundschema sowohl für das Herrenhaus als Einzelbau wie für Gesamtanlagen mit Wirtschaftsgebäuden.

Das 1570 veröffentlichte, nicht ausgeführte Projekt für die **Villa Trissino in Meledo** erscheint wie eine modellartige Zusammenfassung der typ. Elemente seiner anderen gebauten und nicht gebauten Entwürfe. Er nutzt einen flachen Hügel, um das Herrenhaus als Dominante der Gebäudegruppe und der ebenen Landschaft ringsum herauszuheben und staffelt die Wirtschaftsgebäude von den ausgreifenden Flügeln her – sowohl in die Tiefe sich verengend wie horizontal ansteigend – auf die zentrale Kuppel hin. Mit diesem schon auf barocke Steigerung hinweisenden Aufbau der Gesamtgruppe verbindet er das Ideal des allseitig gleichen Baukörpers: auf der Höhe des Hügels steht das Wohnhaus (ein Zentralbau!) fast frei.

Es entspricht in Grundriß und Baukörper fast genau der wahrscheinl. 1567 begonnenen **Villa Almerico bei Vicenza**, berühmt unter dem Namen **La Rotonda**. Die einzeln stehende *Stadtrandvilla* ist ein auf dem Quadrat aufgebauter Kubus, aus dem an allen Seiten ein Portikus mit Tempelfront über einer Freitreppe vortritt (Podiumtempel, S. 248).

Die Verbindung von Rotunde und Kuppel im Zentralraum verwirklicht eine Grundidee der Renaissance (Sakralbau, S. 480 ff.). Sie wird im Wohnhausbau anscheinend seit Ende des 15. Jhs. verfolgt. Im Haus A. MANTEGNAS in PADUA bleibt die Kuppel – mit einem offenen »Auge« wie beim Pantheon (S. 252) – wahrscheinlich unterhalb der Firsthöhe.

Die Villa Rotonda ist ein Werk, das im internationalen Palladianismus in Prinzip und Detail in verschiedenen Epochen wiederholt wird, z. B. in England in MEREWORTH CASTLE VON CAMPBELL, in CHISWICK VON BURLINGTON, in den USA in MONTICELLO VON JEFFERSON.

Versailles: Petit Trianon

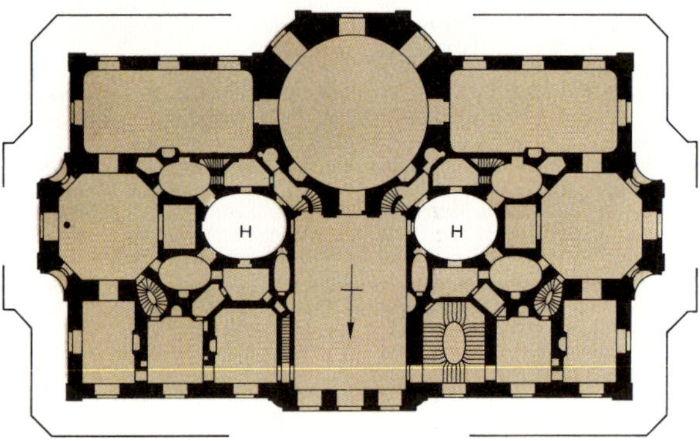

Düsseldorf: Schloß Benrath, Grundriß

Potsdam: Schloß Charlottenhof

Das kleine Schloß: intimer Gegenpol zur öffentlichen Residenz

Gartenpaläste und **Stadtrandvillen** *(Villa suburbana)* bieten dem Hof- und Stadtadel im Sommer die Vorteile des Landhauses in unmittelbarer Nähe der Stadt. Die Situation in WIEN zu Beginn des 18. Jhs. kann als typ. gelten: Für den üblichen Wechsel des Wohnsitzes im Sommer bauen die Familien des Hofadels, durch ihre Ämter an die Hauptstadt gebunden, als Ergänzung zu den Stadtpalästen einerseits und den Landgütern andererseits vor dem Befestigungsgürtel einen Kranz von Barockgärten mit großen und kleinen Gartenpalästen.
Die vielgestaltige Typengruppe steht teils den Stadtpalästen, teils den Landvillen nahe und unterliegt den wechselnden Einflüssen der italien. und französ. Architekturschulen. PALLADIOS *Villa Rotonda* z. B. der Lage nach eine Stadtrandvilla, dem Typ nach ein ländl. Herrenhaus (S. 458), genügt dem Bauherrn, einem hochstehenden, gelehrten Kanoniker, als Dauerwohnsitz. In WIEN entsprechen die *Gartenpaläste Liechtenstein* (MARTINELLI) und *Trautson* (FISCHER VON ERLACH) dem Blocktyp des italien. Stadtpalastes (S. 456), das *Palais Schwarzenberg* (HILDEBRANDT/FISCHER V. ERLACH) und das *Untere Belvedere* (HILDEBRANDT) mehr dem Typ der kleinen Lustschlösser französ. Art. Das *Obere Belvedere* (HILDEBRANDT) nähert sich in Größe und Aufbau einem Residenzschloß (S. 470).

Lustschlösser, Jagdschlösser und **Eremitagen** dienen meist den Königen und Landesfürsten als private und intime Schlösser im Gegensatz zum öffentl. Residenzschloß. Sie liegen teils in seiner Nähe, teils über das Land verstreut. Zum allgemeinen Vorbild wird die Konstellation von VERSAILLES (S. 438, 464). Das Hauptschloß ist ganz von der Funktion als Staatszentrale bestimmt, die das Leben des Fürsten, seiner Familie und seines Hofes ständig in den Regeln des Zeremoniells und im Licht der Öffentlichkeit hält. Die Nebenschlösser ermöglichen den Staatspersonen zeitweilig die Sphäre der Privatperson. Ihr Raumprogramm beschränkt sich meist auf wenige Haupt- und Nebenräume im Erdgeschoß, ergänzt durch ein *Attika-* oder *Souterraingeschoß*.
Grundriß und Baukörper folgen den gleichen Prinzipien wie die großen Schlösser. Allgemein herrscht Symmetrie gleichartiger Raumgruppen, mit Vestibül und Hauptsaal als *Mitteldominante* innen und außen (vgl. S. 464 ff.). *Terrassen* und *Gartenparterre,* oft noch ein Ehrenhof, bilden die Zone idealer Ordnung, mit der jeder Barockbau die Umgebung architektonisiert und beherrscht.
In Frankreich zeigt sich die Tendenz zu mehr Einfachheit und Bequemlichkeit schon früh als Reaktion auf den prunkvollen und zeremoniellen Absolutismus von VERSAILLES. In der Architekturtheorie, z. B. bei LE BLOND (1679–1729), tauchen entsprechende Forderungen auf: das Hauptgeschoß zu ebener Erde, anstelle der »bel etage« im Obergeschoß, kurze Verbindungen von Raum zu Raum, weniger Gänge, Vorsäle und Treppenhäuser, weniger Dienerschaft, mehr Privatleben.
Der geforderten »Commodité« entsprechen besonders die Schlösser vom **Einflügeltyp.** In dem 1674 von J. HARDOUIN-MANSART erbauten Jagdschloß *Château du Val* ist das Raumprogramm auf 9 Räume reduziert. Der große Salon nimmt die ganze Mitte (1/3 der Gesamtfläche) ein und dient zugleich als Vestibül und Speisesaal. An der einen Seite schließt sich eine Gruppe von 4 gleichgroßen Aufenthaltsräumen, an der anderen das Appartement des Königs an.
Das **Jagdschloß Benrath** bei DÜSSELDORF, 1755 bis 1769 von N. DE PIGAGE erbaut, stellt eine vielräumige und kompakte Variante des Typs dar. Die spiegelbildl. Anordnung der Räume ist mit einem Wechsel der Grundformen Rechteck, Kreis, Achteck, Oval verbunden.
Bei der vom zentralen Kuppelsaal nach beiden Seiten umlaufenden Enfilade nehmen die Raumgrößen stufenweise ab. Quer- und Diagonalverbindungen verflechten die um ovale Lichthöfe gruppierten Räume der privaten Appartements in raffinierter Weise.
Die Verfeinerung der Planung ermöglicht die Differenzierung von privatem Wohnen und offizieller Repräsentation im gleichen Rahmen. Unter den Schlössern des Rokoko vom eingeschossigen Einflügeltyp nimmt **Sanssouci** bei POTSDAM eine Sonderstellung ein. FRIEDRICH D. GROSSE läßt es 1745–48 durch G. W. VON KNOBELSDORFF als sein **Wohnschloß** in bewußter Gegenposition zum Großschloß vom Typ VERSAILLES erbauen. Die *Aufklärung* verwandelt das Verständnis von Staat und Monarchie und ihrer gebauten Abbilder.
Das **Petit Trianon** im Park von VERSAILLES, 1764–68 von J. A. GABRIEL erbaut, ist von den Schlössern des Versailler Hofes das bekannteste Beispiel für einen verfeinerten und vereinfachten Lebens- und Baustil und für den neuen französ. Klassizismus. Wenige Elemente gliedern den Kubus des Baukörpers: *Mittelrisalite* mit Großordnungen an allen Fronten, knapp gerahmte Fenster und eine das flache Dach (!) umlaufende *Balustrade.*

Mit dem *romant. neugriech.* Stil des **Klassizismus** setzt sich ein neues Empfinden für Strukturen und Schönheit der Landschaft durch *(Engl. Garten).* Das Ziel ist nicht mehr ihre Beherrschung durch Achsen, sondern Einordnung und Zusammenspiel mit der Landschaft.
Diese Absicht verfolgt K. F. SCHINKEL bei dem 1826/27 für den preuß. Kronprinzen (FRIEDRICH WILHELM IV.) erbauten **Schloß Charlottenhof.** Ein leicht überhöhter Querbau durchdringt den zum Garten eingeschossigen Baukörper. In der tempelartigen Stirnhalle (eine gedeckte Terrasse – kein Risalit) durchdringen sich wie beim griech. Tempel Innen- und Außenraum (S. 188). Der Baukörper nähert sich der geometr. reinen Form (S. 458). Sie wirkt durch die Proportionen der Flächen, nicht durch aufgelegte Gliederungen (S. 430). Charlottenhof ist kein »Gartenpalast« mehr, sondern ein vornehmes Privathaus.

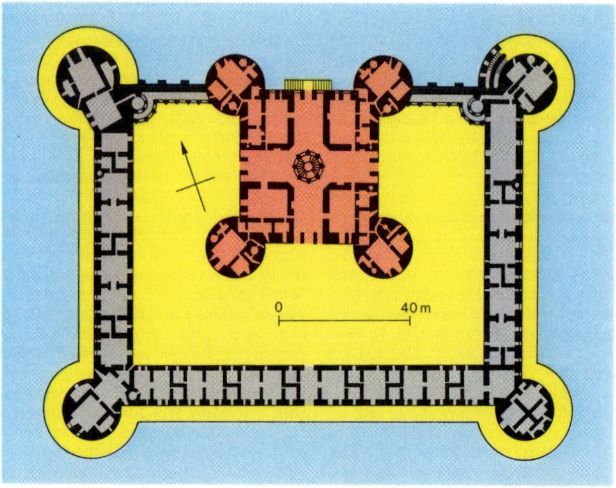

Schloß Chambord, Grundriß

Fontainebleau: Ovalhof, Teilstück

Schlösser sind die Nachfolger der Burgen und wie diese zunächst noch befestigt (S. 352 ff.). Je mehr sich aber neue Staatsformen und Militärtechniken ausbreiten, desto mehr löst sich der repräsentative Wohnbau von der hemmenden Befestigung. Festungen und Schlösser werden, ihren Funktionen entsprechend, getrennt gebaut.
Frankreich geht bei der Ausbildung des Absolutismus und des zentralisierten Staates voran. Seine Könige fördern den Bau neuer Schlösser, besondern an der *Loire* und in der *Île de France.*
Die französ. Italienpolitik führt zum Einfluß der Renaissancekultur und zur Berufung italien. Künstler an den Königshof, unter FRANZ I. u. a. von LEONARDO DA VINCI, SERLIO, D. DA CORTONA, PRIMATICCIO, ROSSO FIORENTINO. Ihr Anteil an einzelnen Bauwerken ist oft nicht geklärt, denn gleichzeitig arbeiten französ. Architekten an den gleichen Baustellen, u. a. G. LE BRETON, PH. DE L'ORME, J. BULLANT, J. A. DUCERCEAU I. An den Um- und Neubauten der Königsschlösser bildet sich ein eigener **französ. Renaissancestil** heraus.
Die neu entstehende Typologie nimmt verschiedene Traditionen und Typen auf: den mittelalterl. *Mehrflügelbau* ohne feste Regeln, das regelmäßige *Kastell* röm. Herkunft, den Typ des Wohnturms *(Donjon),* die Theorien der italien. Renaissance.
Bei Umbau und Erweiterung bestehender Schlösser (BLOIS, FONTAINEBLEAU) mit vielen Flügeln und Höfen bilden sich typ. Gebäudeteile, typolog. Elemente und Einzelformen heraus, z. B. Flügel, Türme, Pavillons mit steilen Dächern mittelalterl. Tradition und reich dekorierten *Dachgauben* und *Schornsteinen, Galerien* mit Bogenstellungen oder Reihen hoher Fenster, *Werksteingliederungen* im Kontrast zum *Ziegelmauerwerk,* eingelegte *Ornamentik* in Schiefer. (Ähnlich verläuft die Entwicklung in Deutschland und den Niederlanden.)
Freitreppe und Eingangshalle im Cour Oval in Fontainebleau (um 1540) zeigen beispielhaft die Verwandlung älterer Typen durch die Formen der Renaissance: Zwei parallel zur Front gegenläufig aufsteigende *Treppenläufe* vereinigen sich über einem Torbogen zu einem *Podest.* Von dort führt ein einzelner Lauf in die offene *Vorhalle* im Obergeschoß. Er überbrückt mit einem Bogen die Vorfahrt, zu der sich die untere Halle öffnet (vgl. S. 438, Senatorenpalast (ROM 1538)). Andere Treppen folgen diesem Vorbild. Sie werden die Vorläufer der großen Treppenhäuser des Barock (S. 56, 472).

Die Vorliebe der Renaissance für regelmäßige Anlagen setzt sich in Neubauten durch. Sie werden zu wichtigen Etappen der Typenbildung, z. B.
Ancy le France, 1546, von SERLIO, eine kastellartige *Vierflügel-Anlage* mit Ecktürmen: ein Modell zahlreicher europ. Schlösser bis zur Barockzeit (P. LESCOT, 1527, Kernbau des LOUVRE, H. LOTTER, 1568, AUGUSTUSBURG bei CHEMNITZ, G. RIEDINGER, 1605, ASCHAFFENBURG).
Bury, 1524, eine Vorform des *Dreiflügel-Typs* auf der Grundlage des Quadrats mit einem Haupttrakt (corps de logis) und weit vorspringenden Flügeln zu Seiten des Eingangshofes (cour d'honneur).
Jagdschloß Madrid im Bois de Boulogne, um 1630, ein Prototyp des *Einflügelbaues,* auf Längs- und Querachse symmetrisch, 2 Teilflügel mit je 1 *Appartement* von 6 Räumen, Ecktürmen und Treppentürmen zu beiden Seiten einer offenen *Loggienhalle.*
Schloß Chambord, 1519 begonnen, nimmt wegen seiner Größe und der Verbindung von Regularität und Phantastik eine Sonderstellung ein.
Die Planung vereinigt 2 Grundtypen des Burgenbaues, das *Kastell* und den *Donjon* zu einem unbefestigten Wasserschloß. Die traditionellen Attribute der Wehrhaftigkeit, Zeichen eines fürstl. Wohnsitzes, werden neuen Bedürfnissen angepaßt, zentralisiert und axial ausgerichtet. Das Quadrat des Wohnturms steht an einer Langseite des Kastellrechtecks in einer Flucht mit den Flügelbauten. Die Gesamtanlage ist spiegelbildlich zur Mittelachse, der Turm kreuzweise symmetrisch.
Der »Donjon« ist ein mehrstöckiger Block von ca. 40 m Seitenlänge. An allen Ecken springen bewohnbare Türme von ca. 19 m Ø vor. Sie bilden einen Teil der 4 *Appartements,* die in 3 Geschossen um die kreuzförmige *Mittelhalle* angeordnet sind. Sie gehen als selbständig aufgemauerte Einheiten mit eigenen Verbindungstreppen senkrecht durch alle Geschosse. Ihre dicken Mauern dienen den flachgewölbten Hallendekken als Widerlager.
Die Einteilung in gleiche Baugruppen geht anscheinend auf die italien. Villenarchitektur zurück (*Villa Medici* in POGGIO A CAIANO, S. 459). Sie wird zu einem Grundprinzip im Schloßbau (S. 464 ff.).
Die Mittelhalle öffnet sich nach außen mit Loggien. Im Zentrum steigt eine *doppelläufige offene Spindeltreppe* zwischen 8 Pfeilern auf. Ihre Läufe führen, um 180° versetzt, bis zur Dachterrasse. Dort setzt sie sich als einfache Spindel bis in die turmartige *Laterne* zwischen den pavillonartig aufragenden Eckappartements fort. Eine Treppe solchen Ausmaßes im Inneren als eigentl. Kern des Gebäudes hochzuführen, ist eine neue Idee, die sich erst im Barock allgemein entfaltet (S. 472).
Seitl. *Galerien* verbinden den Donjon mit den flacheren Flügeln um den Hof. Sie enthalten längs langer Flure Raumgruppen und Einzelräume für alle Zwecke des königl. Hofes.
Der kunstvolle Baukomplex mit über 440 Räumen (!) enthält viele Elemente des traditionellen, aber vor allem solche des künftigen Schloßbaues (Galerie, Treppenhaus, Appartements). Seine Bedeutung liegt nicht in der praktischen Benutzbarkeit, die fragwürdig ist, sondern in dem großartigen Versuch, mit dem die Monarchie sich selbst darstellen und bestätigen will. Er steht am Anfang des repräsentativen Schloßbaues unter dem Absolutismus.

Maisons, Hofseite

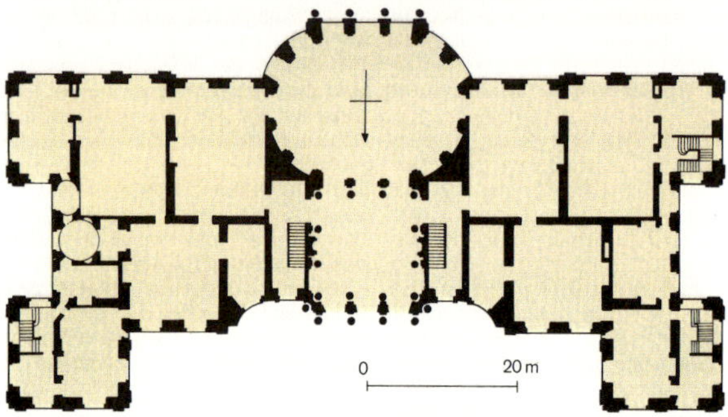

Vaux-le-Vicomte, Erdgeschoß

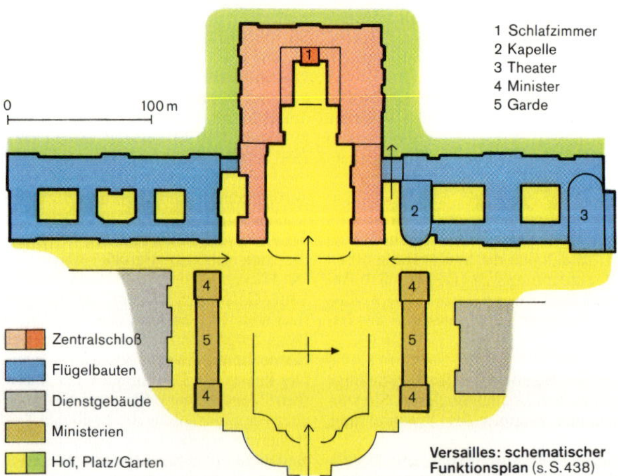

Versailles: schematischer Funktionsplan (s. S. 438)

Adelssitze und Regierungszentrale: Barockschlösser in Frankreich

Frankreich leistet im 16. Jh. entscheidende Beiträge zur Typologie der europ. Schlösser. Nach den Religionskriegen setzen sich Absolutismus und Nationalstaat durch. Ihrer Bedeutung für die europ. Politik entspricht die des französ. Schloßbaues für die Architektur des Barock.
Die Schlösser des Adels, der Landesfürsten und der Könige sollen die gesellschaftl. Stellung der Bauherrn und ihrer Familien repräsentieren. Repräsentation ist Sichtbarmachung des Ranges. RICHELIEU verlangt in seinem »polit. Testament« vom König, er solle an seinem Hof einen dem höchsten Rang im Staat angemessenen Glanz (gloire) entfalten. Er selbst gibt mit seinen Schlössern RUEIL, RICHELIEU und dem *Palais Cardinal* (dem späteren *Palais Royal*) in Paris Beispiele. Von etwa 1631–42 läßt er durch J. LEMERCIER Schloß und Stadt Richelieu als Modell einer Residenz erbauen, das Schloß als eine *Dreiflügel-Anlage* im klass. Regelmaß der Renaissance.
Im 17. Jh. setzt sich die Tendenz durch, die bisher meist weitläufigen Anlagen zu zwar gestaffelten, aber einheitl. Baukörpern zusammenzuschließen, bei Konzentration aller Linien auf die Mitte. Nach LEMERCIER und S. DE BROSSE gelangen vor allem F. MANSART und L. LE VAU zu vorbildlichen Lösungen.
François Mansart gelingt 1642–46 im **Schloß Maisons** (Laffitte s. Seine) eine Synthese wichtiger Prinzipien und Elemente in einem kompakten Baukörper. Aus einem im Prinzip als **Einflügelbau** geplanten Corps de Logis tritt der dominierende Mittelpavillon nur wenig, die *Eckpavillons* jedoch um 2 Fensterachsen an der Hofseite vor. Kurze, eingeschossige Vorbauten mit Terrassendächern verlängern sie zu einer Art von gestaffelter Dreiflügelanlage. Sie deutet in einer perspektivisch sehr wirksamen Steigerung auf knappem Raum die umschließende Figur eines *Cour d'honneur* an. An der Gartenfassade treten die *Risalite* nur knapp hervor.
Die Hauptelemente sind klar durchgebildet, aber nicht mehr selbständig wie in der Renaissance, sondern zusammengefaßt zu einem **gegliederten Gesamtkörper** »zugleich völlig gegliedert und völlig integriert« (NORBERG-SCHULZ).
Bei dem 1657–61 von LOUIS LE VAU für den Finanzminister FOUQUET erbauten Schloß **Vaux-le-Vicomte** ist das Volumen noch mehr komprimiert, aber dynamischer geformt. An der Hoffront verstärkt die konkave Einziehung neben dem Mittelrisalit die Konzentration auf die Mitte. An der Gartenfront tritt in umgekehrter Bewegung der *Ovalsaal* mit der *Kuppel* weit aus der Front. Hier kreuzen sich die vom Ehrenhof durch das *Vestibül* eingeführte und vom Saal über Garten und Landschaft ausstrahlende Hauptachse und die durch die *Enfiladen* akzentuierte innere Querachse.
Der spiegelgleiche Grundriß ist ein Musterbeispiel der französ. **Appartement-Disposition.** Das System des *Appartement double* (S. 470) wird in VAUX nicht nur für die Eckpavillons, sondern zum ersten Mal für das gesamte Schloß angewandt (vgl. S. 466). Bei der hohen Stellung des Bauherrn bedeutet das fast die Einführung als allgemeines System. Es wird anschließend nach VERSAILLES übernommen, ebenso wie das System LE NÔTRES für den Garten (S. 475).

Versailles, 1624 von LEMERCIER als Jagdschloß für LUDWIG XIII. erbaut, wird unter LUDWIG XIV. Hauptresidenz und 1682 offiziell Regierungszentrale.
Der Staat wird nach dem Verständnis des Absolutismus in der Person des Monarchen nicht nur symbol., sondern real, mit voller Machtbefugnis verkörpert. Seine Selbstdarstellung läßt sich in der Hauptstadt PARIS nur unter Kompromissen und Gefahren durchsetzen. In der Distanz von VERSAILLES kann der Plan einer idealen Residenz als Abbild des absoluten Königtums verwirklicht werden. Die Funktion als Staatszentrum – »Rom dans un Palais« – erklärt die dauernde Erweiterung des Schlosses. LEMERCIERS Jagdschloß besteht aus einem *Dreiflügelbau* mit hohen *Eckpavillons* um einen quadrat. *Ehrenhof.* Ihm sind zwei isolierte Flügel mit Pavillons für die vier Minister vorgelagert, die den Hof nach vorn erweitern.
LUDWIG XIV. läßt diese Anlage seit 1669 durch LE VAU (s. o.) und 1677–88 erneut durch JULES HARDOUIN-MANSART mit einem neuen Schloß ummanteln. Dabei bleibt nicht nur das alte Schloß im Zentrum erhalten, sondern das neue wiederholt die ursprüngl. Konzeption in riesigem Maßstab. Es entsteht erneut als Dreiflügel-Anlage mit tief gestaffeltem Ehrenhof und selbständigen Flügeln mit Pavillons für Garden und Minister. In der Querachse treten kompakte Flügelgebäude hinzu, jedes von der Größe eines Residenzschlosses, mit Schloßkapelle, Schloßtheater und zahllosen, um *Innenhöfe* gruppierten Fluren, Sälen und Appartements für Königshof und Staatsverwaltung. Tausende von Personen wohnen und arbeiten dauernd im Schloß. Täglich kommen etwa 1000 Bittsteller.
Die Idee der Zentralisation und Ausstrahlung, die im Dreiflügelschloß so gut zur Geltung kommt, wird in VERSAILLES zu momumentaler Größe gesteigert. Dabei wird auf eine Mitteldominante zugunsten des alten Schlosses verzichtet. In der Mitte seines *Marmorhofes* liegt auf der Mittelachse, genau nach O, das neue **Paradeschlafzimmer** mit den umgebenden Appartements des Königs im Zentrum der gesamten Anlage und – symbolisch – des ganzen Staates. In diesem »Supertyp« mit Park, Flügelbauten, Vorhöfen und vorgelagerter Stadt (S. 438) wird die Verflechtung von Privat- und Staatsrepräsentation mit der Regierungstätigkeit, also sowohl der repräsentative wie der methodisch-praktische Aspekt des französ. Absolutismus sichtbar.
Architektur, Dekoration, Gartenkunst und Einzelkunstwerke bilden den Rahmen für das Zeremoniell, die Empfänge, Feste, Paraden mit Theater, Musik und Feuerwerk. Hinter dieser »Gloire« steht die polit. Idee. Sie verbreitet sich mit dem Stil von Versailles über ganz Europa.

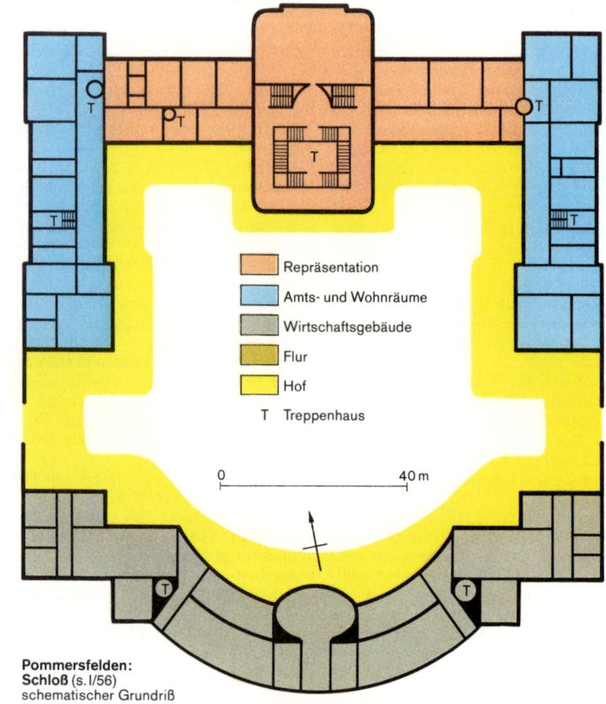

Pommersfelden: Schloß (s. I/56)
schematischer Grundriß

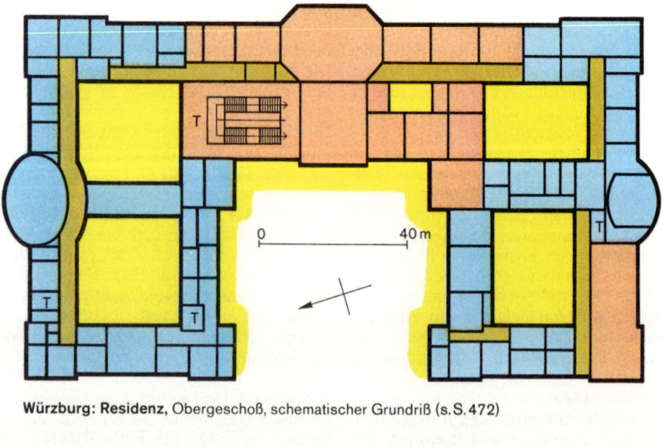

Würzburg: Residenz, Obergeschoß, schematischer Grundriß (s. S. 472)

Deutsche Barockschlösser: Kleinstaaterei und Bauleidenschaft

Der Aufschwung der Barockarchitektur setzt in Mitteleuropa erst spät ein. Der Dreißigjährige Krieg hinterläßt es in völliger Erschöpfung und – im Gegensatz zu Spanien und Frankreich – in der Zersplitterung in viele weltl. und geistl. Territorien. Sie alle übernehmen den Absolutismus und stehen in ständigem Wettstreit bei dem Ausbau ihrer Residenzen.

Aus der Synthese sich überschneidender Einflüsse aus Italien und Frankreich entstehen seit Beginn des 18. Jhs. eine Reihe bedeutender Bauwerke.

Einige der fürstl. Bauherren treten nicht nur durch die Ausgabe verschwenderischer Finanzmittel hervor, sondern auch durch das Bestreben, durch Austausch von Erfahrungen, Wettbewerbe und Beteiligung ausländ. Experten auf der Höhe der Zeit zu bleiben. Unter der Beteiligung der Fürsten bemühen sich oft mehrere Architekten, teils etappenweise einander ablösend, teils gleichzeitig, um die jeweils beste Lösung. Besonders zeichnet sich die Familie SCHÖNBORN aus, die am Mittelrhein und in Franken große Territorien beherrscht, zeitweise auch alle Bistümer dieses Bereiches (TRIER, MAINZ, SPEYER, WÜRZBURG, BAMBERG).

Schloß Weißenstein in Pommersfelden bei BAMBERG baut JOHANN DIENTZENHOFER 1711–18 als private Residenz für den Kurfürsten von MAINZ und Bischof von BAMBERG in Zusammenarbeit mit L. VON HILDEBRANDT und Beratung durch G. BOFFRAND.

Es ist eine klar gegliederte *Dreiflügel-Anlage,* Mittel- und Seitenflügel gleichmäßig 2 Geschosse hoch mit einer *Attika* und hohem *Mansarddach, Mittel-* und *Eckpavillon* sind ein volles Geschoß höher; die Eckpavillons treten an Hof- und Seitenfronten nur als flache *Risalite* vor, der Mittelpavillon springt dagegen ungewöhnlich weit an beiden Fronten heraus. Der Abschluß des *Ehrenhofes* 1718 durch den halbovalen **Marstall** (M. v. WELSCH) und die Erschließung auf der Querachse erhöht seine Wirkung. Die Gartenfront wirkt dagegen – bei klarer Akzentuierung von Mitte und Ecken – als einheitl. Volumen, das Garten und Landschaft beherrscht.

Die annähernd symmetr. angeordneten Raumgruppen in den Flügeln bilden mit *Enfiladen,* begleitenden *Galerien* und mehrräumigen *Eckappartements* ein Mischsystem – eine Art *Appartement semi-double* –, das repräsentative Empfänge, privates Wohnen und Aufnahme hoher Gäste gleichermaßen ermöglicht. Der Mittelpavillon ist den 3 Haupträumen vorbehalten, dem *Gartensaal* im Erdgeschoß, dem bis in das Dach durchgehenden *Kaisersaal* im Obergeschoß und dem mehr als die Hälfte des Volumens einnehmenden, durch alle Geschosse offenen *Treppenhaus,* das mit dem Vestibül eine Raumeinheit bildet (S. 56). Diese, vom Bauherrn als »seine Invention« bezeichnete, von HILDEBRANDT realisierte Lösung erscheint in einer eleganten Variante auch im **Oberen Belvedere** in Wien (S. 470).

Die dominierende Stellung der Treppenhäuser im italien. und besonders im deutschen Barock steht im Gegensatz zur räuml. Ökonomie der französ. Schule und kennzeichnet den irrational gesteigerten Willen zur »absoluten Architektur« (S. 472). **Dreiflügel-Anlagen** wie Pommersfelden können als die wichtigsten Typen der deutschen Residenzschlösser gelten. Die einfache Grundform des offenen Rechtecks um den Ehrenhof läßt sich vielfach abwandeln, z. B. durch Verkürzung der Seitenflügel (SCHLAUN: MÜNSTER), mehrfache Staffelung horizontal und vertikal (PICTORIUS: NORDKIRCHEN), schräge Abwinkelung der Seitenflügel (KARLSRUHE), Verselbständigung der Seitenflügel (WELSCH/GRÜNSTEYN: BRUCHSAL; PÖPPELMANN: PILLNITZ), Verbindung mit dem Schema des Baublocks mit Innenhof (NEUMANN: WÜRZBURG).

Hinzu treten zahlreiche Übergangsformen und Verbindungen mit anderen Typen in den sog. Kompositanlagen, Erweiterung durch zusätzliche Flügelgebäude u. a. m.

Die Residenz in Würzburg, Repräsentations-, Wohn- und Regierungsgebäude des Fürstbistums, vereinigt in einer kompakten Anlage den *Dreiflügeltyp* mit tiefem Ehrenhof und das *Blocksystem* mit Innenhof.

Der Hauptarchitekt während der gesamten Bauzeit von 1719–44 ist BALTHASAR NEUMANN. Die Bauherren ziehen u. a. R. DE COTTE, G. BOFFRAND, M. v. WELSCH und L. v. HILDEBRANDT beratend und z. T. aktiv mitwirkend hinzu. So können die Erfahrungen im europ. Schloßbau, besonders die französ. Planungsmethoden mit doppelten Appartements und die für Deutschland und Österreich typ. Anordnung der großen Repräsentationsräume in Einklang gebracht werden.

Im Mittelpavillon folgen in der Mittelachse *Vestibül* und *Gartensaal* hintereinander. Ursprüngl. sollen zu beiden Seiten des Vestibüls 2 große *Treppenhäuser* spiegelbildl. aufsteigen. Nur eins wird ausgeführt. Es erschließt im Obergeschoß die Folge der Staatsräume, beginnend mit dem *weißen Saal* zum Ehrenhof und dem *Kaisersaal* zur Gartenfront, an der sich zu beiden Seiten die langen *Enfiladen* von Staatsräumen hinziehen. Umlaufende Flure längs der Höfe erschließen die weitere Folge der Säle, Zimmer und Appartements. Höhepunkte sind der *ovale Saal* im Nordflügel und die *Hofkirche* im Südflügel.

Die komplexe Raumgruppe im Südflügel zwischen Mittelpavillon, Ehrenhof und Innenhöfen zeigt eine ungewöhnl. Konzentration großer Räume in Verbindung mit Kabinetten und Appartements fast ohne jeden Zwischenflur. Es ist eine vorbildliche **Synthese von Block- und Appartementsystem,** die in ihrer Verbindung des Pompösen mit dem Praktischen allen Anforderungen gewachsen erscheint.

Im Vergleich zu den weitläufigen Anlagen des Mittelalters und der Renaissance (S. 356, 462) wird sichtbar, wie komplex, differenziert und praktisch der Profanbau bei gleichzeitiger Steigerung des festl. Charakters geworden ist.

Meudon: J. Hardouin-Mansart, Neues Schloß

Münster i.W.: J.C. Schlaun, Wohnhaus

Münster i.W.: J.C. Schlaun, Erbdrostenhof

Bildung des Baukörpers durch Verbindung von Teilkörpern

Die Typologie des Schloßbaues entsteht, vor allem in Frankreich, durch Auswahl, Synthese und Variation weniger überlieferter Elemente und Motive. In der Renaissance werden sie in neue Beziehungen zueinander gesetzt und verschiedene Möglichkeiten der regelmäßigen Gruppierung erprobt. In den weitläufigen französ. Schlössern kommen die einzelnen Elemente gleichmäßig zur Geltung. Sie sind gewissermaßen mit deutlichen Fugen in ausgewogenen Kompositionen zusammengesetzt.

Im Barock setzt sich ihre Zusammenfassung, Staffelung und Verschränkung zu einer kompakten Gesamtgestalt durch, zugleich mit der Ausrichtung auf die Mittelachse und ihre Markierung durch eine Dominante.

Im Normalfall stehen die Gebäude quer zur Hauptachse und bringen primär die horizontale Schichtung der Geschosse zur Geltung. Sie haben keine eindeutige Mittelachse wie das Giebeldreieck an der Kopfseite eines Hauses, einer Kirche oder eines Tempels. Die Architekten behandeln deshalb die Mittelpartie des Baukörpers als formal selbständigen Gebäudeteil: als **Pavillon,** d. h. als vertikalen Block, oder als **Risalit,** d. h. als aus der Front vortretende Fläche, beide meist mit gesondertem Dach und eigenem Gliederungssystem: größere Fenster, *Großordnung, Dreiecksgiebel,* der sich von der Dachfläche abhebt und mit der Giebelspitze die Mittelachse fixiert (Tempelmotiv). Auch die Eckpartien der Gebäude werden meist ähnlich, als *Eckpavillon* bzw. *Eckrisalit,* ausgebildet.

In diesem Aufbau spiegelt sich der Zusammenschluß ursprüngl. selbständiger Körper mit verschiedenen Funktionen: zentraler Wohnturm (Donjon), Ecktürme, Palastflügel, Nebenflügel, Verbindungsgalerien.

Das **Corps de Logis** als mehrgeschossiger Hauptkörper des Schlosses mit gleichmäßigen Fensterachsen, Mittelpavillon und Eckpavillons bzw. -risaliten und entsprechend gegliederter Dachzone wird zur Standardform. Sie entspricht anfangs der inneren Raumordnung (S. 470). Später erstarrt sie zur formalist. Konvention

Das **Neue Schloß in Meudon,** 1706–69 von J. Hardouin-Mansart als Gästehaus für den Dauphin erbaut, zeichnet sich durch eine beruhigte, »klassische« Gliederung des etwa 80 m langen Baukörpers aus (vgl. S. 464, Maisons). Von seiner Raumdisposition her ist er ein einheitl. Corps de Logis mit einem langen Mittelflur. Der äußere Aufbau spiegelt die Raumdisposition nur im *Mittelrisalit.* Dort liegen in der Mittelachse *Vestibül* und *Gartensaal.* Im übrigen besteht die Raumfolge aus der linearen Reihung gleichartiger Appartements. Anstelle einer entsprechenden einheitl. Außenfront mit gleichen Fensterachsen und einem durchlaufenden Dach erscheint dort aber das traditionelle Schema mit Eckrisaliten und Einzeldächern. Die bewegte, typ. französ. Silhouette weist das Gebäude als »Schloß« aus.

Die in Frankreich entwickelten Grundelemente gehören nach wenigen Jahrzehnten in ganz Europa zu den selbstverständlichen Konventionen im barocken Schloßbau.

Als Dachform setzt sich vielerorts das **Mansarddach** durch, das mit seinen gebrochenen Konturen die schwingenden Bewegungen des Spätbarock in der Dachzone fortsetzt und oft die Formen der Landschaft aufnimmt (Deutschland, Böhmen, Österreich). Die Schlösser werden zu Vorbildern für den gesamten Profanbau. Ihre typolog. Elemente gewinnen den Charakter von **Statussymbolen.** Sie werden für die öffentlichen Gebäude, Adelspaläste und Bürgerhäuser in den entsprechenden, standesgemäßen Abstufungen und Vereinfachungen übernommen. Daraus ergibt sich eine formale Homogenität der Architektur, die sich neben die strukturelle des Mittelalters stellt.

Johann Conrad Schlaun, Hofarchitekt und General, gibt mit seinem 1755 erbauten **Wohnhaus in Münster** ein Beispiel für die Reduktion aller Elemente auf einige wesentl. Linien. Ein dreiachsiger Risalit gliedert die zweigeschossige Straßenfront in drei gleichbreite Abschnitte, entsprechend der Breite der übrigen Häuser. Die Wandfelder des Risalits aus *Ziegelsteinen* stehen in Kontrast zu den Putzflächen. Über der vertieften Nische des Türfeldes wölbt sich das *Kranzgesims* halbkreisförmig auf: in der Frontalansicht eine mit einfachen Mitteln erzielte Mitteldominante, im Schrägblick eine Verwandlung der stat. Horizontale in eine empordrängende Bewegung. An der Gartenseite übernimmt Schlaun das Motiv des vorspringenden Pavillons mit 3 Seiten eines Achtecks (S. 464/66), führt aber hier das Dachgesims horizontal herum und bezieht das spitz ausgezogene Mansarddach unterhalb der Firstlinie in das Hauptdach ein.

Am gleichzeitig, 1753–57, erbauten **Erbdrostenhof in Münster** steigert Schlaun die Elemente und Gliederungen zu der beim Schloßbau übl. Monumentalität bei allem Reichtum des Ornaments und entspricht so der Größe des Gebäudes und dem Rang des Bauherrn.

Aus der konkav geschwungenen dreigeschossigen Palastfront aus rotem *Ziegelstein* hebt sich das mittl. Drittel als knapp vortretender *Pavillon* aus hellem *Sandstein* kontrastierend heraus, durch ein eigenes *Mansarddach* erhöht und mit einer *Pilaster-Ordnung* ausgezeichnet.

Aus seiner Fläche tritt ein konkaver dreiachsiger *Risalit* vor. Sein *Dreieckgiebel* wird von einer *Blendbalustrade* am Dachfuß zur Doppelfigur gesteigert. Wie beim Wohnhaus wölbt sich auch hier das *Konsolgesims* innerhalb des Giebels auf und hebt das Familienwappen in die Giebelspitze.

Schlaun verbreitert den dem Mittelsaal entsprechenden Risalit um die beiden seitl. Achsen und baut sie optisch zu einem selbständigen Pavillon aus, um die Proportionen in das ihm richtig erscheinende Verhältnis zu bringen. Aus diesem Aufbau des Baukörpers und der Kurvatur der Front gewinnt er auf dem knappen dreieckigen Grundstück die Dynamik, die dem Barock wichtiger ist als die Korrektheit.

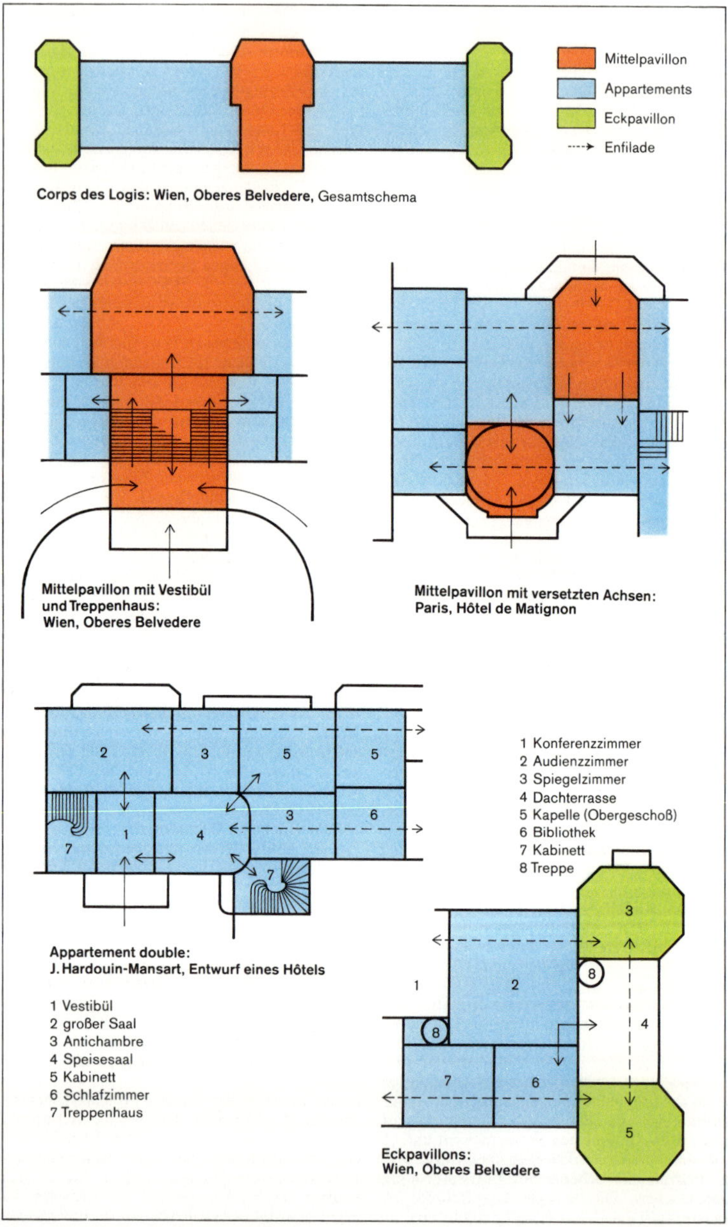

Grundrißbildung durch Raumgruppen

Die Konzentration öffentl. und privater Funktionen in den Schlössern und die entsprechende Vermehrung und Differenzierung der Räume stellen hohe Anforderungen an das Grundriß- und Erschließungssystem.

Das Rückgrat jeder Schloßanlage bildet das **Corps de Logis,** ein meist mehrgeschossiger Baukörper, entstanden durch systemat. Verbindung ursprüngl. selbständiger Teilkörper (S. 468). Sie zeichnen sich als Raumgruppen im Grundriß ab.

Der **Mittelpavillon** nimmt die wichtigsten Empfangsräume auf, in jedem Fall den Hauptsaal (Salon) im Obergeschoß, dessen Raumhöhe der Überhöhung des Pavillons am Baukörper entspricht. Für die übrige Raumdisposition bilden sich zwei grundsätzl. Lösungen aus:

1. Erdgeschoß mit Vestibül zum Hof und Gartensaal (sala terrena) zum Garten, Obergeschoß mit Gartensaal (große Antichambre) an der Hofseite vor dem Festsaal.
2. Treppenhaus durch alle Geschosse an der Hofseite, evtl. mit dem Vestibül zu einem Raum vereinigt, Gartensaal im Erdgeschoß. In Einzelfällen kommt es zu individuellen Lösungen aus einer besonderen Situation (S. 472, Wien).

Die **Eckpavillons** bieten in ihrer normalen Ausführung Platz für eine geschlossene Raumgruppe, meist für eines der traditionellen *Wohnappartements* mit Hauptraum, Nebenraum und Vorraum (Chambre, Cabinet, Garderobe), nach Bedarf durch weitere Räume in den Flügeln ergänzbar. Schon in der Renaissance ausgebildet (S. 462, Chambord), werden sie Anfang des 17. Jhs. zum festen Bestandteil der Schloßplanung (S. de Brosse). Die Räume zwischen den Pavillons folgen anfangs noch in einfacher Reihung hintereinander mit gleichen Türachsen (Enfiladen). Dieses, noch mittelalterl. Tradition entsprechende, unpraktische *Appartement simple* wird oft mit einer parallelen *Galerie* verbunden. Sie ermöglicht die direkte Verbindung zwischen den Pavillons und die wahlweise Benutzung sowohl der Enfilade wie der Galerie. Diese als *Appartement semi-double* bezeichnete Anordnung wird schließlich abgelöst bzw. ergänzt vom **Appartement double** mit 2 parallelen Raumfluchten, ohne Flur direkt aneinandergebaut. Durch z. T. gegeneinander versetzte Anordnung großer und kleiner Räume ergeben sich verschiedene Möglichkeiten zu gleichzeitiger Benutzung und zu Übergängen bzw. Umgehung ohne Verlust an Nutzfläche. Zwischenflure, Quergalerien und Nebentreppen ermöglichen die ökonomische und flexible Nutzung auch großer Flächen.

Dieses Dispositionsprinzip, wahrscheinl. von F. Mansart zum ersten Mal 1648 im *Hôtel du Jars* in Paris angewandt, gelangt unter L. le Vau 1657 in Vaux-le-Vicomte (S. 464) zur allgemeinen Geltung im Schloßbau. Es verdrängt bzw. ergänzt die schwerfälligen älteren Systeme. Bei Fortbestehen der traditionellen Raumgruppen wird das Corps de Logis durch Kombination der verschiedenen Systeme aus einer ursprüngl. weitläufigen Anlage zu einem kompakten, aber flexibel nutzbaren Raumkomplex.

Das 1721/22 von J. L. von Hildebrandt für Prinz Eugen von Savoyen als Gartenpalast errichtete **Obere Belvedere in Wien** ist ein typ. Einflügelbau mit Mittelpavillon, Appartementfolgen zu beiden Seiten und – als individuelle Variante – 4 kleinen Eckpavillons anstelle der übl. 2 großen. Der Mittelpavillon enthält hinter der *offenen Vorhalle* mit der Wagendurchfahrt das *Prunktreppenhaus,* zweiarmig zum Festsaal auf-, einarmig zum *offenen Gartensaal* absteigend (vgl. Pommersfelden, S. 56, 466). 2 flankierende *Nebentreppen* erschließen intern den linken und rechten Flügel mit *Appartements doubles,* die unmittelbar in die *Eckpavillons* übergehen. Die Raumfolge ohne Zwischenflure ermöglicht eine den ganzen Bau umziehende *Enfilade.* Querverbindungen zu den Parallelräumen und kleine Wendeltreppen sichern ein Maximum an Beweglichkeit und Bequemlichkeit.

Erst mit dem Appartement double gewinnt der Barock die volle Dispositionsfreiheit über den Grundriß. Seine Vervollkommnung erreicht es in Hôtels des französ. Adels in Paris, wo die begrenzte Fläche zur Konzentration und Ökonomie zwingt.

Die hier häufige Situation von engem *Ehrenhof* und breiterem Garten führt zu einer **Parallelverschiebung der Mittelachse** zwischen Hof- und Gartenfront. Sie muß im Grundriß des Corps de Logis neutralisiert werden.

J. Hardouin-Mansart konzipiert in einem von ihm veröffentlichten Entwurf das gesamte Corps de Logis unter Verzicht auf krampfhafte Symmetrie als ein zusammenhängendes Appartement double.

Der *Salon* erscheint als größter Raum unter fast gleichwertigen. Zentralisierung und Verteilung übernimmt hier der *Speisesaal* in einer vermittelnden Lage zwischen *Vestibül, Nebentreppenhaus, Antichambre* und *Kabinett.* Die Anordnung ermöglicht eine der jeweiligen Situation entsprechende flexible Führung des internen Verkehrs durch die vielen Verbindungsmöglichkeiten von Raum zu Raum. Die klare Trennung der Raumgruppen gibt es nicht mehr, der starre Zwang der Achsen hat sich gelockert.

Das 1721 von J. de Courtonne begonnene **Hôtel de Matignon** zeigt im Grundriß eine Freiheit der Disposition, die aus dem Konflikt zwischen Hof- und Gartenseite und der Versetzung der Symmetrieachsen ein Spiel mit Raumgruppen auf parallelen Achsen macht, d. h. die Versetzung der Achsen zum Prinzip der gesamten Grundrißbildung erhebt. Courtonne erreicht das traditionelle symmetrische Bild des Baukörpers nach beiden Seiten, führt die Enfilade zirkulierend herum. Er erweckt so den Eindruck der Weite, nutzt aber den engen Raum ohne jeden Verlust aus.

Die ökonomisch und flexibel geplanten Grundrisse der Pariser Hôtels zeigen, daß hinter der traditionellen Symmetrie der Fassaden sich die hierarchische axialsymmetrische Ordnung auflöst zugunsten einer rationalen und praktischen Benutzbarkeit.

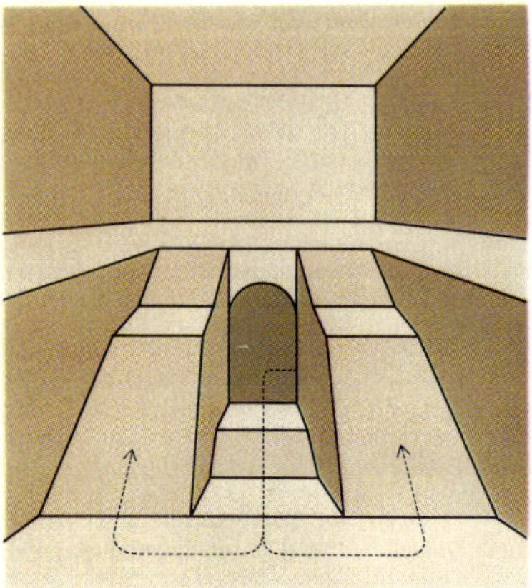

Würzburg: Residenz, Treppenhaus
Aufbau-Schema (s. S. 466)

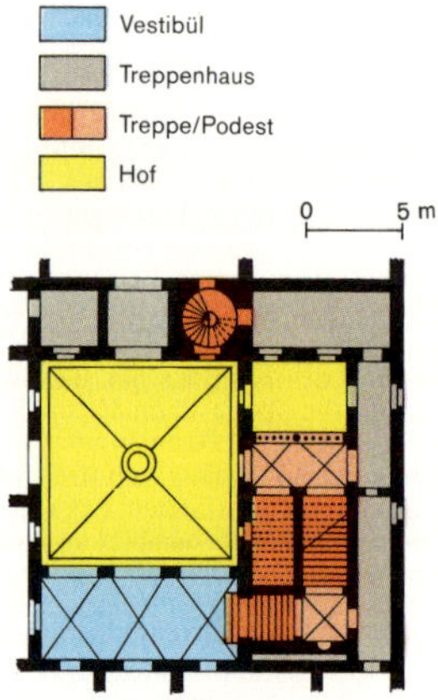

Rom: Palazzo Palma
Hof, Vestibül, Treppenhaus

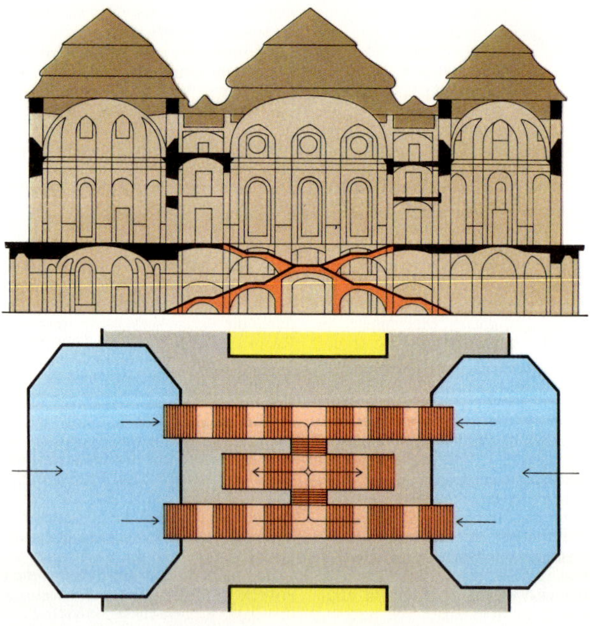

Balthasar Neumann: Hofburg-Projekt, Wien, Treppenhaus, Schema

Treppenhäuser des Barock

Die Treppe nimmt im Schloßbau des Barock eine Schlüsselstellung ein. Zwischen der Eingangsebene und dem Repräsentationsgeschoß bildet sie eine Bühne für das pompöse Zeremoniell des Empfangens und Geleitens. Das Haupttreppenhaus ist ein Prunkraum. Zum alltäglichen, internen Verkehr dienen Nebentreppen an den geeigneten Stellen.

Die Architekten nutzen die Möglichkeiten, mit Hilfe der Treppe die Bewegung im Raum nicht nur auf horizontalen Achsen, sondern schräg aufwärts, in der Diagonalen – geradläufig, gebrochen und in der Drehung – darzustellen und erlebbar zu machen und damit die dynam. Wirkung der Architektur zu steigern.

Die Treppe mit ihrer Eigenbewegung und ihrem Raumbedarf muß in die hierarchische und axial bestimmte Raumfolge des Gesamtgebäudes eingegliedert werden. Besonders wichtig ist die Beziehung zur Hauptachse (vgl. S. 470, ferner S. 438 Kapitol, 462 FONTAINEBLEAU).

Beim italien. Palast mündet die Achse in den Innenhof. Soll die Treppe ihre Bewegung direkt aufnehmen, muß sie am Ende des Hofes aufsteigen. Diese Lösung findet sich z. B. schon in Plänen von F. DI GIORGIO um 1470, bei den Freitreppen BRAMANTES im Vatikan und besonders schön in den Palästen in GENUA zwischen Arkadenhof und steil ansteigendem Garten (C. LURAGO: Pal. Doria Tursi, 1590, B. BIANCO: Universität, 1623).

In der direkten Verbindung mit den zur Straße gewandten Repräsentationsräumen im Obergeschoß kann die Treppe sich nur seitwärts der Mittelachse, d. h. in der Querachse vom Vestibül entfalten, im Normalfall an einer, in besonderen Fällen an beiden Seiten (JUVARRA: Pal. Madama, 1718).

Bei den in West- und Mitteleuropa vorherrschenden französ. Schloßtypen steht die zentrale oder seitl. Anordnung zur Wahl; der Normalfall ist auch hier die seitliche, einfach oder spiegelbildl. verdoppelt. Sie hat den Vorteil der prakt. Erschließung mit der Lage von *Antichambre* und *Salon* im Obergeschoß des Mittelpavillons.

Bei zentraler Anlage fängt die Treppe die vom Ehrenhof eingeführte Achse direkt auf und verflicht sie mit der durch die ganze Höhe und Breite des Mittelpavillons aufsteigenden Bewegung. Den Verlust an »Nutzraum« im Zentrum wiegen die Steigerung des Raumeindrucks, die Wahrung der Symmetrie und die gleichmäßige Erschließung nach beiden Seiten auf.

Die Entscheidung zwischen zentraler und seitl. Anordnung fällt jeweils in einer Art von Rangstreit zwischen prakt. Vernunft und Streben nach dem Ideal. Bei einem Vergleich der Entwicklungsphasen in den einzelnen Ländern ergibt sich ungefähr folgendes Bild:

Die Entfaltung der Treppe zu einem repräsentativen Element in der Renaissance beginnt in Italien, setzt sich dort im Barock fort. An der Steigerung zur Monumentalität beteiligt sich auch Spanien, wo u. a. der dreiarmige Typ der *Kaisertreppe* entsteht (ESCORIAL).

Frankreich behandelt in der Renaissance die Treppe virtuos und effektvoll als Einzelelement, geht aber im Barock zu einer rationalen Planung über, in der das Treppenhaus nur selten in die Hauptposition rückt (S. 470).

In Deutschland beginnt im Spätbarock mit POMMERSFELDEN die Reihe der großen Prunktreppenhäuser, die weit über jedes ökonomische Maß gesteigert werden (S. 56, 466). Die Kaisertreppe wird beinahe ein Standardtyp.

In der **Residenz in Würzburg** kann **Balthasar Neumann** von der ursprüngl. geplanten Doppelanlage nur ein Treppenhaus ausführen. Von den 3 Läufen steigen die beiden oberen gegenläufig zum unteren auf (Kaisertyp). Sie erhalten durch Zwischenpodeste einen Rhythmus, der die Ausweitung des Raumbildes unterstützt. Die Wirkung wird gesteigert durch die stützenlose Überspannung des sehr großen Raumes durch ein (mit Eisenbändern bewehrtes) Gewölbe mit illusionist. Malerei (TIEPOLO).

Die Treppenhäuser B. NEUMANNS, die ausgeführten (u. a. in BRÜHL und BRUCHSAL) wie die Projekt gebliebenen, sind nicht nur Zeugnisse seiner persönlichen Genialität, sondern bezeichnend für die allgemein vom Barock erstrebte Herrschaft über den Raum und die Steigerung des Raumerlebnisses durch die Bewegung: die Scheinbewegung der Architektur und die Eigenbewegung des Menschen in ihr.

Die 1746/47 entstandenen **3 Entwürfe für die Hofburg in Wien** gehen an Umfang und Kühnheit weit über die Würzburger Lösung hinaus. Sie gehören zu den damals üblichen Konkurrenz- und Gutachtervorschlägen, die für große Schloßprojekte eingeholt werden (LOUVRE, WÜRZBURG, STUTTGART, KARLSRUHE). NEUMANN faßt für dieses Projekt seine bisherigen Erfahrungen zusammen und steigert sie zu reiner Idealarchitektur.

Bei allen Entwürfen bildet das Treppenhaus das Zentrum. Im sog. **mittleren Projekt** steht es zwischen Vestibül, Gartensaal und zwei Innenhöfen inselartig frei in einem eigenen Pavillon, von 3 Galerien in allen Stockwerken umzogen, unter einem stützenlosen Massivgewölbe. Von den beiden Innenhöfen erhält es Seitenlicht durch hohe Fensterwände.

Die Treppenführung stellt eine Verdoppelung der Würzburger Kaisertreppe in gegenläufiger Anordnung dar. Sowohl vom *Vestibül* wie vom *Gartensaal* steigen zwei zweifach gebrochene Treppenläufe geradlinig zu einem *Mittelpodest* auf. Zwei kurze, rechtwinklig angesetzte Zwischenläufe führen auf das gemeinsame Zentralpodest, von dem nun wieder gegenläufig die beiden Mittelarme die *Galerien* vor den beiden Festsälen erreichen.

Auf dem Zentralpodest kreuzen sich die beiden horizontalen Hauptachsen und die zentrale Vertikalachse. Im Ersteigen der Treppen öffnet sich der umhüllende Raum immer weiter. Der Besucher erlebt die weitgespannten Bezüge des großen Achsensystems, mit dem jedes Bauwerk des Barock seine Umgebung beherrscht.

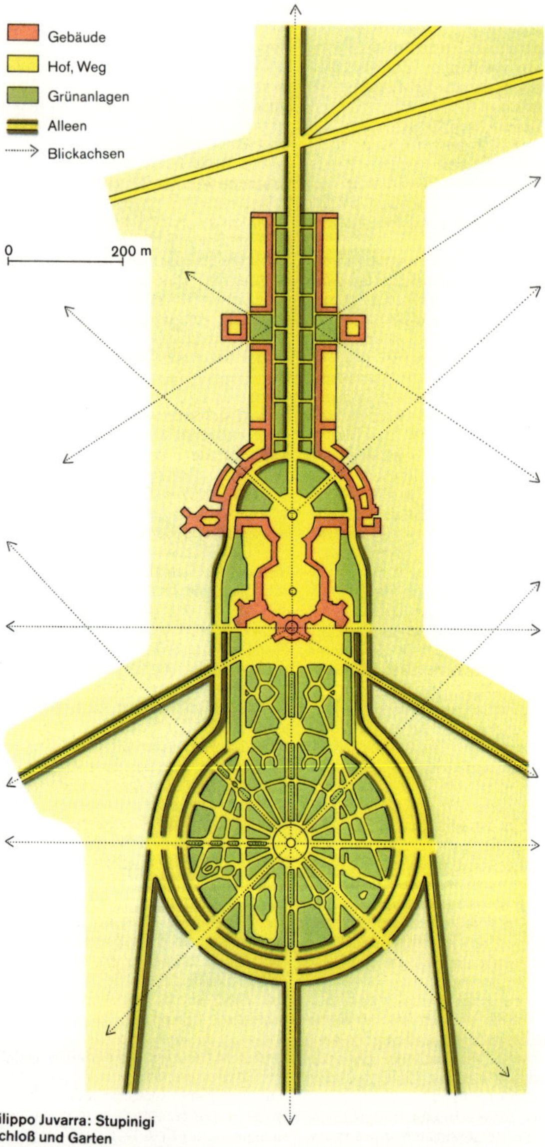

Filippo Juvarra: Stupinigi
Schloß und Garten

Beherrschung des Freiraumes durch Achsen

Der wissenschaftl. Geist von Humanismus und Aufklärung verändert das Verhältnis der Menschen zur Natur. Auch das Verhältnis von Bauwerk und Landschaft ändert sich.
In der Renaissance erobert zunächst die Malerei die Landschaft als Tiefenraum. Die Zentralperspektive bietet eine sichere Methode, Baukörper, Innenraum und Landschaftsraum opt. richtig zu konstruieren und zueinander in die gewünschte Beziehung zu setzen. Wenig später entstehen neue Theorien für Architektur und Städtebau.
Bauwerk und Stadt werden als autonome, künstl. Welt durch völlige **Geometrisierung** scharf von der natürl. Welt der Landschaft getrennt. Um die im freien Gelände stehenden Gebäude legen Gärtner und Architekten eine Zone idealer Ordnung geometr. Formen mit Terrassen, Freitreppen, Stützmauern, Brunnen, Rasenstücken, geschnittenen Hecken, Sträuchern und in regelmäßigen Abständen stehenden Bäumen (vgl. S. 458, Villen).
Gärten und Parks der Renaissance sind **regelmäßige, geschlossene Systeme.** Die Entwicklung vom *botanischen* zum *architektonischen Garten* vollzieht sich im 15. und 16. Jh. in Italien. In der 2. Hälfte des 16. Jhs. greifen die Gestaltungsprinzipien des Frühbarock mit Mittelachse und Dominante von der Architektur auf Garten und Park über.
In dem 1570 von D. FONTANA für den späteren Papst SIXTUS V. entworfenen Garten der **Villa Montalto in Rom** durchstößt die beherrschende *Längsachse* das Gebäude, kreuzt eine *Querachse* und läuft bis zu einem *Aussichtspunkt* weiter. G. DELLA PORTA und C. MADERNO übertragen dieses Schema 1603–06 beim Bau der **Villa Aldobrandini** in FRASCATI auf die Situation am Berghang.

In Frankreich gelingt **Le Nôtre** (1613–1700) die Synthese und Ausweitung der bisher entwickelten Systeme. Sein neues **offenes System** hebt die Grenzen zwischen den autonomen Bereichen auf: Architektur, Garten und Landschaft werden als Einheit aufgefaßt und unter die Herrschaft durchlaufender Achsen gestellt. An die Stelle der eindeutigen Begrenzung tritt die scheinbar unendliche Ausdehnung. Im Schnittpunkt der Hauptachsen steht das Bauwerk.
Das Grundprinzip des Systems ist die Bewegung auf der Mittelachse und die Beziehung aller Bereiche auf diese Achse. Wer sich auf ihr durch die verschiedenen Zonen bewegt, erlebt bei der Annäherung die zunehmende Konzentration des Raumes von der freien Landschaft zu beiden Seiten von Straße oder Allee auf den *Ehrenhof* in das *Vestibül* des Schlosses. Im *Gartensaal* oder *Salon* kreuzt sich die Achse mit der inneren Querachse, zugleich wird der Blick auf den Garten frei. Mit der Entfernung vom Zentrum verbindet sich die stufenweise Erweiterung der Freiräume von der *Terrasse* durch das *Gartenparterre* mit den geometr. Ornamenten der *Beete,* durch *Boskette, Hecken,* kombiniert mit *Wasserbecken, Springbrunnen, Kanälen.* Nach dem Park mündet die Achse in die freie Landschaft, manchmal auf einen fernen Blickpunkt zulaufend.
Querachsen und von Knotenpunkten ausstrahlende *Sterne* und *Fächer* (patte d'oie) von Wegen und Alleen verspannen die Bereiche beiderseits der Hauptsache miteinander. Sie wiederholen in kleinerem Maßstab das Prinzip des Bewegens, Konzentrierens und Ausstrahlens.
Durch das Übergreifen auf den Städtebau erlangt das System der durchlaufenden Achsen allgemeine Gültigkeit. Es entspricht mit seiner Beherrschung weiter Stadt- und Landschaftsräume dem polit. System des Absolutismus mit der Zentralisierung des gesamten Staates (S. 434 ff.).
Das Modell für die französ. Gärten und Parks des 17. Jhs. entwirft LE NÔTRE 1653–60 mit dem Garten für das Schloß **Vaux-le-Vicomte** (S. 464). 1661 übernimmt er die Planung für **Versailles** und die anderen Gärten des Königs (S. 438). Die französ. Gartenkunst wird für Europa ebenso zum Vorbild wie die französ. Architektur. Sie löst auch in Italien die geschlossenen Systeme ab.

Um **Turin** bildet sich ähnlich wie um PARIS ein System ausstrahlender Straßen (S. 434). Die Landschaft wird z. T. in ausgedehnte Gärten verwandelt und erhält weit sichtbare Zentralpunkte durch Sakral- und Profanbauten.
Das **Jagdschloß Stupinigi,** 1729–33 von **Filippo Juvarra** für den König von Savoyen und Piemont erbaut, bildet einen der Zentralpunkte der Turiner Landschaft. JUVARRA weicht weit vom französ. Schematismus ab und verbindet das Prinzip der landschaftsbeherrschenden Achsen mit dem von GUARINI entwickelten System der auf einer Achse gereihten oder sich durchdringenden Räume (S. 490). Er überträgt es hier in die größt mögliche Dimension mit der Verflechtung von Bauwerk, Garten, Park und Landschaft. Es ist eine alle Bereiche umspannende Interpretation des Doppelthemas von Konzentration und Ausdehnung, das die Architekten des Barock beschäftigt.
Die beherrschende Achse beginnt am Residenzschloß in TURIN als eine Hauptstraße der Stadt (Via Roma). Sie setzt sich jenseits des Befestigungsgürtels als Landstraße fort und erreicht als schnurgerade Allee den Schloßbezirk. Hier wird sie durch lange Fluchten flacher Wirtschaftsgebäude »kanalisiert« und mündet plötzlich in einen halbkreisförmig sich öffnenden *Vorplatz,* um den die Straße als »Zirkel« herumgeführt wird (vgl. KARLSRUHE, S. 434). In der Gebäudefront gegenüber öffnet sich ein kleineres *Halbrund* zur Passage in den polygonalen *Ehrenhof.* Die gestaffelt ausgreifenden Flügel des Schlosses sind auf einen *Kuppelsaal* zentriert. Von ihm als Brenn- und Schnittpunkt strahlen Quer- und Diagonalachsen in die Gebäudeflügel, das Gartenparterre und die Alleen aus.
In dem von einer dreifachen Allee umzogenen *Gartenrondell* von ca. 300 m Ø wiederholt sich noch einmal im freien Raum das Ausstrahlen der Achsen von einem Brennpunkt bis an den Horizont.

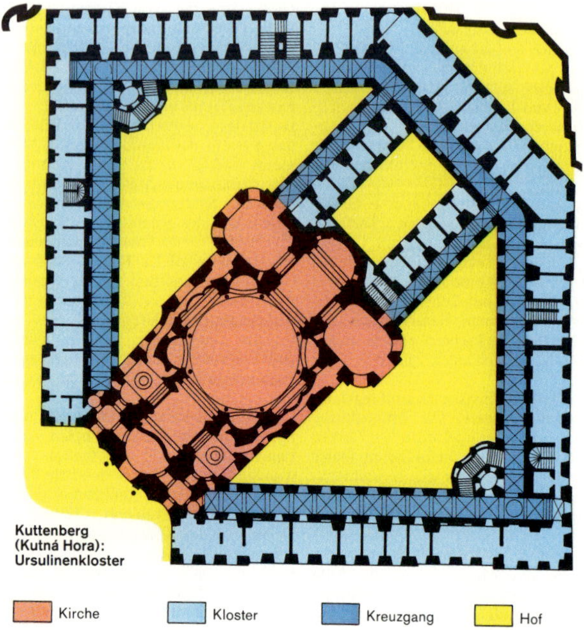

Kuttenberg (Kutná Hora): Ursulinenkloster

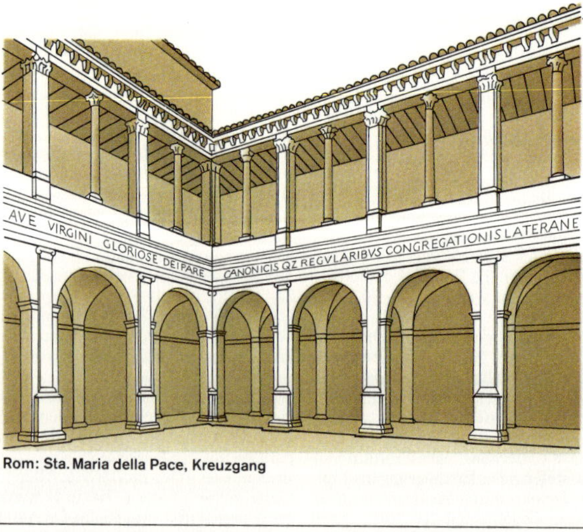

Rom: Sta. Maria della Pace, Kreuzgang

Konzentrierte Anlagen in den Städten

Die geistl. Orden haben im Mittelalter den Klosterbau zur Vollkommenheit entwickelt. In der Renaissance entstehen keine verbindl. Tpyen mehr.
Die Verlagerung der Aktivität in die Städte führt zur Angleichung der Klostergebäude an die städt. Architektur. Z. B. entsprechen Innenhöfe und Fassaden denen der Paläste und Kommunalgebäude (FLORENZ, *Sta. Croce;* Loggia am *Findelhaus,* S. 362, 420).
Der Kreuzgang im Chorherrenstift **Sta. Maria della Pace in Rom,** um 1504 von **Bramante** vollendet, ist eines der ersten Werke der Hochrenaissance. Er gleicht mit nur 4 Loggien an jeder Seite einem kleinen Palasthof. Der Aufbau mit *Pfeilerarkaden* und *jon. Pilastern* im Erdgeschoß, *Pfeilern* und eingestellten *Säulen korinth. Ordnung* mit *Architrav* im Obergeschoß bezeichnet das Fortschreiten des Stils, ist aber kein Beitrag zu einer spezif. Klosterarchitektur. Dies gilt auch für Konventsgebäude anderer Architekten, z. B. das *Collegio Borromeo* in PAVIA von P. TIBALDI oder *S. Giorgio Maggiore* und *Sta. Maria della Carità* (Accademia) in VENEDIG von A. PALLADIO.

Die Gegenreformation führt zu neuen Methoden in Seelsorge und Missionstätigkeit, die der Veränderung der Gesellschaft und des Bewußtseins entsprechen. Einige der Orden und Kongregationen (Jesuiten, Theatiner) tragen aktiv zur Verbreitung des Barock bei und beeinflussen auch die Typologie des Sakralbaues (S. 188).
Die Typen der Klostergebäude richten sich zunehmend nach den Vorbildern der Schlösser und Paläste, nicht nur in der äußeren Erscheinung, sondern z. T. auch im Raumprogramm. Wie die Bischofsresidenzen treten auch die Klöster in den Wettbewerb mit den Profanbauten des Adels und der Fürsten ein, um ihren Führungsanspruch in der höf. Gesellschaft durch zeitgemäße Repräsentation zu behaupten (vgl. Schloßbau, S. 464 ff.).
Wie im Schloß- und Palastbau verstärkt sich die Tendenz, Baukörper und Raumgruppen verschiedener Funktionen in einem Gesamtbau bzw. hinter einheitl. Fassaden zusammenzuziehen. In den Städten besteht schon durch die allgemeine dichte Bauweise ein Zwang zur Konzentration.
Schon BRUNELLESCHI ordnet 1420 im *Findelhaus* in FLORENZ die sonst dominierende Kirche wie die anderen Gebäudeflügel der einheitl. Fassade unter. Das Ideal vom Gleichmaß der Erscheinung unterdrückt die Ausbildung der Baukörper nach den Einzelfunktionen (S. 446, vgl. auch Würzburger Residenz, Lage der Schloßkirche, S. 466).
Im Barock tritt zur geometr. Gleichmäßigkeit die Ausrichtung nach Achsen und die Steigerung des Gesamteindrucks durch eine Mitteldominante.
Im Kloster kann nur der Kirche der Rang der Dominante zufallen. Im benediktin. Klosterschema steht die Kirche an einer Seite, der Gebäudering des inneren Klosters an ihrer Flanke (S. 358 ff.). In vielen Klöstern bleibt auch im Barock, teils aus Tradition, teils aus Platzmangel und wegen des historischen Gebäudebestands, diese Ordnung erhalten.

Die neue Vorstellung vom idealen Kloster erstrebt die Verschmelzung von Kirche, Kloster und Palast in einer Gesamtgestalt. Die Neuordnung nach den Prinzipien der Vereinheitlichung, Zentralisierung und Dominantenbildung setzt sich bei den zahlreichen Neubauten rasch durch. Neben die Klöster treten die neuen Kollegiengebäude: klosterähnlich gebaute Ausbildungsinstitute der Orden (Jesuitenkollegien).
Auf den oft beschränkten Bauplätzen in den Städten und in Anlehnung an die Palastarchitektur wird die Mehrgeschossigkeit zur Regel. Oft müssen viele Schwierigkeiten überwunden werden, um in der gegebenen Situation die ideale Ordnung durchzusetzen.
Kilian Ignaz Dientzenhofer findet bei den um 1743–45 entworfenen Projekten für das **Ursulinen-Kloster in Kuttenberg** (Kutná Hora) für die Integration der Kirche in das Kloster einerseits und von Kloster und Kirche in das Stadtbild andererseits eine scheinbar einfache Lösung. Sie bezeugt über die persönl. Leistung hinaus beispielhaft die Fähigkeit des Barock, komplizierte Bauprogramme und schwierige Situationen nach den Gesetzen der Axialität und Symmetrie zu ordnen und die Baumassen in einer das Stadtbild bestimmenden Dominante zu konzentrieren.
Der Grundriß ist axialsymmetrisch wie ein Ornament aufgebaut, erfüllt aber alle Funktionen sachgerecht. Auf dem quadrat. Grundstück an einer Straßenkreuzung legt DIENTZENHOFER die Hauptachse mit der Diagonalen zusammen. Er gewinnt dadurch für die Kirche ein Maximum an Ausdehnung und kann vor ihrer Front einen dreieckigen Vorplatz aus dem Baublock aussparen: Die in Kurve und Gegenkurve schwingende *Fassade* (vgl. S. 494) geht unmittelbar in die Stirnseiten der Konventsbauten über. Ihre palastartigen *Längsfronten* bestimmen das Straßenbild. Die hinter der Fassade aufsteigende *Kuppel* der Kirche wirkt als Dominante weit über den Vorplatz hinaus.
Die Querachse auf der anderen Diagonalen kreuzt die Längsachse im Altarraum. Sakrales und geometr. Zentrum der ganzen Anlage sind deckungsgleich.
Der an zwei Seiten abgeschrägte Komplex öffnet sich mit 2 dreieckigen Höfen nach innen zur Kirche, die beiden *Prunktreppenhäuser* – in den Spitzen der Dreiecke – antworten als plast. Volumen den Querarmen der Kirche. Die gewölbten Flure übernehmen die Funktion des *Kreuzganges.* Sie führen an allen Räumen vorbei in die Kirche, teils in die *Vorhalle,* teils in die *Sakristeiräume* bzw. die *Emporen.*
Das Kloster bildet einen einheitl. Organismus. Enger als im Mittelalter ist die Kirche als Herzstück in den Kreislauf der inneren Wege eingeschlossen. Nur ein unbedeutendes Fragment des großen Projekts wird verwirklicht.

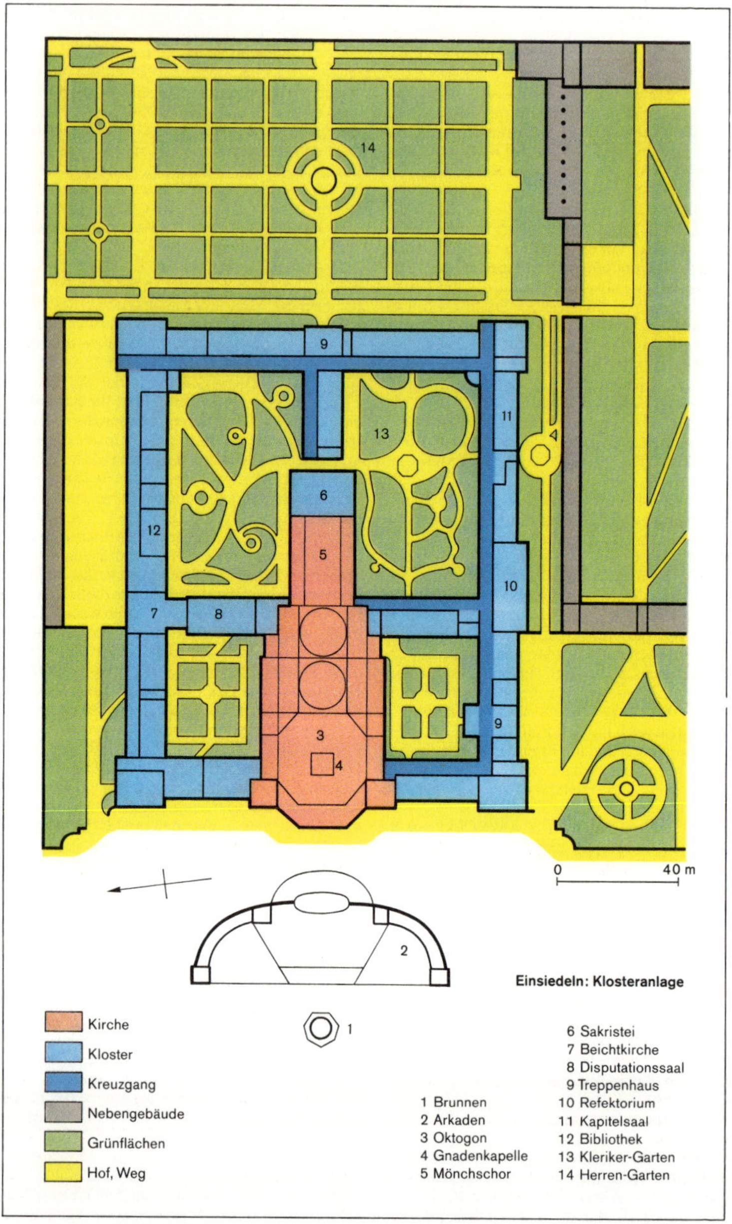

Einsiedeln: Klosteranlage

Die Klöster der alten Mönchsorden und die Chorherrenstifte verfügen im Gegensatz zu den Bettelorden und den Orden der Neuzeit über einen in Jahrhunderten angewachsenen Landbesitz. Nach der Reformation werden sie in den protestant. Staaten enteignet. In West- und Südeuropa unterstehen sie im *Kommendesystem* der Krone.
In Spanien erwächst aus mittelalterl. Traditionen die Konzeption des **Escorial.** Die 1563 nach dem Grundmuster des Kastells begonnene Verbindung von Kloster und Königspalast ist die erste axialsymmetr. Großanlage im vervielfachten *Vierflügelsystem* mit der Kirche im Zentrum.
In den kathol. Ländern des deutschen Reiches behalten die Klöster ihre Selbständigkeit. Die großen Abteien und Stifte üben über ihre Territorien eine absolute Herrschaft – wie die weltl. und geistl. Fürsten – aus und entfalten den gleichen Aufwand für die Repräsentation. Kriegszerstörungen und Überalterung der Gebäude einerseits, veränderte Lebensgewohnheiten mit wachsendem Raumbedarf andererseits führen zu einer allgemeinen Erneuerung. Nach wirtschaftl. Konsolidierung im 17. Jh. beginnt Anfang des 18. Jhs. eine ausgedehnte Bautätigkeit.
Bei der Neuordnung der Gebäudekomplexe setzen sich, wie im Städte- und Profanbau, **geometr. Gesamtordnung, Axialität und Zentralisierung** durch. Die Übernahme der beim Schloßbau entwickelten Entwurfsprinzipien und Elemente (S. 464 ff.) findet ihre Grenzen in der andersartigen Funktion und Organisation der Klöster. Sie lassen sich mit dem für den Schloßbau entwickelten Appartementsystem (S. 470 f.) nicht lösen.

Das ideale Kloster der Barockzeit läßt sich am besten in einer Vierflügelanlage verwirklichen. Dieser vom Schloßbau wegen seiner Weitläufigkeit aufgegebene Typ ermöglicht innerhalb eines nach außen geschlossenen Gebäudeblockes die Unterteilung in mehrere Flügel oder Höfe für die einzelnen Bereiche mit der für die Klöster typ. zirkulierenden Erschließung.
Der **Konventshof** (Klausur) tritt an die Stelle des inneren Klosters mit dem Kreuzgang (S. 358 ff.). Entlang der Flure reihen sich die Zimmer der Mönche bzw. die Appartements der Chorherren, an geeigneter Stelle dazwischen die gemeinschaftl. benutzten Räume.
Der **Prälatenhof** (Prälatur) faßt die Wohnungen für die Klosterleitung und für hohe Gäste und die großen Repräsentationsräume zusammen, darunter Prunktreppenhaus, großer Saal (»Kaisersaal«) und **Bibliothek,** die an Größe und Ausstattung einem barocken Festsaal gleicht.
Um den **Wirtschaftshof** schließen sich die früher oft einzeln stehenden Gebäude – Speicher, Werkstätten, Unterkünfte für Laienbrüder und Dienstleute, Stallungen und Remisen – meist zu einem geschlossenen Ring zusammen.
Klausur, Prälatur und Kirche bilden bei den meisten Klöstern einen einheitl. Komplex. Der Wirtschaftshof liegt oft seitwärts, in einigen Fällen ehrenhofartig davor.

Die **Klosterkirche** steht, wenn möglich, als Dominante auf der Mittelachse: entweder als Zentrum in den Gebäudeblock eingebaut und nur mit der Fassade risalitartig heraustretend (VORAU, EINSIEDELN, WEINGARTEN, GÖTTWEIG, WIBLINGEN, KLOSTERNEUBURG, im Prinzip auch MELK), oder frei vor dem Block (in OBERMARCHTAL und OTTOBEUREN ganz, in ST. BLASIEN teilweise).
Die axiale Ausrichtung setzt sich auch in extremen Situationen durch, z. B. in MELK, wo auf einem schmalen Höhenrücken die Front der Kirche, von Bibliothek und Kaisersaal ehrenhofartig flankiert, auf der Rückseite des Klosters bis auf die äußerste Terrasse über der Donau vorgezogen wird und von dort die Landschaft weithin beherrscht. In anderen Klöstern bleibt die Kirche unter dem Zwang der Situation oder der Tradition in der altgewohnten Stellung seitl. des Klosterblocks (ST. GALLEN, ST. FLORIAN).

Als Prototyp der barocken Stiftsanlagen kann das schon 1619 begonnene Chorherren-Stift VORAU in der Steiermark gelten, ein einfacher großer Vierflügelbau mit 3 Geschossen im Kastellcharakter. Die Kirche in der Mittelachse trennt im Inneren des Gebäudeblocks Konventshof und Prälatenhof voneinander und beherrscht den ringartig umbauten weiten Vorhof. Die Wirtschaftsgebäude stehen seitwärts.
Kloster Einsiedeln, Benediktiner-Niederlassung seit dem 10. Jh. und bedeutender Wallfahrtsort der Schweiz, ist das älteste der großen Stifte, bei denen die Verwandlung in ein ideales Barock-Kloster gelingt. Nach jahrzehntelanger Vorbereitung und verschiedenen Teilbauten im 17. Jh. beginnt 1704 nach den Plänen von CASPAR MOOSBRUGGER der Gesamtneubau von Kirche (1719–35) und Kloster, der um 1770 abgeschlossen wird.
Der weitläufige Komplex erscheint nach außen als dreigeschossige Vierflügelanlage mit Eckrisaliten. Die Kirche tritt mit der sich vorwölbenden Zweiturmfront weithin sichtbar als Zentrum und Dominante hervor. Sie wird an der Trennungslinie zwischen *Wallfahrtskirche* und *Mönchschor* durch Gebäudeflügel kreuzweise mit dem äußeren Gebäudering verspannt (vgl. S. 476).
Die Folge der Baukörper und Räume ist auf die Längsachse bezogen: vom *Brunnen* auf dem Vorplatz erreichen die Pilger über *Treppen* und seitl. ausgreifende *Rampen* das vordere *Oktogon* der Kirche mit der frei im Zentrum stehenden *Gnadenkapelle.* Über die im Oktogon kreisende Bewegung führt die Achse weiter in die Tiefe über den *Chor* durch das Gebäudegeviert bis in den *Herren-Garten.* Mehrere **Querachsen** kreuzen an wichtigen Punkten die Längsachse: in der Gnadenkapelle, am Ansatz des Mönchschores, im hinteren Prunktreppenhaus, im Rondell des Gartens.
Die axial-symmetr. Ordnung trennt und verbindet die Kreisläufe der Einzelbereiche so, daß jeder in sich selbständig, aber mit den anderen kommunizierend, in den Gesamtorganismus eingefügt ist.

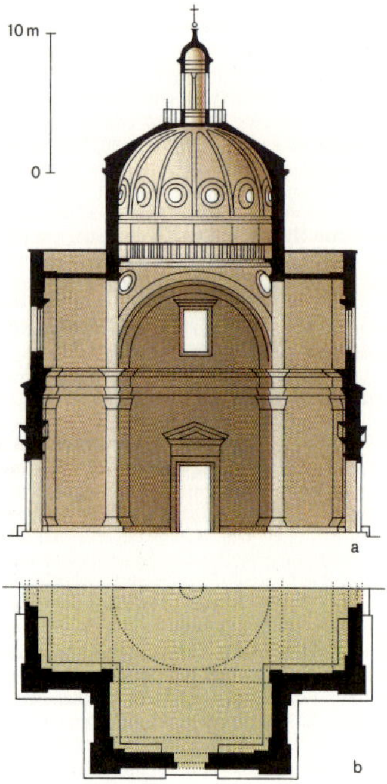

Prato: Sta. Maria delle Carceri
a Schnitt, b Grundriß

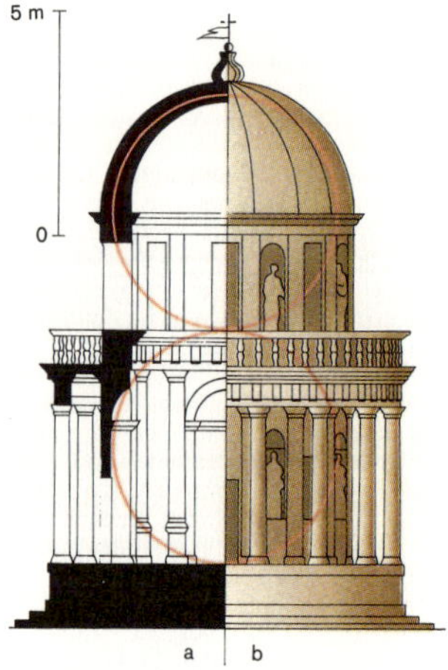

Rom: Tempietto di S. Pietro in Montorio
a Schnitt, b Ansicht

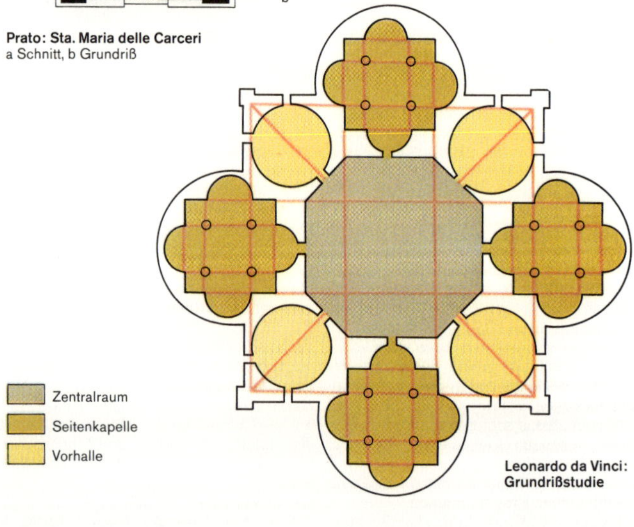

Leonardo da Vinci: Grundrißstudie

Kreis und Quadrat als Grundlage idealer Architektur

Der Sakralbau nimmt in der Architektur der Renaissance – wie im Mittelalter – den höchsten Rang ein. Seine Formen haben komplexe symbol. Bedeutungen.
Die ideale Kirche verkörpert sich für die Frührenaissance im **Zentralbau.** L. B. ALBERTI, der um 1450 die erste umfassende Architekturtheorie der Renaissance formuliert, führt ihn historisch auf die Vorbilder der Antike zurück (S. 250 ff., 266 ff.). Wissenschaftlich begründet er ihn mit der Bedeutung des Kreises und verwandter Formen in der Natur, denn die Natur gilt als oberste Lehrmeisterin. Ästhetisch kommt er dem Ideal der Gleichmäßigkeit am nächsten. Bevorzugte Grundformen sind Kreis und Quadrat bzw. Würfel und Kugel.
Die Schönheit ist wichtiger als liturg. Zweckmäßigkeit, denn sie gilt als die Verkörperung göttl. Gesetze. Sie beruht auf der Harmonie aller Teile, von denen nichts weggenommen und nichts hinzugefügt werden kann, ohne dem Ganzen zu schaden.
Die ersten Zentralkirchen der Renaissance entstehen bereits in der 1. Hälfte des 15. Jhs. **Filippo Brunelleschi** leitet seit 1419 den Bau der Domkuppel in FLORENZ, des größten zentralen Baukörpers seit dem röm. Pantheon (S. 252), der in seiner Konzeption noch gotisch ist. In der *zweischaligen Rippenkonstruktion,* den *Exedren* und der *Laterne* löst er konstruktiv und formal wichtige Teilprobleme des Zentralbaues.
1422–28 erbaut er die **Alte Sakristei an San Lorenzo,** den ersten programmat. Sakralbau der neuen Architektur, in Grundriß, Aufriß und Gliederung auf der Grundlage von Kreis und Quadrat entworfen: ein *Kubus* mit einer *Halbkreiskuppel,* die techn. als *Schirmkuppel* auf *Pendentifs* gebaut und mit einer *Laterne* gekrönt wird.
In der um 1429 begonnenen **Pazzi-Kapelle** bei Sta. Croce (S. 362) erweitert Brunelleschi den Grundriß zum *griech. Kreuz,* für die (unvollendet gebliebene) Kirche **Sta. Maria degli Angeli** entwirft er 1434–36 ein inneres *Oktogon* mit einem Kranz von 8 Kapellen, der außen als *16-Eck* erscheint (vgl. S. 372)
Eine Anzahl von Kirchen des 15. Jhs. folgt dem Grundrißschema mit griech. Kreuz und Kuppel über der Vierung. **Giuliano da Sangallo** bringt 1485 in der kleinen Kirche **Sta. Maria delle Carceri in Prato** Thematik und Stil BRUNELLESCHIS zur Vollendung. Die Grundelemente, Quadrat, Würfel, Kreis, Halbkreis, Kugel und Tonne, bestimmen Baukörper und Innenraum. Jede Kappe der 12-teiligen *Rippenkuppel* ist von einem Rundfenster durchbrochen. Außen verdecken ein hoher *Tambour* und ein flaches *Kegeldach* die Form der Kuppel, aus der im Scheitel eine schlanke *Laterne* aufsteigt.
Gegen Ende des 15. Jhs. nimmt die Zahl der Entwürfe und Bauten zu. Besonders intensiv befaßt sich in MAILAND ein Kreis von Künstlern unter Führung von BRAMANTE und LEONARDO DA VINCI, z. T. angeregt durch frühchristl. Bauten, mit der komplexen Thematik des Zentralbaus.

Eine **Studie von Leonardo da Vinci** zeigt eine der geometr. Konfigurationen als Grundlage der Architektur. Das Grundquadrat wird mit einem diagonalen Achsenkreuz und einem rechtwinkligen Liniennetz gleichmäßig aufgeteilt. Darüber entsteht eine Kombination von 9 selbständig durchgebildeten Zentralräumen, die zu einem Gesamtorganismus zusammengeschlossen werden: 1 zentrales *Oktogon* mit ungleichen Seitenlängen (vgl. S. 492, J. M. FISCHER), 4 Rundkapellen als Eingangshallen und 4 in den Mauermantel der großen Apsiden eingeschlossene *quadrat. Zentralräume* mit je 4 Apsiden und einem eingestellten Stützenquadrat: nach dem Typ der mittelalterl. Kapelle bei SAN SATIRO in MAILAND (S. 368). LEONARDO spielt in einer langen Reihe von derartigen Studien zahlreiche Möglichkeiten durch. Neben die komplizierten Kompositionen treten einfache, schon im Grundriß auf Monumentalität zielende Entwürfe.

Von großer Bedeutung für die weitere Entwicklung wird die Tätigkeit von **Donato Bramante** (1444–1514). In seiner Architektur überlagern sich Einflüsse der Bauten BRUNELLESCHIS und seiner Nachfolger, der spätantiken Zentralbauten, lombard. Traditionen, Ideen und Anregungen aus den Künstlerkreisen in URBINO, MANTUA und MAILAND. Im Dienste L. SFORZAS in Mailand baut er u. a. ab ca. 1479 die Kirche STA. MARIA PRESSO SAN SATIRO als latein. Kreuz mit Kuppel und Tonnen und seit 1492 den Zentralchor von STA. MARIA DELLE GRAZIE.
Die Übersiedlung nach Rom 1499 vermittelt ihm genaue Kenntnisse der antiken Monumentalbauten. Unter dem Pontifikat Julius' II. (1500–13) bildet sich im Zusammenwirken und in der Konkurrenz zwischen bedeutenden Künstlern der Stil der Hochrenaissance aus.
An der kleinen Rundkirche, dem **Tempietto,** bei **S. Pietro in Montorio** demonstriert Bramante kurz nach 1500 eine neue Idealvorstellung vom Zentralbau: den reinen Rundbau nach dem Vorbild antiker Rundtempel in Verbindung mit einer Kuppel. Alle die Gesamtform bestimmenden Konturen sind hier aus dem Kreis entwickelt. Im Gegensatz zur Antike (Pantheon, S. 252) ist aber die Raumproportion bedeutend steiler. Der Grundkreis des Raumes geht zweimal in der Höhe auf (Proportion 1:2). Der mit einer *Halbkreiskuppel* überwölbte Mauerzylinder ist bis zur halben Höhe von einer röm.-dor. *Ringhalle* umgeben, die eine *Balustrade* trägt. Der Mauerzylinder selbst ist mit in gleicher Achse stehenden *Pilastern* gegliedert. In den Feldern dazwischen wechseln halbrunde und rechteckige Nischen (für die Statuen) miteinander ab. Die Kuppel, ursprünglich als *Schirmkuppel* geplant, erhält eine kleine *Laterne.*
Der Tempietto soll in einem Hof mit rundum laufender *Säulenhalle* stehen, in deren Diagonalen kleine Zentralkapellen in Form von *Trikonchen* aus den Mauern ausgespart werden sollen: eine komplexe Gesamtanlage also mit einer Folge von Variationen über das Zentralbauthema.

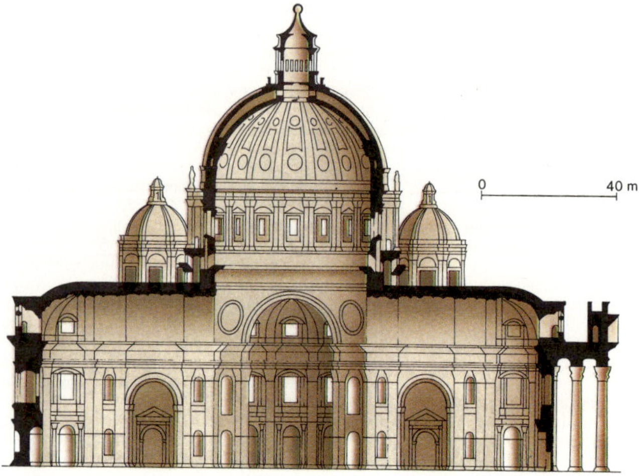

Schnitt, Bau des Michelangelo (s. S. 48)

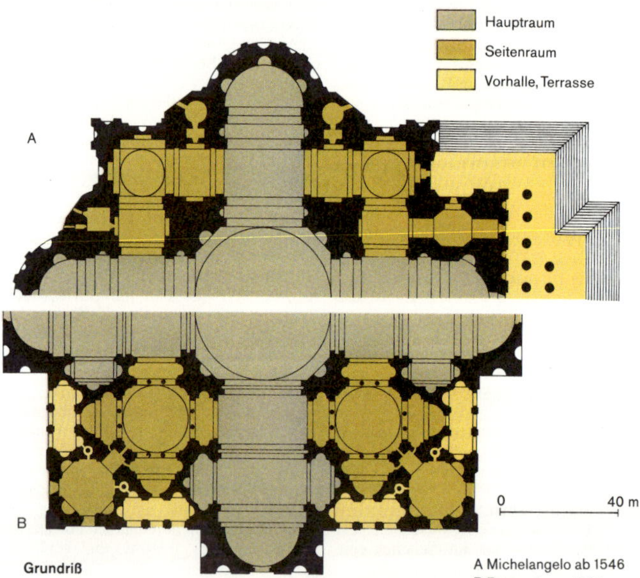

Grundriß

A Michelangelo ab 1546
B Bramante um 1505

St. Peter in Rom: Zentralkirche als Symbol der katholischen Welt

Die Diskussion um die Typologie des Zentralbaues konzentriert sich zu Anfang des 16. Jhs. auf den Neubau von **St. Peter in Rom.**

Nach der Rückkehr der Päpste aus Avignon wird ab 1377 der **Vatikan** mit der Peterskirche als neue Residenz anstelle des Lateran ausgebaut. Nach verschiedenen Reparaturen an der 324 erbauten konstantin. Basilika läßt Nikolaus V. seit 1447 durch B. Rossellino hinter der Apsis einen neuen großen Chor anlegen.

Erst Julius II. schafft seit 1503 unwiderrufl. Tatsachen. Er läßt das Presbyterium und einen Teil des Langhauses der alten Kirche abreißen und durch **Bramante** einen Zentralbau an gleicher Stelle beginnen.

Der Abbruch der Traditionskirche und die Entscheidung für den Zentralbau sind Teil eines kirchenpolit. Programms, mit dem der Primat des Papstes neu begründet werden soll. Die prinzipiellen liturg. Mängel des Zentralbaus sind bekannt. Für den Kreis der Künstler um Julius II. sind offenbar die formale Vollkommenheit und die komplexe Symbolik entscheidend (vgl. S. 372).

Seit der Antike gelten Zentralformen als typisch für die Grabmäler und Tempel der Heroen (S. 148, 195, 250 f.), im frühchristl. Sakralbau für die Martyrien und Memorialkirchen, allen voran *Geburtskirche* und *Grabeskirche* Jesu (S. 260, 266 f.). Die Hauptkirche des byzantin. Reiches, die Hagia Sophia in Konstantinopel, ist eine Kuppelkirche (S. 270). Sie begründet den Typus der Palastkirche (vgl. Aachen, S. 372). In Rom selbst steht noch das in eine christl. Kirche umgewandelte Pantheon als Universaltempel der röm. Kaiserzeit (S. 252).

Es entspricht dem Selbstverständnis der Renaissance und ihrer Päpste, besonders nach dem endgültigen Verlust Palästinas und Konstantinopels (1453), antike und christl. Traditionen in einer neuen Zentralkirche über dem Grab des Apostels Petrus zusammenzufassen, auf den sich die Schlüsselstellung des Papstes gründet.

Unter diesen Gesichtspunkten wirkt Bramantes **Tempietto** von San Pietro in Montorio, über der Stelle, an der Petrus gekreuzigt worden sein soll, wie ein ikonologisches Modell, das den Zentralbau von St. Peter vorbereitet (S. 480).

Bramante faßt in einer Synthese die bisherige Theorie und Praxis des Zentralbaues zusammen. Seine Gesamtkonzeption läßt sich aus Planfragmenten, Studien, Kopien, Stichen und Berichten aus der Bauzeit annähernd rekonstruieren.

Der **Grundriß** ist sowohl zu den Hauptachsen als auch zu den Diagonalen symmetrisch. Ein *griech. Kreuz* mit einer *Zentralkuppel* von ca. 42 m Ø über einer oktogonal ausgeweiteten *Vierung* ist einem Grundquadrat von ca. 140/140 m einbeschrieben. Die Kreuzarme enden in **Apsiden,** die mit einer rechteckigen Ummantelung aus dem Quadrat hervortreten. In den Flächen zwischen den Kreuzarmen ordnet sich eine Raumgruppe mit 2 Zentralräumen auf der Diagonalen: 1 *Nischenoktogon* und 1 *Quadrat* mit *Kuppel, Tonnenjochen* und *Apsiden,* die in die äußeren *Eingangshallen,* insgesamt 8, einmünden.

Über dem Zentralraum soll aus *Stufenringen* ein innen und außen mit einer *Kolonnade* umzogener **Tambour** aufsteigen und eine **Halbkreiskuppel** mit einer *Laterne* tragen.

Für die Fassade lassen sich *Großordnungen* in 2 Geschossen annehmen, über den hervortretenden Kreuzarmen *Dreiecksgiebel,* an der Ostseite von einem Paar hoher *Türme* flankiert.

Alle Elemente sollen sich zu einem harmon. Ganzen vereinen, wie es dem Schönheitsideal der Renaissance entspricht.

Bramante legt Raum und Baukörper durch die Hauptpfeiler mit den Vierungsbögen und 2 Apsiden in wichtigen Punkten fest, tastet sich aber offenbar schrittweise unter Planänderungen vorwärts. Bei seinem Tod 1514 befindet sich der Bau noch in einem experimentellen Zustand, der mehrere Varianten zuläßt. Unter seinen Nachfolgern geht der Weiterbau, z. T. mit Langhausprojekten, nur zögernd weiter (Raffael, †1520, Peruzzi, †1536, Sangallo d. J., †1546).

Michelangelo, von 1547–64 leitender Architekt, bewahrt die Hauptidee, strafft aber den Grundriß: er verstärkt Pfeiler und Mauern und zieht die Außenmauer näher an den Kern heran. Er schafft damit einerseits Sicherheit für den Kuppelbau, andererseits die Voraussetzung, das gesamte Volumen in der für ihn charakterist. Unterordnung der Einzelheiten unter den Gesamteindruck durchzuformen.

Er verändert grundsätzlich das Verhältnis von tragender Masse und umbautem Raum vom Lockeren zum Massiven und ersetzt das ursprünglich vielfältige Raumbild und die komplizierte Struktur der Nebenräume durch einen kontinuierl. Umgang hinter den Zentralpfeilern mit *Nebenkuppeln* in den Diagonalen. Er verwandelt die Außenwand konstrukt. und formal in einen einheitl. Mauerkörper mit einem prinzipiell gleichen Gliederungssystem innen und außen. Durch einen *Säulenportikus* über einer *Freitreppe* erhält die Kirche eine Hauptachse und eine eindeutige Orientierung zur Stadt (vgl. Pantheon, S. 250 ff.). Dagegen steigern die 4 Trabantenkuppeln den Eindruck der Hauptkuppel und die Dominanz der Zentralidee.

Die Kuppel ist nach dem Vorbild von Florenz als *zweischalige Rippenkuppel* konstruiert. Gegenüber der von Michelangelo vielleicht ursprüngl. geplanten reinen Halbkugel folgt die Ausführung 1588–93 unter seinen Nachfolgern G. della Porta und D. Fontana der stat. und opt. günstigeren parabol. überhöhten Linienführung (S. 48). Die *Rippen* steigen innen und außen jeweils von *gekuppelten Säulen* bzw. *Pilastern* auf und münden außen in die Säulenpaare der Laterne ein. Durch diese straffe Linienführung kann die Kuppel die Stadt weithin beherrschen.

Der Vorbau des Langhauses 1603–26 durch C. Maderna bringt sie aber an der entscheidenden Stelle, gegenüber dem Petersplatz, um ihre Wirkung.

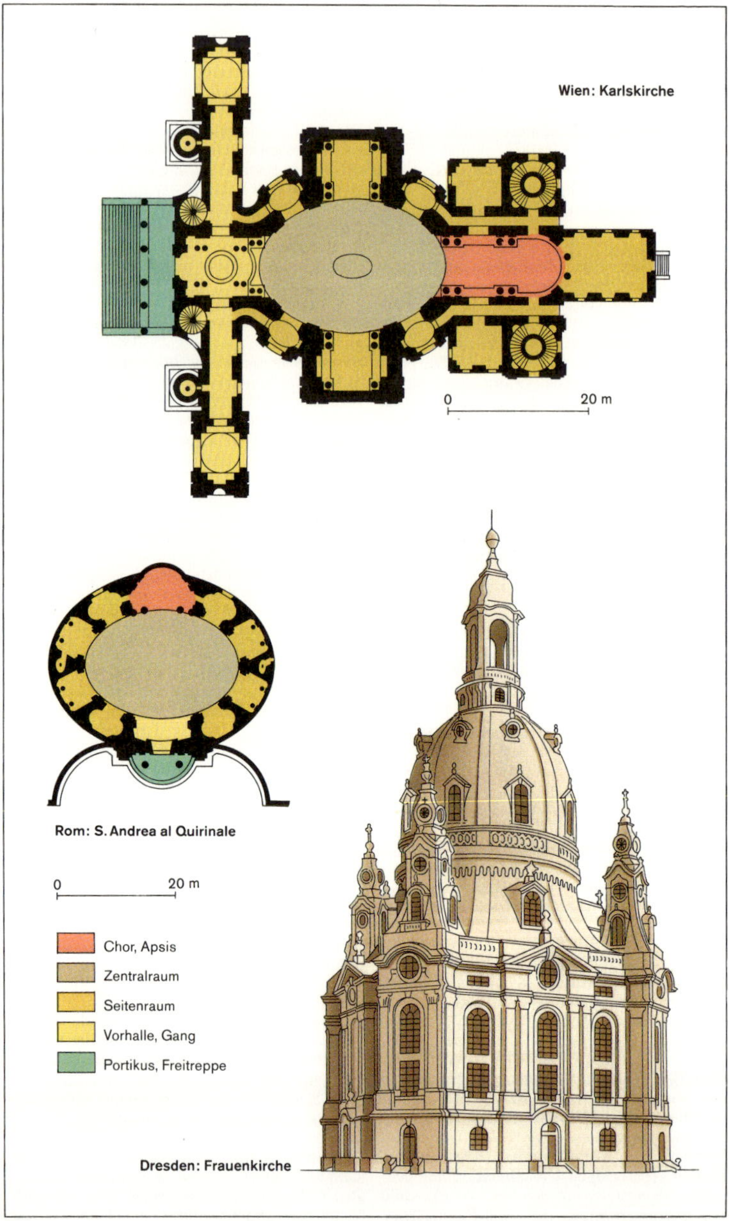

Barocke Variationen der Kuppelkirche

Der Zentralbau erhält durch die Peterskirche in Rom die höchste Bestätigung als Ideal des Sakralbaus. Vom Zentrum Rom verbreitet es sich mit der Barockarchitektur über ganz Europa. Starke Wirkungen gehen von den großen Kuppelkirchen als Konzentrationspunkten und Dominanten in Städten aus, die im 17. und 18. Jh. eine neue Struktur erhalten.
Fast alle bedeutenden Architekten des röm. Barock errichten Zentralbauten, die zu Vorbildern für die nachfolgenden europäischen Architekten werden (u. a. RAINALDI, CORTONA, BERNINI, BORROMINI, GUARINI).

Der **Dynamismus des Barock** drückt sich u. a. in der Veränderung der Idealformen aus. Als neue Grundfigur erscheint das **Oval,** die dynamische Streckung des Kreises. Er ersetzt die Richtungslosigkeit und eindeutige Zentrierung durch die **Biaxialität** mit den Spannungen zwischen Längsachse und Querachse und den zwei Brennpunkten. Sie werden in den zwei Grundpositionen, dem *Längsoval* und dem *Queroval,* unterschiedlich wirksam.
Das **Längsoval** erscheint im 16. Jh. zuerst bei PERUZZI und SERLIO. 1573 baut VIGNOLA mit STA. ANNA DEI PALAFRENIERI in Rom als einheitl. längsovalen Raum einen seiner Prototypen für den Kirchenbau des Barock. Im Konflikt zwischen Zentral- und Längsbau vermittelt das Längsoval einen Kompromiß, sei es für Einzelräume, sei es für Raumkombinationen. Die Zahl ellipt. Grundrisse nimmt zunächst in Italien, dann im übrigen Europa schnell zu.
J. B. Fischer von Erlach bevorzugt wie andere Architekten des süddeutschen Barock das Längsoval. Bei der 1716–37 erbauten **Karlskirche in Wien** bildet es mit hohem *Tambour, Kuppel* und ovaler *Laterne* das Zentrum einer kreuzförmigen Raumgruppe. *Vorhalle, Chor* und *Seitenarme* sind dem Hauptoval untergeordnet, akzentuieren aber wirksam Längs- und Querachse. Ein 6-säuliger *Tempelportikus,* weit seitl. stehende *Türme* mit offenen Hallen im Erdgeschoß und 2 *Gedenksäulen* nach Vorbild der röm. Trajans-Säule bilden zusammen mit der Kuppeldominante in der offenen Gartenlandschaft eine Gruppe verschiedener plast. Volumina, die sich im Wechselspiel steigern. Die »Zitate« röm. antiker Bauwerke sind als Attribute einer »kaiserl. Architektur« zu verstehen.
Das **Queroval** bringt die Dynamik der Form verstärkt zur Geltung. Unter den röm. Architekten setzt sich besonders **G. L. Bernini** mit seinen Möglichkeiten auseinander.
In **Sant' Andrea al Quirinale,** 1658–70 erbaut, entwickelt er die gesamte Konzeption aus der Thematik des Querovals. Der konkave *Vorplatz* - und der aus dem Baukörper vorspringende konvexe *Portikus* mit der *Freitreppe* bereiten auf das Innere vor. Es besteht aus einem querovalen Kuppelraum mit einem Kranz von 10 *Wandnischen,* die das Thema im kleinen Maßstab variieren, besonders die *Apsis.* Sie mündet oben in eine ovale »Glorie« mit einer eigenen *Laterne.*
BERNINI baut hier die barocke Version der antiken Rotunde mit Nischen im Mauermantel, genauer des *Nischendekagons* bzw. *-ovals* (S. 250 ff.; vgl. auch S. 481, BRUNELLESCHI). Die Architektur erscheint einfach, ist aber komplex. BERNINI gelingt durch Beschränkung der Elemente die Konzentration auf das Wesentliche. Durch ein dichtes Netz von Beziehungen aktiviert er alle Spannungen, die in der geometr. Grundform verborgen sind. Im größten Maßstab erreicht er das zu gleicher Zeit mit dem gleichen Motiv bei der Anlage des Petersplatzes (S. 438): eine Demonstration des barocken Formwillens, der den größten und den kleinsten Raum einem einheitl. Gesetz unterwirft.

Bei bedeutenden Architekten des Hoch- und Spätbarock greift die zunehmende Dynamisierung, das Pulsieren und Verschmelzen der Raumzonen (S. 490) auf die Vertikale über. **F. Borromini** überträgt in **S. Ivo in Rom** (1642–50) den in Nischen und Apsiden »gefalteten« Sechseck-Grundriß (Nischenhexagon) durch vertikale Linienführung ohne Tambour und vermittelnde Gliederungselemente in die Kuppel. Raumform und Gliederung gehen unmittelbar auseinander hervor.
G. Guarini führt mit einem System gewunden aufsteigender und sich kreuzender oder tangierender Segmentrippen die Energiebahnen in die Kuppel. In **S. Lorenzo in Turin,** 1666–80 über einem *Oktogon* errichtet, und in der **Cappella della Sta. Sindone** verflechten sie sich zu einem transparenten Skelett, in dem die völlige Durchdringung und Vereinheitlichung von Raum und Form, Innen und Außen verwirklicht wird. Hier löst ein dynam. Bewegungsstil den stat. röm. Massenstil ab. Ihm schließt sich – im Gegensatz zur klassizist. Tendenz in England, Frankreich und im protestant. Norddeutschland – das kathol. Österreich/Süddeutschland an.
Die **Frauenkirche in Dresden,** 1722–43 von **Georg Bähr** als protestant. Hauptkirche erbaut, verbindet den Typ der niederländ. norddeutschen zentralisierten Emporenkirche (MICHAELISKIRCHE, HAMBURG) mit dem italien. Kuppelbau. Hier gelingt der Versuch, den Zentralraum zur Sammlung der Gemeinde um die Predigt – nach CHR. WREN als »Auditorium« – zu verwirklichen.
Aus dem Raumkubus treten in der Mitte und an den Ecken »Risalite« hervor. Die diagonal an den Ecken stehenden, mit turmartigen Laternen überhöhten, sollen zugleich als *Treppentürme* für die 3 Emporenringe im Inneren und als *Widerlager* (»Strebepfeiler«) gegen die Schubkraft der Kuppel dienen. Diese ruht im Inneren auf 8 sehr hohen Bogenstellungen mit schlanken Pfeilern. Der glockenförmige *Tambour* soll den Schub nach außen leiten, zugleich ermöglicht er den geschmeidigen Übergang von der Kreiskuppel auf den Kubus. In der einfachen und schwungvollen Linienführung verkörpert sich die Verbindung von Dynamik und Eleganz, die den süddeutsch-mitteleurop. Barock auszeichnet.

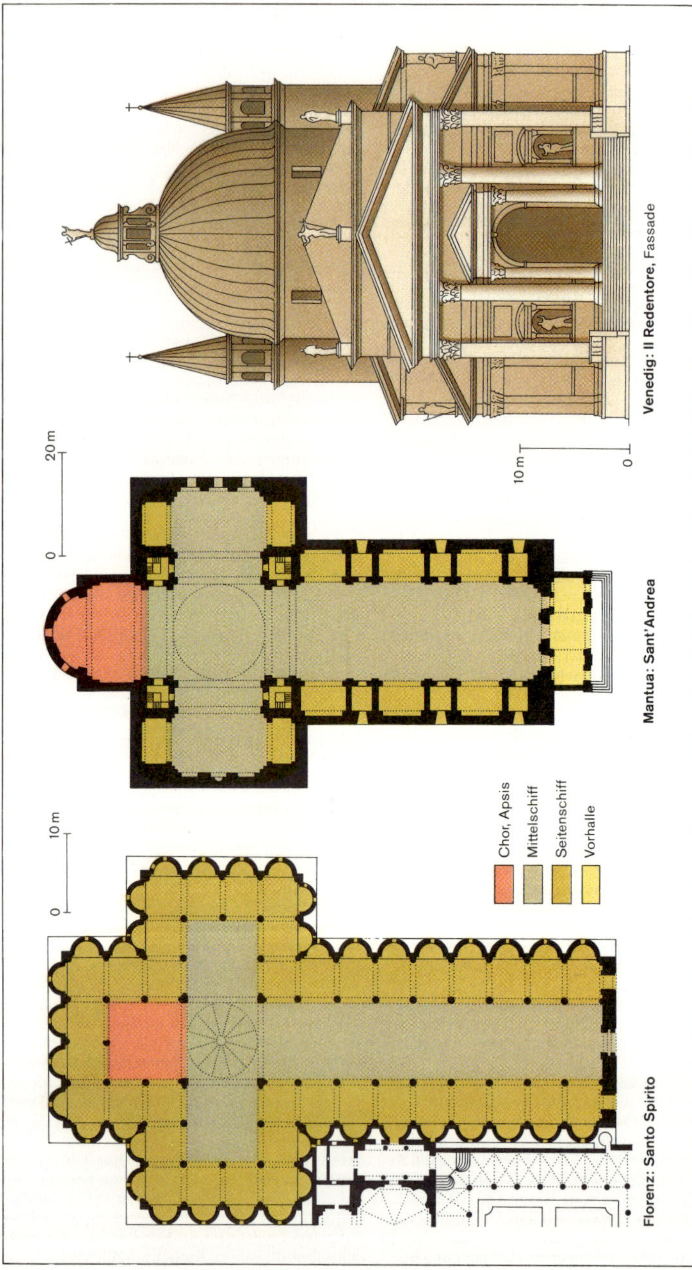

Basiliken der Renaissance: Rückgriff und Neukonzeption

Die traditionelle Gemeindekirche ist der Längsbau. Sein erster Standardtyp, die frühchristl. Basilika mit Säulen und Flachdecke (S. 262), bleibt in Italien bis in das hohe Mittelalter gültig. Erst spät dringen got. Formen und der Typ der Hallenkirche ein. Das italien. Raum- und Stilgefühl läßt aber die Auflösung der Wand in ein Skelett nicht zu. Geschlossene, fast kastenartige Räume mit ausgedehnten Flächen herrschen vor (S. 412 f.).
Filippo Brunelleschi vollzieht nach seiner und seiner Zeitgenossen Meinung die Rückkehr zum antiken Typ. Tatsächlich baut er aber um 1420–40 mit S. LORENZO und S. SPIRITO in **Florenz** die ersten Großkirchen der Renaissance. Beide stehen in engem Zusammenhang und sind nicht völlig in der geplanten Gestalt verwirklicht.
In **Santo Spirito** ist BRUNELLESCHIS Neukonzeption einer Basilika im Grundriß erhalten. Alle Elemente sind gleichmäßig in die Grundfigur, ein *latein. Kreuz,* einbezogen. Die *Vierung* ergibt das Grundmaß für eine Art von »gebundenem System« (vgl. S. 376). Jedem Quadrat in Chor, Querhaus und Langhaus entsprechen 2 quadrat. Seitenschiffsjoche mit *Langhausarkaden* und halbrunden Kapellennischen. Sie umziehen kontinuierl. das kreuzförmige Hauptschiff (vgl. Umgangschöre, S. 396, 402 ff.). Die Bögen der Vierung tragen eine Kuppel. Dieses zentrierende Element entspricht nicht dem altchristl. Typ, sondern der mittelalterl. Tradition der Toskana (PISA, SIENA, FLORENZ).
BRUNELLESCHI reduziert gegenüber der Gotik ebenso die absoluten Raummaße wie die der einzelnen Bauelemente und stimmt sie auf eine an der Antike orientierte Harmonie im ganzen wie im einzelnen ab. Im Grundriß wie im Aufbau erreicht er rationale Klarheit und Leichtigkeit, die für die Florentiner Frührenaissance charakterist. werden.

Schon in der nächsten Generation wird der neukonstituierte Typ des Longitudinalbaues folgenreich verändert. Mit **Sant' Andrea in Mantua** entwirft **Leon Battista Alberti** um 1470 einen neuen Grundtyp, der die weitere Entwicklung entscheidend bestimmt. Über dem Grundriß eines latein. Kreuzes durchdringt ein sehr breites, tonnengewölbtes Langhaus ein gleichartiges Querhaus. An die Stelle der leichten Säulenarkaden mit ihrem fast allseitigen Durchblick treten paarweise zu Blöcken zusammengeschlossene *Zungenmauern* mit *Pilastern,* die als *Großordnung* bis zum Hauptgesims aufsteigen. Die Wandnischen zwischen ihnen sind im Erdgeschoß mit *Quertonnen* überwölbt, darüber durchbrechen einzelne Fenster die Oberwand. Die Vierung trägt eine Kuppel, der Chor mündet in eine breite und hohe *Apsis.*
Die durch die Seitennischen bestimmten Querachsen bestimmen den Rhythmus des Raumes. ALBERTI knüpft in Konstruktion und Gesamtcharakter an den Massenbau der röm. Kaiserzeit an (Maxentius-Basilika, S. 232) und leitet die Steigerung der Formensprache zur Monumentalität der Hochrenaissance ein. Der von ihm mit ST. ANDREA geschaffene Prototyp der modernen **Wandpfeilerkirche** (vgl. S. 408–12) tritt neben die Basilika. Er ist ihr im Querschnitt des Baukörpers ähnlich; die Kapellen zwischen den Wandpfeilern im Erdgeschoß erscheinen außen wie ein Seitenschiff.
Die **Fassaden,** nach italien. Tradition als Schauwände errichtet, bieten bei beiden Typen die gleichen Probleme.
Die Architekten entdecken bei der Rückwendung zur Antike die Säulenhalle des röm. Podiumtempels und den Triumphbogen (S. 210, 263) als Motive für die Front des »christl. Tempels«. Die Übernahme an die Fassade eines Baukörpers mit gestaffeltem Querschnitt ergibt neue Probleme. ALBERTI findet auch hier wegweisende Lösungen.
Bei der Fassade für die Dominikanerkirche **Sta. Maria Novella in Florenz** entsteht, trotz Einbeziehung got. Fassadenteile im Erdgeschoß und Weiterführung des toskan. Inkrustationsstils (S. 314), ein Prototyp, der in zahlreichen Variationen im europäischen Barock zum Standardtyp wird (S. 494): *Pilasterordnungen* in zwei Geschossen und *horizontale Gesimse* gliedern die Front. Der hohe Mittelteil trägt das *Giebeldreieck. Rundbogenportal* zwischen *Halbsäulen* im Erdgeschoß und *Kreisfenster* im Obergeschoß markieren das Mittelschiff und die Hauptachse. Seitl. vom Mittelgiebel vermitteln große *Voluten* vor den Pultdächern den Übergang zu den Seitenschiffen.
In **Sant' Andrea in Mantua** verbindet ALBERTI Tempelfront und Triumphbogen-Motiv miteinander durch Gliederung der Fassade mit einer *Pilaster-Großordnung.* Die folgenden Architekten verfolgen die von ihm gefundenen Lösungen weiter, z. B. BRAMANTE 1480 in MAILAND und PERUZZI um 1515 in Rom. Der wichtige Entwurf von **Michelangelo** für **S. Lorenzo** in FLORENZ wird nicht verwirklicht.
Andrea Palladio gelingt bei den Fassaden seiner Kirchen in **Venedig** die Projektion der Tempelfront auf die Stirnwand einer *Wandpfeiler-Basilika* im reinen Klassizismus der Spätrenaissance. An **Il Redentore** verbindet er die Mittelschiffsfront mit dem Giebel eines *Anten-Tempels* mit Podium und Freitreppe (vgl. S. 184) und bildet den Eingang als monumentale *Aedicula* mit hoher Bogenöffnung. Er wiederholt das Tempelmotiv, niedriger gestaffelt und flankierend, vor der Zone der seitenschiffartigen Wandnischen mit den Pultdächern. Ein durchlaufendes Gesims bindet Mittel- und Seitenfelder zusammen.
Oberhalb des Giebeldreiecks erscheint zurückgestaffelt in gleicher Neigung auf einer *Attika* das flache *Walmdach* des Mittelschiffs. Die Konturen der Halbgiebel wiederholen sich in der Form der Strebepfeiler oberhalb der seitl. Pultdächer. Die Abstaffelung bringt nicht nur das Tempelmotiv durch Wiederholung und Variation zur Geltung, sie vermittelt auch den stufenweisen Übergang zur dominierenden Kuppel. Mehr als sonst sind Fassade und Baukörper zur Einheit verbunden.

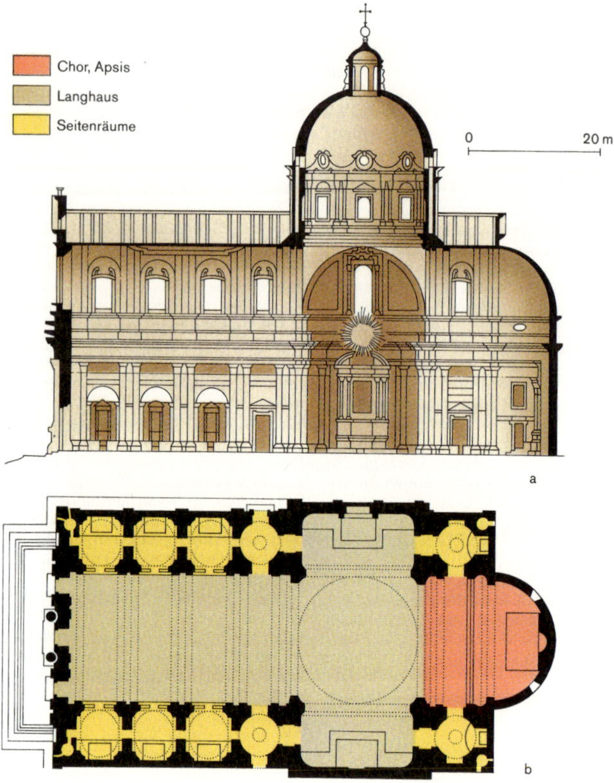

Rom: Il Gesù
a Längsschnitt, b Grundriß

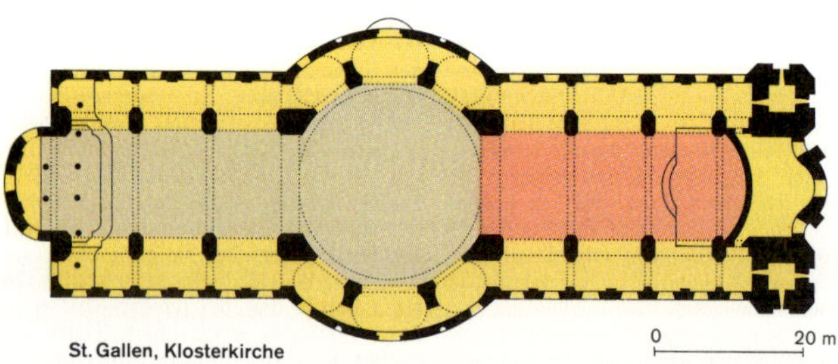

St. Gallen, Klosterkirche

Barocke Wandpfeilerkirchen

Wandpfeilerkirchen in großen Dimensionen entstehen in Südeuropa schon in der Gotik (S. 408, 412). Sie entsprechen den Vorstellungen von der Predigt- und Volkskirche in den Bettelorden und der städt. Bevölkerung. BRUNELLESCHIS Rückgriff auf die *Säulen-Basilika* erscheint trotz des modernen Stils unzeitgemäß. Allgemeines Raumgefühl, Volkspredigt, Glaubenspropaganda benötigen keine weitläufigen Umgänge und Seitenschiffe, sondern den energisch zusammenfassenden und zusammengefaßten Einheitsraum.

ALBERTI entspricht mit SANT' ANDREA in MANTUA um 1470 diesen Forderungen mit einem neuen Prototyp der Wandpfeiler-Kirche (S. 486). In ROM entstehen als Folgen der Reformbestrebungen die **Kongregations-Kirchen:** einfache Längsräume (Saalkirchen) mit seitl. Kapellen und einem zur Gemeinde offenen Chor, also ohne Sonderchor und Sonderaltäre für den Klerus.

Erst 1568, nach Abschluß des Konzils von Trient, nimmt **G. da Vignola** den Typ der Wandpfeiler-Kirche mit der Hauptkirche der Jesuiten, **Il Gesù in Rom,** wieder auf. VIGNOLA reduziert gegenüber Albertis Kirche die seitl. Ausladung der Querarme, verkürzt in der Gesamtproportion das Längsschiff und verbreitert es auf ca. 17,5 m. Er zieht die Wandpfeiler enger zu einer Ordnung von *Doppelpilastern* zusammen. Der Rhythmus von Pfeilern und Nischen wird dadurch gleichmäßiger. Die Flächengliederung ist zunächst einfach und klar im Stil der Hochrenaissance. Erst 100 Jahre später tritt eine üppige barocke Dekoration hinzu.

Der Raum wirkt als Einheit. Die für die Renaissance charakterist. Selbständigkeit der Einzelform ist verschwunden. Die Gliederungen ordnen sich den Flächen ein, die den Raum bilden. Das Langhaus mit der *Tonne* und die *Kuppel* auf dem hohen *Tambour* gehen räuml. ineinander über; die Kuppel öffnet das Schiff nach oben. Ebenso wirkt die *Apsis* als gebogene Teilfläche des Gesamtraumes, nicht als einzelne Hohlform (wie in der Romanik). Die Lichtführung durch die hochsitzenden großen Fenster trägt viel zur einheitl. Wirkung bei. Die einzelnen Elemente und auch die bisher deutlich ablesbaren, den Raum bestimmenden Dimensionen von Länge, Breite und Höhe sind nicht mehr einzeln vom Auge kontrollierbar, sie gehen in der Weite des Raumes auf.

Il Gesù entspricht vollkommen der liturg. Forderung nach dem voll verfügbaren Einheitsraum mit starker Zentralisierung. Es faßt auch die übrigen Programme und Tendenzen für den Bau von Gemeindekirchen in der Epoche der Gegenreformation in einer Art von Generalnenner zusammen. Auf dieser objektiven Zusammenfassung realer Bedürfnisse, mit überlegener Beschränkung der künstler. Mittel in Raum und Baukörper übertragen (vgl. S. 494), beruht die Wirkung auf den Sakralbau der Barockzeit. Sie wird weniger in direkten Nachahmungen als vielmehr in vielen Verwandlungen und Variationen sichtbar, z. T. in national oder regional abgrenzbaren Gruppen, z. T. in bedeutenden Einzelwerken.

ROM bleibt bis zum Ende des 17. Jhs. das Zentrum der weiteren Entwicklung. Besonders G. DELLA PORTA, C. MADERNO, C. RAINALDI entwikkeln den Gesù-Typ weiter. In Frankreich baut FR. MANSART mit der Kirche VAL DE GRÂCE eine wichtige Variante.

Eine regional selbständige Typologie für Wandpfeilerkirchen entsteht durch die **»Vorarlberger Bauschule«** in Vorderösterreich, Oberschwaben und der Nordostschweiz. Die führenden Architekten stammen aus den Familien MOOSBRUGGER, THUMB und BEER. Am Anfang stehen einfache Saal- und Hallenkirchen mit der typ. Wandpfeilerstruktur, rudimentärem Querschiff und einem oft rechteckigen Chor. Emporen, die in halber Raumhöhe zwischen den Pfeilern eingezogen werden, bringen einen entschiedenen Horizontalismus in das Raumbild, z. B. in OBERMARCHTAL, SCHÖNENBERG, ZWIEFALTEN (Tradition süddeutscher Hallenkirchen, S. 410). Später erhalten die massiven Wandpfeiler hohe Durchbrechungen oder stehen, von den Emporen verspannt, fast frei vor der Wand.

In die späteren der z. T. sehr großen Wandpfeilerhallen ohne ausgeprägte Vierung wird das zentralisierende Element der **Kuppel** eingeführt, z. T. als echte Kuppel mit *Tambour* (WEINGARTEN), z. T. als flache *Scheinkuppel* mit illusionist. Malerei (ST. GALLEN, ZWIEFALTEN), oft begleitet von halbrund ausschwingenden Umgängen oder Querarmen. Diese Mittelzone dient als »opt. Gelenk« (DEHIO) zwischen dem Langhaus der Laiengemeinde und dem Langchor für den Konvent der Klöster, die hier meist die Bauherren sind.

Die **Klosterkirche St. Gallen** wird um 1720 von **Caspar Moosbrugger** entworfen, aber erst 1755–67 von **Peter Thumb** und den Brüdern BEER erbaut. Sie ist ein typ. Versuch zur Synthese sowohl von Längs- und Zentralbau als auch von Benediktiner-Klosterkirche und barocker Gemeindekirche. Sie erhält die Gestalt einer langen *Wandpfeilerhalle,* in der Mitte zur *Rotunde* erweitert. Die Wandpfeiler stehen in Langhaus und Chor fast frei, nur in der Rotunde rücken sie strebepfeilerartig an die Außenwand und bilden halbovale Kapellen.

Die weite Öffnung des Raumes im Zentrum nach oben durch Kuppel und Tambour unterbleibt; eine ausgemalte Flachkuppel überhöht nur mäßig die Tonnenjoche der Halle. Der Zentralraum wird – weiter und höher gespannt – als Ausweitung des Längsraumes erlebt. Die Querachse erzeugt keine scharf kontrastierende Spannung. Die Rotunde hält Langhaus und Langchor im Gleichgewicht, beide scheinen zum Raumzentrum gerichtet. Aber das liturg. Zentrum, der Hochaltar, steht in der Gegenposition. Die Raumform setzt sich über das hierarch. liturg. Schema der Mönchskirche hinweg, ähnlich wie bei anderen benediktin. Wandpfeilerhallen (WEINGARTEN, ZWIEFALTEN, OTTOBEUREN).

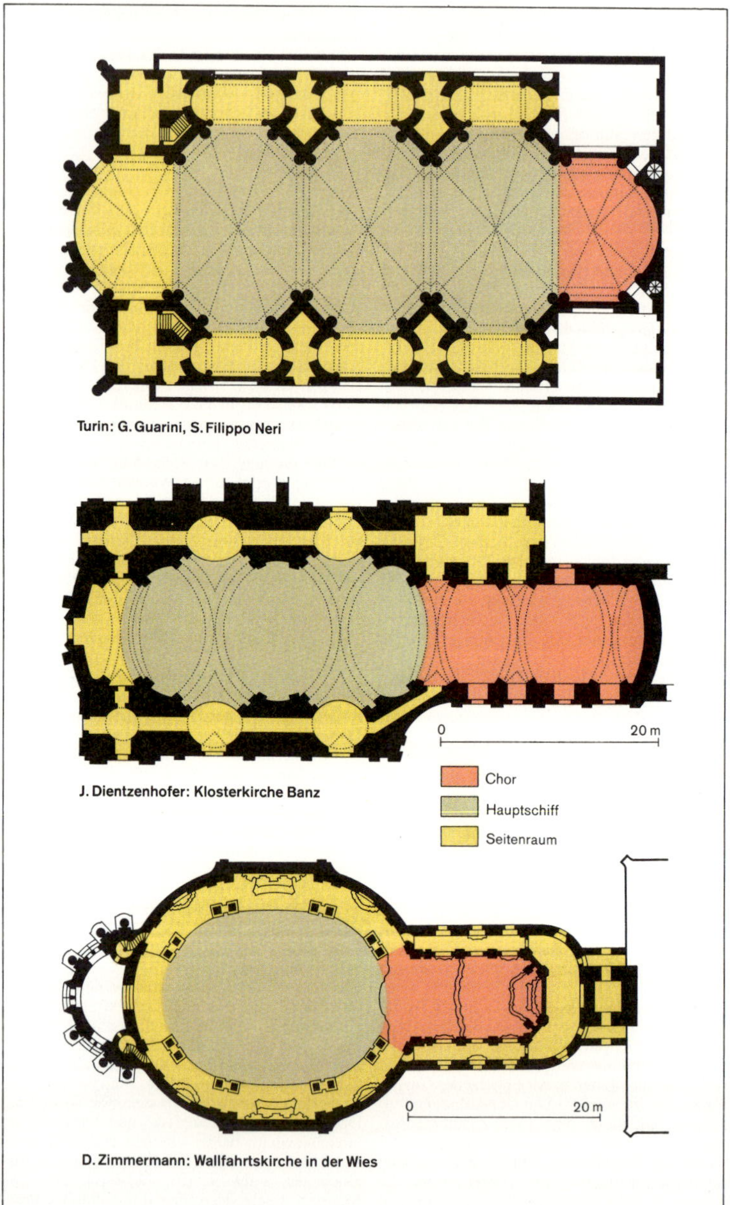

Tendenzen der Raumbildung im Hoch- und Spätbarock

Vereinheitlichung und **Dynamisierung** des Raumes bestimmen die Architektur des Barock im 17. und 18. Jh. Seit Michelangelo versuchen die Architekten beides weniger durch die Grundform des Raumes bzw. seiner Teilräume zu erreichen, sondern durch Gliederungssysteme, d. h. die Proportionierung und Kombination der Gliederungselemente. Die Wand bleibt neutraler Träger des jeweiligen Systems. Diese Art der Raumgestaltung erreicht unter **G. L. Bernini** (1598–1680) durch die Ausnutzung perspektiv. Wirkungen bei der Kombination der Elemente und auch durch ihre Verschmelzung mit der Architekturplastik ihren Höhepunkt.
Im Gegensatz zu ihm und den anderen zeitgenöss. Architekten geht **Fr. Borromini** (1599–1667) vom Raum als primär einheitl. Volumen aus und erzeugt Einheit und Dynamik durch die Raumform unmittelbar.
Die geometr. Grundfiguren und die darauf stehenden Grenzflächen durchdringen sich mit ihren Kurven unlösbar zu einem Gesamtvolumen. Wände und Decken erscheinen flexibel. Raum und Baukörper dehnen sich aus und ziehen sich zusammen in **Kurve und Gegenkurve** (S. 494). Die plast. Gliederung akzentuiert Form, Rhythmus und Dynamik des Ganzen (S. 426 ff.).
Als Konsequenz ergibt sich eine neue Beziehung der Räume zueinander. Ein Raum bestimmt durch seine Konturen die Form des nächsten: z. B. folgt einem konvex gedehnten ein konkav zusammengezogener. Beide scheinen wie elast. Volumina zu pulsieren.
Borromini schafft keine neuen Typen, sondern individuelle Einzellösungen, jede ein komplexes, in sich geschlossenes System.
G. Guarini (1624–83) baut diese Prinzipien zu einer systemat. Entwurfstechnik aus. Nach seinen Worten ist die »spontane Aktion von Ausdehnung und Kontraktion in allem Lebendigen wirksam«. Er formuliert damit (als erster) ein **organ. Prinzip** in der Architektur. In seiner Anwendung entwirft er seine Pläne als theoret. unbegrenzte Gruppen und Ketten von Zellen in einem offenen, flexiblen System.
Beim Longitudinalbau bevorzugt er eine Folge querovaler Joche, so daß sich der Gesamtraum längs der Hauptachse rhythmisch ausdehnt und wieder zusammenzieht.
Der Entwurf für die Kirche **S. Filippo Neri in Turin** von 1679 zeigt die Verwandlung des *Wandpfeilersystems* (S. 488). In einem auf allen Achsen spiegelgleichen Grundriß sind alle Teilräume zwar mathemat. selbständig, bilden aber zusammen ein in allen Richtungen nach dem biaxialen Prinzip aufgebautes, pulsierendes Ganzes. Im Gegensatz zu der eindeutigen Zielstrebigkeit des Gesù-Typs (S. 488) pendelt die Bewegung. An jeder Stelle im Raum herrscht Spannung zwischen zwei oder mehreren Polen.
In anderen Entwürfen geht GUARINI zur gegenseitigen Durchdringung der Zellen über. Sein System macht er durch eigene Publikationen (›Architettura Civile‹) in ganz Europa bekannt.

Im 18. Jh. gelangen die Architekten, vor allem in Mitteleuropa, durch Synthese und Weiterentwicklung der verschiedenen Systeme zu einem »Pluralismus der Ausdrucksmittel«* und neuartigen Raumbildern.
Ein folgenreicher Schritt ist die Aufhebung der vertikalen Bindung zwischen Grundriß und Gewölbedecke. Die von den schrägstehenden Pfeilern ausgehenden Gurtbögen verlaufen nicht direkt von einem Pfeiler zum Pfeiler gegenüber, auch nicht konform zur Figur der meist querovalen Grundjoche, sondern schwingen in der Gegenrichtung ellipt. aus und tangieren oder durchdringen sich jeweils im Scheitel der Joche. So entsteht an der Decke eine Folge von Gewölbefeldern, die um einen halben Achsabstand gegenüber den Grundrißjochen verschoben sind.
An der Entwicklung dieses Systems der »synkopierten Durchdringung«* hat die in Franken und Böhmen bauende Familie **Dientzenhofer** großen Anteil.
Die **Klosterkirche Banz,** 1710–19 von JOHANN DIENTZENHOFER erbaut, zeigt die synkopierte Durchdringung im Langhaus; über 2 querovalen Grundrißfeldern stehen, um den halben Achsabstand verschoben, 3 Gewölbefelder, die sich zusätzlich mit den Gewölben über den *Seiten-Emporen* durchdringen. Das Spiel der Durchdringungen, gesteigert durch Malerei und Stuckdekoration, erzeugt den Eindruck unbestimmbarer Schwingungen. Ihre Dynamik klingt im Mönchschor in dem »pulsierenden Nebeneinander«* von 2 Ovaljochen ab.

Neben den komplizierten und dynamischen Systemen entstehen Kirchen mit ebenso einfachen wie komplexen Raumbildern, in denen sich die virtuose Beherrschung aller Systeme zu spielerischer Leichtigkeit und Eleganz abklärt. Charakterist. Beispiele bieten die Kirchen von **Dominikus Zimmermann.**
1745–54 erbaut er die **Wallfahrtskirche in der Wies,** eine längsovale Hallenkirche mit einem Langchor. Der Raum ist *zweischalig* aufgebaut. Die flächig gehaltene Außenmauer wirkt leicht wie eine Membrane. Innen begrenzen frei vor der Wand stehende Pfeilerpaare das Raumoval und tragen das den ganzen Raum überspannende flache Scheingewölbe mit perspektiv. Malerei.
Der Langchor verstärkt die Tiefenbewegung, die Seitenaltäre im Umgang betonen die Querachse. Hier ist der Abstand der Pfeiler erweitert, in den Kurven zu Chor und Eingang entsprechend verringert. Die dynam. Linie des Ovals wird spürbar rhythmisiert. So entsteht ein Verweilraum mit Richtungscharakter. Kreisende Bewegung und biaxiale Spannung erzeugen Gleichgewicht. Durch die Doppelbegabung ZIMMERMANNS als Architekt und Stukkator und die Ausmalung durch seinen Bruder J. BAPTIST ZIMMERMANN gelingt die völlige Integration von Architektur, Malerei, Plastik und Dekoration in der Einheit des Raumes.
* Begriffe nach CHR. NORBERG-SCHULZ

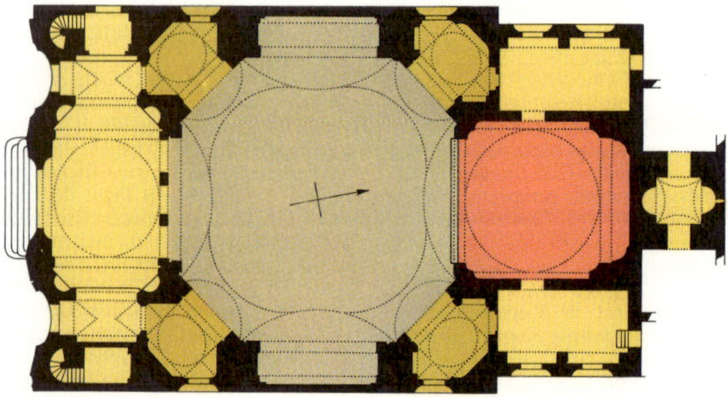

Aufhausen: Wallfahrtskirche

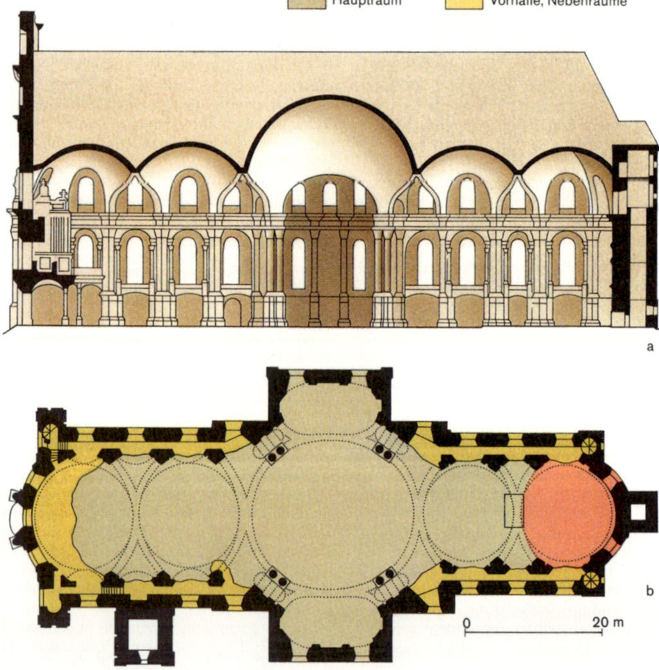

Neresheim: Klosterkirche, a Längsschnitt, b Grundriß

Synthese aller Typen und Systeme im Spätbarock

Seit dem 17. Jh. erstreben führende Architekten die **Synthese** aller Typen und Systeme und die **Integration** von bildender Kunst und Dekoration in die Architektur. Im röm. Barock wirken besonders BORROMINI und GUARINI, der die Architektur als eine »ars combinatoria« bezeichnet (S. 490).
Viele Kirchen sind freie und z. T. vieldeutige Verbindungen verschiedener Typen und Systeme. Auffallend häufig vereinen sie Längsrichtung und zentralisierende Tendenz miteinander. So baut in England **Chr. Wren** 1672–77 **St. Stephen's Walbrook in London** über einem oblongen Rechteck, in das sowohl ein latein. wie ein griech. Kreuz einbeschrieben und von einem zentralen Oktogon überlagert sind. Der Raum, dessen von Säulen getragene, verschiedenartig überdeckte und in der Höhe gestaffelte Joche sich auf die beherrschende Kuppel öffnen, entzieht sich jedem Schema und hebt den Gegensatz zwischen Längs- und Zentralbau in einer Synthese auf – wie bei BORROMINI, dem er aber stilist. völlig fernsteht.
In Mitteleuropa treffen im 18. Jh. alle Strömungen des europ. Barock zusammen. Sie werden von den Architekten, die von etwa 1720–60 die Hauptwerke des Spätbarock schaffen, miteinander verschmolzen (vgl. S. 490).
Synthese bedeutet keinen schulmäßigen Einheitsstil, sondern die volle Beherrschung aller Ausdrucksformen und ihre Steigerung und Konzentration in individuellen Raumbildern. Einige der Architekten nehmen ständig neue Motive auf und verbinden sie miteinander, andere versuchen, ein Hauptmotiv in immer neuen Lösungen zu erproben und zu steigern.

Johann Michael Fischer (1692–1766) z. B. verwendet mit Vorliebe das *Oktogon mit ungleich langen Seiten* als Grundfigur des Hauptraumes in biaxialen Entwürfen. Je nach Verbindung mit verschiedenen Teilräumen lassen sich einige seiner Kirchen mehr als zentralisierte Längsbauten, andere mehr als Zentralbauten mit Richtungscharakter bezeichnen.
Er entwickelt für den Zentralraum ein System mit Mauerpfeilern, auf denen, wie bei einem großen *Baldachin,* die Kuppel bzw. das Gewölbesytem, ruht. Die verschieden tiefen, von Bögen oder Gewölben überdeckten Zwischenräume zwischen den Pfeilern werden von der dünnen Wand nach außen geschlossen. Das nur von den Innenflächen der Eckpfeiler markierte Oktogon wirkt wie von einer Raumhülle umgeben. Ihre Öffnung zum Zentralraum durch die verschieden weiten und hohen Bogenstellungen auf allen Achsen, auch den Diagonalen, und die vielfachen Licht- und Schattenwirkungen lassen sie als einen Teil des – theoret. unendlichen – Außenraumes erscheinen, in den der zentrale »Baldachin« als begrenzter Raum für den Gottesdienst hineingestellt ist.
Die **Wallfahrtskirche Aufhausen** bei STRAUBING ist charakterist. für FISCHERS Lösungen: auf den Hauptachsen sind die Seiten des Oktogons etwa doppelt so lang wie auf den Diagonalen. Sie öffnen sich zu den flachen Nischen auf der Querachse und zum tiefen Chor in voller Raumhöhe, zum Eingang und in den Diagonalen in 2 Geschossen übereinander. Von den die Pfeiler verbindenden Bögen springen zur Mitte kurze *Kappensegmente* vor. Auf ihnen ruht die flachgewölbte zentrale Kuppelschale mit illusionist. Malerei.
Das System des Hauptraumes wiederholt sich z. T. in den Nebenräumen, aber nicht im Chor, der als Ziel der Längsachse klar begrenzt ist. Besonders reiche Durchblicke ergeben sich in den Diagonalen, also dort, wo sich normalerweise der Raum stat. und opt. verfestigt. Auf den mit den Achsen in Breite und Tiefe wechselnden Durchblicken in die Raumschale beruht wesentl. die vielfache Wirkung des Raumbildes.
Die etwa gleichzeitige Variation des Motivs in ST. MICHAEL in BERG AM LAIM (München) erscheint in den Einzelheiten einfacher und kräftiger, die etwas spätere Abteikirche in ROTT AM INN vielfältiger.

Balthasar Neumann (1687–1755) verbindet anscheinend mühelos Typen, Motive und Strukturen aus dem gesamten europ. Bereich und realisiert seine Entwürfe mit einer perfekten Technik (z. B. eisenbewehrte Gewölbe).
Die **Abteikirche Neresheim,** sein 1747 begonnener letzter großer Sakralbau, gehört zu den schwäbischen *Wandpfeilerkirchen* des Benediktiner-Ordens (S. 488) und stellt wie ST. GALLEN eine Synthese von gerichtetem Raum und zentraler Kuppelrotunde dar. NEUMANN behandelt, wie andere Zeitgenossen, die Raumgrenze *zweischalig:* er stellt die Pfeiler als Großordnung frei vor die Außenwand. Die *Gurtbögen* steigen von ihnen in gegenläufiger Bewegung nach dem Prinzip der synkop. gegenseitigen Durchdringung auf (S. 490), so daß über je 3 querovalen Grundrißjochen 2 wesentl. größere Deckenfelder stehen, in die kreisrunde Gewölbekappen einbeschrieben sind (Stellung des Altars!). Auch die *zentrale Kuppel,* die nach NEUMANNS Entwurf mit einer Laterne über das Dach aufsteigen soll, ist in dieses System einbezogen. Sie dehnt sich als *Längsoval* um je ein halbes Joch über die Breite der Querarme in das Langhaus aus, ist aber zugleich mit kurzen Kreuzarmen kombiniert, die die Biaxialität betonen. Durch ihre leichte Längstendenz und den weiten Abstand der sie tragenden *Säulenpaare* erreicht NEUMANN zugleich die Einbeziehung in den synkop. Rhythmus des Längsraumes, dessen fühlbare Ausweitung und Zentralisierung und die Betonung der *Querachse,* auf der die Joche pulsierend nebeneinander stehen (S. 490, GUARINI).
Der Vergleich mit dem früher entworfenen, aber später ausgeführten St. Gallen (S. 488) zeigt, wie weit NEUMANN die Synthese zur völligen Verschmelzung, zum »integrierten Gesamtraum« vorwärtstreibt. Der Raum, mathemat. kompliziert konstruiert, wirkt beinahe selbstverständlich. Er verbindet Weite und Leichtigkeit mit Monumentalität.

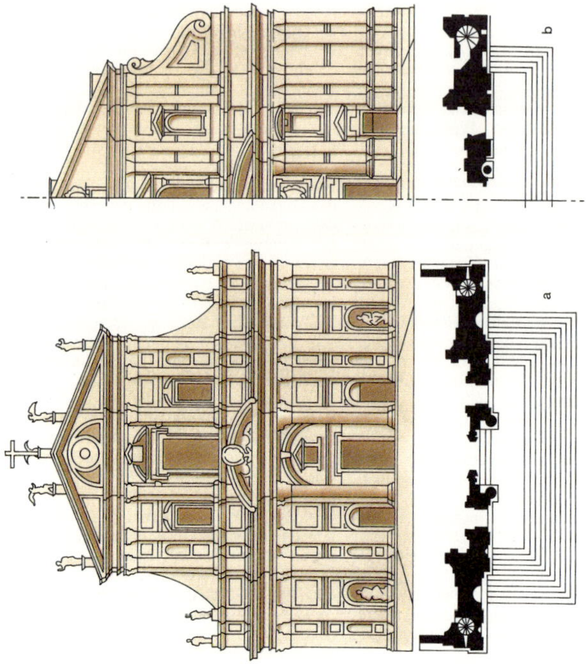

Rom: **Il Gesù**, a Entwurf von Vignola, b Fassade von della Porta

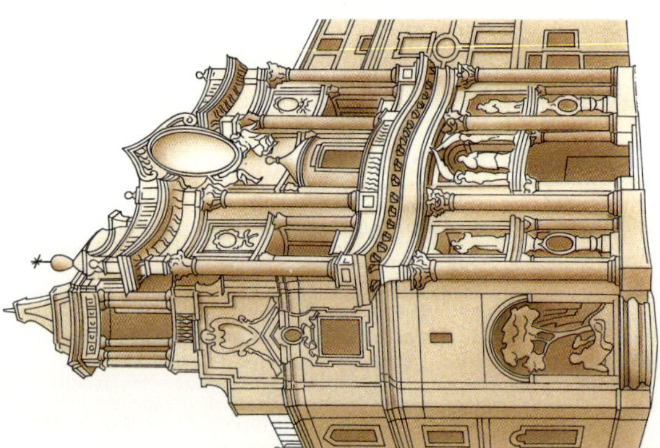

Rom: S. Carlo alle Quattro Fontane

Statik der Renaissance, Dynamik des Barock

Die Verbindung von antikem Tempel und frühchristl. Basilika zu einer neuen Form des »christl. Tempels« ist ein frühes Ziel der Renaissance-Architekten. Sie versuchen es im allgemeinen zu erreichen, indem sie das räuml. Gebilde der Tempelvorhalle als Relief auf die Stirnmauer einer Basilika oder Wandpfeilerkirche projizieren. Der Versuch, eine giebelhoch offene Vorhalle antiken Typs zu bauen, bleibt Ausnahme (z. B. Palladio, Tempietto in Maser). Die Tradition der *Querschnitts-* und *Schirmfassaden* besteht weiter (S. 398).

L. B. Alberti gelingen im 15. Jh. grundlegende Lösungen. Die Architekten des 16. Jhs. verfolgen seine Ideen weiter. **A. Palladio** kommt in Venedig dem Ideal der Tempelfront am nächsten (S. 486). Die weitere Entwicklung geht aber von Rom aus.

G. da Vignola entwirft 1568 mit der Fassade für **Il Gesù** die für die barocke Architektur vorbildl. Lösung (S. 488). Während Palladio die dem antiken Tempel entsprechende Großordnung anwendet, übernimmt Vignola von Albertis Fassade an Sta. Maria Novella in Florenz die Gliederung in 2 Geschosse und überträgt sie in die Form eines plast. Reliefs und den Stil der Hochrenaissance nach Michelangelo.

Erd- und Obergeschoß erhalten *gekoppelte Pilaster* bzw. *Halbsäulen*-Ordnungen. Über dem *Gebälk* liegt eine breite gleichermaßen abschließende wie tragende *Attika*. Das Mittelschiff mit dem »Tempelgiebel« tritt als *Risalit* aus der Gesamtfront vor. In dem erweiterten Mittelfeld markiert eine monumentale *Aedicula* mit einem einbeschriebenen Bogen über dem Mittelportal den Eintritt der Mittelachse in das Innere (vgl. Palladio, S. 486). Die Anordnung von Haupt- und Nebenportalen wiederholt sich in der Fensterstellung im Obergeschoß. Der Wechsel von schmalen und breiten, flächigen und plastischen Wandfeldern entspricht dem Rhythmus des Innenraums (S. 488).

Die Überleitung zwischen Ober- und Untergeschoß übernehmen – anstelle der Albertischen Voluten – konkav geschwungene, steile *Segmente*. *Statuen* auf der Attika und dem Giebel lassen die vertikale Ordnung in den Luftraum übergreifen wie an den gleichzeitigen Profanbauten.

G. della Porta, der Nachfolger Vignolas, unterzieht das Schema einer Neuredaktion, in der sich der Barock ankündigt. Der Vertikalismus wird gedämpft, z. B. die Attika mehr als durchlaufendes Band behandelt, die Gliederung enger, einfacher und kräftiger. Die dynam. Form der Voluten zieht Erd- und Obergeschoß zur Einheit zusammen, die plast. Elemente drängen sich zur Mitte zusammen. Die *Aedicula* am Hauptportal mit ihrer Verdoppelung und Variierung der Form, ist eine manierist. Variante von Vignolas Modell.

Vignolas und Della Portas Fassade von Il Gesù mit 2 Geschossen übereinander, überhöhtem Mittelfeld mit Tempelgiebel, flankierenden Voluten, Hauptportal und 2 Nebenportalen, bildet das Hauptschema für die Kirchenfassaden, die Vorbilder des europ. Barock werden.

Im 17. Jh. zeichnet sich die Tendenz nach kräftiger Plastik des Reliefs, nach Zusammenziehung in beherrschende Bahnen und Konzentration zur Mitte ab. Kontraktion erzeugt Dynamik und Kontrast, und Dynamik ist – im Gegensatz zur Statik der Renaissance – ein Prinzip des Barock. Überwiegend halten aber die röm. Architekten z. B. Rainaldi, Maderna, Cortona und Bernini am klass. Aufbau und am antiken Formenkanon fest.

Die zunehmende Dynamisierung der Architektur geht vom Grundriß aus, der Veränderung der geometr. Grundfiguren, ihrer Kombinationen und Durchdringungen (S. 490).

F. Borromini zieht als erster die volle Konsequenz aus dieser Entwicklung. Die Dynamik des Grundrisses erfaßt bei ihm auch die Fassade. Der ganze Baukörper – nicht nur die aufgelegten Gliederungen – wird plast. durchgeformt. Die Fassade steht nicht mehr als selbständige Schauwand vor dem Kirchenraum, sondern folgt als seine Hüllfläche den Kurvaturen. Sie gibt gewissermaßen dem Druck des Raumes nach. Dadurch verändert sich auch ihre Beziehung zum Außenraum.

Die Fassade (1665–67) der kleinen Kirche **S. Carlo alle Quattro Fontane in Rom** drückt das neue Verständnis von Dynamik, Flexibilität und Einheit von Raum und Baukörper in einer für die Zeitgenossen revolutionären Deutlichkeit aus. Es ist eine in **Kurve und Gegenkurve** schwingende »flexible« Wand, in der die Bewegung des längsovalen Raumes an die Oberfläche tritt.

Zu dieser Schwingung tritt eine Aufwölbung des Hauptgesimses als Ausdruck der in der inneren Wölbung wirkenden Kraft, die dem klass. Giebeldreieck wiederspricht (S. 468, Schlaun). Borromini folgt dem Prinzip bis in das Detail. Über dem konvex vorspringenden Gesims über dem Erdgeschoß zieht sich die Fassade konkav zusammen, als bräche sie unter dem Druck auseinander: anstelle einer klass. Aedicula springt ein Rundtempelchen mit dem großen Mittelfenster halbrund hervor.

Die Fassade wird zum Spiegel der den Raum formenden Kräfte, sie bereitet den Eintretenden auf ihr Spiel im Inneren vor. Der Barock zielt auf Einheit der Gestaltung; sie wird hier sichtbar in der Einheit von Innenraum und Baukörperkontur, beide folgen der gleichen Dynamik. Sie erfaßt auch die Einzelformen und befreit sie aus dem konventionellen Formenkanon (S. 428).

Während in Rom selbst und in Westeuropa die klass. Strömungen im Barock die Oberhand behalten, schließen sich nach Guarini und einigen Architekten Oberitaliens besonders die Architekten in Franken, Böhmen und Bayern (Dientzenhofer, Neumann, Fischer, Zimmermann) dem Beispiel Borrominis an. Kurve und Gegenkurve, oft in gegenseitigen Durchdringungen, bestimmen Raum und Außenform schließlich so weit, daß der Baukörper der Kirche unter Reduzierung der plast. Gliederungen membranartig leicht und biegsam wird (S. 490, Wies).

Mit der Renaissance beginnt nach allgemeiner Übereinkunft der vielschichtige Prozeß der **Neuzeit.** Das rationale Denken bringt in allen Lebensbereichen neue Anschauungen und Methoden hervor, die die mittelalterl. Systeme ablösen. Im Anfang steht die Wiederentdeckung und vermeintliche Wiederbelebung der Antike.
Die Architektur wendet sich vom Gliederbau der Gotik ab und kehrt zum Massenbau bzw. zum Wandbau zurück. Sie gibt die Einheit von Konstruktion und Form auf, in der die techn. Struktur des Gebäudes unmittelbar als Gliederungssystem von Raum und Baukörper und als »aktiver« Träger des Stils erscheint.
Im Mauerwerksbau der Renaissance besteht keine für den konstrukt. Zusammenhalt des Gebäudes notwendige Verbindung zwischen Mauer und vorgeblendeter Gliederung. Von konstruktiven Funktionen befreit, werden die Gliederungssysteme von den Architekten in den von ihnen bestimmten Proportionen und Verbindungen als Bekleidung des Baukörpers entworfen (vgl. S. 210 f.). Die Mauern sind »passive« Träger des Stilkleides.
Die Erscheinung eines Bauwerkes beruht nach ALBERTI
1. auf der **Harmonie,** d. h. einem abgestimmten Proportionssystem für den Gesamtbau und seine Teile. Sie ist die Voraussetzung der Schönheit.
2. auf dem **Schmuck,** d. h. sowohl dem Baumaterial und seinen natürl. Eigenschaften, als vor allem den Gliederungselementen: den Säulenordnungen in verschiedenen Dimensionen und Verbindungen, Fensterformen, Aediculen, Gesimsen und Ornamenten (S. 420 ff.).
Wie im Mittelalter bilden geometr. Figuren und ihre Proportionalteilungen die Grundlagen der Entwürfe. In der Gotik bleiben sie zumeist in der Struktur verborgen. In der Renaissance werden sie im Baukörper insgesamt und in seinen Teilflächen sichtbar, ihre Beziehungen durch die aufgelegten Gliederungen deutlich akzentuiert.
Ausgewogene Proportionen, Schönheit der Einzelformen, Symmetrie und Harmonie aller Teile und des Ganzen sollen die göttl. Wahrheit der Geometrie und ihre moralische Kraft verkörpern. Dieser hohe Anspruch bringt sehr schöne Bauwerke hervor, führt aber zu einer prinzipiell **formalist. Auffassung** der Architektur.
Der antike Formenkanon unterliegt – besonders im Barock – vielen Veränderungen. Sein Vorrang als höchste ästhet. Norm wird aber bis zum 19. Jh. kaum ernsthaft bestritten. Die konservativ-handwerkl. Technik des Mauerwerkbaues bietet dem Spiel mit Variationen und Kombinationen antikisierender Gliederungen die indifferente Grundlage. Von ihr gehen aber keine Impulse zu neuen Konstruktionen aus.
Im 15. Jh. steht das Bauwesen noch an der Spitze der gesamten Technik (Domkuppel in FLORENZ), bleibt aber dann trotz einzelner großer Leistungen immer mehr zurück. Der Aufstieg der modernen Technik vollzieht sich in steter Wechselwirkung mit Naturwissenschaften und Industrie. Architektur und Technik treten in verhängnisvoller Weise auseinander und folgen verschiedenen Zielen.
Viele Architekten gehen nicht mehr aus den traditionellen Zünften des Bauhandwerks bzw. aus den Bauhütten hervor, sondern haben ihre Ausbildung ursprüngl. in anderen handwerkl. Künsten erhalten oder sind gelehrte Dilettanten. Die Renaissance glänzt durch »Universalgenies«, die alle Bereiche der bildenden Kunst, teils auch der Naturwissenschaft und Literatur beherrschen (ALBERTI, LEONARDO, MICHELANGELO, RAFFAEL).

Die Wiederaufnahme des antiken Architekturkanons entspricht dem Bildungsideal des Humanismus. Er wird bald zum allgemeinen Statussymbol und als solches von allen Mächten und Mächtigen im jeweiligen Zeitstil übernommen. Demokratische Stadtstaaten, Geldadel, absolutes Fürstentum, selbst die Kirche empfinden ihn als das für ihre private oder institutionelle Repräsentation geeignete System.
Noch die bürgerl. Revolution und die moderne Demokratie greifen in Assoziierung von revolutionären Ideen, allgemeinen Menschenrechten, antiker Bürgertugend und platon. aufklärerischer Philosophie auf die Symbole der antiken Tempelarchitektur zurück (WASHINGTON: Weißes Haus, Kapitol).
Im 20. Jh. kommt es zu der fatalen und reaktionären Adaption der alten Hoheitssymbole durch die verschiedenen Diktaturen: Faschismus, Nationalsozialismus, stalinist. Kommunismus. Die z. T. primitiven Vereinfachungen und die megalomanen Dimensionen lassen von der Harmonie ALBERTIS nichts mehr verspüren.

Die Renaissance leitet auch eine Neuorientierung im Städtebau ein. Mit theoret. Schriften und utop. Entwürfen beginnt die Planung von Städten nach geometr. Mustern, die Aufteilung in gleichartige Sektoren und die Ausrichtung von Straßenachsen auf Kardinalpunkte und Dominanten. Im Barock entstehen daraus weitgespannte Ordnungssysteme, die auch auf die Landschaft übergreifen. Sie wirken als Befreiung aus der Enge der mittelalterl. Städte, lösen aber auch ihre geschlossene Gestalt auf.
Anstelle des bisherigen scharfen Gegensatzes zwischen Stadt und Land zeichnet sich als neue Möglichkeit das Zusammenspiel von konzentrierter Stadt, bäuerlicher Kulturlandschaft und Kunstlandschaft der Schlösser und Parks ab, wie es sich in der Region zwischen PARIS und VERSAILLES entwickelt. Ein Gegenbeispiel bildet die vom Zwang der starren Achsen befreite Verbindung von konzentrierter Wohnbebauung und Parklandschaft der Stadt BATH (S. 436, 442).
Diese Ansätze zu einer harmonischen Durchdringung von Stadt und Landschaft in einem »offenen System« werden durch das schnelle, ungezügelte Wachstum der modernen Großstädte überwuchert. Das barocke System erstarrt zum akademischen Formalismus und ist der Dynamik der industriellen Revolution nicht gewachsen.

Mehr als die polit. Revolution des 18. und 19. Jhs. verändert die um 1760 einsetzende **erste industrielle Revolution** Lebensbedingungen, Struktur und Bewußtsein der Bevölkerung in den künftigen Industriestaaten. Ihre expansive Kraft gewinnt sie aus dem Zusammenwirken von Naturwissenschaften, technischen Erfindungen in schneller Folge, moderner Wirtschaftslehre und herrschenden Machtstrukturen.

Nach Einführung der allgemeinen Gewerbefreiheit treten Unternehmer, Ingenieure und Facharbeiter als charakterist. Gruppen der **Industriegesellschaft** in Erscheinung. Die Leistungen von Wissenschaft, Technik und Industrie begründen den modernen Fortschrittsglauben. Ihm erscheinen alle Probleme, auch die durch Industrie und Technik neu geschaffenen, durch zweckmäßige Organisation und fortschrittl. Technologie lösbar.

Die Architektur, zusammen mit den anderen Künsten, erscheint innerhalb dieser mächtigen Zeitströmung rückständig und zwiespältig. Sie hat sich aus der unmittelbaren Verbindung zu Handwerk und Technik gelöst und beansprucht eine ästhet. Autonomie. Ausbildung und Praxis der Architekten und der Ingenieure haben sich getrennt.

Die Architektur, an den Akademien als »Kunstform des Bauens« gelehrt, verharrt zunächst in der seit der Renaissance gewachsenen Tradition. Während der ersten Phase der industriellen Revolution erlebt der **Klassizismus** seine Blütezeit. Im folgenden **Historismus** verläßt die akademische Architektur unter ständigen Richtungskämpfen der historisierenden Schulen die bisher als objektiv geltende Grundlage des antiken Formenkanons zugunsten eines **Stilpluralismus** und einer eklektischen **Stilvermischung.**

Die wahlweise Anwendung, Abwandlung und Kombination der jeweils geeigneten Elemente verschiedener histor. Stile erleichtert einerseits die Anpassung an neue Bauaufgaben und neue Konstruktionen. Andererseits gelingt nur selten die volle Durchdringung mit der Technik. Die auf einer ganz anderen technischen und geistigen Grundlage gewachsenen Epochenstile sinken zur willkürlichen Dekoration herab.

Der Architektur fehlt die Orientierung durch allgemein anerkannte, objektive Kriterien. Der Wille zur Erneuerung bleibt im Formal-Ästhetischen befangen. Das zeigt sich deutlich in der Entwicklung von **Art Nouveau** bzw. **Jugendstil,** die sich trotz wichtiger Ausnahmen im Erfinden ornamentaler Dekorationen und phantastischer Detailformen erschöpfen. Die fortwährende Anleihe bei den histor. Stilen erscheint als Verleugnung der Kräfte, die in Wissenschaft, Industrie und Technik zu immer neuen Leistungen vordringen und sich in kühnen Ingenieurbauten manifestieren. Die Spaltung in eine rationale Technik und eine irrationale Stilistik kennzeichnet nicht nur die Architektur, sondern auch das Lebensgefühl und damit die gesamte Kultur der Epoche.

Die an den polytechnischen Schulen ausgebildeten Ingenieure lösen die neuen Probleme, die Industrie, Verkehr und Großstadt ihnen stellen. Sie entwickeln Methoden zur Prüfung des Baumaterials, zur Vorausberechnung der im Bauwerk wirkenden Kräfte und der ihrem Verlauf und ihrer Stärke entsprechenden Konstruktionen. Sie verbessern nicht nur die traditionellen Bauweisen, sondern führen auch neue Materialien und Elemente ein, z. B. *Gußeisen, Portlandzement, gezogenes Tafelglas, Profilträger, Stahlseile, Eisenbeton.*

Sie bewähren sich, z. T. in ungewohnten Dimensionen, im Ingenieurbau und an den neuen Bautypen, für die es in der bisherigen Typologie keine Vorbilder gibt. An Brücken, Fabriken, Bahnhöfen, Markt- und Ausstellungshallen, Großkaufhäusern entsteht die **neue Tradition des technischen Bauens** mit einer eigenen Ästhetik. Ihre Prinzipien sind Sachlichkeit, Sparsamkeit, konstruktive Klarheit, funktionelle Korrektheit.

Die Technik und die unentbehrliche Mitarbeit der Ingenieure bestimmen immer mehr den gesamten Aufbau der Gebäude und stehen im Widerspruch zu den adaptierten Elementen der historischen Stile. Viele Architekten versuchen sich aus diesem Zwiespalt zu befreien.

Zu den ersten, die konsequent und erfolgreich Gebäude völlig aus der Konstruktion und dem Zweck heraus gestalten, gehören die Architekten der **1. Schule von Chicago.** Gegen Ende des 19. Jhs. bauen sie mit Hilfe des *Stahlskeletts* die Prototypen der multifunktionalen *Hochhäuser* und *Großraumgebäude* mit variabler Unterteilung der Geschoßflächen und fast völlig in Fenster aufgelösten Außenflächen (S. 546). CHICAGO wird für etwa 20 Jahre zum Zentrum eines konsequenten **Funktionalismus** in der Architektur, der sich in Europa nur vereinzelt und meist in Ingenieurbauten manifestiert (Kristallpalast, London, 1851; Eiffelturm, Paris, 1889).

Die wachsenden Dimensionen der Fabriken und technischen Bauwerke bestimmen zunehmend die Erscheinung der Städte und Landschaften. In fast allen Bereichen des Lebens gehören technische Geräte aller Art und Größe zu den gebrauchten und sichtbaren Gegenständen: im Verkehr, in den Büros, vor allem in der industriellen Produktion. Sie dringen in die Vorstellungswelt der Menschen ein, beeinflussen die allgemeine Ästhetik und werden selbst Gegenstand einer am Gebrauchszweck und den techn. Funktionen sich orientierenden Formgebung, an der auch Architekten und Künstler aktiv teilnehmen (z. B. PETER BEHRENS für die AEG).

Zu Beginn des 20. Jhs. stellt sich eine Avantgarde die Aufgabe, auf der Grundlage der industriellen Produktion eine neue »opt. Kultur« aufzubauen und zugleich die Industrie als Bestandteil der gebauten Umwelt zu kultivieren und zu humanisieren. Der **Industriebau** wird zum Arbeitsfeld der Architekten. Die Rückwirkungen auf die gesamte Architektur lassen sich bald erkennen. Das »technische Bauen« wird zur Grundlage einer neuen Architektur, die sich weltweit durchsetzt.

1777–79	Coalbrookdale: Pritchard und Darby, Severn-Brücke
1794–95	Paris: Gründung der Ecole polytechnique
1801	Salford: Boulton und Watt, Baumwollspinnerei Philip & Lee
1803	Paris: Percier und Fontaine, Rue de Rivoli
1811	Paris: Belanger, Kuppel über der Getreidehalle
1811	New York: Kommissar-Plan
1812–25	London: John Nash, Regent's Park und Regent Street
1818–26	Thomas Telford, Hängebrücke über die Menai-Street
1823–26	Berlin: Karl Friedrich Schinkel, Altes Museum
1834	London: Charles Barry, Parlaments-Gebäude
1837	Paris: A. R. Polonceau, Fachwerkbinder
1838	Dresden: Gottfried Semper, Altes Hoftheater
1842	Leeds: Joseph Aspdin, Patent für Portland-Zement
1843	Paris: Henri Labrouste, Bibliothek Ste-Geneviève
1845	Paris: I-Profil-Träger aus Walzstahl
1850–63	Saltaire: Lockwood und Mason, Industriesiedlung für T. Salt
1851	London: Joseph Paxton, Crystal-Palace für die Weltausstellung
1853–69	Paris: Ära Haussmann
1853–63	New York: Olmsted und andere, Zentralpark
1853	New York: Elisha Grave Otis, Sicherheitsaufzug
1854	New York: James Bogardus, Verlagsgebäude Harper & Brothers
1859	Upton: Philip Webb und William Morris, Das rote Haus
1861–65	Paris: Jakob Ignaz Hittorf, Nordbahnhof
1865–67	Mailand: Giuseppe Mengoni, Gallerie Vittorio Emanuele
1867	Paris: Joseph Monier, 1. Patent für Eisenbeton
1871–72	Noisiel s. Marne: Jules Saulnier, Schokoladenfabrik Menier
1871–78	Dresden: Gottfried Semper, Neues Hoftheater
1876	Paris: Eiffel und Boileau, Warenhaus »Bon Marché«
1880–84	Gustave Eiffel: Garabit-Viadukt über den Fluß Thuyère
1882	Arturo Soria y Mata: Bandstadt-System
1883	New York: Johann August Roebling, Brooklyn-Bridge
1883–85	Chicago: William Le Baron Jenney, Home-Insurance-Building
1887–89	Paris: Gustave Eiffel und Maurice Koechlin, Eiffel-Turm
1889	Port Sunlight: William Owen, Industriesiedlung für Lever-Brothers
1892	François Hennebique, Plattenbalken in Eisenbeton
1892/93	Brüssel: Victor Horta, Hôtel Tassel
1895	Uccle bei Brüssel: Henry van de Velde, eigenes Haus »Bloemenwerf«
1895	Chicago: Burnham und Root, Reliance-Building
1895/96	Paris: Eröffnung von »art nouveau« / München: Zeitschrift ›Jugend‹
1898	Ebenezer Howard, »Tomorrow«, Gartenstadt-System
1898–1903	Amsterdam: Hendrik Petrus Berlage, Börse
1898–1903	Chicago: Louis Henry Sullivan, Warenhaus Carson, Pirie & Scott

Einzeldaten zur Baugeschichte

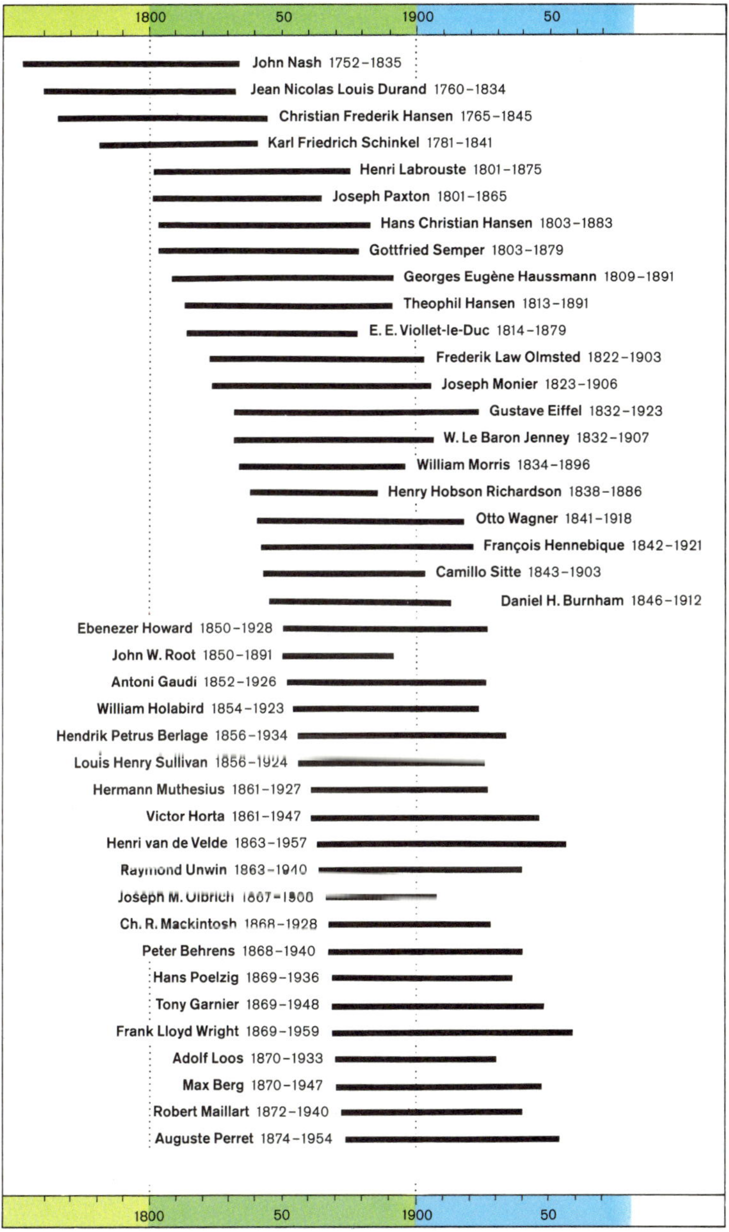

Architekten und Konstrukteure im 19. und 20. Jh.

1901	Darmstadt: Künstlersiedlung Mathildenhöhe
1902	Letchworth: Parker und Unwin, Bau der ersten Gartenstadt
1902–17	Amsterdam: H. P. Berlage, Stadtplanung für Amsterdam-Süd
1903	Paris: Auguste Perret, Wohnhaus in der Rue Franklin 25bis
1904	Buffalo: Frank Lloyd Wright, Larkin Gebäude
1904–06	Wien: Otto Wagner, Postsparkasse
1905–10	Barcelona: Antoni Gaudí, Mietshaus »Casa Milà«
1907	Deutscher Werkbund
1908	Kubismus
1909	Chicago: Frank Lloyd Wright, Haus Robie
1909	Berlin: Peter Behrens, Turbinenfabrik für die AEG
1910	Wien: Adolf Loos, Haus am Michaeler Platz
1911	Alfeld: Walter Gropius, Fagus-Werk
1912–13	Breslau: Max Berg, Jahrhunderthalle
1914	Köln: Werkbund-Ausstellung
1916	Paris: Eugène Freyssinet, Luftschiffhallen Orly
1917	Tony Garnier, Veröffentlichung der »Cité Industrielle«
1917	Gründung der Stijl-Gruppe
1919	Weimar: Bauhaus unter Walter Gropius
1919–21	Potsdam: Erich Mendelsohn, Einstein-Turm
1920	Le Corbusier, Haustyp Citrohan
1922	Chicago: Wettbewerb der ›Chicago-Tribune‹
1923	Le Corbusier, Veröffentlichung von ›Vers une architecture‹
1923	Garkau bei Lübeck: Hugo Häring, Viehhaus und Scheune
1923	Como: Giuseppe Terragni, Casa del Fascio
1924	Utrecht: Gerrit Rietveld, Haus Schröder
1924–32	Dessau: Bauhaus unter Walter Gropius, Hannes Meyer, Mies v. d. Rohe
1925	Berlin: Bruno Taut, Hufeisensiedlung Britz
1927	Genf: Wettbewerb für das Völkerbund-Gebäude
1927	Stuttgart: Weißenhof-Siedlung
1927–29	Rotterdam: Brinkmann und Van der Vlugt, Fabrik Van Nelle
1927–29	Los Angeles: Richard Neutra, Haus Lovell (Health-House)
1928	Hilversum: Willem Marinus Dudok, Dr. Bavinck-Schule
1928	La Sarraz: 1. CIAM-Kongreß
1928–33	Paimio: Alvar Aalto, Sanatorium
1929	Barcelona: Ludwig Mies v. d. Rohe, deutscher Pavillon
1932	Philadelphia: Howe und Lescaze, Philadelphia Savings Fund Building
1932–40	New York: Rockefeller Center
1933	Athen: 4. CIAM-Kongreß, Charta von Athen
1934/37	Emigration von Walter Gropius nach England / in die USA
1935–39	Sunila: Alvar Aalto, Zellulose-Fabrik
1936–39	Racine: Frank Lloyd Wright, Verwaltungsgebäude für Johnson Wax
1938	Emigration von Mies van der Rohe in die USA

Einzeldaten zur Baugeschichte

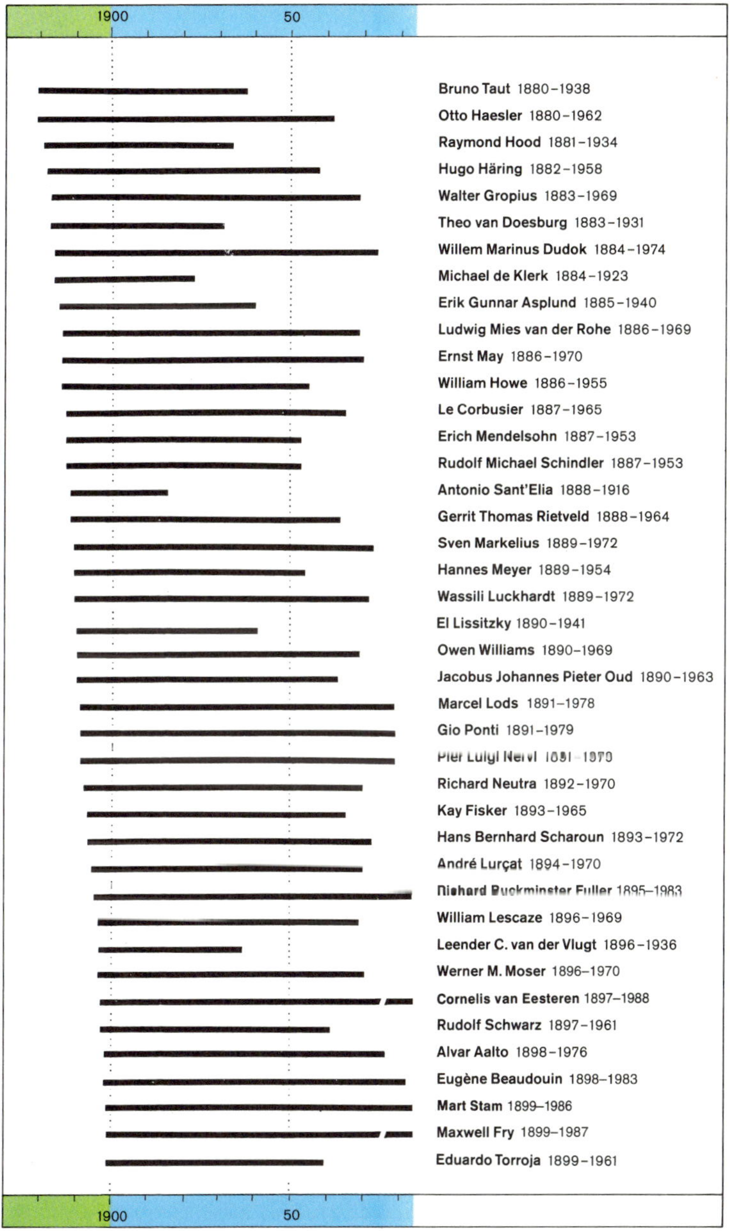

Die erste Generation der modernen Architektur

1940–41	Chicago: Mies van der Rohe, Bebauungsplan für das I. I. T.
1942–46	Greater-London-Plan, New Towns Act
1946	Saint Dié: Le Corbusier, Aufbauplan
1946–55	Hiroshima: Kenzo Tange, Gesamtplan und Friedenszentrum
1947–48	Cambridge/Mass.: Alvar Aalto, Studentenheim der Harvard-Universität
1947–52	Marseille: Le Corbusier, Unité d'habitation
1948–51	Chicago: Mies van der Rohe, Wohnhochhäuser am Lake Shore Drive
1949	Cambridge/Mass.: W. Gropius und TAC, Harvard Graduate Center
1949–50	Blumberg: Egon Eiermann, Taschentuch-Weberei
1950–53	Ronchamp: Le Corbusier, Wallfahrtskirche »Notre Dame du Haut«
1954	Rotterdam: Van den Broek und Bakema, Einkaufsstraße »Lijnbaan«
1955	Rødovre: Arne Jacobsen, Rathaus
1955–64	Otaniemi: Alvar Aalto, Technische Hochschule
1956–63	Berlin: Hans Bernhard Scharoun, Philharmonie
1956–62	New York: Eero Saarinen, Flughafengebäude für TWA
1956	Sydney: Jørn Utzon, Opernhaus, 1. Preis und Ausführung
1957	Brasilia: Lúcio Costa, Planungswettbewerb, 1. Preis und Ausführung
1957–64	Philadelphia: Louis Kahn, Medical Research Building
1958–61	Tokio: Kunio Maekawa, Festhalle
1958–63	Toronto: Viljo Revell, Rathaus
1959–63	Leicester: Stirling und Gowan, Ingenieur-Fakultät der Universität
1960	Reiner Banham: ›Theory and Design in the First Machine Age‹
1960–64	London: Alison und Peter Smithson, Economist-Gebäude
1960	Kenzo Tange: Ein Plan für Tokio (Überbauung der Bucht von T.)
1960	Toulouse: Candilis-Josics-Woods, Planung »Le Mirail«
1960	Amsterdam: Aldo van Eyck, Kinderheim
1961	Cambridge/Mass.: Le Corbusier, Visual Arts Center, Harvard-Universität
1961	Halen bei Bern: Atelier 5, Terrassen-Siedlung
1961	Gründung der Metabolisten-Gruppe in Japan
1961–63	New Haven: Paul Rudolph, Architektur-Gebäude der Yale-Universität
1961	Wulfen: Fritz Eggeling, Wettbewerb für die neue Stadt, 1. Preis
1962/67–71	Helsinki: Alvar Aalto, Konzert- und Kongreßhaus
1962–68	Berlin: Mies van der Rohe, Neue Nationalgalerie
1964–65	Amsterdam: Van den Broek und Bakema, »Pampus«-Plan
1964	Tokio: Kenzo Tange, Olympia-Sporthallen
1964–66	Otaniemi: Reima Pietilä, Studentenhaus »Dipoli«
1964–67	Montreal: Moshe Safdie, Habitat '67
1965–67	Montreal: Frei Otto und Rolf Gutbrod, Deutscher Pavillon
1965–68	New York: Roche und Dinkeloo, Verwaltungsgebäude Ford Foundation
1966	Robert Venturi: ›Komplexität und Widerspruch in der Architektur‹
1967–72	Frankfurt am Main: Egon Eiermann, Olivetti-Hauptverwaltung
1968–72	München: G. Behnisch und Partner, Olympische Sportstätten
1968	Newcastle: Ralph Erskine, Stadtteil-Sanierung »Byker«

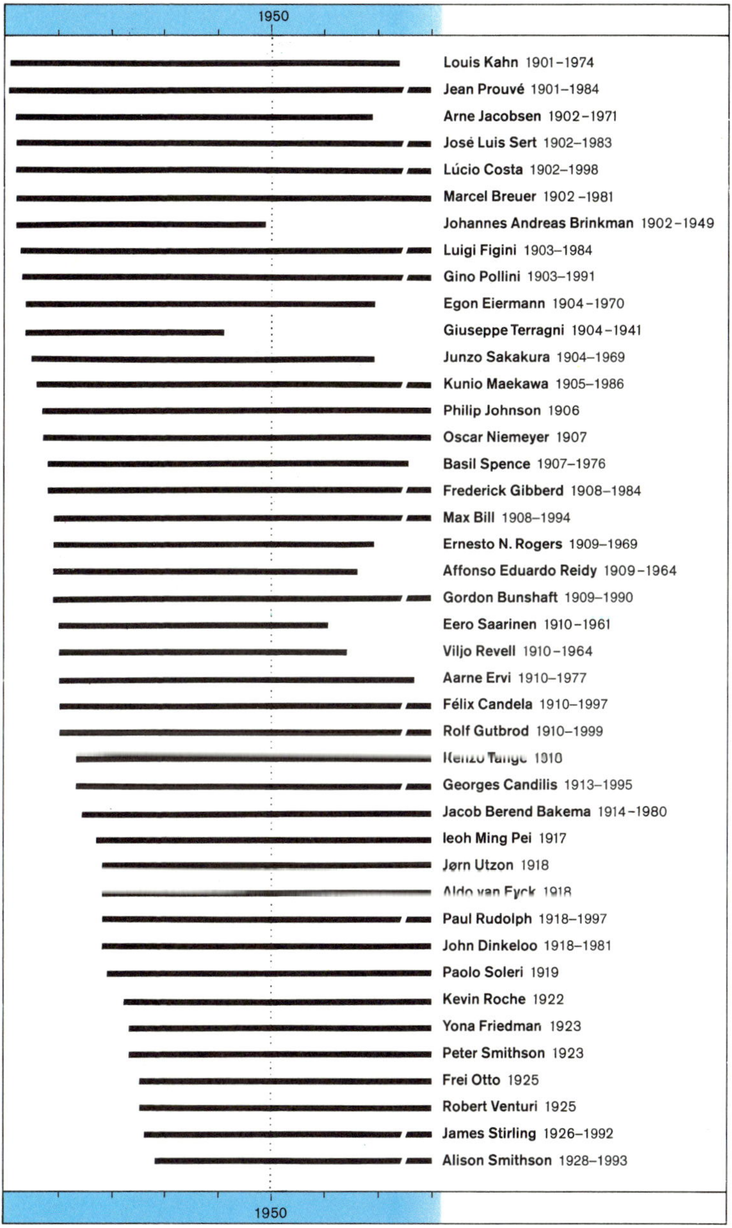

Die zweite und dritte Generation der modernen Architektur

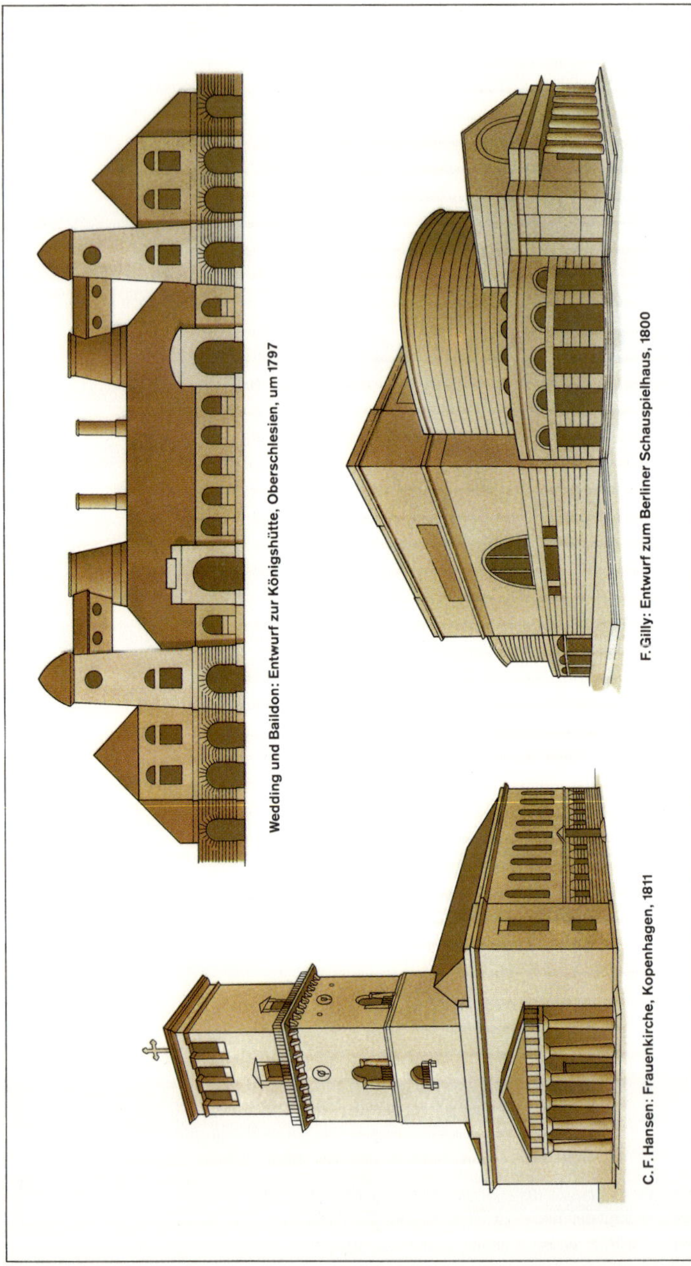

Wedding und Baildon: Entwurf zur Königshütte, Oberschlesien, um 1797

F. Gilly: Entwurf zum Berliner Schauspielhaus, 1800

C. F. Hansen: Frauenkirche, Kopenhagen, 1811

Reine Formen im radikalen Klassizismus

»Architektur ist das kunstreiche, genaue und wundervolle Spiel der Körper, die unter dem Licht vereinigt werden.« LE CORBUSIER (s. S. 19)
Versuche zur Erneuerung kehren in der europ. Architektur periodenweise wieder. Oft sind sie mit einer »Rückkehr zu den Ursprüngen« oder zu den »reinen Formen« verbunden; manchmal werden beide miteinander gleichgesetzt.
Im 18. Jh. verstärkt sich unter dem Einfluß des naturwissenschaftl.-philosoph. Rationalismus die vitruvian.-klass. Strömung in der Architektur zu einer entschiedenen Gegenbewegung gegen die Tendenzen von Spätbarock und Rokoko (S. 460, Petit Trianon). Der radikale **Klassizismus,** den eine avantgardist. Minderheit unter den europ. Architekten Ende des 18. Jhs. z. T. publizist. propagiert, z. T. in ausgeführten Gebäuden verwirklicht, strebt Vereinfachung und reine Formen an.
Die reinen Formen sind für sie die elementaren geometr. Körper: *Würfel, Kugel, Prisma, Zylinder, Pyramide, Kegel.* Sie scheinen in ihrer mathemat. Reinheit die geeignete Grundlage für einen Neubeginn in der Architektur zu bilden. Sie sind nicht an bestimmte Stile der Vergangenheit gebunden und entsprechen zugleich den Gesetzen des Kosmos, der abstrakten Vernünftigkeit der Aufklärung und symbolisieren die Tugenden, die die Revolution in der menschl. Gesellschaft durchsetzen will.
Diese Architektur erscheint besonders klar in Frankreich bei BOULLÉE und LEDOUX, in England bei SOANE, in Deutschland bei GILLY, WEINBRENNER und GENTZ, in Dänemark bei C. F. HANSEN.
In den Idealentwürfen der französ. Architekten verdichten sich die Reformideen in einer erhabenen und düsteren Poesie. Sie zielen weniger auf die prakt. Realisierung, als vielmehr auf Empfindungen und Assoziationen, die den Betrachter zum Nachdenken über die Gesetze der Geometrie, die Wahrheit der Formen und die Reinigung der Architektur von überflüssigen Beigaben führen sollen.
Radikale und utop. Projekte dieser Art entwerfen viele Architekten, teils in Konkurrenz für den Preis der röm. Akademie, teils aus Kritik an der offiziellen Architektur, teils aus Mangel an Aufträgen während des Niedergangs der absoluten Monarchien. In Deutschland z. B. erregt GILLYS Entwurf für ein Denkmal **Friedrichs des Großen** die Aufmerksamkeit der Zeitgenossen.

Friedrich Gilly (1772–1800) entwirft 1798 auch ein **Schauspielhaus für Berlin** (Nationaltheater). Er bildet das im Zentrum stehende *Bühnenhaus* als nackten Kubus, in der Längsachse folgen der *Zuschauerraum* als geschlossener Halbzylinder, die *Eingangshalle* als flacher Giebelbau und ein freistehender *dorischer Portikus* ohne Giebel. Eingeschossige *Umgänge* schließen die aneinandergesetzten Großkörper zusammen und nehmen das Prinzip der Staffelung auf.
Um der Symmetrie willen wiederholt sich die Folge der Baukörper auf der Gegenseite; die *Hinterbühne* mit dem *Rundhorizont* wird analog zum Zuschauerraum gebildet. Die halbrunden Fenster, die Pfeilerarkaden mit dem horizontalen Steinbalken und der umlaufende Figurenfries setzen das Spiel der wenigen Motive und klaren Gegensätze fort.
Die Folge der gestaffelten Körper erscheint auf der Zuschauerseite als funktionale und formale Einheitlichkeit von Räumen und Körpern. Doppelseitig wirkt sie aber von der Funktion her nicht ganz überzeugend. Der Wille zur idealen Form ist stärker als die praktischen Bedürfnisse. Aber von ihm geht die Wirkung dieser nur in Skizzen projektierten Architektur auf die Bewunderer und Schüler GILLYS aus (GENTZ, WEINBRENNER, SCHINKEL).
Ein **Entwurf zur Königshütte** in Oberschlesien um 1797 von dem Hüttenbaumeister **Wedding** unter Mitarbeit des Schotten **Baildon** zeigt das gleiche Streben nach einfachen Formen.
Alle Teilkörper sind ihren Funktionen gemäß einzeln durchgebildet. Die Symmetrie der Gebäudegruppe ergibt sich zwanglos aus der Stellung der beiden *Hochöfen* in der zu dieser Zeit üblichen Form stumpf kegelförmiger, oben offener Türme. Beiden ist ein *Treppen-* bzw. *Aufzugturm* mit einer *Brücke* und ein seitl. *Betriebsgebäude* zugeordnet. Die *Gießhalle* steht in der Mitte.
Das Rustika-Mauerwerk, die *Bogentore* und *-fenster* entsprechen dem robusten und ernsten Charakter, der hier angemessen erscheint. Es ist eine funktionelle Industriearchitektur, noch in der traditionellen handwerkl. Technik erbaut.
Christian Frederik Hansen (1756–1845) baut 1811–29 die **Frauenkirche in Kopenhagen** mit der gleichen charakterist. Beschränkung auf einfache Körper, die er in klarem Kontrast zusammenfügt. Der Grad der Vereinfachung wird im Vergleich mit Kirchen der Renaissance, z. B. denen PALLADIOS (S. 486), sichtbar.

Der kompakte Baukörper mit eindeutig begrenzten Flächen ist seit der Renaissance die Grundlage der Gestaltung. Er tritt jetzt nackt, als Essenz hervor. Eine weitergehende Vereinfachung ist in dieser Architekturtradition nicht möglich, sonst würde die Form zerbrechen.
Den beiden Generationen des radikalen, revolutionären Klassizismus gelingt die Lösung von der Antike nicht. In dem folgenden neugriech. romantischen Klassizismus wird die Bindung an den Formenkanon der antiken Ordnungen erneut enger (S. 430 f.). Der aufkommende **Historismus** löst die Eindeutigkeit der reinen Körperformen durch den Pluralismus der histor. Stile und ihrer Mischungen ab. Ein in sich geschlossener Epochenstil entsteht nicht mehr.
Die Verbindung der reinen Körperformen mit den Elementen und Konstruktionen des sich entwickelnden technischen Bauens liegt noch außerhalb des Gesichtskreises der akademischen Architektur. Dieses Thema stellt sich den folgenden Generationen in zunehmender Schärfe (S. 512 ff.).

Peter Behrens: Haus Obenauer, Saarbrücken, 1905/06

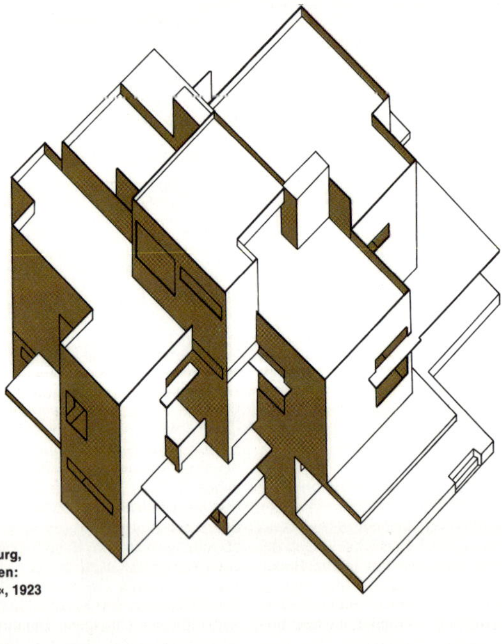

van Doesburg,
van Eesteren:
»Stijl-Haus«, 1923

Radikalisierung der Geometrie

Zu Anfang des 20. Jhs. zeichnen sich verschiedene, z. T. gegensätzl. Bewegungen zur Erneuerung der Architektur, d. h. zur Befreiung vom Historismus ab.
Art Nouveau bzw. *Jugendstil* entwickeln eine organoide Formgebung und eine lineare, expressive Ornamentik. Sie betonen den **Vorrang des Ausdrucks.** Das *technische Bauen* mit dem schon bewährten Eisen- und Glasbau und der neuen Technik des Eisenbetons orientiert sich, seiner Aufgabenstellung entsprechend, am **Vorrang der Konstruktion.** In beiden Strömungen wirken Kräfte, die z. T. auf die Verschleierung, z. T. auf die Auflösung der geschlossenen Formen zielen.
Dagegen hält eine Gruppe bedeutender Architekten am **Vorrang der Form** fest. Ähnlich dem Klassizismus um 1800 streben sie die Bewahrung der geschlossenen Form und ihre Vereinfachung an. Sie bevorzugen kubische Baublöcke, tekton. Einzelformen, wenige Elemente, glatte oder wenig gegliederte Flächen innen und außen, die natürl. Werte des Materials. Unabhängig voneinander und jeder in anderer Weise versuchen sie diese »klassischen« Prinzipien in ihren Ländern zu verwirklichen, z. B. BEHRENS und TESSENOW in Deutschland, LOOS in Österreich, BERLAGE in Holland, PERRET und GARNIER in Frankreich.
Die zunehmende Verfestigung der Formen läßt sich bei PETER BEHRENS (1868–1940) gut verfolgen. Von der Malerei ausgehend wendet er sich dem Jugendstil zu und wechselt dann zur vom *Werkbund* (1907) proklamierten rationalen Formgebung und Harmonisierung von künstler. und industrieller Produktion. Schon vor seinen großen Fabrikbauten (S. 544) zieht er sich auf eine damals fast asketisch wirkende Geometrie zurück. Bei dem 1905 erbauten **Wohnhaus Obenauer in Saarbrücken** nutzt er die erhöhte Lage zu einem Spiel mit gleichartigen tekton. Elementen bei den am Hang gestaffelten Anbauten, Treppen, Pergolen, Terrassen und Stützmauern. Das Wohnhaus selbst besteht aus einem zweigeschossigen Kubus, einem Zeltdach aus Dreiecksseiten und halbkreisförmigen Dachgauben.
Symmetrie, klare Kanten, schlichte Mauerpfeiler, gereihte gleiche Fenster bestimmen den »klassischen« Charakter. Er wirkt auf einige Architekten der nächsten Generation ein, die nach dem 1. Weltkrieg die radikale Erneuerungsphase der Architektur einleiten.

Viele neu entstehende avantgardist. Gruppen lehnen alle bisherigen Traditionen ab. Sie gehen ursprünglich z. T. von der Literatur, hauptsächlich aber von der Malerei aus und tendieren insgesamt zur Verfremdung und Auflösung der konventionellen Formen und Darstellungsweisen bis zur völligen Abstraktion *(Kubismus, Expressionismus, Futurismus, Dadaismus, Suprematismus, Konstruktivismus).* Sie beziehen bald auch die Architektur in den allgemeinen Prozeß der Konfrontation und Klärung ein.
Die 1917 gegründete holländ. Künstlergruppe **De Stijl** bildet einen von ihr als **Neoplastizismus** bezeichneten Stil aus. Der Maler P. MONDRIAN stellt 1913–17 wichtige Grundsätze auf, TH. VAN DOESBURG baut sie zur umfassenden Theorie aus. Der Architekt R. VAN T'HOFF vermittelt den Einfluß der Architektur F. LLOYD WRIGHTS. MONDRIAN reduziert die Malerei auf reine Farben, Linien verschiedener Stärke und Länge, Flächen verschiedener Größe. Sie treten zueinander in Beziehung, kreuzen und durchdringen sich.
In der Architektur sollen die primären Elemente, d. h. die Flächen, vom Zwang der von außen festgelegten Form befreit werden und in ein freies Spiel gegenseitiger Durchdringung eintreten:
»Die Einteilung der funktionellen Räume ist streng bestimmt von rechtwinkligen Flächen, die an sich keine individuelle Form haben, weil sie – obwohl begrenzt (eine Fläche durch die andere) – bis ins Unendliche ausgedehnt gedacht werden können. Dadurch entsteht ein Koordinatensystem, in dem die verschiedenen Punkte mit einer gleichen Anzahl von Punkten im universellen, offenen Raum korrespondieren. Hieraus folgt, daß die Flächen in einem direkten Spannungsverhältnis zum offenen Raum stehen.« THEO VAN DOESBURG.
Van Doesburg und **van Eesteren** demonstrieren die Theorie zwischen 1920 und 1923 mit architekton. Kompositionen und Modellstudien. Ein Haus erscheint nicht mehr als fest umrissener einheitl. Körper, dessen Volumen divisiv eingeteilt wird, sondern als ein von innen her mit Wänden und Decken ausgreifendes Gebilde mit frei gebildetem Grundriß und Aufriß. Jeder Raum, jedes Fenster erhält dabei die seiner Funktion entsprechende Größe und Form, ohne durch die Nachbarräume vorbestimmt zu werden.
Die gegenseitige Durchdringung der Decken und Wände und ihre verschiedenen Farben machen ihre Funktion als konstituierende Elemente und das Ineinandergreifen von Innenräumen und Außenraum deutlich. Damit wird **Architektur als Prozeß** demonstriert, dessen Ergebnis eine aus den Funktionen und Elementen frei gewachsene Gestalt ist. Sie soll mit gleichartigen anderen Gestalten in einem neuartigen Straßen- und Stadtbild in Beziehung treten (vgl. S. 536). Dann ist das Programm der Stijl-Gruppe verwirklicht:
»In Zukunft wird die Verwirklichung des reinen darstellerischen Ausdrucks in der greifbaren Realität unserer Umwelt das Kunstwerk ersetzen. Aber um das zu erreichen, bedarf es einer Umstellung auf universelle Darstellung und einer Loslösung vom Druck der Natur. Dann brauchen wir keine Bilder und Statuen mehr, denn wir werden in einer Wirklichkeit gewordenen Kunst leben.« PIET MONDRIAN
GERRIT RIETVELD gelingt 1924 mit dem kleinen **Wohnhaus Schröder in Utrecht** die erste vollkommene Realisierung dieser Prinzipien. Bei ihrer Anwendung auf städt. Wohnhaustypen müssen aber strengere techn. und formale Bindungen berücksichtigt werden (S. 536). Theorie und Beispiele der Stijl-Gruppe wirken mit entscheidenden Impulsen auf die anderen avantgardist. Gruppen (S. 520, MIES V. D. ROHE).

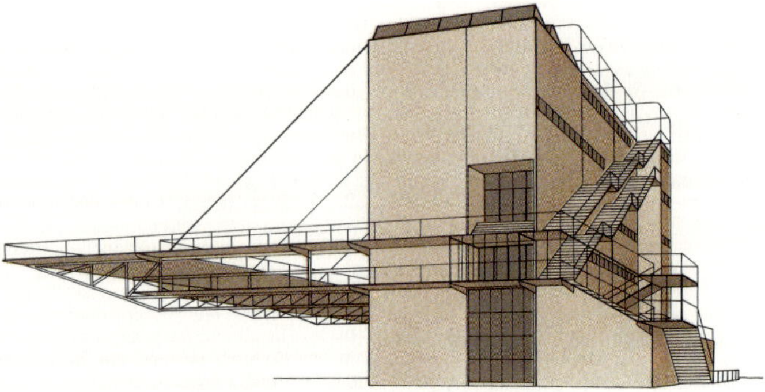

H. Meyer, H. Wittwer:
Petersschule, Basel, Projekt 1926

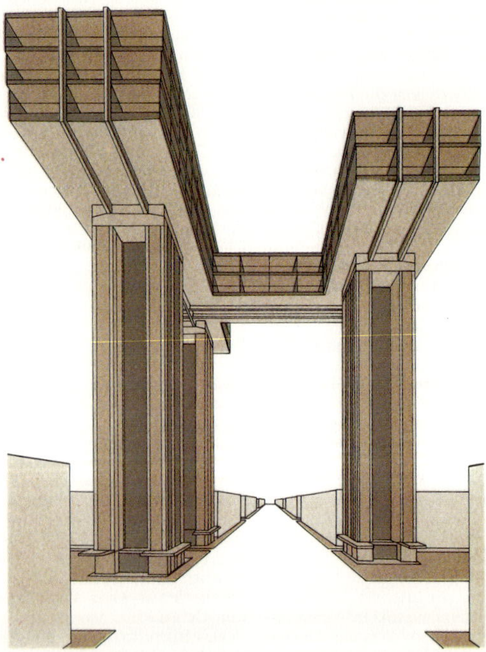

El Lissitzky: »Wolkenbügel«, Projekt 1924

Architektur als konstruktivistisches Manifest

»Voraussetzung jeder baulichen Verwirklichung ist der Willensdrang zur Wahrheit.«

HANNES MEYER

Der moderne Ingenieurbau stellt die nach der Gotik verlorene **Einheit von Konstruktion und Baugestalt** wieder her. Bei Brücken, Hallen und Glasdächern steigern sich nicht nur Größe und Perfektion, an den weitgespannten Konstruktionen bildet sich auch eine neue Ästhetik aus. Sie gewinnt mit dem 300 m hohen **Eiffel-Turm** zur Weltausstellung 1889 in PARIS eine den großen histor. Sakralbauten vergleichbare Position.

Aber die meisten Architekten bleiben der Technik gegenüber noch zurückhaltend. Sie wollen mit ihrer Hilfe lieber subjektive Formvorstellungen verwirklichen, als aus ihr heraus neue architekton. Strukturen entwickeln. So z. B. setzt sich zwischen 1890 und 1900 die **1. Schule von Chicago** mit der Durchdringung von Architektur und Technik, dem von ihr proklamierten **Funktionalismus,** gegen den allgemeinen Historismus nicht durch (S. 515).

In Europa bricht um die Zeit des 1. Weltkriegs bei einer sehr kleinen Minderheit der Architekten ein radikaler Technizismus durch. In Rußland entstehen unter den revolutionären Künstlern schon um 1915 die Strömungen des **Suprematismus** und des **Konstruktivismus.** Sie fordern den Abbruch aller Traditionen und den Aufbau einer neuen Wirklichkeit im traditionsleeren, von MALEWITSCH als »Wüste« bezeichneten Raum.

Von den zwei Hauptgruppen des Konstruktivismus will die OSA-Gruppe (mit WJESNIN, GINZBURG u. a.) nur den sachl. Zweck der Gebäude erfüllen und lehnt alle künstler. Prinzipien als Formalismus ab. Die ASNOWA-Gruppe (mit LADOWSKIJ, EL LISSITZKY u. a.) will neue künstler. Prinzipien für die Baukunst aus der Technik ableiten. Sie neigt einem Symbolismus zu, der durch die Baugestalt die Technik als Kraft des revolutionären Fortschritts beschwören soll.

El Lissitzky (1890–1941) ersinnt in dem 1924 entworfenen Projekt **Wolkenbügel** eine völlig neuartige Gestalt des Bürohauses, das in den USA bereits die Form des senkrecht aufstrebenden Wolkenkratzers angenommen hat (S. 552). Er trennt die Funktion der senkrechten Erschließung, d. h. den üblichen Gebäudekern mit den *Aufzugschächten,* demonstrativ von der Funktion der übereinander geschichteten Bürogeschosse. Eine Gruppe von Verkehrstürmen, aus je 4 riesigen Stützen und den innen stehenden Aufzuggerüsten bestehend, trägt die turmhoch über dem Straßenniveau horizontal weit auskragende Stahlkonstruktion der Bürogeschosse.

Das techn. und formal konsequente Projekt stürzt die gewohnte Typologie und Ästhetik um. Es bringt den im normalen Bürohochhaus typ. Zusammenhang vertikaler und horizontaler Elemente in ein neues, paradoxes Verhältnis, in dem das Spiel von Stütze und Last in die Dimension des Städtebaues übertragen wird. Es läßt sich als eine profane Demonstration gegen das histor. Stadtbild auffassen, in dem die Sakralbauten mit ihren Türmen aus der horizontalen Masse der Stadt wie aus einem Sockel aufragen. Nun wird die profane, rationale Arbeitswelt als die Wahrheit der Industriegesellschaft symbol. in den Himmel gehoben. Sie tritt an die Stelle der sakralen Symbole der hierarch. patriarchal. Gesellschaft des alten Moskau. Ein – irrationaler – Triumph der Konstruktion.

Die Neuorientierung der Architektur 1931 unter dem Druck der Fünfjahrpläne und der öffentl. Meinung entzieht solchen Projekten jede Möglichkeit zur Realisierung. (»Auch das Volk hat ein Recht auf Säulen.«)

Im übrigen Europa entwickelt sich aus der Tradition des techn. Bauens ein rational kontrollierter Konstruktivismus. Er tritt nach 1920 in eine kurze radikale Phase ein, beeinflußt von der allgemeinen emphatischen Bejahung der Technik. Ihre Erzeugnisse: Autos, Schiffe, Flugzeuge erscheinen als Vorbilder für eine neue Architektur (LE CORBUSIER: Wohnmaschine).

Nach verschiedenen Ansätzen im 19. Jh. (LABROUSTE, VIOLLET-LE-DUC, SULLIVAN) werden erneut **Funktion** und **Konstruktion** als Prinzipien der Baukunst proklamiert. Architektur soll ein Produkt der Formel »Funktion mal Ökonomie« sein, keine Kunst im traditionellen Sinn mit der fatalen Symbolik adaptierter Formen, sondern »reine Konstruktion« (H. MEYER).

Der – nicht ausgeführte – Entwurf für die **Petersschule in Basel,** 1926 in einem Wettbewerb von HANNES MEYER und HANS WITTWER eingereicht, gehört zu den wenigen Versuchen, eine funktionale Architektur unter kompromißlosem Gebrauch techn. Mittel zu verwirklichen.

Die Enge des Bauplatzes in der Altstadt veranlaßt die Architekten, die benötigten Freiflächen in 2 gegeneinander versetzten Ebenen mit einer weit auskragenden Stahlkonstruktion am Schulgebäude aufzuhängen, das als Gegengewicht dient. Die eigentl. Platzebene bleibt freier Verkehrsplatz.

In dem schmalen Baukörper nehmen das Erdgeschoß die Turnhalle, die 4 einbündigen Obergeschosse die geforderten 11 Klassen und den Zeichensaal auf. Das flache Dach dient als zusätzl. Spiel- und Unterrichtsfläche mit Ausnahme der Oberlichtzone über dem Zeichensaal. Außer der Hängeplattform charakterisiert die Folge der vor der Fassade diagonal aufsteigenden Freitreppen die Ablesbarkeit der Funktionen und die Entwicklung der Baugestalt aus der Konstruktion.

Innerhalb der kompakten histor. Randbebauung des Platzes wirkt die Leichtigkeit und Transparenz der neuen Schule wie die Vision einer neuen, rational-technischen Welt.

Die gleiche kompromißlose Sprache des radikalen Funktionalismus zeigt auch das 1927 zum internationalen Wettbewerb für den **Völkerbundspalast in Genf** eingereichte Projekt der beiden Architekten. Es erringt einen 3. Preis. Dem an LE CORBUSIER gefallenen 1. Preis scheint es an Ökonomie und techn. Konsequenz überlegen. Beide werden nicht ausgeführt.

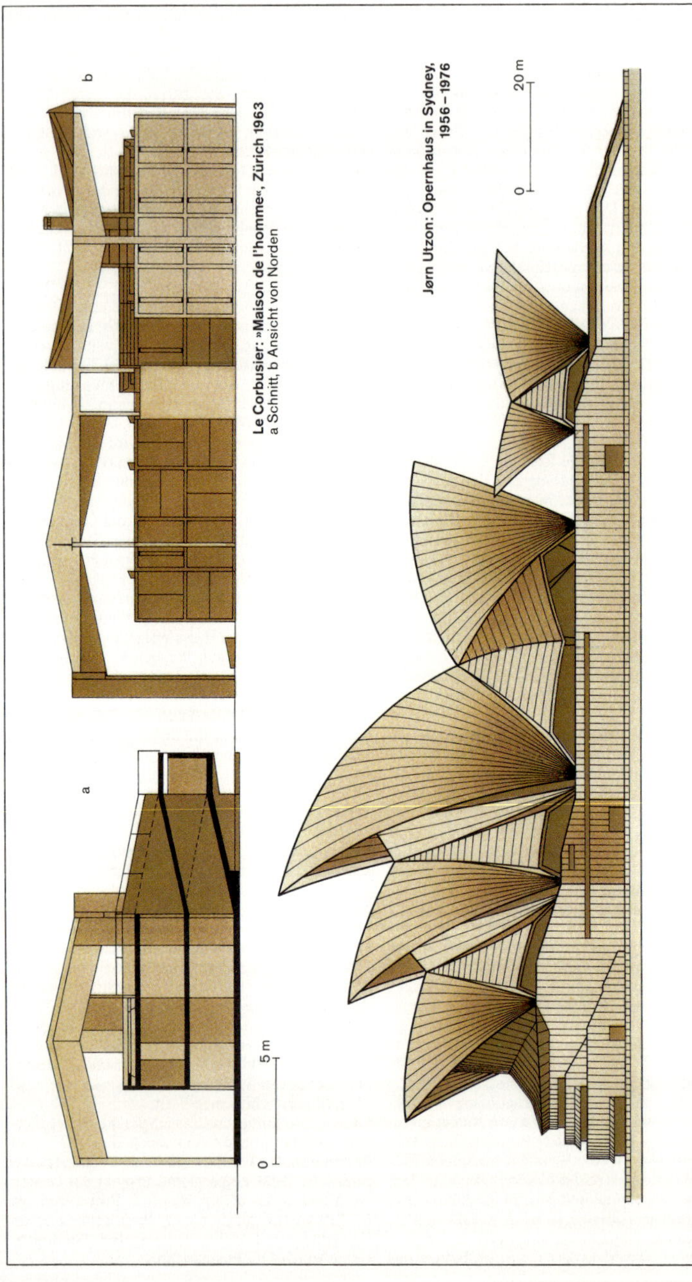

Le Corbusier: »Maison de l'homme«, Zürich 1963
a Schnitt, b Ansicht von Norden

Jørn Utzon: Opernhaus in Sydney, 1956–1976

Irrationalität der freien Formen

»Was von den Unternehmungen des Menschen bleibt, ist nicht das, was nützlich ist, sondern was bewegt und erregt.« LE CORBUSIER

Die rationalen Argumente und ökonomischen Programme für eine »neue Sachlichkeit« stellen oft einen zweckbestimmten Funktionalismus als das Ziel der modernen Architektur in den Vordergrund. Aber schon SULLIVANS Definition des Funktionalismus (»Die Form folgt der Funktion«, 1896) bezieht die emotionalen Bedürfnisse der Menschen ein, und die meisten führenden Architekten des 20. Jhs. suchen neben der selbstverständlichen Zweckerfüllung eine neue Formensprache als lebendigen Ausdruck der Zeit.

Im Werk von GROPIUS und MIES VAN DER ROHE wird die künstler. Aussage in der Strenge einer rationalen, tekton. Struktur mehr verborgen als gezeigt (S. 514). Die STIJL-GRUPPE zielt dagegen auf eine neue umfassende Ästhetik mit freier Formenbildung (S. 506) und im *Konstruktivismus* zeichnet sich ein symbol. irrationaler Ausdruckswille ab.

Le Corbusier spricht von der »Poesie des Bauens« und vom »Spiel der Körper unter dem Licht«. Er versucht es an Gebäuden zu verwirklichen, die mehr von künstlerischen und symbol. Zielsetzungen bestimmt werden als von reiner Nützlichkeit, oder in Gebäudezonen, die nicht einer rationalen Aufteilung unterliegen. Z. B. verwandelt er die verschiedenen Aufbauten auf den *Dachterrassen* und die Erdgeschoßzone mit den das Gebäude tragenden Stützen *(Piloti)* oft in ein Spiel kontrastierender Körper, anfangs in abstrakt-geometr., später in organ.-plast. Formen.

Das ständige Bemühen um die Phänomene von Körper, Licht und Schatten, die eigene Tätigkeit als Maler und Plastiker, aber auch die bessere Kenntnis der Konstruktionen führt ihn von der Flächigkeit seiner frühen Bauten zu tekton.-plast. Strukturen und zur plast. Modellierung ganzer Baukörper (S. 518, 540, MARSEILLE; S. 520, RONCHAMP).

Im **»Maison de l'homme« in Zürich** (Centre Le Corbusier) verwirklicht er 1963–67 eine Idee, die er seit 1937 in verschiedenen Ausstellungs- und Museumsprojekten verfolgt: eine Kombination von *Schutzdächern* mit quadrat. Grundform, deren Stützen nicht wie übl. an den Ecken, sondern an den Mitten der Außenkanten die selbsttragenden Dachflächen stützen. Ihre Ecken schweben frei.

In ZÜRICH bilden 2 Dächer mit einem Mittelsteg eine einheitl. Fläche. Das kleine Ausstellungshaus (HEIDI WEBER) steht unabhängig darunter: eine zweigeschossige leichte *Stahlrahmenkonstruktion* über freiem Grundriß, mit *Glasflächen* und *farbigen Platten* ausgefacht.

Beide Dächer sind in gleicher Form und Konstruktion aus dreieckigen *Stahlblechtafeln* gleicher Größe, aber verschiedener Neigung zusammengefügt. Durch eine Drehung des einen gegen das andere um 90° entsteht sowohl in der Frontalansicht wie von unten der Effekt eines Vexierbildes. Die verschiedene Neigung der Dachfläche bewirkt einen ständigen Wechsel der Höhendimensionen und der Raumvolumina auf der von den Schutzschirmen überdeckten *Dachterrasse*.

LE CORBUSIER realisiert hier in einem Bruchstück etwas vom Programm der Avantgarde: Architektur als freies plast.-farbiges Gebilde im Kontext der Stadt (S. 506, De Stijl). Im großen Umfang kann er diese Vorstellung im **Kapitol von Chadigarh** verwirklichen.

Das Übergreifen der Architektur in den Bereich der Plastik durch das Spiel freier Formen oder bewegter Oberflächen kennzeichnet auch die Strömung der **organ. Architektur** (AALTO, SCHAROUN; S. 50, 522, 558) und die Architektur Südamerikas und Japans (S. 66, 518, 548).

In der sog. **3. Generation der modernen Architektur** versucht besonders JØRN UTZON (geb. 1918) den allgemeinen Rationalismus des *internationalen Stils* zu durchbrechen. Er erhebt den Widerspruch zwischen rationaler Programmerfüllung und irrationalem Streben nach Ausdruck zum System. Er zeigt ihn offen und versucht, ihn durch kontrastierende Kompositionen zu bewältigen.

Als wichtiges Grundelement benutzt er oft eine **horizontale Fläche,** die er als »Rückgrat für architektion. Kompositionen« bezeichnet. Er baut künstl. Plattformen für das Spiel plast. Formen. Dieses Prinzip bestimmt den Entwurf für das **Opernhaus in Sydney,** mit dem er 1956 im internationalen Wettbewerb Preis und Ausführungsauftrag gewinnt. Nach seinen Worten war es seine »Idee, mit der Plattform wie mit einem Messer primäre und sekundäre Funktionen vollständig zu trennen. Über der Plattform empfangen die Zuschauer das fertige Kunstwerk, und unter der Plattform finden alle Vorbereitungen statt«.

Das Gebäude besteht dementsprechend aus 2 Teilen. Ein rational eingeteilter, in mehreren Geschossen horizontal geschichteter **Unterbau** nimmt alle Vorbereitungs- und Nebenräume, aber auch das *Schauspieltheater* und die verschiedenen *Studiosäle* auf. Darauf steht die Folge der bis zu 60 m hoch aufragenden **Schalen** aus vorgefertigten *Betonsegmenten*. In 2 gleichgerichteten Reihen überdecken sie den großen *Konzertsaal,* das *Operntheater* mit dem *Bühnenhaus,* die beiden *Foyers* und das *Hauptrestaurant:* also die Zone des Erlebnisses: Theater, gesellschaftl. Kommunikation, Zusammenspiel phantastischer Architektur und Situation an der Hafeneinfahrt von SYDNEY.

Die Formen der Räume entsprechen durchaus nicht den Konturen der Schalen, die wie weiße Segel oder Wolken frei über der Plattform des Rumpfes und über der Wasserfläche des Hafens zu schweben scheinen. Sie sind zwar für die Vorfabrikation exakt als *Segmente einer Kugelkalotte* konstruiert, aber als irrationale Wahrzeichen aufgerichtet, die über die rational-funktionellen Bedürfnisse eines Großtheaters hinaus das Bedürfnis nach Emotion und zweckfreier Symbolik bezeugen und befriedigen.

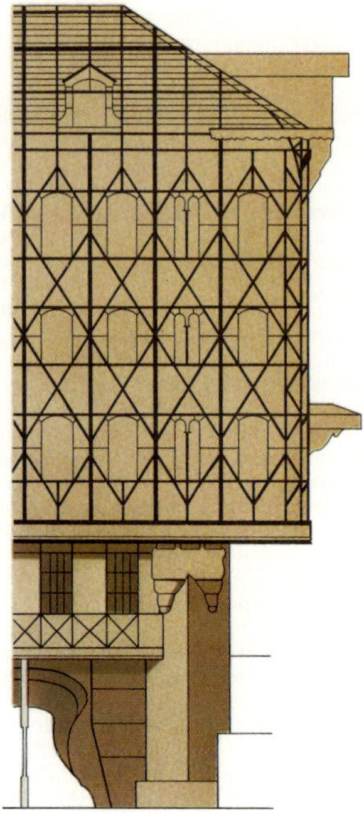

J. Saulnier: Fabrik,
Noisiel-s.-M., 1871

P. Ellis: Geschäftshaus,
Liverpool, 1866

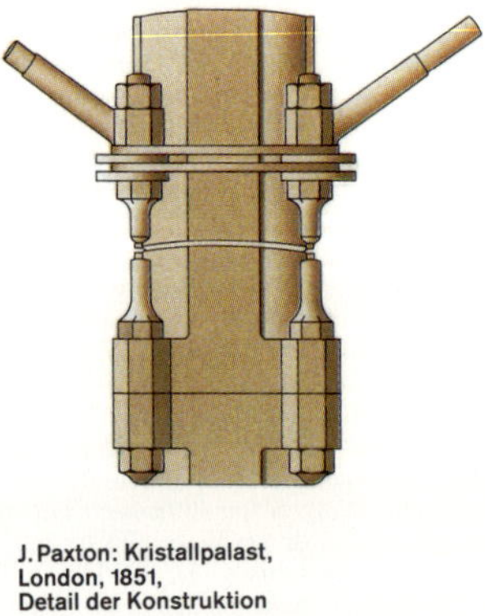

J. Paxton: Kristallpalast,
London, 1851,
Detail der Konstruktion

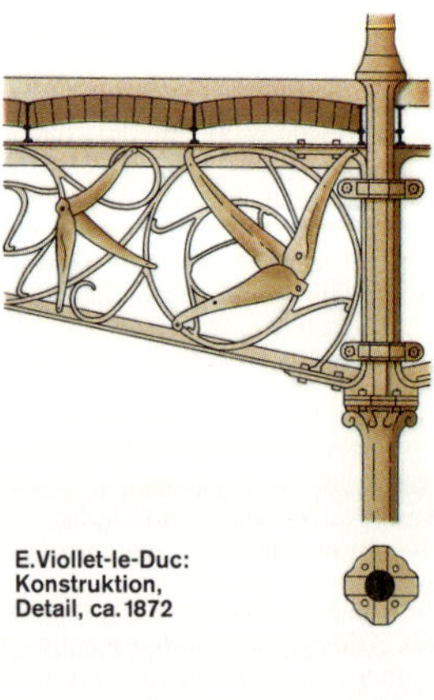

E. Viollet-le-Duc:
Konstruktion,
Detail, ca. 1872

Frühe Eisenarchitektur: Transparenz statt Masse

Eisen wurde erst als industriell hergestellter und daher erschwinglicher Werkstoff für Baukonstruktionen verfügbar. **Gußeisen** ist durch hohe Festigkeit, **Schmiedeeisen** auch durch Elastizität den traditionellen Baustoffen Stein und Holz besonders in zwei Bereichen überlegen: bei *Stützen* und *Trägern* für schwere Lasten und bei *weitgespannten Konstruktionen.* Für beide werden besondere Bauglieder und Konstruktionen ausgebildet, anfangs empirisch, später auf der Basis exakter Baustoffprüfung und Vorausberechnung.

Stützen und **Träger** für hohe Drucklasten werden vor allem in Werkstätten und Lagerhäusern benötigt. Der Bedarf an mehrstöckigen Gebäuden mit frei verfügbaren Geschoßflächen steigt in den wachsenden Städten schnell an. Für sie entstehen Typen mit massiven Außenwänden und Decken mit schmalen Feldern zwischen von Wand zu Wand durchlaufenden Trägern auf dünnen, gußeisernen Stützen. 1801 bauen BOULTON und WATT eine 7-geschossige **Spinnerei in Salford** nach diesem System. Sie wird zu einem Prototyp des frühen Fabrikbaues.

Weitgespannte Konstruktionen braucht man zunächst für Brücken und Dachstühle über stützenlosen Räumen. 1777 baut T. F. PRITCHARD die **Brücke von Coalbrookdale** aus Gußeisen und 1786 V. LOUIS einen **Dachstuhl für das Théâtre-Français** in PARIS aus Schmiedeeisen.

Zusammen mit der Eisenerzeugung nimmt die Produktion von **Tafelglas** nach Menge und Größe der Scheiben zu. Eisen und Glas ergänzen sich in idealer Weise zu leichten, lichtdurchlässigen Konstruktionen. Im 19. Jh. bildet sich in den neuen Typen der *Bahnhofs-, Markt-* und *Ausstellungshallen, Kaufhäuser, Ladenpassagen* und *Gewächshäuser* eine neue Glas-Eisen-Architektur aus. Sie erreicht ihren Höhepunkt in den Gebäuden für die Weltausstellungen (S. 44).

Schon der **Kristallpalast in London,** zur Weltausstellung von 1851 von JOSEPH PAXTON konstruiert, ist ein totaler **Skelettbau,** aus wenigen vorgefertigten Teilen in großen Serien montiert. Genaue Raster für den Grundriß und die Aufrisse bilden ein dreidimensionales Koordinatensystem mit vielen gleichen Konstruktions-Punkten. Ihre Präzision entspricht den Normen des Maschinenbaus. Sie ermöglicht die Vorfertigung in den Fabriken, Montage, spätere Demontage und erneuten Aufbau an anderer Stelle. PAXTON verwirklicht die völlige Einheit von Funktion, Konstruktion und Form und löst bereits 1851 die typ. Probleme des modernen Großserienbaues, der rationellen Baustellenorganisation und der variablen Einteilung des Gebäudes für wechselnde Programme (vgl. S. 514, 546).

Die Konstruktion des Kristallpalastes geht vom traditionell leichten Gewächshausbau aus. Zur gleichen Zeit nähern sich auch Industrie- und Geschäftshausbau dem Skelettbau.

Die **Geschäftshäuser** werden für das vergrößerte Warenangebot im Erdgeschoß mit großen **Schaufenstern** durchbrochen. Bald fordert die zunehmende kommerzielle Nutzung der Obergeschosse die Auflösung der ganzen Straßenfront in Fenster. Eisenskelette bieten die idealen Lösungen. In den USA bauen z. B. J. BOGARDUS und andere Unternehmer seit etwa 1840 Fassaden aus *Walzprofilen* und gußeisernen *Formstükken* für Säulen und Gebälke in verschiedenen Stilen. Sie werden in den Fabriken serienweise gefertigt und über ganz Amerika versandt. In NEW YORK, St. LOUIS und CHICAGO entstehen Straßenzüge und Stadtviertel mit Glasfassaden in historisierenden Detailformen. Auch in England entstehen in dieser »Gußeisenzeit« ähnliche Geschäftshäuser. In **Liverpool** hat sich ein von **Peter Ellis** 1866 erbautes erhalten.

Über einem massiven Sockelgeschoß ist die Front der 4 Obergeschosse fast völlig in große Glasfenster aufgelöst. Die sehr schmalen *Profile aus Naturstein* verdeutlichen die völlige Entlastung und die nur noch schließende Funktion der Wand im Skelettbau.

Auch im Fabrikbau tritt an die Stelle der massiven Außenwände in einzelnen Fällen ein Fachwerk aus Eisenprofilen. Die von **Jules Saulnier** 1871/73 erbaute **Schokoladenfabrik Menier in Noisiel-sur-Marne** gilt als erster vollständiger Eisenskelettbau in der Industrie.

Auf 4 in der *Marne* stehenden *Brückenpfeilern* liegen sehr starke, seitl. weit auskragende Stahlträger. Sie tragen die *Fachwerkwände* und die beiden Reihen der *Innenstützen.* Sie sind mit den *Trägerrosten* der Geschoßdecken und dem *Dachstuhl* zu einem genau abgestimmten Gesamtsystem verbunden, das wahrscheinl. im Holzbau seine Vorbilder hat (vgl. S. 58). Die Flächen der Außenwände erhalten durch die sich überkreuzenden *Diagonalstreben* eine zusätzl. Stabilität und die charakterist. Struktur. Die Felder sind mit farbigen *Hohlziegeln* ausgemauert, die zusammen mit den Diagonalstreben ein Flächenornament bilden. Die Fenster imitieren gemauerte Öffnungen mit Segmentbögen. Der Charakter des techn. Gehäuses wird dadurch überspielt.

Einer der Vorkämpfer für eine konstruktionsgebundene Architektur, der als Restaurator mittelalterl. Bauwerke bekannte **Viollet-le-Duc,** propagiert sichtbare Eisenkonstruktionen für repräsentative Bauwerke. Das **Detail einer Deckenkonstruktion,** 1872 in seinen ›Entretiens sur l'architecture‹ veröffentlicht, zeigt das Bemühen, eine sachliche Konstruktion durch ornamentale Ausschmückung dem herrschenden Geschmack anzugleichen. Die gußeiserne Stütze ist als schlanke Säule mit historisierendem Kapitell gebildet, analog auch das aufgesetzte Zwischenglied. In dem daran geschraubten Fachwerkträger sind an die Stelle der kreuzweisen oder diagonalen Verstrebungen kreisförmig gebogene Eisenstäbe mit radial geführten Blattornamenten getreten. Sie verbinden die stat. mit einer dekorativen Funktion.

Das Detail wirkt wie ein Vorläufer der Eisenkonstruktionen des Jugendstils, wie sie z. B. VICTOR HORTA zwischen 1890 und 1900 entwirft.

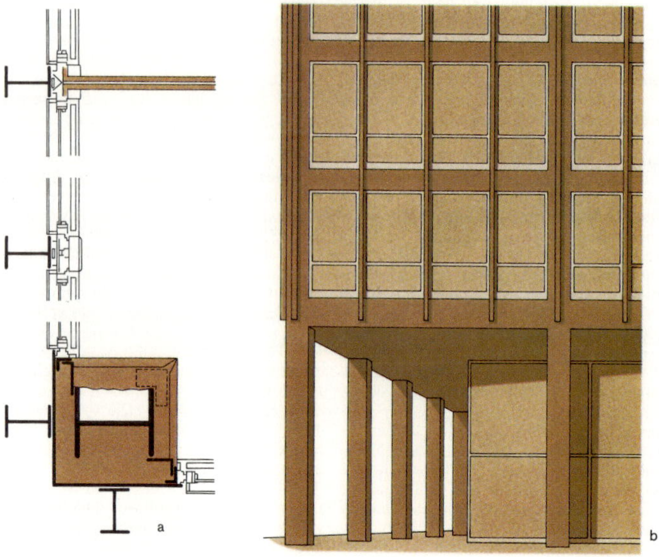

L. Mies v. d. Rohe: Hochhaus, Chicago, 1948, a Detail, b Ansicht

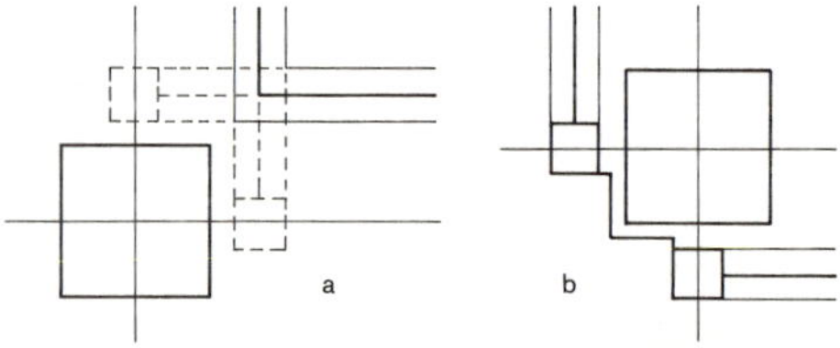

Eckstütze im Skelettbau

a außen liegend
b innen liegend

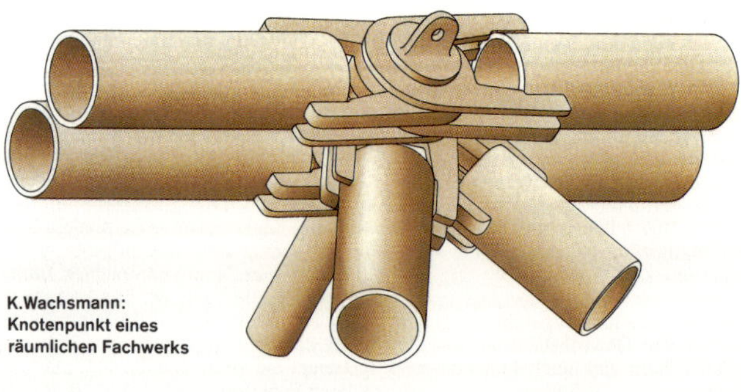

K.Wachsmann: Knotenpunkt eines räumlichen Fachwerks

Stahlbau und Skelettbau sind fast synonyme Begriffe. Der Skelettbau ist der Inbegriff einer klaren Konstruktion. Seine Tradition führt von den vorgeschichtl. Stangenzelten und Dachhäusern über das mittelalterl. Holzfachwerk bis in die Gegenwart (S. 44, Bogenrippenhaus; 48, Jurte; 84, Srefe; 58 und 340, Fachwerkhaus). Das Stahlskelett als zusammenhängendes System erscheint in der Mitte des 19. Jhs. (S. 512).
Der **Kristallpalast in London,** 1851, mit seiner rein technischen, rationalen Struktur bezeichnet einen Wendepunkt in der Architektur. Er ist das Beispiel eines *offenen Systems.* Die Struktur aus gereihten Elementen ist theoretisch nach allen Seiten unbegrenzt. Das Bauprogramm mit seinem Raumbedarf und seinen besonderen Bedingungen legt die äußeren Grenzen, d. h. die Gestalt des Bauwerks fest. Sie ist nicht mehr das Ergebnis eines vorbestimmten Denkens in festen Baukörpern und kanonischen Formen, sondern das einer Methode, in der funktionelle Kriterien den Planungsprozeß bestimmen. PAXTON nimmt im Kristallpalast analysierend und kombinierend die Methoden der modernen Technologie vorweg und gelangt zu einer neuen **strukturellen Architektur.** Sie setzt sich nur langsam gegen den Historismus durch und muß in verschiedenen Ansätzen neu konzipiert werden.
Einen entscheidenden Beitrag leistet die Industrie durch den Übergang vom *Gußeisen* zum *Walzstahl mit genormten Profilen.* Sie ersetzen als gleichbleibende *Meterware* in abgestuften Reihen die Fertigung individuell entworfener, historisierender oder ornamentierter Formstücke.

Material, Konstruktion und **Proportion** bestimmen die Ästhetik des Stahlskelettbaues. Die Konstruktion, d. h. die Anordnung und Verbindung der tragenden Bauteile ist primär abhängig von der Funktion des Gebäudes, der Zahl der Stockwerke, der entstehenden Belastungen. Abstände und Dimensionen der Stützen ergeben sich aus den Nutzungsprogrammen und einer wirtschaftl. Lastverteilung. Ihre Achsmaße legen das Netz der Hauptproportionen fest. Die Profile der Träger und Stützen sind durch die Industrieproduktion festgelegt. Es gibt nur wenige Grundformen, diese aber in zentimeterweise abgestuften Serien vom bleistiftdünnen bis zum baumstarken Profil. Einzelfertigungen sind Sonderfälle.
Strukturelles Bauen sucht die künstler. Aussage durch die Einheit von Material, Konstruktion und Gestalt mit einer fast objektiven Logik, die wenig Spielraum für gesonderte künstlerische Überlegungen und Formerfindungen läßt. Die Form soll das Essentielle ohne jeden Dekorationseffekt zum Ausdruck bringen, wie es SULLIVAN 1896 definiert: »Immer folgt die Form der Funktion, und das ist das Gesetz.«
Kriterien für die Vollkommenheit einer architekton. Struktur bieten seit jeher die *Ecken* der Gebäude. Hier treffen die Elemente der Konstruktion aus mehreren Richtungen zusammen. Ihre Verbindung ist für die Standsicherheit ebenso wichtig wie für den tekton. Charakter (zum Vergleich: S. 29; 36, Athen, Mexico; 58, Fachwerkhaus; 60, 154, dor. Tempel: Eckkonflikt).
Die Stützen können sowohl innerhalb und außerhalb der Außenwand, als auch in einer mittleren Stellung im Verband mit ihr stehen. Aus jeder Stellung ergibt sich ein anderes Oberflächenrelief und ein anderes Verhältnis von vertikaler und horizontaler Linienführung. Gestaltungsmöglichkeiten und -probleme treten im Zusammenhang mit der Eckstütze besonders klar hervor.
MIES VAN DER ROHE wählt bei den 1948 entworfenen ersten zwei **Wohnhochhäusern am Michigansee in Chicago** bündig mit der Vorderkante der Geschoßdecken stehende *Innenstützen.* Durch die *feuersichere Ummantelung* erheblich verbreitert, treten sie im Erdgeschoß als die tragenden Elemente freistehend in Erscheinung. In der Fensterfront der 26 Obergeschosse laufen sie als breite Bahnen im Achsabstand von 6,40 m weiter. Sie bilden mit den horizontalen Deckenstreifen den in der Fläche bleibenden *Großraster* der Fassade. Darüber legt sich der vertikale *Kleinraster* der Fensterachsen, mit *I-Profilen* aus der Flucht tretend. Sie laufen auch auf den Hauptstützen in die Höhe und teilen das Achsmaß in 4 Felder. Die beiden äußeren sind jeweils um die von den Hauptstützen verursachte Differenz schmaler. Der konstruktive Aufbau des großen Gebäudes spiegelt sich in einem differenzierten Rhythmus und im Gleichgewicht senkrechter und waagrechter Linien.
MIES VAN DER ROHE knüpft an die Tradition der **1. Schule von Chicago** an, deren Architekten um 1890 den modernen **Funktionalismus** begründen (ROOT, JENNEY, SULLIVAN). Die Nutzungsprogramme der großen Bürohäuser begünstigen schon damals die Ausbildung rationaler tekton. Strukturen. MIES VAN DER ROHE bricht mit der von ihm begründeten **2. Schule von Chicago** der strukturellen Architektur die Bahn zum weltweiten Erfolg.

Die Tradition der weitgespannten, transparenten Konstruktionen lebt in zahlreichen Bauten weiter: festen und demontablen Hallen (S. 40, LANDSKRONA), Brücken, Gittermasten (Sendetürmen) und vielen Spezialbauten für die Industrie. Für sie entwickeln die Ingenieure immer leichtere Konstruktionen durch bessere Ausnutzung des Materials. Für räumliche Fachwerkkonstruktionen werden *nahtlos gezogene Stahlrohre* bevorzugt, die in möglichst geringen Längen und gleichen Querschnitten mit Hilfe vieler gleicher Knotenpunkte zu selbsttragenden großen Gitterflächen zusammengesetzt werden.
Der **Knotenpunkt eines Raumfachwerks,** 1944/45 von **Konrad Wachsmann** für die von ihm entwickelte *Mobilar-Struktur* konstruiert, demonstriert die Festigkeit und Leichtigkeit des Materials, die Perfektion der Verarbeitung und die Phantasie des Konstrukteurs bei der Konzeption dieser raumüberspannenden Fachwerke, die mit der Struktur ihrer vielen Knotenpunkte ihre eigene **Ornamentik** hervorbringen.

Betongerippe mit Kragarmen (nach H. Schmitt)

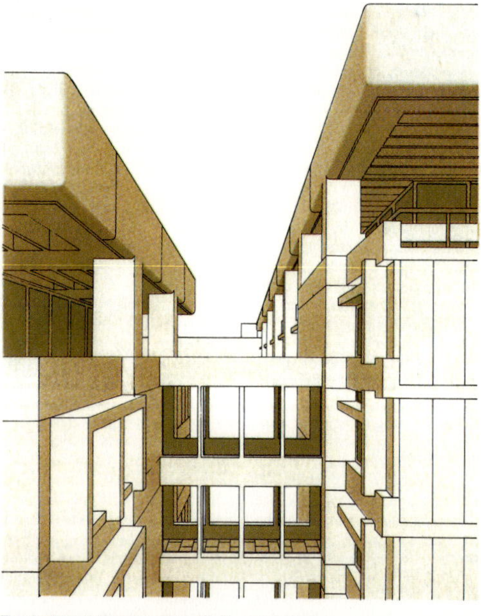

The Architects Collaborative: Kinderspital, Boston

Multifunktionalität, Klarheit, Rationalität

Beton ist ein künstl. Gußgestein aus Bindemitteln (Zement), Zuschlagstoffen (Kies, Steine) und Wasser, nach dem Erhärten von hoher Festigkeit. Im **Stahlbeton** nimmt eingelegter Stahl, zumeist in Stabform, die auftretenden Zugkräfte und einen Teil der Druckkräfte auf.
Die römische Technik des Gußbetons geht nach dem Zusammenbruch des röm. Reiches verloren. Die moderne Technik des Eisenbetons – heute Stahlbeton – entsteht im 19. Jh.
Wichtige Etappen: 1824 Portland-Zement (J. ASPDIN in LEEDS), seit 1845 industrielle Produktion. Versuche zur Armierung mit Eisen: 1847 COIGNET, seit 1849 MONIER. 1875 erste Brücke mit 16 m Spannweite durch MONIER, 1888 Decke mit *Plattenbalken* durch HENNEBIQUE. 1894 Kirche ST-JEAN de MONTMARTRE mit *Eisenbetonskelett* nach got. Vorbild von A. DE BAUDOT. 1901/04 Projekt für eine **Cité industrielle** von TONY GARNIER mit zahlr. Vorschlägen für Gebäude in Eisenbeton.
AUGUSTE PERRET baut 1903 in seinem Mietshaus in der **Rue Franklin 25 b in Paris** eine Skelettstruktur mit wenigen Stützen und weitgespannten Decken. Nur wenige Wände haben noch tragende Funktion, im Erdgeschoß fehlen sie fast ganz. Das Eisenbetonskelett, mit Keramikplatten verkleidet, bestimmt auch die fast ganz in Fenstertüren aufgelösten 8 Geschosse der Fassade.
Noch eindeutiger dominiert das Skelett bei der von PERRET 1905 erbauten Garage in der Rue Ponthieu und bei dem 1907 erbauten Alexandra-Sanatorium in Davos mit einer Konstruktion von R. MAILLART. In den USA entsteht 1908 mit dem Lagerhaus für MONTGOMERY, WARD & COMP. in CHICAGO ein viel beachteter Großbau mit einer 250 m langen Fensterfront.

Der Eisenbeton treibt die Entwicklung einer strukturellen Architektur voran. Die Konstruktion durchdringt die Gebäude und formt ihre Erscheinung mit. Die Ingenieure nutzen die plast. Formqualitäten des Betons kaum und entwickeln keine neue Technik des Massivbaues, sondern konkurrieren mit den transparenten Strukturen des Stahlskelettbaues. Er ist an Eleganz und Präzision unterlegen, aber an Wirtschaftlichkeit und Anpassungsfähigkeit, sowie an Feuersicherheit und Korrosionsbeständigkeit überlegen.
Charakterist. Betonformen entstehen anfangs nur wenig. Ihre Entfaltung wird z. T. durch die Sicherheitsvorschriften der Behörden gehemmt. Sie orientieren sich an den Erfahrungen mit der älteren Bautechnik, in der die einzelnen Elemente gesondert berechnet werden, weil sie auch gesondert tragen. R. MAILLART kritisiert das noch 1938:
»Eisenbeton wächst nicht wie Holz, wird nicht gewalzt wie Stabeisen und nicht gefügt wie Mauerwerk.« Betonkonstruktionen müßten wegen ihrer **monolith. Struktur** als Einheit betrachtet werden, die größere Belastungen aufnehmen könne, als die traditionellen Systeme. Nur Modellversuche könnten zu adäquaten Berechnungsverfahren führen. Dann werde man sich von der herrschenden Stütze-Last-Vorstellung befreien, und der Beton werde einen eigenen Stil und die Eleganz und Leichtigkeit zurückgewinnen, die er seit der Anfangszeit verloren habe.
Die meisten mehrgeschossigen Gebäude in Eisenbeton zeigen also die nur wenig modifizierte Struktur des Skelettbaues mit *Stützen, Balken* (Unterzug) und *Platten* (Decke) oder mit *Rahmen* und *Platten* (S. 518).
Auffällig ist die häufige Verwendung über die Flucht der Stützen frei auskragender Balken und Platten. Der Eindruck konstrukt. Kühnheit täuscht etwas: Kragkonstruktionen wirken entlastend.
Betonskelettbauten mit Kragarmen wirken oft leicht und fast schwerelos; die meist sich nach außen verjüngenden *Kragarme* machen die Abnahme der Belastung sichtbar. Die Fassade kann verschieden aufgebaut werden. *Bandartige Brüstungen,* die zugleich aussteifend und mittragend wirken können, bringen den Horizontalismus der Geschosse zum Ausdruck (S. 516 oben). *Vorhangfassaden* (curtain wall) können in verschiedenen Strukturen als leichte Außenhaut über den Baukörper gezogen werden, ebenso Fassadensysteme mit *auswechselbaren Elementen,* die einer flexiblen Nutzung entsprechen.
Skelettstrukturen mit einem gleichbleibenden Raster eignen sich gut für die Vorfabrikation und die industrielle Serienfertigung. Eisenbeton benötigt in jedem Fall eine *Schalung* als Gußform. Statt an der Baustelle, kann man sie auch in einer Fabrik aufstellen und die Konstruktion in Einzelteilen in der gewünschten Serie anfertigen und auf der Baustelle montieren. Systeme für immer wiederkehrende Bautypen können abrufbereit gelagert werden. Hierbei ist die Gefahr einer formalen Monotonie sehr groß.

Eine Konstruktionsstudie für das **medizin. Zentrum eines Kinderhospitals in Boston,** 1962 vom Architektenteam **TAC** (GROPIUS und Partner) entworfen, zeigt die Verbindung einer auf der Baustelle gegossenen tragenden Struktur: Stützen, Balken, Deckenfelder und vorgefertigter und montierbarer, nicht tragender Elemente: Wandteile, Fenstergewände, Brüstungen aus Beton.
Die Funktionen von **Trag-Struktur** und **Füll-Struktur** werden in einem Spiel klarer Kontraste sichtbar gemacht. Der Gesamteindruck beruht in fast klass. Weise auf dem Gegensatz von Stütze und Last, aber in einem neuen Verständnis für die Möglichkeiten des Eisenbetons. Die abschließende Dachplatte z. B. kragt weit über die seitl. Stützen aus und scheint bei aller Massivität frei zu schweben. Analog dazu stehen auch im Erdgeschoß die Stützen frei. Der Block der Geschosse mit der freien stützenlosen Ecke wird vom Boden abgehoben (vgl. S. 514, CHICAGO; S. 36, MEXICO). Prakt. und ästhet. Probleme sind durch sorgfältige Planung der Struktur gleichermaßen gelöst.

Le Corbusier: Wohnhochhaus, Marseille (nach C. Siegel; s. S. 540)

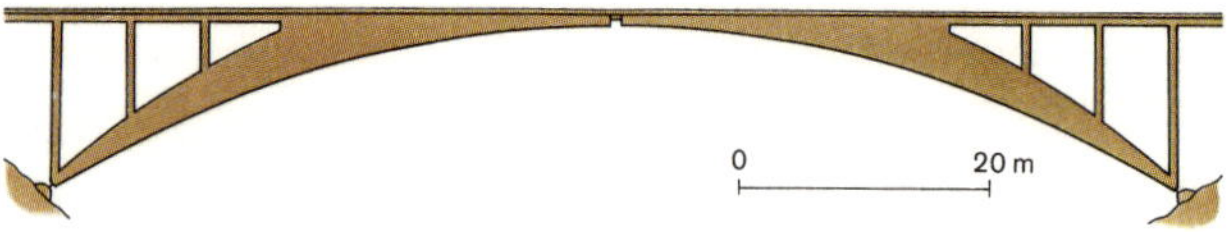

R. Maillart: Brücke über das Salgina-Tobel

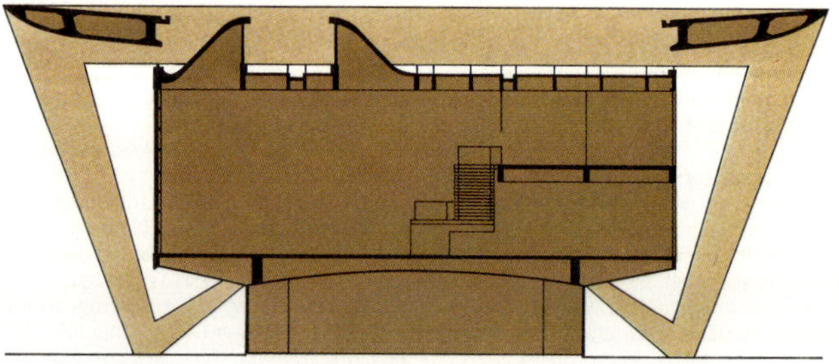

A. E. Reidy: Museum, Rio de Janeiro

Dynamisierung der Struktur

Von den konventionellen Konstruktionen ausgehend, entwickeln geniale Konstrukteure durch Experimente die Technik des Eisenbetons weiter, besonders in den Bereichen der großen Spannweiten (Brücken, Hallen, Sportstadien) und der hohen Belastungen (Silos, Fabriken). Sie treiben nicht nur die Technik voran, sondern bereichern auch die Architektur durch neue Strukturformen und Ausdrucksmöglichkeiten. Genannt seien hier nur R. MAILLART, E. TORROJA (S. 26), P.L. NERVI (S. 34, 40, 50), U. FINSTERWALDER, F. CANDELA (S. 50), Y. TSUBOI (S. 66), O. ARUP (S. 510).

Robert Maillart (1872–1940) schreibt in dem (S. 517) erwähnten Aufsatz, die möglichst knappe Dimensionierung erfülle meist auch die ästhet. Forderungen. Wenn man sich von den durch die traditionelle Technik bedingten Formen löse und mit dem Blick auf das Ganze die zweckmäßigste Ausnutzung des Materials anstrebe, werde man, wie z. B. im Auto- oder Flugzeugbau, einen neuen materialgerechten Stil erreichen.

Er verwirklicht ihn in seinen eigenen Arbeiten: *Pilzdecken,* der *Schale* in der schweizerischen Landesausstellung 1939, besonders in seinen vielen **Brücken.** Die 1929–30 erbaute **Brücke über das Salgina-Tobel** ist ein *Dreigelenk-Bogen,* eine der typ. Konstruktionen für weitgespannte Bögen (S. 44, CHICAGO). Über eine freie Weite von 90 m gespannt, zeigt er die für MAILLART seit 1905 charakterist. Formgebung: sehr flacher Bogen mit schmalen dreieckigen Aussparungen in den Seitenwänden des *Kastengewölbes.* Sie vermindern techn. das Gewicht der Brücke, ästhet. rufen sie den Eindruck hervor, als sei die Konstruktion von einer organ. Kraft zwischen die Widerlager gespannt und trage mühelos die mit leichten Stützen aufgeständerte Fahrbahn.

Die Gestalt entspricht genau dem Verlauf der Kräfte bzw. der wechselnden Größe der Beanspruchung *(Momentenbild).* Die parabelförmige *Stützlinie* wird durch Biegekräfte am stärksten in der Mitte zwischen *Scheitel* und *Kämpferpunkt* verformt, dann sinken die Komponenten zum Auflager rapide ab. Dementsprechend erreicht die Wandhöhe des Kastengewölbes an der krit. Stelle die größte Höhe, danach löst sich der obere Teil des Kastens mit der Fahrbahnplatte ab.

Der Eisenbeton ermöglicht durch seine Formbarkeit mit dem geringsten Aufwand an Material die Anpassung an die Idealform im stat. Sinn. Sie ist zugleich ästhetisch vollkommen und entspricht der Funktionalität der Naturformen: »Sie sind so charakteristisch und so unverkennbar, daß wir ganz einfach sagen, es sei ›natürlich‹, daß sie so sind.« LOUIS SULLIVAN (1896)

Rahmen, d. h. horizontal oder schräg liegende Balken *(Riegel)* auf Stützen *(Stiele)* gehören zu den häufigen Konstruktionselementen. Sie müssen in ihren Eckverbindungen zug- und biegefest sein und stehen – wie bei einem Tischgestell – punktförmig auf der Standebene, meist mit Gelenken fixiert (ohne Einspannung in ein Fundament).

Zweigelenkrahmen werden häufig für einfache Hallenkonstruktionen verwendet. In mehrstökkigen Gebäuden sind meist andere Rahmenkonstruktionen praktischer: z. B. dreistielige Querrahmen mit Kragarmen (S. 516).

Häufig ist die Wahl eines kleinteiligen Skeletts für die Obergeschosse, die dann als Gesamtblock von kräftigen Zweigelenkrahmen getragen werden. Das Erdgeschoß erhält durch sie eine eigene Struktur, die sich als Verkehrs- und Kommunikationszone zur Umgebung öffnet.

Le Corbusier entwirft für die 1946–52 erbaute **Unité d'habitation in Marseille** (S. 540) eine Reihe von Zweigelenkrahmen, die auch wichtige Sekundäraufgaben zu erfüllen haben. Die quer zur Front stehenden *Riegel* bestehen aus 2 parallelen Balken mit *Kragarmen.* Zwischen ihnen werden die Installationsstränge in die V-Stützen geführt. Sie umschließen zum Gebäudeinneren hin wie ein Mantel die Rohrleitungen; der massive Kern an der Außenseite nimmt die Vertikallasten auf, z. T. direkt, z. T. über die parallel zur Front laufenden *Längsbalken.* Sie durchkreuzen rechtwinklig die Riegel und bilden mit ihnen einen in allen Richtungen ausgesteiften Balkenrost.

Eine *Betonplatte* auf der Unterseite dient als Reparaturebene für die Installationen und gibt dem ganzen Unterbau eine einheitl. Form. Er trägt wie ein riesiger Tisch auf vielen Beinen den Block der Geschosse. Die »echten Betonformen« der Stützen entsprechen dem Verlauf der auftretenden Kräfte, als organ. körperl. Gebilde bezeichnen sie den Übergang zum **plast. Stil** in der modernen Architektur (vgl. S. 510 f.).

Eine Rahmenkonstruktion ungewöhnl. Form und Größe entwirft **A. E. Reidy** für das 1954 begonnene **Museum für moderne Kunst in Rio de Janeiro.** Eine Reihe von 12 Rahmen bildet die **Primärstruktur.** Die in einer modifizierten *V-Form* konstruierten Stützen sind ca. 18 m hoch, die innere Spannweite der Riegel beträgt ca. 36 m. Doppelschalig konstruierte *Schattendächer* als oberer Abschluß versteifen die Rahmenreihe in der Längsrichtung. Über dem freibleibenden Erdgeschoß übernehmen 2 Längsträger, auf den niedrigen Innenarmen der V-Stützen liegend, die gleiche Aufgabe. Sie tragen auch die beiderseitig auskragende *Bodenplatte* des unteren Ausstellungsgeschosses; Dachdecke und mittl. Geschoß sind an den Rahmenriegeln mit *Zugstangen* aufgehängt. Die Außenwände, überwiegend mit raumhohen Fenstern, haben nur begrenzende Funktion. Einzelne *Oberlichter* durchbrechen die Dachplatte.

Die Geschosse sind gewissermaßen durch die Rahmen in die Schattenzone unter den Sonnendächern hineingeschoben. Ähnlich, nur in weit größerem Maßstab als beim *Centre Le Corbusier* in ZÜRICH (S. 510) ist hier die Idee vom »großen Dach« verwirklicht, unter dem sich die Aktionen abspielen, mit Trennung der primären und der sekundären Funktionen und dem freien Spiel der Formen, wie es die Technik des Eisenbetons ermöglicht.

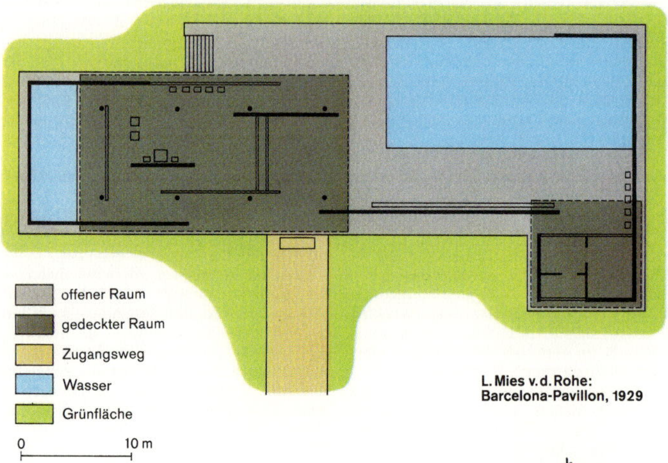

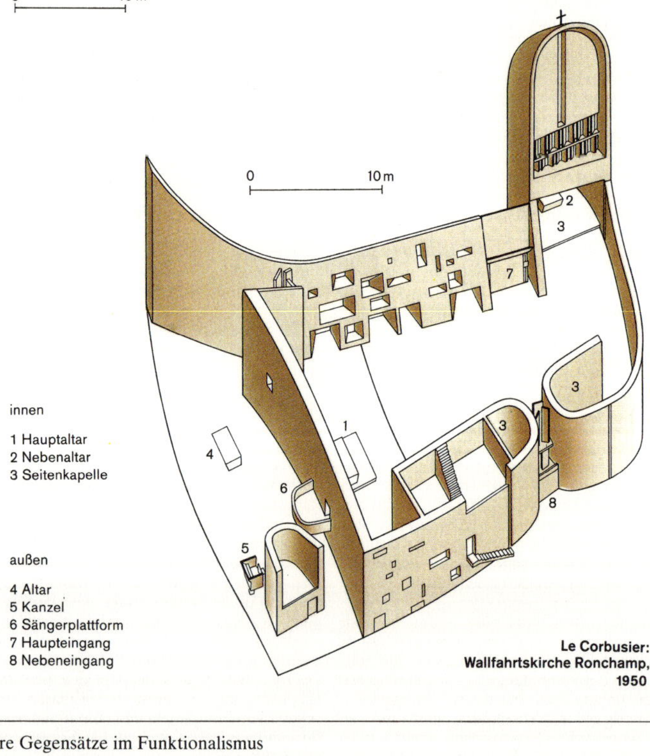

Polare Gegensätze im Funktionalismus

»Es ist das Gesetz aller organischen und anorganischen, aller physischen und metaphysischen, aller menschlichen und übermenschlichen Dinge, aller echten Manifestationen des Kopfes, des Herzens und der Seele, daß das Leben in seinem Ausdruck erkennbar ist, daß **die Form immer der Funktion folgt.**« LOUIS SULLIVAN (1896)

Über die Gültigkeit dieses Dogmas der modernen Architektur besteht Übereinstimmung bei fast allen, die an ihrer Begründung, Entfaltung und weltweiten Durchsetzung beteiligt sind. In seiner Auslegung und prakt. Anwendung gehen sie verschiedene Wege. Sie führen zur Vielgestaltigkeit der funktionalen Architektur.

Die Theorie-Diskussion innerhalb der verschiedenen Strömungen des Funktionalismus wird besonders von den Begriffen **Geometrie** und **Organik** beherrscht. HUGO HÄRING (1882–1958) stellt sie vergleichend und wertend einander gegenüber:

Mit der Geometrie haben die Menschen ein Arbeitsgerüst gewonnen, um den Raum zu beherrschen. Ihre Figuren sind neben ihrer mathemat.-techn. Brauchbarkeit Symbole der kosm. Ordnung und der 1. Stufe im Aufbau der Materie (Kristalle). Die Raumordnung der Geometrie hat abstrakten Charakter, ihre Formen sind **Ordnungsformen.** Sie bestimmen die Gestalt der Bauwerke von außen her.

Das organ. Leben ist höher organisiert. Es erscheint nicht in den Formen der Geometrie. Es leistet Arbeit mit seinen Organen; sie haben *Werkformen,* die die Leistung ermöglichen. Ihnen entsprechen die Maschinen als Außenwerkzeuge des Menschen.

Die Architektur verharrt mit ihren geometr. Zwangsfiguren seit Tausenden von Jahren auf der ersten, der kristallinen Erscheinungsstufe. Die nächste Stufe müßte eine **organ. Architektur** sein, d. h. ein Prozeß des Bauens, der für die individuellen Leistungen, die Vorgänge des Lebens und Arbeitens, die entsprechenden organhaften **Leistungsformen** erschafft. Schon im Barock nähern sich geometr. Figuren dem Organischen; sie sind von Bewegung bestimmt (Kontroversen zwischen klass. und barocker Formgebung, S. 490 ff.). Im 20. Jh. sprengen einige Architekten die festen Umrisse der geometr. Körper und stellen ihre Elemente in neue Zusammenhänge (F. L. WRIGHT; STIJL-Gruppe, S. 506).

Mies van der Rohe demonstriert im **deutschen Pavillon der Weltausstellung in Barcelona 1929** eine neue Auffassung vom Raum innerhalb der geometr. Ordnung. Er setzt auf der Grundebene einer Terrasse überdeckte und offene Räume als Teile eines Gesamtraumes in Beziehung. Die *Dachplatte* über dem Hauptraum steht, weit auskragend, auf 2 Reihen von je 4 *Stützen.* Einzeln stehende Wände aus mattem, farbigem oder durchsichtigem *Glas* oder teils geschliffenem, teils poliertem *Naturstein* (Marmor, Onyx) gliedern ihn. Mit schmalen *seitl. Durchgängen* öffnet er sich zu einem *Haupt-* und einem *Nebenhof* mit *Wasserbecken.* Es entsteht ein irrationales **Spiel horizontaler und vertikaler Flächen,** die sich nicht durchdringen und den Raum zwischen sich »fließen« lassen.

Für innen und außen gilt das gleiche Prinzip. Der geschlossene Baukörper existiert nicht mehr. Die Beziehung vom Innenraum zum Außenraum ist nicht mehr durch feste Begrenzungen und Achsen bestimmt. Der gebaute Raum ist offen nach mehreren Seiten und fast richtungslos wie der Naturraum (vgl. S. 150, minoische Architektur).

MIES VAN DER ROHE wendet das gleiche Prinzip 1928/30 auch beim Wohnhaus TUGENDHAT in BRÜNN an. Bei dem 1945–50 erbauten Haus FARNSWORTH in PLANO (Illinois) trennen nur noch transparente Glaswände das zwischen 4 Stützenpaaren hängende Gehäuse von der freien Natur. Damit ist die äußerste Stufe der Emanzipation von der vorgeschichtl. Höhle und der Abstraktion in der geometr. Architektur erreicht, sie erscheint nur noch als geistige Ordnung des Materiellen.

Das organhafte Bauen gewinnt im 20. Jh. zunehmend an Bedeutung und Umfang, z. B. bei F. L. WRIGHT, A. AALTO, H. SCHAROUN (S. 522, 558), K. TANGE (S. 66, 548). Die Abgrenzung zur geometr. anorgan. Architektur bleibt oft unscharf; das funktionale Prinzip verbindet beide.

Le Corbusier vollzieht 1950 mit der Wallfahrtskirche **Notre-Dame-du-Haut in Ronchamp** nicht nur den Übergang zum *plast. Stil* (S. 510), sondern auch zu einer organhaften Bauform. Für die wechselnde Zahl der Wallfahrer ist sie folgerichtig als *kombinierte Außen- und Innenkirche* konzipiert. Gruppen bis 200 Personen finden im Innenraum Platz. Eine seitl. angeordnete *Bankreihe* nimmt Einzelpilger oder kleine Gruppen auf. Für die Massenwallfahrt dient das Naturplateau östl. der *Altarwand* als Freiluft-Kirche. Unter dem weit auskragenden, muschelartigen Dach finden *Außenaltar, Sängerempore* und *Kanzel* Wetterschutz.

Die schiffsbugartig vorstoßende südl. Außenwand leitet einerseits die Pilger zu den beiden Eingängen, andererseits öffnet sie die Altarterrasse in weiter Geste zum Freiplateau. In der einzigen Öffnung der Altarwand steht das *Gnadenbild,* Innen- und Außenraum zugeordnet. Das Innere ist von den gekurvten Mauern fest umschlossen. Durch die verschieden geformten *lukenartigen Fenster* und den unter dem Dach umlaufenden Schlitz fällt das Licht im Wechsel der Tages- und Jahreszeiten in einzelnen Bahnen ein. Die *Altarnischen* in den *Türmen* erhalten ihr Licht von oben durch *Lichtgitter* und *-schlitze.*

Das Bauwerk ist von außen ganz plast. Gestalt, innen ganz umhüllter Raum, einfach und zugleich ganz irrational, voller Assoziationen an die Herkunft von der Höhle. LE CORBUSIER erreicht mit diesem Bauwerk den Gegenpol zur geometr. flächigen Architektur seines früheren Werkes. Mit ihm erhält die Architektur des 20. Jhs. einen entscheidenden Impuls, zu einer organhaft das Wesen einer Aufgabe erfassenden Gestaltung vorzudringen und sich ihrer Problematik zu stellen.

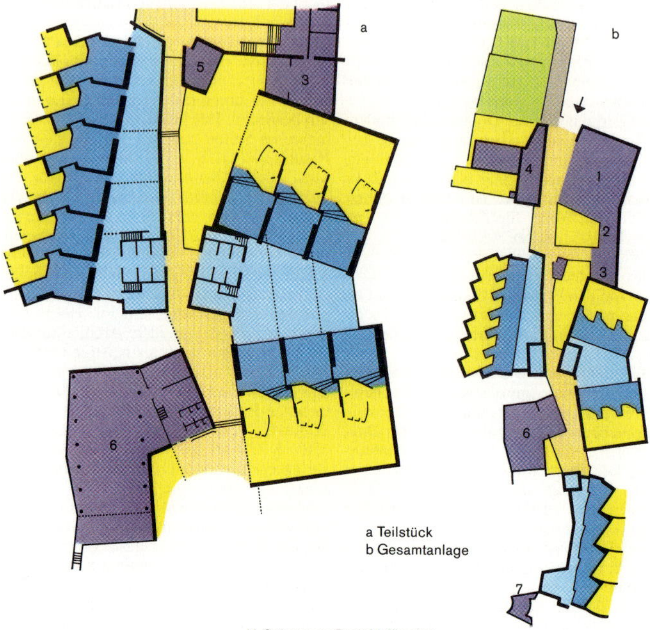

a Teilstück
b Gesamtanlage

H. Scharoun: Projekt für eine Volksschule, Darmstadt, 1951

1 Aula
2 Werkraum
3 Zeichensaal
4 Verwaltung/Fachräume
5 Religion
6 Turnhalle
7 kosmischer Raum
8 Galerie

Klassenraum
interne Halle
Spezialraum
Hausmeister
Flur, Treppe
Hof
Grünfläche

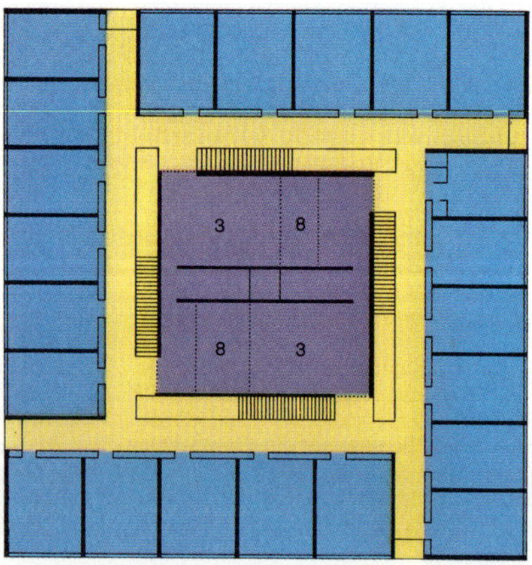

J. Schader: Kantonsschule Freudenberg, Zürich, 1954

Rationales System oder funktionales Organ?

Die Gestalt eines Bauwerks soll das Wesen der Aufgabe deutlich machen, der es dient.
Geometr. und organhaftes Bauen stehen oft im Wettbewerb um die besten Lösungen. Beide sind miteinander durch **das funktionale Prinzip** verbunden, die oft großen Unterschiede der Gestaltung erscheinen als seine verschiedenen Interpretationen. H. HÄRING wendet sich gegen einen organoiden Formalismus. Es geht vorrangig nicht um Formen, sondern um den Prozeß, der zur Gestalt (Leistungsform) führt:
»Organhaftes Bauen hat gar nichts mit der Nachahmung von Organwerken der geschöpfl. Welt zu tun. Die entscheidende Forderung, die man vom Standpunkt der Organik aus stellt, ist die, daß die Gestalt der Dinge nicht mehr von außen bestimmt wird, sondern daß sie in der Wesenheit des Objekts gesucht werden muß.« (vgl. S. 521)

Aus dem Wesen der Aufgabe soll es sich ergeben, ob sie mit Hilfe des geometr. oder des organhaften Bauens am besten zu lösen ist. Verbindliche Kriterien, um das Wesen von Bauwerken zu bestimmen und die Grenzen zwischen organhaften und geometr. Methoden zu ziehen, fehlen aber bis heute. Sie sind eine Sache der persönl. Interpretation. Die oft gegensätzl. Gestaltung gleicher Aufgaben fordert den krit. Vergleich heraus, besonders dann, wenn ein öffentl. Interesse besteht. Bei Schulen z. B. trägt die Gestaltung zum Wohlbefinden der Schüler, zum Gelingen des Unterrichts und zur ästhet. Bildung bei.
Das 1951 von **Hans Scharoun** entworfene Projekt für eine **Volksschule in Darmstadt** zeigt den Versuch, dem Vorgang der Erziehung durch die Gestalt des Gebäudes im ganzen und der Räume im einzelnen zu entsprechen.
Gruppen geschlossener und offener Räume sind längs einer von Innenhöfen begleiteten inneren Straße als »Erlebnisräume« mit unterschiedl. Charakter angeordnet. Der **offene Bezirk** am Kopf der Anlage umfaßt *Haupteingang, große Halle,* mehrstöckigen Block für *Verwaltung, Lehrerzimmer* und *Fachräume.* Ihm folgen 3 **geheime Bezirke** mit den Klassenzimmern für die verschiedenen Altersstufen. Jeder Stufe entspricht eine eigene Form des Zimmers, ergänzt durch kleine *Gruppenräume, Spiel-* bzw. *Unterrichtsterrassen* oder *-gärtchen.* Mit einer gemeinsamen kleinen *Erschließungshalle* (Flur), *Garderoben* und je einem *Pausenplatz* im Schulgelände bilden sie abgeschlossene Bereiche, die mit den anderen nicht kommunizieren. Raumgestalt, Zuordnung zu den Freiräumen, zur städt. Umgebung und zur Himmelsrichtung (Sonne) sollen den Wachstums- und Bewußtseinsstufen entsprechen. Der **halboffene Bezirk** für Turnen und Sport ist auch unmittelbar von außen zugänglich und nach innen abtrennbar.
Der Entwurf, Beispiel einer »instrumentalen Architektur«, bildet die Räume aus einem individuellen Verständnis von der Vorstellungswelt der Kinder, ihren Bedürfnissen und ihrer Erziehung. Die kunstvolle »pädagogische Landschaft« dieser Schule ist Bestandteil eines pädagog. Gesamtkonzepts, das der Verwirklichung durch geeignete Lehrer bedarf.

Im Gegensatz zu diesem hochdifferenzierten und bis in Einzelheiten aufgegliederten Bauorganismus steht die von rationaler Klarheit bestimmte **Kantonsschule Freudenberg in Zürich,** 1954 von JACQUES SCHADER entworfen.
Sie besteht aus einem *Gymnasium* und einer *Handelsschule.* Die gemeinsamen Fahrradräume, Bücher- und Gerätemagazine, Turnhallen und naturwissenschaftl. Arbeitsräume bilden, in die Flanken eines Hügels eingebaut, ein künstl. Plateau, auf dem die beiden Schulen als selbständige Baukörper einander gegenüberstehen. Aulagebäude und Freilichtbühne, am Hang errichtet, stehen im näheren Kontakt zur Stadt.
Das zweigeschossige **Gymnasium** nimmt in seiner auf dem Quadrat aufgebauten Grundrißdisposition das »Hügelmotiv« auf. Im Erdgeschoß liegen Verwaltungs-, Wahlfach- und Freizeiträume. Die zentrale Halle dient als allgemeine Kommunikationsebene. Die 4 im *Windmühlen-Grundriß* – in direkter Linie zu den 4 Eingängen – angeordneten Treppen erschließen mit einer allseitig aufsteigenden Drehbewegung die Unterrichtsebene im Obergeschoß. Hier umschließen 22 Klassenzimmer die Kernzone mit *Zeichensaal* und *Modelliersaal.* Durch Höhenstaffelung der Decken erhalten die Klassen zusätzl. von einer Seite, die Atelierräume allseitig, hoch einfallendes Seitenlicht, die Flure Oberlicht. Trotz der geschlossenen Form des Gebäudes strömt Sonnenlicht reichlich in das Innere ein, mit verstellbaren Blenden nach Bedarf, Tages- und Jahreszeit regulierbar. Im Lauf der Schulzeit beziehen die Schüler abwechselnd Klassenzimmer auf allen 4 Seiten und erleben die verschiedenen Beziehungen zur Stadt und zu den Himmelsrichtungen. Der Grad der räuml. Konzentration nimmt von außen nach innen zu.

Die Beispiele gegensätzl. Gestaltung der »Bauaufgabe Schule« lassen sich beliebig vermehren (s. auch S. 508, Basel). Sie spiegeln neben gegensätzl. Strömungen in der Architektur auch die Vielfalt der Erziehungs- und Schulsysteme.
Über die Einwirkung von Raumformen auf die psych. Entwicklung der Kinder liegen keine allgemein gesicherten Erkenntnisse vor. Deshalb erscheint es zur Zeit nicht möglich, spezielle, nach organhaften Prinzipien entwickelte **Leistungsformen** den auf einer geometr. Ordnung basierenden, relativ neutralen **Rahmenformen** mit Sicherheit vorzuziehen.
Als Fragen bleiben z. B. offen, ob die höchst kunstvoll gebauten Klassenbezirke SCHAROUNS das geist. Wachstum und die Kreativität der Kinder fördern, oder sie – im Gegenteil – einem raffinierten Zwang unterwerfen, oder ob gerade neutrale Rahmenformen die Kreativität und kindl. Phantasie fördern.
In der Vielfalt der Formen, Typen und Methoden kommt die pluralist. Struktur der modernen Gesellschaft zum Ausdruck.

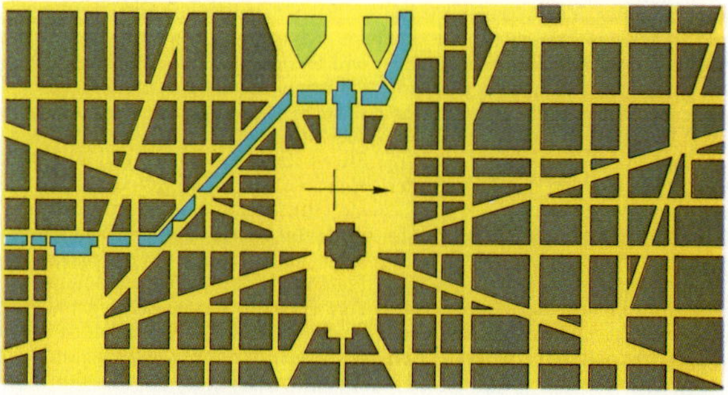

Washington: Detail des Stadtplans

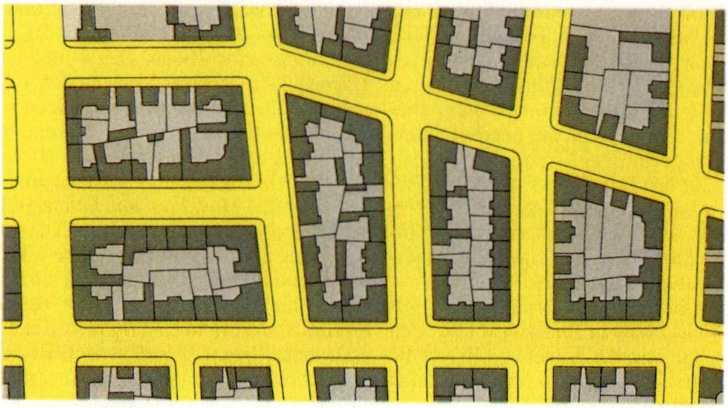

Typische Blockbebauung

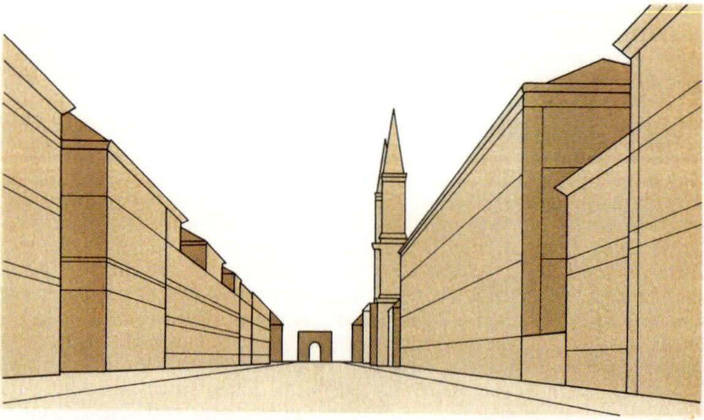

Typische Hauptachse (München)

Schematismus und Erstarrung

Die industrielle Revolution führt zu einer allgemeinen Umschichtung und zum immer schnelleren Wachstum der Bevölkerung und der Städte (Bevölkerungsexplosion, Landflucht). Um 1760 leben z. B. in England vier Fünftel der Bevölkerung auf dem Land, um 1830 noch die Hälfte, im 20. Jh. nur noch ein Fünftel. MANCHESTER zählt 1760 ca. 12 000 Einwohner, Mitte des 19. Jhs. etwa 400 000! Noch rapider »explodieren« die Städte in den USA, z. B. CHICAGO innerhalb von 50 Jahren von 30 000 auf 2 Mill. Einwohner.
Die Verflechtung von Fabriken und Wohnsiedlungen lassen das neue Bild der **Industriestädte** entstehen. Ihre Expansion nimmt einen eigengesetzl. Verlauf: im gleichen Umfang wie die Zahl der Wohnungen und Fabriken wächst die Zahl der zu lösenden Folgeprobleme. Verkehrs-, Versorgungs- und Entsorgungssysteme müssen geplant, finanziert und gebaut werden. Dazu fehlen die Voraussetzungen wie Gesetze und einheitl. Verwaltungen sowie geeignete Methoden einer vorausschauenden Planung.
Die Anfangsphase der Industrialisierung fällt zusammen mit der Endphase des Absolutismus. Er hat viele Städte vom Zwang der Stadtmauern befreit und zur Landschaft geöffnet. Ästhetik und Methoden der Barockzeit beherrschen den Städtebau (S. 434). Besonders in den Residenz- und Hauptstädten erhält sich das System repräsentativer Hauptachsen, geschlossener oder ausstrahlender Plätze und öffentl. Gebäude als Richtpunkte (PARIS, Stadtsanierung durch HAUSSMANN ab 1853; MÜNCHEN, Ludwigstraße). Die ursprüngl. Großzügigkeit der Stadt und Landschaft miteinander verknüpfenden Achsensysteme und ihre von Dominanten bestimmte Orientierungskraft geht in den Industriesiedlungen verloren.
In den Vororten, den Handels- und Industriestädten setzt sich das **Blocksystem** auf der Grundlage eines rechteckigen Straßenrasters durch (NEW YORK, Kommissarplan von 1811). Es bestimmte schon die griech., röm. und mittelalterl. Kolonial- und Militärstädte und entspricht dem praktischen Rationalismus von Kaufleuten und Kolonisatoren.
Achsensystem und Blocksystem durchdringen sich. Die Entwicklung in den USA ist charakteristisch. Da Amerika eine histor. Alternative fehlt, wird das Siedlungsmodell der Kolonialstadt zum Standardtyp der Großstädte (NEW YORK, CHICAGO, DETROIT). Schon der erste Plan für PHILADELPHIA von 1682 besteht aus einem Rechteckraster mit einem Hauptstraßenkreuz, ähnlich der Plan von WILLIAMSBURG von 1699 mit Dominanten an den Endpunkten der Achsen: Gouverneurspalast, Kapitol und College (von CHR. WREN).
Die offizielle Grundlage für die amerikan. Stadtplanung bildet die **Landverordnung** (Land Ordinance) durch den Kongreß von 1785. Das gesamte Gebiet der 13-Staaten-Föderation wird einheitl. mit Einheiten von ca. 10 qm (= 6 Squaremiles) vermessen. Jede 16. Parzelle soll für den Schulbau frei bleiben. Die Städte wachsen von der zuerst besiedelten Fläche Planquadrat um Planquadrat ins offene Land zur monotonen **Flächenstadt.**

Der **Stadtplan für Washington,** 1791 unter TH. JEFFERSON von CH. L'ENFANT entworfen, verbindet das Schachbrettmuster der Kolonialstadt mit Elementen der barocken Residenzstädte: in Grünstreifen eingebettete oder gleichmäßig bebaute Straßenachsen, z. T. diagonal ausstrahlend, Stadtplätze als Aussparungen im Straßennetz und öffentl. Bauten als Dominanten sollen der Gleichförmigkeit des Blockrasters Großzügigkeit und klare Orientierung verleihen.
Ein Ausschnitt aus dem Stadtplan mit dem **Kapitol** im Mittelpunkt zeigt das charakterist. Bild einer in viele kleine Teilstücke geschnittenen Fläche, die Baublöcke zurechtgeschnitten wie Beete in einem Gartenparterre von LE NOTRE (VERSAILLES, S. 438). Die perspektiv. räumliche Wirkung geht verloren in den Riesendimensionen der Flächenstadt.
Das im 19. Jh. modernste polit. System, die Demokratie in Amerika, entwickelt also kaum neue Ansätze zum Städte- und Siedlungsbau, sondern greift zu seiner Repräsentanz in der neuen Hauptstadt auf die Modelle des Absolutismus zurück. Die gleiche Struktur zeigen auch die europäischen Stadtplanungen, z. B. in BARCELONA, BERLIN oder noch 1909–10 die Vorschläge für ATHEN.

Das Blocksystem läßt für die einzelnen Parzellen bei steigendem Platzbedarf nur die Erweiterung auf Kosten der Freifläche im Inneren der Blöcke zu. Ursprüngl. sind sie an den Rändern mit Front zur Straße bebaut, dann beginnen sich Hinterhäuser und umbaute Höfe in die Tiefe der inneren Fläche zu schieben. Wie die gesamte Stadt beginnt auch der einzelne Block Mangel an Licht, Luft und Bewegungsfreiheit zu leiden. Das Blocksystem fördert auch das Entstehen einer reinen »Fassadenarchitektur«: Zur Straßenfront erhalten die Gebäude eine Schaufront aus histor. Stilelementen, zur Hinterseite wird auf Durchgestaltung verzichtet.
In einigen Großstädten (PARIS, WIEN, BERLIN) werden bei großer Blocktiefe in den Vierteln mit den *Mietskasernen* mehrere mehrgeschossig umbaute Höfe hintereinandergereiht, in denen der Wohnungsstandard proportional zur Entfernung von der Straßenfassade abnimmt. Während die Wohnviertel in das System des Straßenrasters eingezwängt werden, entfaltet sich die Industrie im Zusammenhang mit dem Eisenbahnbau wesentlich freier. Die großen Anlagen lassen sich ohnehin oft nicht in das Rastersystem der Straßen einpassen und wachsen nach eigenen Gesetzen. Industrie und Flächensiedlungen verflechten sich miteinander zu **industriellen Ballungsgebieten,** in denen die Wohnungsqualität immer mehr absinkt. Die traditionellen Planungssysteme mit ihren ästhetischen Zielsetzungen und Rangabstufungen werden hier überflüssig, ja gefährlich. Sie kurieren an Symptomen.

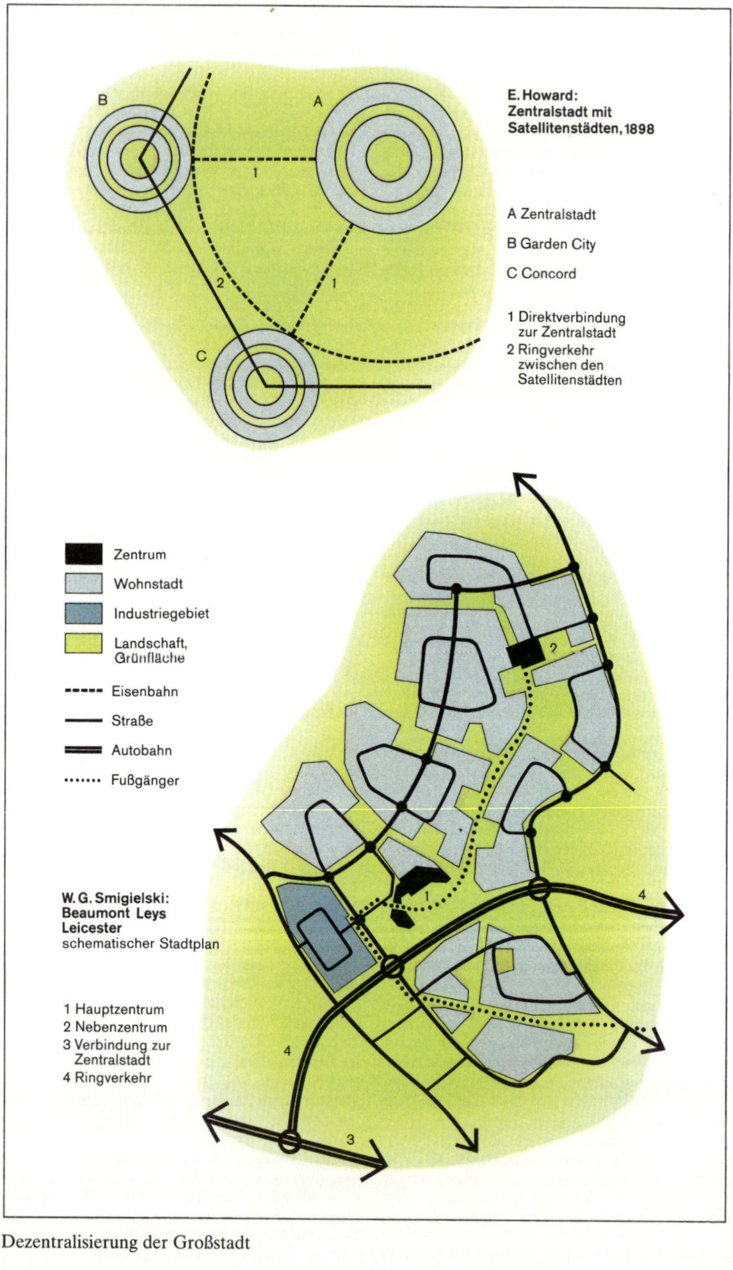

Dezentralisierung der Großstadt

Die formalist. Methoden der Barockzeit erweisen sich für die Großstadtplanung als unbrauchbar. Ansätze zu neuen Konzeptionen ergeben sich zuerst im Bemühen um eine an sozialen Gesichtspunkten orientierte Gesetzgebung. Sie soll einzelne Probleme, wie die Mißstände in den Arbeitersiedlungen, lösen. Der gesamte Vorgang gleichzeitiger Konzentration und Expansion beim Entstehen der Großstädte ist als Ganzes und in seiner histor. Dimension nicht überschaubar.
Die Kritiker der Großstadt sind Ärzte, Hygieniker, Sozialreformer, Journalisten und Schriftsteller (Dickens, Balzac, Renan, Heine, Engels), ferner Gebildete und Ästheten. Sie alle verabscheuen die soziale Ungerechtigkeit und die Häßlichkeit der Fabriken und Industriesiedlungen. Viele von ihnen halten der Realität der Industriestadt utopische Ideale entgegen, die sie teils literarisch propagieren, teils praktisch zu verwirklichen suchen.
Ihre Projekte tendieren zu einem utopischen Sozialismus, in dem Gemeinwohl und persönl. Wohl identisch sind. Die erstrebte Harmonie soll sich in den Siedlungs- und Gebäudeformen darstellen. Die meisten lehnen die Großstädte grundsätzlich ab und wollen sie, ungeachtet der »Bevölkerungsexplosion«, in kleine übersichtl. Siedlungen auflösen, möglichst mit eigener Landwirtschaft und maßvoller Gebrauchsgüterproduktion.
Die Gartenstadt Bewegung führt diese Tendenzen näher an die Verwirklichung. Fortschrittl. Unternehmer – zuerst in England – bauen Fabriken außerhalb der Städte und schließen **Arbeiter-Siedlungen** mit z. T. beträchtl. Garten- und Freiflächen an. Sie fördern so einerseits die Bindung der Arbeiter an die Fabrik, andererseits demonstrieren sie, daß sich Industrie und städt. Siedlungen in die Landschaft einfügen lassen. Angeregt von J. Ruskins Bestrebungen zur sozialen und ästhetischen Reform entsteht 1887 Port Sunlight mit 600 Häusern auf ca. 50 ha, 1895 Bournville mit 500 Häusern auf 188 ha.
Seit 1898 propagiert **Ebenezer Howard** unabhängig von Unternehmer-Interessen die Gartenstadt als Siedlungsform der Zukunft mit präzisen Angaben über Größe, Organisation und Form. Eine gemeinnützige Gesellschaft soll für je eine Gartenstadt 2430 ha (6000 acres) in freier Landschaft kaufen. Davon entfallen 405 ha = 1/6 auf die eigentl. Gartenstadt für maximal 30 000 Einwohner im Zentrum. 2000 weitere Bewohner sollen die übrige Fläche als Landwirte zur Versorgung der Stadt bearbeiten. Eine Zone am Stadtrand soll mit elektr. Energie arbeitende Industrie aufnehmen.
Howard entwirft ein Modell mit konzentr. Ringen und Radialstraßen, mit einem Park im Zentrum, an seinem Rand die öffentl. Gebäude, im äußeren Ring Fabriken, Märkte, Lagerhäuser.
Mehrere Gartenstädte (Concords) sollen zu einer – wiederum konzentrischen – Gruppe zusammengefaßt und auf eine Zentralstadt mit etwa 58 000 Einwohnern ausgerichtet werden. *Ringbahn* und *Ringstraße* verbinden die Gartenstädte mit den Nachbarstädten, radial geführte Bahnen mit der Zentralstadt (Eisenbahnzeitalter).
Howard liefert das Leitbild einer polyzentrischen Großstadt für 220 000 Einwohner, aufgegliedert in *Zentralstadt* und *Trabantenstädte*. Die genannten Einwohnerzahlen kehren als Größen für überschaubare stadtähnliche Siedlungen in den Planungen des 20. Jhs. wieder.
Als erste Gartenstädte Howards entstehen seit 1903 **Letchworth** unter der Leitung von B. Parker und R. Unwin, 1919 **Welwyn** unter L. de Soissons. Außerdem bauen Parker und Unwin 1907 **Hampstead,** 1927–41 Parker **Wythenshave.** Die Bewegung weitet sich schnell auf Europa und Amerika aus. Die vielen Gründungen: teils selbständige Siedlungen, teils Gartenvorstädte, teils in Verbindung mit der Industrie, sind örtl. und individuelle Abwandlungen von Howards Modell, kaum je mit der direkten Verbindung zur Landwirtschaft, meist als Entlastungssiedlungen von Großstädten. Etwa gleichzeitig erstreben in den USA die verschiedenen Bewegungen der *Landschafts-Architektur* (landscaping) die Anlage von **Landschaftsparks** in den Großstädten (Olmsted, Zentralpark New York seit 1837). Sie wollen die Großstadt nicht auflösen, sondern verschönern und humanisieren.

Die meisten Bewegungen des 19. Jhs. erreichen zwar ihre utopischen Ziele nicht, aber doch wichtige Teillösungen. Ihre Ideen gehen als Leitmotive in das komplexe Arbeitsfeld der modernen **Stadt-** und **Regionalplanung** ein. Sie bemüht sich auf der Grundlage der gesellschaftl. Struktur einerseits, der landschaftl. andererseits um die Ordnung des gesamten Lebensraumes (vgl. S. 16). Stadt, Land und Industrie sollen durch Abstimmung der Funktionen in ein neues ökonomisches, ökologisches und ästhetisches Gleichgewicht kommen.
Ein Ziel bleibt die Aufgliederung der Flächenstädte in übersichtl. Teilbereiche mit eigenem Charakter, mit dem die Bewohner sich identifizieren können. Deshalb entstehen in der 2. Hälfte des 20. Jhs. viele **Trabantenstädte.** Sie sollen wie die Gartenstädte durch klare Begrenzung und konzentrierte Bauweise die Landschaft vor der völligen *Zersiedelung* schützen. Die 1966 durch W. G. Smigielski für 40 000 Einwohner geplante Trabantenstadt **Beaumont Leys bei Leicester** zeigt, daß wichtige Ideen der Gartenstadt bewahrt worden sind.
Die Gesamtfläche von 790 ha ist zu beiden Seiten der Autostraße mit einem System von Grünzügen in einzelne Wohnquartiere mit verschiedenen Wohnformen gegliedert. Das Erschließungssystem trennt den Fahrverkehr von den Fußgängerwegen, eine innere Verkehrsader mit *Monorail* und *Radwegen* innerhalb eines Grünstreifens übernimmt den Stadtverkehr. Die Stadt kann abschnittsweise wachsen. Jeder Abschnitt erhält eine Infrastruktur mit Läden, Schulen, Kindergärten, Sportanlagen.

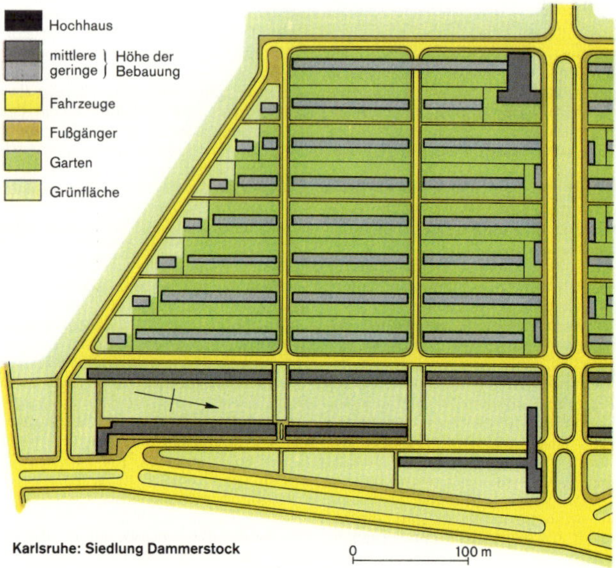

Karlsruhe: Siedlung Dammerstock

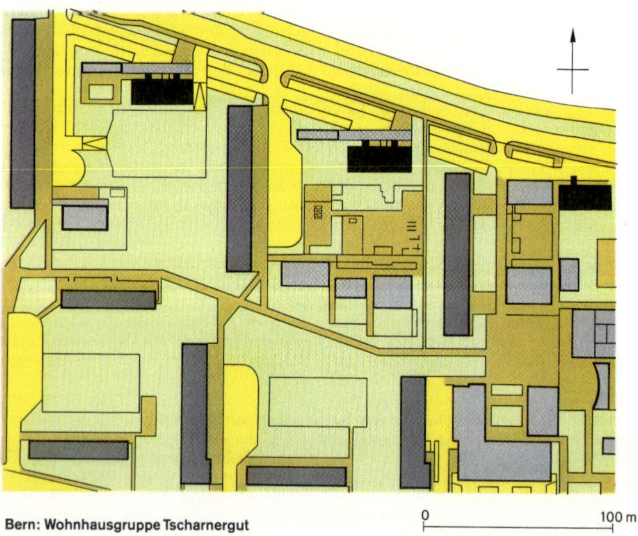

Bern: Wohnhausgruppe Tscharnergut

Auflösung von Baublock und Straßenflucht

Struktur und Gestalt der Städte verändern sich im 19. und 20. Jh. schnell entsprechend der Wandlung der städt. Gesellschaft im Industriezeitalter. Die **Konzentration von Wohnungen** gehört seit je zu den Kennzeichen der Städte. Sie ist zur Erfüllung der städt. Funktionen notwendig. Das Gegenbild, die *Gartenstadt,* ignoriert die tatsächl. Situation und die Rolle der Großstadt. Sie kann deren Funktionen nur ergänzen. Das Ziel muß sein, die Großstadt aufzulockern, ohne die Konzentration preiszugeben und zugleich die Landschaft vor der Zersiedelung zu bewahren.

Um die Wohnungsqualität innerhalb der Städte zu verbessern, muß die Struktur geändert werden. Die starre Bindung der Häuser an das Blocksystem und die *»Korridor-Straße«* mit ihrem Schema Fahrbahn-Bürgersteig-Häuserwand gehört zu den Ursachen der Unwohnlichkeit und Eintönigkeit vieler Stadtviertel. Zur ermüdenden Wiederholung des gleichen Schemas kommt noch die Zunahme des lebensgefährlichen motorisierten Verkehrs einschl. der Belästigung durch Lärm und Abgase. Die Fußgänger werden auf den Bürgersteig gedrängt, die die Häuser verbindende Grundebene der Straße in parallele Bahnen zerteilt.

Die Erweiterung des privaten Raumes durch die Straße als öffentl. Schauplatz und Spielraum des städt. Lebens fällt der Verkehrsfunktion zum Opfer. Selbst diese kann sie oft nur mangelhaft erfüllen. Sie leidet an Erstickung und Bewegungsmangel.

Der **»Problemfall Straße«** macht deutlich, daß die konventionelle Struktur der Stadt nicht mehr funktioniert. Die Funktionen, z. B. Wohnen und Verkehr, stören sich gegenseitig. Ihr Verhältnis muß ebenso neu geordnet werden wie bei den anderen Bereichen städt. Lebens. So ist z. B. der früheren Einheit von Arbeiten und Wohnen die Trennung von Arbeitsplatz und Wohnung gefolgt. Sie erzeugt einen großen Teil des *Flächenverkehrs* innerhalb der Städte. Der Verkehr hat sich nicht nur vervielfacht, sondern auch differenziert, er benötigt ein entsprechendes System von Wegen (vgl. S. 526, Trabantenstadt). Das starre *Raster- und Blocksystem* behindert Wohnen und Verkehr gleichermaßen.

Der **Zeilenbau,** seit etwa 1925 systemat. angewandt, bringt eine grundlegende Verbesserung der Struktur für städt. Wohnviertel. An die Stelle der Blöcke mit Innenhöfen treten günstig zu den Himmelsrichtungen gestellte parallele Häuserreihen. Wenn sie z. B. rechtwinklig zur Straße stehen, läuft der Verkehr an den Stirnseiten vorbei, wo er weder stört noch gestört wird. Alle Wohnungen können gleich zur Sonne gerichtet werden; der Luftaustausch wird nicht durch Querblöcke gehindert.

Die relativ schmalen Häuser enthalten zumeist durchgehende Wohnungen mit Fenstern auf beiden Längsseiten. Der Gegensatz von Straßenfassade und Hofseite fällt weg, beide haben ästhetisch den gleichen Rang. Die Abstände zwischen den Häuserreihen wachsen mit zunehmender Höhe. 10-geschossige Zeilen z. B. können bei gleicher Siedlungsdichte einen mehr als 8-fachen Abstand wie 2-geschossige Reihen haben.

Durch Kombination verschieden hoher Reihen mit den für die verschiedenen Bevölkerungsgruppen geeigneten Typen entstehen differenzierte Freiräume, z. T. mit streifenförmigen privaten Gärten, z. T. mit gemeinsamen Grünflächen und Spielplätzen.

Eine frühe, programmatische und radikale Anwendung des Zeilenbaues demonstriert 1929 der Bau der **Siedlung Dammerstock bei Karlsruhe** nach einem Bebauungsplan von WALTER GROPIUS und OTTO HAESLER. Zehn Architekten bauen auf einer Fläche von 14,5 ha die Hauszeilen mit 750 Wohnungen in verschiedenen Typen und Höhen von 2–5 Geschossen.

Der Zeilenbau lockert das Stadtgefüge auf und wird bald zu einem wichtigen Prinzip der Stadtplanung. Besonders konsequent angewandt wird er in **Frankfurt** unter ERNST MAY (Stadtteil Römerstadt z. B.), in **Berlin** (1929, Siemensstadt) und in Holland, z. B. 1934 in den Erweiterungsplänen für **Amsterdam.**

Um der Gefahr einer erneuten Monotonie zu entgehen, werden zahlreiche Variationen des Zeilenbaues entwickelt. *Einfachzeilen, Doppelzeilen, Schrägstellung, Staffelung* und ihre Kombinationen führen zu rhythmischen Gruppierungen und verschiedenen Raumbildungen und damit zu einer Abwechslung im Stadtbild.

Die **Raumbildung durch Baugruppen** folgt als nächste Stufe auf den reinen Zeilenbau. Zeilen, Kettenhäuser und Einzelblöcke umschließen freie Räume verschiedener Gestalt, deren Größe von der Höhe der begrenzenden Gebäude abhängig ist. Eine **Wohnhausgruppe im Tscharnergut in Bern,** von einer Architektengemeinschaft für etwa 5000 Bewohner auf 12,5 ha geplant, erreicht eine hohe Siedlungsdichte trotz Auflokkerung durch die Kombination verschiedener Typen. An der Nordseite stehen *20-geschossige Hochhäuser,* im rechten Winkel zu ihnen teilen *8-geschossige Zeilen* den Raum in Teilräume gleicher Art auf, im S schließen kurze *4-geschossige Zeilen* die Räume ab, ohne den Sonneneinfall zu beeinträchtigen. Die Zahl O-W und N-S orientierter Wohnungen ist abgewogen. Die Hochhäuser mit dem größten Verkehrsbedarf und dem weitesten Schattenwurf stehen nahe zur Straße und schirmen die Freiräume gegen sie ab. Das Erschließungssystem verteilt den ankommenden Individualverkehr so, daß zwischen den Häusern verkehrsarme Räume entstehen. Sie dienen, z. T. über *Tiefgaragen* angelegt, als gemeinsame Grünanlage und nehmen die *Flachbauten* für die Versorgung mit Dienstleistungen auf. Das Spiel verschiedener Großformen in wechselnden Dimensionen entfaltet seine volle Wirkung nur im Zusammenhang mit anderen Gruppen und Typen. Sie sollen die Flächenstadt in ein Ensemble von Körpern und Räumen verwandeln und mit ihren wechselnden Aspekten wie eine Landschaft erlebbar machen (vgl. S. 530).

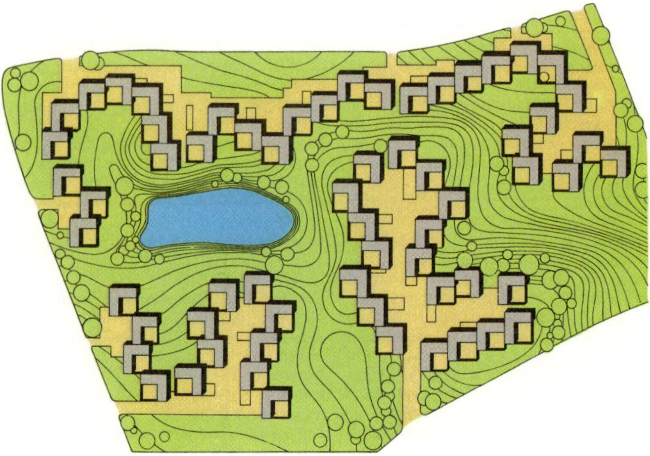

Helsingør: Jørn Utzon, Kingo-Häuser

Frankfurt/Main: Schwagenscheidt, Sittmann, Baugruppe in der Nordweststadt

Formung des Außenraumes durch Hausgruppen

Freier Raum ist in den Städten seit je knapp. Die Anlage öffentl. Plätze in den histor. Städten steht fast immer im Zusammenhang mit den wirtschaftl. und polit. repräsentativen Funktionen (griech. Agora, S. 166, 170; röm. Forum, S. 218 ff.; mittelalt. Marktplatz, S. 338). Erst seit der Renaissance entstehen in den Wohnvierteln umbaute Ruhe- und Promenadenplätze, die hauptsächlich der Funktion des Wohnens zugeordnet werden. Die Ansätze zu einer Wechselwirkung zwischen Landschaft und Wohnbebauung im Spätbarock werden von der Expansion der Städte im Industriezeitalter überrannt (S. 440–44).

In den Großstädten erhalten die Freiräume soziale Funktionen: sie sollen der wachsenden Zahl der Bewohner einen Ausgleich für Naturferne, Enge, Lärm und schlechte Luft bieten.

Die Plätze des 19. Jhs. – meist nur Aussparungen im Straßenraster – werden bald vom städt. Binnenverkehr überschwemmt. Die wenigen Parks und zusammenhängenden Grünflächen – einzelne Oasen in der Häuserwüste – sind von der Bevölkerung nur in der geringen Freizeit zu erreichen. Erst mit der Abkehr vom Straßenraster, der Auflösung der Blockstruktur und der Neugliederung der Wohnviertel durch den Zeilen- und Gruppenbau (S. 528) können Freiräume als vom Fahrverkehr befreite Zonen direkt den Wohnhäusern zugeordnet werden, nicht mehr als private Gärten, sondern ungeteilt für alle Anwohner. An die Stelle festgesetzter Gebäudehöhen längs der Straßen treten *Richtzahlen für die Wohndichte,* die durch eine variable Gruppierung verschieden hoher Haustypen erreicht wird.

Die Konzentration der Wohnungen in höheren und komplexeren Wohnhäusern und die Reduzierung der Straßen in den Wohnvierteln führt bei gleichbleibender Besiedlungsdichte zu einem Gewinn freier Flächen. Sie können durch Wege für Fußgänger und Radfahrer miteinander verbunden werden und mit den Großformen der modernen Wohnhäuser eine **Stadtlandschaft** bilden, in die, ungestört vom motorisierten Verkehr, Spielflächen, Sport- und Freizeitanlagen, Kindergärten und Schulen eingeschlossen werden.

Die **Formung der Freiräume durch Baugruppen** wird in der 2. Hälfte des 20. Jhs. zu einem wichtigen Prinzip im Städtebau. Mit dem Übergang von der *geschlossenen Stadt* zur *offenen Stadtlandschaft* verändert sich die Auffassung vom Charakter innerstädt. Räume. Sie entspricht der Veränderung des Raumgefüges im Inneren der Gebäude. Das Prinzip des *fließenden Raumes,* wie es sich in der Architektur bei WRIGHT (S. 534), RIETVELD, MIES VAN DER ROHE (S. 520) oder NEUTRA findet, wird auch im Städtebau wirksam. Die seit 1959 nach Plänen und unter Leitung von WALTER SCHWAGENSCHEIDT erbaute **Nordweststadt bei Frankfurt am Main** bietet viele Beispiele für fließende Übergänge der als *Raumkontinuum* aufgefaßten Stadt. Etwa 6500 Wohnungen verteilen sich auf ca. 90 Gebäudegruppen mit unterschiedl. Typen von 1–2-geschossigen *Einfamilienhäusern* bis zu 12-geschossigen *Punkthäusern.* Sie sind so geordnet, daß einzelne Räume entstehen, überwiegend von Gebäuden gleicher Höhe oder gleichwertiger Masse umgrenzt. Niedrige Häuser umschließen kleine, relativ intime Räume, die hohen Scheiben und Blöcke entsprechend größere. Sie bilden zusammen ein Geflecht von Körpern und Räumen, das SCHWAGENSCHEIDT **Raumstadt** nennt. Er entwikkelt dieses System seit etwa 1920 aus ersten Überlegungen zuerst für einzelne Hausgruppen.

Die Nutzung der Häuser unmittelbar zur Formung freier Räume als Ergänzung der Innenräume beschäftigt gleichzeitig auch andere Architekten und Städtebauer, in vielen, meist unausgeführten Projekten, z. T. von utopischen Größenordnungen. So z. B. sollen im Projekt von LE CORBUSIER für *Ilot insalubre no. 6* in PARIS 1936 riesige Häuserwände, fast ohne jede Unterbrechung, geknickt und gestaffelt das in einen öffentlichen Park verwandelte Stadtviertel umfassen (vielleicht ein Nachleben der homogenen klassizist. Straßenfronten wie bei der *Rue Rivoli* längs der *Tuilerien-Gärten).*

Den Einfluß dieser und anderer Großprojekte (z. B. LE CORBUSIERS *Plan Voisin,* 1925) zeigen in der 2. Hälfte des Jahrhunderts ausgeführte Planungen, die sich in Frankreich durch die gleiche Großmaßstäblichkeit auszeichnen, z. B. bei BEAUDOUIN im **Quartier Rotterdam in Straßburg** (1950), bei CANDILIS-JOSIC-WOODS in **Toulouse-Le-Mirail** (1961–77). Ähnliche Dimensionen bei anderen Systemen der Gruppierung erreichen auch deutsche Planungen, z. B. das **Märkische Viertel** oder die sog. **Gropius-Stadt** in BERLIN.

Die Siedlung der **Kingo-Häuser bei Helsingør,** 1965 von **Jørn Utzon** gebaut, ist im Maßstab das Gegenteil. 63 gleiche Einfamilienhäuser in Winkelform mit ummauerten Gartenhöfen sind zu gestaffelten Ketten zusammengefügt. Den Oberflächenkonturen des Geländes folgend bilden sie eine Folge von Räumen im größeren Raumkontinuum der Landschaft. Sie strömt gewissermaßen in den Siedlungsraum ein. UTZON verzichtet auf die weitere Nutzung der Freiräume durch künstliche Anlagen und beschränkt sich auf das Wechselspiel gemauerter Häuser und gewachsener Natur, die sich gegenseitig in ihrer Wirkung steigern.

Eine vergleichbare Sensibilität beim Einfügen von Architektur in die Landschaft zeigen auch andere Architekten, z. B. R. NEUTRA 1942 in der kaliforn. Siedlung *Channel Heights* oder die Architektengemeinschaft TAC in Massachusetts 1948 mit der Siedlung *Six Moon Hills* oder 1952 mit *Five Fields.* Aber diese drei sind *Streusiedlungen,* die die architekton. Fassung des Außenraumes ganz aufgeben. Im intimen Raum der Siedlung wie in der Gruppierung von Hochhäusern erscheint eine neue Struktur von Stadt und Siedlung aus miteinander korrespondierenden Räumen im gemeinsamen Lebensraum der Landschaft.

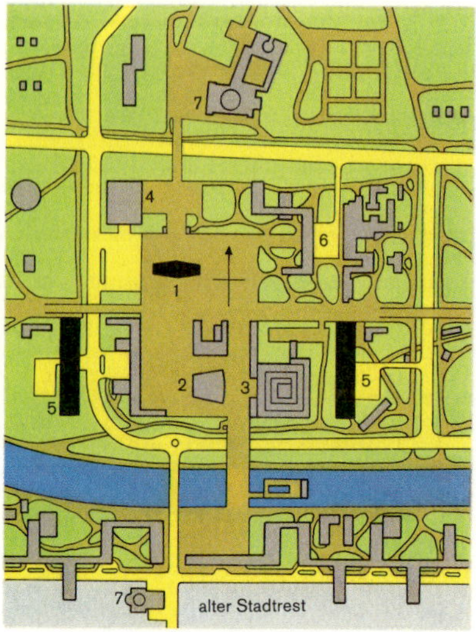

Le Corbusier: Planung für St. Dié

0 100 m

1 Verwaltung
2 Bürgerzentrum
3 Museum
4 Warenhaus
5 Wohnblock
6 Hotel
7 Kirche
8 Präsidentenpalais
9 Gerichtshof
10 Parlament
11 Rechnungshof
12 Ministerium

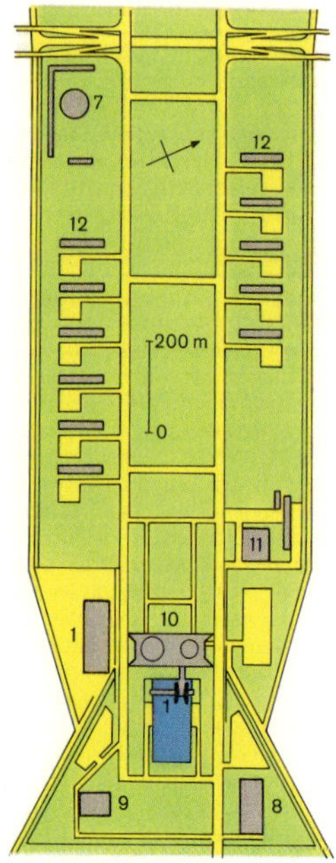

L. Costa, O. Niemeyer: Brasilia, Monumentalachse

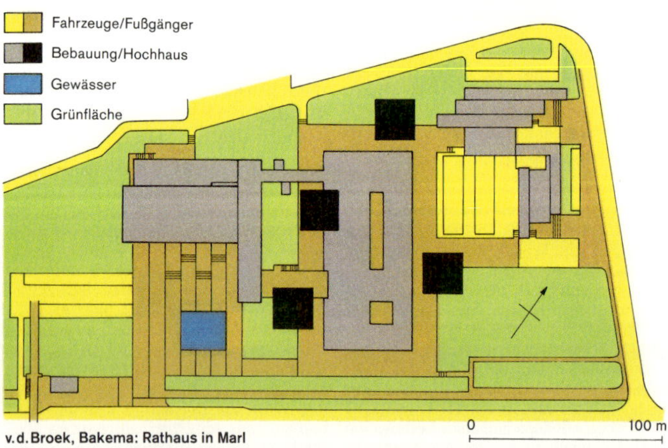

v. d. Broek, Bakema: Rathaus in Marl

Identitätsfindung durch Planung?

Eine wichtige Aufgabe im Städtebau ist die **Zentralisierung** und **architekton. Darstellung** übergeordneter Funktionen. In den Zentren der histor. Städte gelang dies auf der Grundlage der allgemeinen Typologie durch maßstäbl. Steigerung und Rangstufung der öffentlichen Gebäude. An ihrer Spitze standen jahrtausendelang die Sakralbauten, im Barock das Residenzschloß, dazu das Rathaus.
In der offenen Flächenstadt des 20. Jhs. ist die Aufrichtung von Dominanten ebenso ein Problem wie die Priorität der Funktionen und ihre Darstellung durch Architektur. Sakralbau und Fürstenschloß sind ausgeschieden. Die Dimensionen von Industriewerken (S. 542), Versorgungsbetrieben, Verwaltungsgebäuden (S. 548 ff.) oder auch Großwohnbauten (S. 538 ff.) sind über die traditionellen Maßstäbe hinausgewachsen. Die moderne Stadtplanung strebt eine Aufgliederung und Dezentralisierung an. In der Frage nach der zeitgemäßen Repräsentation gibt es keine Übereinstimmung. Die Städte sind in eine Identitätskrise geraten. Planungen für Stadtzentren erscheinen als Versuche zur Identitätsfindung. Sie sollen die Bedeutung der Stadt in das Bewußtsein der Öffentlichkeit heben.

Le Corbusier plant 1946 auf dem Trümmerfeld von **Saint-Dié** (Vogesen) eine neue Stadt für 30 000 Einwohner. Der Fluß trennt das *Industrieband* von der *Wohnstadt.* Das **Zentrum** liegt in ihrer Mitte, zwischen 2 von 8 geplanten *großen Wohneinheiten* (S. 540).
Der städt. Nahverkehr überquert den Fluß und umläuft auf einem Verteilerring das *Forum,* eine reine Fußgängerzone. Von den 4 *Fußgängerbrücken* überquert eine mit angehängter Badeinsel den Fluß, die anderen führen über den Verkehrsring in die Wohnviertel und zur histor. Kathedrale.
Auf dem Forum bilden die der Allgemeinheit dienenden Gebäude eine nach Funktion und Rang gegliederte Gruppe mit dem *Hochhaus* der Stadtverwaltung als Dominante. Nach N zum Fluß hin, von den beiden großen Wohneinheiten flankiert, stehen *Gemeinschaftshaus, Museum* und ein *Mehrzweckbau* mit Ladengeschäften, Cafés, Büros, im N zur Kathedrale u. a. ein *Warenhaus* und ein *Hotel.*
Die kleinen miteinander verbundenen Plätze laden zum Verweilen ein, der freie Raum, als Gesamtkontinuum aufgefaßt, scheint zwischen den Baukörpern hindurchzufließen. Die großen Volumen der Architektur stehen im Kontrast zu den weichen Konturen der nahen Vogesenberge, die bewußt in die Szenerie des Forums einbezogen sind.
Das beispielhafte Projekt wurde durch jenen stumpfsinnigen »Wiederaufbau« ersetzt, unter dem auch andernorts in Europa ähnliche Chancen begraben wurden.

Brasília, die neue Hauptstadt Brasiliens, ist seit 1957 im Bau. Ihr Planer **Lúcio Costa** bündelt ihre übergeordneten Funktionen längs einer von O nach W die Stadt durchquerenden 6 km langen **Monumentalachse,** angelegt nach den Prinzipien des Autobahnbaues. Ihr östl. Abschnitt, ca. 1,8 km lang, mit 2 mehrspurigen Fahrstraßen und 3 ca. 200 m breiten Grünstreifen, nimmt die Regierungsgebäude auf. Sie endet im O mit dem **»Platz der drei Gewalten«.** Funktion und Form des Platzes und der von Oscar Niemeyer gebauten Regierungsgebäude erläutert L. Costa:
»Es gibt drei autonome Bereiche – Exekutive, Legislative, Jurisdiktion –, deshalb ist das gleichseitige Dreieck die Form, die am besten geeignet ist, die öffentl. Gewalt zu symbolisieren. Zu diesem Zweck wurde ein dreieckiges, terrassiertes Gelände entworfen. Es erhebt sich über die umgebende Landschaft. An jeder Ecke steht eines der drei Gebäude: der Regierungspalast und der oberste Gerichtshof in der Grundlinie, das Parlamentsgebäude an der Spitze. Das Parlament begrenzt zugleich die breite Esplanade, die auf einer zweiten, rechteckigen Ebene liegt. Die moderne Anwendung eines alten Verfahrens, ein Gelände in verschiedene Ebenen zu unterteilen, gibt dieser Anlage eine gewisse Harmonie und zugleich monumentale Wirkung.«
Diese Wirkung entspricht dem ungeheuren Vorgang der Verlegung der Hauptstadt in das unerschlossene Landesinnere. Der Doppelturm des Parlamentshochhauses beherrscht Achse und Platz als Dominante: »Alle Gewalt geht vom Volke aus.«

Das **Rathaus in Marl in Westfalen** wird von **van den Broek** und **Bakema** nach einem 1958 entschiedenen Wettbewerb gebaut. Nach seinem Programm sollte es »als beherrschende Dominante mit den bereits vorhandenen und in nächster Nähe noch geplanten öffentl. Gebäuden der Stadt ihr Gesicht geben und in der Gesamtgestaltung als Stadtzentrum Ausdruck unserer Zeit sein«.
Entsprechend der in Marl realisierten Vorstellung von der offenen Stadt und dem quantitativen Überwiegen der Verwaltungsfunktionen über Legislative und Repräsentation werden die Büros der verschiedenen Dezernate in *4 Punkthäusern* – in der interessanten Form von Hängehäusern – konzentriert. Sie umstehen, in der Höhe von 6–11 Geschossen gestaffelt, einen gemeinsamen *Basisbau.* Ihm schließen sich nach NO das *Polizeidezernat,* nach SW die *Bürgervertretung* mit selbständigen Flügeln an.
Ein großes *Betonfaltdach* überspannt frei den gläsernen Kubus mit den beiden *Ratssälen* und dem *Festsaal* und die Ehrentreppe und verleiht diesem Flügel der obersten Organe der städt. Selbstverwaltung eine charakterist. Gestalt.
Die Baugruppe des »Rathauses« steht mit vertikal aufgerichteten und horizontal lagernden Körpern im Gleichgewicht. Sie bringt funktional wie symbolisch die differenzierte Struktur einer modernen Stadt und die polare Spannung zwischen prakt. Verwaltungsarbeit und städt. Repräsentation zum Ausdruck. Kein einzelnes Haus, sondern ein Abbild der Stadtlandschaft (vgl. S. 22).

Frank Lloyd Wright: Wohnhaus Brauner, Okemos, Michigan

1 Eingang
2 Wohnraum
3 Kamin
4 Veranda
5 Küche
6 Elternschlafzimmer
7 Schlafzimmer
8 Bad

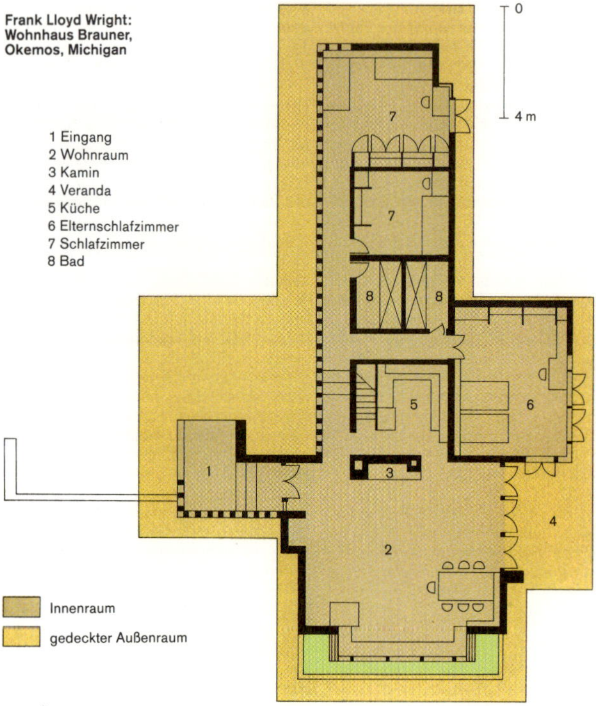

Innenraum
gedeckter Außenraum

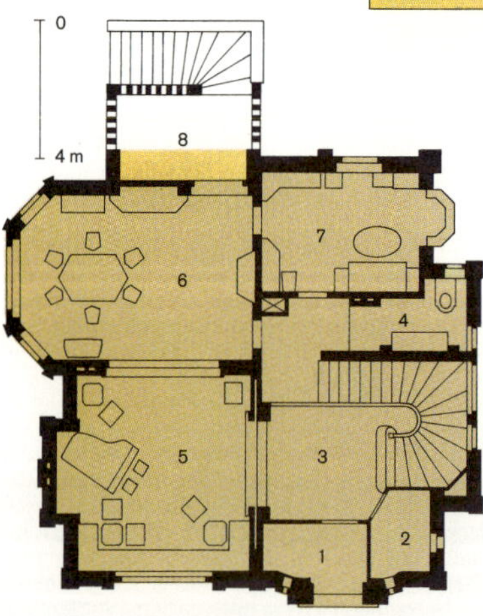

1 Eingang
2 Garderobe
3 Diele
4 WC
5 Musikzimmer
6 Speisezimmer
7 Damenzimmer
8 Veranda

Peter Behrens: Wohnhaus, Darmstadt, Erdgeschoß

Privathäuser: Experimentierfeld der Avantgarde

Das Individuelle in der Architektur erscheint in den histor. Epochen meist nur als Variation des Typischen. Erst im 19. Jh. löst sich im Gefolge des Liberalismus die typolog. und stilist. Einheit auf. Im Historismus deutet sich der Pluralismus der modernen Industriegesellschaft mit der Möglichkeit zur individuellen Wahl an. Die Stile der Vergangenheit werden als Fassaden- und Innendekorationen verschlissen.
Verschiedene Reformbewegungen und einzelne Architekten wenden sich gegen diese Kulissenarchitektur mit Forderungen nach Ehrlichkeit, Funktionalität, Bezug zur Gegenwart und individuellem Ausdruck (Arts-and-Crafts-Bewegung in England, Art nouveau und Jugendstil in Kontinentaleuropa, Liberty-Stil in den USA). Sie finden Unterstützung in den schnell emporkommenden und wachsenden großbürgerl. und mittelständ. Schichten, aus denen sich ein neues Bildungspublikum bildet. Es sucht seinen Mangel an Tradition nicht mehr allein durch Nachahmung, sondern durch Kultivierung eines eigenen Lebensstiles auszugleichen.
Die Diskussionen über einen zeitbezogenen Stil erreichen in Büchern und Zeitschriften für Lebensreform, Kunst, Kunstgewerbe, Dekoration und Architektur über die engere Fachwelt hinaus dieses breitere Publikum. Neue Akademien und Kunstgewerbeschulen entstehen als pädagog. Gegengewichte gegen die immer einseitigere techn.-wissenschaftl. Ausbildung, Ausstellungen wecken das Interesse für ästhet. Fragen und die Gestaltung der eigenen Wohnung.
Villen und Wohnhäuser werden zu einem wichtigen **Experimentierfeld der Avantgarde,** z. B. für VOISEY und MACKINTOSH in England, HORTA und VAN DE VELDE in Belgien, OLBRICH, HOFFMANN, LOOS, BEHRENS und MUTHESIUS in Deutschland und Österreich, WRIGHT in den USA. Die typolog. und stilist. Vielfalt seit 1890 läßt sich an Wohnhäusern und Villen am besten erkennen (S. 506).

Peter Behrens versucht, die konventionelle Struktur des Wohnhauses neu zu interpretieren. In seinem eigenen Wohnhaus (1900) in der *Künstlerkolonie Mathildenhöhe* in Darmstadt baut er zwar wie bisher einzelne Räume innerhalb eines festen äußeren Umrisses, öffnet sie aber im Erdgeschoß zueinander, um sie vielfältiger nutzen zu können. Ein »Wohnzimmer« fehlt bezeichnenderweise. Die Schlüsselposition nimmt das *Musikzimmer* ein; es ist mit dem Eßzimmer verbunden und läßt sich zur *Diele* mit *Schiebetüren* öffnen. So steht im intimen Rahmen eines kleinen Privathauses eine durchgehende Raumfolge zur Verfügung. Der Baukörper ist ein knappes, plastisch überformtes Volumen. Innenräume und Außenraum bleiben klar getrennt. Die »Modernität« des Hauses besteht weniger in einer persönl. Interpretation des *Jugendstils,* sondern mehr in der Beschränkung auf das individuelle Wesentliche und die rationelle Nutzung.
Auch andere Architekten bemühen sich um eine Lockerung der Wohnungsstruktur. So nähert sich **Adolf Loos** in WIEN in seinen differenzierten Raumkombinationen (»Raumplan«) schrittweise der Organisation des Hauses als **Raumkontinuum** (Haus STEINER, 1910, Haus MOLLER, 1928).

Frank Lloyd Wright gelingt zuerst der volle Durchbruch. Schon in der seit 1893 erbauten Gruppe der »Prärie-Häuser« läßt er die Räume ineinander übergehen. Ein auffälliger **Horizontalismus** mit weit ausladenden Dächern, Gesimsen und Platten unterstützt den Übergang in den Außenraum (Haus ROBIE, 1909).
WRIGHT dringt über verschiedene Entwicklungsstufen, denen jeweils Gruppen von Häusern entsprechen zum **Prinzip des fließenden Raumes** vor, d. h. zum Zusammenspiel der Räume ohne starre konstruktive Abgrenzung innerhalb eines Raumkontinuums mit möglichst direktem Übergang zum Garten bzw. Landschaftsraum (Haus KAUFMANN, berühmt als »Haus über dem Wasserfall«, 1936).
Das 1940 gebaute **Wohnhaus Brauner in** OKEMOS (Michigan) gehört zu der Gruppe der ebenso einfachen und ökonomischen wie großzügigen **Usonian-Häuser.** Eine große Dachplatte faßt alle Räume des ebenerdigen Hauses zusammen und greift weit in den Außenraum hinaus. Typisch für das Ineinanderfließen von Außen und Innen ist die Anlage der »Veranda« als offener überdeckter Sitzplatz an der Hausecke. Sie wirkt als offenes *Raumgelenk* zwischen dem großen Wohnraum und dem zum 2. Wohnraum ausgebauten Schlafzimmer.
WRIGHTS Beispiele wirken schon früh und stark auf die europ. Architekten. Er bestätigt sie in ihren eigenen Bestrebungen. Das Prinzip des fließenden Raumes verwirklichen besonders konsequent **G. Rietveld** 1924 im Haus SCHRÖDER in UTRECHT, **L. Mies van der Rohe** 1923 im »Backstein-Haus«, 1928–30 im Haus TUGENDHAT in BRÜNN und im **Barcelona-Pavillon** (S. 520), **R. Neutra** in fast allen seinen, seit 1927 in den USA erbauten Häusern.
Auch **Le Corbusier** verwirklicht viele Ideen zuerst beim Bau einzelner Wohnhäuser, z. B. das Erdgeschoß mit offener Stützenstellung, den freien Geschoßgrundriß, den 2-geschossigen Wohnraum mit Galerie, den Dachgarten, das horizontale Fensterband (1927, Villa STEIN in GARCHES und Häuser in der **Weißenhof-Siedlung** in STUTTGART; 1929, Villa SAVOIE in POISSY). Bis in die unmittelbare Gegenwart bleiben Einzelhäuser ein bevorzugtes Experimentierfeld für Architekten und Bauherren. Der in diesem Umfang in der Baugeschichte neuartige Vorgang entspricht dem demokratisch-liberalen Verständnis der Rolle des Einzelnen in der modernen Industriegesellschaft.
Die Kritik an diesen Häusern ist kontrovers; einerseits bejaht sie die Selbstverwirklichung, den Mut zum Nonkonformismus und die Erprobung neuer Wohnformen, andererseits verurteilt sie die Exklusivität, den elitären Charakter und den extravaganten Formalismus.

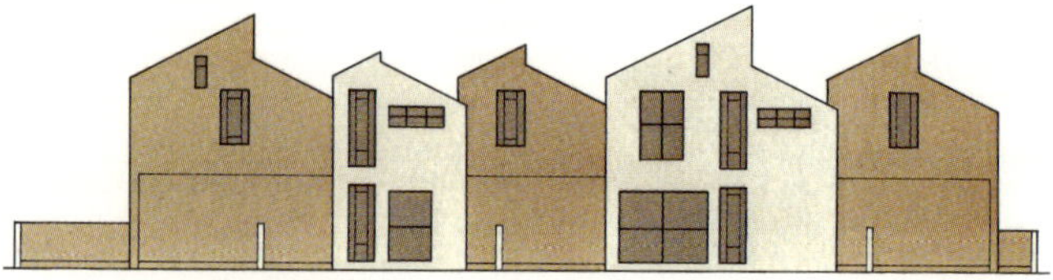

A. u. P. Smithson: Ländliche Reihenhäuser, 1955

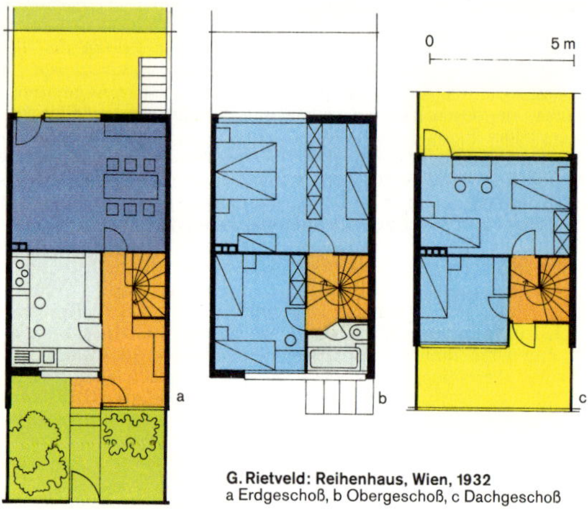

G. Rietveld: Reihenhaus, Wien, 1932
a Erdgeschoß, b Obergeschoß, c Dachgeschoß

Wohnraum
Schlafraum
Küche, Sanitär
Flur/Treppenhaus
Terrasse
Garten

C. v. Eesteren: Reihenhäuser in Den Haag, ca. 1925

Das Reihenhaus als Siedlungselement

Mit dem Begriff »Reihenhaus« verbindet sich nicht die Vorstellung einer »Hausreihe« aus individuellen Einzelhäusern, sondern die planmäßige Reihung gleicher Hauseinheiten, oft mit gemeinsamen Trennmauern. Sie hat sich als Prinzip im Siedlungs- und Städtebau seit den frühen Hochkulturen bewährt. (s. S. 38, Apulien; 110, Ägypten; 168, Hellas).
Die **Neubildung von Reihenhaustypen** beginnt in der Renaissance bei der Anlage einheitl. Straßen und Plätze, zunächst noch mit Läden und Werkstätten im Erdgeschoß, zunehmend aber als reines Wohnhaus (S. 440 ff., 450 f.)
Die industrielle Entwicklung macht die Trennung von Wohnung und Arbeitsplatz zum Normalfall. In England wird das Reihenhaus früh zum Standardtyp in den Arbeitersiedlungen (SALTAIRE bei Leeds, seit 1850). Später erscheint es in der Planung von Vorortsiedlungen und Gartenstädten, seit etwa 1925 im Zeilenbau (S. 528).
Die vermittelnde Stellung zwischen freistehendem Einfamilienhaus und städt. Miethaus weist ihm eine wichtige Funktion im Siedlungs- und Städtebau zu. Innerhalb der gemeinsamen Ordnung einer Gruppe ist das Reihenhaus eine neutrale Rahmenform, gekennzeichnet durch Ökonomie, Rationalisierung, Typisierung, gleichen Standard. Innerhalb dieses Rahmens ist die einzelne Familie mit ihren individuellen Lebensgewohnheiten relativ frei.

Viele öffentl. Wohnungsbauprogramme nach dem 1. Weltkrieg fördern den Bau von Reihenhäusern. Neben die romantisierenden Entwürfe, z. B. in vielen Gartenstädten oder bei der *Amsterdamer Architekturschule,* treten die ersten Versuche, vor allem in Deutschland oder bei der *Rotterdamer Schule,* die Prinzipien der modernen Architektur auf Häuser im Zeilenbau zu übertragen. Das Argument der Kostensenkung unterstützt durch einen rationalen Serienbau den Willen zu einfachen Formen.
C. van Eesteren entwirft um 1925 in **Den Haag** eine Zeile von Reihenhäusern mit Läden im Erdgeschoß und einem Café als Kopfbau. Er versucht, die Prinzipien der STIJL-Bewegung auf Reihenhäuser zu übertragen. Die konstituierenden Elemente:
Trennwände, Decken und Brüstungen, Betonstützen und Fensterflächen werden zur plast. Gliederung genutzt. Die Zurücksetzung der Dachkante hinter die Flucht der Mauerzungen ist ein typ. Detail. Durch die lang durchlaufenden Horizontalen werden die gereihten 7 Doppelhäuser zu einer Zeile zusammengezogen, die den Charakter des Einzelhauses in einer größeren Einheit aufgehen läßt. Damit ist ein Großelement für die Stadtplanung im Sinn des *Neoplastizismus* gewonnen (S. 506 f.).

Gerrit Rietveld baut 1932 in der **Werkbund-Siedlung in Wien** eine kurze Zeile von 4 Reihenhäusern. Sie stellen wie die Häuser der anderen Architekten eine Demonstration der modernen Bewegung dar, ähnlich wie 1927 bei der **Weißenhof-Siedlung** in Stuttgart, aber mit einem weit höheren Anteil an Reihenhäusern.
Für jedes Haus der Experimentalsiedlung steht ein Grundstück von 200 qm zur Verfügung, davon dürfen maximal 80 qm überbaut werden. RIETVELD baut ein Haus mit der geringen Tiefe von nur 2, in der Höhe ein wenig gegeneinander versetzten Zimmern, aber mit 3 Geschossen. Das obere ist zurückgesetzt und erhält auf beiden Seiten einen auskragenden Balkon. Im Erdgeschoß tritt der Vorraum als kleiner verglaster Kubus aus der Front heraus. Mit den klaren Formen und den großen Fenstern wirkt das Haus leicht und durchsichtig und greift mit seinen Vor- und Rücksprüngen plastisch in den Außenraum.
Die mit Ausstellungen verbundenen Demonstrations-Siedlungen zeigen, daß sich Behörden und Öffentlichkeit der Probleme des Wohnens in der Stadt bewußt geworden sind und neue Lösungen suchen. Sie fördern durch Experimente mit neuen Bautechniken und Formen die Ideen der Avantgarde.
Als Element im Städtebau erscheinen Reihenhäuser dieser Art zwischen 1925 und 1930 unter C. VAN EESTEREN in AMSTERDAM und HOEK VAN HOLLAND, unter GROPIUS in DESSAU-TÖRTEN, in der Werkbundsiedlung NEUBÜHL bei ZÜRICH, und vor allem unter ERNST MAY in FRANKFURT/MAIN *(Siedlung Römerstadt).*
Zunächst herrscht der kompromißlose Zeilenbau (S. 528). Nur wenige Architekten machen Gebrauch von der Möglichkeit, die Häuser in gestaffelten Reihen und Ketten zu gruppieren (wie z. B. die Brüder LUCKHARDT in BERLIN, S. 18).

Nach dem 2. Weltkrieg führt die Ausweitung des Zeilenbaues schnell zur Monotonie. Überall setzen Versuche ein, das Reihenhaus aus der starren Bindung an die gemeinsame Flucht und die rein kubischen Formen zu lösen und einerseits das einzelne Haus in einen lebhafter gegliederten Baukörper zu verwandeln, andererseits zugleich die Reihen zu staffeln und mit ihnen von Häuserketten umschlossene Räume zu bilden (vgl. S. 530). Ein bekanntes Beispiel baut A. JACOBSEN mit den Siedlungen SØHOLM in KLAMPENBORG 1950 und 1955 und ISLEVAENGE bei RØDOVRE 1951. Für den 10. CIAM-Kongreß 1956 in DUBROVNIK arbeiten ALISON und PETER SMITHSON eine Studie für eine ländliche Siedlung aus, in der die Staffelung der Baukörper wirkungsvoll durch die Staffelung der einzelnen Häuser bis in die Dachzone ergänzt wird und so ein lebhaftes Gesamtbild erzeugt. Die Versetzung der Dachflächen hat hauptsächl. die Funktion, die üblicherweise dunkle Mitte der Reihenhäuser besser auszuleuchten und so größere Haustiefen zu ermöglichen.
In vielen neuen Siedlungen werden die Grenzen zu den Typen der *Winkelhäuser* und der *Hofhäuser* fließend. Es ergibt sich eine neue Vielgestaltigkeit und Beweglichkeit, die das Reihenhaus weiterhin zu einem bevorzugten Element im Siedlungsbau macht.

Paris: Typische Mietshäuser um 1835

H. Seidler: Hochhaus in Sydney, 1960

W. Gropius: Hochhausprojekt, 1929

Typen des Mietshauses: Formen des städtischen Wohnens

Für das Wohnen in der Großstadt entstehen die neuen Typen der mehrgeschossigen Mietshäuser mit geschlossenen Etagenwohnungen für die verschiedenen Schichten der stark fluktuierenden Bevölkerung. Eine kontinuierl. Entwicklung von Mietshaustypen läßt sich in **Paris** verfolgen. Es zählt 1821 bereits 760 000 Einwohner, um 1850 mehr als 1 Million. Der Bau gleicher Häuser an Plätzen und Straßen (S. 444) erhält unter NAPOLEON seit 1801 durch den Bau der *Rue de Rivoli* nach Plänen von PERCIER und FONTAINE einen imperialen Maßstab. Der **klass. Typ des Boulevardhauses,** zu einheitl. langen Fronten zusammengezogen, bestimmt mit nur geringen Änderungen das Bild der im 19. Jh. besonders unter HAUSSMANN erbauten Hauptstraßen, mit denen PARIS in dem schon im 17. Jh. abgesteckten Rahmen neu geordnet wird.

Das Erdgeschoß, mit oder ohne *Arkaden,* nimmt Ladengeschäfte mit großen Schaufenstern, ein *Zwischengeschoß* weitere Ausstellungs-, Lager-, Büro- und Werkstatträume auf. In den 3–4 Obergeschossen wohnen die wohlhabenden Bürger in den mit zentralen Treppenhäusern erschlossenen Etagenwohnungen, mit Orientierung der Wohnräume zur Straße. Darüber schließen sich meist noch 2 Geschosse in der Dachzone, entweder als *Staffelgeschosse* oder als *Mansard-Dächer,* an. Die Wohnungsgrößen nehmen nach oben ab, die Zahl der Mieter zu.

Dieser Typ bestimmt in regionalen Variationen das Straßenbild europ. Großstädte. Die anfängl. fortschrittl. Konzeption wird durch die starre Bindung an das Raster- und Blocksystem, die Überbauung der Höfe und die Zunahme des Straßenverkehrs allmählich in das Gegenteil verkehrt. Die wirtschaftl. Funktion (Rendite) überwuchert die humane (Wohnen) immer mehr. Zu den anderen sozialen Problemen des Industriezeitalters tritt der Konflikt zwischen Wohnungsnot und Bodenspekulation.

Im 20. Jh. schaffen die Auflockerung der Städte, die Trennung von Verkehr, Gewerbe- und Wohnvierteln eine neue Grundlage für den Wohnungsbau. Die gesetzliche Festlegung der **Besiedlungsdichte** für einzelne Zonen führt zu einem quantifizierbaren Verhältnis von Gebäudehöhe, Wohnungszahl und verfügbarer Freifläche. Zur Wahl stehen

A. hohe Häuser mit gleichmäßig ausgestatteten Etagenwohnungen, relativ aufwendiger Vertikalerschließung (Aufzüge), zusammenhängende große Freiflächen mit freiem Ausblick, Sonneneinstrahlung und Luftbewegung, Freizeit- und Gemeinschaftseinrichtungen wie z. B. Kinderspielplätzen;

B. flache Häuser in geringem Abstand mit schmalen streifenförmigen Grün- bzw. Gartenflächen, die eine unmittelbare Verbindung zum Garten, aber keine gemeinnützige Disposition der Freiflächen zulassen;

C. mittelhohe Häuser mit Etagenwohnungen, geringeren Aufwendungen für die Vertikalerschließung und mittelgroßen Grünflächen.

Durch **Wohnhochhäuser** (die auffälligsten und umstrittensten Wohnhaustypen) rückt nun – nach Fabriken und Verwaltungsgebäuden – auch der Wohnungsbau unter die Dominanten auf bzw. gleicht er sich, wie in amerikan. Großstädten, der neuen vertikalisierten Stadtstruktur an. Zuerst folgen in den USA die Appartementhäuser der Größenordnung und dem Höhendrang der Bürohochhäuser und übernehmen von ihnen die Bautechnik und die vertikalen Erschließungssysteme.

In Europa ist die Planung von Wohnhochhäusern mit einer Neuordnung der Stadtstruktur verbunden. Zwischen 1928 und 1931 entwickelt **Walter Gropius** Projekte für **scheibenförmige Wohnhochhäuser** in neuer techn. und ästhet. Durchbildung. Es sind zumeist 10-stöckige, langgestreckte und schmale Baukörper, vertikalisierter Zeilenbau. Der betonte Horizontalismus der Fensterbänder, Balkone und Dachplatten wirkt der Höhensteigerung entgegen. Linearismus, Flächigkeit und Durchsichtigkeit der Architektur demonstrieren die radikale Abkehr vom Fassadenbau des Historismus.

Wie LE CORBUSIER (S. 540) plant auch GROPIUS Gemeinschaftseinrichtungen, z. B. ein offenes Basisgeschoß mit freier Anfahrt, Garagen, Hallen und ein Restaurant im 7. Obergeschoß, wie im Projekt für eine **Hochhaussiedlung am Wannsee in Berlin.**

Er kann diese Projekte, auch das 1935 mit M. FREY in England geplante, nicht verwirklichen. Zum ersten Mal bauen holländ. Architekten diesen Typ: VAN TIJEN, BRINKMANN und VAN DER VLUGT 1933/34 und VAN TIJEN und MAASKANT 1937/38 die Hochhäuser »Bergpolder« mit 9 und »Plaslaan« mit 10 Wohngeschossen in **Rotterdam,** beide Laubenganghäuser mit Kleinwohnungen.

Nach Ende des 2. Weltkrieges entfaltet sich auf den grundsätzl. theoret. und experimentellen Arbeiten der ersten Jahrzehnte eine vielfältige Typologie der Wohnhochhäuser mit scheiben-, punkt- und hügelförmigen Projekten, wichtigen Beiträgen zur Differenzierung des Wohnungsangebotes.

Das von HARRY SEIDLER erbaute **Hochhaus an der Diamond-Bay bei Sydney** gehört zum Typ der scheibenförmigen Wohnhochhäuser. Über 2 Sockelgeschossen mit allgemeiner Nutzung nehmen 10 Wohngeschosse insgesamt 60 Wohnungen von 65–107 qm auf. Je 3 der 6 Wohnungen in jedem Geschoß sind mit einem freistehenden Treppenhaus, mit Aufzug und kurzem Flur erschlossen: ein *Dreispännertyp* wie in anderen Mietshäusern.

Das Hochhaus ersetzt eine Siedlung, aber eine Siedlung hätte auf dem schmalen Felsengrundstück keinen Platz. Nur durch die Vertikalisierung kann es für 60 Familien erschlossen werden. Alle haben von der nach SO gerichteten Front mit den tiefen schattengebenden Balkonen den Blick auf die Bucht von SYDNEY und das offene Meer.

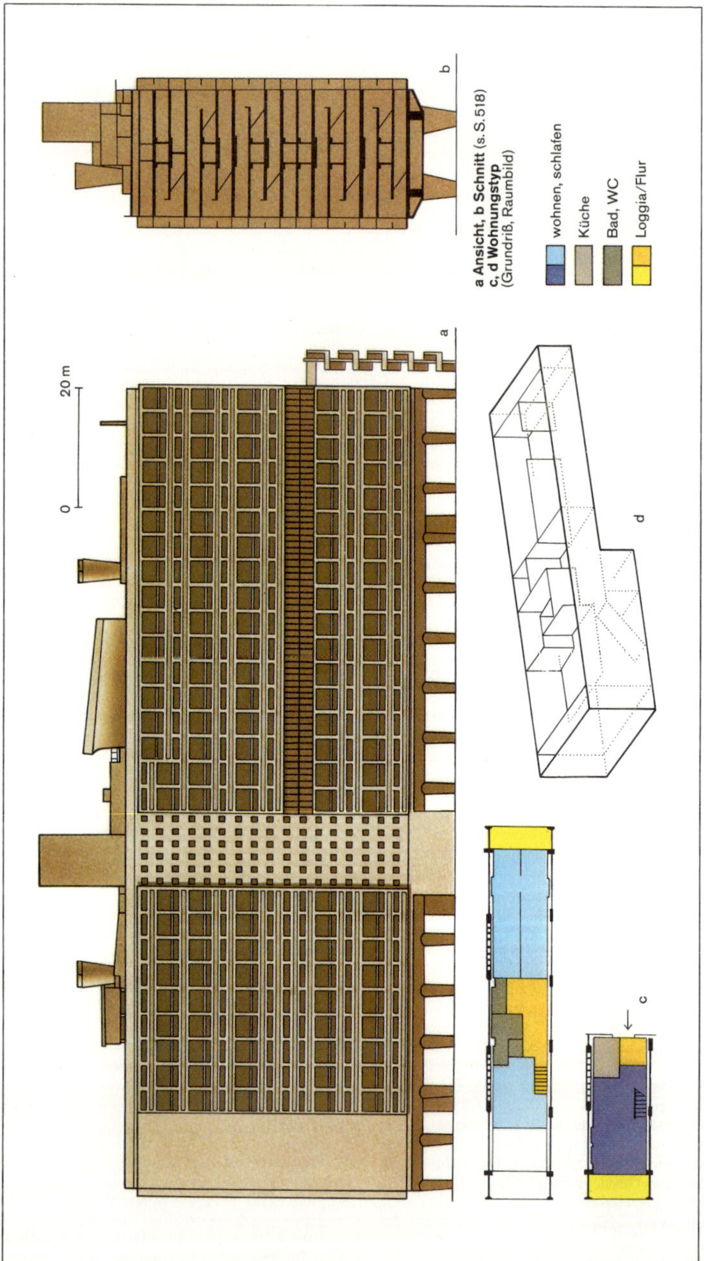

Le Corbusier: Marseille, Unité d'habitation

Der Gedanke, alle Bewohner einer Siedlung oder eines Stadtviertels in einem einzigen Gebäude unterzubringen, ist nicht neu. Um 1832 plant **Ch. Fourier,** in der Endstufe der von ihm propagierten sozialen Reformen die Städte aufzulösen. Die Bevölkerung soll über das Land verteilt in Siedlungseinheiten, sog. »Phalanges«, von ca. 400 Familien (1620 Personen) geschlossen in Gemeinschaftswohnhäusern wohnen und arbeiten. 1834 entwirft V. CONSIDERANT als Prototyp den **Phalanstère** nach dem Vorbild der Residenzschlösser. Raumprogramm, Organisation und techn. Einzelheiten deuten auf die künftige Entwicklung hin.
Von dieser Utopie inspiriert baut 1859 der Fabrikant **J. B. Godin** auf der Basis einer Industrieproduktion die **Familistère in Guise.** Um einen von einem Glasdach überspannten Innenhof laufen Galerien zur Erschließung der Wohnungen. Das schloßartige 4-geschossige Gebäude umfaßt Kinderhort, Versammlungsraum und andere Gemeinschaftseinrichtungen. Es ist nach einer Modernisierung noch heute bewohnt.
Im 20. Jh. erkennen viele Architekten die unlösbare Verflechtung von Sozialstruktur, Stadtplanung und Wohnungsbau. Auf den **CIAM-Kongressen** erarbeitet eine internationale Gruppe Planungsgrundlagen, z. B. 1930 in BRÜSSEL für rationelle Bebauungsweisen (GROPIUS: Flach-, Mittel- oder Hochbau). **Wohnhochhäuser** gehören zu den Mitteln, das Chaos der Flächenstädte neu zu ordnen (vgl. S. 528, 538).

Die Vorschläge von **Le Corbusier** zeichnen sich durch besondere Radikalität aus. Seine Stadt- und Quartierpläne für PARIS, ALGIER, BUENOS AIRES, nach dem 2. Weltkrieg für SAINT-DIÉ (S. 532), ST-GAUDENS, LA ROCHELLE, STRASSBURG und MEAUX erlangen große Publizität, werden aber von Behörden und Bürgern fast ausnahmslos abgelehnt. Sie sollen überall die Probleme durch radikale Vereinfachung lösen und stehen im totalen Gegensatz zu den traditionellen Begriffen von Stadtgefüge, Verteilung von Grund und Boden, Eigentum, Haus und Wohnung. Sie ignorieren die komplizierte Struktur der Gesellschaft und der Städte.
Zu seinen Leitgedanken gehört es, ganze Städte oder Stadtviertel durch wenige große Einheiten zu ersetzen: vertikalisierte und konzentrierte Stadtviertel, die mit weiten Abständen in öffentl. Parks stehen. Bei ihren Entwürfen wendet er die Erfahrungen seiner Experimente mit Einfamilienhäusern und Villen an und entwickelt wichtige Elemente für den Bau von Großwohnhäusern: Erdgeschosse als freie Stützenstellung für den allgemeinen Verkehr, ein Erschließungssystem mit einem Mittelgang für mehrere Geschosse, wechselseitig übereinandergreifende *Maisonette-Wohnungen,* 2-geschossige Wohnräume mit *Galeriegeschoß,* Sonnenschutzelemente *(Sonnenbrecher)* aus Beton. Aber im Lauf von 20 Jahren kann er nur 1930 für **E. Wanner** das **Miethaus Clarté in Genf** mit 45 Maisonette-Wohnungen bauen.

1945 erhält LE CORBUSIER den ersten verbindl. Auftrag für eine einzelne Großanlage in **Marseille.** Nach einem Vorprojekt und einem Standortwechsel entsteht 1946–52 die **Unité d' habitation am Boulevard Michelet.** Sie enthält in 17 Wohngeschossen 337 Wohnungen für maximal 1791 Bewohner in einem einzigen großen Block von 137,10 m Länge, 24,41 m Breite und 56,87 m Höhe bis zur Oberkante der Brüstung am Dachgarten.
Das Erdgeschoß besteht nur aus 2 Reihen von Betonstützen *(Piloti),* zwischen denen der Zugang zur Eingangshalle, die Anfahrt für Fahrzeuge und der Durchgang zum Park allseitig frei sind (S. 518).
Von den 7 *Zentralfluren* (Innenstraßen) in der Längsachse erschließen 5 je 3 Geschosse, die zwei übrigen das 7. und 8. Obergeschoß mit Gemeinschaftseinrichtungen: u. a. Lebensmittelgeschäft, Wäschereiannahme, Friseur, Café und Hotel.
Die meisten Wohnungen sind **Maisonettes.** Aus den möglichen Kombinationen der verschiedenen Grundelemente sind 23 ausgewählt vom Appartement für Alleinstehende mit 32,5 qm bis zur Familien-Maisonette für 8 Personen mit 137 qm. Die Grundeinheiten enthalten bei einer Breite von 3,66 m einen 2-geschossigen Wohnraum an einer Stirnseite; die übrigen Räume sind nur 2,16 m hoch. Die Wohnungen werden in das Betonskelett »wie Kartons in ein Regal« eingeschoben und gegen Schallübertragung isoliert.
Die *Loggien* an den Fassaden dienen als offener Sitzplatz vor den Wohnräumen und als Sonnenbrecher gegen die Sommersonne. Sie geben dem Baukörper die charakterist. Struktur (vgl. S. 518), von der sich die *Lamellenbänder* der Gemeinschaftsgeschosse und die vertikale Frontfläche des Aufzugsturmes abheben.
Der **Dachgarten,** dem Deck eines Ozeandampfers vergleichbar, wird vom kontrastreichen Spiel plast. Volumen bestimmt: Aufbauten für Aufzug und Entlüftung, Sporthalle, Pavillon und Rampe des Kindergartens, eine freistehende Wand auf dem »Theaterplatz«. Die freie Bewegung und der weite Blick über Stadt und Landschaft bieten einen Ausgleich für die an manchen Stellen unvermeidliche Enge im Inneren.
Dem Großexperiment dieser Unité folgen noch 5 weitere: 1952 NANTES-REZÉ; 1957 MEAUX, BRIEY-EN-FORÊT, BERLIN; 1963 FIRMINY-VERT.

Gleichzeitig mit der Unité in Marseille baut **Mies van der Rohe** in CHICAGO seine ersten Wohnhochhäuser nach dem Prinzip des *Punkthauses* mit verglastem Stahlskelett am Ufer des Michigansees. Beide Städte markieren nicht nur einen persönlichen Durchbruch für die beiden Architekten mit ihren verschiedenen Ansichten über strukturelle Architektur, sondern auch für neue Dimensionen und Organisationsformen des Wohnens in Großstädten. Ihnen folgt in den nächsten Jahrzehnten die Entwicklung neuer Typen: ein wachsendes Angebot von Möglichkeiten städt. Lebens- und Wohnformen.

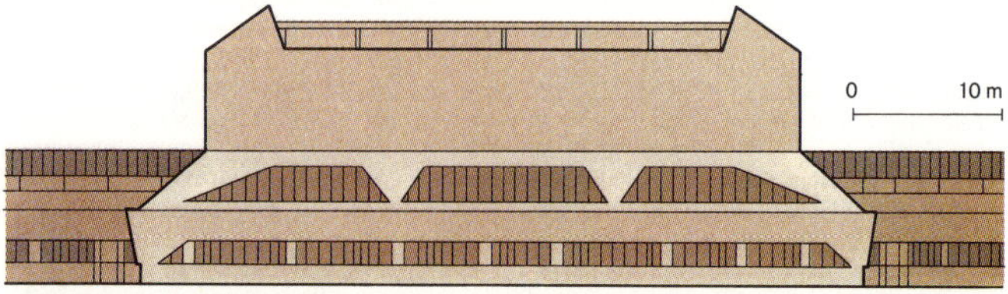

E. Mendelsohn: Hutfabrik
Luckenwalde, Färberei, 1921

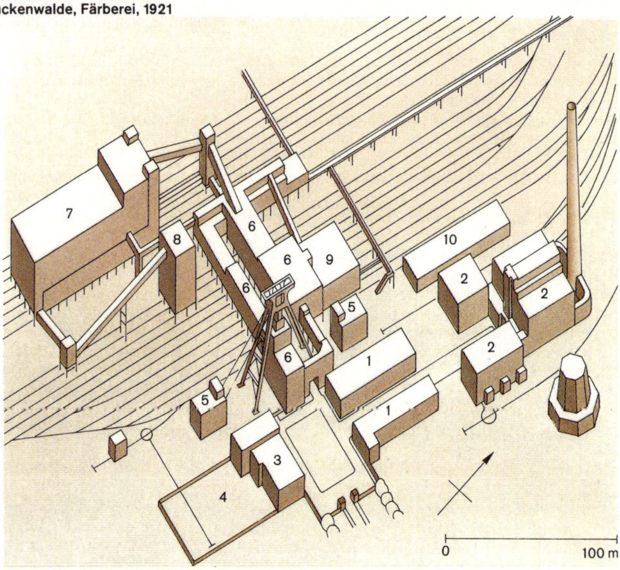

F. Schupp: Zeche Zollverein 12, Essen, ab 1928

1 Büro, Werkstätten
2 Preßluftanlage
3 Schalthaus
4 Freiluftanlage
5 Fördermaschinenhaus
6 Förderanlage
7 Kohlenwäsche
8 Kohlenturm
9 Sieberei und Verladung
10 Lagerhaus

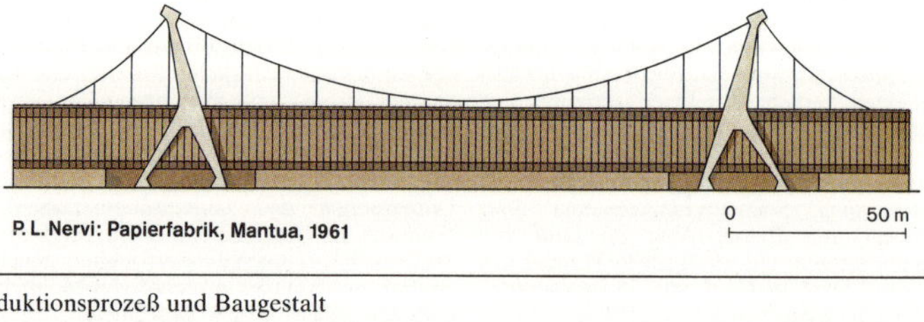

P. L. Nervi: Papierfabrik, Mantua, 1961

Der **Industriebau** nimmt in der modernen Architektur eine Schlüsselstellung ein. Viele ihrer Prinzipien werden beim Bau industrieller Anlagen zuerst oder besonders konsequent angewandt. Schon bei einigen frühen Fabrikbauten im Klassizismus deutet sich eine rigorose Rationalität und »natürl. Monumentalität« an (S. 504). Sie steigern sich mit der Ausweitung der mechan. Prozesse und den wachsenden Dimensionen. Die Vielgestaltigkeit des Industriebaues entspricht der Vielfalt der Produktionsprozesse. Sie werden immer mehr von Maschinen und Geräten bis zu sehr großen Dimensionen bestimmt. Die Gestalt der Bauwerke wird um so charakteristischer, je mehr sie sich als Hülle dem Produktionsprozeß anpassen, also so funktional wie möglich sind. Die Forderungen nach einer **organ. Architektur** mit sog. *Leistungsformen* (H. HÄRING, S. 521) finden ihre Verwirklichung im Industriebau früher und häufiger als in anderen Bereichen der Architektur.

Die **Hutfabrik Steinberg, Hermann + Co. in Lukkenwalde** südl. von BERLIN, 1921–23 von **Erich Mendelsohn** erbaut, gilt als ein wichtiges Werk »expressionist. Architektur«. Die *Färberei,* der beherrschende Kopfbau vor dem niedrigen Hallenkomplex, verdankt ihre expressive Gestalt hauptsächl. der genauen Anpassung an die Eisenbeton-Konstruktion und ihrer formalen Steigerung durch ein von MENDELSOHN intuitiv konzipiertes System zur natürl. Entlüftung: er stellt eine hohe, konisch zulaufende Haube mit horizontalen Lamellen im First auf die Grundkonstruktion der Halle. Sie verstärkt durch Kaminwirkung die Aufwärtsströmung der feuchtheißen Luft.

Die Gestalt ist einerseits rational begründet, ihre Dynamik verdankt sie aber andererseits der phantasievollen »Umformung von zweckfreier Vision in zweckvolle Gegegenständlichkeit«, also der Verbindung von Intuition und Kalkül, wie sie MENDELSOHN fordert und selbst immer verwirklicht. Er wiederholt das techn. einfache aber wirkungsvolle System 1925 in großen Dimensionen bei dem Projekt einer Textilfabrik für LENINGRAD.

Pier Luigi Nervi stellt sich 1961/62 bei der Planung der **Papierfabrik Burgo in Mantua** ein für diese Industrie typisches Problem: In der Fabrikhalle soll, auf eigener Substruktion, eine der größten Papiermaschinen Europas stehen: eine *Fertigungsstraße,* an deren Anfang die geschnittenen Holzstämme eingeführt werden und an deren Ende die fertigen Papierrollen die Halle verlassen.

NERVI muß von der schmalrechteckigen Halle von 250 m Länge und 30 m Breite 163 m stützenfrei überbrücken, um eine spätere parallele Erweiterung zu ermöglichen. Er wählt das Konstruktionsprinzip einer Hängebrücke. Über zwei 50 m hohe *Pylonen* aus Eisenbeton sind 4 *Stahlkabel* gespannt. An ihnen hängt die *Stahlgitterkonstruktion* des Daches, das an beiden Seiten 43 m frei auskragt. Die Dachkonstruktion spannt sich also ungewohnterweise in der Längsrichtung statt in der Querrichtung. Vom Dach hängt eine die ganze Halle umziehende, verglaste *Vorhangwand,* die ihr ein Maximum an Licht zuführt.

Die fast anthropomorphe Doppelfigur der Pylonen, die lange Horizontale der Halle und die Kurven der Seile geben der Fabrik die neuartige, einfache und elegante Gestalt. Wie an anderen Bauwerken findet NERVI eine den Bedingungen des Bauprogramms genau entsprechende Lösung und verkörpert zugleich die Funktionen der Konstruktionselemente in einer Baugestalt von zeichenhafter Klarheit.

In vielen Betrieben der Großindustrie treten freistehende Großapparaturen und -geräte mit den Gebäuden in eine kontrastierende Wechselwirkung. In den Komplexen der Montan-Industrie, der Großchemie und der Energieerzeugung überwiegen Hochöfen, Kühltürme, Gasometer, Kohlensilos, Fördertürme, Schrägaufzüge, Rohrbrücken, Destillieranlagen, Kesselhäuser, Schornsteine, verbunden mit Transport- und Verladeanlagen für Schiene, Straße und Wasserweg.

Bergwerke sind weniger Produktions-, sondern mehr Förder- und Transportbetriebe. Die Kombination von Gebäuden und Transportanlagen hat in aller Welt zur gleichen Typologie geführt.

Die **Kohlenzeche »Zollverein 12« in Essen,** 1927–32 von **Fritz Schupp** und **Martin Kremmer** erbaut, ist eine *Zentralschachtanlage,* d. h. in ihr ist der gesamte Förderbetrieb für 11 andere Schächte konzentriert ohne eigenen Kohleabbau und eigene Weiterverarbeitung.

Das Wahrzeichen jeder Zeche ist der **Förderturm,** hier ein 56 m hohes *Doppelgerüst* für 2 Fördermaschinen. Er steht im Zentrum der Anlage und als Zielpunkt der Eingangsachse frei über dem *Schachtgebäude;* alle übrigen maschinellen Anlagen sind gegen das Wetter mit Wänden aus Stahlfachwerk ummantelt und bilden eine kontrastreiche Gruppe kubischer, stehender oder lagernder Baukörper, durch horizontale oder schräge Förderbahnen und -brücken verbunden. Der Komplex der Förderanlage mit *Förderturm* und *Kohlenwäsche* als Dominanten steht überwiegend auf Stützen unmittelbar über dem *Zechenbahnhof.* Eine in der Höhe gestaffelte Gruppe von Betriebsgebäuden bildet vor dem Schachtgebäude einen Eingangshof. Die *Preßluftanlage* mit *Kesselhaus* und *Schornstein* beherrscht die Querachse.

Die beispielgebende Wirkung dieser Bergwerksanlage beruht auf der die Funktionen und ihr Zusammenspiel verdeutlichenden Durchbildung der Einzelbauten, der sorgfältigen Abstimmung und Steigerung der Maßstäbe und der klar erfaßbaren Gesamtordnung. Sie tritt an die Stelle des oft konglomerathaften Nebeneinanders älterer Zechen und stellt einen wesentl. Schritt zur städt. Schwerpunktbildung und organisator. und ästhetischen Neuordnung im Ruhrgebiet dar. Zugleich leistet die Gestalt der Bauten einen wichtigen Beitrag zu der Theorie von der Entwicklung architektonischer Formen aus der Konstruktion.

Peter Behrens: Berlin, AEG-Turbinenhalle, 1909

W. Gropius: Alfeld/L., Fagus-Werk, 1911

Monumentalität und Rationalität im Industriebau

»Der Arbeit müssen Paläste errichtet werden, die dem Fabrikarbeiter, dem Sklaven der modernen Industriearbeit, nicht nur Licht, Luft und Reinlichkeit geben, sondern ihn noch etwas spüren lassen von der Würde der gemeinsamen großen Idee, die das Ganze treibt.« W. GROPIUS (1911) Im 19. Jh. ist der Begriff »Fabrik« allgemein ein Synonym für Häßlichkeit. Wenn sich bei Unternehmen soziale und ästhet. Gesichtspunkte durchsetzen, entstehen unter dem Einfluß des Historismus »Fabrikschlösser«. Nur in Einzelfällen – z. B. in der Fabrik MENIER in NOISIEL-SUR-MARNE (S. 512) – deutet sich eine auf Funktion und Technik bezogene Gestaltung an. Seit Beginn des 20. Jhs. aber leistet der Industriebau entscheidende Beiträge zu einer neuen Ästhetik. Die Bestrebungen reformerischer Gruppen, auf der Grundlage der Industriearbeit eine neue Kultur aufzubauen, beginnen sich auszuwirken.

1901–04 arbeitet **Tony Garnier** (1869–1948) seine Entwürfe für eine **Industriestadt** (»cité industrielle«) aus. Technik und Industrie sind für ihn treibende Kräfte zum sozialen Fortschritt, für den die neue Stadt ein Beispiel geben soll. Industriebezirk und Wohnviertel, durch Grünanlagen getrennt, sollen sich nach ihren Funktionen entwickeln. Die Industrie ist nicht der häßliche Arbeitshof der Stadt, sondern Teilschauplatz des städt. Lebens. Ihre Anlagen und Gebäude werden sorgfältig durchgebildet und in das Stadtbild einbezogen. Industriebauten, Wohnhäuser und öffentl. Gebäude sollen sich zu einer ästhetischen Einheit zusammenschließen, die der sozialen entspricht. Mit einer an den mediterranen Traditionen des Klassizismus orientierten **Architektur in Eisenbeton** demonstriert GARNIER (ähnlich wie PERRET) eine neue »Klassik des Industriezeitalters« als Ausdruck einer rationalen Humanität. Seit 1905 arbeitet er unter E. HERRIOT als Stadtarchitekt in LYON an sozialen und öffentl. Bauaufgaben.
In Deutschland beteiligt sich besonders **Peter Behrens** (1868–1940) an der Verwirklichung einer vom *Deutschen Werkbund* (gegr. 1907) propagierten Kultur für das Industriezeitalter. Mit der **Turbinenfabrik für die AEG,** besonders der großen *Montagehalle*, gelingt es ihm 1909
1. den Industriebau in den Rang repräsentativer und von der Öffentlichkeit anerkannter Architektur zu erheben (K. SCHEFFLER: »Kathedrale der Arbeit«);
2. ein ebenso funktionales wie ästhetisch hochrangiges Gebäude für die Industriearbeit zu schaffen, dessen Qualität die Selbstachtung der Arbeiter und ihre Identifizierung mit der Arbeitsstätte steigern soll;
3. die Fabrik als Ordnungsfaktor im Chaos der modernen Industriestadt zur Wirkung zu bringen.
Die Turbinenhalle besteht aus einer Reihe von **Dreigelenkrahmen** (vgl. S. 44, CHICAGO). Ihre vollwandigen *Stiele,* auf sichtbaren *Gelenken* stehend, treten an der Seitenfront hervor. Sie verbreitern sich, dem Kräfteverlauf entsprechend, nach oben. Die leichte Neigung der Fensterflächen nach innen bringt ihre Form zur Geltung und verhindert Blendungen im Inneren. Der aussteifende Längsträger am Dachansatz, d. h. am Übergang zum *Bogenteil* des Rahmens, erhält den Effekt eines Abschlußgesimses, während die Konstruktion einschl. der Verglasung sich im Dach weiter fortsetzt.
An der Stirnseite treten die tragenden Stützen zu beiden Seiten des Frontfensters vor. Das Trägergesims kragt über der Ecke frei aus; sie ist im Prinzip stützenfrei. Aber um der opt. Festigkeit und Monumentalität willen schließt BEHRENS sie mit *Eckpylonen* aus gemauerten Steinschichten. Die Binderkonstruktion des »Giebelfeldes« wird geschlossen und ruht nun opt. auf den Eckpylonen.
So demonstriert BEHRENS, was er unter »moderner Klassik« versteht. Anstelle der mögl. Leichtigkeit und Transparenz wählt er die Schwere und den Kontrast zwischen Öffnen und Schließen, Tragen und Lasten, um den nach seiner Meinung einer Fabrik angemessenen Charakter des Ernsten und Kraftvollen herauszuarbeiten. Die monumentale Wirkung ist ihm wichtiger als die totale Logik der Konstruktion. Diese Einstellung entspricht dem auf wuchtige Repräsentation bedachten Geist der Epoche.
Die nächste Generation lehnt diese Monumentalität ab. Sie betont die rationale und soziale Komponente und vollzieht den Bruch mit der Tradition.

Das **Fagus-Werk in Alfeld a. d. Leine,** 1911– nur zwei Jahre nach der Turbinenhalle – von **Walter Gropius** mit ADOLF MEYER für KARL BENSCHEIDT erbaut, gilt als erstes Werk der neuen rationalen und internationalen Architektur. Obwohl das Hauptgebäude ein 3-geschossiger Fabrik- und Bürobau mit durchgehenden Geschoßflächen und außerdem eine *Ziegelpfeiler-Konstruktion* ist, greift GROPIUS fast die gesamte Thematik der Turbinenhalle von BEHRENS auf und interpretiert sie neu.
Die gemauerten Pfeiler sind leicht nach innen geneigt, die Dachkante tritt etwas vor und verläuft mit den über den Sockel vorkragenden Fensterwänden in einer Flucht. Die Konstruktion endet in einem klaren Horizontalabschluß. Die Ecke bleibt stützenfrei, die Dachplatte kragt frei aus. Statt der üblichen Verfestigung löst GROPIUS die Gebäudedecke in einen Glasvorhang auf: wahrscheinl. die erste **Vorhangwand** der Baugeschichte (curtain wall, S. 32). Der gemauerte Block des Haupteingangs, strukturiert wie die Eckpylonen der Turbinenhalle, vermittelt den Anschluß an die Werkhallen.
Das erste Werk der neuen Architektur im 20. Jh. ist eine Fabrik. Mit ihr beginnt die Epoche der klass. Industriearchitektur und der verglasten Skelettbauten. Aber GROPIUS wie sein Bauherr BENSCHEIDT fassen »Form« und »Schönheit« nicht als Selbstzweck auf, sondern als wichtige Funktion im Arbeitsprozeß und im gesamten sozialen Bereich.

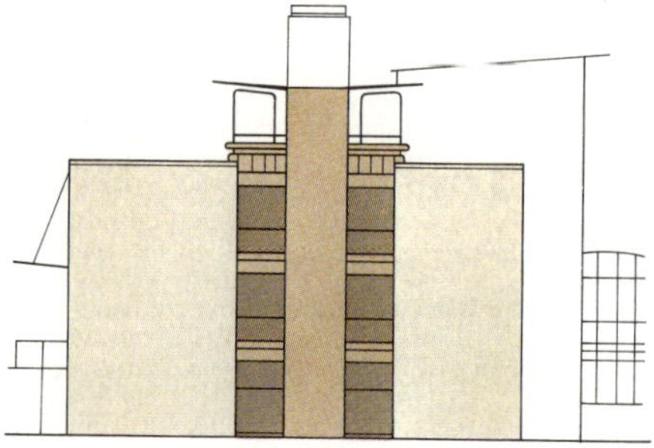

E. Eiermann: Ciba, Wehr, Stirnseite, 1950

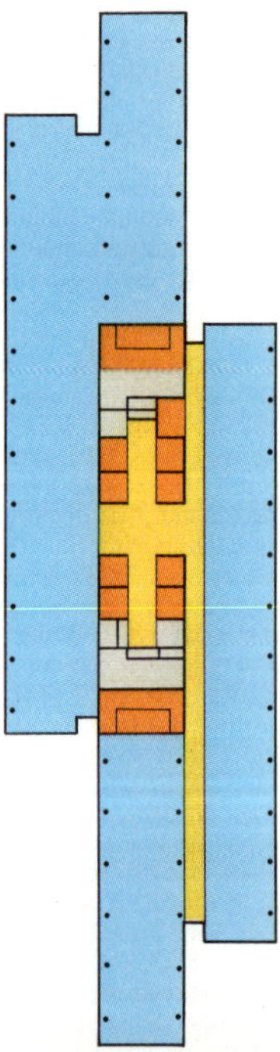

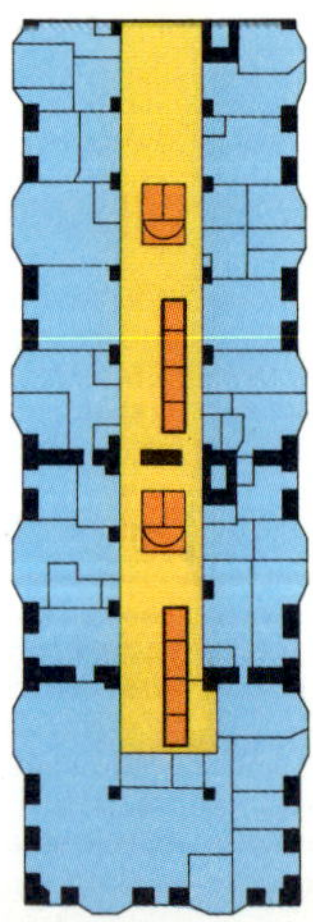

1 Haupteingang
2 Nebeneingang
3 großer Sendesaal
4 Sendesaal
5 Studio
6 Lichthof
7 Dachterrasse

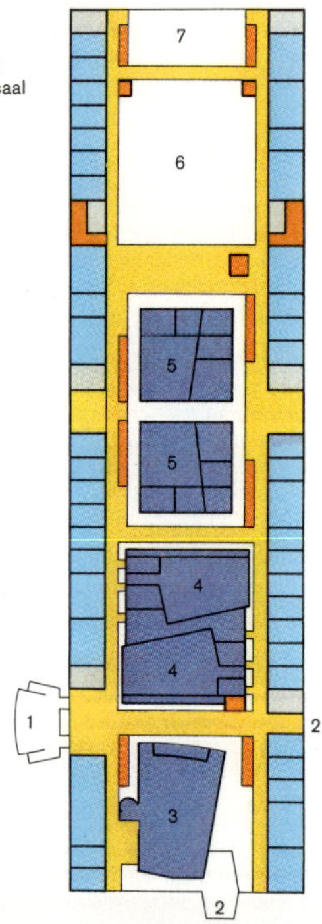

H. Hentrich, H. Petschnigg: Thyssen-Hochhaus, Düsseldorf, 1955

H. Burnham, J. Root: Monadnock-Building, Chicago, 1889

E. Eiermann: Projekt für Radio Stuttgart, 1951

Bürohäuser: Prototypen der modernen Architektur

Der Sammelbegriff »Verwaltungsgebäude« bezeichnet mehr die Funktionen einer fast unübersehbaren Gruppe von Gebäuden als eine klare Typologie. Die Tätigkeit des Verwaltens nimmt in allen Bereichen des wirtschaftl. und öffentl. Lebens zu und entspricht der Abnahme der körperl. Arbeit in der unmittelbaren Produktion einerseits und der Zunahme der Organisations- und Kontrollarbeiten und der Dienstleistungen andererseits (3. Sektor der Produktion).
Kaufmannsbüros, Stadt- und Staatskanzleien sind die Keimzellen der Entwicklung. Früher war die Kanzlei in einer Schreibstube, dann in einem an das Rathaus angebrachten Flügel untergebracht (S. 346). Die Stadtstaaten FLORENZ und VENEDIG beginnen in der Renaissance selbständige Verwaltungsgebäude zu errichten (S. 447).
Die ersten modernen Bürohäuser entstehen in den USA. Dem in den explosionsartig wachsenden Städten kaum zu deckenden Bedarf an mietbaren Flächen für Gewerbe und Büros aller Art entsprechen immer größere und höhere Gebäude mit Geschoßflächen, die nach Bedarf eingeteilt werden können. An die Stelle der traditionellen Massiv-Bauweise tritt das Stahlskelett, teils im Inneren, während die Fassade noch in Ziegeln oder Werkstein gebaut wird, teils auch an der Fassade (S. 512). Zwischen 1880 und 1900 vollziehen die Architekten der **1. Schule von Chicago** den Übergang zum totalen Skelettbau innen und außen (W. LE BARON JENNEY, 1. Leiter-Building 1889). Hier entstehen auch die ersten »Wolkenkratzer« vom Typ des Turmhauses *(Punkthaus)*, z. B. 1894/95 das Reliance-Building mit 16 Geschossen durch BURNHAM COMP. und typ. Elemente der großflächigen Verglasung *(Chicago-Fenster)*.
Das **Monadnock-Building in Chicago,** ein 16-geschossiges Bürohaus, entsteht in zwei Bauabschnitten: 1889–91 durch BURNHAM und ROOT, 1893 durch HOLABIRD und ROCHE. Der erste Teil ist noch rundherum mit massiven *Ziegelmauern* errichtet, der zweite Teil als *ummauertes Stahlskelett*. Die für CHICAGO typ. *Fenster-Erker* sollen in den engen, hoch bebauten Straßen ein Maximum an Tageslicht auffangen.
Das Gebäude steht typolog. zwischen punktförmigem und scheibenförmigem Hochhaus (vgl. S. 538, 552). In der inneren Erschließung kann es als Übergang vom *2-bündigen System* mit Mittelflur und seitl. Büroflächen zum *3-bündigen System* gelten.

Das 3-bündige System mit parallelen streifenartigen Zonen stellt eine Art von Allround-System dar. Sein Standardschema mit der inneren, dunklen Zone für Erschließung und Versorgung, parallelen Fluren und Bürozeilen ist am besten geeignet für die Reihung von Einzelbüros. Die Fensterachsen, bezogen auf die Grundfläche für einen Arbeitsplatz, ergeben den Modul für die Konstruktion des Gebäudes und die Gliederung der Fassaden.
Am Verwaltungsgebäude der **CIBA in Wehr/Baden,** 1949 von E. EIERMANN erbaut, zeichnet sich dieses Organisationsschema an der Kopfseite unmittelbar ab: die Flure mit geschoßhohen Fenstern, die Bürozonen mit geschlossenen Stirnwänden. Der Mitteltrakt ragt um eine Geschoßhöhe in den Dachgarten empor und gibt mit seinen beiderseitig auskragenden *Sonnendächern* dem Gebäude eine individuelle Gestalt.
Das Standardschema bildet die Grundlage vieler Variationen mit enger oder weiter gespannten Raumprogrammen. Auf der einen Seite stehen **reine Bürohäuser,** auf der anderen **multifunktionale Gebäude,** die zusätzl. andere Raumgruppen aufnehmen, in denen die Arbeit anderen Bedingungen unterliegt. Die aus dem jeweiligen organisator. Zusammenhang mit den Büroräumen sich ergebenden Lösungen führen vom traditionellen Bürohaus weg (S. 548 ff.).
Das **Thyssen-Hochhaus in Düsseldorf** entsteht 1955–60 als reines Bürohaus mit 18 Geschossen für die Hauptverwaltung eines Konzerns. Die von den Architekten **Hentrich und Petschnigg** gefundene Lösung, das *Dreischeiben-Haus,* beruht auf einer nahezu idealen Kombination der ein- bis dreibündigen Systeme.
Die Bürozeilen eines dreibündigen Systems werden um ein Drittel ihrer Länge gegeneinander verschoben. Die über die Kernzone hinaustretenden freien Abschnitte werden mit einer kurzen Zeile vor dem Kopf des Mittelteils zu einem zweibündigen System ergänzt mit einem erneuten Versatz von 2,5 Achsen am Ende. So entsteht der Eindruck einer mittleren großen »Scheibe«, die von 2 kleineren flankiert wird.
Bei dieser Lösung lassen sich die Flächen sowohl in Einzelbüros an Fluren aufteilen wie zu *Großraumbüros,* Sitzungssälen und Gemeinschaftsräumen zusammenfassen. Diese Möglichkeit erscheint bereits an der Stirnseite des Monadnock-Gebäudes vorgebildet.

Das Projekt für das **Funkhaus des Süddeutschen Rundfunks** »Radio Stuttgart«, seit 1949 in mehreren Stufen von EGON EIERMANN entwickelt, löst die komplizierte arbeitstechn. und räuml. Organisation eines Funkhauses durch eine Kombination des dreibündigen Systems mit Prinzipien des Industriebaues.
Nach Interpretation des Architekten ist das Funkhaus ein »Industriebau zur Erzeugung von Geräuschen«. Die breite Mittelzone ist deshalb als *Industriehalle* konstruiert. In dem hohen *Stahlbinderdach* ist die Klimaanlage untergebracht. Darunter stehen die teilw. mehrgeschossigen Studios mit ihrer komplizierten Aufnahme-Maschinerie als selbständige Aggregate. 2 parallele Bürozeilen, durch brückenartige Querflure verbunden, nehmen Verwaltungs- und Personalräume auf. Sie sind abschnittsweise mit den Studios zu effektiven Arbeitsgruppen zusammengefaßt.
Dieses Rundfunkhaus erscheint organisatorisch wie konstruktiv als ein Prototyp für den vielfältig nutzbaren Strukturbau, der für viele Bauprogramme in der 2. Hälfte des Jahrhunderts gefordert wird.

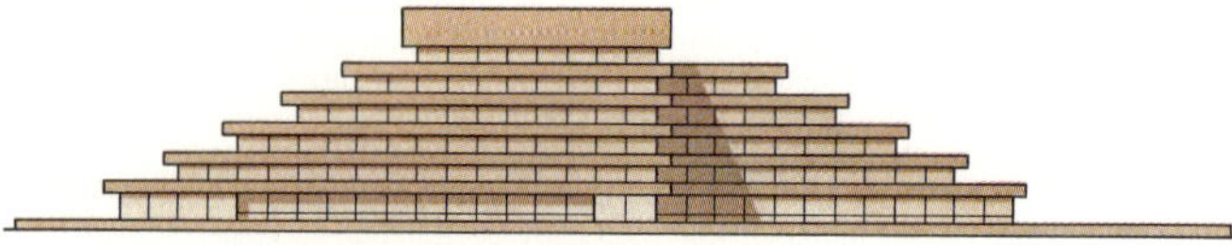

F. W. Kraemer: BP-Verwaltungsgebäude, Hamburg, 1965

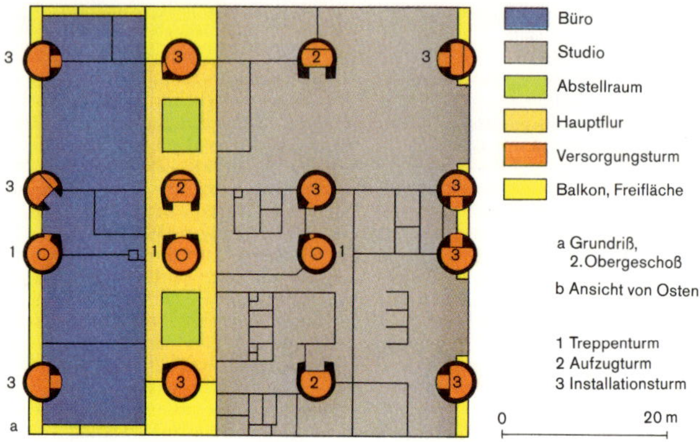

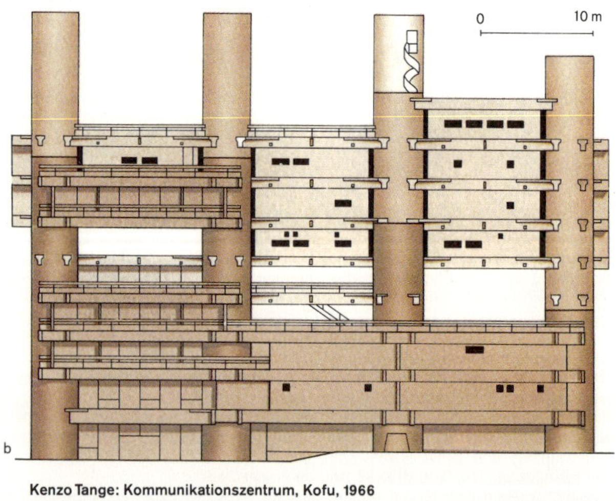

Kenzo Tange: Kommunikationszentrum, Kofu, 1966

Multifunktionalität und Vielgestaltigkeit

Mit der Forderung nach Flexibilität und **Multifunktionalität** wächst die Tendenz zu einer vereinheitlichenden »Allerweltsarchitektur«, in der sich alles unterbringen läßt. Die Entwicklung von kleinteiligen **Universalstrukturen** beginnt Ende des 19. Jhs. mit den Bürohäusern der *1. Schule von Chicago* und erreicht in der 2. Hälfte des 20. Jhs. in den Hochhäusern MIES VAN DER ROHES und der *2. Schule von Chicago* einen Höhepunkt (S. 514, 546, 552). Sie verstärken aber durch ihre Tendenz zur **Anonymität,** noch mehr aber durch multiplizierende Nachahmungen die Gefahr der Langweiligkeit, erhöht durch die zunehmende Gigantomanie, in der sich ein rein quantitatives Wachstum spiegelt.
Gegenläufige Tendenzen zielen auf Differenzierung und Individualisierung. Dabei lassen sich eklektizist. dekorative Strömungen mit z. T. historisierenden Neigungen von solchen unterscheiden, die aus den Funktionen, aus den Veränderungen der Büroorganisation und der Bautechnik individuelle Baugestalten oder neue Strukturen zu entwickeln suchen.

Für das **Bürogebäude der BP in Hamburg** macht **F. W. Kraemer** 1964 die horizontale Schichtung der Bürogeschosse zum Leitmotiv seines Entwurfs und verbindet es mit dem Motiv des *Terrassenhauses.* Auf einem Grundriß von 2 sich überschneidenden und gegeneinander verschobenen Rechtecken werden 6 Geschosse mit *Großraumbüros* auf der Ost und der Westseite in regelmäßigen Abständen zurückgestaffelt. Die breiten, bepflanzbaren *Dachterrassen,* untereinander durch Treppen verbunden, dienen zugleich als *Fluchtwege.*
Die Architekten verwirklichen später einen anderen Entwurf mit kombinierten Sechsecken. Sie bedauern aber, »daß der Entwurf des Terrassen- und Hügelhauses nicht gebaut wird. Denn sowohl mit der räuml., das System der Abtreppungen im Inneren wiederholenden großen Eingangs- und Treppenhalle, wie auch mit den freiliegenden Großräumen und ihren Grünanlagen in jedem Geschoß wäre ein völlig gewandeltes Prinzip für Bürohäuser zustande gekommen, das unter konsequenter Weiterdenkung der aus dem **Großraumprinzip** erwachsenden Möglichkeiten die neue **Bürolandschaft** folgerichtig entstehen läßt: Qualifizierte Spannungsfelder werden zur Architekturkomposition von emotioneller Wirkung gefügt, die einerseits architekton. Urformen verbunden bleibt, andererseits eine nach Umfang und Bedeutung gewichtige Aufgabe unserer Zeit, das Verwaltungsgebäude, in neuer Raumvorstellung verkörpert« (F. W. KRAEMER).

Kenzo Tange macht bei dem 1961–66 erbauten **Yamanashi-Kommunikationszentrum in Kofu** die Elemente der Versorgung und Erschließung in Form von 16 *Versorgungstürmen aus Stahlbeton* (4 Reihen zu je 4) zur tragenden **Makro-Struktur** des Gebäudes: Sie haben 5 m Ø, einen max. Abstand von 17 m und nehmen *Treppen, Aufzüge, Klima-Anlagen* und *Sanitärräume* auf, verteilen also die Elemente der übl. Mittelzone auf einzelne Kerne. Die Geschoßflächen werden, z. T. auf verschiedenen Ebenen und für wechselnde Geschoßhöhen, zwischen sie eingeschoben. Geschlossene und offene Räume treten zueinander, zu den Türmen und zur städt. Umgebung in wechselseitige Beziehungen.
Das Gebäude nimmt die regionalen Kommunikationsmedien auf: Rundfunk- und Fernsehstudios, Druckerei, Agenturen, Büros, dazu im Erdgeschoß einige Läden. Um die Möglichkeiten der Struktur optimal zu nutzen, sind die einzelnen Firmen nicht in getrennten Bereichen untergebracht, sondern ihre Teilfunktionen nach gleichen oder andersartigen Arbeitsbedingungen in entsprechend ausgerüsteten Geschossen zusammengefaßt. Sie erhalten darin die ihrem Bedarf entsprechenden Räume als jeweils geschlossene Einheiten, die individuell eingerichtet, aber gemeinsam versorgt werden: die Druckerei im Erdgeschoß und die Studios in den oberen Geschossen fast fensterlos, die Büros in den mittl. Geschossen mit Fensterbändern und Balkonen. 3 Türme sind noch unbenutzt; die Struktur bleibt für Veränderung und weiteren Aufbau offen.

TANGE versteht dieses Gebäude als Teil bzw. als Modell einer zukünftigen Stadtstruktur. Sie soll in einem weitgespannten dreidimensionalen System von Versorgungs- und Verkehrsknotenpunkten Wachstum und Veränderung ermöglichen und die Stadtgestalt nicht vorzeitig festlegen (vgl. S. 16, Bucht von Tokio).
Ähnl. Versuche unternehmen auch andere Architekten und Stadtplaner. Folgende Gesichtspunkte erscheinen dabei u. a. besonders bedeutsam:
1. Die Begriffe der strukturellen Architektur erhalten neue Dimensionen und werden auf die Stadtstruktur ausgedehnt.
2. Stadt und Einzelbauwerk stehen unter gleicher Gesetzmäßigkeit. Ihr bisheriger Antagonismus wird in einer umfassenden Gesamtstruktur aufgehoben.
3. Die Gestalt des Bauwerkes ist nicht eindeutig definiert, sie wächst unvorhersehbar weiter. Dadurch verlieren viele überlieferte Anschauungen und ästhet. Konventionen über Proportionen, Harmonie, Schönheit, Baukörper, Fläche, Gliederung ihre Gültigkeit. Die Architektur wird als **Prozeß** aufgefaßt. Sein Verlauf innerhalb der gegebenen Struktur bleibt für die Zukunft offen.

Das von KRAEMER für die BP geplante Hügelhaus steht noch in der alten Tradition: Seine Form ist endgültig definiert. Struktur und Gestalt sind zur Deckung gebracht. Der nach dem Verständnis klass. Theorien isolierte Baukörper tritt zu anderen Körpern seiner Umgebung in Beziehung (vgl. S. 444).
TANGE versucht, diese Isolierung zu durchbrechen. Der ständige, dynam. Prozeß der Veränderung soll ohne formalen Zwang verlaufen. Die multifunktionale Struktur des Verwaltungsbaues dient als Modell.

Bürolandschaft und wissenschaftlicher Großbetrieb

K. Roche, J. Dinkeloo, Ass.:
Ford-Foundation, New York, 1963
(Schnitt)

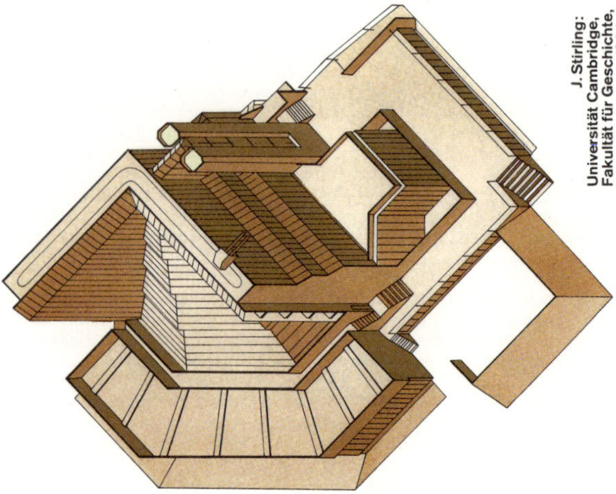

J. Stirling:
Universität Cambridge,
Fakultät für Geschichte,
1964

Als **»Bürolandschaft«** bezeichnet man seit etwa 1957 einen neuen Arbeits- und Einrichtungsstil für Großraumbüros. Anstelle der seit Jahrzehnten üblichen gleichförmigen Aufreihung der Arbeitsplätze in den Bürosälen oder der Reihung von Einzelbüros längs der Flure (S. 546) tritt die Bildung von Arbeitsgruppen mit bewegl. Möbeln und Ausrüstungssystemen, ergänzt durch Ruhe- und Kontaktzonen.
Die Büroflächen werden um einzelne *Erschließungskerne* aufgebaut und miteinander kombiniert. Der Begriff Bürolandschaft bestimmt nun Organisation und Gesamtstruktur der Gebäude. Eigenschaften der Landschaft wie Wachstum, Veränderung, Wechsel von Bodenniveaus, Bildung von Teilräumen in einem Raumkontinuum werden auf die Architektur angewandt. F. W. KRAEMER spricht beim *BP-Haus in Hamburg* (S. 543) von »Spannungsfeldern«.
Zugleich setzt in einer Bewegung gegen die Konzentration im City-Bereich der Großstädte der Umzug einzelner Verwaltungen an die Stadtränder oder in die noch offene Landschaft ein. Fortgeschrittene Planungen ordnen die Gebäude so in die Umgebung ein, daß unmittelbare Assoziationen zwischen innerer »künstlicher Landschaft« und dem Naturraum entstehen.
Ein älterer Typ des Großraumbüros, der *zentrale Bürosaal* mit seitl. begleitenden oder umlaufenden *Arbeitsgalerien* in mehreren Geschossen, gewinnt erneut Aktualität. Er hat eine besondere Tradition in den USA, z. B. baut F. L. Wright 1904 einen im *Larkin Building in Buffalo* und 1936 im *Verwaltungsgebäude für Johnson-Wax in Racine.*

Das 1963–68 erbaute **Bürogebäude der Ford Foundation in New York** gibt der Typologie der Verwaltungsgebäude und dem Begriff der Bürolandschaft eine neue humane und architekton. Qualität. Die Architekten KEVIN ROCHE und JOHN DINKELOO »fühlten, daß im Gebäude einer Stiftung eine besondere Verantwortung für eine anständige Umwelt ihrer Angestellten liegt. Es sollte ein Platz sein, der ihnen erlaubt, sich einer schönen Umgebung zu erfreuen und sich gleichzeitig der Existenz der übrigen Mitglieder der Stiftung bewußt zu sein, der Werkfamilie, der sie angehören«.
Auf einem quadrat. Grundstück zwischen zwei Straßen MANHATTANS neben einem kleinen Park stehen 2 Büroflügel mit 12 übereinander gestaffelten Geschossen im rechten Winkel zueinander und öffnen sich auf einen *Gartenhof.* Zwischen wenigen Stahlpfeilern umschließt eine *10 Geschosse hohe Glaswand* seine beiden offenen Seiten. Die 2 oberen *Galeriegeschosse* laufen als aussteifender Riegel auch an diesen Seiten herum und tragen das *gefaltete Glasdach.*
Das Gebäude erscheint nach außen als eine einheitl. transparente Großstruktur innerhalb der massiven älteren Gebäude. Büro und Glaswände bilden die Klimahülle für die Vegetation des Gartenhofes, eigentl. ein 12-geschossiges Gewächshaus mit Bäumen, Büschen und Blumen, das den seitl. Park in das Gebäude hinein fortsetzt. Im unteren Teil schließt es unmittelbar an das Straßenniveau an. Straßenraum, Park und Innenraum erweitern sich gegenseitig.
ROCHE und DINKELOO verfolgen ihre Ideen in weiteren Kombinationen mit wachsenden Dimensionen, z. B. 1969 für die Erweiterung der UNO-Hauptverwaltung in NEW YORK, 1971 für ein Doppelhochhaus in TORONTO und 1973 für die FIAT-Hauptverwaltung in einem Park bei STUPINGI nahe TURIN.

Das von **James Stirling** 1964–67 erbaute Gebäude der **Fakultät für Geschichtswissenschaft in Cambridge** steht von der städt. Situation und vom Verständnis der Architektur her in einer Gegenposition zum Gebäude der Ford-Stiftung.
STIRLING faßt die Aufenthalts-, Seminar- und Büroräume in zwei in rechtem Winkel zueinander stehenden 7-geschossigen Flügeln zusammen. Ihre nach oben zurückgestaffelten Außenfronten entsprechen der abnehmenden Größe der Räume. An den Innenseiten laufen die begleitenden Flure als *verglaste Galerien* z. T. um den Lesesaal der Bibliothek herum. Sein pyramidal gestaffeltes, *doppelschaliges Glasdach* ist zwischen dem Winkel des »Hochhauses« und dem polygonal gebrochenen Flachbau des Büchermagazins eingespannt.
STIRLING ordnet in radikalem Funktionalismus jeder Funktion einen einzelnen, speziell geformten Körper zu: Glasdach über der Bibliothek, Erschließungstürme mit gläserner Galerie, herausspringender Aufenthaltsraum, Terrasse, Rampen, Treppen (vgl. Konstruktivismus, S. 508). So entsteht eine vielteilig zergliederte Baugestalt, die die Kleinteiligkeit des Stadtbildes aufnimmt.
STIRLING überträgt so die Tradition des in England schon früh entwickelten Bauens mit Stahl und Glas auf einen Bau für eine traditionsreiche Universität in bewußtem Kontrast zu den historischen Gebäuden. Dieser Wandlung der Architektur entspricht ein verändertes Selbstverständnis der Wissenschaft und der Universität als Institution: nicht mehr als »alma mater litterarum« sondern als »wissenschaftl. Großbetrieb« (D. STORBECK über die Universität BIELEFELD).

Auch andere Architekten arbeiten intensiv an der Umformung des Bürohauses zur humanen Arbeitslandschaft. Die meisten gehen von der bisherigen Typologie im Industrie- und Verwaltungsbau aus. **Hermann Hertzberger** dagegen führt bei dem Bürogebäude **Centraal Beheer in Apeldoorn** Prinzipien des Siedlungs- und Wohnungsbaues ein. Die mit kleinen hausartigen Einheiten mit balkonartigen Auskragungen wie bei einer *Teppichsiedlung* ineinandergreifende Struktur zeichnet sich neben der individuellen Placierung der Arbeitsbereiche durch eine elastische und maßstäblich richtige Einordnung in ein kleinteiliges Stadtgefüge aus und bringt einen neuen Aspekt in die Typologie der Verwaltungsgebäude.

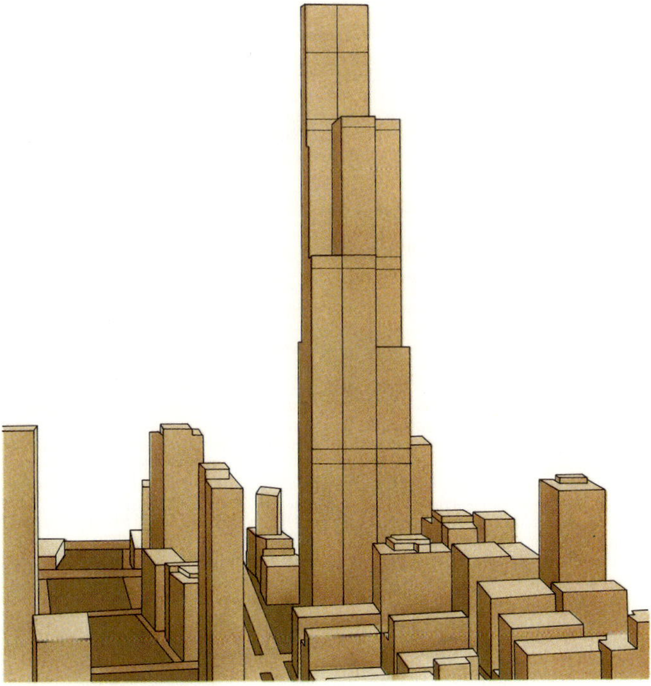

Chicago: Sears-Tower, 1974

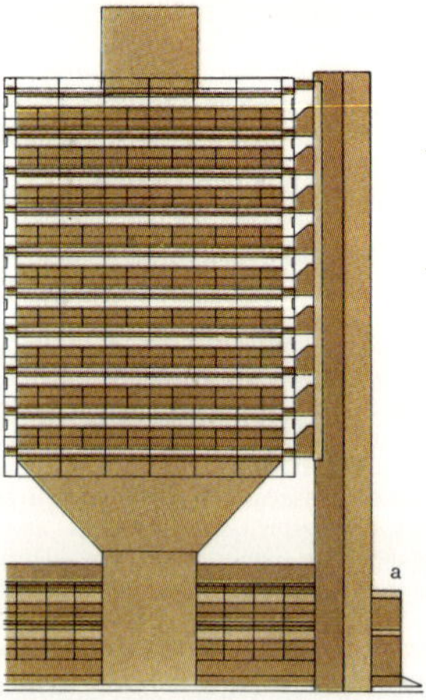

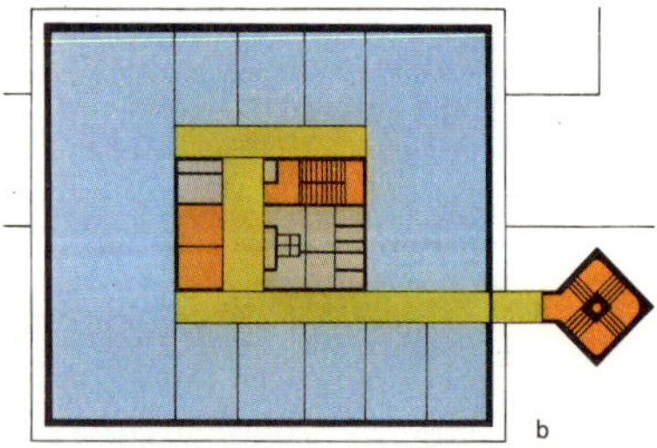

Frankfurt/M.: Olivetti-Gebäude, 1967
a Ansicht, b Grundriß

Hochhäuser: Funktion, Gestalt, Bedeutung

Die Typologie der Hochhäuser entwickelt sich zwischen 1870 und 1950 bis auf wenige Ausnahmen (S. 538) in den USA. Als Faktoren wirken dabei besonders
1. die Einteilung der Städte in Straßenraster und Baublöcke ohne einengende Bauvorschriften oder Höhenbegrenzungen;
2. das explosionsartige Wachstum der Großstädte mit einem entsprechenden Hochschnellen der Bodenspekulation;
3. die kapitalist. Auffassung der Stadt als Nutzungsobjekt;
4. keine Hemmung durch Tradition oder Behörden; statt dessen Pioniergeist, Prestigedenken und Rekordsucht;
5. schnelle Fortschritte der Bautechnik und Baustellenorganisation.
Brennpunkte der Entwicklung sind **New York** und **Chicago.** Sie machen sich periodenweise gegenseitig den Rang streitig. Die ersten »Elevator-Buildings« entstehen um 1870 in NEW YORK.
Die Architekten der **1. Schule von Chicago** bauen zwischen 1880 und 1895 Prototypen des Bürohauses und des modernen Strukturbaues (S. 546). Die Höhen wachsen auf 18–20 Geschosse. Seit der Jahrhundertwende entstehen in NEW YORK die als **»Wolkenkratzer«** bekannten Typen: teils in Zonen gestaffelte, teils gerade aufsteigende, vielgeschossige Türme, meist historisierend stilisiert und in einem Helm endend. Sie konzentrieren sich auf MANHATTAN in der berühmten »Skyline« mit den Höhepunkten der einzelnen Supertürme: 1913 WOOLWORTH (240 m), 1928 CHRYSLER (318 m), 1930 EMPIRE STATE BUILDING (381 m, 100 Geschosse). 1931–40 gelingt mit dem **Rockefeller-Center** die erste planmäßige Gruppierung von Hochhäusern mit räuml. Wirkung durch Abstimmung der Volumen.
Um 1930 vollzieht sich die Wendung zum internationalen, rationalen Stil, z. B. im Hochhaus der PHILADELPHIA SAVING FUND SOCIETY (von LESCAZE/HOWE) mit deutlicher Betonung des Geschoßaufbaues durch horizontale Fensterbänder.
Unter dem Einfluß von MIES VAN DER ROHE und der **2. Schule von Chicago** kehrt der Hochhausbau seit 1950 zum reinen Strukturbau mit rechteckig-prismatischen Türmen zurück (S. 514). Die Technologie verfeinert die Verfahren zur wirtschaftl. Konstruktion sehr hoher Türme.

Der 1974 nach dem Entwurf von BRUCE GRAHAM im Büro **Skidmore, Owings & Merrill (SOM)** vollendete **Sears Tower in Chicago,** das damals höchste Gebäude, nimmt die Zentralverwaltung von SEARS, ROEBUCK & COMP. (des größten Waren- und Versandhauses) auf. Innerhalb eines Straßengevierts von ca. 12 000 qm ist nach der Bauordnung eine Gesamtfläche von 460 000 qm (ca. 1:38) erlaubt. Der Turm erreicht auf etwa der halben Grundfläche in 4 Geschossen unter und 109 über dem Platzniveau 410 000 qm Geschoßflächen (= 360 000 qm Nutzfläche) für 16 500 Arbeitsplätze.
Ein System von Schnellaufzügen fährt zu den *Sky-Lobbies:* Umsteigegeschossen, von denen aus andere Aufzugbatterien die einzelnen Geschosse anfahren. Etwa 6000 Angestellte benutzen öffentl. Verkehrsmittel.
Die Gestalt des Turmes mit der Zurückstaffelung ganzer Geschoßblöcke entspricht dem Bedarf an größeren und kleineren Büroflächen. Sie veranschaulicht das Konstruktionsprinzip: Der Turm ist als »Rohrbündel« *(cellular-tube-frame)* gebaut, d. h. aus 9 Einzeltürmen von je 22,80 m Seitenlänge, die in verschiedenen Höhen enden, im 49., 67., 90. und 109. Geschoß.

Hochhäuser erwecken als Zeichen kommunaler und wirtschaftl. Macht oft Unbehagen und Kritik, je mehr sie als reine Quantität erscheinen. Mit der Größe der Gebäude wächst das Recht der Öffentlichkeit auf Qualität der Architektur.
Schon über die frühen Bauten in CHICAGO urteilt M. SCHUYLER: »Der Wolkenkratzer läßt sich architekton. nicht behandeln.« Nach dem Kunstverständnis des 19. Jhs. zu Recht, die stilist. Verbrämungen des Historismus beweisen es. Ihnen steht das Bemühen gegenüber, die Gestalt des Gebäudes nach den Funktionen und der Struktur zu bilden (SULLIVAN). In den letzten Jahren entstehen auch außerhalb der USA viel beachtete Beispiele, z. B. das *Pirelli-Haus* in MAILAND von PONTI/NERVI, das Rathaus in TORONTO von V. REVELL (S. 22) oder das *BMW-Haus* in MÜNCHEN von K. SCHWANZER.

Egon Eiermann konzipiert die 1972 vollendete Gebäudegruppe der **Olivetti-Hauptverwaltung für Deutschland in Frankfurt/Main** ebenso logisch wie intuitiv aus dem Bauprogramm und den örtl. Bauvorschriften. Sie erlauben für das 18 400 qm große Grundstück eine Geschoßfläche von 1:1,7 = 31 280 qm (vgl. CHICAGO!); genutzt werden ca. 16 000 mit der Möglichkeit zur Erweiterung.
Ein 2-geschossiger *Hallenbau* nimmt die großflächigen Bereiche von Verkauf, Rechenzentrum, Ausbildungszentrum und Cafeteria auf. Er wird flankiert von dem Gästehaus mit 7 und der Verwaltung mit 9 Obergeschossen. Ein neuer Typ, das **Kelchhaus,** ermöglicht es, den *Gebäudekern* direkt an den Flachbau anzuschließen, die Geschoßflächen aber über das Hallendach zu heben, wo sie sich frei ausdehnen können.
Die Trennung von techn. Kern und Geschoßflächen macht auf den ersten Blick den funktionellen Aufbau der Turmhäuser erkennbar und verleiht ihnen die schwebende Leichtigkeit, die durch die transparente Stahlstruktur der *Fensterwände,* die *Fluchtbalkone* mit den Stahlstangen und *Sonnensegeln* und durch den seitl. stehenden schmalen Turm mit der *Sicherheitstreppe* gesteigert wird. Die individuelle Doppelfigur der Türme, die durch einen dritten ergänzt werden kann (vgl. MARL, S. 532), verkörpert das Streben nach Signifikanz der Form und Humanisierung der Arbeitswelt, das Firma und Architekt zum Programm erhoben haben.

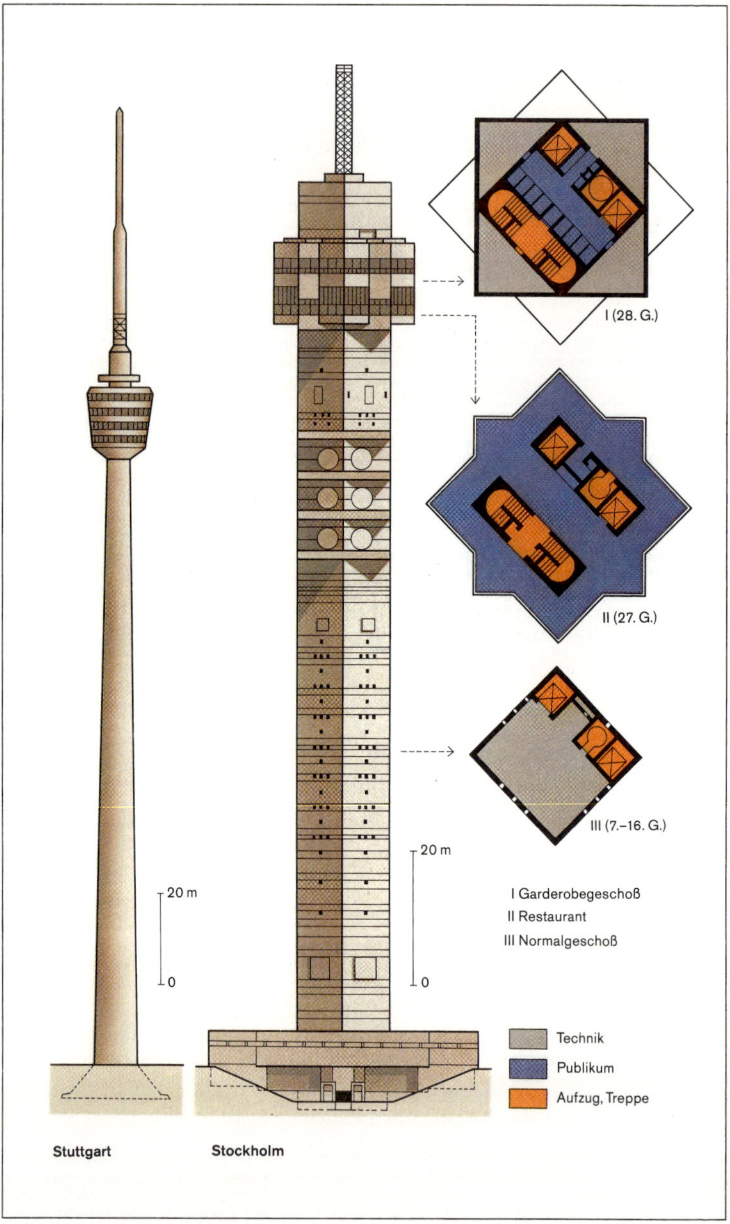

Fernsehtürme: neues Medium, neuer Bautyp, neues Symbol

Die Aufrichtung einer isolierten Vertikale ist in der Geschichte meist ein Vorgang von symbol. Bedeutung gewesen.

»Unsere Haltung der Vertikalen gegenüber erfolgt automatisch und bleibt im Unterbewußtsein verankert. Aus der endlosen Zahl der Richtungen und Winkel löst sich eine einzige heraus, die zum Standardmaß wird, mit der alle anderen verglichen und zu der alle in Beziehung gesetzt werden.« SIEGFRIED GIEDION

In der Vertikalen wird das Hauptthema des Bauens, die Überwindung der Schwerkraft sichtbar. Die Vertikalbewegung ist die konstituierende Kraft der Architektur.

Hohe Türme gelten seit jeher als Triumph über die Schwerkraft, als Herrschaftszeichen über den Raum und oft auch über die Menschen im Umkreis.

Im 19. Jh. beginnt die Herrschaft der Hochhäuser und der technischen Türme. Ihre umfangreiche Gruppe umfaßt Formen, die z. T. dem Bereich der Großgeräte nahestehen, wie *Hochöfen* und *Fördertürme* (S. 542), z. T. dem Bereich der geometr. Elementarkörper, wie *Kühltürme, Gasometer, Silos* und *Industrieschornsteine.*

Besonders groß ist die Gruppe der **räuml. Gitterwerke** wie *Hochspannungsmasten* und *Sendetürme.* Zu ihr gehört der 300 m hohe **Eiffel-Turm,** 1889 zur Weltausstellung in PARIS als Demonstration des technischen Zeitalters und seines Optimismus gebaut und seither ein Wahrzeichen der Stadt. Er übertrifft als erstes modernes Bauwerk die Türme des Mittelalters an Höhe und Leichtigkeit. Sein Bodendruck beträgt nur 4 kg/cm^2, nicht mehr als bei einem auf einem Stuhl sitzenden Menschen.

Er hat formal und technolog. Modellcharakter. Seine Form folgt der nach unten wachsenden Beanspruchung durch den Winddruck und schwingt zum Fundament breit aus wie das Naturvorbild, der Baum mit dem sich verjüngenden Stamm über dem im Boden verzweigten Wurzelwerk. Der Schaft ist als *Fachwerk-Rohr* konstruiert (vgl. S. 552, SEARS-TOWER). Im Prinzip folgen ihm viele spätere *Funk-* und *Fernmeldetürme,* z. B. 1926 der Funkturm in Berlin mit 138 m Höhe. Mit Seilen abgespannte *Gittermasten* oder *Blechrohrmasten* für den Rundfunkbetrieb erreichen Höhen bis 562 m (MONTGOMERY/USA).

In der 2. Hälfte des 20. Jhs. entsteht die ständig wachsende Gruppe der **Fernsehtürme.** Das Fernsehen ist an die Übermittlung durch ultrakurze Wellen in gerader Linie vom Sender zum Empfänger gebunden. Die Sendeantennen müssen deshalb von mögl. großer Höhe ausstrahlen, um einen weiten Umkreis zu erreichen. Über die eigene Reichweite hinaus werden die Sendungen durch Richtfunkverbindungen in einem Netz von Relaisstationen auf Fernmeldetürmen weitervermittelt und z. T. auch von dort wieder ausgestrahlt, wenn nicht, wie in den USA, Hochhäuser als Antennenträger zur Verfügung stehen.

FRITZ LEONHARDT baut 1954–56 mit dem 217 m hohen Fernsehturm in **Stuttgart** einen Prototyp. Der Turmkörper ist – wie ein Industrieschornstein – ein Rohr aus Stahlbeton, das sich gleichmäßig von 10,7 m Ø und 80 cm Wandstärke an der Basis auf 5,1 m Ø und 18 cm Wandstärke am oberen Rand verjüngt. Es ist im Boden mit einem breit trichterförmigen Fuß auf einer 7,7 m tief liegenden Fundamentplatte von 17 m Ø verankert.

Am oberen Ende des Turmschaftes kragen 6 runde *Stahlbetonplatten* aus. 5 davon bilden die Geschosse für den 15 m hohen *Korb,* der sich – in gegenläufiger Richtung – nach oben verbreitert. Er nimmt im unteren Geschoß Senderaum, Klimaanlage und Küche auf, darüber 2 Restaurant-Geschosse und 2 Aussichtsplattformen. Ein aufgesetzter 52 m langer *Stahlgittermast* trägt die *Sendeantenne.* Im Turmschaft übernehmen 2 Schnellaufzüge, neben einer Nottreppe, den Transport von und zum Korb.

Nach L. H. SULLIVAN ändert sich die Form nicht, wenn sich die Funktion nicht ändert. Bei der eindeutig definierten Funktion eines Fernsehturmes fällt es tatsächlich schwer, eine grundsätzlich andere Form zu finden. So übernehmen die meisten Fernsehtürme die Stuttgarter Standardform, variieren meist nur die Form des Korbes und fügen evtl. zusätzl. Plattformen hinzu, z. B. in DORTMUND, HAMBURG, MÜNCHEN, BERLIN, MOSKAU. Der Stuttgarter Turm wird dabei meist an Höhe übertroffen, aber nicht an Einfachheit, Logik und Eleganz der Form, die auf der Beschränkung auf die Hauptelemente beruht.

Der **Fernsehturm in Stockholm,** der »KAKNÄSTORNET«, 1963–67 von HANS BORGSTRÖM und BENGT LINDROOS erbaut, interpretiert das Thema neu durch den Übergang zum Quadrat als Grundlage des Entwurfs. Der als *Quadrat-Rohr* mit einer Kantenlänge von 10 m konstruierte Turmschaft ist gegen die Quadrate des Basis-Baues, der Plattformen für die Richtfunk-Antennen und den Korb um 45° gedreht (vgl. S. 400, LAON). Das Prinzip wiederholt sich, mit entsprechender Verdoppelung des Effekts, beim Korb mit dem Restaurantgeschoß und den 2 Aussichtsplattformen, aus deren Raumviereck dreieckige, verglaste Erker nach außen stoßen. Der Turmschaft ist 148 m hoch und trägt einen 15 m hohen *Antennenmast.*

Der Turm ist das Ergebnis eines langen Entwurfsprozesses, der von der normalen Rohrform ausgeht und nach zahlreichen Zwischenstufen bei der kantigen Form endet. Der Wechsel der Schlagschatten verleiht der stets sehr klar umrissenen Gestalt des Turmes eine für solche Bauwerke ungewöhnliche Plastizität und den einmaligen Charakter, der die Silhouette STOCKHOLMS bereichert, ohne sie zu beherrschen.

Der Anteil des Fernsehens in der sich weltweit organisierenden Internationalen Kommunikation nimmt ständig zu. Die wachsende Zahl der Funk- und Fernsehtürme dient zwar rationalen, technischen Zwecken, erfüllt aber zugleich symbol. Funktionen.

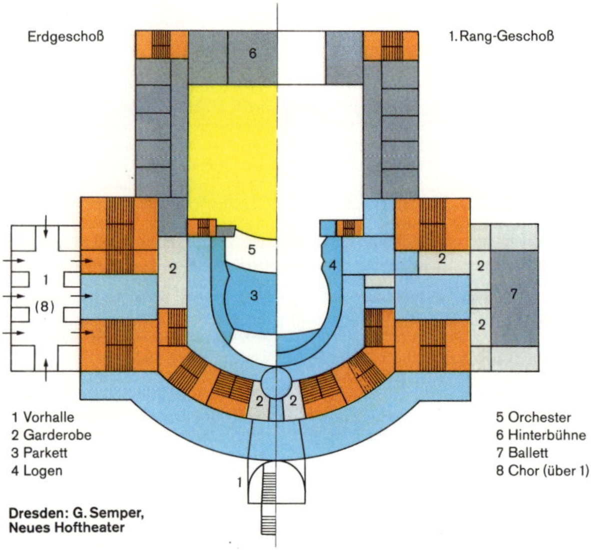

Dresden: G. Semper, Neues Hoftheater

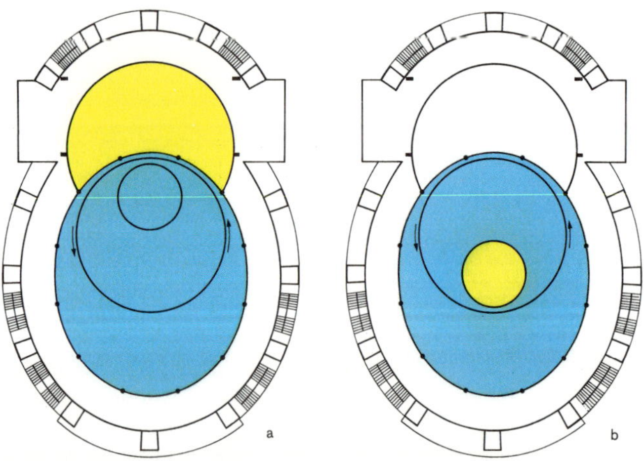

W. Gropius: Totaltheater a Normalbühne, b Zentralbühne

Foyer
Zuschauerraum
Bühne
Treppenhaus
Betriebsraum
Nebenraum

Theater: großer Salon, Weihestätte, Werkstatt

Im Gegensatz zum antiken Theater sind im Barocktheater Aktionsraum der Bühne und Reaktionsraum der Zuschauer getrennt. Seit dem Ende des 15. Jhs. beherrscht die **Zentralperspektive** die Bühne, die im 17. Jh. zur monoszenischen Guckkastenbühne verfestigt wird (S. 448).

In der 2. Hälfte des 18. Jhs. verschmelzen das barocke Logentheater und der antike Sitzstufenring (Cavea) zum **Logenrang-Theater.** Die leicht geneigte Grundebene mit *Parkett* und *Parterre* nimmt Formen zwischen Kreis und Ellipse an, z. B. *Dreiviertelkreis, Hufeisen-* oder *Glockenform.* Darüber stehen 2–5 mehr oder weniger tief gestaffelte *Ränge* mit halbhohen Logen und die abschließende *Galerie.*

Im 19. Jh. entwickelt sich eine lebhafte internationale Diskussion über räuml. Organisation, innere und äußere Gestaltung. Während in den italien. Theatern die Nebenräume knapp bemessen werden, behandeln z. B. die französ. Architekten *Eingangshalle, Haupttreppenhaus* und *Foyer* oft wie die zentralen Raumgruppen der großen Schlösser (S. 470 ff.). Die höchsten Steigerungen werden in den Opernhäusern in WIEN 1869 und PARIS 1875 erreicht.

Die meisten Theater erscheinen als geschlossene rechteckige Baublöcke mit einer Säulen- oder Bogenhalle an der Eingangsfront. Nur die Zuschauerraum und Bühne einheitl. überspannenden hohen Dächer geben Hinweise auf die besondere Funktion. Im Gegensatz dazu versucht eine Reihe von Architekten, die Spannung zwischen Zuschauerraum und Bühne in einer charakterist. Gestalt des Baukörpers darzustellen (S. 504, GILLY).

Gottfried Semper steht mit seinen zwei Neubauten für das **Hoftheater in Dresden** in dieser Tradition. Das »Alte Hoftheater«, 1838–41, wird durch seinen harmon. Aufbau berühmt. Der Zuschauerraum, von einer 2-geschossigen Bogenhalle umgeben, tritt vor dem Querriegel von Bühnenhaus und flankierenden Treppenhäusern als volles Halbrund heraus bei gleicher Dachhöhe für beide Bauteile. Nach dem Brand von 1869 übernimmt SEMPER diesen Grundgedanken für das »Neue Hoftheater« mit Änderungen, die den fortgeschrittenen internationalen Standard und seine eigenen Erfahrungen spiegeln. Im Formengewand des Historismus ist SEMPERS Arbeit von einem bewußten »Funktionalismus« geleitet, in dem das Bedürfnis als Herrin der Kunst gilt (vgl. S. 15).

Zuschauerraum und Bühne, in der Disposition kaum verändert, sind von einer mehrfachen Hülle von Nebenräumen umgeben. SEMPER verzichtet auf ein Prunktreppenhaus in der Achse und ordnet 4 *Haupttreppen* in den Seitenflügeln günstig zu *Einfahrt, Zuschauerraum, Wandelhalle* und *Probesälen* an. Die als *Segmentbogen* geführte *Bogengalerie* im Erdgeschoß und die *Wandelhalle* im Obergeschoß nehmen das Motiv des vorspringenden Halbrunds auf. Zurückgesetzt folgen in gleicher Linienführung die von *Verteiler-Treppenhäusern* ummantelten Obergeschosse des Zuschauerraumes. Aus der gestaffelten Baumasse steigt das **Bühnenhaus** beherrschend auf. Da es von der Bühnentechnik gefordert wird, macht SEMPER es zum mitbestimmenden Motiv, ohne die Einheit der Gestalt zu zerreißen.

Raumprogramm und Ausstattung der Theater entsprechen ihrer Funktion als Kommunikationszentrum der höfisch-bürgerl. Gesellschaft mit deutl. Rangstufung von der Hofloge zum Parterre. Gegen diesen gesellschaftl. und architekton. Kompromiß und die ihm entsprechende künstler. Produktion und Reproduktion wenden sich zahlreiche Reformversuche. Z. B. baut RICHARD WAGNER sein *Festspielhaus* in BAYREUTH außerhalb des Kulturbetriebs der Großstädte. Während er das ursprüngl. gesellschaftl. Ziel eines »demokrat. Festes für die Kunst« verfehlt, gelingen ihm mit dem gleichmäßig ansteigenden Zuschauerraum und dem *versenkten Orchester* wichtige Fortschritte im Rahmen des Guckkasten-Illusionstheaters.

Im 20. Jh. vermehren sich die Reformprojekte und Experimente von Regisseuren und Architekten, darunter viele mit *Raumbühnen* und *Zentraltheatern.*

Walter Gropius entwirft 1926 für E. PISCATOR ein **Totaltheater.** Der *ovale Hauptraum,* dessen Kuppelschale von 12 Stützen getragen wird, ist etwa zur Hälfte von festen Sitzreihen in amphitheatral. Ordnung ausgefüllt. Um einen Brennpunkt drehbar ist eine versenkbare *Parkettscheibe* eingefügt, die wiederum eine exzentrische kleine *Rundbühne* umschließt und selbst z. T. von der großen *Tiefenbühne* in Form eines Dreiviertelkreises umfaßt wird. Hinter der Stützenstellung umläuft ein *Spielring* den ganzen Raum. Durch Drehung der Parkettscheibe ergeben sich verschiedene Spielmöglichkeiten:

1. konventionelle *Tiefenbühne* mit Rundhorizont mit oder ohne Proszenium;
2. *Proszeniumsbühne* allein;
3. *Zentralbühne;*

ergänzend zur Bühnenordnung:

4. alternierendes oder simultanes Spiel auf dem *Spielring;*
5. synchronoptische *Projektion* von Filmen als Bühnenbilder auf zwischen die Stützen am Spielring gespannten Schirmen besonders bei
6. Parkettscheibe als alleiniger Zuschauerfläche, die gedreht werden kann

a) während des Spiels auf mehreren Bühnen,
b) bei alleiniger Projektion im Sinn eines *Dioramas.*

Das Ziel dieser Modellstudie ist es, die Zuschauer mit den Schauspielern in einem Aktionsraum als Partner zu vereinen, außerdem die Medien Film und Bühne in gemeinsamer Aktion zusammenzufassen.

Wie dieses Totaltheater werden auch frühere und spätere Experimente allenfalls in kleinen Studio-Projekten verwirklicht. In den meisten Bauten und Projekten nach dem 2. Weltkrieg, wie z. B. dem **Opernhaus in Sydney** (S. 510), herrschen noch immer Tiefenbühne, Logen und Ränge in der Nachfolge der Hoftheater.

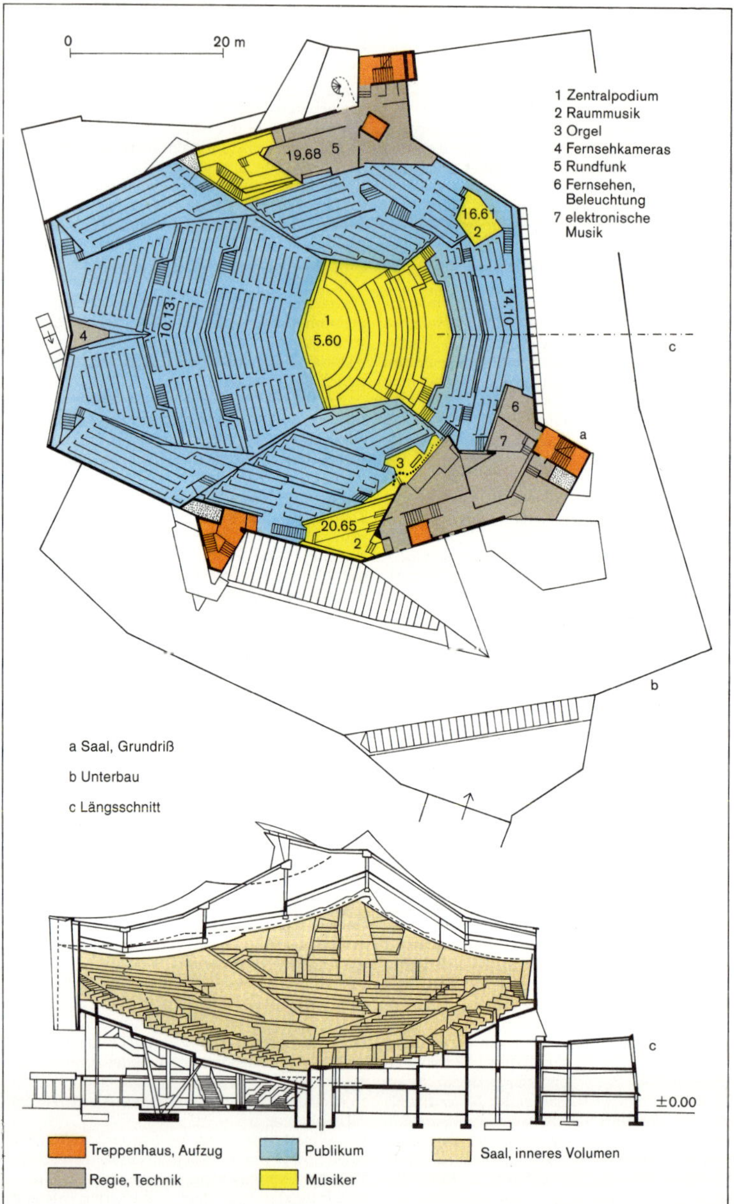

Philharmonie Berlin: Musik im Mittelpunkt

Die ideale Form des Musizierens und Hörens ist die Gruppierung der Musiker inmitten der Zuhörer. Dennoch sind runde Musiksäle selten. Ihre zumeist schlechte Hörsamkeit ist bedingt durch die ungünstige Reflexion von Kreis- und Kugelflächen. Opt. wie akust. sind die antiken Theater mit der kreisrunden Orchestra und den konzentrischen, ansteigenden Sitzreihen dem Idealfall am nächsten (S. 200).

Im 17. und 18. Jh. löst sich das Musizieren langsam aus den engen Bindungen an Fürstenhöfe und Kirche. In den Städten bilden sich sowohl professionelle Musikergruppen als auch Liebhaber-Vereinigungen und kommerzielle Konzert-Agenturen. Im Zusammenhang damit entstehen auch zum erstenmal Gebäude, speziell für musikalische Aufführungen, z. B. 1690 in LONDON, 1748 in OXFORD, 1761 in HAMBURG.

Der **klass. Typ des Konzerthauses** bildet sich im 19. Jh. zuerst in den Städten aus, in denen sich Musiker zu großen, professionellen Orchestern zusammenschließen. Die Konzertsäle sind im Grundriß meist langrechteckig, mit Orchesterpodium und Orgel an der Kopfseite, oft mit Emporen an Längsseiten und Rückseite. Die plastische Gliederung der Decken, Wände und Brüstungen und die reiche Verwendung von Holz verleihen ihnen eine gute Hörsamkeit mit gleichmäßiger Schallverteilung und günstiger Nachhallzeit.

Das Konzertgebäude für den **Musikverein in Wien,** 1868 von Th. HANSEN erbaut, wird mit seinem klar gegliederten Baukörper ein Vorbild. 1881 folgt das *Gewandhaus* in **Leipzig,** 1888 das *Concertgebouw* in **Amsterdam,** 1900 die *Symphony-Hall* in **Boston.** Dieser Standardtyp bestimmt die Entwicklung bis weit in das 20. Jh. hinein.

G. LYON und V. AUBURTIN weichen 1925–27 beim **Pleyel-Saal in Paris** von der Kastenform des Raumes ab. Wände und Decke steigen über einem trapezoiden Grundriß in verschiedenen Neigungen und parabol. Krümmungen auf. Sie verhindern Echowirkungen und erzeugen eine teils genau gerichtete, teils diffuse Reflexion auf alle 3000 Plätze in dem ansteigenden Parterre und auf den zwei rückwärtigen Emporen.

Die Steigerung der akust. Qualität durch wissenschaftl. Berechnung wird u. a. 1932 beim Konzerthaus in **Helsingborg** bestätigt. Hier ordnet S. MARKELIUS unter Beratung von G. LYON einen reflektierenden Schirm hinter dem Orchester an, der auf den in flacher Kurve ansteigenden Saalboden abgestimmt ist. In **Göteborg** 1935 krümmt N. E. ERIKSON die Decke in Quer- und Längsrichtung und staffelt die Seitenwände in schräg stehende Segmente. Der Saal steht konstrukt. selbständig in dem Volumen des Gesamtgebäudes, das die akust. Abschirmung übernimmt. Dieses Prinzip vom »Ei in der Schachtel« wird besonders konsequent – außer bei vielen Rundfunkstudios – 1949–51 bei der *Royal Festival Hall* in **London** durch MATTHEW/WILLIAMS/MARTIN durchgeführt. In ihrem Hauptsaal erscheint zum ersten Mal das System der gestaffelt vorgeschobenen bzw. hängenden Logen, das im Theaterbau so erfolgreich wird.

Die günstigen Erfahrungen mit schrägen Begrenzungsflächen führen beim Neubau weiterer Konzertsäle, besonders für die Rundfunkhäuser, zu polygonen Grundrissen und Baukörpern. Fast alle Säle halten aber an dem traditionellen Gegenüber von Musikern und Hörern fest (vgl. Theater, S. 556).

Die **Philharmonie Berlin,** das nach einem Wettbewerb von 1956 erbaute Konzerthaus des Berliner Philharmon. Orchesters, faßt alle im Konzertsaalbau gewonnenen Erkenntnisse zusammen, geht aber in einer bisher einzigartigen Konzeption weit über sie hinaus. **Hans Scharoun,** Exponent des organ. instrumentalen Bauens (S. 523), geht von der ursprüngl. Form des Musizierens in der Mitte der Zuhörer aus. In dem ungefähr längssechseckigen Saal ist das trapezförmige *Orchesterpodium* so zur Mitte verschoben, daß der Dirigent im Mittelpunkt steht. Die 2200 Sitzplätze steigen, in Gruppen zusammengefaßt, allseitig in Höhe und Tiefe gestaffelt auf.

»**Musik im Mittelpunkt,** das war von Anfang an der Leitgedanke, aus dem sich die Gestalt des Saales ergibt, der seine Priorität bei dem gesamten Bauwerk bewahrt. Das Musizieren und das gemeinsame Erleben der Musik finden also an einem Ort statt, der in seiner Konzeption nicht vom Formalästhetischen ausgeht, sondern vom Vorgang. Mensch, Raum, Musik treten hier auf neue Art in Beziehung.

Die Gestaltgebung folgt dabei dem **Bild einer Landschaft.** Der Saal ist wie ein Tal gedacht, auf dessen Sohle sich das Orchester befindet, umringt von aufsteigenden ›Weinbergen‹. Die Dekke entgegnet dieser ›Landschaft‹ wie eine ›Himmelschaft‹. Vom Formalen her wirkt sie wie ein Zelt. Dieses Zeltartige, d. h. **Konvexe** hängt eng zusammen mit dem Bestreben, die Musik mit Hilfe der konvexen Flächen möglichst diffus zu verteilen. Der Ton wird nicht von einer Schmalseite in den Raum geschickt, er steigt aus der Mitte und Tiefe des Raumes nach allen Seiten auf und senkt sich vielfältig auf die Zuhörer. Dem Diffusen dient auch die Brechung der Saalwände und die vielschichtige, verschieden geneigte Begrenzung der Weinberge und der überhöhten Parkette.

Der Saal bestimmt bis in jede Einzelheit die Formgebung des Bauwerks, auch die Außenkontur hängt damit zusammen – die Zelt-Tendenz der Saaldecke tritt hier deutlich in Erscheinung. Ebenso ergab sich aus der Konstruktion des Saales, der über den Hauptfoyers angeordnet ist, die Behandlung aller anderen Räume, in denen sich die Funktionen frei entfalten können, wie auch das Spiel der Treppen, das sich rhythmisch einfügt.

So dient alles der Vorbereitung auf das Musikerlebnis, so stehen alle Räume in einem dynam. Spannungsverhältnis zur feierlichen Gelassenheit des im wahren Sinne das Bauwerk krönenden Konzertsaales.« HANS SCHAROUN

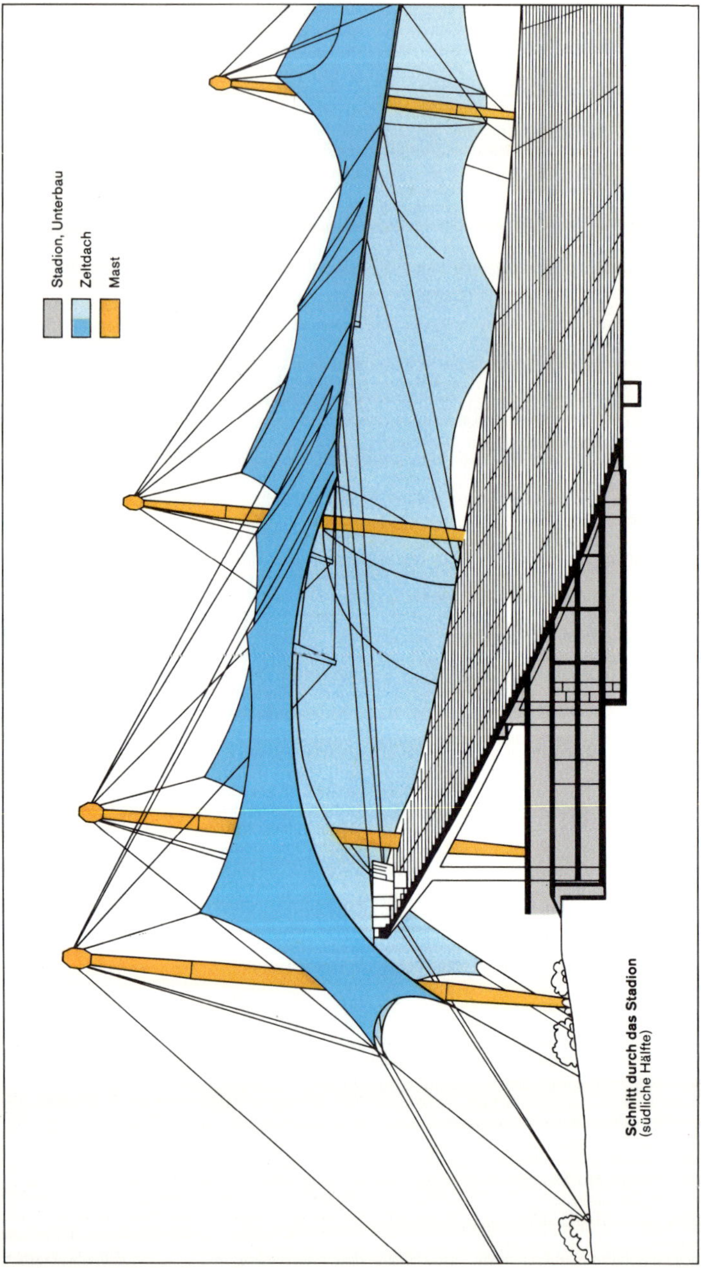

München, Olympiastadion: Architektur als gebaute Landschaft

Die Bedeutung des Sports im 20. Jh. spiegelt sich in der unübersehbaren Zahl von Sportstätten und dem Wetteifer von Städten und Ländern im Bau immer umfangreicher werdender Anlagen. Ähnliche Erscheinungen gibt es nur in der Antike; an sie knüpft der moderne Sport sowohl in den Grunddisziplinen als auch in ersten Typen von Sportbauten an (S. 176, Palaistra; S. 234 ff., Thermen; S. 240, Amphitheater).

Die Internationalisierung des Sports mit Normen für Sportfelder, -bahnen und -geräte fördert die Ausbildung einer eigenen Typologie, aber auch eine Wettkampf-Ideologie, die sich auf die Architektur ausdehnt. Freiluftanlagen und Hallen wachsen von Provisorien zu repräsentativen Großbauten. Ein Universaltyp entsteht in den großen *Mehrzweckhallen,* in denen Spielfelder überdeckt werden, die ursprüngl. unter freiem Himmel liegen (S. 40, LANDSKRONA). Der Sport macht sich mit ihnen vom Wetter und den Jahreszeiten unabhängig.

Die Größe der Bauwerke birgt die Gefahr einer falschen Monumentalisierung, z. B. in Anlehnung an den röm. *Colosseum-Typ* (S. 240). Andererseits enthalten die verwendeten Großkonstruktionen eine Eigengesetzlichkeit, so daß sich die konstruktiven und funktionalen Gesichtspunkte gegen stilisierende und historisierende durchsetzen. Sportbauten gehören zu den Experimentierfeldern der modernen Architektur. Führende Architekten und Konstrukteure haben hier hervorragende Werke geschaffen u. a.

vor 1939: O. E. SCHWEIZER: Stadion Wien; P. L. NERVI: Stadion Florenz; E. TORROJA: Tribüne La Zarzuela.

nach 1950: EERO SAARINEN: Hockey-Halle der Yale-Universität (S. 50); A. JACOBSEN: Sporthalle Landskrona (S. 40), Schwimmhalle Burg/Fehmarn; JAENECKE/SAMUELSON: Stadien Göteborg und Malmö; P. L. NERVI: Olympiastadion und -Sporthallen Rom; K. TANGE: Olympia-Sporthallen Tokio, Sporthalle Takamatsu; H. STUBBINS: Veterans Stadium Philadelphia; SKIDMORE/OWINGS/MERRILL: Coliseum Oakland; ROCHE/DINKELOO: Veterans Memorial Coliseum New Haven; F. OTTO: Zeltdach-Projekte.

Die modernen **Olympischen Spiele** sind stets zum Anlaß geworden, mit Großanlagen im internationalen Vergleich Prestige zu gewinnen. In den letzten Jahrzehnten sind Bauwerke entstanden, in denen neben der individuellen Meisterschaft der Architekten auch die Wandlungen in der modernen Architektur sichtbar werden.

In **Rom 1960** stehen die beiden Sporthallen und das Stadion von **P. L. Nervi** nahe beieinander, perfekt durchkonstruierte *Stahlbetonstruktur-Bauten,* jeder in sich geschlossen und zentriert und noch im Sinn der Renaissance autark ohne sichtbare Korrespondenz in einer übergreifenden Gesamtkonzeption.

In **Tokio 1964** sind die von **Kenzo Tange** erbaute große und kleine Sporthalle als Varianten eines Prinzips – an hohen *Stahlbetonpylonen* aufgehängte *Flächentragwerke* – eng aufeinander bezogen. Sie bilden mit Parkplätzen, Fußgängerbrücke, Böschungen, Rampen, Grünanlage ein bis in die Details miteinander korrespondierendes Ganzes, das darüberhinaus die Maßstäbe für die Entwicklung einer zukünftigen Stadtlandschaft setzt (S. 66).

In **München 1972** gelingt die Erweiterung zu einer Erholungslandschaft im Zusammenhang mit der Großstadt. Die Architekten **G. Behnisch und Partner** erheben die **Integration von Landschaft und Architektur** zum leitenden Prinzip. Bauwerke, Bodenoberfläche, Verkehrswege und Vegetation werden als Einheit geplant und gebaut.

Auf dem ursprüngl. flachen Areal müssen der *Fernsehturm,* ein *Berg aus Trümmerschutt* und der *Nymphenburger Kanal* einbezogen werden. Die Erdbewegungen für die Sportstätten werden zum **Landschaftsbau** ausgeweitet: aufgeschobene Dämme führen die modellierten Konturen des Schuttberges weiter und gliedern das Areal in überschaubare Bereiche. Sie vereinigen sich zu einem Plateau, an dessen Flanken *Stadion, Sporthalle, Schwimmhalle* und ein *Freilichttheater* in Landschaftsmulden eingebaut sind. Sie erscheinen nicht als selbständige Bauwerke, sondern als Bestandteile der Landschaft. Ein aus dem Kanal aufgestauter *See* schafft eine zentrale Bezugsebene und bereichert durch Spiegelungen das Landschaftsbild.

Die Erscheinung der Sportstätten wird bestimmt durch die Überlagerung von zwei **unterschiedl. Systemen.** Das eine umfaßt die prinzipiell als *Freianlagen* überwiegend in den Boden eingelassenen Sportstätten. Es erscheint als modellierte Geländeoberfläche und *organ. Gestaltform.* Das andere verkörpert sich im Dach, dem »Schirm über der Landschaft«. Es überspannt als zusammenhängende *technische Struktur* in weit ausschwingenden Kurven alle Sportstätten und das Theater so, daß der Zusammenhang mit der Landschaft erhalten bleibt und auch aus dem Innenraum der Stadien und Hallen erlebbar ist, zugleich aber der Bereich des Sports in der Landschaft als besondere Zone akzentuiert wird. Dies gelingt durch die Übernahme der von **Frei Otto** für den Deutschen Pavillon der Weltausstellung in MONTREAL 1967 konzipierten Lösung: ein **Zeltdach mit abgespannten Masten** (vgl. S. 50, KÖLN). Bei dem technisch veränderten Dach in MÜNCHEN spannt sich zwischen den mit Seilen abgespannten, gelenkig fixierten *Haupt-* und *Nebenmasten* ein Netz von *Stahlkabeln,* auf dem eine aus *Plexiglas-Tafeln* zusammengesetzte Schuppenhaut liegt. Über Sporthalle und Schwimmhalle bildet eine zusätzl. *wärmedämmende Haut* zusammen mit den senkrecht abschließenden Glaswänden eine **Klimahülle,** die den Konturen der Landschaft aufgesetzt wird, ohne sie zu verwischen.

»Wenn auch nicht vordergründig als Entwurfsziel festgelegt, entwickelt sich aus der Verfolgung der Ziele eine Großform zeichenhaften Charakters, die als verbindend und zusammenfassend, zentrierend und öffnend charakterisiert werden kann.« BEHNISCH/JOEDICKE

»Es kann nicht sein, daß das Chaos, das sich als mahnendes Bild in unseren Großstädten und besonders in unseren Produktionsgebieten zeigt, die endgültige Versinnbildlichung der gewaltigen Kräfte des technischen Zeitalters darstellt. Vom Standpunkt der Architektur aus, die es vermag, die Synthese aller Bestrebungen einer Zeit in einem anschaulichen Bild zu gestalten, kann man sich eine Größe des Ausdrucks vorstellen, wie sie in keinem Zeitalter vor uns entwickelt und verwirklicht worden ist. Gemessen an den Mitteln, welche früheren Zeiten großer Kultur zur Verfügung gestanden haben, müßte die architektonische Formung unseres Zeitalters, besonders in der zusammengefaßten Idee der Stadt, alles überragen, was je bestanden hat. Die Erkenntnisse für den Weg sind im einzelnen schon gefunden, und das Ziel kann heute schon in Umrissen gezeichnet werden.« O. E. SCHWEIZER (1935).

Die moderne Zivilisation scheint auf Gedeih und Verderb mit der Großstadt verbunden zu sein. Die Wachstumskurve der Weltbevölkerung steigt schnell an, die Großstädte dehnen sich aus, verdichten sich zugleich und verschmelzen zu Ballungsräumen (*»Ballungsexplosion«*). Die Gefahr einer Verstädterung der alten Kulturlandschaften ist sehr groß.
Zwischen Stadt und Land einerseits und zwischen Kulturlandschaft und Wildnis andererseits erhielt sich das Gleichgewicht, solange der Aktionsradius der Wirtschaft durch die Arbeitskraft von Mensch und Tier begrenzt war. Es wird gestört durch die industrielle Revolution und ihre Folgen, die bald von der Stadt auch auf das Land übergreifen und die landwirtschaftl. Produktion verändern *(Kultursteppe)*.
Die ständige Regeneration der Städte vollzieht sich jahrhundertelang im gleichbleibendem Rahmen der geschlossenen Stadt und der Dimension des einzelnen Hauses. In einem stetigen Prozeß punktueller Erneuerung wandelt sich die Gleichförmigkeit der frühen Gründerstädte zum vielfältigen Erscheinungsbild der »historisch gewachsenen« Städte. Sie werden, wie es A. MITSCHERLICH definiert, zu einem »**Biotop,** einem Platz, an dem sich Leben verschiedener Gestalt ins Gleichgewicht bringt und in ihm erhält«. Die industrielle Revolution hat dieses Biotop zerstört.
Der histor. Stadtbegriff, das Bild von der begrenzten Stadt als punktuelle Konzentration der Kulturlandschaft, dem ein entsprechender Begriff von offenem Land gegenübersteht, hat als Leitbild keine Gültigkeit mehr.
Industrielle Entwicklung und Stadtplanung divergieren in verhängnisvoller Weise. Die barokke Planungstradition (S. 434–44) gewinnt ihre volle Wirksamkeit in der Zeit der beginnenden polit. und industriellen Umwälzungen. Während die Planer bis zum Ende des 19. Jhs. die Städte mit barocken Achsen und Baublöcken zu regulieren versuchen (S. 524), wachsen **Industrie** und **Massenverkehr** nach eigenen Gesetzen und überlagern oder blockieren das überforderte Barocksystem.
Erst spät wird erkannt, daß es sich im Städtebau der Industriezeit nicht so sehr um formale Probleme, sondern vielmehr um die Steuerung bisher ungezügelter wirtschaftl. und sozialer Prozesse handelt, die die gesamten Lebensverhältnisse, einschließl. der histor. Städte umformen. So kommt es beinahe zwangsläufig zum Chaos.

Erst zwischen 1920 und 1930 vollzieht eine kleine Minderheit unter den Architekten und Stadtplanern den endgültigen Bruch mit der historisierenden Tradition. Die Schärfe ihrer programmat. Forderungen und die kompromißlose Verwirklichung erster Siedlungen (AMSTERDAM, ROTTERDAM, FRANKFURT/MAIN, BERLIN), stößt noch auf starken Widerstand, bricht aber dem Städtebau als moderner Disziplin die Bahn.
Die ersten umfassenden Diskussionen und Untersuchungen über die tatsächl. Verhältnisse in den Städten und die daraus zu ziehenden Konsequenzen vollziehen sich vor allem in den »Internationalen Kongressen für Moderne Architektur (Congrès Internationaux pour l'Architecture Moderne)«, **CIAM**, zu denen sich Gruppen von Architekten zusammenschließen. Der erste findet 1928 in La SARRAZ statt. Auf dem vierten, 1933, entsteht die **Charta von Athen** mit Thesen zum Städtebau, in denen der chaot. Zustand formuliert und mit allgemeinen Forderungen zur Erneuerung konfrontiert wird. Begleitet wird die Charta von Bestandsaufnahmen und Analysen von 33 Städten. Internationaler Austausch und Diskussion schaffen eine gemeinsame Basis für die urbanist. Arbeit. Sie kann aber erst nach der Unterbrechung durch die Diktaturen und den 2. Weltkrieg aufgenommen werden.
Aus der verhängnisvollen Verspätung gegenüber Industrialisierung und Bevölkerungsexplosion, dem aufgestauten, zum Handeln drängenden Druck der Probleme und der noch mangelnden Erfahrung erklärt sich der **experimentelle Charakter des Städtebaues** im 20. Jh.

Die **Stadtlandschaft,** das neue Gleichgewicht von Stadt, Industrie, Verkehr und Landschaft, ist nur allmählich zu verwirklichen. Es ist auch umstritten. Die Trennung der sich störenden Funktionen Wohnen, Arbeiten, Verkehr führt zu sterilen, monofunktionalen Stadtteilen ohne eigentl. städt. Leben. Der Nah- und Flächenverkehr hat rapide zugenommen, die Landzerstörung durch Siedlung, Industrie und Verkehr nimmt noch immer zu. Grundlegende polit. Entscheidungen, mit denen Prioritäten für die weitere Entwicklung gesetzt werden, stehen noch aus.
Heute versteht man die Stadt weniger als zu planende Form, sondern mehr als **Prozeß,** in dem die Stadtplanung als koordinierendes Medium zu wirken hat, im Zusammenwirken mit vielen Partnern, die zur Mitarbeit und Mitverantwortung gewonnen werden müssen.
»Das eigentlich utopische Element in einer erfolgreichen Stadtplanung ist in der Herstellung einer neuen Verpflichtung gegenüber der Stadt zu sehen.« A. MITSCHERLICH

»Jede Generation fühlt neue Unzufriedenheit und entwickelt ihre eigene Ordnungsvorstellung.« A. und P. SMITHSON

Der **Rhythmus der Generationen** bewahrt die Architektur vor der Erstarrung. Er hat auch die Epochen der Baugeschichte bestimmt, die im Rückblick so geschlossen und gleichmäßig erscheinen. Die großen Stile der Vergangenheit entstehen in vielschichtigen Prozessen, oft voller Widersprüche und in ihren Anfängen kaum zu erfassen (S. 71 ff.).

Die Diskussion über den zeitgemäßen Stil beherrscht das 19. Jh. Man bewundert die Homogenität und Stilsicherheit der vergangenen Epochen und versucht, die große Zahl neuer Aufgaben mit eklektischen, historisierenden Kombinationen zu lösen *(Klassizismus, Historismus)*. Der Versuch, einen neuen Stil zu entwickeln, indem man sich an atekton. Formen der organ. Natur orientiert, endet in der formalen Sackgasse des *Jugendstils*.

Architekten, die nicht im Formalismus steckenbleiben, kämpfen sich mühsam durch den Widerspruch der auslaufenden Traditionen hindurch, ohne aber ganz den Rückhalt aufgeben zu wollen, z. B. SULLIVAN, PERRET, GARNIER, BERLAGE, BEHRENS, LOOS, WAGNER, POELZIG. Einzig F. L. WRIGHT dringt, selbst oft widerspruchsvoll, stufenweise zu neuen Prinzipien vor.

Erst eine entschlossene Minderheit von Architekten der nächsten Generation, geboren zwischen 1880 und 1890, vollzieht den Bruch mit der Tradition und dringt auf der Grundlage der neuen Bautechnik ohne Kompromiß zum rationalen und funktionalen Bauen vor. W. GROPIUS baut 1911 das *Fagus-Werk* (S. 544), die anderen treten nach dem Ende des 1. Weltkrieges hervor, der – besonders in Deutschland und Rußland – die Bereitschaft zur Erneuerung weckt.

Die Bewegung der modernen Architektur beginnt mit der Aktivität einzelner Architekten und kleiner Gruppen in ganz Europa (vgl. S. 415, Renaissance). In führender Position wirken besonders LE CORBUSIER in PARIS, GROPIUS mit dem *Bauhaus* in WEIMAR und DESSAU, MENDELSOHN, MIES VAN DER ROHE, HÄRING, B. und M. TAUT in BERLIN, RADING und SCHAROUN in BRESLAU, HAESLER in CELLE, MAY in FRANKFURT/M., die *Stijl-Gruppe* in Holland, die *Konstruktivisten* in Rußland.

Für die Initiatoren der neuen Architektur sind die **Prinzipien** und **Methoden** das Entscheidende, mit denen sie den bisherigen Formalismus zugunsten einer funktionalen Gestaltung überwinden wollen. Aber vor allem die formale Erscheinung mit ihrer unbedingten Radikalität provoziert heftigen Widerspruch.

Rege Publizität, internat. Erfahrungsaustausch *(CIAM)*, Ausbildungs- und Lehrtätigkeit *(Bauhaus)* und allmählich einsetzende Förderung durch Behörden und Ausstellungen *(Weißenhof-Siedlung* STUTTGART, *Barcelona-Pavillon)* breiten die Ideen der Protagonisten aus.

Etwa seit 1930 zeichnet sich eine Durchdringung der konservativen Architekturschulen ab. Dieser Normalisierungsprozeß wird durch die Diktaturen unterbrochen, die einen eklektischen, vergröbernden *Neoklassizismus* und *Monumentalismus* zur offiziellen Architektur erheben und die modernen Architekten zunehmend unterdrücken (UdSSR, Deutschland, Italien, Spanien).

Durch die Emigration führender Architekten verliert besonders Deutschland die Kontinuität. Dagegen erhalten die USA und andere Länder durch die emigrierte Avantgarde die entscheidenden Impulse. Die bis in das hohe Lebensalter ungebrochene Energie der 1. Generation setzt die Prinzipien der neuen Architektur weltweit durch.

Die folgende **2. Generation** nimmt noch an den heftigen Auseinandersetzungen mit den Traditionalisten teil, baut aber bereits auf den Methoden der ersten auf, führt sie weiter, differenziert sie und gewinnt vielfältigere Ausdrucksmöglichkeiten. Neben dem rationalen Funktionalismus zeichnen sich unterschiedl. Strömungen ab:

Nationale und regionale Traditionen werden bewußt aufgenommen, um eine geschichtl. Kontinuität herzustellen. Verschiedene Architekten versuchen aus dem strengen Rationalismus des »internationalen Stils« auszubrechen, um mit einem technisch verbrämten, z. T. historisierenden Eklektizismus (Ph. JOHNSON) oder einem vor allem aus dem Stahlbeton entwickelten organ. symbolischen Manierismus individuelle Positionen zu gewinnen (E. SAARINEN, O. NIEMEYER).

Ursprüngliche Individualität zeichnet A. AALTO aus. In seinem Werk verbindet sich ein hoher techn. Standard und funktionale Klarheit mit einer intuitiven organ. Formgebung, in der das Rationale zum Irrationalen transzendiert, so daß beide Bereiche des Lebens umfaßt werden.

In einer Gegenposition versucht L. KAHN – durch formale und konstrukt. Sonderung der Funktionen in scheinbar selbständige, zueinander in Kontrast stehende Gebäudeteile bzw. Großelemente – die rationalen Strukturen zu dramatisieren.

Von den großen Konstrukteuren entwickeln neben NERVI, der noch zur 1. Generation zählt, u. a. E. TORROJA und F. CANDELA expressive Stahlbeton-Strukturen und -Elemente, z. B. *Schalen, Faltwerke* und *Hängedächer,* die der modernen Architektur den Bereich der gewölbten und frei überspannten Räume zurückgewinnen (S. 50).

Die **3. Generation** wendet sich gegen die Verhärtung der rationalen Systeme und die Einseitigkeit der 1. Generation und zeigt eine große Vielfalt von z. T. kurzfristigen Bewegungen und Tendenzen, in denen sie sich produktiv und kritisch mit der bisherigen Leistung der modernen Architektur auseinandersetzt, ihre negativen Folgen zu eliminieren sucht oder auch in Widerspruch zu ihr tritt. Insgesamt spiegeln sich in ihrer Arbeit eine neue Vielfalt und Vieldeutigkeit von der äußersten Technisierung des Daseins bis zur romantisierenden Volkstümlichkeit (S. 564).

»Wir können nicht zurückgehen, denn zwischen uns steht nun die Geschichte der modernen Architektur, und wir können sie nie wieder vergessen. Wir können nicht die Ursachen wegwischen, die die moderne Architektur schufen.«

E. H. ZEIDLER (1978)

In der 2. Hälfte des 20. Jhs. übernimmt die **3. Generation** von Architekten die Grundlagen der modernen Architektur, aber auch die Konflikte zwischen dem Optimismus und Dogmatismus der ersten, dem Skeptizismus eines Teils der zweiten Generation und der wieder erstarkenden Kritik der Öffentlichkeit.
Die Probleme, denen sich Stadtplanung und Architektur gegenübersehen, unterscheiden sich nicht grundsätzlich von denen am Anfang oder der Mitte des Jahrhunderts, aber für sie werden weniger einfache und einseitige, sondern mehr komplexe und differenzierte Lösungen gesucht. Der Druck der Probleme ist besonders durch die drohenden ökonomischen und ökologischen Katastrophen gewachsen. Die allgemeinen Zweifel der Gegenwart an der Weisheit und Wirksamkeit der modernen Technologie wirken selbstverständlich auf das Architekturverständnis zurück.

Strömungen und Tendenzen werden vielfältiger und laufen z. T. kontrovers, die zeitweise latenten oder unterdrückten treten wieder hervor.
Der **Funktionalismus** verliert an dogmatischer Starrheit und gewinnt an Komplexität entsprechend der ursprüngl. Definition von SULLIVAN. Die *geometr. Struktursysteme* werden ausgeweitet und differenziert. Z. B. ergänzen Sechseck- und Achteck-Kombinationen die Grundfiguren von Rechteck und Quadrat und führen zu neuen Lösungen und Typen in vielen Bereichen.
Das **organ. Bauen,** seit Beginn der modernen Bewegung von bedeutenden Außenseitern verwirklicht, gewinnt an Einfluß. Es wird einerseits durch eine Tendenz zum Irrationalismus begünstigt, andererseits durch eine zunehmende Sensibilität gegenüber der Landschaft. Die Technik der Betonschalen und leichten Flächentragwerke eröffnet besonders dieser Strömung konstruktive und formale Möglichkeiten, über die die 1. Generation noch nicht verfügte. Das gilt besonders für die **Integration der Architektur in die Landschaft,** z. B. im Zusammenhang mit den Bewegungen des modernen Massensports, der Freizeit- und Erholungsbereiche für die Menge der Bevölkerung.

Viele Architekten und Stadtplaner streben eine Gebäude- und Stadtplanung an, in der die **Wachstumsprozesse** mit ihrem oft unvorhersehbaren Verlauf nicht durch eine determinierte Endform (= Architektur im konventionellen Verständnis) gefesselt werden. Z. B. plant die japan. Gruppe der *Metabolisten* stabile *Makrostrukturen* für die dauernden Bedürfnisse und langfristigen Einrichtungen. Darin sollen flexible *Mikrostrukturen* die Raumgruppen, Häuser oder Wohnquartiere aufnehmen, die nach Bedarf wachsen, verändert und erneuert werden können. Architektur soll ein Teil des ständigen Erneuerungsprozesses sein oder ihn ermöglichen (s. S. 16, 548, K. TANGE).
Andere Architekten wählen horizontale und vertikale Kombinationen von *Raum* oder *Gebäudezellen.* Größere Einheiten entstehen nicht durch eine tragende Struktur, die ausgebaut und verändert werden kann, sondern durch Addition dieser konstrukt. selbständigen Zellen nach bestimmten Ordnungssystemen.
Alternativen zu diesem regelhaft einfachen **Zellen-Strukturalismus** bieten Kompositionssysteme mit komplexer Grundriß-Geometrie. Die Grundfiguren werden durch Drehung und Überlagerung zu multiaxialen geometr. Feldern verbunden, auf denen sich vielfältige Raum- und Körperkonfigurationen aufbauen lassen. Sie setzen sich in einer Art von kristallinem Wachstum an einen Kernraum bzw. -bau an, verbinden sich zu Gruppen und treten zu anderen in Beziehung. Diese Systeme bewähren sich besonders in außergewöhnlichen Situationen mit komplizierten Bezügen in vielen Richtungen.

Symbolisierung und **Emotionalisierung** der Architektur nehmen zu. Dies geschieht einerseits durch Bindung an die moderne Technik, aus der manche Architekten eine »bildhafte Architektur« mit assoziativen und expressiven Formen entwickeln möchten (vgl. S. 510, SYDNEY). Andererseits erneuern sich die Tendenzen, die technisch bedingte »nackte« Struktur der Gebäude eklektisch einzukleiden bzw. so zu stilisieren, daß Assoziationen an Stile der Vergangenheit erweckt werden.
Die Rückbindung an regionale oder örtl. Traditionen und die Eingliederung in histor. Ortsbilder anstelle der harten Konfrontation versucht man teils in einem vordergründigen Formalismus mit vorgeblendeten Motiven, teils durch Wahrung der Proportionen zu erreichen.
Ein anderes Verhältnis zur Tradition kennzeichnet eine neue Phase im Werk von J. STIRLING. Mit anscheinend abrupter Wendung geht er von der zur Vollendung gebrachten Glashaus-Architektur (S. 550) zu einer Art von pluralist. *Collage-Architektur* mit »Zitaten« früherer Epochen über.
Gegenüber diesem elitären Eklektizismus und Traditionalismus befürwortet die Gruppe um R. VENTURI eine **populäre Architektur** der Zeichen und Symbole, die nach dem Prinzip der Pop-Art der Welt des Alltäglichen bzw. den Mustern der amerikan. Geschäfts- und Vergnügungsviertel entlehnt sind: Architektur als »dekorierter Schuppen«, ein Versuch, sie wieder im Bewußtsein der breiten Öffentlichkeit zu verankern.
Alle Strömungen überlagern sich, ohne bisher einen überzeugenden Ausgleich zu finden. Für die letzten Jahrzehnte des 20. Jhs. sind heftige Kontroversen über die Prinzipien der Architektur zu erwarten. Sie steht heute zwischen dem Optimismus, alles machen zu können, und dem Zweifel, ob sie alles machen soll. Der weitere Weg ist völlig offen.

Literatur- und Quellenverzeichnis

Allgemeine und epochenübergreifende Literatur

Armytage, W. H. C.: Heavens Below: Utopian Experiments in England 1560–1960. London 1961
Bandmann, G.: Ikonologie der Architektur. Darmstadt 1969
Bernt, A.: Deutsche Bürgerhäuser. Tübingen 1969
Braunfels, W.: Abendländische Stadtbaukunst. Köln 1976
Braunfels, W.: Abendländische Klosterbaukunst. Köln 1969
Chierici, G.: Il palazzo italiano dal secolo XI al secolo XIX. Mailand 1952–1957
Choisy, A.: Histoire d'architecture. Paris 1899
Dehio, G.: Geschichte der dt. Kunst. Bd. I–IV. 4. Aufl. Berlin und Leipzig 1930
Dehio, G./G. von Bezold: Die kirchliche Baukunst des Abendlandes. Stuttgart 1884–1901; Reprint in 7 Bdn. Hildesheim 1969
Evers, H. G.: Tod, Macht und Raum als Bereiche der Architektur. 2. Aufl. München 1970
Giedion, S.: Raum, Zeit und Architektur. Ravensburg 1965, 6. Aufl. Basel 2000
Griep, H. G.: Das Bürgerhaus in Goslar. Tübingen 1959, 2. Aufl. 1984
Hauser, A.: Sozialgeschichte der Kunst und Literatur. München 1953; Sonderausg. 1990
Hübler, H.: Das Bürgerhaus in Lübeck. Tübingen 1968
Lavedan, P.: Histoire de l'urbanisme. Paris 1959
Mumford, L.: Die Stadt – Geschichte und Ausblick. Köln 1963
Paatz, W. und E.: Die Kirchen von Florenz. Frankfurt/Main 1940–1954
Pevsner, N.: Europäische Architektur. München 1963, 8. erw. Aufl. 1994
Pevsner, N.: The buildings of England. 46 Bde. Harmondsworth 1951–1974
Pevsner/Fleming/Honour: Lexikon der Weltarchitektur. München 1971, 3. aktual. u. erw. Auflage 1999 (CD-ROM 2000)
Rückbrod, K.: Universität und Kollegium, Baugeschichte und Bautyp. Darmstadt 1977
Schepers, J.: Haus und Hof westfälischer Bauern. Münster 1960, 7. neub. Aufl. 1994
Schubert, O.: Gesetz der Baukunst. Leipzig 1954/55
Speckter, H.: Paris. Städtebau von der Renaissance bis zur Neuzeit. München 1964
Venturi, R.: Komplexität und Widerspruch in der Architektur. Braunschweig/Wiesbaden 1979, Nachdr. Basel 1993
Vitruv (Vitruvius): De architectura libri decem/Zehn Bücher über die Architektur, hg. v. C. Fensterbusch. 5. Aufl. Darmstadt 1991

Mittelalter

Anker, P. und A. Andersson: L'art scandinave. Paris 1969
Argan, G. C.: L'architettura italiana del Ducento e Trecento. Florenz 1945
Assunto, R.: Die Theorie des Schönen im Mittelalter. Köln 1963
Aubert, M.: Roman. Kathedralen und Klöster in Frankreich. 2. Aufl. Wiesbaden 1973
Aubert, M.: Hochgotik. Baden-Baden 1963
Aubert, M./Verrier, J.: L'architecture française à l'époque gothique. Paris 1943
Bandmann, G.: Mittelalterliche Architektur als Bedeutungsträger. Berlin 1951, 11. Aufl. 1998
Bassegoda y Amigo, B.: Santa Maria del Mar. Barcelona 1925
Baudry, J.: Bourgogne romane. Paris 1962
Beseler, H./H. Roggenkamp: Die Michaeliskirche in Hildesheim. Berlin 1954
Boase, T. S. R.: English art 1100–1216. (Oxford History of English Art) Oxford 1953
Bond, F.: Gothic architecture in England. London 1905
Booz, P.: Der Baumeister der Gotik. München/Berlin 1956
Branner, R.: Architektur der Gotik. Ravensburg 1962
Branner, R.: Chartres Cathedral. New York 1969
Braunfels, W.: Die Welt der Karolinger und ihre Kunst. München 1968
Braunfels, W.: Die Pfalzkapelle Karls des Großen in Aachen. (in: ›Meilensteine europ. Kunst‹) München 1965
Braunfels, W.: Mittelalterliche Stadtbaukunst in der Toskana. 6. Aufl. Berlin 1988
Brieger, P.: English Art 1216–1307 (Oxford History of English Art). Oxford 1957
Buchowiecki, W.: Die gotischen Kirchen Österreichs. Wien 1952
Burmeister, W.: Norddeutsche Backsteindome. 2. Aufl. Berlin 1938
Burmeister, W.: Die westfälischen Dome. München 1951
Carli, E.: Il Duomo di Orvieto. Rom 1965
Clasen, K. H.: Deutsche Gewölbe der Spätgotik. Berlin 1958
Clapham, A. W.: English Romanesque architecture before the conquest. Oxford 1930
Clapham, A. W.: English Romanesque architecture after the conquest. Oxford 1934
Clifton-Taylor, A.: The cathedrals of England. New York 1970
Colombier, P. du: Les Chantiers des cathedrales. Paris 1973
Conant, K. J.: Carolingian and romanesque Architecture. (Pelican History of Art) Harmondsworth 1959

Conant, K. J.: Cluny. Les eglises et la maison du chef d'ordre. Mâcon 1968
Craemer, Ulrich: Das Hospital als Bautyp des Mittelalters. Köln 1963
Craplet, B.: Auvergne romane. Paris 1962
Crosby, S. M. K.: L'abbaye royale de St. Denis. Paris 1953
Crozet, R.: Poitou roman. Paris 1962
Daras, Ch.: Angoumois roman. Paris 1961
Das erste Jahrtausend: Katalog, hg. v. V. H. Elbern; Düsseldorf 1962–64
Der Dom zu Speyer. Bearb. v. H. E. Kubach und W. Haas. 3 Bde. München 1972
Donin, R. K.: Der Wiener Stephansdom und seine Geschichte. 2. Aufl. Wien 1952
Donin, R. K.: Die Bettelordenskirchen in Österreich. Baden bei Wien 1935
Durand, G.: Monographie de la Cathedrale d'Amiens. Amiens/Paris 1901–03
Ebhardt, B.: Der Wehrbau Europas im Mittelalter. Berlin 1939–1958, neu 3 Bde. Würzburg 1998
Ebhardt, B.: Die Burgen Italiens. Berlin 1971/72
Eckstein, H.: Die romanische Architektur. Köln 1975
Effmann, W.: Die Kirche der Abtei Corvey. Paderborn 1929
Enlart, C.: Manuel d'archeologie française. Architecture religieuse. Paris 1919
Ennen, E.: Die Frühgeschichte der europäischen Stadt. Bonn 1953
Ennen, E.: Die europäische Stadt des Mittelalters. Göttingen 1972, 4. verb. Aufl. 1987
Escher, K.: Englische Kathedralen. München/Berlin 1929
Evans, J.: English Art. 1307–1461. (Oxford History of English Art) Oxford 1949
Faensen, H./W. Iwanow: Altrussische Baukunst. Berlin, Wien, München 1972
Fehr, G.: Benedikt Ried: Ein deutscher Baumeister zwischen Gotik und Renaissance. München 1961
Fillitz, H. u. a.: Karoling. Kunst und Romanik (Prop. Kunstgesch. Bd. 5) Berlin 1969
Fink, E.: Die gotischen Hallenkirchen in Westfalen. Emsdetten 1934
Fisher, E. A.: The greater Anglo-Saxon Churches. London 1962
Fitchen, J.: The Construction of Gothic Cathedrals. Oxford 1961
Frankl, P.: Gothic architecture. (Pelican History of Art) Harmondsworth 1962
Franz, H. G.: Spätromanik und Frühgotik. (Kunst der Welt) Baden/Baden 1969
Frey, D.: Die Entwicklung nationaler Stile in der mittelalterlichen Kunst des Abendlandes. Darmstadt 1970
Gall, E.: Die gotische Baukunst in Frankreich und Deutschland. Teil I. 2. Aufl. Braunschweig 1955
Gall, E.: Dome und Klosterkirchen am Rhein. München 1956
Ganshof, F. L.: Etude sur le developpement des villes entre Loire et Rhin au moyen-âge. Paris/Brüssel 1943
Gerstenberg, K.: Deutsche Sondergotik. 2. Aufl. Darmstadt 1969
Götz, W.: Zentralbau und Zentralbautendenz in der got. Architektur. Berlin 1968
Grabar, A.: Die mittelalterliche Kunst Osteuropas. (Kunst der Welt) Baden-Baden 1968
Grimschitz, B.: Hanns Puchspaum. Wien 1947
Grodecki, L.: Architektur der Gotik. (Weltgeschichte der Architektur) Mailand und Stuttgart 1976
Grodecki, L./F. Mütherich/J. Taralon/F. Wormald: Die Zeit der Ottonen und Salier. (Universum der Kunst) München 1973
Gross, W.: Die abendländische Architektur um 1300. Stuttgart 1948
Gross, W.: Gotik und Spätgotik. Frankfurt am Main 1969
Gruber, Karl: Die Gestalt der deutschen Stadt. 2. Aufl. München 1976
Gruber, K.: Das deutsche Rathaus. München 1943
Hahn, H.: Die frühe Kirchenbaukunst der Zisterzienser. Berlin 1957
Hahn, H.: Hohenstaufenburgen in Süditalien. Ingelheim 1961
Hahnloser, H. R.: Villard de Honnecourt, Bauhüttenbuch. Krit. Ausgabe, 2. Aufl. Graz 1972
Harvey, J. H./H. Felton: The English Cathedrals. London 1950
Henry, F.: L'art Irlandais. 3. Bde. Paris 1963/64
Herbecourt, P./J. Porcher: Anjou roman. Paris 1959
Herzog, E.: Die ottonische Stadt. Berlin 1964
Hofstätter, H. H.: Gotik (Weltkulturen und Baukunst) Fribourg/München 1968
Horn, W./E. Born: The Plan of St. Gall. Berkeley 1979
Hotz, W.: Die Münster am Oberrhein. Berlin 1941
Hotz, W.: Pfalzen und Burgen der Stauferzeit. Darmstadt 1981
Hotz, W.: Kleine Kunstgeschichte der dt. Burg. 2. Aufl. Darmstadt 1972
Hotz, W.: Kleine Kunstgeschichte der dt. Schlösser. Darmstadt 1970
Hubert, J.: L'architecture religieuse du Haut Moyen – Age en France. Paris 1952
Hubert, J./J. Porcher/W. F. Volbach: Die Kunst der Karolinger. (Universum der Kunst) München 1969
Hubert, J./J. Porcher/W. F. Volbach: Frühzeit des Mittelalters. (Universum der Kunst) München 1968
Hürlimann, M./P. Martin: Englische Kathedralen. Zürich 1948
Jahn, J.: Schmuckformen des Naumburger Doms. Leipzig 1944
Jantzen, H.: Kunst der Gotik. Hamburg 1957
Jantzen, H.: Die Gotik des Abendlandes. Köln 1962
Jantzen, H.: Ottonische Kunst. 2. Aufl. Hamburg 1959
Jantzen, H.: Über den gotischen Kirchenraum. Freiburg 1927, neu Berlin 1951
Karl der Große, Werk und Wirkung: Katalog, Aachen 1965
Karl der Große, Lebenswerk und Nachleben (5 Bde.) Bd. III: Karolingische Kunst. Düsseldorf 1965–1968
Kautzsch, R.: Der romanische Kirchenbau im Elsaß. Freiburg i. B. 1944
Kletzl, O.: Peter Parler, Der Dombaumeister von Prag. Leipzig 1940
Klotz, H.: Der Ostbau der Stiftskirche zu Wimpfen im Tal. München 1967

Koepf, H.: Die gotischen Planrisse der Wiener Sammlungen. Wien/Köln/Graz 1969
Konow, H.: Die Baukunst der Bettelorden am Oberrhein. Berlin 1954
Kubach, H. E.: Architektur der Romanik. (Weltgesch. d. Architektur) Stuttgart 1974
Kubach, H. E./V. H. Elbern: Das frühmittelalterliche Imperium. (Kunst der Welt) Baden-Baden 1968
Kubach, H. E./P. Bloch: Früh- und Hochromanik. (Kunst der Welt) Baden-Baden 1964
Kubach, H. E./A. Verbeek: Romanische Kirchen an Rhein und Maas. Neuß 1971
Küas, H.: Die Meisterwerke im Naumburger Dom. Leipzig 1938
Kübler, L.: Computer-Analysen der Statik zweier Kathedralen. (›Architectura‹ 2/1974) München 1974
Kunst und Kultur im Weserraum 800–1600. Katalog Corvey 1966
Kunze, H.: Das Fassadenproblem der französischen Früh- und Hochgotik. Leipzig 1912
Lasteyrie, R. de: L'architecture religieuse en France à l'époque romane. 2. Aufl. Paris 1929; – à l'époque gothique. 2. Aufl. Paris 1929
Lavedan, P.: L'architecture religieuse en Catalogne, Valence et Baleares. Paris 1935
Lehmann, E.: Der frühe dt. Kirchenbau. 2. Aufl. Berlin 1949
Liess, R.: Der frühroman. Kirchenbau des 11. Jhs. in der Normandie. München 1967
Lindholm, D./W. Roggenkamp: Stabkirchen in Norwegen. Stuttgart 1968
Lutze, E.: Die Nürnberger Pfarrkirchen St. Sebald und St. Lorenz. Berlin 1939
Meckseper, C.: Stadtplan und Sozialstruktur in der dt. Stadt des Mittelalters. In: ›Bauwelt‹ 12/13, 1972
Meulen, J. van der: Notre Dame de Chartres, die vorromanische Choranlage. Berlin 1975
Meyer-Barkhausen, W.: Das große Jh. köln. Kirchenbaukunst 1150–1250. Köln 1952
Mrusek, H. J.: Drei dt. Dome (Quedlinburg, Magdeburg, Halberstadt). Dresden 1963
Müller-Wiener, W.: Burgen der Kreuzritter im Hlg. Land, auf Zypern und in der Ägäis. München/Berlin 1966
Ohly, F.: Schriften zur mittelalterlichen Bedeutungsforschung. Darmstadt 1977
Oswald, F./L. Schäfer/H. R. Sennhauser: Vorroman. Kirchenbauten. (Katalog der Denkmäler bis zum Ausgang der Ottonen) München 1966 ff.
Oursel, R.: Romanik. (Weltkulturen und Baukunst) Fribourg und München 1966
Palol, P. de/M. Hirmer: Spanien. Kunst des frühen Mittelalters vom Westgotenreich bis zum Ende der Romanik. München 1965
Panofsky, E.: Abbot Suger. On the abbey church of St. Denis and its treasures. Princeton 1946
Puig I Cadafalch, J.: La geographie et les origines du premier art roman. Paris 1935
Puig I Cadafalch/A. de Falguera/Goday: L'arquitectura romanica a Catalunya. Barcelona 1909–1918
Rave, P. O.: Der Emporenbau in roman. und frühgot. Zeit. Bonn/Leipzig 1924
Rave, W.: Corvey. Münster 1958
Reinhardt, H.: Der St. Galler Klosterplan. St. Gallen 1952
Reinhardt, H.: La Cathedrale de Reims. Paris 1963
Reinhardt, H.: La Cathedrale de Straßbourg. Paris 1972
Rey, R.: L'art gothique du midi de la France. Paris 1925
Rhein und Maas, Ausstellungskatalog. Köln 1972
Ricci, C.: Romanische Baukunst in Italien. Stuttgart 1925
Salmi, M.: Romanische Kirchen in der Toskana. Nürnberg 1961
Sauerländer, W.: Die Kathedrale von Chartres. (Meilensteine europ. Kunst) München 1965
Schlink, W.: Zwischen Cluny und Clairvaux. Berlin 1970
Simson, O. von: Das hohe Mittelalter. (Prop.- Kunstgesch.) Berlin 1972
Simson, O. von: Die gotische Kathedrale. Darmstadt 1968
Stewart, Cecil: Early christian, byzantine and romanesque architecture. (Simpsons history) London 1954
Stiehl, O.: Das deutsche Rathaus im Mittelalter. Leipzig 1905
Stiehl, O.: Der Wohnbau des Mittelalters. Leipzig 1908
Swoboda, K. M.: Gotik in Böhmen. München 1969
Swoboda, K. M.: Peter Parler. Der Baukünstler und Bildhauer. Wien 1940
Thümmler, H./F. Badenheuer: Romanik in Westfalen. Recklinghausen 1964
Torres Balbas, L.: Arquitectura gótica (Ars Hispaniae). Madrid 1952
Tuulse, A.: Burgen des Abendlandes. Wien/München 1958
Ungewitter, G./K. Mohrmann: Lehrbuch der gothischen Konstruktionen. Leipzig 1890/92
Vale, E.: Cambridge and its colleges. London 1959
Vallery-Radot, J.: Saint-Philibert de Tournus. Paris 1959
Verbeek, A.: Kölner Kirchen. Köln 1959
Verzone, P.: Werdendes Abendland (Kunst der Welt). Baden-Baden 1967
Viollet le Duc, E. E.: Dictionnaire raisonné de l'architecture française du XIe au XVIe siècle. Paris 1854 ff.
Volbach, W. E. u. a.: Byzanz und der christl. Osten. (Prop.-Kunstgesch.) Berlin 1968
Wagner-Rieger, R.: Die italien. Baukunst zu Beginn der Gotik. Graz/Köln 1956/57
Wagner-Rieger, R.: Das Mittelalter I, Architektur. (Prop.-Kunstgesch.) Berlin 1969
Webb, G. F.: Architecture in Britain: The Middle Ages. (Pelican History of Art) Harmondsworth 1956
Weigert, H.: Die Kaiserdome am Mittelrhein, Speyer, Mainz und Worms. 2. Aufl. Berlin 1938
White, J.: Art and Architecture in Italy, 1250–1400. (Pelican History of Art) Harmondsworth 1966
Will, R.: Alsace roman. Paris 1965
Winnig, A.: Der dt. Ritterorden und seine Burgen. Königstein u. Leipzig 1940
Winterfeld, D. von: Der Dom zu Bamberg, 2 Bde. Berlin 1979
Zaske, N.: Gotischer Backsteinbau Norddeutschlands zwischen Elbe und Oder. Leipzig 1968

Neuzeit I, Renaissance, Barock, Klassizismus

Ackerman, J. S.: The Architecture of Michelangelo. New York 1961–64
Ackerman, J. S.: Palladio. Stuttgart 1980
Alberti, Leon Battista: De re aedificatoria. Florenz 1485; dt. Ausg.: Zehn Bücher über die Baukunst, hg. v. Max Theuer. Wien 1912, neu Darmstadt 1975
Alker, H.: Michelangelo und seine Kuppel von St. Peter. Karlsruhe 1968
Argan, G. C.: Borromini. Verona 1952
Argan, G. C.: L'architettura barocca in Italia. Mailand 1957
Argan, G. C.: Brunelleschi. Mailand 1955
Aurenhammer, H. und G.: Das Belvedere in Wien. Wien 1971
Bachmann, E.: Barock in Böhmen. München 1964
Bachmann, E.: Residenz Würzburg. München 1970
Baroni, C.: Bramante. Bergamo 1944
Battisti, E.: Filippo Brunelleschi, das Gesamtwerk. Stuttgart/Zürich 1979
Battisti, E.: Hochrenaissance und Manierismus. (Kunst der Welt) Baden-Baden 1970
Baumgart, F.: Renaissance und Kunst des Manierismus. Köln 1963
Benevolo, L.: Storia dell' architettura del Rinascimento. Bari 1968
Bertotti-Scamozzi, O.: Le fabbriche e i disegni di Andrea Palladio. Neapel 1872–73
Blondel, A.: Cours d'Architecture. Paris 1675
Blunt, A.: Art and Architecture in France 1500–1700. (Pelican History of Art) Harmondsworth 1957
Blunt, A.: Artistic Theory in Italy 1450–1600. Oxford 1956
Blunt, A.: François Mansart. London 1941
Blunt, A.: Philibert de l'Orme. London 1958
Boffrand, G.: Livre d'Architecture. Paris 1745
Borromini, F.: Opera et Opus Architectonicum. Rom 1722–25
Bourget, P./G. Cattani: Jules Hardouin-Mansart. Paris 1956
Brinckmann, A. E.: Von Guarino Guarini bis Balthasar Neumann. Berlin 1932
Bruschi, A.: Bramante architetto. Bari 1969
Bullant, J.: Reigle générale d'architecture des cinq manières de colonnes. Rouen 1564 (Ed. Salomon de Brosse 1619)
Burckhardt, J.: Die Kultur der Renaissance in Italien. Ein Versuch. Stuttgart 1960
Burckhardt, J.: Die Baukunst der Renaissance in Italien. Darmstadt 1955
Burke, J.: English Art 1714–1800. Oxford 1976
Campbell, C.: Vitruvius Britannicus. London 1715–25
Cassirer, K.: Die ästhetischen Hauptbegriffe der französ. Architekturtheoretiker von 1650–1780. Berlin 1909
Chastel, A.: Italienische Renaissance II: Die großen Kunstzentren. (Universum der Kunst) München 1965
Chastel, A.: Italienische Renaissance III: Die Ausdrucksformen der Künste. (Universum der Kunst) München 1966
D'Aviler (Daviler), A. C.: Cours d'Architecture. Paris 1691
De L'Orme, Ph.: Premier Tôme de l'Architecture. Paris 1567
De L'Orme, Ph.: Nouvelles Inventions pour bien bastir à petit frais. Paris 1561
Dietterlin, W.: Architectura, von Austheilung, Symmetria und Proportion der Fünff Seulen. Nürnberg 1593
Du Cerceau, J.: Les plus excellents Bastiments de France. Paris 1576 und 1579
Dupérac, E.: I vestigi dell'architettura di Roma. Rom 1575
Falda, G. B.: Nuovi disegni dell'architettura e piante dei palazzi di Roma. Rom 1675
Filarete, A.: Trattato di Architettura. Mailand 1461–64
Fischer von Erlach, J. B.: Entwurff einer historischen Architektur. Wien 1721
Förster, O. H.: Bramante. Wien 1956
Forssman, E.: Palladios Lehrgebäude. Stockholm 1963
Fox, H. M.: André Le Nôtre. London 1962
Gebelin, F.: Les châteaux de la Renaissance. Paris 1927
Gengano, M. L.: L. B. Alberti. Mailand 1939
Giedion, S.: Raum, Zeit, Architektur. Ravensburg 1965
Grimschitz, B.: Das Wiener Belvedere. Wien 1946
Grimschitz, B.: Johann Lukas von Hildebrandt. Wien/München 1959
Grimschitz, B.: Wiener Barockpaläste. Wien 1947
Guarini, G.: Architettura Civile. Turin 1737
Hager, W.: Barockarchitektur. (Kunst der Welt) Baden-Baden 1968
Haupt, A.: Renaissance Palaces of Northern Italy and Tuscany. London 1931
Haupt, A.: Baukunst der Renaissance in Frankreich und Deutschland. Berlin 1925
Hauser, A.: Der Ursprung der mod. Kunst und Literatur: Die Entwicklung des Manierismus seit der Krise der Renaissance. München 1973
Hautecoeur, L.: Histoire de l'architecture classique en France. Paris 1943–57
Hegemann, H. W.: Deutsches Rokoko. Königstein/Taunus 1956
Hempel, E.: Baroque Art and Architecture in Central Europe. (Pelican History of Art) Harmondsworth 1965
Hempel, E.: Francesco Borromini. Wien 1924
Hempel, E.: Der Zwinger zu Dresden. Berlin 1961
Heydenreich, L. H.: Italienische Renaissance I. Beginn und Entfaltung. München 1972

Heydenreich, L. H./G. Passavant: Italienische Renaissance IV. Die großen Meister in der Zeit von 1500–1540 (Universum der Kunst) München 1975
Heydenreich, L. H.: Leonardo da Vinci. London 1954
Heydenreich, L. H./H. Lotz: Architecture in Italy 1400–1600. (Pelican History of Art) Harmondsworth 1974
Hibbard, H.: Bernini. Harmondsworth 1965
Hieber, H.: Elias Holl. München 1923
Hitchcock, H. R.: German Rococo. London 1968
Hitchcock, H. R.: Rococo-Architecture in Southern Germany. London 1969
Hoffmann, H.: Hochrenaissance. Manierismus, Frühbarock. Zürich 1938
Hotz, W.: Kleine Kunstgeschichte der dt. Schlösser. Darmstadt 1970
Kaufmann, G. u. a.: Hochrenaissance, Manierismus, Frühbarock. (Prop.-Kunstgesch.) Berlin 1970
Kalnein, W. v./Levey: Art and architecture of the eigtheenth century in France. (Pelican History of Art) Harmondsworth 1972
Kerber, O.: Von Bramante zu Lukas von Hildebrandt. Stuttgart 1947
Kimball, F.: Le Style Louis XV: Origine et evolution du Rococo. Paris 1949
Kleiner, Salomon: Die Hochgräflich Schönbornischen Schlösser Weißenstein ob Pommersfelden und Gaibach. Augsburg 1728
Kleiner, Salomon: Wunderwürdiges Kriegs- und Siegeslager ... Eugenii Francisci Hertzogen zu Savoyen und Piemont. Augsburg 1728
Kreft, H./J. Soenke: Die Weserrenaissance. Hameln 1964
Kreisel, H.: Das Schloß zu Pommersfelden. München 1953
Kunoth, G.: Die histor. Architektur Fischers von Erlach. Düsseldorf 1956
Lamb, C.: Die Wies. München 1964
Landolt, H.: Schweizer Barockkirchen. Frauenfeld 1948
Langner, J.: Das Schloß von Versailles (in ›Meilensteine europ. Kunst‹) München 1965
Le Muet, Pierre: Maniere de bien bastir pour toutes sortes de personnes. Paris 1623
Leonardo da Vinci: Tagebücher und Aufzeichnungen, hg. v. Th. Lücke. Leipzig 1940
Letarouilly, P. M.: Edifices de Rome moderne. Paris 1868–74
Lieb, N.: Barockkirchen zwischen Donau und Alpen. München 1953
Lieb, N./F. Dieth: Die Vorarlberger Barockbaumeister. München/Zürich 1960
Morisano, O.: Michelozzo architetto. Turin 1951
Murray, P.: Architektur der Renaissance. (Weltgesch. d. Architektur) Stuttgart 1975
Murray, P.: Die Architektur der Renaissance in Italien. Stuttgart 1980
Norberg Schulz, Chr.: Architektur des Barock. (Weltgesch. d. Architektur) Stuttgart 1975
Norberg-Schulz, Chr.: Architektur des Spätbarock und Rokoko. (Weltgesch. d. Architektur) Stuttgart 1975
Paatz, W.: Die Kunst der Renaissance in Italien. 2. Aufl. Stuttgart 1954
Pahl, J.: Die Stadt im Aufbruch der perspektivischen Welt. Berlin 1963
Palladio, Andrea: I Quattro Libri dell'Architettura. Venedig 1570
Papini, R.: Francesco di Giorgio architetto. Florenz 1946
Pedretti, C.: Leonardo da Vinci. Stuttgart 1981
Perrault, Claude: Les dix livres d'architecture de Vitruve. Paris 1673
Perrault, Claude: L'ordonnance des espèces des colonnes. Paris 1683
Pinder, W.: Deutscher Barock. Düsseldorf/Leipzig 1912
Portoghesi, P.: Guarino Guarini. Mailand 1956
Portoghesi, P.: Francesco Borromini. Stuttgart 1977
Portoghesi, P.: Roma Barocca. Cambridge/Mass. 1971
Puppi, L.: Andrea Palladio: Das Gesamtwerk. Stuttgart 1977
Rensing, Th.: Johann Conrad Schlaun. München/Berlin 1954
Reuther, H.: Die Kirchenbauten Balthasar Neumanns. Berlin 1960
Reuther, H.: Barock in Berlin. Berlin 1969
Ricci, C.: L'architettura del cinquecento in Italia. Turin 1923
Riegl, A.: Die Entstehung der Barockkunst in Rom. Wien 1923
Rovere, L./V. Vitale/A. E. Brinckmann: Filippo Juvarra. Mailand 1937
Sanpaolesi, P.: Brunelleschi. Mailand 1962
Santinello, G.: L. B. Alberti. Florenz 1962
Scamozzi, V.: Dell' idea dell'architettura universale. Venedig 1615
Johann Conrad Schlaun, Katalog. Münster 1973 (Schlaunstudie I–III)
Sedlmayr, H.: Johann Bernhard Fischer von Erlach. Wien 1956
Serlio, Sebastiano: Regole generali di Architettura. Venedig 1537 ff.
Shute, J.: The First and Chief Grounds of Architecture. London 1563
Stern, J.: Le château de Maisons. Paris 1934
Summerson, J.: Architecture in Britain 1530–1830. (The Pelican History of Art) Harmondsworth 1953, Rev. Ed. 1970
Summerson, J.: Inigo Jones. Harmondsworth 1966
Tafuri, M.: L'architettura del Manierismo nel Cinquecento Europeo. Rom 1966
Tolnay, Ch. de: Michelangelo. Princeton 1943–60
Torselli, G.: Palazzi di Roma. Mailand 1965
Vasari, Giorgio: Le Vite de piu Eccellenti Architetti, Pittori, Scultori. Florenz 1550 und 1568; dt. hg. v. K. Frey u. H. Thelen. München 1911
Vignola, G. Barozzi da: Regola delle Cinque Ordini d'Architettura. Rom 1562

Weigert, H.: Baukunst der Renaissance in Europa. Frankfurt 1960
Wienerisches Welttheater: Das barocke Wien in Stichen von Salomon Kleiner. Graz 1969
Wittkower, R.: Art and Architecture in Italy 1600–1750. (The Pelican History of Art) 3. Aufl. Harmondsworth 1958
Wittkower, R.: Grundlagen der Architektur im Zeitalter des Humanismus. München 1969
Wölfflin, H.: Die klassische Kunst. Eine Einführung in die italienische Renaissance. 10. Aufl. Basel 1984
Wölfflin, H.: Renaissance und Barock. 8. Aufl. Basel 1986
Wundram, M.: Frührenaissance. (Kunst der Welt) Baden-Baden 1970
Zevi, B.: Michelangelo architetto. Turin 1964

Neuzeit II, 19. und 20. Jahrhundert

Aalto, Alvar: Gesamtwerk, hg. v. Karl Fleig. Zürich 1970–78; 3 Bde, 7. Aufl. Basel 1999
Altherr, A.: Drei japanische Architekten: Mayekawa, Tange, Sakakura, 1950–1967. Stuttgart 1968
Argan, G. C.: Walter Gropius e La Bauhaus. Turin 1951
Alexander, Chr.: Notes on the Synthesis of Form. Cambridge/Mass. 1964
Bach, I. J.: Chicago's Famous Buildings. Ein fotograf. Führer. 3. Aufl. Chicago 1980
Bahrdt, H. P.: Die moderne Großstadt. Hamburg 1961/1969
Banham, R.: Brutalismus in der Architektur, Ethik oder Ästhetik? Stuttgart 1966
Banham, R.: Die Revolution in der Architektur – Theorie und Gestaltung im ersten Maschinenzeitalter. Hamburg 1964; Basel 1990
Banham, R.: Guide to Modern Architecture. London 1962
Battisti, E.: Architettura, ideologia e scienza. Mailand 1975
Bau und Wohnung – Die Weißenhof-Siedlung in Stuttgart. Stuttgart 1927
Becher, B. und H.: Die Architektur der Förder- und Wassertürme. München 1971
Behne, A.: Der moderne Zweckbau. Berlin 1926, neu Berlin 1998
Benevolo, L.: Geschichte der Architektur im 19. und 20. Jh. München 1964
Bernoulli, H.: Die Stadt und ihr Boden. 2. Aufl. Erlenbach/Zürich 1950
Bill, Max: Robert Maillart. Zürich 1969
Bill, M.: Moderne Schweizer Architektur 1925–45. Basel 1950
Blake, P.: The Master Builders. London 1960
Blaser, W.: Mies van der Rohe – die Kunst der Struktur. Zürich 1965
Blaser, W.: Mies van der Rohe, Lehre und Schule. Basel/Stuttgart 1977
Boase, T. S. R.: English Art 1800–1870. Oxford 1959
Boileau, L. A.: La nouvelle form architecturale. Paris 1953
Breuer, Marcel 1921–1962 (Hg. v. C. Jones). Stuttgart 1962
Breuer, Marcel – Neue Bauten und Projekte (Hg. v. T. Papachristou). Stuttgart 1970
Broek, van den + Bakema – Architektur und Städtebau; hg. v. J. Joedicke. Stuttgart 1963
Broek, van den + Bakema: Architektur – Urbanismus (mit Werkverzeichnis). Stuttgart 1976
Candilis/Josic/Woods: Ein Jahrzehnt Architektur und Stadtplanung. Stuttgart 1968
Candilis/Josic/Woods: Toulouse le Mirail. Geburt einer neuen Stadt. Stuttgart 1975
Conrads, U.: Programme und Manifeste zur Architektur des 20. Jhs., hg. v. Peter Neitzker u. U. C. Basel 2001
Conrads, U./H. G. Sperlich: Phantastische Architektur. Stuttgart 1960
Considerant, V.: Considerations sociales sur l'architecture. Paris 1834
Cook, E. T./A. Wedderburn: The Works of John Ruskin. London 1903–1912
Cook, P.: Experimental Architecture. London/New York 1970
Crook, J. M.: The Greek Revival (1760–1870). London 1972
Dahinden, J.: Versuch einer Standortbestimmung der Gegenwartsarchitektur. Zürich 1956
De Fusco, R.: Architektur als Massenmedium. Berlin/Gütersloh 1972
Desideri/Nervi jr./Positano: Pier Luigi Nervi. Zürich 1981
Die Wohnung für das Existenzminimum (2. CIAM-Studie). Frankfurt/Main 1930
Doesburg, Th. van: Grundbegriffe der neuen gestaltenden Kunst. (Bauhausbücher) München 1925, neu 2. Aufl. Berlin 1981
Drew, Ph.: Die dritte Generation: Architektur zwischen Produkt und Prozeß. Stuttgart 1972
Drew, Ph.: Frei Otto – Form und Konstruktion. Stuttgart 1978
Durand, J. N. L.: Recueil et parallel des édifices. Paris 1800
Durand, J. N. L.: Precis des leçons. Paris 1802–1805
Eckardt, W. von: Erich Mendelsohn. Ravensburg 1962
Ehrlich, P. und A.: Bevölkerungswachstum und Umweltkrise. Frankfurt 1972
El Lissitzky: Architektur für eine Weltrevolution. (Bauhausbücher) München 1929, neu Berlin 1965
Engels, F.: Über die Umwelt der arbeitenden Klasse (Auswahl). Gütersloh 1970
Faber, C.: Felix Candela und seine Schalen. München 1965
Faber, T.: Arne Jacobsen. Stuttgart 1964
Flach-Mittel oder Hochbau. CIAM-Studie 1931. Stuttgart 1931
Fry, M.: Art in machine age. London 1969
Fünfzig Jahre Bauhaus. Katalog Stuttgart 1968
Galbraith, J. K.: Die moderne Industriegesellschaft. München/Zürich 1968
Germann, G.: Gothic revival in Europe and Britain. London 1972
Giedion, S.: Architektur und Gemeinschaft. Hamburg 1956

Giedion, S.: Mechanization takes command. New York 1948, dt. 2. Aufl. Hamburg 1994
Giedion, S.: Raum, Zeit und Architektur. Ravensburg 1965, 6. Aufl. Basel 2000
Giedion, S.: Walter Gropius, Mensch und Werk. Stuttgart 1954
Giurgola, R./J. Mehta: Louis I. Kahn. Zürich 1975
Grisebach, A.: Carl Friedrich Schinkel; Architekt, Städtebauer, Maler. München 1981
Gropius, W.: Apollo in der Demokratie. Mainz 1967
Gropius, W.: Architektur. Frankfurt 1956
Gropius, W.: Internationale Architektur. (Bauhausbücher 1) München 1925
Gropius, W.: Die neue Architektur und das Bauhaus. Mainz 1965, 2. Aufl. Berlin 1979
Gropius, W.: Bauhausbauten Dessau. (Bauhausbücher 12) München 1930, neu Mainz 1974, 2. unveränd. Aufl. Berlin 1997
Gropius, W. und I./H. Bayer: Bauhaus 1919–1928. Stuttgart 1955
Grube, O. W.: Industriebauten international. Stuttgart 1971
Günschel, G.: Große Konstrukteure. Berlin/Gütersloh 1966
Hassenpflug, G.: Scheibe, Punkt und Hügel. München 1966
Hederer, O.: Leo von Klenze. 2. Aufl. München 1981
Hegemann, H. W.: Das steinerne Berlin. 3. Aufl. Berlin 1979
Hennig-Schefold, M./H. Schmidt-Thomsen: Transparenz und Masse. Passagen und Hallen aus Eisen und Glas 1800–1880. Köln 1972
Heuss, Th.: Hans Poelzig. Berlin 1939
Hilberseimer, L.: Berliner Architektur der 20er Jahre. Mainz 1967, 2. unveränd. Aufl. Berlin 1992
Hilberseimer, L.: Internationale neue Baukunst. Stuttgart 1927
Hilberseimer, L.: Entfaltung einer Planungsidee. Berlin 1963
Hilberseimer, L./J. Wischer: Beton als Gestalter. Stuttgart 1928
Hitchcock, H. R.: Architecture, Nineteenth and Twentieth Centuries. (Pelican History of Art) Harmondsworth 1958
Hitchcock, H. R./P. Johnson: The international Style. Architecture since 1922. New York 1932
Honour, H.: Neo-Classicism. Harmondsworth 1969
Howard, E./Posener, J.: Gartenstädte von morgen. Berlin/Gütersloh 1968
Howard, E.: Tomorrow. London 1898
Hundert Jahre Architektur in Chicago. Katalog, München 1973
Jacobus, J.: Die Architektur in unserer Zeit. Stuttgart 1966
Jaffé, H. L. C.: De Stijl 1917–31. Berlin 1965
Jencks, Ch.: Modern Movements in Architecture. Harmondsworth 1973
Jodidio, Ph.: Building a New Millennium. München 1999
Joedicke, J.: Geschichte der modernen Architektur. Stuttgart 1958
Joedicke, J.: Moderne Architektur: Strömungen und Tendenzen. Stuttgart 1969
Joedicke, J.: Architektur im Umbruch. Stuttgart 1980
Joedicke, J.: Schalenbau. Stuttgart 1962
Joedicke, J./Ch. Plath: Die Weißenhofsiedlung. 2. Aufl. Stuttgart 1977
Johnson, Ph.: Mies van der Rohe. New York 1953
Jones, P. B.: Hans Scharoun. Stuttgart 1979
Kahn, Louis, I.: Complete Work 1935–74. Basel 1977
Kaufmann, E.: Von Ledoux bis Le Corbusier. Ursprung und Entwicklung der modernen Architektur. Wien/Leipzig 1933
Kikutake, K./N. Kurokawa: Metabolism 1960 – Proposals for New Urbanism. Tokio 1960
Klotz, H./J. W. Cook: Architektur im Widerspruch – Bauen in den USA. Zürich 1974
Krämer, F. W.: Großraumbüros. Stuttgart 1968
Kröll, F.: Bauhaus 1919–1933 – Künstler zwischen Isolation und kollektiver Praxis. Düsseldorf 1974
Kultermann, U.: Architektur der Gegenwart. (Kunst der Welt) Baden-Baden 1967
Kultermann, U.: Hans und Wassili Luckhardt. Tübingen 1958
Lampugnani, V. Magnago (Hg.): Hatje Lexikon der Architektur des 20. Jahrhunderts. Vollst. überarb. Neuaufl. Ostfildern 1998
Laugier, M. A.: Essai sur l'architecture. Paris 1755, Nachdruck Genf 1972
Lauterbach, H./J. Joedicke: Hugo Häring. Stuttgart 1965
Le Corbusier: Oeuvre complète, 8 Bde. Zürich 1929–1970
Le Corbusier: Ausblick auf eine Architektur. Berlin 1963
Le Corbusier: La Ville Radieuse. Paris 1935
Le Corbusier: Le Modulor. Paris 1950
Le Corbusier: Der Städtebau (urbanisme). Stuttgart 1929, neu hg. v. H. Hildebrandt 1979
Le Corbusier: Feststellungen zu Architektur und Städtebau. Berlin 1964
Ledoux, C. N.: L'Architecture considerée sous le rapport de l'art. (Hg. v. Ramée) 1847
London County Council. Survey of London. 1896 ff. (bisher 45 Bde.)
Malthus, Th. R.: Das Bevölkerungsgesetz. München 1978
Mac Leod, R.: Style and Society. Architectural Ideology in Britain 1935–1941. London 1971
Malewitsch, K.: Die gegenstandslose Welt. (Bauhausbücher 11) München 1927, erw. Neuausg. Berlin 1980
Mebes, P.: Um 1800. 3. Aufl. München 1920
Middleton, R./D. J. Watkin: Architektur der Neuzeit. (Weltgesch. der Architektur) Stuttgart 1977
Mitscherlich, A.: Die Unwirtlichkeit unserer Städte. Frankfurt 1965
Mitscherlich, A.: Thesen zur Stadt der Zukunft. Frankfurt 1971

Moholy-Nagy, L.: von material zu architektur. (Bauhausbücher 14) München 1929, neu Berlin 1968
Moholy-Nagy, S./G. Schwab: Paul Rudolph – Bauten und Projekte. Stuttgart 1970
Mondrian, Piet: Neue Gestaltung. (Bauhausbücher 5) München 1925, neu Mainz 1974
Moos, St. v.: Le Corbusier. Elemente einer Synthese. Stuttgart 1968
Morris, M. (Hrsg.) Collected works of William Morris. London 1910–15
Morrison, H.: Early American Architecture. Oxford 1952
Müller-Wulkow, W.: Architektur der Zwanziger Jahre in Deutschland. Königstein/Taunus 1975
Münz, L./G. Künstler: Der Architekt Adolf Loos. Wien/München 1964
Mumford, L.: Technics and Civilization. London 1962 (erstmals New York 1934), dt. vom Blockhaus zum Wolkenkratzer. Berlin 1997
Mund, H.: Die Ecke im Skelettbau. Berlin/München/Düsseldorf 1973
Nervi, P. L.: Aesthetics and Technology in Building. Cambridge/Mass. 1965
Nervi, P. L.: Neue Strukturen. Stuttgart 1963
Neutra, R.: Wenn wir weiterleben wollen (survival through design). 2. dt. Ausgabe Hamburg 1956
Norberg-Schulz, Chr.: Logik der Baukunst. Berlin/Frankfurt/Wien 1965
Otto, Frei: Das hängende Dach – Gestalt und Struktur. Berlin 1954
Otto, Frei (Hg.): Zugbeanspruchte Konstruktionen – Gestalt, Struktur, Berechnung von Bauten aus Seilen, Netzen und Membranen. Frankfurt/M./Berlin 1962/1965
Oud, J. J. P.: Holländische Architektur. (Bauhausbücher 10) München 1926, erw. Neuausg. Berlin 1976
Paul, Sh.: Louis H. Sullivan, ein amerikan. Architekt und Denker. Berlin 1963
Pehnt, W.: Die Architektur des Expressionismus. Stuttgart 1973, 3. Aufl. 1998
Percier, C./P. F. L. Fontaine: Journal des monuments de Paris; Paris o. J.
Pevsner, N.: Der Beginn der modernen Architektur und des Design. 3. Aufl. Köln 1975
Pevsner, N.: Pioneers of Modern Movement from William Morris to Walter Gropius. London 1936
Pevsner, N./J. M. Richards: The Anti-rationalists. London 1973
Pevsner, N.: Architektur und Design – Von der Romantik zur Sachlichkeit. München 1971
Pfankuch, P.: Hans Scharoun, Bauten, Entwürfe, Texte. Berlin 1974
Piranesi, G. B.: Antichità romane. 1756
Piranesi, G. B.: Differentes vues de quelques restes de l'ancienne ville de Pesto.
Posener, J.: Anfänge des Funktionalismus. Berlin 1964
Posener, J.: Architekturkritische Aufsätze 1927–1977. Braunschweig/Wiesbaden 1981
Posener, J.: From Schinkel to Bauhaus. London 1962
Posener, J.: Berlin auf dem Weg zu einer neuen Architektur. München 1979
Ragon, M.: Histoire mondiale de l'architecture et de l'urbanisme moderne. Tournai 1972
Rave, P. O.: Karl Friedrich Schinkel. München/Berlin 1981
Roche, Kevin/John Dinkeloo and Ass. 1962–1975, (hrsg. v. A. Russel-Hitchcock). Stuttgart 1975
Roland, C.: Frei Otto – Spannweiten. Berlin/Frankfurt/Wien 1965
Rondelet, J.: Traité théorique et pratique de l'art de bâtir. Paris 1802/03
Roth, A.: die neue architektur, Zürich 1940
Roth, A.: Zwei Wohnhäuser von Le Corbusier. Stuttgart 1927
Ruskin, J.: Seven lamps of architecture. 1849
Russack, H. H.: Deutsche bauen in Athen. Berlin 1942
Schild, E.: Zwischen Glaspalast und Palais des Illusions: Form und Konstruktion im 19. Jh. Berlin 1967
Schinkel, K. F.: Sammlung architektonischer Entwürfe. Berlin 1857/58, neu New York 1989
Schinkel, K. F.: Das Lebenswerk. Neuausg. 15 Bde. München/Berlin 1969–89
Schnaidt, C.: Hannes Meyer, Bauten, Projekte und Schriften. Teufen AR 1965
Schumacher, F.: Strömungen in deutscher Baukunst seit 1800. Leipzig 1935
Schuyler, M.: American Architecture. Cambridge/Mass. 1961
Schwagenscheidt, W.: Die Raumstadt, Heidelberg 1949
Schwagenscheidt, W.: Die Nordweststadt, Idee und Gestaltung. Stuttgart 1964
Scully, V.: Frank Lloyd Wright. Ravensburg 1966
Semper, Gottfried: Wissenschaft, Industrie und Kunst. (Braunschweig 1852) Mainz 1966
Semper, G.: Der Stil. 1860
Semper, Gottfried 1803–1879: Ein deutscher Baumeister zwischen Revolution und Klassizismus. Dresden/München 1980
Siegel, C.: Strukturformen der modernen Architektur. München 1960
Sitte, Camillo: Der Städte-Bau. Wien 1889
S. O. M. – Skidmore, Owings & Merril 1950–1962 (Einl. v. H. R. Hitchcock). Stuttgart 1962
S. O. M. – Skidmore, Owings & Merril 1963–1973 (Einl. v. A. Drexler/A. Menges). Stuttgart 1974
Stäubli, W.: Brasilia. Darmstadt 1965
Stirling, James: Buildings and Projekts 1950–1975. New York 1975
Sturm. H.: Fabrikarchitektur, Villa, Arbeitersiedlung. München 1970
Tafuri, M./F. Dal Co: Architektur der Gegenwart. (Weltgeschichte der Architektur) Stuttgart 1977
Tange. Kenzo 1946–1969, Architektur und Städtebau, hg. v. Udo Kultermann. Zürich 1970
T. A. C. – The Architects Collaborative Inc. 1945–1965. Taufen AR 1966
Temko, A.: Eero Saarinen. Ravensburg 1964
Valdenaire, A.: Friedrich Weinbrenner, sein Leben und seine Bauten. Karlsruhe 1926
Vaudoyer, A. L. T./V. Baltard: Grands Prix d'Architecture. Paris 1818/1834
Vierendeel, A.: L'architecture metallique au XIXe siècle. Brüssel 1890
Viollet le Duc, E. E.: Entretiens sur l'architecture. Paris 1872

Wachsmann, Konrad: Wendepunkt im Bauen. Wiesbaden 1959
Weber, H.: Walter Gropius und das Faguswerk. München 1961
Weinbrenner, Friedrich: Architektonisches Lehrbuch. Tübingen 1810/1817
Weinbrenner, Friedrich 1766–1826. Katalog, Karlsruhe 1977
Werner, E.: Der Kristallpalast zu London 1851. Düsseldorf 1970
Wingler, H. M.: Das Bauhaus. Bramsche 1962
Wright, Frank Lloyd: Usonien (When Democracy builts). Berlin 1950, 2. erw. Aufl. 1995
Wright, Frank Lloyd: Schriften und Bauten. München 1963, neu Berlin 1997
Wright, Frank Lloyd: Die Zukunft der Architektur. München 1966
Wright, Frank Lloyd: Das natürliche Haus. München 1960
Zeitler, R.: Die Kunst des 19. Jhs. Architektur v. Anders Åmann. (Prop.-Kunstgesch.) Berlin 1966
Zevi, B.: Storia dell'architettura moderna. Turin 1975
Zevi, B.: Frank Lloyd Wright. Zürich 1979, Nachdr. d. 4. Aufl. Basel 2000

Beiträge und Dokumentationen in Zeitschriften

›arkitektur‹ (Stockholm)
1968/1: Fernsehturm Stockholm

›Bauen + Wohnen‹ (München)
1959/1 Van den Bloek + Bakema, Rathaus in Marl/Westf.
1960/9 Jaques Schader: Kantonsschule Freudenberg in Zürich
1960/11 H. Hentrich/H. Petschnigg: Thyssen-Hochhaus in Düsseldorf
Mies v. d. Rohe: Wohnsiedlung Lafayette-Park in Detroit
1966/5 F. W. Kraemer: BP-Gebäude in Hamburg
Verschiedene Bauten und Projekte von Mies van der Rohe
1971/9 W. G. Smigielski: Trabantenstadt Beaumont-Leys bei Leicester
Moderne Stadtplanungen
1972/7 Bauten für die Olympischen Spiele in München
Behnisch u. Partner, Frei Otto u. a.

›Baukunst und Werkform‹ (Heidelberg/Nürnberg)
1951/9 Hans Bernhard Scharoun: Volksschule Darmstadt
1955/11 Fritz Schupp: Der Architekt und die Planung von Werken der Industrie. Zeche Zollverein in Essen
1962/1 Alfonso Eduardo Reidy: Bauten und Projekte, besonders das Kunstmuseum in Rio de Janeiro

›Bauwelt‹ (Berlin)
1964/1, 2 Hans Bernhard Scharoun: Philharmonie Berlin
1973/1 Jørn Utzon: Das Opernhaus in Sydney
1973/13 Egon Eiermann: Hauptverwaltung für die Deutsche Olivetti in Frankfurt/Main

›Die neue Stadt‹ (Darmstadt)
1952/9 Heinrich Henning: Egon Eiermanns Bauten (Rundfunkprojekt für Radio Stuttgart)

›Moderne Bauformen‹ (Stuttgart)
1927/9 Ludwig Hilberseimer: Internationale Baukunst
1932/9 Max Eisler: Die Werkbundsiedlung in Wien

›Zodiac‹
1962/10 Jørn Utzon: Platforms and Plateaus
1965/14 Jørn Utzon: The Sydney Opera House

(Weitere Titel zu den einzelnen Epochen siehe Bd. 1: Literaturverzeichnis zu ›Architektur als autonomer Prozeß‹)

Nützliche Internetadressen/Datenbanken

www.archInform.net
www.culture.fr/documentation/merimée
www.greatbuildings.com
http://caad.arch.ethz.ch (Suchmaschine der ETH Zürich für Architektur im Internet)

Register